Michael Horváth, Joseph Novelli

Fünfundzwanzig Jahre aus der Geschichte Ungarns von 1823 - 1848

1848

Band 1

Michael Horváth, Joseph Novelli

Fünfundzwanzig Jahre aus der Geschichte Ungarns von 1823 - 1848
Band 1

ISBN/EAN: 9783743330580

Hergestellt in Europa, USA, Kanada, Australien, Japan

Cover: Foto ©ninafisch / pixelio.de

Manufactured and distributed by brebook publishing software
(www.brebook.com)

Michael Horváth, Joseph Novelli

Fünfundzwanzig Jahre aus der Geschichte Ungarns von 1823 - 1848

Fünfundzwanzig Jahre

aus der

Geschichte Ungarns

von 1823—1848

von

Michael Horváth.

Aus dem Ungarischen übersetzt

von

Joseph Novelli.

Erster Band.

Leipzig:

F. A. Brockhaus.

1867.

Fünfundzwanzig Jahre

aus der

Geschichte Ungarns.

―――

Erster Band.

Vorwort.

———

Ich hege die Ueberzeugung, dass die Geschichte der neuesten
Zeit unter den zahlreichen geistigen und moralischen Bedürfnissen unsers Volks, und zwar sowol hinsichtlich der innern als
äussern Verhältnisse, nicht den letzten Platz einnimmt.

Die jüngere Generation, die alle die Verhältnisse sieht und
fühlt, unter deren Last sie lebt, kann sich doch, mit wenigen
Ausnahmen, kaum Rechenschaft geben von jener Verkettung der
Ereignisse, durch welche unser Vaterland in seinen gegenwärtigen
Zustand versetzt wurde. Sie kann zwar über die vollbrachten
Thaten, den geistigen und moralischen Standpunkt unserer
Ahnen und über die Kämpfe sich unterrichten, welche dieselben,
das Vaterland vertheidigend, mit den äussern Feinden, die Interessen des Herrscherhauses unterstützend, mit dessen Gegnern,
die nationale constitutionelle Freiheit oder die Adelsvorrechte
aufrecht haltend, mit der Regierung oder mit dem Geist des
vorschreitenden Zeitalters, je nachdem sie diesen sich aneigneten
oder zurückwiesen, geführt haben; sie kann sich Kenntniss
verschaffen von den sittlichen, geistigen und materiellen Interessen, dem Gemeinwesen, der Verfassung und Verwaltung, den
Volks- und Klassenverhältnissen, der vaterländischen Wissenschaft
und Literatur, vom Gewerbe und Handel früherer Zeiten, von
den damals herrschenden Ideen und Richtungen, Gebräuchen
und Sitten. Indem sie aber alles dies gegenwärtig mehr oder
weniger verändert, zum Theil gänzlich umgestürzt erblickt, fragt

sie verwundert: auf welche Weise hat diese grosse Veränderung sich vollzogen; welches waren die Factoren, Triebfedern und Stadien derselben; welches der Charakter und die Wirkung der bewegenden Kräfte, die Verkettung und die Resultate der von ihnen bedingten Ereignisse, infolge deren die gegenwärtigen Zustände zur Ausbildung gelangten? Und kann sie sich aus den nachgelassenen Schriften einer verstorbenen und den Erzählungen der noch lebenden ältern Generation auch die eine oder die andere Frage erklären, so bleibt ihr Wissen dennoch lückenhaft; denn nicht jedermann besitzt die Mittel und Wege, und nicht jeder hat die Lust, den Quellen nachzuforschen und aus ihnen selbst die gewünschte Belehrung zu schöpfen. Ein Handbuch aber, mittels dessen man sich über alle diese Wandlungen systematisch und befriedigend orientiren könnte, gibt es bisjetzt nicht.

Nicht minder schmerzlich fühlen wir den Mangel eines solchen Buches auch dann, wenn wir auf die äussern Verhältnisse einen Blick werfen. Eins der erfreulichsten Resultate der vorgeschrittenen Bildung unsers Jahrhunderts ist der Umstand, dass die Völker sich nicht mehr bloss mit sich allein beschäftigen, ihre Aufmerksamkeit vielmehr selbst auf die entferntesten Familien des Menschengeschlechts ausdehnen: an die Stelle der frühern Gleichgültigkeit ist gegenseitiges Interesse, an die Stelle der Absonderung, des Auseinandergehens ist Solidarität der Völkerschicksale getreten. Man will wissen, was bei andern Völkern und auf welche Weise es geschieht; man äussert den Bestrebungen anderer Nationen gegenüber seine Sympathie oder Abneigung; die Völker wetteifern miteinander in den Erzeugnissen des menschlichen Geistes und Fleisses; sie widmen sich mit gemeinschaftlichem Streben den Interessen der Freiheit, Bildung und Menschlichkeit. Es kann heutzutage keinem Volke mehr gleichgültig sein, ob die civilisirte Welt ihm gegenüber Sympathie oder Abneigung kundgebe; denn die öffentliche Meinung ist eine Macht geworden, deren Billigung oder Tadel gewaltiger und mit grösserer Folgenschwere trifft als nach Hunderttausenden zählende Kriegsheere. Die Sympathien der öffentlichen Meinung aber hat kein Volk mehr nöthig als das unglückliche, das von einer fremden Macht, gleichviel ob materiell oder

moralisch, unterdrückt und seiner Rechte beraubt, in der Entwickelung seiner Individualität gehindert, von dem Felde, auf
dem allein es fortschreiten kann, verdrängt, von der Luft, ohne
die es nicht zu leben vermag, abgesperrt ist. Das geeignetste
Mittel nun, um die günstige Meinung anderer Nationen für sich zu
gewinnen, besteht darin, dass dieses Volk selbst die Welt nicht
allein mit seiner gegenwärtigen Lage und dem ungerechten
Druck, unter dem es leidet, wahrheitsgetreu bekannt mache,
sondern auch seine ganze Individualität und deren moralischen
Werth, all das Schöne, Gute und Edle, was in ihr geborgen
liegt, richtig ans Licht stelle. Worin offenbart sich aber die
Individualität eines Volks anders als in den Thaten, die es vollbracht, in den Einrichtungen, die es geschaffen und gepflegt, in
den Bestrebungen, die es an den Tag gelegt, — mit Einem
Wort, in seiner Geschichte? Die Bekanntmachung seiner Geschichte gehört demnach, ebenso wie die Kenntniss derselben in
seiner eigenen Mitte, zu den ersten Pflichten und Aufgaben eines
jeden Volks.

Hierin haben wir Ungarn, besonders was die jüngstvergangene
Zeit betrifft, uns bisher ein grosses Versäumniss zu Schulden kommen lassen. Man führe mit irgendeinem Ausländer ein Gespräch
über die Angelegenheiten Ungarns, man lese ein Buch, einen
Zeitungsartikel darüber — und man wird sogleich sehen, wie wenig
die Verhältnisse des Landes, die Bestrebungen der Nation in der
Vergangenheit und ihre Ziele in der Gegenwart gekannt sind,
wie falsch sie beurtheilt werden. Muss es nicht den Ungar schmerzlich berühren, wenn er z. B. in einem 1863 schon in der 18. Ausgabe
erschienenen und in tausend und abertausend Exemplaren verbreiteten französischen Werke [1] liest: „Der Adel (in Ungarn) besitzt
ungeheuere Privilegien;... aber die Bauern werden durch die
Roboten erdrückt und erfahren eine Behandlung wie etwa die Sklaven.... An der Sprache, die man in Ungarn spricht, ist die Verschiedenheit der Elemente, aus welchen dieses Volk zusammen
gesetzt wurde, in hohem Grad ersichtlich; herrschende Sprache ist
die lateinische, sie ist auch die Sprache der Wissenschaft und der

---

[1] Dictionnaire universel d'histoire et de géographie. Par M. N. Bouillet.
(Art. „La Hongrie".)

Literatur...." Muss es ihn nicht kränken, wenn er Verwunderung darüber äussern hört, warum nicht Ungarn die Verfassung dankbar annimmt, welche der grossherzige Kaiser seinen Völkern octroyirte, warum es sich sträubt, seine Angelegenheiten gemeinsam mit den durch eine Vertretung beschenkten österreichischen Völkern auf parlamentarischem Wege zu ordnen, und lieber ein über das Land verhängtes willkürliches Provisorium erleide, als dass es seine Vertreter in den Reichsrath schickte? So wenig weiss man im Auslande, um wie vieles werthvoller, freier und mit der Individualität des Ungars übereinstimmender jene Institutionen sind, welche sich auf der von den Ahnen im Verlauf von Jahrhunderten gelegten Grundlage während der verflossenen Jahrzehnte entwickelt hatten, unter deren Schutz die Nation zum Mannesalter heranreifte und deren Verlust ihr gleichbedeutend wäre mit nationalem Tod. Man versteht die Wünsche Irlands, die Seufzer Venetiens, die heldenmüthigen Kämpfe und die Selbstaufopferung der Polen; allein die Seufzer, die Sehnsucht, das Ringen der ungarischen Nation versteht man nicht, weil man die Geschichte derselben in den vergangenen Jahrzehnten nicht kennt.

Dem doppelten Bedürfniss der Belehrung nach innen und der Orientirung nach aussen will das vorliegende Buch gerecht werden; und ich bin überzeugt, dass es die patriotischste, der Anerkennung meiner Mitbürger würdigste und zugleich segensreichste That meines Lebens sein würde, gelänge es mir, die Aufgabe einigermassen befriedigend zu lösen.

Die Aufgabe ist indess keine leichte. Das Material zur Geschichte des hier behandelten Zeitabschnitts ist bisher nur unvollkommen gesammelt worden. Bis 1841 gelangte ausser den Reichsprotokollen kaum irgendetwas davon in die Oeffentlichkeit; erst im genannten Jahre fing die Tagespresse an, sich freier zu bewegen und der Spiegel unsers nationalen Lebens zu sein. Das werthvollste Material ruht noch verborgen in den Archiven unserer Dycasterien und Comitate, oder in den Mappen einzelner Bürger des Staats. Am besten könnten hier diejenigen unserer ältern Saatsmänner, die selbst an den Ereignissen mitwirkten, Abhülfe gewähren, wenn sie solche Einzelheiten, die nirgends aufgezeichnet, aber hinter dem Vorhange anregende oder gar entscheidende Ursachen, Triebfedern und bewegende Kräfte gewesen sind, wenn auch nur aus der Erinnerung niederschreiben und der Vergessenheit entreissen wollten. Die Geschichte jenes Zeitalters, von einem unserer hervorragenden Staatsmänner geschrieben, wäre ein wahrer Schatz für unsere Nation. Nur noch wenige von diesen Männern sind am Leben, und wenn auch sie dahingehen, gehen mit ihnen viele interessante Details unserer Geschichte auf ewig verloren.

Nachdem ich seit Jahren auf die Veröffentlichung solcher von Zeitgenossen herrührenden Aufzeichnungen vergebens gewartet, griff ich endlich selbst zur Feder, um gewissermassen als Fortsetzung der vorhergegangenen die Geschichte dieser herrlichsten Periode unsers gesammten nationalen Lebens zu schreiben und diesen schwierigsten Abschnitt derselben so getreu als es mir möglich zu schildern. Ich betrat damit nicht nur einen noch ungebahnten Weg, sondern konnte auch, fern vom Vaterlande, selbst nicht aus den zahlreichen Quellen schöpfen, welche den in der Heimat Lebenden geöffnet sind. Allein ich betrat ihn trotz alledem, wenn auch nur damit das Unzulängliche meines Versuchs vielleicht einen unserer mehr befähigten Männer bewegen möchte, dem Vaterlande ein besseres Werk zu schenken oder mindestens die Irrthümer des meinigen zu berichtigen, die Lücken desselben zu ergänzen, und so den Schatz seiner Erfahrungen und Kenntnisse für kommende Zeitalter zu retten.

Zwei Jahre sind verflossen, seitdem das ungarische Original meiner „Fünfundzwanzig Jahre aus der Geschichte Ungarns" zu Genf erschien, und bereits gelangten mehrere tausend Exemplare des Werks in die Hände meiner Landsleute. Damit habe ich mich aber erst einem der Ziele genähert, die ich mit dieser Arbeit zu erreichen wünschte. Um auch dem andern näher zu treten, nämlich auch das deutsche Publikum mit dem betreffenden Zeitabschnitt der ungarischen Geschichte bekannt zu machen, veranstaltete ich in Gemeinschaft mit Herrn Joseph Novelli in Kaschau die vorliegende deutsche Ausgabe. Sollte sich dieselbe einer gleich freundlichen Aufnahme wie das Original zu erfreuen

haben, so werde ich ihr, vorausgesetzt dass es sonst die Umstände gestatten, die ebenfalls in ungarischer Sprache von mir
verfasste Geschichte derjenigen Periode, welche Mitte April 1848,
mit der Wirksamkeit der verantwortlichen parlamentarischen
Regierung beginnt, binnen kurzem in deutscher Uebertragung
folgen lassen.

Genf, im August 1866.

Michael Horváth.

Inhalt.

Erstes Buch.

Einleitung.

Verhältnisse vor dem Reichstage des Jahres 1825.

Zweites Buch.

Die Wiederherstellung der Constitution. Anfang der
Reformbewegungen.

Erstes Kapitel.

Der Reichstag von 1825—27.

Zweites Kapitel.

Der Anfang der Reformbewegungen.

Drittes Kapitel.

Der Reichstag des Jahres 1830.

Drittes Buch.

Die ersten Schritte zur Reform.

Erstes Kapitel.

Die Vorläufer der Reformen.

Viertes Buch.

Die Gegenwirkung der Regierung gegen die freisinnige Nationalrichtung in den ersten Regierungsjahren Ferdinand's V.

Erstes Kapitel.

Die zweite Hälfte des Reichstags 1832—36.

Zweites Kapitel.

Versuche der Regierung zur Unterdrückung und Paralysirung der nationalen Richtung.

Drittes Kapitel.

Aussöhnung auf dem Reichstage 1839—40.

Erstes Buch.

Einleitung.

Verhältnisse vor dem Reichstage des Jahres 1825.

Jene grosse Umgestaltung, durch welche die Bluttaufe der Französischen Revolution den menschlichen Geist in seinen staatlichen wie seinen gesellschaftlichen Zuständen hindurchführte, liess auch Ungarn nicht unberührt; besonders da jene Umwälzung zu eben der Zeit begann, als die wohlgemeinten, aber gewaltsamen Reformen Joseph's II. das nationale Leben in allen seinen Verhältnissen auf so mächtige Weise erschüttert hatten. Die Sehnsucht nach Fortschritt und Reformen zeigt sich, nach einem langen Stillstande, schon in den Reformplänen der Ausschüsse des Reichstags von 1790—91 mit überraschender Kraft. Und diese Sehnsucht, dieses Streben erstarb von dieser Zeit an, trotz der unzähligen Hindernisse, in der Nation nicht mehr. Der Gang der Wiedergeburt erscheint seither dem aufmerksamen Auge des Beobachters bald stärker, bald schwächer, jedoch in fortwährendem Fortschritt begriffen, und die Nation bietet in ihrem Ringen mit den Schwierigkeiten und Hindernissen ein um so interessanteres Schauspiel, als sie, in dieser ihrer Wiedergeburt einzig und allein auf sich selbst angewiesen, ohne alle äussere Hülfe, ja sogar von ihrer eigenen Regierung mehr gehindert als unterstützt, aus eigener Kraft und ihrer eigenen Natur gemäss aus mittelalterlichen Zuständen sich zu einer so bedeutenden und glänzenden Stufe der Civilisation emporringt, dass sie sich mit vollem Rechte den gebildeten Nationen Europas beizählen durfte.

Der Fortschritt, welcher in userm Vaterlande in den ersten zwei Zehnten dieses Jahrhunderts bemerkbar wird, verglichen mit jenem, welcher zu derselben Zeit in den verschiedenen westlichen und südlichen Ländern Europas gemacht wurde, erscheint zwar als ein sehr geringer; allein er steht in seiner Gesammtheit mit den Bedingungen der Entwickelung dennoch in richtigem Verhältniss; denn unter den civilisirten Staaten finden wir keinen einzigen, in welchem der Fortschritt zu dieser Zeit mit so vielen äussern und innern Hemmnissen zu kämpfen gehabt hätte. Die Hindernisse des Fortschritts.

Die gewichtigsten jener Hindernisse entstanden eben von seiten der Hauptfactoren des Staatslebens: der Regierung und der legalen

1 *

Nation, des Adels und der Gesetzgebung. Ja selbst im gesellschaftlichen Leben fehlte es an den Bedingungen einer lebensvollen, schnellen Entwickelung. Was diese insbesondere anlangt, so liess die Nation, in ihrem öffentlichen Leben und ihren Unterrichtsanstalten noch immer von den Fesseln der lateinischen Sprache behindert, ihre jetzt wiedererwachende Nationalliteratur brach liegen. Zu Anfang dieses Jahrhunderts gab es noch kaum einige Bücher, aus welchen das grosse Publikum Wissenschaft oder nützliche Kenntnisse hätte schöpfen können, weshalb es kein Wunder, dass gründliche, besonders Fachwissenschaft, wie sie selten war, auch in geringer Achtung stand, dass durchgreifendere Fachbildung im Hauptzweige der Nationalbeschäftigung, der Landwirthschaft, wie in den Handwerken und dem Handel im ganzen Lande kaum zu finden war. Bei der Wahl·der Laufbahn entschieden mehr Familientradition, Beispiel und Gewohnheit als Fähigkeit und Beruf. Die Sprösslinge der Adelsfamilien, wenn sie auch in ungünstigern materiellen Verhältnissen lebten, sahen es für erniedrigend an, sich dem geringgeachteten gewerblichen Stande zu widmen; und, selbst dem der Künstler nicht gewogen, zogen sie es vor, die wenn auch karge Erbschaft der Ahnen untereinander zu theilen und nach althergebrachter Weise den Boden zu bebauen oder strömten dem Advocatenstande zu. — Der Nation fehlte ferner eine grosse, reiche, volksthümlich gebildete Hauptstadt, welche die geistigen Kräfte, die gebildetern oder wenigstens nur die höhern Stände in sich vereinigt, und in die Provinz hinaus tonangebend, lichtausströmend, leitend gewirkt hätte; die Edelleute wohnten im allgemeinen auf ihren Besitzungen, der hohe Adel, zum grössten Theile dem Deutschthume huldigend, hielt sich in Wien auf. Das Reich stand in keiner Verbindung mit dem gebildeten Auslande, dessen Beispiel und mehr ausgebildete Zustände auf dasselbe hätten aufmunternd und bildend einwirken können. Da Gewerbe und Handel brach lagen, so fehlte es auch an Kapital zu den nöthigen Einrichtungen, welche die nationale Entwickelung lebhafter angeregt und in schnellern Fluss gebracht hätten. Die reichste Klasse der Nation, der die grossen Landgüter besitzende hohe Adel, hing, zum grössten Theile durch leichtsinniges, verschwenderisches Leben hochverschuldet, von den Launen der wiener Bankiers ab.

Diese und ähnliche aus den gesellschaftlichen Zuständen entsprungene Hindernisse suchte aber die Regierung nicht nur nicht zu beseitigen, sondern vermehrte dieselben ihrerseits mit noch weit schwerern. Da das laut der Staatsverträge und Gesetze unabhängige, mit uralten constitutionellen Einrichtungen begabte Land zugleich der Bestandtheil einer Monarchie war, deren andere Hälfte mit unbeschränkter Macht und nach willkürherrschaftlichen Grundsätzen regiert wurde, so konnte es sich trotz all seiner Bestrebungen und Ver-

wahrungen, trotz aller Krönungsdiplome und Gesetze vor den Ueber-
griffen der despotischen Gewalt ebenso wenig als vor dem Einflusse
der die Umgebung des gemeinschaftlichen Herrschers bildenden, uns
gegenüber fremden Minister und Räthe vollständig bewahren. Die Nation war gezwungen, ihre bedrohten constitutionellen Rechte, ihre gesetzlich gewahrte Unabhängigkeit und Selbstregierung unablässig zu
vertheidigen. Selbst ihr theuerster Schatz, die Nationalität, schwebte
öfter in so drohender Gefahr, dass sie nur mit der grössten Kraftanstrengung vor dem Untergange bewahrt werden konnte. Eine Nation aber, deren beste Kräfte fortwährend nur für die Rettung ihrer
grössten Güter, als da sind: Unabhängigkeit, constitutionelle Selbstregierung, Nationalität, in Anspruch genommen werden, kann in der
weitern Entwickelung ihrer bürgerlichen Einrichtungen und in ihrer
allgemeinen Bildung kaum irgend bedeutendere Fortschritte machen,
da beides nur ein Ergebniss übereinstimmender Bestrebungen von
Nation und Regierung sein kann. Die wiener Regierung, immer nur
auf die Erweiterung der Willkürherrschaft und die Nivellirung der
Verwaltung bedacht, statt dass sie die Nation in der Fortentwickelung
ihrer Einrichtungen anzueifern und zu leiten gesucht hätte, hinderte
und erschwerte diese selbst, weil die Nation, die ihre weitere Entwickelung natürlich nur in constitutionellem Geiste zu erlangen
wünschte, die Richtung und die Absichten der Regierung misbilligte,
und lieber die Mängel der vaterländischen Einrichtungen ertrug, lieber
an den veralteten, weit hinter den Anforderungen des vorgeschrittenen Zeitalters zurückgebliebenen heimatlichen Zuständen hinsiechte,
als dass sie für einen zeitgemässen Fortschritt ihre Unabhängigkeit,
ihre verfassungsmässige Selbstregierung in Tausch gegeben hätte. Und
wie es in politischer Beziehung geschah, so erfuhr die Nation von
seiten der Regierung auch in der Fortbildung ihrer geistigen und
materiellen Interessen nur Hindernisse und Hemmnisse jeder Art: diese
wurden einseitig dem Wohle der unumschränkt verwalteten und nach
Willkür besteuerten deutschen Erblande aufgeopfert; jene hielt man
im Interesse der Willkürherrschaft geknebelt.

Zu diesen krankhaften, alten Zuständen kamen seit dem letzten
Zehnt des vorigen Jahrhunderts noch neue hinzu, welche die nach
dem Tode Joseph's II. eingetretene, zu so grossen Hoffnungen berechtigende Umgestaltung schon in ihrem Beginne unterbrachen. Der Hof
und die Regierung, durch die empörenden Gewaltthaten und Zer-
störungen der Französischen Revolution, die mit der Lehnsherrschaft
und dem Despotismus in ihrer Wuth zugleich den Thron und den
Altar über den Haufen geworfen, und alles geschichtlich Bestehende
mit Blutströmen weggeschwemmt hatte, erschreckt und wider die welt-
bestürmenden neuen Lehren und Grundsätze nach Rettung haschend,
verfielen in das andere Extrem: sie waren jeder Neuerung und Reform,

jeder naturgemässen Entwickelung, welche die Freiheit und den Constitutionalismus befördert hätte, feindlich geworden. Ja um das Land von dem Eindringen der in so schrecklichem Gefolge aufgetretenen Freiheitsideen womöglich abzusperren, hemmten sie jeden geistigen Verkehr mit dem Auslande und fesselten auch im Innern jede freiere Bewegung des Geistes. Und auf diese Weise wurde durch Absperrung und Censur, durch die über alles Mass hinausgehende Beschränkung des öffentlichen Unterrichts und durch die Abschaffung des Vereinsrechts die Nation zu tiefer Unwissenheit, geistigem Siechthum und Thatlosigkeit verurtheilt.

Dieser reactionäre Stillstand in der Fortbildung des nationalen Lebens war indessen nicht das Werk der Regierung allein: man kann dessen mit vollem Rechte auch einen Theil des Adels anklagen. Die Magnaten, gleich der Regierung voll Schrecken über das tolle Wüthen und die demokratischen Ideen der Revolution, waren, beinahe ohne Ausnahme, den Neuerungen nicht minder entgegen, und verhinderten Hand in Hand mit der Regierung die Reformen. Andere in den Reihen des Adels machten wieder befangene Verehrung ihrer Privilegien, engherzige Selbstsucht, traditionelle Vorurtheile, eine das eigene Wohl nicht erkennende Unverständigkeit und Unwissenheit und die hieraus entspringende eifersüchtige und störrische Unbeweglichkeit dem zeitgemässen Fortschritte abhold.

An den Klippen dieser doppelten Reaction scheiterten alle jene Verbesserungen und Reformen, welche von den verständigern und weniger eigensüchtigen Patrioten auf den Reichstagen der ersten zehn Jahre dieses Jahrhunderts in Vorschlag gebracht wurden. Später hinwieder konnte der Adel, wenn dessen sämmtliche Parteien es auch gewollt hätten, die zu passender Zeit von ihm selbst zurückgewiesenen Reformen auf keine Weise mehr aufnehmen; denn die Regierung, welche die günstigen Umstände zur Vermehrung ihrer despotischen Macht stets auf jede Art zu benutzen suchte, aber von seiten des Adels auf eine unbeugsame Opposition gestossen war, hatte seit 1812 keinen Reichstag mehr ausgeschrieben und somit der Nation auch die Gelegenheit entzogen, ihre veralteten Zustände durch neue zu ersetzen, die Lücken derselben auszufüllen und ihre von den Ahnen überkommenen Einrichtungen den Anforderungen der Zeit gemäss weiter auszubilden.

Versuche zum Fortschritt. Allein obgleich die Nation auf diese Weise mit unzähligen äussern und innern Hindernissen zu kämpfen hatte, obgleich sie in diesen Kämpfen hinsichtlich der gesellschaftlichen Verhältnisse den gänzlichen Mangel all dessen fühlte, was sie in ihrem Fortschritte unterstützt haben würde, stand sie, konnte sie nicht völlig stillstehen. Das Verlangen nach Umgestaltung, welches durch die alles erschütternde Regierung Joseph's II. und die Wirkung der französischen Ideen in ihr erwacht war, erstarb trotz der schon erwähnten und andern ähnlichen Hindernisse nicht mehr gänzlich. Es wohnte den erschütternden, Gemüth und Einbildung gleichmässig in Anspruch nehmenden Ereignissen jener grossen Zeit und mehr noch den erhellenden und befruchtenden Ideen derselben eine wunderbare Macht inne, welche jedermann ergriff und zu That und Fortschritt aneiferte. Diesen allgemein gewordenen Bestrebungen konnte auch unsere Nation nicht ganz fern bleiben, wie sehr die Regierung sich auch angelegen sein liess, sie von jedem Verkehr mit dem Auslande abzusperren, von jeder Berührung des Weltgeistes fern zu halten. Selbst die Lasten, welche durch den zwanzigjährigen riesenhaften Krieg hervorgerufen wurden, zwangen die Nation einigemal zu Kraftanstrengungen, welche zu Ausgangspunkten des Fortschritts dienten; denn der Druck und die Noth sind stets die mächtigsten Hebel der Selbstentwickelung.

Und in der That, kein einziger, während dieser Zeit abgehaltene Reichstag ging zu Ende, ohne in dieser Beziehung etwas angebahnt zu haben, oder wenigstens, ohne dass der verständigere und mehr patriotisch gesinnte Theil der Landesvertreter die Berathungen auf die Reformentwürfe der Reichstagsausschüsse von 1791 hingelenkt hätte. Wenn jene Entwürfe nach dem Wunsche der Nation hätten ins Leben treten können, so würden sie, da sie alle Verhältnisse des staatlichen und gesellschaftlichen Lebens umfassten, zweifelsohne der gesammten Nationalbildung mächtigen Vorschub geleistet haben, was indessen, wie bekannt, nicht geschah. Als aber die Regierung, theils weil der schwere Krieg all ihre Sorgfalt in Anspruch nahm, theils weil sie in jeder Reform, welche von seiten der Nation vorgeschlagen wurde, das Erwachen der gefürchteten Revolutionsideen zu erblicken wähnte, diese Reformpläne von Sitzung zu Sitzung verschob und endlich ganz beseitigte: wurden sowol von den Comitaten als auch von einzelnen Versuche gemacht, einem oder dem andern Zweig der verrotteten, dahinsiechenden vaterländischen Zustände einen Schwung zu geben. Und in der That begannen zu dieser Zeit richtigere Begriffe vom Handelswesen und im allgemeinen im Gebiete der Nationalökonomie, die ersten Verbesserungen in der Landwirthschaft, die eifrigern Bestrebungen zur Ausbildung der Nationalsprache und Literatur u. s. w. sich Bahn zu brechen. Actiengesellschaften bildeten sich zu Kanal - und Strassenbauten, zur Trockenlegung von Sümpfen, zur Beförderung des Weinhandels. Unsere Landwirthe fingen an, die Nothwendigkeit einer rationellern Methode in der Bearbeitung des Bodens ebenso als in der Viehzucht einzusehen, zu welchem Zwecke landwirthschaftliche Schulen errichtet und Reisen in ausländische landwirthschaftliche Institute unternommen wurden; die Veredlung der Vieh-, vorzüglich der Schafzucht wurde ein Hauptbestreben unserer Grundbesitzer. Einige Comitate wenden ihre Sorgfalt der Verbesserung der Landstrassen zu;

andere wollen, nach der Initiative des pesther Comitats, selbst die
Nationalsprache in administrativem Wege ausbilden und machen Versuche zur Ausarbeitung eines erschöpfenden Wörterbuchs; was indessen,
wie die Pflege der nach und nach erwachenden Nationalliteratur im
allgemeinen, einzelnen natürlich mit grösserm Erfolge gelingt u. s. w.

Die An-
sprüche der
Nation. Wenn der Nation in diesen ihren Fortschrittsversuchen von seiten
der Regierung die gehörige Unterstützung zutheil geworden wäre,
würde ohne Zweifel in kurzer Zeit diese lobenswerthen Bestrebungen
ein schöner Erfolg belohnt haben. Diese Unterstützung durfte die
Nation nach wiederhergestelltem Frieden von ihrer Regierung auch
mit um so grösserm Rechte erwarten, als sie während des Kriegs
von den Lippen des neue Opfer beanspruchenden Monarchen zu öftern
malen vernommen hatte, dass diese nach wiedererkämpftem Frieden
mit einer sorgfältigen Pflege der vaterländischen Interessen erwidert
werden sollten. Die in Anspruch genommenen Opfer brachte die
Nation, obzwar es nicht selten der grössten Kraftanstrengungen bedurfte, mit aller Bereitwilligkeit; jetzt war es also an der Regierung,
ihr Wort einzulösen. Ohnehin konnte man, nachdem 1815 auf das
Getöse der Schlachten die Aussicht auf einen langjährigen Frieden
gefolgt war, alle jene geistigen und moralischen Kräfte, welche seit
fünfundzwanzig Jahren die blutigen Werke des Kriegs in Anspruch
genommen hatten, fortan den Werken des Friedens, der Ausbildung
des staatlichen und gesellschaftlichen Lebens, der Beförderung der
geistigen und materiellen Interessen zukommen lassen; man konnte
wenigstens einen Theil der Geldkräfte, welche zuvor zur Herbeischaffung der Kriegsbedürfnisse gedient hatten, auf nutzbringende Einrichtungen verwenden; und dass all dies geschehe, durfte die Nation
zum Lohn für ihre dargebrachten Opfer mit vollem Rechte erwarten.

Die Frage
der Neubil-
dung der
Monarchie. Aber ausser dieser kam noch eine andere Frage von höchster
Wichtigkeit, welche die Gemüther schon 1806 ernstlich beschäftigt
hatte, an die Tagesordnung: die Frage der Neugestaltung der Monarchie. Die Nothwendigkeit einer Umgestaltung wurde nach Beendigung der französischen Kriege anderswo kaum so sehr gefühlt
als in der Monarchie des habsburgischen Herrscherhauses, welche weder
Einheit noch einen ihrer Grösse angemessenen, starken, compacten
Mittelpunkt besass, seit sie ihre westlichen deutschen Besitzungen verloren hatte. Denn was diesen betrifft — und dies ist eine der allernothwendigsten Bedingungen eines jeden bedeutendern Staats —: kann
man wol die übriggebliebenen, zusammen nur von etwa 6—8 Millionen
Seelen bewohnten deutschen Provinzen, welche eigentlich die Grenzen
des Staats bildeten, als den starken, compacten Mittelpunkt einer
30 Millionen Einwohner zählenden Monarchie betrachten, gegen welchen
alle übrigen Theile derselben gravitiren sollten? Und kann man wol
die Construction eines Staats eine richtige nennen, dessen Hauptstadt

beinahe an der Grenze, dieser mindestens so nahe liegt, dass, wie es während der verflossenen Kriege auch in der That einigemal geschah, der Feind sie beinahe an demselben Tage belagern und einnehmen konnte, als er die Grenzen überschritt?

Noch schlimmer sah es mit der Einheit der Monarchie aus. Die sogenannte österreichische Monarchie, welche, wie allgemein bekannt, eigentlich aus zwei voneinander wesentlich verschiedenen Staaten gebildet wurde, hatte zwar in ihrer äussern Vertretung einen gewissen Anstrich von staatlicher Einheit; denn diese Vertretung bezog sich ja im eigentlichen Sinne nicht auf den Staat, sondern auf den Monarchen, das Staatsoberhaupt. Aber von einer innern staatlichen Einheit, welche doch eine der wesentlichsten Bedingungen von Kraft und Dauer ist, konnte dort keine Rede sein, wo die eine Hälfte der Monarchie den neuen Titel derselben, nämlich den des „österreichischen Kaiserreichs", nicht auf sich bezog und ihren Gesetzen nach auch nicht beziehen konnte; wo der Staat in zwei Theile gespalten war, deren einer eine verfassungsmässige Regierung und besondere Gesetze besass, während der andere von dem gemeinsamen Herrscher mit absoluter Gewalt regiert wurde.

Zwar bestand die staatliche Einheit noch niemals in der Monarchie des habsburgischen Herrscherhauses, seit unser Vaterland dasselbe auf den Thron berufen hatte. Aber dies war auch vollkommen unmöglich zu bewerkstelligen, solange der König von Ungarn zugleich auch deutscher Kaiser war: da es gleich unmöglich war, Ungarn Deutschland einzuverleiben, als diesem die ungarische Verfassung als Grundgesetz zu geben. Die Geschichte bietet uns genügende Beweise dar von den vergeblichen und erfolglosen Versuchen, womit in älterer Zeit vorzugsweise Leopold I., in neuerer Joseph II. diese staatliche Einheit zu begründen mit soviel Kraftanstrengung sich bestrebten.

Die erste Gelegenheit zur Begründung dieser Staatseinheit bot sich 1804, später 1806, als das „heilige römische Reich" nicht nur thatsächlich, sondern auch dem Namen nach aufhörte und Franz, dessen Titel für immer entsagend, den eines Erbkaisers annahm. [1] Wir wissen, dass zu dieser Zeit wegen Begründung dieser Einheit Berathungen gepflogen wurden. Ebenso wissen wir, dass die einsichtsvollsten wiener Staatsmänner die Meinung hegten, dass Franz ebenso sehr in seinem und seiner Dynastie Interesse wie in dem der Monarchie nichts Erspriesslicheres vornehmen könnte, als Ungarn zum

---

[1] Zuerst wollte Franz den Titel „Kaiser von Ungarn und Böhmen" annehmen, und unterhandelte darüber auch mit dem Kaiser Napoleon, welcher die Vereinigung dieser zwei Kaiserkronen zwar sonderbar fand, jedoch der Annahme dieses Titels keineswegs entgegen war. Vgl. Correspondance de Napoleon I. (Paris 1862), VIII, 422, 449, 477.

Mittelpunkte der Monarchie, und zu ihrer Metropole, anstatt Wien, Pesth-Ofen zu erklären, allen seinen Ländern und Provinzen dieselbe Verfassung zu verleihen, und eine und dieselbe Regierungsform und Art der Verwaltung auf die ganze Monarchie auszudehnen. Diese gemeinsame Verfassung, diese gemeinschaftliche Verwaltungsform hätte ohne Zweifel nur die ungarische Verfassung und Verwaltung sein können; da das Herrscherhaus nur unter der Bedingung auf den Thron des Landes berufen wurde, nur unter dieser Bedingung die Erbfolge mit dem Rechte der Erstgeburt zuerst für die männliche, später auch für die weibliche Linie erlangte, damit es die Landesverfassung in ihrer gesammten Vollständigkeit aufrecht erhalte; wozu sich bei der Krönung auch jeder König eidlich verpflichten muss. Es leidet keinen Zweifel, dass in der Verfassung wie in der Verwaltung einige Abänderungen nothwendig geworden wären, um beide auf die deutsch-böhmischen Erblande ausdehnen zu können. Allein andererseits ist es auch keinem Zweifel unterworfen, dass die Nation, gesetzlich, landtäglich befragt, erbötig gewesen wäre, in Anbetracht der unzählbaren Vortheile, welche die Bezeichnung Ungarns als Mittelpunkt der Monarchie und die Erhebung Pesth-Ofens zur Metropole des Reichs, dem Lande gebracht hätte, die nothwendigen Abänderungen vorzunehmen; wäre doch auf diese Weise auch die Verfassung, auf alle übrigen Erblande ausgedehnt, für immer von allen Angriffen befreit gewesen, welche sie bisher von den unbeschränkten, ihrem Charakter, ihren Verhältnissen nach deutschen Beherrschern Oesterreichs und deren bureaukratischen Ministern fortwährend erleiden musste, zumal die letztern stets bemüht waren, ihre Willkürherrschaft auch über uns auszudehnen. Denn man kann annehmen, dass die Nation ihre Zustimmung zu den erwähnten Abänderungen nur so gegeben hätte, dass einestheils die Grundprincipien der Verfassung unberührt, die gesetzgebende Gewalt, wie bisher, zwischen Fürst und Volk getheilt geblieben wären, und auch die Autonomie der Behörden keinen Abbruch erlitten hätte; andererseits, dass der Hof sich von seinem bisherigen Verhältniss zu Deutschland vollständig lossage, aufhöre, diese deutschen Verhältnisse als leitende Staatsideen zu betrachten und als Garantie hierfür in der Gesammtregierung der auf diese Weise einheitlich zu constituirenden Monarchie dem ungarischen Element ein solches Gewicht, einen solchen Einfluss gestatte, wie sie dem Lande im Verhältniss zu seiner territorialen Grösse, seiner Wichtigkeit als Mittelpunkt des Staats und seiner Einwohnerzahl nach zukommen.

Diese Abänderungen, welche sodann, um Gesetzeskraft zu erlangen, natürlich dem ungarischen Reichstage hätten vorgelegt werden müssen, nahm das wiener Cabinet schon 1806 in Verhandlung. „Ich werde jetzt einen Plan zur Stiftung einer neuen österreichischen Monarchie ausarbeiten", sagt der erste Publicist des Hofs, der mit

dieser Arbeit betraute Friedrich v. Gentz in einem vom 4. Aug.
1806 datirten Schreiben an Johannes Müller.[1] „Der Kaiser muss das
Reichsregiment mit Würde niederlegen; Wien muss aufhören Residenz zu sein; die deutschen Staaten als Nebenländer, Grenzprovinzen
betrachtet; der Sitz der Regierung tief in Ungarn aufgeschlagen; eine
neue Constitution für dieses Land gemacht werden. Mit Ungarn, Böhmen,
Galizien und was von Deutschland blieb, behauptet man sich noch gegen
die Welt, wenn man will. Fiume und Triest müssen um jeden Preis
gerettet werden, oder wiedererobert, sonst hat dieser Staat keine
Wassercommunication; alles übrige in grösster Fülle und die Grenzen
durch Natur und einige Kunst so zu befestigen, dass der Teufel und
seine Legionen nicht eindringen können. Wenn dies befolgt wird,
so sollen Preussen und Deutschland zeitig genug bei dieser neuen
Monarchie um Hülfe flehen.“

Dieser Plan scheiterte indessen, wie bekannt, an der Zähigkeit
des Kaisers Franz, der weder seiner Willkürherrschaft und absoluten
Macht in den deutsch-böhmischen Erblanden, noch der Hoffnung entsagen wollte, dass es ihm vielleicht doch noch gelingen werde, seine
Hegemonie in Grossdeutschland mit dem Wechsel der Umstände wiederzugewinnen. Anstatt des beabsichtigten einheitlichen, constitutionellen
Staats, mit dem Mittelpunkte Ungarn und der Hauptstadt Pesth-Ofen,
verblieb, wie wir wissen, die alte, jeder Einheit entbehrende, innerlich
wirr constituirte Monarchie, welche eigentlich aus zwei hinsichtlich
ihrer Regierungsform voneinander wesentlich verschiedenen, und miteinander nur durch die Identität der Person des Herrschers, die
„Personalunion“, verbundenen Staaten gebildet wurde. Anstatt des
im Plan gewesenen einheitlichen Staats[2] wurde die sogenannte
„Oesterreichische Monarchie“ gegründet, welche den Anforderungen,
die man an einen einheitlichen Staat zu stellen berechtigt ist, in
keiner Weise gerecht werden konnte, da sie, nach dem Wortlaut der
Grundacte selbst, an der Verfassung, den Gesetzen und der Verwaltung
Ungarns nichts änderte und auch nichts ändern konnte, die Regierung
der übrigen deutsch-böhmischen Erblande aber ganz in der alten absoluten Methode beliess; als nun endlich der Friede wiederhergestellt
war, wurde die Nothwendigkeit einer Neugestaltung von der Regierung sowol als von den Regierten diesseit und jenseit der Leitha
gefühlt: von jener, weil die Nothwendigkeit der Einheit als zwin-
gende Forderung an sie herantrat; von diesen, westseit der Leitha,
weil auch sie sich nach einer Verfassung sehnten; ostseit der Leitha,

---

[1] Friedrich v. Gentz' Schriften, herausgegeben von Schlesier, IV, 247.

[2] Napoleon schreibt hierüber unterm 20. Aug. 1804 an Talleyrand:
„Non seulement je suis bien aise que le roi de Hongrie change son titre de
roi en celui d'empereur, mais je verrai sans peine le titre de roi disparaître
de l'Europe.“ Vgl. Correspondance de Napoléon, VIII, 477.

weil sie in der gemischten Ehe mit den absolutistisch regierten deutschen Erbländern ihre alte Verfassung bedroht sahen.

Ausser alledem traten jedoch auch noch andere Verhältnisse in
den Vordergrund, welche die Nothwendigkeit dieser Neugestaltung in
noch höherm Grade als unabweislich erscheinen liessen. In allen
Staaten erstand während der jüngstverflossenen aussergewöhnlichen
Ereignisse gleichsam ein neuer Factor: die Nationalität. Seit der
Französischen Revolution hatten sich die Nationalitäten verjüngt und
mehr und mehr ausgebildet. Die Staaten wurden der tyrannischen
Gewalt Napoleon's gegenüber einzig und allein von den erwachten
Nationalitäten gerettet, und es war unmöglich, dass die Regierungen
die grosse Bedeutung der moralischen Kraft derselben im Staatsleben
nicht erkannt, und nicht davon sich überzeugt hätten, dass, gleichwie
es unmöglich gewesen wäre, die Staaten ohne die Begeisterung der
Nationen zu retten, die erstern auch für die Zukunft auf kein festes
Bestehen zählen dürften, wenn man bei der überall nothwendig gewordenen Neugestaltung den Nationalitäten keine Rechnung trüge;
denn diese waren jetzt mit vollem Bewusstsein zu Factoren im Staate
geworden, und beanspruchten nun auch die Geltendmachung ihrer
Rechte.

Die Regenten aus dem Hause Habsburg hatten früher, als zugleich deutsche Kaiser, in ihrer Monarchie die deutsche Nationalität
allein zur Geltung gebracht, keinen Augenblick beachtend, dass diese
in der Monarchie sich in der Minderheit befinde; ja sie zwangen
sogar, wie Joseph II., die übrigen Nationalitäten, sich dem Deutschthume unterzuordnen. Da es jedoch unmöglich war, die alten Verhältnisse wiederherzustellen, so war es hinfüro auch unmöglich, die alte
Regierungspolitik ungestraft aufrecht zu erhalten. Kaiser Franz hätte
zwar, als sein Cabinet vor dem Wiener Congress die Berathungen
über die unausweichlich gewordene Neugestaltung aufnahm, vor allem
eine derartige Wiederherstellung des deutschen Reichs gewünscht, damit
die Kaiserwürde abermals seinem Hause als Antheil zugefallen wäre.
Allein dies vereitelten die bestehenden Verhältnisse. Preussen wahrte
sich die in den letzten Kriegen erkämpfte Grossmachtstellung auf
eine energische Weise; unter den Deutschen selbst machte das Na-
tionalitätsprincip und die Sehnsucht sich immer mehr geltend,
welche sie nicht nur eine Constitution wünschen, sondern für ihre
Nationalität auch volle Unabhängigkeit und ein politisches Gewicht
beanspruchen hiess, wie es mit ihrer Zahl und ihrer Bildung im Verhältniss stand; — diese und zahlreiche andere Umstände, deren Erörterung nicht zu unserer Aufgabe gehört, machten eine Wiederherstellung Deutschlands in seiner alten Gestalt schlechterdings unmöglich.

Bei einem solchen Stande der deutschen Verhältnisse war es nun-

mehr unmöglich geworden, bei der Neugestaltung der Monarchie als
Grundlage derselben die deutsche Nationalität anzunehmen, da diese
im besten Falle nur ein Fünftel der Bevölkerung ausmachte. Wenn
daher das Regentenhaus bei der Neugestaltung seiner Monarchie Einheit in dieselbe zu bringen beabsichtigte, so musste es nothwendigerweise auch jetzt zu jenem Plane zurückkehren, welcher 1806 an der
Tagesordnung stand, und nach welchem die abzuändernde ungarische
Verfassung auf die ganze Monarchie ausgedehnt, Ungarn zu deren
Mittelpunkt und Ofen zur Residenzstadt erhoben werden sollte. Dies
war auch die einzig richtige Art, die Neugestaltung durchzuführen,
welche ohne gewaltsame Erschütterungen hätte bewirkt werden können. Es fehlte in Wien nicht an Staatsmännern, die, mit klarer Einsicht der Sachlage aufrichtiges Wohlwollen verbindend, keinen Anstand nahmen, entschieden zu erklären, dass das Interesse der Monarchie unerlässlich die Verlegung der Regierung und des Thrones
von Wien nach Ofen erfordere.[1] So äusserte sich nebst vielen andern auch Graf Buol-Schauenstein, der Vater des noch unlängst an
der Spitze der äussern Angelegenheiten gestandenen österreichischen
Ministers. Ja, nach dem französischen Historiker Capefigue war anfangs selbst Fürst Metternich einer solchen Neugestaltung der Monarchie nicht abgeneigt.

Und in der That wäre eine solche Neugestaltung ein Schritt gewesen, wie ihn das Herrscherhaus zur grössern Befestigung seiner
Macht segensreicher noch nie gethan hatte. Dazu riethen alle Interessen; dazu Ungarns Verdienste um die Dynastie. „Ein einziger
Blick auf die damalige Karte von Europa", sagt ein scharfsichtiger
russischer Diplomat[2], „eine einfache Zählung der im Donaubassin wohnenden Völkerschaften musste jedermann, der nicht in alten politischen
Traditionen festgerannt war, davon überzeugen, dass die Donau der
für Oesterreich unentbehrlichste Strom sei und dieses neue Kaiserreich
vorzüglich als Donaumacht eine bedeutende, ja grosse Zukunft in Anspruch nehmen dürfe. Die Natur wie die geschichtliche Entwickelung
Europas hatten in gleicher Weise die österreichische Politik auf diese
Richtung hingewiesen. Vorüber waren die Zeiten, wo Oesterreichs
Mission darin bestand, die Vormauer der Christenheit gegen die
Türken zu sein. . . . Der Besitz dieses Königreichs (Ungarns) garantirte
Oesterreich seine europäische Bedeutung und war für dasselbe um so
wichtiger geworden, seitdem es seinen vorwiegend deutschen Charakter durch den westlichen Länderverlust und das Wegwerfen der deut-
schen Kaiserkrone verloren und selbst aufgegeben hatte. Ungarn
hatten durch ihren Heereszug gegen Swiatopluk von Mähren Deutsch-

[1] Friedrich Perthes' Leben. Nach dessen schriftlichen und mündlichen
Mittheilungen aufgezeichnet, II, 115.
[2] Europas Cabinete und Allianzen. Vom Verfasser der Pentarchie, S. 183.

land vor slawischer Präponderanz bewahrt; Ungarn hatten Rudolf von
Habsburg in der Schlacht auf dem Marchfelde gegen Ottokar siegen
helfen; Ungarn hatten die österreichische Monarchie unter Maria
Theresia gerettet und erhalten, und Ungarn war der letzte Zufluchts-
ort des Hauses Habsburg geworden, als Napoleon in Schönbrunn
Herr aller deutsch-österreichischen Lande war. Es ist nicht zu leug-
nen, die edeln, hochherzigen, tapfern und kühnen Magyaren hatten
gerechte, vollgültige Ansprüche auf die Dankbarkeit Oesterreichs. Und
nicht blos die Moral, sondern auch die Politik, die centrale Lage von
Ungarn, die Energie des magyarischen Volkscharakters geboten, jene
Verdienste anzuerkennen. ... Ein Ungarn vom Adriatischen bis zum
Schwarzen Meer, von den Karpaten bis zum Balkan war schon der
Lieblingsgedanke des grossen Eugen und des «Staatskutschers von
Europa», des Fürsten Kaunitz gewesen. Letzterer war stets entzückt,
wenn er von diesem Project sprach, wodurch Oesterreichs Handel gehoben, Ungarns Nationalreichthum verwerthet, der Transit belebt und
die Donau von Passau bis zur Mündung zur grössten Wasserstrasse
gemacht werden würde." — „Wie weit anders würde sich das neue
österreichische Kaiserthum consolidirt haben", sagt ferner derselbe
Schriftsteller, „wenn die Dynastie sich auf das Centralland der Monarchie, auf Ungarn, nach welchem alle Theile der Monarchie gravi-
tirten, gestützt und die deutschen Beziehungen nicht mehr zu ihren
leitenden Gedanken und Tendenzen beibehalten hätte. Diese waren
politisch verurtheilt, und selbst was der wiener Hof von den frühern
deutschen Besitzungen 1815 noch revindicirte, reichte doch weit nicht
aus, um als Acquivalent für den entschiedenen Nachtheil gelten zu
können, den die Monarchie dadurch erlitt, dass es ihr nunmehr an
einem starken festen Centrum fehlte. Nicht der deutsche Ursprung
und Charakter der Dynastie mit ihrer deutschen Bureaukratie durfte
hier massgebend sein, sondern die geographische Lage des Reichs,
welche die verschiedenen Völkerschaften zusammenband, und besonders
jener Strom, den Napoleon mit Recht den ersten Strom Europas genannt hatte, und der als Lebensader der Monarchie ihre politische
Richtung und ihren eigensten Charakter gewissermassen prädestinirt
hatte."

Wir pflichten der Meinung des russischen Staatsmanns bereitwillig bei, vorausgesetzt indessen, das bei dieser Neugestaltung der
Monarchie die ungarische Verfassung ihrem Wesen nach aufrecht
erhalten und die etwa nothwendig gewordenen Abänderungen mit Einwilligung der Nation, gesetzlich, auf dem Reichstage vorgenommen
worden wären. Und es unterliegt kaum einem Zweifel, dass die Nation selbst diese Modificationen unter den angegebenen Bedingungen
nicht zurückgewiesen hätte. Allein, wie auch der erwähnte Schriftsteller sagt, „an männlichen, raschen Entschlüssen, an Kühnheit des

Gedankens, an energischer Ergreifung und Ausführung grossartiger und gewaltiger Entwürfe hat es in Wien allzeit gefehlt". Kaiser und König Franz, dessen übrigens sprichwörtlich gewordene Gutherzigkeit die ausgestandenen Gefahren in hohem Grade mistrauisch und schroff gemacht hatten; der gegen die welterschütternden Principien des Jakobinismus und gegen allen Geist politischer Neuerungen mit unversöhnlichem Hasse erfüllt war; andererseits wieder auf seine eigene fürstliche Machtvollkommenheit, auf die Unantastbarkeit der göttlichen Rechte des Königthums überaus grosses Gewicht legte, war aus dem langwierigen Kampfe, welchen er gegen die Revolution führte, mit der Ueberzeugung herausgetreten, dass nicht in irgendeiner künstlichen Neugestaltung, welche noch gar dem Constitutionalismus den Weg bahnen würde, sondern einzig und allein im Absolutismus, in einer väterlich gesinnten Willkürherrschaft, welche jede constitutionelle Form beseitigt, jede Neuerung und Freiheit verhindert und niederhält, für die Fürsten sowol als für die Völker das wahre Heil zu finden sei. Ausser alledem den Ungarn wegen ihrer verfassungsmässigen Opposition während der verflossenen Jahre gram, wollte er auch jener traditionellen Familienpolitik nicht entsagen, welche sich stets ihren deutschen Ursprung und Charakter, die deutschen Verhältnisse und Beziehungen zum Ausgangspunkte ihrer leitenden Ideen und Zwecke gestellt hatte.

Der Plan der Neugestaltung, welcher, ausgeführt, so ungemein heilbringend werden konnte, wurde also in den Cabinetsberathungen, wie 1806, auch jetzt wiederum verworfen. An dessen Stelle wurde vom Cabinet das Princip der Reaction, der Gegenrevolution, des Stillstands und der Legitimität sowol in Bezug auf die Monarchie als auch, soweit es dies durch seinen Einfluss bewerkstelligen konnte, im allgemeinen auch hinsichtlich Europas zum Ausgangspunkte der Politik künftiger Zeiten gemacht. Und zwar sollte die Aufgabe sein: in den Völkern jedes Verlangen nach Freiheit zu ersticken und alle sehnsuchtsvollen Seufzer nach Freiheit zum Schweigen zu bringen; allen jenen Richtungen entgegenzuwirken, welche aus der Revolution entstanden waren, und welchen, um die Völker zur Bezwingung derselben zu begeistern, seit 1808 einige Zeit hindurch die Regierungen selbst genöthigt waren zu schmeicheln und ihre Unterstützung angedeihen zu lassen; und schliesslich zur Verwirklichung alles dessen eine starke, polizeiliche Willkürherrschaft zur Geltung kommen zu lassen.

Die Feststellung dieser Politik wurde im Cabinet schon vor dem Wiener Congress zum unabänderlichen Entschlusse. Fürst Clemens Metternich, der erste Minister und Staatskanzler des Kaisers, wurde Bannerträger derselben, der später in dem ungemein fähigen, aber charakterlosen Schriftführer des Congresses, Friedrich v. Gentz, in dem zum Redacteur des wiener Regierungsblattes (des „Beobachter")

Die Staatspolitik des wiener Cabinets.

ernannten Joseph v. Pilat, in dem von seinen philosophischen Arbeiten und seinen an der wiener Universität gehaltenen Vorträgen bekannten Friedrich v. Schlegel und in einigen andern Schriftstellern und Diplomaten talentvolle, geschickte Gehülfen um sich versammelte. Mit Hülfe dieser Männer bemühte sich sodann Metternich, auf die Mitglieder des Congresses im Interesse jener Politik einzuwirken. Das wiener Cabinet, in welchem das Staatsprincip der Willkürherrschaft und des Stillstands ohnehin schon seit lange her Wurzel gefasst hatte, wurde, wie es früher der hartnäckigste Gegner der durch die Französische Revolution hervorgerufenen Neuerungen war, jetzt, nach der siegreichen Beendigung des Kriegs, gleichsam ein natürlicher Mittelpunkt jener reactionären Politik. Und Metternich forderte nun, nachdem er jene neutrale, unthätige, unterdrückende und beengende Politik sowol in den äussern als innern Angelegenheiten der Monarchie zum leitenden Staatsprincip erhoben hatte, die Annahme und Verwirklichung derselben von den Regierungen aller jener Staaten, auf welche sich sein Einfluss erstreckte. Dieser Einfluss aber war damals, seit Oesterreich 1813 durch seinen Beitritt zur Coalition gegen Napoleon eine so entschiedene Wirkung auf die Ereignisse auszuüben begann, ein ungewöhnlich grosser geworden im Rathe der Staaten Europas. Und so geschah es nachher, dass es Metternich auf dem Wiener Congresse im hohen Grade gelang, die Staatspolitik des wiener Cabinets auch von andern Staaten angenommen zu sehen, und auf diese Art wesentlich den Zweck zu verändern, wegen dessen der Congress eigentlich zusammengetreten war. Dieser Congress hatte, wie bekannt, die Aufgabe, die während der langwierigen Kriege auf verschiedene Weise gestörten und verwickelten Staatsverhältnisse auszugleichen, und ein neues und zweckmässiges, den Fürsten wie den Völkern gleiche Gerechtigkeit gewährendes Staatsrecht zu begründen. Unter dem Einflusse Metternich's berücksichtigte jedoch der Congress, einseitig und übermässig, nur die Rechte der Herrscher, suchte nur diese durch eine überschwengliche Anwendung des Legitimitätsprincips mit neuen Garantien zu umschanzen, und vergass in seinem Eifer darüber, nicht nur den Rechten des Volks und den billigen Forderungen desselben gerecht zu werden, sondern bemühte sich vielmehr, das Volk nur für rechtlose, zu Gehorsam allein verpflichtete Massen betrachtend, dasselbe einer neuen, die alte an Strenge und Schonungslosigkeit noch überbietenden Willkürregierung zu unterwerfen, um auf diese Weise die Herrschaft der Principien und Ideen der bezwungenen Revolution für immer unmöglich zu machen. Die Fürsten, die zur Zeit der Noth und Gefahr ihre Unterthanen durch das Versprechen einer volksthümlichen, freien Verfassung zu dem Kampfe auf Leben und Tod zu begeistern gewusst hatten, zogen zwar ausdrücklich ihr gegebenes Wort nicht zurück; ja in einem Documente des Congresses

wiederholten sie sogar mit einigen unbestimmten Ausdrücken das Versprechen: allein die in Noth und Gefahr gemachte Verheissung wurde,
nachdem beide verschwunden waren, nicht mehr in Betracht gezogen
und an die Stelle der zugesagten Verfassung wurde eine allgemeine
Reactionspolitik zum höchsten Princip in der Regierung der Staaten
erhoben.

Um den fernern Bestand dieser obersten Staatsgrundsätze zu
sichern, schlossen sodann die drei nordöstlichen Mächte, Oesterreich,
Russland und Preussen, auf Antrag des Kaisers Alexander auch noch
einen andern Vertrag, welcher dem neuen politischen Systeme Europas gleichsam zur Grundlage dienen sollte, und welchen seine Urheber,
weil sie ihn mit den Grundsätzen der christlichen Brüderlichkeit und
Gerechtigkeit bemäntelten, „Heilige Allianz" zu benennen wünschten.
Dieses Schriftstück, welches die Verhältnisse dieser Fürsten zueinander
auf die Grundsätze der christlichen Liebe und Brüderlichkeit basirt,
kraft welcher sie einander gleichwie Mitglieder einer und derselben
Familie beizustehen verpflichtet sind, stellt die Fürsten ihren Völkern
gegenüber wie Bevollmächtigte der Vorsehung auf, die ihre ihnen von
Gott anvertrauten Völker mit voller väterlicher, mithin unbeschränkter
Gewalt zu regieren haben; schweigt aber hierbei völlig von den Rechten
der Völker. Als das die Heilige Allianz betreffende Actenstück öffentlich bekannt wurde, entstanden in den Anhängern der Volksfreiheit
schwere Zweifel gegen die Einlösung der von den Fürsten ihren Völkern gemachten Versprechungen; man konnte dem zur Zeit der Gefahr gegebenen Worte kaum Vertrauen mehr schenken; und diese
Zweifel und Besorgnisse wurden auch bald zur Wahrheit: die Politik
der Reaction, der Unterdrückung und Beengung wurde, besonders seit
der karlsbader Zusammenkunft (August 1819), deren Beschlüsse sodann auch der Deutsche Bundestag annahm und sanctionirte (20. Sept.),
in der Leitung der Staaten des europäischen Festlandes allgemein.

Diese freiheitsfeindliche Politik trat nach Wiederherstellung des
Friedens im österreichischen Kaiserstaate nicht sogleich zu Tage; viel-
mehr treffen wir, als hätte das wiener Cabinet für seine Politik die
Sympathie des Volks und die öffentliche Meinung in Deutschland und
Italien gewinnen wollen, noch ein paar Jahre nachher mit einigermassen freisinnigen Kundgebungen und Erlassen zusammen. Diese
Jahre dienten gleichsam als Schlaftrunk für die ohnehin an unbedingten
Gehorsam und Bevormundung von seiten der Regierung und Kirche
gewöhnten, den öffentlichen Angelegenheiten gegenüber grösstentheils
äusserst gleichgültigen Völker Oesterreichs. Den Wendepunkt bemerken wir erst im Frühling 1817, als die Regierung, erschreckt von
dem freiern Geiste, der sich in Frankreich und Deutschland abermals
kundzugeben begann, es für räthlich hielt, die Zügel strammer anzu-
ziehen. Damals wurde Graf Sedlnitzky zum Polizeipräsidenten er-

*Die Anwen-
dung der re-
actionären
Politik im
Kaiser-
staate.*

nannt, seit dessen Amtsantritt immer mehr und mehr beengende Massregeln veröffentlicht oder den Beamten zu deren Richtschnur ans
Herz gelegt wurden. Der Kaiserstaat wurde vom Auslande und vor
dem Einflusse des im Auslande herrschenden Geistes strenger als jemals abgesperrt; Pässe ins Ausland konnte man nur bei Bezeichnung
des Ziels und Zwecks der Reise nach peinlichster Ausforschung, und
auch da nur sehr schwer, erlangen; der Besuch auswärtiger Universitäten wurde nur ausnahmsweise, durch Beihülfe einflussreicher Gönner,
und auch dies nur in sehr seltenen Fällen gestattet, und zwar dehnte
sich diese Massregel selbst auf die sich zum Lehrer- oder Priester-
stande vorbereitenden Protestanten aus, bei denen es von alters her Gewohnheit war, ihre Ausbildung an ausländischen Universitäten zu
suchen. Die geistigen Producte des Auslandes, Bücher und Zeitschriften,
wurden der strengsten Prüfung unterzogen, und die freisinnigern,
wenn sie sich auch mit ernsten Wissenschaften beschäftigten, unter-
lagen unerbittlich dem Verbote. Die philosophischen und geschichtlichen Werke fühlten am meisten die Strenge dieses Prohibitivsystems
der Censur. Im Inlande wurden der öffentliche Unterricht und die
Presse unter die eifersüchtigste Controle gestellt. Die Handbücher,
selbst jene der höhern Wissenschaften, schrieb die Regierung entweder
selber vor oder erlaubte deren Gebrauch nur nach einer strengen
Voruntersuchung des Inhalts. Die Presse, und zwar sowol hinsichtlich der Bücher als auch der Zeitschriften, seufzte unter dem Drucke
einer ebenso willkürlichen als strengen Censur. Damit endlich auch
der Verbreitung freiheitlicher Ideen durch das lebendige Wort vorgebeugt werde, ward eine im geheimen spähende und angeberische Polizei in noch grösserm Umfange organisirt, und die Angeberei mit Ertheilung von Prämien angeeifert.

Diese Poli-
tik wird
auch in Un-
garn zur
Geltung ge-
bracht.   Der wiener Polizeipräsident hatte, wie wir wissen, in Ungarn keinen gesetzlichen Wirkungskreis; vielmehr verboten unsere zur Wah-
rung der Unabhängigkeit und Verfassungsmässigkeit des Landes und
seiner Regierung geschaffenen und noch in voller Gültigkeit bestehenden Gesetze in den bestimmtesten Ausdrücken nicht nur selbst den
geringsten Einfluss der österreichischen Behörden auf die öffentlichen
Verwaltungsangelegenheiten Ungarns, sondern auch die Anwendung
jenes Systems und jener Grundsätze, nach welchen die österreichischen
Erblande regiert wurden. Allein der österreichische Polizeipräsident
übte trotz alledem auf unser Vaterland grossen Einfluss aus, obgleich
er denselben nicht unmittelbar, sondern durch die ungarischen Dikasterien zur Ausführung bringen liess. Unsere Gesetze geben der
königlichen Gewalt in polizeilichen Angelegenheiten einen grossen Spielraum, und deshalb wurden in zahlreichen Fällen, für welche kein besonderes Gesetz bestand, ja hier und da auch den bestehenden Gesetzen entgegen, die von der wiener Centralpolizeibehörde angenomme-

nen Grundsätze und festgestellten Normen durch Vermittelung der ungarischen Dikasterien auch auf unser Vaterland ausgedehnt. Die betreffenden Erlasse gingen den Dikasterien stets im Namen des Königs zu, diese waren somit stets gezwungen, zu gehorchen und jene Verordnungen ins Leben treten zu lassen. Jener ungarische Kanzler oder irgendandere Rath, der es gewagt haben würde, mit Metternich oder Sedluitzky anzubinden, hätte sein Amt nicht lange behalten können. Uebrigens hatte der österreichische bureaukratische Geist auch bei unsern Dikasterien schon viel zu viel Eingang gefunden, als dass diese, selbst wenn sie sich auf klare Gesetze hätten stützen können, zur Opposition geneigt gewesen wären. Fürst Koháry, der ungarische Hofkanzler, dessen Familie in seiner Person im Mannsstamme ausstarb, suchte die exemplarische Treue derselben zu dem Herrscherhause seinerseits durch eine unbedingte Unterstützung der Regierungspolitik zu bethätigen. So geschah es denn, dass hinsichtlich der Presse, der Censur, der öffentlichen Lehranstalten auch bei uns dieselben oder wenigstens ähnliche Normen zur Geltung gebracht wurden wie in den deutschen Erblanden; die geheime Polizei aber hing, mit völliger Ignorirung der Dikasterien, einzig und allein vom wiener Polizeipräsidenten ab, bekam von ihm alle Verordnungen, richtete an ihn alle ihre Berichte.

Wenn damals die Comitatsbehörden, welche alle gesetzwidrigen oder dem Geiste der Verfassung widersprechenden Verordnungen „achtungsvoll beiseite zu legen" und wegen deren Widerrufung Adressen an den König zu richten gewohnt waren, nicht bestanden hätten, so hätte man bei dem unbedingten Gehorsam unserer Dikasterien und Stadtmagistrate, bei der Lauheit des grössten Theils unsers hohen Adels und bei der behutsamen Zaghaftigkeit und unpatriotischen Energielosigkeit desselben, der verschiedene Unannehmlichkeiten, Uebergehung, Zurücksetzung u. dgl. fürchtete, durch ähnliche willkürliche Verordnungen und polizeiliche Normalien nach und nach die Verfassung selbst über den Haufen werfen können. Der Reichstag, welcher für die verletzten Nationalrechte und die verstümmelte verfassungsmässige Regierung hätte energisch in die Schranken treten können, wurde seit 1812, weil er damals den Massregeln der Regierung eine lebhafte und ausdauernde Opposition entgegengestellt hatte, trotz aller Betreibungen nicht mehr zusammenberufen. Der Einfluss des Erherzogs Joseph, der in seiner Stellung als Palatin die Unverletzlichkeit der Verfassung und die Gesetzmässigkeit der Verwaltung zu überwachen verpflichtet war, wurde, da er es nicht versäumte, zu deren Schutze und zur Vertheidigung des eigenen Ansehens seine Stimme dem kaiserlichen Bruder gegenüber zu erheben, bei Hofe mit Verdächtigungen aller Art so sehr untergraben, dass er gezwungen war, Wien selbst längere Zeit zu vermeiden. Und endlich blieb die

Würde eines Primas von Ungarn, der nach dem Palatin, sowol gesetzlich als auch der traditionellen Autorität seines Amts gemäss, zumeist berufen gewesen wäre, dem Throne Rathschläge zu unterbreiten, welche Würde, mit dem Hinscheiden des Erzherzogs Karl Ambrosius seit 1809 erledigt war, während eines Jahrzehnts unbesetzt.

Unter solchen Umständen waren noch einzig und allein die Comitate im Stande, die Nationalrechte und das verfassungsmässige Régime der willkürlichen Reaction gegenüber zu vertheidigen; und sie thaten dies auch, einige mit mehr, andere mit weniger Energie und Erfolg. Die gesetzwidrigen Verordnungen wurden beiseitegelegt und deren Zurücknahme gefordert, zugleich aber die schon seit so langer Zeit versäumte, zur Abhülfe verschiedener Mängel und Beschwerden so sehr nothwendige Einberufung des Reichstags beim Könige betrieben. Bald aber zogen auch die Comitate, eben dieser Opposition wegen, den Zorn der Regierung auf sich. Nicht nur, dass sie auf ihre Bitten und Vorstellungen entweder keine Antwort erhielten, oder mit einer ablehnenden und Gehorsam anbefehlenden Rüge zum Schweigen verurtheilt wurden; sondern, wenn in dem einen oder dem andern Comitate die durch die gefährdete Verfassung erwachte patriotische Besorgniss sich vielleicht in etwas stärkern Auslassungen gegen die Willkürherrschaft Luft machte, so entfaltete die durch geheime Späher und Angeber hiervon alsogleich in Kenntniss gesetzte wiener Regierung einer solchen „Verwegenheit" gegenüber nur noch grössere Strenge. Derlei kühnere und eifrigere Patrioten wurden nach Wien beschieden und durch „das tadelnde Wort des Königs" zum Schweigen gebracht; oder wenn die Anklage gegen Zahlreichere erhoben wurde, ward in das betreffende Comitat ein königlicher Commissar gesandt, welcher sodann mittels verschiedenartiger Einschüchterungen, Drohungen, oder Gewaltthätigkeiten und freigebiger Ertheilung der „Action" das freie Wort verstummen machte, die Opposition unterdrückte, und die Verordnungen der Regierung, wenn es nicht anders anging, selbst mit Anwendung des „Brachiums" in Vollzug setzte.

Die Regierung hatte indessen eingesehen, das man mit solchen Massregeln die Comitate auf die Dauer nicht regieren könne, dass durch eine Vermehrung ähnlicher Fälle gewaltsamer Bedrückung nur die Leidenschaften aufgestachelt und Trotz hervorgerufen werde, was sodann zu immer heftigern Zusammenstössen führen könnte. Es war stets eine der Hauptbestrebungen des Kaisers und Königs Franz gewesen, dass seine Regierung, trotz aller ihrer Neigung zur Willkür, vor der Welt den Schein einer patriarchalischen, väterlichen Regierung an sich trage; auch widerstritt es der natürlichen Güte seines Herzens, mit seinen Völkern, von welchen er Liebe, Vertrauen und den freiwilligen Gehorsam eines Sohnes beanspruchte, sich in lange, hitzige Streitigkeiten einzulassen; wiewol er ihrem Verlangen auch nicht

immer gern entsprach. Demnach liebte er die Vergewaltigung, die
gewaltsamen Mittel selbst nicht sehr, und suchte, wenn es nur möglich war, dem Uebel durch präventive Massregeln zuvorzukommen;
er setzte seine strengen Regierungsgrundsätze gern durch die sanftesten
Mittel in Vollzug. Gegen die weitere Ausbildung des revolutionären
Geistes suchte er das sicherste Mittel, den besten Schutz in der Beschränkung der Presse und in dem mit grösster Behutsamkeit zu-
sammengestellten System des Schul- und öffentlichen Unterrichts,
welches gerade darauf abzielte, die allgemeine Aufklärung zu verhindern. In den österreichischen Erblanden wurde das von seinen Ahnen
überkommene Regierungssystem unter Beihülfe der beiden Minister,
Metternich und Sedlnitzky, zu einer so grossen Vollkommenheit gebracht, dass dadurch jede freie Bewegung, alle Selbständigkeit und
Thätigkeit der politischen Körperschaften, des Klerus und des Adels
verhindert ward. Etwas Aehnliches wünschte er auch mit den auf
ihre autonomen Rechte eifersüchtigen, gegen ungesetzmässige höhere
Befehle ungehorsamen, störrigen, lärmenden Comitaten vorzunehmen,
damit er nicht stets genöthigt sei, ihre Opposition mit Gewalt zu
brechen.

Deshalb schienen der Regierung vor allem zwei Dinge noth- Versuche
von Willkür
in den Co-
mitaten.
wendig: dass den selbständigern, unabhängigern, von ihrem patrio-
tischen Eifer und ihrer constitutionellen Gesinnung bekannten Mitgliedern der hohen Aristokratie und andern vermöglichern Edelleuten
der Besuch der Comitatssitzungen verleidet, und dass die Leitung der
Comitate einem gehorsamen, jede Verordnung mit völliger Unterwürfigkeit empfangenden Beamtenkörper in die Hand gegeben werde. Den
ersten dieser Zwecke glaubte die Regierung durch die Oberhäupter
der Comitate zu erreichen. Zu Obergespanen oder Administratoren
wurden, mit Uebergehung der unabhängigern Patrioten, solche Individuen ernannt, von welchen man voraussetzen durfte, dass sie, entweder
infolge ihrer precären Vermögensverhältnisse oder vom Ehrgeiz angetrieben, unter allen Umständen zur Durchführung der Regierungspolitik hülfreiche Hand bieten würden. Diesen wurde sodann zur
Pflicht gemacht, in den Sitzungen der ihrer Leitung anvertrauten
Comitate öfter zu erscheinen, jene Mitglieder der hohen Aristokratie
und die vermöglichern Edelleute aber, von welchen eine Opposition zu
erwarten war, durch irgendwelche Unannehmlichkeiten und Parteiumtriebe von denselben fern zu halten. Wo dies von den Obergespanen
und Administratoren allein nicht erreicht werden konnte, wurden aus
Anlass geringfügiger Ursachen königliche Commissäre in die Comitate
gesandt, welche ihnen so lange auf dem Halse sitzen mussten, bis die
Opposition, der Quälereien und Umtriebe müde, den Besuch der Versammlungen aufgab. Wo die Dinge einmal so weit gediehen waren,
dort war es leicht, auch den andern Zweck anzustreben. In den

Wahlversammlungen, zu welchen die Obergespane immer mehr und mehr Mitglieder des gewonnenen niedern Adels herbeizogen, wurden von den Oberhäuptern der Comitate zu Vicegespanen und andern höhern Aemtern ähnliche dienstfertige Individuen in Vorschlag gebracht. Wo aber die Kraft und Wachsamkeit der Opposition dergleichen günstige Wahlen nicht hoffen liess, wurde die Restauration auf unbestimmte Zeit verschoben, und die im Beamtenkörper entstandenen Lücken wurden vom Chef des Comitats mit substituirten Individuen besetzt. Es gab Comitate, in welchen die Restauration 10—15 Jahre lang nicht stattfand, und in welchen der grösste Theil des Beamtenstandes aus solch „surrogirten" Personen bestand.

Auf solche Weise erreichte die Regierung ihren Zweck in vielen Comitaten vollständig. Die gebildetern und reizbarern Mitglieder des hohen Adels und der übrigen Stände, welche früher den Kern der Opposition bildeten, von den Abgeschmacktheiten der Comitatschefs, den Tyranneien der königlichen Commissare, den Angebereien der geheimen Spione oder der Comitatsoberhäupter selbst verstimmt oder abgeschreckt, begannen grösstentheils von den Comitatsversammlungen nach und nach wegzubleiben. Die Zahl derjenigen, in welchen die patriotische Tugend und Energie nicht gebrochen werden konnte, schmolz in vielen Comitaten auf eine sehr geringe zusammen; sie kämpften daher vergebens gegen die gesetzwidrigen Befehle des Hofes, welchen die Obergespane im Verein mit den Beamten und andern Anhängern der Regierung in der Regel das Uebergewicht sicherten.

Man konnte übrigens vorhersehen, dass dies auf die angegebene Weise nicht in allen Comitaten gelingen werde. Die Regierung suchte daher nach und nach sowol die Organisation als auch die Amtsverhandlung der Comitate umzuändern. Damit also die königlichen Erlasse ohne eine solche Opposition, wie sie in den Comitatsversammlungen jedem ungesetzlichen Befehle gegenüber sich geltend zu machen pflegte, in Vollzug gesetzt würden, erliess sie in den letzten Tagen des Jahres 1817 an die Comitate eine Verordnung, welche anbefahl, dass die besoldeten Beisitzer fernerhin, gleich den Centralbeamten, für beständig in jenem Orte, wo sich der Sitz des Comitats befindet, zu wohnen haben und, gleichsam eine permanente Particular-Congregation bildend, alle höhern Verordnungen, ohne dass diese zuvor der Generalversammlung vorgelegt zu werden brauchten, ohne Versäumniss in Vollzug setzen mögen; der letztern wäre sodann nur die Anzeige von dem Geschehenen zu erstatten. Zweifelsohne rechnete die Regierung darauf, dass diese geringe Zahl von Beisitzern und Beamten vom Chef des Comitats leicht gewonnen werden könne und auch den willkürlichen und ungesetzlichen Verordnungen auf diese Weise Geltung zu verschaffen sei, ja dass sogar später vielleicht möglich sei, die vierteljährlichen Generalversammlungen selbst zu beseitigen. Wenn die

Regierung ihr Ziel in dieser Beziehung erreicht hätte, wäre die Comitats-Jurisdiction in kurzer Zeit wesentlich abgeändert und geschwächt worden. Allein die Comitate bemerkten noch zeitig genug die Absicht, protestirten, einige ausgenommen, sämmtlich gegen eine solche Neuerung, und verwiesen die Neuorganisirung der Comitate auf den Reichstag.

Da dieses Vorhaben fehlgeschlagen war, so suchte die Regierung ihre Zwecke in den Comitaten auf einem andern Wege durchzusetzen, und zwar bestrebte sie sich, die Comitate durch die Comitate selbst zu besiegen. Ausser dem bereits Gesagten, wodurch sie die Opposition zu vernichten suchte, nahm sie ihre Zuflucht auch noch zu einer andern, übrigens gefährlichen, zweischneidigen Waffe. Sie begann nämlich durch ihre Agenten und Parteianhänger die untern, ärmern und ungebildetern, daher leicht zu gewinnenden oder auf Abwege zu leitenden Schichten des Adels zu den Comitatsversammlungen herbeizulocken, hoffend, dass sie die Stimmen derselben durch ihre Agenten sich für beständig sichern könne. Der Einfluss des Bauernadels war bisher, wenn er auch an den alle drei Jahre stattfindenden Restaurationen, in welchen die Comitatsämter durch Neuwahl besetzt wurden, theilnahm, der Intellegenz des Comitats gegenüber nicht so entscheidend gewesen; auf den andern vierteljährlichen oder den zur Publicirung der wichtigern und dringendern Regierungsverordnungen zusammenberufenen ausserordentlichen Generalversammlungen indessen, in welchen Angelegenheiten verhandelt wurden, welche weit über dem Gesichtskreise ihres Verständnisses, ihrer Bildung standen, erschienen gewöhnlich nur einige wenige derselben, in Massen kamen sie niemals. Jetzt aber begannen sie, von den Anhängern der Regierung herbeigelockt, durch ihre Stimmen, welche das Oberhaupt des Comitats in Anspruch nahm, an der Entscheidung der Debatten theilzunehmen. Auf diese Weise wurde die Regierungspartei in mehrern Comitaten zum Herrn der Situation. Die aus der unabhängigen Intelligenz bestehende patriotische Opposition erhob ihre Stimme vergebens gegen diesen die Verfassung gefährdenden Misbrauch; vergebens bestrebte sie sich, dem Bauernadel, als seiner Unwissenheit wegen incompetent, das Abstimmungsrecht auf diesen zur Debatte bestimmten Versammlungen zu versagen, welches er bisher ausser den Wahlversammlungen auch nicht ausgeübt hatte: die Regierung sicherte dieses Recht durch eine besondere Verordnung dem niedern Adel, welchen sie als für immer gewonnen betrachtete und für ihre Zwecke nach Belieben benutzen zu können glaubte. 16. Febr. 1819.

Und geraume Zeit hindurch siechte der Constitutionalismus in zahlreichen Comitaten an solchen traurigen Zuständen dahin. Die gebildeten, verständigen Vertheidiger desselben hatten sich grösstentheils entweder kleinmüthig zurückgezogen, oder waren so sehr zu-

sammengeschmolzen, dass sie von der Regierungspartei, welche den
grössten Theil ihrer Stimmen aus dem irregeleiteten, unwissenden niedern Adel rekrutirt hatte, beinahe in allen Fragen überstimmt wurden.
Die Regierung richtete ihr Hauptaugenmerk nur dahin, durch die
Oberhäupter der Comitate die anschnlichern Mitglieder des Beamtenkörpers, und von den übrigen Ständen die grössten Schreier, mittels
der Eitelkeit oder des Eigennutzes derselben, auf ihre Seite ziehen
zu lassen, was ihr auch durch Substituirung der Beamten und Ertheilung von Versprechungen, Titeln und Aemtern zu erreichen nicht
unmöglich wurde. Diese wandten sodann, von Selbstsucht angetrieben,
alles an, um unter dem niedern Adel durch ihr amtliches Ansehen,
Ueberredung, Verdrehung der fraglichen Angelegenheiten und andere
Umtriebe so viele Stimmen zu gewinnen, als nöthig war, um sich die
Majorität zu sichern. Der Einfluss der Regierung wuchs auf diese
Weise in den Comitaten, welche bisher die Hauptwälle der Constitution gebildet hatten, immer mehr und mehr. Mit diesem Einflusse
aber ging Hand in Hand die Willkürherrschaft und die Reaction,
deren grössere Befestigung eben der Zweck dieses Verfahrens war.
Der verstimmte, entmuthigte verständigere Adel versank in Apathie
und Unthätigkeit und zog sich von dem mit so vielen Unannehmlichkeiten und Quälereien verbundenen politischen Leben zurück. In den
Comitatsversammlungen war der Vorsitzende und der zu seiner Partei
gehörende Beamtenkörper alles, die debattirende, beschliessende und
vollziehende Gewalt. Die Gleichgültigkeit und Theilnahmslosigkeit war
in vielen Comitaten so gross geworden, dass selbst die im Sitze des
Comitats, oder in dessen Nähe wohnenden Edelleute an den Generalversammlungen höchtens dann theilnahmen, wenn die Regulirung der
Fleischpreise oder irgendein ähnliches materielles Interesse zur Verhandlung kam. Die Jugend, welche die nach den Intentionen der
Regierung eingerichteten öffentlichen Unterrichtsanstalten ohne Bildung
und Aufklärung verliess, suchte zum grössten Theil in rohen, über-
müthigen Streichen und wilden Schwelgereien Befriedigung für ihre
schäumende Kraft, welche in dem einer allgemeinen Verkommenheit
anheimgefallenen öffentlichen Leben keine Beschäftigung finden konnte.
Wäre es der Regierung gelungen, diesen Zustand in den Comitaten längere Zeit hindurch aufrecht zu erhalten, so hätte der Verfassung eine weit ernstere Gefahr gedroht als je früher in den vergangenen Zeiten; denn die Dikasterien, welche die Unverletzlichkeit
der Gesetze hätten überwachen sollen, waren theils durch den in denselben verbreiteten bureaukratischen Geist, theils durch die Furchtsamkeit, Selbstsucht, Lauheit und den Unpatriotismus seiner einflussreichern Mitglieder zu stummen Werkzeugen des Despotismus geworden. Und zwar war die Gefahr für den Constitutionalismus um so
grösser, als die wiener Regierung gegen denselben keinen offenen An-

griff richtete, vielmehr sich überaus sorgfältig bestrebte, in ihren
Verordnungen, deren beinahe jede irgendein Gesetz verletzte, irgendeine Ader des Constitutionalismus durchschnitt, die Leichtgläubigen in
Sicherheit einzulullen und sie über ihre Zwecke und Absichten zu
beruhigen. Sie gestand ihre verfassungsfeindlichen Bestrebungen nicht
nur niemals ein, sondern verkündigte vielmehr laut ihre Achtung vor
dem Gesetze, und selbst bei offenbaren Verletzungen desselben suchte
sie ihre reactionären Zwecke durch die Erfordernisse einer unausweichlichen Nothwendigkeit, durch ihre Absicht, das öffentliche Wohl
zu vermehren, oder durch das Interesse der Monarchie zu bemänteln.
Und wer hätte gewagt, öffentlich auszusprechen, dass eben in diesen
schönen Worten die höchste Gefahr für die Verfassung verborgen war,
da doch Kaiser Franz selbst im Jahre 1820, als er die Hauptstadt 1820.
des Landes besuchte, der ihn begrüssenden Deputation die folgende
beruhigende Antwort ertheilte: „Ich habe euer Vaterland durch die
Gnade Gottes bisher selbst in den unglücklichsten Zeiten vor aller
Gefahr bewahrt, und werde auch späterhin besorgt sein, dass es kein
Misgeschick treffe, denn meine Glückseligkeit besteht in dem Wohle
der meiner Regierung von der göttlichen Vorsehung anvertrauten
Völker. Jetzt drohen abermals Gefahren: die ganze Welt ist von
einem wahnwitzigen Treiben befangen, und jagt aus Nebenabsichten
traumhaften Constitutionen nach, nicht wissend, was sie wünscht. Wie
glücklich seid ihr, die ihr eine von euern Ahnen ererbte Verfassung
habt, ihr sollt sie lieben, ich will es, denn auch ich liebe sie, und
so wie ich sie bisher aufrecht erhalten habe, so werde ich sie fortan
bewahren und in ihrer Unversehrtheit meinen Nachkommen hinterlassen, hoffend, dass auch ihr mich in keinerlei Gefahr verlassen
werdet. Eine solche Gefahr waltet zwar bisher noch nicht ob; aber
wenn sie, möge sie fern bleiben! herannahen sollte, so rechne ich auf
euere Hülfe." Wäre es nach diesen beruhigenden Worten des Königs
nicht als Majestätsverbrechen erschienen, wenn irgendjemand sich
unterfangen hätte, öffentlich auszusprechen, dass die Verfassung in
Gefahr schwebe? Und dies war zweifelsohne der Grund, dass
Kaiser Franz in Pesth-Ofen eines so überaus guten Empfanges theilhaftig wurde. [1]

---

1) Interessant ist, was von diesem Empfang Graf Joseph Dessewffy in
einem vom 22. Oct. datirten Brief an Franz Kazinczy schreibt: „Ich habe
den Brief Fejérváry's, Obernotars des pesther Comitats, gelesen, in welchem
er an den Fiscal Dókus schreibt, dass sie (die Mitglieder der Deputation des
pesther Comitats) dem Kaiser beinahe um den Hals und zu Füssen gefallen
seien. Während der Audienz schrien sie ein Vivat!" — Mehreres hierüber
schreibt er in einem andern vom 6. Febr. 1821 datirten Briefe: „Das Betragen der Ungarn in Ofen machte die ganze Nation vor Europa lächerlich.
Sie liessen den Kaiser sagen: «totus mundus stultisat» u. s. w. .... Graf
Samuel Teleki liess seinen Mente mit den Perlen seiner Gemahlin ver-

26 Erstes Buch. Einleitung.

Die spanische, portugiesische und neapolitanische Revolution. Da übrigens Kaiser Franz diese Worte an die ungarische Nation gerichtet hatte, war die Regierung eine Zeit lang sorgsam bedacht, die öffentliche Meinung mit augenfälligern Verordnungen gegen sich nicht zu reizen. Das moralische Fieber der Revolution, welches man durch die Reaction für ewig unterdrückt zu haben meinte, hatte abermals in mehrern Gegenden Europas über die Gemüther Macht gewonnen. Das deutsche Volk forderte, zwar auf friedlichem Wege, aber mit immer grösserer Entschiedenheit, die ihm von seinen Fürsten zur Zeit der Kriege versprochene und auch vom Wiener Congress zugesicherte Verfassung. Ernster gestalteten sich die Angelegenheiten in Spanien, wo die Armee die von den Cortes zu Cadix noch 1812 ausgearbeitete demokratische Verfassung proclamirte, und die auf die Seite des Heeres tretende Nation den König zwang, dieselbe zu sanctioniren. Die Revolution drang nach kurzer Zeit auch in Portugal ein, wo sie gleichfalls siegte. Was indessen die wiener Regierung noch näher anging und mehr beängstigte, war, dass das Beispiel Spaniens auch Italien mit sich fortriss. Die Bewegung ging hier von der Gesellschaft der Carbonari aus, welche noch während der französischen Kriege entstanden war und die Einheit Italiens sich zum Ziele ihrer Bestrebungen erkoren hatte. Das von den Carbonari aufgestachelte Volk forderte immer lauter die Verleihung der spanischen

zieren. Die Stiefeln des einen Baron Prónay waren von drap d'or gemacht. Andere liehen aus den Gewölben Waaren von immensem Werthe, um reich zu erscheinen und aufwarten zu können. Und dies alles geschah nur deshalb, weil wir Se. Majestät mit Nimbus nach Troppau schicken wollten, und weil wir den Kaiser, das die Böhmen kalt empfangen hatten, warm empfangen wollten und auf diese Weise Wrbna in Schatten zu stellen, auf uns aber den Glanz und die Strahlen der Gnaden herüberzuleiten suchten. Se. Majestät war nie gnädiger gewesen. Graf Christoph Almássy stellte den Antrag: eine Deputation an die Spanier abzuschicken, um ihnen für die gnädigen Versprechungen unsers Fürsten zu danken. Gräfin Ladislaus Teleki wurde von der Königin geküsst; alle Damen drängten sich um die Gräfin, und wollten mit ihren Lippen die heilige Stelle berühren, welche der kaiserliche Mund geküsst hatte. . . . Nach der Abreise Sr. Majestät von Ofen wurde das dritte Stück des Gustermann'schen Werkes zum Druck nicht zugelassen; später aber wurde von Sr. Majestät zwei Juden der ungarische Adel verliehen. Die Königin sagte: dass ihr Gemahl in Prag während 24 Stunden mehr Bittschriften erhalten habe als in Pesth während zweier Wochen. Nur Wurm, der Bischof von Stuhlweissenburg, sprach, wie es die Wahrheit, die Klugheit und Vertrauen und Treue gegen den Fürsten erfordern, er sagte nämlich, «dass die Ungarn hofften, er werde sie fortan nicht mehr durch Patente regieren lassen». Viele Ungarn sagen, sie hätten durch ihr Verhalten in Ofen ihre jetzige Verfassung auf viele Jahrhunderte hinaus befestigt. Diese hätten wirklich Brillen nöthig. . . . Das Betragen der Ungarn in Ofen war eine schädliche und lügenhafte Schmeichelei, denn es heuchelte Zufriedenheit und betrog den gutherzigen, aber nicht hellsehenden Fürsten." (Correspondenz zwischen Kazinczy und Dessewffy, III, 73 u. 87.)

Verfassung, und ertrotzte sie auch schliesslich von Ferdinand IV. Sicilien proclamirte dieselbe Verfassung und erklärte sich ausserdem für unabhängig von Neapel.

Den wiener Hof befiel grosse Furcht, dass· der revolutionäre Geist nun auch im Lombardisch-venetianischen Königreiche sich verbreiten werde, wo die österreichische Regierung verhasst war. Fürst Metternich ergriff daher in Italien mit Energie die Zügel der Gegenrevolution. Er bewog die Grossmächte, sich zuerst in Troppau, bald darauf in Laibach zu einem Congress zu versammeln, und Oesterreich zu einer bewaffneten Intervention auf der apenninischen Halbinsel zu bevollmächtigen. Infolge dessen stand der österreichische General Frimont schon in den ersten Tagen .des März an der Spitze von 80000 Mann k. k. Truppen an den Grenzen Neapels, zersprengte die unorganisirten Scharen der Aufständischen und erdrückte in wenigen Wochen mit leichter Mühe die Revolution sowol in Neapel als auch in Sicilien.

Kaum hatte der wiener Hof die Kunde dieses alle Erwartungen übertreffenden schnellen Erfolges erhalten, als auch schon die Schreckensnachricht eintraf, dass die Armee sich in Piemont erhoben und gleichfalls die spanische Constitution proclamirt habe, infolge dessen König Victor Emanuel dem Throne zu Gunsten seines Bruders Karl Felix entsagte. Die Nachricht von den Vorgängen in Neapel brach indessen auch diesem neuern Aufstande gar bald die Spitze ab und eiferte die Energie der wiener Regierung neuerdings an, durch ihre Einmischung der Bewegung auch hier Herr zu werden. General Bubna überschritt ohne Versäumniss mit einem Armeecorps den Ticino, und sich mit dem seinem Könige treu gebliebenen Theile des piemontesischen Heeres vereinigend, schlug er die vom Volke keineswegs unterstützten Aufständischen bei Novara; worauf der in seine Residenz zurückgekehrte König den Frieden ohne weitere Schwierigkeit wiederherstellte. *Die piemontesische Revolution.*

Ende April herrschte wieder Ruhe auf der Apenninischen Halbinsel, und nur die mit der Bestrafung der Aufständischen beschäftigten Gerichte, die Verfolgung und Festnehmung der Schuldigen und Verdächtigen, deren Verurtheilung zu schwerem Kerker, Verweisung u. s. w. und die Herrschaft einer fürchterlichen Reaction erinnerte in dieser Stille des Grabes noch an die so schnell vergangene Revolution.

Das wiener Cabinet, dem dieser Erfolg vor allem zu verdanken war, genoss seinen Sieg mit Stolz; und mit ihm triumphirte auch die reactionäre Politik, nicht nur in Piemont und Neapel, nicht allein im Lombardisch-venetianischen Königreiche, sondern auch in den übrigen Theilen der Monarchie. Nach der Pacificirung Italiens hörte die revolutionäre Bewegung noch nicht überall in Europa auf. In Spanien und Portugal liess die Revolution die Befürchtungen der absoluten Regierungen, trotz des Congresses von Verona, welchen die Gross- *Nach den Aufständen wächst die Reaction.*

mächte im nächstfolgenden Jahre hauptsächlich zur Unterdrückung derselben abhielten, sich lange nicht vollständig beruhigen. Auch der walachische und griechische Aufstand, deren erster zwar schnell unterdrückt wurde, deren zweiter ˙ aber nach einem viele Jahre lang geführten blutigen Kriege endlich mit der Befreiung der griechischen Nationalität den Sieg erkämpfte, boten den volksfreiheitlichen Ideen fortwährend Nahrung; trieben aber zugleich auch die wiener Regierung fortwährend an, in ihren gegenrevolutionären Bestrebungen noch grössern Eifer, noch grössere Strenge zu entwickeln. Es ist demnach kein Wunder, dass dem geistigen Verkehr mit dem Auslande noch grössere Hindernisse in den Weg geworfen wurden und die Absperrung der Monarchie eine noch vollkommenere ward; dass die ältern Censurvorschriften mit noch strengern vertauscht wurden; dass die Beaufsichtigung der Lehranstalten und des öffentlichen Unterrichts, damit durch dieselben keine gefährliche Aufklärung verbreitet werde, mit verdoppelter Sorgfalt vorgenommen, und die geheime Späherei zu einer hohen Stufe der Vollkommenheit ausgebildet wurde.

Es war indessen der Regierung unmöglich, nicht einzusehen, dass diese negativen polizeilichen Massregeln, wenn sie auch ˙ vielleicht im Stande waren, die Sehnsucht nach Freiheit in den Völkern auf einige Zeit zu unterdrücken und Stille und Ruhe hervorzubringen, für sich selbst dennoch ebenso wenig die Ausbildung eines freiern Geistes vollständig unterbrechen und verhindern könnten, als selbst die strengste Zucht die Aeusserung der jugendlichen Triebe nicht unterdrücken, oder ausrotten, höchstens nur verzögern kann; es war ihr unmöglich, nicht einzusehen, dass gleichwie die Jugend nur starke, gesunde Grundsätze, und ein ihrer wachsenden Kraft vorgestecktes höheres, edleres Ziel vor Ausschweifungen bewahren und derselben eine nützliche Richtung geben können: man so auch die Völker nur allein durch positive, sittliche Ziele und eine auf materiellem Gebiete erhöhte Thätigkeit so sehr beschäftigen könne, dass sie sich aller politischen Störungen enthalten und auch die Willkürherrschaft der Regierung ruhig ertragen mögen.

Von diesen Ansichten ging die wiener Regierung aus, als sie sich entschloss, bei Aufrechthaltung des erwähnten politischen Zwangssystems in der Monarchie einerseits die materiellen Interessen, Gewerbe und Handel, andererseits die Religiosität nach Möglichkeit auszubilden und zu beleben.

Die materiellen Interessen. Die Beförderung der materiellen Interessen war ohnehin von den finanziellen Verhältnissen des Reichs in hohem Grade geboten. Zwar wurden die nach dem Jahre 1811 in grosse Verwirrung gerathenen Finanzen durch eine neue Werthherabsetzung des ohnehin geringen Werth habenden Papiergelds, durch Gründung der Wiener Bank und andere finanzielle Operationen von der Regierung in ˙ einigermassen

bessern Stand gesetzt; da diese aber weder geneigt war, in ihren
Ausgaben grössere Sparsamkeit einzuführen, andererseits aber auch
das in Anwendung gekommene Polizeisystem, welches fortwährend genöthigt war, sich auf eine grosse Truppenzahl zu stützen, dies nicht
zuliess: so trat an dieselbe gar bald die unausbleibliche Nothwendigkeit heran, dem Staate neue Geldquellen zu erschliessen. Vorläufig
bemühte sie sich, die regelmässigen Jahresdeficits ihres Budgets durch
ein wiewol leichtsinniges Anleihesystem zu decken; und nebenbei fand
sie auch für unerlässlich, was indessen nur augenblickliche Hülfe gewährte, ihre Einnahmen durch Erhöhung des indirecten, hauptsächlich
aus den Zoll- und Mauthgefällen entspringenden Einkommens, sowie
der directen Steuer nach Möglichkeit zu vermehren, und nebstbei
auch die Steuerfähigkeit der Völker zu vergrössern. Uebrigens hätte
Metternich dem Völke für den vollständigen Mangel eines geistigen
und politischen Lebens gern in einem materiellen Wohlstande Entschädigung geboten, weshalb er denn auch gern zu erwähnen liebte,
dass die Regierung sich zur Norm gemacht habe, das Verlangen des
Volks in dieser Beziehung auf jede Weise zu erfüllen und den allgemeinen Wohlstand durch Entfernung aller Hindernisse in Handel
und Gewerbe zu befördern.

Und auf diesem Felde hätte es auch nicht an Gelegenheit zur
Thätigkeit gefehlt in einem Lande, wo die zahlreichen schönen Flüsse,
grösstentheils sich selbst überlassen, wenig dazu geeignet waren,
zweckmässige Mittel der Communication zu sein; wo an geebneten,
guten Landstrassen grosser Mangel herrscht; wo das Volk, weil es
keine landwirthschaftlichen, Gewerbe- und Realschulen gab, nicht im
Stande war, sich in seinen täglichen Beschäftigungen die nothwendige
Fachkenntniss zu verschaffen, und nur nach traditioneller, alt-
väterischer Weise seine Felder bearbeitete, seine Gewerbe betrieb. Die
nach der Wiederherstellung des Friedens eingetretenen aussergewöhnlich unfruchtbaren Jahre, welche besonders in den Ländern der ungarischen Krone wegen der grossen Mangelhaftigkeit der Communicationsmittel in mehrern Gegenden eine Hungersnoth hervorriefen, mahnten die Regierung ernstlich, sowol eine Erleichterung und Verbesserung
der Communication als auch eine Vermehrung der Mittel derselben
sich zur unerlässlichsten Aufgabe zu machen. Und man kann es
nicht in Abrede stellen, es geschah auch einiges in dieser Beziehung.
Die Regulirung der Flüsse, Trockenlegung der Sümpfe, Strassenbauten,
welche während dieser Jahre, obgleich nicht in einem dem Mangel
und der Nothwendigkeit entsprechenden Verhältniss, begonnen wurden, fanden von seiten der Regierung im allgemeinen Aufmunterung,
ja selbst einigermassen Vergünstigungen. Die Zölle, welche eben unsere bedeutendsten Producte so sehr belasteten, dass es lange Jahre
unmöglich war, dieselben mit Nutzen ins Ausland auszuführen, wes-

halb sie, einzig auf die inländischen Plätze beschränkt, das Monopol der österreichischen Fabrikanten und Industriellen geworden, wurden etwas herabgesetzt. Beispielsweise wurde der Zoll auf ungarische Wolle, Taback und einige andere Ausfuhrartikel, welcher früher einem Verbote gleichkam, so sehr ermässigt, dass unser ausländischer Handel wieder einigen Aufschwung zu nehmen begann.

Indessen war alles, was die Regierung in den Jahren, während welcher sich das Ausland überall die Grundlagen zum Aufblühen seiner materiellen Interessen gelegt hatte, zum Beweise ihrer Sorgfalt für die Verbesserung unsers materiellen Wohlstands anführen konnte, auf dasjenige beschränkt, was wir oben berührt haben.

Alles, was unsere Gewerbe, unsern Handel, besonders seit der Mitte des vergangenen Jahrhunderts, niederhielt und zu einer so grossen, mit dem natürlichen Reichthum des Landes so grell im Gegensatz stehenden Stockung verurtheilte, insbesondere die so überaus grosse Beschränkung der Handelsfreiheit; das österreichische Schutzzollsystem, welches die ausländischen Fabrikate, welche durchschnittlich mit 60 Procent belastet waren, aus dem Kaiserreiche, man kann sagen beinahe vollständig ausschloss; und was diese Schutzzölle hervorriefen, die Repressalien des Auslandes, welche nur die ungarischen Producte schwer trafen; ferner jene Zwischenzölle im eigenen Reiche, welches zu Gunsten der österreichischen Provinzen in unserm Vaterlande die Gewerbe niederhielt und auch die Entwickelung der Landwirthschaft verhinderte u. s. w.: alles dies, dessen Aenderung und Verbesserung nur vom Willen der Regierung abhing, verblieb ebenso wol auch während dieser Jahre, und wurde absichtlich aufrecht erhalten als jene andern Hindernisse unsers materiellen Fortschritts, welche aus den Lehnsverhältnissen und andern nur im Wege der Gesetzgebung zu beseitigenden Hindernissen und leicht zu ersetzenden Mängeln stammten.

Wie gern auch immerhin die Regierung ihre wohlwollenden Absichten, den materiellen Wohlstand zu befördern, zu erwähnen liebte, so hätte sie doch, selbst beim besten Willen, diese Absicht, des zur Herrschaft gelangten politischen Regierungssystems wegen, nicht erreichen können. Für Gewerbe und Handel sind Freiheit und geistige Ausbildung Lebensprincip; diese aber hatte jenes stillstehende, von einer jeden radicalen Neuerung zurückschreckende, jeden geistigen Verkehr mit dem Auslande hemmende, jeden geistigen Aufschwung im Inlande unterdrückende polizeiliche Regierungssystem innerhalb der Grenzen der Monarchie vollständig verbannt. Und wenn dieses System auch in den österreichischen Provinzen den Fortschritt hemmte, welche doch seitens der Regierung einiger Begünstigungen theilhaftig wurden, z. B. einige Realschulen, eine polytechnische Anstalt, zahlreiche gute Strassen u. s. w. hatten: um wie viel mehr lastete dieses

System auf unserm Vaterlande, welchem man keine derlei Begünstigungen zukommen liess, wie sie jenen Ländern wurden; welches vielmehr durch das erwähnte künstliche Colonialsystem geradezu dem Wohlstande jener aufgeopfert wurde! Es erleidet keinen Zweifel, dass, wenn unsere materiellen Zustände auch kein anderes Hinderniss zu einer lebensfähigern Entwickelung gehabt hätten, es genügend gewesen wäre, jenes bedeutendere Aufblühen unmöglich zu machen, dass die Regierung das geistige Leben in Banden erstickte, die intellectuelle Ausbildung durch Absperrung vom Auslande, die strenge Censur, und eine bedauernswerthe Oberflächlichkeit des öffentlichen Unterrichts verhinderte; denn zufolge dieser Verhältnisse war es dem Landwirthe, dem Gewerbs- und Kaufmann selbst beim besten Willen unmöglich, sich in seiner Beschäftigung eine genügende Fachbildung zu verschaffen.

Wenn die Beförderung des materiellen Wohlstandes auch schon nur deshalb im Interesse der Regierung lag, um in demselben ihren Völkern für den Mangel eines geistigen und politischen Lebens einigen Ersatz zu bieten, und deren Steuerfähigkeit der Ordnung ihrer Finanzen wegen zu vergrössern: so machte andererseits die erfolgreiche Durchführung ihres politischen Systems und der Wunsch, sich den Gehorsam und die Zufriedenheit der Völker zu verschaffen, die Belebung und Pflege der Religiosität zur unausweichlichen Aufgabe. In der Ueberzeugung, dass der unruhige Geist der Neuerung in dem mehr und mehr an Raum gewinnenden religiösen Indifferentismus, im Mangel an einer frommen, selbstverleugnenden Religiosität hauptsächlich Nahrung finde, unterliess die Regierung nicht, während ihrer administrativen Bestrebungen ihre Sorgfalt auch auf die Belebung der religiösen Gefühle auszudehnen. Das engherzige, furchtsame politische System vereitelte indessen auch auf diesem Felde jeden Erfolg. Da der Mensch, wie in allem übrigen, so auch in seinen religiösen Gefühlen nur durch eine gründliche, allgemeine Ausbildung auf eine höhere Stufe gehoben werden kann, so wäre zur Sicherung eines Erfolgs in dieser Beziehung vor allem nothwendig gewesen, ein zweckmässiges Erziehungs- und Unterrichtssystem ins Leben treten zu lassen. Die Regierung indessen wollte aus Furcht, die Aufklärung und die volksfreiheitlichen Ideen würden auf diese Weise vielleicht auch genährt werden, ihr System des öffentlichen Unterrichts nicht ändern; demzufolge vernachlässigte sie die Mittel, welche zur Belebung der innern Religiosität und Nährung frommer Gefühle führen; ja in zahlreichen Fällen verhinderte sie dies geradezu, und bestrebte sich nur, die Kundgebungen äusserlicher Religiosität, den Gottesdienst zu befördern; sie drang nur auf eine strenge Einhaltung der Festtage, auf eine eifrige Betheiligung an den kirchlichen Feierlichkeiten. Ist es sonach ein Wunder, dass die auf Unwissenheit begründete, aus nichts als maschinenmässigen

Uebungen bestehende Religiosität, welche die Gemüther nicht befruchtete, weder dauernd noch segensreich sein konnte? — Alles Gute und Zweckmässige, was in dieser Hinsicht bei uns geschah, bestand einzig und allein darin, dass, zur vollständigern Ausbildung eines Theils des Klerus, in Pesth ein Central-Seminar gegründet wurde, in welches aus jedem Bisthum einige Kleriker zum Studium des theologischen Cursus geschickt werden mussten. Aber in allen übrigen öffentlichen Unterrichtsanstalten und Schulen wurde nichts gethan zur Hebung der Religionslehre. Bei dem verkehrten System des öffentlichen Unterrichts und der ängstlichen Einschränkung der Lehrfreiheit konnten selbst Lehrer, die vom besten Willen und Eifer beseelt waren, auf ihre Schüler nicht segensreich einwirken.

Was die kirchlichen Zustände betrifft, so scheint es, es habe der Regierung nicht an Einsicht gefehlt, dass auch hier durchgreifende Reformen vorgenommen werden müssten; allein sie gewährte auch der Kirche keine freiere Bewegung, was doch unumgänglich nothwendig war, wenn diese zweckmässig wirken sollte. Ja sie ging sogar so weit, die Kirche im Interesse ihres politischen Systems zu einer Dienerin des Staats herabzuwürdigen, indem sie die Priesterschaft, die Seelsorger zu solchen mit ihrem Berufe in gänzlichem Widerspruche stehenden Diensten verbindlich machte, welche sie häufig mit ihrer Gemeinde in Conflict brachten und ihre Amtswirkung lähmten. Infolge jener Streitigkeiten, in welche der Hof mit dem Papste theils wegen der patronatsmässigen Ernennung der lombardisch-venetianischen Bischöfe, theils anderer politischen Ursachen wegen verwickelt war, blieben zahlreiche ungarische Bisthümer, ja beinahe zwölf Jahre hindurch selbst die Würde des Primas, unbesetzt, woraus dann im kirchlichen Leben mehrfache Hindernisse, Verwirrungen, Unordnungen, Streitigkeiten und eine Lockerung der Disciplin entstanden. Die revolutionäre Gefahr auf der Apenninischen Halbinsel stellte endlich 1820 zwischen Kaiser Franz und dem Papste die freundschaftlichen Beziehungen wieder her, was zur unmittelbaren Folge hatte, dass auch die ungarische Kirche mit Oberhirten versehen wurde. Zum Erzbischof von Gran und Primas von Ungarn ernannte Kaiser Franz noch im genannten Jahre Alexander Rudnay, welcher früher Hofrath an der ungarischen Hofkanzlei, später Bischof in Siebenbürgen gewesen war, und sich während der verflossenen Jahre des Nothstandes durch seine Wohlthätigkeit ausgezeichnet hatte.

Der neue Primas begann in seiner hohen Stellung eine grosse Thätigkeit zu entwickeln. Unter anderm berief er sein Kapitel von Tyrnau, wohin dasselbe noch zu Zeiten der türkischen Herrschaft flüchtete, nach Gran zurück. Sodann versammelte er 1822 in einer Landessynode alle Bischöfe und andere höhere Priester der Länder der ungarischen Krone um sich, um mit ihnen über die Herstellung der kirchlichen Disciplin und die Beförderung des Seelsorgerthums zu berathen. Die Regierung wünschte in ihrer Eifersucht, selbst zu dieser wegen zu grosser Freisinnigkeit nicht eben verdächtigen Versammlung einen Commissär zu schicken, was, als bisher ohne Beispiel dastehendes Zeichen des Mistrauens gegen den oberpriesterlichen Stand, zu verhindern dem Primas nur mit grosser Mühe gelang. Auf der Synode erschienen 11 wirkliche, 8 Titular-Bischöfe, 25 Grosspröpste und andere Deputirte der Kapitel, 6 Aebte der Benedictiner und Cisterciten, 2 Pröpste der Prämonstratenser, die Professoren der theologischen Facultät an der pesther Hochschule, die Directoren des pesther Seminars und des Pázmáneums, die Oberdirectoren des kaschauer, grosswardeiner, raaber und agramer Schuldistricts, und 15 Oberhäupter verschiedener Mönchsorden. Der Primas hatte schon im voraus fünf Punkte zum Gegenstand der Berathung bestimmt, vornehmlich: die Wiederherstellung der im Abnehmen begriffenen Religiosität, der gelockerten Sittlichkeit, und besonders der Disciplin der Priester, Mönche und studirenden Jugend; die Gleichstellung der theologischen Studien und des Lehrsystems an der Universität und in den bischöflichen Seminarien; die Ausgleichung der zwischen den Professoren der Theologie an der Universität entstandenen Streitigkeiten; die Einpassung der Regeln der Mönchsorden in den Organismus der ungarischen Kirche, und schliesslich die Durchsicht und neue Herausgabe der ungarischen Bibelübersetzung. Die Regierung fügte diesen Punkten ihrerseits noch drei andere bei, womit sie verlangte, die Synode möge Anstalt treffen zur Herstellung eines Fonds, aus welchem zehn ungarische Priester in das wiener Augustineum behufs weiterer Ausbildung gesendet werden könnten; sie möge über die Messestiftungen der aufgehobenen Mönchsorden verfügen, und endlich in der Organisation der Consistorien einige Reformen vornehmen. Vom 8. Sept. an beriethen fünf Wochen hindurch die Mitglieder der Synode über diese Gegenstände; ihre Bemühungen erlangten aber den beabsichtigten Erfolg nicht; denn die Regierung ertheilte diesen Beschlüssen und Arbeiten, welche sie sich nach beendigter Synode vorlegen liess — ob deshalb, weil der Klerus sich geweigert hatte, den königlichen Commissär in seine Mitte aufzunehmen, oder vielleicht, weil sie einige Beschlüsse der Synode mit ihrem politischen System nicht zu vereinigen wusste? — niemals ihre Sanction; diese konnten mithin auch nicht ins Leben treten.

Und wie es mit diesen kirchlichen Reformversuchen geschah, so verhinderte, überging und vernichtete das wiener Cabinet während dieser Jahre jede Verbesserung, jeden Fortschritt, welcher im nationalen Leben angestrebt wurde. In einem Schreiben, auf welches wir noch zurückkommen werden, theilt Metternich einige Jahrzehnte später dem Erzherzog Palatin Joseph unter andern auch Folgendes mit: „Nach

Metternich's
leere Ausflüchte.

Wiederherstellung des Friedens hätte man die Umstände zu einer Entwickelung Ungarns benutzen können. Aber diese wurden, trotz meiner gutgemeinten, aber erfolglosen Vorträge nicht benutzt. Dieser
Fehler ist nicht dem Monarchen, sondern dem Mangel an solchen
Männern zuzuschreiben, welche im Stande gewesen wären, diesem Bedürfniss zu entsprechen. Zwei Elemente lagen im Kampfe miteinander,
das constitutionelle ungarische und das absolute deutsche. Beide
Elemente verfolgten nicht den rechten Weg: das erstere nahm nichts
an, und wollte nichts, was in den Mechanismus der veralteten Constitution nicht passte; das andere war theils mit Josephinischen verfassungsfeindlichen Ideen oder mit einer vollen Unkenntniss solcher
Begriffe behaftet. ...."

Worauf sich Metternich's angeblich gute Absichten bezogen, können wir nicht sagen. Die Ausflucht indessen, welche er in der erwähnten, immer ernster werdenden Zeit, als der Boden unter seinen
Füssen schon zu wanken anfing, zu seiner Entschuldigung anführte,
nehmen wir keinen Anstand, für eine leere und grundlose zu bezeichnen. Wohl war es eine Wahrheit, dass das ungarische constitutionelle
Element mit dem verfassungsfeindlichen, mit absoluten Ideen und
Maximen erfüllten deutschen Elemente in fortwährendem Kampfe begriffen war; allein war nicht er selbst die Haupttriebfeder dieses verfassungsfeindlichen, despotischen Elements; nicht er selbst derjenige,
welcher diesem Elemente die Richtung anwies? Wurde nicht hauptsächlich durch ihn selbst jene despotische, reactionäre Regierungspolitik
zur Herrschaft erhoben, welche jede geistige Regung, jeden geistigen
Fortschritt erstickte und verhinderte, welche das nationale Leben,
wie in Oesterreich, so auch bei uns in das Joch einer immer starrer
werdenden, maschinenmässigen bureaukratischen Verwaltung hineinzu-
zwängen trachtete? Metternich hatte zwar keinen unmittelbaren Antheil an den Regierungsgeschäften Ungarns; dass aber jene reactionäre
Politik auch bei uns zur Geltung kam, ist, nächst Kaiser Franz,
hauptsächlich sein Werk. Die wichtigern Verordnungen, die massgebenden Principien, der Geist der Verwaltungsweise in den centralen
Dikasterien, alles dies wurde im kaiserlichen Cabinet bestimmt,
wo sein Wort das gewichtigste war, wo ohne ihn und ohne sein
Wissen keine wichtigere Angelegenheit entschieden wurde.

Was jene Ausflucht anbelangt, dass die ungarische Verfassungs-
partei sich nicht rühren wollte, so trifft ohne allen Zweifel ein grosser
Theil der Schuld an dem nationalen Zurückbleiben auch den ungarischen Adel; allein dieser beging den Fehler nicht durch jenes Verhältniss, in welches er sich zur wiener Regierung gestellt hatte,
wenigstens nicht dadurch, dass er seine Verfassung gegen das mit
absoluten Principien erfüllte deutsche Element so beharrlich vertheidigte; denn hätte er sie verloren, so würde sich die verfassungsfeind-

liche Willkürherrschaft noch schonungsloser festgesetzt haben. Sein Fehler, seine Schuld bestand darin, dass er den übrigen Volksklassen gegenüber an seinen veralteten Privilegien hartnäckig festhielt, und die Rechtsgleichheit und die daraus erfliessenden Institutionen zur Zeit nicht begründet hatte. Dies ist jedoch nicht der Fehler jener fraglichen Epoche, in welcher der Adel seit dem Ende des verflossenen Jahrhunderts bei der Regierung unablässig, allein stets fruchtlos, die Aufnahme der Reformarbeiten betrieb; später aber, da er dreizehn Jahre lang keinen Reichstag abhalten konnte, nicht einmal Gelegenheit bekam, seine veralteten Zustände zu verbessern. Eine ebenso müssige Ausflucht ist es, wenigstens hinsichtlich dieser Epoche, dass es an tauglichen Männern gefehlt habe, die nationale Umgestaltung durchzuführen. Da während dieses Zeitraums trotz vielfachen Betreibens kein Reichstag abgehalten wurde, so fragen wir, wo diejenigen hätten Versuche anstellen und sich auszeichnen können, die in sich Kraft und Geschicklichkeit verspürten, den stillstehenden Staatsorganismus zum Fortschritt zu bewegen? Und da auch die Presse in solchen Banden lag, dass es verpönt war, von Politik oder Reformen öffentlich zu sprechen, wo und auf welche Art hätten diese tauglichen Männer auftreten können? Hat denn das auf seine Willkürherrschaft so eifersüchtige wiener Cabinet je einer einzelnen Person selbst den geringsten Einfluss gewährt, besonders wenn diese das mit verfassungsfeindlichen Begriffen erfüllte deutsche Element einschränken wollte? Oder hätten es etwa die obersten Regierungsbeamten, der Hofkanzler, der Reichsrichter u. s. w. versuchen können, zwischen dem an der veralteten Constitution festhaltenden ungarischen und dem verfassungsfeindlichen deutschen Elemente eine Vereinbarung zu treffen und hierdurch dem allgemeinen Fortschritt Anstoss zu geben? Allein diese obersten Stellen wurden von dem aus durchgängig deutschen Elementen bestehenden Cabinet besetzt, und zwar nur mit solchen Männern, von welchen es schon im voraus überzeugt war, dass sie mit seinen Grundsätzen und Ansichten übereinstimmen und geneigt seien, bereitwillige Diener der Willkürherrschaft zu werden. Wenn sich aber unter diesen höchsten Beamten irgendeinmal eine Individualität fand, welche den verfassungsfeindlichen Principien des Cabinets nicht huldigte, sondern dieselben mit den ungarischen Verfassungselementen zu vereinbaren trachtete: wurde diese nicht sofort ihres Amts entsetzt, wie dies zu Anfang der Regierung des Kaisers Franz mit Zichy, Ürményi, Haller geschah? Wahrhaftig, der Mann, der die beiden in fortwährendem Kampfe befindlichen Elemente, das ungarische und das deutsche, vereinbaren, sie untereinander wenigstens einigermassen ausgleichen, und Ungarn den Anstoss zu seiner weitern Entwickelung zu geben im Stande gewesen wäre, konnte unter den bestehenden Verhältnissen kein anderer sein als König Franz selbst,

oder sein Premierminister, Fürst Metternich; deren Hauptbestreben
jedoch, leider, so sehr auf die Befestigung der Willkürherrschaft, und
die Feststellung einer einengenden, jede geistige Bewegung erstickenden
reactionären Regierung gerichtet war, dass sie in ihrem Bereiche die
Einwirkung jeder andern Kraft unmöglich machten. Ausser ihnen
war einzig und allein der Erzherzog-Palatin Joseph zufolge seiner
persönlichen und amtlichen Verhältnisse noch in der Lage, jene Rolle
zu spielen. Und er unternahm auch diese schwere Aufgabe; ja die
Lösung derselben war, richtiger gesagt, das Ziel seiner Ambition, die
Hauptbestrebung seines öffentlichen Lebens. Allein, obgleich ihm zu
diesem grossen und schweren Werke auch die Begabung nicht fehlte,
und er andererseits auch, was den Erfolg von vornherein hätte sichern
können, das Vertrauen der Nation besass, erlitten seine eifrigen Bemühungen trotzdem, wie wir später oftmals sehen werden, nicht beinahe bei jedem Versuche Schiffbruch an den absoluten Grundsätzen
und der reactionären Richtung des Königs Franz und des Fürsten
Metternich?

Die natio-
nale Stim-
mung. Diese Principien, diese Richtungen waren noch nie engherziger
und jeder fernern Bewegung und Selbstthätigkeit, ohne welche hin-
wiederum kein Fortschritt denkbar, in solchem Grade hinderlich gewesen als zu Anfang des dritten Zehnts dieses Jahrhunderts, als das
wiener Cabinet infolge seiner angestrengten Bemühungen in Deutschland den Geist der Freiheit, in Neapel, Sicilien und Piemont die
Revolution unterdrückt hatte. Das Regierungssystem der Absperrung,
der Censur, der geistigen Verdummung, der geheimen Späherei lastete
so schwer auf der Nation, dass im nationalen Leben allenthalben das
traurigste sittliche und materielle Siechthum überhandnahm. Der
grössere Theil der Nation brachte sein Leben, das Bedauernswerthe
dieses Zustandes in seiner Unwissenheit kaum fühlend, ohne jedes lebhaftere Verlangen nach einem bessern und schönern Sein gleichsam
in einer stumpfen Ohnmacht hin, da er bei seiner Fülle in Naturproducten keinen physischen Mangel litt, die feinern geistigen und
moralischen Genüsse aber, dank der Vorsorge der Regierung, nicht
kannte. Die Nation suchte ihren edlern Trieben, welche noch halb
bewusstlos in ihr schlummerten, weil die Gegenwart so kahl und trübe
war, die ungewisse Zukunft aber keine schönere Aussicht, keine ge-
gründete Hoffnung bot, in dem Andenken vergangener Zeiten Befriedigung zu verschaffen. Die Blätter der Vergangenheit legten, wenn
auch nicht von grössern Freuden oder mehr Glück, doch, neben schwerern Leiden, auch unzweifelhaft von grösserm Ruhme, grösserer Thatkraft und einem höhern, nationalen Leben Zeugniss ab. Die Ferne
der Zeiten verlöschte oder milderte wenigstens das Andenken an die
die jetzigen weitaus überbietenden Leiden, liess dagegen die Vorbilder nationaler Kraft, Grösse und Herrlichkeit nur in strahlenderm

Lichte erscheinen in der allenthalben nur Stillstand und Siechthum darbietenden Gegenwart.

Allein diese Verbitterung, dieses mehr oder minder poetische Versunkensein in die Vergangenheit befriedigte, wie natürlich, nicht jedes Gemüth. Die Leichtsinnigern, Oberflächlichern, welche das Leben so nehmen, wie es sich eben darbietet, vergassen, in materielle Genüsse versunken, der Verkommenheit des nationalen Lebens. Der reiche hohe Adel wandte sich nun zum grössten Theile noch mehr der Residenzstadt Wien zu und suchte in den Unterhaltungen derselben, im Glanze des kaiserlichen Hofs, im Lärm, in den Genüssen und Zerstreuungen der Residenz Befriedigung; was alles eine noch schädlichere Rückwirkung auf die nationalen Zustände hatte, denn der grössere Theil unsers hohen Adels, welcher für beständig in Wien wohnte, wurde in diesem zwecklosen, aller ernstern Beschäftigung fremden, genussüchtigen Leben nur noch leichtsinniger, und verdeutschte in Sprache und Gefühl immer mehr, viele kamen auch bezüglich ihres Vermögens sehr herab.

Es gab nichtsdestoweniger mehrere, die, von lebhafterm Nationalgefühle durchdrungen, von glühenderer Vaterlandsliebe begeistert, ihre Nation, ihr Vaterland, im Andenken an die Leiden vergangener Zeiten nur noch mehr, unabhängig, frei, auf der Bahn der Bildung und des Wohlseins vorschreitend, blühend zu sehen wünschten, und die, angesichts des alle Zweige des nationalen Lebens umfassenden Welkens und Sinkens, woraus sie keinen rettenden Ausweg erblickten, schon das letzte Hinsiechen der Nation, das ruhmlose Aussterben ihres Stammes beweinten. Als ein zwar schöner, aber eitler Traum erschien ihnen die Hoffnung auf eine bessere politische Zukunft. Selbst die Kühnern und Thatkräftigern hielten die Hindernisse, welche sie durchbrechen mussten, um zu einer schönern Zukunft zu gelangen, für unbezwinglich. Nirgends zeigte sich eine Individualität, welche in sich grosse Ideen, grosse Leidenschaften, grossen Muth vereinbart hätte; alles stockte im traurigsten Zustande. Die Gleichgültigen dehnten ihre Sorgen nur bis zur Bewahrung ihrer Gerechtsame aus; die Bessern verzweifelten. In den Reihen jener Aelteren, welche zahlreichere und schwerere Kämpfe durchgemacht hatten, welche Augenzeugen gewesen waren des im Jahre 1790 zu so grossen Hoffnungen berechtigenden nationalen Erwachens und später auch Augenzeugen jenes traurigen Umschlags, als das edle Feuer, welches damals aufgeflammt war, durch die Regierung theils mit Gewalt, theils wegen der zu späten Wirkung der in Anwendung gebrachten Mittel erstickt wurde, — in den Reihen jener Aelteren war es keine Seltenheit, einzelne Edlere zu finden, die in tiefe Trauer versunken und trostlos das langsame Hinsiechen ihrer Nationalität beklagten. So führt uns unter andern einer der hervorragendsten Helden unserer gesammten Ge-

schichte, der Moses unserer Neuzeit, Graf Stephan Széchenyi, seinen
Vater Franz, den patriotischen Begründer des Nationalmuseums, vor,
der, nachdem er seine hohen Posten zuerst wegen des durch geheime
Angebereien genährten Verdachts von seiten des Hofs, später aber
aus Ueberdruss zweimal niedergelegt hatte, die letzten Jahre seines
Lebens das Sinken und die hoffnungslose Zukunft seiner Nation be-
trauernd in gänzlicher Zurückgezogenheit verlebte. „O wie oft sah“,
sagt der grosse Sohn des vortrefflichen Vaters, „wie oft sah ich, noch
als kleiner Knabe, meinen armen Vater in Trauer versunken! Und
schon damals durchzuckte es ahnungsreich meine Seele, dass es etwas
Höheres, etwas von weitaus grösserm Interesse sein müsse, was auf
ihn einwirke, als die Plackereien des Familienlebens oder der häuslichen Angelegenheiten sind. Denn ein mit den Grundsätzen Epiktet's
befreundeter, christlicher Mann, wie er, ertrug derlei Unannehmlichkeiten mit Lächeln. Damals konnte ich seine Trauer nicht begreifen.
Und wie gross musste diese gewesen sein! Später erkannte ich und
jetzt weiss ich es, dass er den niedrigen Zustand unserer Nation be-
trauerte. Das von Tag zu Tag immer tiefere Sinken Ungarns und
die hoffnungslose Ansicht, es werde in kurzem und unabwendbar die
letzte Stunde unsers nationalen Seins schlagen, waren die Ursachen
seines oftmaligen schmerzlichen Hinbrütens. . . . Er muthete dem
immer mehr und mehr hinfälligen Körper nicht mehr genug Kraft
und Leben zu, um sich aus seinen tödlichen Träumen emporzuraffen.
Und mein mit so vielen bürgerlichen Tugenden prangender Vater
ging als «Ungar» hoffnungslos zu Grabe!“ So herbe Qualen, so
traurige Vorgefühle verbitterten ohne Zweifel die Seele noch manches
andern guten Patrioten, und der vortreffliche Franz Széchenyi stieg
nicht allein ohne Hoffnung auf eine nationale Auferstehung ins Grab. [1]
  Und doch rötheten schon unserm Horizont die ersten Strahlen
der Morgenröthe nationaler Auferstehung! Ausser diesen Gruppen,
von denen eine mit schmerzlichsüssen Gefühlen an dem Andenken der
Vergangenheit hing, die andere leichtsinnig in materielle Genüsse versunken die Gegenwart vergass, die dritte an der Zukunft der Nation

---

[1] Graf Joseph Dessewffy schreibt am 25. Aug. 1820 an Franz Kazinczy
unter anderm Folgendes: „Wenn man bedenkt, welche Menge Metall nur von
der Zeit Leopold's I. an aus den Schachten des ungarischen Bodens zu Tage
gefördert wurde, und wie wenig davon in die Hände des Ungars kommt, so
muss man über unser Unglück ebenso wie über unsere Feigheit bestürzt
werden. Himmel und Erde haben alles gethan für uns; gleichwie diejenigen,
die uns seit Jahrhunderten regieren, alles gegen uns vornehmen. Ich denke
oft über das Ende dieser Unbilden nach, und finde nur noch in der Reihenfolge der Geschichte und nicht im Geiste meiner Nation einige Hoffnung.
Ich weiss nicht, was grösserer Verwunderung werth, ob, dass unsere Quäler
noch nicht überdrüssig wurden uns zu unterdrücken, oder unsere fortwährende
Entwürdigung.“ (Briefwechsel zwischen Kazinczy und Dessewffy, III, 65.)

verzweifelnd ins Grab stieg, ausser diesen Gruppen bestand noch ein
kleiner Kreis von Patrioten, dessen grösstentheils jüngere Glieder, die
theils so viele Täuschungen, wie die letzten, nicht miterlebt hatten,
oder denselben voll Begeisterung trotzten, an der Zukunft der Nation
nicht verzweifelten. Im Gegentheil, je drohender die Gefahr wurde,
mit um so unermüdlicherm Eifer bestrebten sie sich, dieselbe abzu-
wenden und Nationalität und Freiheit zu retten. Diese kleine Gruppe
bildete, inmitten der allgemeinen Verzagtheit, in der scheinbar allerwärts stockenden und hinsiechenden Zeit einen neuen und mächtigen
Factor nationaler Verjüngung und Erhebung aus, die Nationalsprache
und Literatur.

Obgleich die Regierung die Nationalität auch nicht offen angriff,
so war doch die Gefahr für diese weitaus ernster als für die verfassungsmässige Freiheit. Die Richtung des in Europa herrschenden
Geistes betrachtend, konnten schärfere Augen vorhersehen, dass diese
politische Verkommenheit nur so lange dauern werde, bis entweder
von aussen irgendeine neuere, grossartige Erschütterung eintreten,
oder im Innern die Regierung einen schärfern Schlag gegen den jetzt
zwar noch unmuthig scheinenden, aber auf seine verfassungsmässige
Freiheit, seine Privilegien noch immer eifersüchtigen Adel führen
würde, diesen aus fauler Unthätigkeit zum Widerstande erweckend.
Allein den dem Deutschthum verfallenen hohen Adel war selbst die
Gefahr, in welcher die Nationalität schwebte, und deren langsamer
Verfall, nicht im Stande zu eifrigerer Vaterlandsliebe zu entflammen.
Viele derselben verstanden schon die Sprache ihrer Nation nicht mehr,
und waren nur insofern noch Ungarn zu nennen, als sie die Namen
ihrer ungarischen Ahnen führten, die Einkünfte ihrer ungarischen
Güter verzehrten, und die Privilegien des ungarischen Adels genossen.
Unter den Frauen der hohen Aristokratie war die Kenntniss der Na-
tionalsprache schon gar zur grossen Seltenheit geworden, weshalb
diese aus den gesellschaftlichen Kreisen des grössten Theils des hohen
Adels gänzlich ausgeschlossen wurde. Und so half ein Theil der vornehmsten und reichsten Klasse der Nation selbst mit am Untergange
der eigenen Nationalität, während hinwieder selbst diese ausgearteten
Ungarn noch die Verfassung, inwiefern wenigstens diese mit ihren
Privilegien in engerm Zusammenhange stand, in hohem Werthe hielten und bereit waren, dieselbe in Zeiten ernsterer Gefahr zu vertheidigen. Man kann aber eine verstümmelte, ja sogar eine unterdrückte
Verfassung wiederherstellen; allein eine dem Tode anheimgefallene
Nationalität vermag keine Macht mehr zu neuem Leben zu erwecken.

Jene kleine Gruppe von Patrioten hörte demzufolge in dieser
traurigen Zeit des Siechthums und der Verzagtheit nicht auf, den
Hauptfactor der Nationalität, die vaterländische Sprache und Literatur,
zu pflegen, den richtigen Schluss ziehend, dass, wenn die Nationalität

erstarkt, sie nothwendigerweise auch zu lebhafterm Leben erweckt und so geeignet gemacht wird, auch die constitutionelle Freiheit früher oder später unausweichlich zu erringen. Und in der That konnte man nur von der Ausbildung und dem Aufblühen der vaterländischen Sprache und Literatur erwarten, dass theils jener dem Deutschthum verfallene Theil der Nation dem Vaterlande ganz wiedergewonnen werde, theils in der grössern Masse des Volks die sittliche Kraft sich zu einem solchen Grade erheben würde, dass es endlich im Stande sei, die Hindernisse des Fortschritts zu überwinden und zu beseitigen. Da übrigens die Willkürherrschaft und die Reaction das nationale Leben in allen seinen Zweigen gelähmt hatte und auch auf politischem Gebiete jede freiere Bewegung verhinderte, verblieb den kein Amt annehmen wollenden, mehr unabhängigen und stolzen Patrioten einzig und allein in der Pflege der Sprache und Literatur ein freieres Feld offen, wo sie ihre Thatkraft entfalten konnten.

Unsere
Literatur. Und in der That hatte die Nation grösstentheils der kleinen, begeisterten Schar dieser Patrioten ihre Wiedergeburt aus langer, unrühmlicher Unthätigkeit zu verdanken. Aus der durch sie hervorgebrachten geistigen Bewegung, welche von allen äussern, willkürherrschaftlichen Einflüssen befreit blieb, entstand grösstentheils die Richtung jener Zeitideen, welche einen so mächtigen Rückschlag auf die despotischen, reactionären Bestrebungen der Regierung ausübten. Die Literatur reinigte und erweiterte den Ideenkreis der Nation, sie, vorzüglich aber ihre poetische Abzweigung, erweckte die nationalen Gefühle und unterhielt jenen patriotischen Eifer, der sich der seelenlosen Ohnmacht des nationalen Lebens zu schämen begann und die Sehnsucht erweckte, sich aus derselben emporzuringen und zeitgemäss vorzuschreiten. Ohne diese allmähliche, stille Vorarbeit auf dem Felde geistigen Lebens wäre der eingetretene nationale Rückschlag kaum ein so allgemeiner, so energischer und ausdauernder gewesen, dass die Regierung schliesslich sich genöthigt gesehen hätte, ihre Politik abzuändern.

Wir müssen daher auf die Skizzirung dieser geistigen Bewegung, wenn auch nur in kurzer Uebersicht, und nur die Hauptmomente der Bewegung, ihre Urheber und Führer berührend, übergehen, um ein nur einigermassen lebenstreues Bild dieser Zeit geben zu können, denn, wie Franz Toldy so richtig sagt, „jenen, welche die Geschichte unserer Literatur und hauptsächlich die unserer Poesie nicht kennen, ist auch das Emporflammen des nationalen Geistes und einer der Hauptfactoren einer eifrigern Kundgebung im Staatsleben unbekannt". Es kann jedoch hier nicht unsere Aufgabe sein, eine erschöpfende Geschichte unserer Literatur jener Zeit zu geben und all jene eifrige, edle Thätigkeit ausführlich zu erzählen, welche jener anfangs kleine, aber an Zahl, Kraft und Wirkung immer mehr und mehr zunehmende

Schriftstellerkreis in der Pflege unserer Nationalliteratur trotz so zahlreicher Hindernisse entwickelte, noch können wir die schriftstellerischen Werke nach ihrem innern Werthe und ihrer selbständigen Bedeutung abschätzen und beurtheilen; dies ist der Beruf der Literaturgeschichte. Hier werden wir nur untersuchen, welche Berührung, welches gegenseitige Verhältniss zwischen der Literatur und dem thätigen Leben bestand, welchen Anstoss das äussere Leben der geistigen Bewegung gab, und welchen Rückschlag diese auf die Erscheinungen im staatlichen und gesellschaftlichen Leben ausübte. Wir wollen daher unsere Literatur, ihre Richtung und Einwirkung auf das öffentliche Leben nur in ihren Umrissen schildern.¹) Wir werden nur einige der vorzüglichern erwähnen von jenen ewig dankbaren Andenkens und nationalen Dankes würdigen Patrioten, die, obgleich wegen der Theilnahmslosigkeit des unwissenden, hinkränkelnden und entnationalisirten Publikums grösstentheils mit Armuth und Entbehrungen aller Art ringend, dennoch mit heiligem Eifer, mit unermüdlicher Ausdauer die vernachlässigte Nationalsprache ausbildeten, die Literatur pflegten, bereicherten und zur Blüte brachten, und so handelnd und arbeitend, während sie einerseits die dem gänzlichen Verfalle entgegengehende Nationalität, man kann sagen, mit ihrem Herzblute retteten, zugleich auch dem politischen Leben einen mächtigen Anstoss gaben.

Für die ungarische Nation war ein ausgebildetes geistiges Leben, eine blühende Literatur unerlässliche Nothwendigkeit, und zwar nicht nur wie bei andern grossen, vorgeschrittenen Nationen, wegen ihrer geistigen und sittlichen Veredlung, sondern zugleich auch wegen der Rettung ihrer Nationalität vor dem gänzlichen Untergange, da sie mitten zwischen andern ihr an Zahl überlegenen, mehr oder minder feindlich gesinnten, sie zu verschlingen, in sich zu verschmelzen trachtenden Völkerschaften verwaist und ohne Verwandtschaft stand. Zweifelsohne war dies allein die Ursache, dass die Nation in den letzten Jahren der Regierung Joseph's II. für ihre Sprache und Nationalität so energisch Partei ergriffen hatte, und nach Joseph's Tode für beide

Literarische Bestrebungen zu Ende des vorigen Jahrhunderts.

---

¹) Und selbst dies könnte als Kühnheit meinerseits erscheinen, wenn man bedenkt, dass man zur Verfassung einer Literaturgeschichte einer ganzen Nationalbibliothek bedarf, ich jedoch, fern vom Vaterlande, mir eine solche nicht verschaffen kann. Ich muss daher hier gleich anfangs gestehen, was ich ebenso dankbar als gern thue, dass ich diese literaturgeschichtliche Skizze nach den gründlichen Untersuchungen und vortrefflichen Werken unsers hochverdienten Franz Toldy, meines liebwerthen Freundes, insbesondere nach dessen „A magyar irodalom törtenete" (Geschichte der ungarischen Literatur), „A magyar költészet törtenete" (Geschichte der ungarischen Dichtung), der „Irodalmi beszédek" (Reden über Literatur) und den „Irodalmi arczképek" (Literarische Porträts) schreibe.

mit einer so edeln, zu so viel Hoffnungen berechtigenden Begeisterung
erglüht war. Dieser heilige Eifer verlöschte seit 1790 in einem Theile
der Nation nicht mehr gänzlich; allein die Umstände waren durchaus
nicht günstig dazu, dass das in der ersten Glut des geistigen Erwachens entstandene Interesse, der erweckte Eifer Bestand gewonnen
hätten und die gehegten Hoffnungen bezüglich einer raschern Entwickelung unserer Literatur zur Wirklichkeit geworden wären. Kaum
fünf Jahre danach verdüsterte sich abermals der Himmel, welchen
kaum die ersten Strahlen der Morgenröthe zu erhellen begannen.
Der grosse Anstoss, welchen die neuentstandenen Zeitschriften: „Magyar
Muza", „Magyar Muzeum", „Orpheus", „Urania", „Mindenes Gyüjtemény" (Universal-Sammlung), „Sokféle" (Allerlei) u. s. w. und welchen
die Bahnbrecher unserer neuern Literatur: Georg Bessenyei, Báróczy,
Barcsay, Ányos, Baróti, Rajnis, Szabó, Révai, Virág, Kazinczy, Johann
Kis, Dajka, Dugonics, Bacsányi, Kármán, Verseghy, Csokonai, Szentjóbi
Szabó, Georg Fejér, Péczely, Endrödy, Szerdahelyi, Baron Orczy,
Samuel Szilágyi, Simay und andere, theils in den eben erwähnten Zeitschriften, theils in selbständig erschienenen Ausgaben ihrer Werke
der belletristischen ebenso wie der wissenschaftlichen Literatur gegeben hatten, wurde schon mit dem Jahre 1795 unterbrochen. Die
lebhafte, aber auf einen nur noch kleinen Kreis ausgedehnte geistige
Bewegung wurde durch das von der Regierung bei Gelegenheit der
sogenannten Martinovics'schen Verschwörung und später zur Ausrottung der demokratischen Ideen und Principien angewandte Schreckens-
system mit Einem Schlage vernichtet. Mehrere unserer ausgezeichnetsten Gelehrten und Schriftsteller wurden der Theilnahme an der Verschwörung und infolge dessen des Hochverraths angeklagt und eingekerkert. Unter diesen war, nächst den mit ernstern Wissenschaften
sich befassenden Hajnóczy und Laczkovics, der durch seine Arbeiten
und wegen seiner Fähigkeit, Kräfte anzuregen und zu vereinigen,
schon damals einigermassen als Führer unserer Literatur geltende
Franz Kazinczy; dazu gehörten ferner Verseghy, Bacsányi, Szentjóbi
Szabó und andere, die sämmtlich kürzere oder längere Zeit in den
Gefängnissen ausländischer Festungen schmachteten. Andere, durch
das Unglück ihrer nicht mehr schuldbelasteten, nur unglücklichern
Genossen abgeschreckt, verstummten. Wie wir anderswo [1]) erzählt
haben, fielen zahlreiche mit den glänzendsten geistigen Eigenschaften
ausgestattete Jünglinge der Staatspolitik des Ministers Thugut zum
Opfer, der vorzüglich die Wissenschaft, Literatur, Aufklärung, und die
für die freiern Zeitideen in der Regel empfänglichen bedeutendern
Capacitäten sich zu Gegenständen seiner Verfolgung auserlesen hatte;
an die Stelle der verstorbenen, oder hingerichteten, oder in Gefäng-

---

1) Magyarország történelme (Geschichte Ungarns), VI, 126 fg.

nissen schmachtenden, ältern Träger der Literatur traten keine neuen
Kräfte, keine neuen Arbeiter ersetzten sie längere Zeit hindurch. Die
wissenschaftliche und literarische Laufbahn musste der jüngern Generation auch schon deshalb als eine gefährliche erscheinen, dass auch
jene, welche der Sturm nicht mitgerissen hatte, wie Révay, Virág,
Kis, Dugonics und andere, sämmtlich mehrere Jahre lang in tiefes
Schweigen versunken waren; dass auch die sprachbildenden Gesellschaften, welche in dem allgemeinen Umschwunge nach Joseph's Tode
zusammentraten, zum grössten Theil unterdrückt wurden, die Zeitschriften aber, welche zuvor in der Literatur einen so heilsamen Wett-
kampf, eine so lebhafte Regsamkeit hervorgerufen hatten, alle ein-
gingen. Eine Grabesstille trat ein, welche auf die Literatur ebenso
erstickend einwirkte wie auf das öffentliche Leben.

Das neue Jahrhundert indessen, zu dessen Anfang die grossartigen
Weltereignisse und die drückenden vaterländischen Zustände die politische Opposition zu lebhafterm Rückschlag erweckten, brachte auch
in die Literatur, in die prosaische wie in die poetische, wieder mehr
Leben.

Damit wir nur jene Zweige unserer prosaischen wissenschaftlichen
Literatur erwähnen, welche auf das öffentliche Leben stets vom grössten Einfluss waren, leuchteten sogleich zu Anfang dieses Jahrhunderts
im Fache der Geschichte die ebenso werthvollen als eine Lücke aus-
füllenden Werke der Brüder Budai hervor. Im vorigen Jahrhundert
besass unsere Literatur noch kein Geschichtswerk in ungarischer
Sprache, welches entweder hinsichtlich seiner kritischen oder seiner
sprachlichen Bearbeitung Beachtung verdient hätte; unsere bedeutendern Geschichtsforscher bedienten sich bisher der lateinischen oder der
deutschen Sprache, und dem nur ungarisch lesenden Publikum stand
kein besseres Buch zu Gebote, woraus es sich von den Grossthaten
der Ahnen, von den Schicksalen des Vaterlands hätte Kenntniss verschaffen können. Die Brüder Budai, Franz und Esaias, waren die
ersten, die das Publikum mit dergleichen in vaterländischer Sprache
verfassten geschichtlichen Werken beschenkten; sie wurden die Begründer, die Bahnbrecher der ungarischen Geschichtsforschung. Franz
gab mit seinem classischen, noch heutzutage gern gelesenen „Magyarország historiájára való Lexikon" (Lexikon zur Geschichte Ungarns),
Esaias mit seinen Werken: „Közönséges História" (Allgemeine Geschichte), „A régi tudós világ Históriája" (Geschichte der alten gelehrten
Welt), „A régi római irók élete" (Leben der alten römischen Schriftsteller),
aber hauptsächlich mit seiner „Magyarország Históriája" (Geschichte
Ungarns), der Lesewelt solche Bücher zur Hand, welche, da sie mit
kritischem Geiste, mit sorgfältiger Auswahl der Ereignisse, unbefange-
ner Untersuchung und strenger Objectivität geschrieben waren, nothwendigerweise auf die Kenntniss und richtige Auffassung der geschicht-

Geschichte.
Das Brüder-
paar Budai.

lichen Momente, auf die Erweckung und Nährung des historischen
Sinns eine unberechenbare Wirkung ausübten, vorzüglich wurde Franz
Budai's Lexikon verdientermassen zur Lieblingslektüre der ungarischen
Lesewelt.

Ein Hauptgebrechen dieser übrigens sehr werthvollen und nützlichen Werke war, dass sie in der veralteten Sprache der Debrecziner
Schule geschrieben waren, trotzdem unsere bessern Schriftsteller, geleitet von dem durch Nikolaus Révay in dem System unserer heimatlichen Sprache verbreiteten Licht, dem Beispiel Báróczy's und Kazinczy's
folgend, schon sich der gewählten, präcisen Schreibart der neuen Zeit

Benedict
Virág's „Un-
garische
Jahrhun-
derte". zu bedienen anfingen. Diesen Mangel ersetzte indessen Benedict
Virág, „der feurige Erwecker des Nationalgeistes", vollkommen, der,
gleichwie er in der schönen Literatur noch zu Ende des vorigen Jahrhunderts der Schöpfer eines neuen Zweigs unserer lyrischen Dichtung,
der philosophischen und heroischen Ode, gewesen, so auch in den
zwei Bänden seiner „Ungarischen Jahrhunderte" (1808—16), welche
er mit der Stiftung des Vaterlandes beginnt und bis zu Sigismund's
Tod fortführt, die grossartigen Ergebnisse von Révay's geschichtlichen
Sprachforschungen zur Geltung bringend, ein Vorbild sprachlicher
Classicität wurde, in welcher Präcision, Wohlklang und Einfachheit
den Leser gleichmässig entzücken. Allein der grösste Werth der
„Jahrhunderte" Virág's besteht nicht in ihrer sprachlichen Vollkommenheit; „der geschichtliche, schöpferische Geist ist es, welcher die
«Ungarischen Jahrhunderte» so werthvoll macht", sagt Franz Toldy.
„Er führt uns die Geschichte der Nation mit plastischer Gestaltungs-
kraft vor, und seine gedrängte, kernige Darstellungsweise stellt eine
grosse Anzahl von Thatsachen so zusammen und beurtheilt sie auf
eine Art, dass wir durch ihn ein weit treueres Bild der Nation, der
Zeiten und der einzelnen Personen erlangen, wie aus andern weit-
läufigern Schriftstellern. Virág ist ein philosophischer Geschichtsforscher, der aus den Handlungen ihren Geist herausliest, dessen
Kritik mehr thätig ist, um diesen Geist hervorzuheben, als um Daten
zusammenzustellen. Seine Auffassung ist nicht die todte eines Alter-
thumsforschers, sondern die lebendige eines Philosophen. Und national
ist er überall." Trotz seines geistlichen, mönchischen Standes beurtheilt er die Zeit und ihre Geschichte mit unabhängigem und un-
befangenem Geiste. „Er kennt nur eine Wahrheit, und diese spricht
er auch muthig aus."

Stephan
Horvát. Was Benedict Virág so glorreich begonnen hatte, das wurde in
der ersten Hälfte seines schriftstellerischen Lebens von Stephan
Horvát fortgesetzt, welcher durch seine mehrfachen in den Blättern
Kulcsár's mitgetheilten Arbeiten, besonders durch die Monographien
Ludwig's des Grossen und Mathias Corvinus' grosse Aufmerksamkeit
erregt hatte. Diese Abhandlungen verkündeten, wie Toldy sagt, „eine

neue Epoche im Gebiete unserer Geschichtsforschung . . . nicht so sehr
der vielen werthvollen und neuern zu Tage geförderten Daten wegen, als
vielmehr wegen des neuen Geistes, welcher, zweifelsohne durch Benedict
Virág's «Ungarische Jahrhunderte» erweckt, dieselben allgemeine Geltung
fordernd erfüllte. Es war dies ein Kampf gegen die in traditioneller Bequemlichkeit eingewurzelten Ansichten in der Geschichte und gegen
die Lauheit, die alles aus zweiter Hand nimmt; praktisch war die Un-
erlässlichkeit des unmittelbaren Studiums der Quellen bezüglich aller
noch so unscheinbar oder für bereits gelöst geltenden Fragen nachgewiesen; Zweifel wurden erhoben gegen unser gesammtes historisches
Material, dessen vollständige Unzulänglichkeit schon diese paar Abhandlungen fühlen liessen; aber es war auch ein Kampf gegen alle
fremdartige Auffassung der vaterländischen Geschichte. Die Ansichten
des Auslandes mögen an unsern bestimmt nationalen Standpunkt nicht
rühren; wir mögen die Literaturen des Auslandes studiren, allein diese
dürften uns nichts aufzwingen, was mit unsern eigenen Quellen, und
mit dem Geist der Geschichte und dem Bewusstsein der Nation nicht
im Einklange steht, diese Lehre beiläufig klingt aus den nicht sehr
umfangreichen Probeabhandlungen, deren Interesse bezüglich des grossen
Publikums zahlreiche neue Daten und Ansichten vermehrten. . . ."
Die so begonnene Laufbahn wurde mit der Begründung des „Tudományos
Gyüjtemény" (Gelehrte Sammlung) mit neuem Eifer fortgesetzt.
Literatur- und einige landesgeschichtliche Mittheilungen bereicherten
die Wissenschaft, unter welchen die beinahe leidenschaftliche, aber
überaus lehrreiche, umfangreiche Kritik über Schwartner's Diplomatik
die wichtigste ist, da mit dieser eigentlich die ungarische Urkunden-
lehre beginnt. „Indessen bildet das Hauptwerk Stephan Horvát's:
«Verböczy István emlékezete» (Gedächtniss Stephan Verböczy's), womit
er den Anfang eines grössern Geschichtswerks begründete, von welchem
aber nur der zweite Band, das Archiv des Geschlechtes Hunt-Pázmán
enthaltend, erschienen ist, und in noch höherm Grade das 1820 herausgegebene Werk «Magyarország gyökeres régi nemzetségeiröl» (Von
den alten Stammgeschlechtern Ungarns), welches, mögen wir die Ge-
nealogie und Geschichte, oder und hauptsächlich unsere Rechtsgeschichte
in Betracht ziehen, über alle neues und überraschendes Licht verbreitete." Stephan Horvát war, bei seiner beinahe unglaublich grossen
Belesenheit in den gedruckten und geschriebenen Quellen, hinsichtlich
welcher er ohne Uebertreibung von sich sagen konnte, er habe
300000 Diplome gelesen und durchgeblickt, und daher bei seiner so
ausgebreiteten Kenntniss der verschiedenartigsten Aeusserungen des
innersten Lebens unsers Volks, eigentlich berufen gewesen, die Sitten-
geschichte der ungarischen Nation zu schreiben. Es ist überaus zu
bedauern, dass er anstatt dessen in der zweiten Hälfte seiner literarischen Laufbahn, welche er mit den 1825 erschienenen „Rajzolatok a

magyar nemzet legrégibb történeteiböl" (Skizzen aus den ältesten Geschichten der ungarischen Nation) begann, sich nicht nur selbst in
unfruchtbaren, bei ihm schon zur fixen Idee gewordenen Träumereien
verlor, sondern auch andere verleitete, diese falsche Bahn zu betreten.

Da die Verwaltung und Rechtspflege ebenso wie bei der römisch-
katholischen Confession der öffentliche Unterricht im ganzen noch in
lateinischer Sprache geführt wurde, so fanden die politischen und
juridischen Wissenschaften noch geringe Pflege in der Sprache unserer Heimat; und brachte das „Tudományos Gyüjtemény" auch einige
Abhandlungen in diesen Fächern, so sind doch auch diese kaum einer
grössern Beachtung werth. Alles, was unsere Literatur während
dieser Jahre in den erwähnten Fächern aufzuweisen hat, besteht in
den wenigen Handbüchern, welche die Professoren an den in der
reformirten Superintendenz jenseit der Theiss befindlichen höhern
Lehranstalten für ihre Zuhörer geschrieben hatten; denn dieser patriotische District setzte die ungarische Sprache schon in der im
Mai 1797 abgehaltenen allgemeinen Versammlung in die wissenschaftlichen Lehrkanzeln ein. Ausser diesen verdient vielleicht nur Paul
Magda's Statistik (1819), die erste in unserer Sprache, genannt zu
werden.

Philosophie. Mehr Geistesproducte als in den Rechts- und politischen Wissen-
Paul Sár- schaften hat unsere Literatur in dieser Zeit auf dem Gebiete der
vári und
Georg Philosophie aufzuweisen, obgleich in den Schulen auch für diese
Fejér. Wissenschaft die lateinische Sprache das vermittelnde Medium war.
Die seit Apáczai in unserer Sprache nicht mehr gepflegte Philosophie
wurde in dieser Zeit von zwei ausgezeichneten Männern vertreten,
von dem debreciner Professor Paul Sárvári, und Georg Fejér, Professor zu Pesth, später Oberdirector des raaber Schulendistricts, zuletzt Bibliothekar an der pesther Universität. Sárvári bereicherte unsere wissenschaftliche Literatur zu Anfang dieses Jahrhunderts mit
einer Moralphilosophie in zwei Bänden, welches Werk, obgleich es
von der Neuzeit seiner fehlerhaften und holperigen, damals noch wenig
ausgebildeten Kunstsprache wegen vergessen ist, zu jener Zeit sowol
hinsichtlich seiner auf der Höhe der Wissenschaft stehenden Lehren
und des dieselben durchwehenden Geistes, als auch in sprachlicher
Beziehung zu den besten ungarischen Lehrbüchern gehörte und unserer
Literatur unzweifelhaft zur Zierde gereichte. Eine grössere Verbreitung als die Werke Sárvári's erlangten die von Fejér, von welchen
seine „Anthropologia" und sein hierauf begründetes späteres Werk:
„Az ember kimiveltetése" (Die Ausbildung des Menschen), in zwei
Bänden, in diese Zeitperiode fällt. Während Sárvári hauptsächlich die
Lehren der deutschen Philosophen Leibniz, Wolf und Kant in un-
sere Sprache hinüberpflanzte, „erscheint Fejér als selbstdenkender

Eklektiker auf dem Gebiete der Philosophie und als eigentlicher Vorläufer jener ihrem Wesen nach praktischen Philosophie, welche in
neuerer Zeit bald den Namen der «ungarischen», bald den einer «har-
monistischen» Philosophie erhalten hat und, von der Erfahrung ausgehend, die philosophischen Wahrheiten auf die allseitige Ausbildung
des Menschen bezieht, nach ihrer diesfälligen Wirkung abschätzt, in
ihren Complex aufnimmt, und in Anbetracht dieses praktischen Zwecks
im Vortrage die möglichst grösste Klarheit erfordert. Diesem nach
war auch die Wirkung dieser Werke Georg Fejér's auf das Publikum,
welches sie mit Interesse las, liebte und ihre Lehren für die einzig
richtige Philosophie hielt", sagt Franz Toldy.

Zu diesen streng wissenschaftlichen und systematischen Geistes-
producten, welche nicht so sehr die Meilenweiser unserer gesammten,
in dieser Zeitperiode noch grösstentheils durch fremde Sprachen erworbenen Wissenschaftlichkeit, als die ungarischer Wissenschaft
sind, können wir auch die sprachwissenschaftlichen, ästhetischen
und pädagogischen Abhandlungen oder selbständigen Werke hinzu-
zählen, in welchen sich vorzugsweise Kölcsey, Döbrentei und Andreas
Fáy hervorgethan hatten; und jene gemeinnützigen Arbeiten, welche
auf Ausbreitung der Kenntnisse im grossen Lesepublikum, auf die
Klärung der Ideen desselben abzielten und unter welchen „Természet
csudái" (Naturwunder), ferner „Nemzeteket és országokat ismertető
gyüjtemény" (Sammlung aus der Völker - und Länderkunde) in drei
Bänden und „Nevezetes utazások tárháza" (Magazin merkwürdiger
Reisen) in acht Bänden, sämmtlich von Johann Kis, die gelesensten
waren.

Von grossem Nutzen für unsere Literatur in Bezug auf die Verbreitung der Wissenschaften sowol als der gemeinnützigen Kenntnisse
war, nächst dem von Gabriel Döbrentei 1813 begonnenen, zumeist
literaturgeschichtliche, ästhetische und philosophische Aufsätze enthaltenden „Erdélyi Muzeum" (Siebenbürgisches Museum), die Monat-
schrift „Tudományos Gyüjtemény" (Wissenschaftliche Sammlungen),
welche 1817 der Universitätsprofessor Georg Fejér begründete, und
welche später unter verschiedenen Redactionen viele Jahre hindurch
als Ablagerungsplatz für die verschiedensten kleinern Geistesproducte
unserer Schriftsteller benutzt und zum Kampfplatz der immer lebhafter werdenden geistigen Bewegung wurde. Diese Zeitschrift, welche
alle Zweige menschlichen Wissens umfasste, bereicherte unsere Literatur
mit zahlreichen äussert werthvollen Abhandlungen, welche gleichsam
die Vorläufer der später in allen Zweigen der Wissenschaft erschienenen selbständigen Fachwerke waren. Sie brachte zahlreiche, ebenso
gründlich als schön geschriebene geschichtliche und statistische Arbeiten von Baron Alois Mednyánszky, welcher sich bisher bei der
Bearbeitung unserer Landesgeschichte der deutschen Sprache bedient

hatte. Hier legte Franz Tessedik die Schätze seiner auf ausländischen
Reisen gewonnenen Erfahrungen und Kenntnisse nieder. Hier wurde
zum Theil der sogleich zu erwähnende Sprachenkampf durchgefochten.
Hier veröffentlichte Stephan Horvát seine literarischen, landesgeschicht-
lichen und diplomatischen Abhandlungen; hier Kölcsey, und Berzsenyi,
Andreas Horváth, und Franz Kazinczy ihre ästhetischen und kritischen
Arbeiten. Es war mit Einem Worte in dieser Zeit kein namhafter
Schriftsteller, der diese Zeitschrift mit werthvollen Arbeiten nicht be-
reichert hätte.

Stephan
Kulcsár.
Wie kurz und mangelhaft diese literaturgeschichtliche Skizze auch
sein möge, wir dürfen eines Mannes nicht vergessen, den in der
Pflege und Verbreitung unserer Literatur und Nationalität durch
Feder, Wort, That und Opfer aller Art in der ganzen Zeitperiode
niemand übertraf. Dieser Mann ist Stephan Kulcsár. „Die Geschichte
unserer Nationalität und Literatur vermag sehr wenig Namen aufzuweisen", sagt Franz Toldy, „welche, wenn wir einige Mächtige dieser
Erde ausnehmen, durch so viele Fäden mit ihrem Fortschritte verbunden sind, als der Name des aus nicht ansehnlicher Familie entsprossenen, nur mittelmässiges Vermögen besitzenden, und in der
bürgerlichen Gesellschaft eine so bescheidene Stellung einnehmenden
Stephan Kulcsár." Er schrieb nicht nur selbst, sondern gab auch
zeitweise von andern verfasste gemeinnützige und wissenschaftliche
Werke auf eigene Kosten heraus; setzte zeitweise zur weitern Ausbildung der nationalen Sprache und Sprachwissenschaft Preisfragen
aus, und unterstützte im allgemeinen seine literarischen Collegen mit
Rath und Geld so eifrig und gern, dass die Literatur zu dieser Zeit
keinen bereitwilligern Mäcen besass als ihn, der selbst jeden Pfennig
mit der Feder erwerben musste. ̄Sein gastfreies Haus war der Sammel-
platz aller in Pesth wohnenden oder von Zeit zu Zeit dahin reisenden
Schriftsteller. „Es gab zu seinen Zeiten keinen bekanntern Literaten,
der seinen Kreis nicht vermehrt hätte. Jede dieser Mittag- und
Abendmahlzeiten war ein Symposion, in welchem nur literarische und
sprachwissenschaftliche Fragen und Angelegenheiten abgehandelt wurden." Nachdem die 1804 begonnene Sammlung „Eredeti Történetirók"
(Original-Geschichtschreiber) in der ungarischen Lesewelt, welche nur
erst unterhaltender, höchstens poetischer Lektüre bedurfte, keinen Anklang gefunden hatte, liess er dieselbe auf und gründete 1806 unter
dem Titel „Hazai Tudósitások" (Vaterländische Nachrichten) jenes
äusserst wichtige Organ, welches seit dieser Zeit 26 Jahre hindurch
das einzige im Lande war. Diese Zeitschrift kann man zwar mit
unserer heutigen Zeitungsliteratur, in welcher die politischen, staats-
wirthschaftlichen und gesellschaftlichen Fragen mit so viel Kühnheit,
Wissenschaft und Geist besprochen werden, keinesfalls vergleichen.
Eine solche Besprechung erlaubten damals weder die streng gezogenen

Schranken der Censur, noch die engbegrenzte Fähigkeit der Redacteure, noch aber die geringe Ausbildung des Lesepublikums. Allein es gab eine Frage, in dieser Zeit die wichtigste von allen, in Bezug auf welche das Blatt Kulcsár's von unberechenbarer Wirkung war, die Frage der Nationalität. „Nie hat der gedruckte Buchstabe, zur Zeit des Friedens, weder öfter, weder offener noch mit mehr Entschiedenheit das historische Recht der Nationalität verkündet wie der seinige. . . . In dieser Frage war das Verdienst Kulcsár's ein grosses, unsterbliches; denn was die Adressen aus den Sitzungssälen in lateinischer Sprache an die Stufen des Throns trugen, das verkündete er unter freiem Himmel und impfte es uns tropfenweise mit fortwährender, nie erschlaffender Standhaftigkeit ein. Er brachte unser Blut nicht in Aufruhr, aber er beförderte nach und nach unsere Umwandlung", sagt unser öfter belobte Franz Toldy. „Ein durch Cultur veredelter nationaler Geist war sein Wahlspruch; und dazu führten nach seiner Ansicht drei Wege: Wissenschaft, Literatur, Nationaltheater." Zur Errichtung des letztern hat er so viel gethan und agitirt, als ein einzelner Mensch und Zeitungsschreiber nur immer thun kann. Um eine bessere Pflege der wissenschaftlichen Literatur zu veranlassen, erweckte er aufs neue die von Révay in Vorschlag gebrachte, aber von der Zeit wieder fallen gelassene Frage einer ungarischen Gelehrtengesellschaft, und wusste den Grafen Ladislaus Teleki zu bestimmen, zu einer neuen Besprechung und Erörterung derselben einen Preis auszusetzen. Zu diesem Zwecke gründete er 1817 für diese Idee ein neues Organ, welches er unter dem Titel „Hasznos Mulatságok" (Nützliche Unterhaltungen) als Beiblatt zu seiner Zeitschrift herausgab, und worin er dem allein ungarisch lesenden Publikum nebst unterhaltenden und gemeinnützigen Artikeln auch Geschmack für wissenschaftliche und ästhetische Kenntnisse beizubringen sich bestrebte.

Die heilsame Agitation, welche Kulcsár in seinen Blättern wegen der Errichtung einer ungarischen Gelehrtengesellschaft fortsetzte, brachte auch bald darauf Früchte. Der edle, patriotische Stephan Marczibányi bemächtigte sich dieser Idee mit solchem Eifer, dass er zur Zustandebringung derselben, dem Gerüchte nach, 50000 Gulden zu opfern beabsichtigt hatte. Dem trefflichen Patrioten, der schon 1810 starb, war es zwar nicht vergönnt, die Verwirklichung dieses heilsamen Antrags zu sehen; er gründete aber in seinem Testamente eine Preisvertheilungsanstalt, welche die Aufgabe hatte, jährlich Preisfragen zur weitern Ausbildung der Nationalsprache auszuschreiben, und ausserdem noch für die besten während des Jahres erschienenen ungarischen Geistesproducte Preise zu vertheilen. Mit der materiellen Belohnung war sodann auch die Idee einer öffentlichen Auszeichnung verbunden, denn die Preise sollten von der das Institut leitenden Be-

Das Marczibányi-Institut.

hörde des pesther Comitats in öffentlicher Feier vertheilt werden.
Das Institut wurde der Protection des Palatins empfohlen, der, ein
eifriger Förderer aller derartigen Fortschritte, den Werth der Preise
noch durch die Auszeichnung vergrösserte, dass er versprach, dieselben
eigenhändig austheilen zu wollen. Bei der ersten Preisvertheilung,
1817, wurden die Werke Pethe's und Benedict Virág's preisgekrönt.
Bei derselben Gelegenheit wurden auf die Fortbildung der Sprache
abzielende Fragen zur neuen Preisbewerbung ausgeschrieben; den Preis
gewann Graf Josef Teleki sodann, dem der Erzherzogpalatin, in Gegenwart des Erzherzogs und Thronfolgers Ferdinand, denselben über-
reichte. Das Institut, seither mit der Vitéz'schen Fundation und dem
Teleki-Preise vergrössert, schrieb ausser den auf die Sprache bezüglichen auch aus andern Zweigen der Wissenschaft, vorzüglich der
Geschichte, Preisfragen aus.

Dichtung
und
Sprache.

Diese patriotischen Bestrebungen und Opfer verliehen den ungarischen Wissenschaften, welche bisher beinahe ausschliesslich in der
Sprache der Schule, der lateinischen, gepflegt wurden, theils grössern
Aufschwung, theils verbreiteten sie die wissenschaftlichen Kenntnisse
in immer weitern Kreisen. Während auf diese Weise die im Zunehmen begriffene prosaische Literatur die Wissenschaftlichkeit der
Nation vermehrte, ihre Begriffe reinigte, ihren Ideenkreis erweiterte:
eiferte die Dichtkunst, und die schöne Literatur im allgemeinen, welche
in noch grösserm Masstabe durch zahlreiche ausgezeichnete Kräfte
gefördert wurde, den Nationalgeist an, erweckte und befestigte in den
Massen das Gefühl der Nationalität, und stellte sich zugleich auch
die praktische Ausbildung der Sprache zur Aufgabe.

Das oben bereits erwähnte Unglück, welches unsere Schriftsteller
im letzten Zehnt des vorigen Jahrhunderts verstummen machte, traf
die Dichtkunst noch fühlbarer als die prosaische Literatur; nicht nur
weil es mehrere unserer ausgezeichnetsten Dichter ihrer Freiheit beraubt hatte, sondern auch deshalb, weil es das Besingen einiger Hauptgegenstände der Dichtkunst: Vaterland, Freiheit u. s. w., als gefährlich erscheinen liess. Das neue Jahrhundert indessen, in welchem
gleich zu Anfang desselben die grossartigen Weltereignisse und der
drückende Zustand der vaterländischen Verhältnisse die politische
Opposition zu einem energischen Rückschlage erweckten, eröffnete auch
für die dichterische Literatur eine neue Aera. Sogleich im ersten
Jahre des Jahrhunderts trat Alexander Kisfaludy mit dem ersten
Bande seines „Himfy", dem „A keserğő szerelem", (Die trauernde Liebe)
auf. Ihm folgten einige Jahre später (1807) nach: „A boldog szerelem" (Die glückliche Liebe), und „Regék a magyar előidőből" (Sagen
ungarischer Vorzeit), Csobáncz, Tatika, Somlyó, später die Sagen:
„Dobozy Mihály és hitvese" (Michael Dobozy und seine Gemahlin),
„Szentmihályhegyi remete" (Der Eremit von St.-Michaelsberg), „A

megboszult hitszegő" (Der gerächte Meineidige) und „Gyula szerelme"
(Gyula's Liebe) und zahlreiche geschichtliche Dramen.

Damit wir von der beispiellosen Wirkung, welche diese Werke,
vorzüglich „Himfy szerelmei" und „Regék" auf das Publikum machten,
Rechenschaft ablegen können, müssen wir vorerst deren Quellen und
Entstehung darstellen, welche der Dichter in seinem bisher unge-
druckten „Hattyudal" (Schwanengesang) folgendermassen besingt:

> . . . Schmerzlich war es mir zu sehen,
> Wie in Kleidung und in Red',
> Ach, der Ungar täglich schwindet —
> Und der Deutsche vorwärts geht.
> Wehe, dass im Mund des Ungars
> Längst verstummt der Heimat Laut,
> Und der Ungar, weil es Mode,
> Mit dem Deutschen mehr vertraut. . . .

> Schmerzlich ist's, wie leicht zu Deutschen
> Viele Ungarn worden sind,
> Und, entartet, unser Adel
> Kaum mehr ist der Heimat Kind. . . .
> . . . Mehr noch schmerzt's mich, so zu finden
> Auch die Frauen meines Volks. . . .

> Schneller aus der Art sie schlugen
> Wie des Volkes Söhne selbst,
> Sie verleugnen ihre Heimat,
> Deren Sitte, deren Sprach',
> Stolz, dass sie der Heimat Laute
> Ganz vergessen nach und nach. . . .

> Das Gedenken unsrer Frauen
> Hält, ach, nicht mehr heimatwärts;
> Milch der Heimat fehlt' den Brüsten,
> Und der Brust ein Ungarherz,
> Dass den Kindern von den Müttern
> Ungarblut geworden wär',
> Und von Mutterlippen tönten
> Heimatlaute frisch und hehr.

> Und ich, noch ein junger Schüler,
> Noch beinah' ein halbes Kind,
> Seh'nd, wie Frauen zu Verräthern
> An der Heimat worden sind,
> Welchem Zweifel an die Allmacht
> War in meinem Schmerz ich nah —
> Welche Tage, welche Stunden
> Hatt' ich halbverzweifelnd da!

Schwer und mühsam und verachtet
War des Musenjüngers Bahn,
Unbelohnt und ungelesen
Blieb ein ung'risch Werk fortan;
Dem Verleger bracht' es Schaden,
Weil er keine Leser fand;
Das Verhungern drohte jedem,
Der die Feder nahm zur Hand.

Und doch glüht' in mir die Hoffnung,
Und ein schöner Seelenwahn,
Dass, da mich erfüllen konnte,
Und mich zog so mächtig an,   .
Alles, was des Ungars Seele,
Und des Ungars Herz durchglüht:
Dies Gefühl und diese Hoffnung
Wol auch andern ist erblüht.

Und ein Sehnen mich erfasste,
Sprechen wollt' ich ernst und laut,
Und erschüttern, dass erwachen
Sollt', wer noch den Tag nicht schaut'. . . .
Denn ich fühlt' es tief im Herzen:
Wenden wir die Schmach nicht ab,
Wird sie bald auch unsrer Freiheit,
Unsers Volkes frühes Grab. . . .

Darum wollt' ich leben, wirken
Ernst für Volk und Vaterland,
Bis mir Ruhe winken würde
Endlich an des Grabes Rand. . . .
Nur das Wie blieb meinem Auge
Noch zur Stunde tief verhüllt;
Was war's, was die Brust der Guten
Mit so herber Sorg' erfüllt?

Meines Volkes tief Entarten,
Seiner alten Sitt' Verlust,
Unsrer Heimatssprache Schwinden,
Das war's, ward ich mir bewusst.
Denn das kaum erglühte Feuer,
Ein Strohfeuer war's, das schwand,
Und dann nur noch um so schwärzer
Sank die Nacht herab aufs Land. . . .

Da fühlt' ich's in tiefster Seele:
Dass, wer also sprechen könnt'
Zu des Ungars Herz und Sinnen,
Dass zu wecken ihm vergönnt
Wäre in des Volkes Busen
Gleiches Fühlen, gleiche Lieb':
Der dem theuern Vaterlande
Wol das beste Erb' verschrieb. . . .

Und da sang ich Himfy's Lieben
Mit des Südens heisser Glut[1]),
Mit des Ostens alten Träumen,
Mit des Ungars Herzensblut,
Von Gedanken an die Heimat
Allerfüllt in Kopf und Herz,
Ringend mit der glühndsten Sehnsucht,
Und den Busen voller Schmerz!

Der Dichter löste seine Aufgabe meisterhaft, und erreichte vollständig das hohe Ziel, welches er sich selbst gesteckt hatte: seine Dichtungen hatten eine so grosse, so allgemeine Wirkung, dass wir Alexander Kisfaludy mit Recht den ersten Nationaldichter nennen können. „Diese Lieder, diese Sagen", sagt Toldy, „in welchen die Charaktere, die Gefühle, die herrschenden Beweggründe, das ganze Haus- und Volksleben unserer Altvordern, die Ausdrucksweise, so ganz vaterländisch sind, und die Sprache selbst so charakteristisch und mit dem Wesen des Ungarthums so zusammenfallend ist", wurden sofort nach ihrem Erscheinen so sehr zu Lieblingen der ungarischen Lesewelt, dass es dieselben allgemein auswendig declamirte und sang. Das Geheimniss ihrer Wirkung besteht nicht nur in der flammenden Glut des Gefühls und der Lebhaftigkeit und aussergewöhnlichen Mannichfaltigkeit der Phantasie; nicht nur in der lebendigen, kraftvollen Darstellungsweise, in der angenehmen Leichtigkeit des Versbaues und im Reichthum, in der Gewähltheit der im allgemeinen neuen ungewöhnlichen Sprache, mit Einem Wort, in dem innern Werthe des Werks; sondern auch darin, dass sie ihrem eigentlichen Wesen nach ungarisch waren, und die Hauptquelle der Begeisterung, der Hauptfactor der Muse ihres Verfassers die Nationalität gewesen. Das Einweben geschichtlicher Reminiscenzen; die obgleich vorsichtigen Beziehungen der traurigen Gegenwart auf die glorreichen vergangenen Zeiten berührten so wehmüthige Saiten in dem Busen aller, dass bei ihrem Klange den Augen der Söhne und Töchter des Vaterlandes Thränen entströmten.

Der glänzende Erfolg der Werke Alexander Kisfaludy's und die einigermassen dem Bessern zugewandten politischen Verhältnisse ermuthigten auch die ältern während des Abschreckungssystems verstummten Schriftsteller, und eiferten auch unter der jüngern Generation neue Kräfte an, werkthätig einzugreifen. Benedict Virág, „der Sänger der Vaterlandsliebe und Tugend, der feurige Erwecker des nationalen Geistes", erhob aufs neue seine Stimme und verherrlichte, *Benedict Virág.*

---

[1]) Aus den Reihen der königlichen Leibgarde eilte er 1797 auf den Kampfplatz, wurde nach der Einnahme Mailands 1800 von den Franzosen kriegsgefangen, und verlebte seine Zeit bis zum Friedensschluss von Luneville im Städtchen Draguignan im südöstlichen Frankreich.

wie in seinen frühern, noch zu Ende des vorigen Jahrhunderts herausgegebenen Gedichten, so jetzt auch in seinen neuen Oden und Episteln, obgleich schon mit der schwindenden Kraft des Alters, bis zu seinem Ende das wahre Verdienst, die Freiheit, und den durch edle Thätigkeit erworbenen Ruhm, und geiselte den leeren Schein, Begeisterungslosigkeit, Unpatriotismus und Zwietracht. Auch Nikolaus Révay erschien wieder, nicht nur mit Gedichten von classischem Werthe, sondern auch, nachdem er, trotz vieler Neider und Feinde, 1802 an der pesther Universität die Lehrkanzel der ungarischen Sprache und Literatur eingenommen hatte, „von welcher", wie Toldy sagt, „nicht er Glanz erhielt, sondern welchen er ihr gab", mit seinen unsterblichen sprachwissenschaftlichen Werken. „Meine Herren, wir verstehen nicht ungarisch", so führte er sich bei seinen Schülern ein, die zuerst an diesem Worte Aergerniss nahmen, gar bald aber von dessen Wahrheit überzeugt waren. Sogleich im nächstfolgenden Jahre erschienen: „A magyar irodalom régiségei" (Die Alterthümer der ungarischen Literatur), welchen einige Jahre nachher seine systematische Grammatik der ungarischen Sprache in zwei Bänden und mehrere sprachwissenschaftliche Abhandlungen nachfolgten. Mit diesen sehr gründlichen, tiefwissenschaftlichen Werken hat Révay das System unserer Sprache für ewige Zeiten begründet.

Seine Thätigkeit begann abermals der mit einer reichen poetischen Ader versehene, auch in seinen Verwirrungen noch geniale, patriotische, in der Satire unerschöpfliche Michael Csokonai, ebenso der vielseitige, äusserst thätige Johann Kis, welcher unter anderm 1805 durch sein „A magyar nyelv állapotjáról, kimüvelhetése módjáról s eszközeiről" (Vom Zustande der ungarischen Sprache, den Arten und Mitteln ihrer Ausbildung) verfasstes, preisgekröntes Werk, zu welchem Kulcsár die Prämie ausgesetzt hatte, seinem durch zartsinnige Gedichte und zahlreiche gemeinnützige Werke bekannten Namen neuen Ruhm erwarb. Der Eifer für die vaterländische Sprache ergriff die Nation mit solcher Glut, dass sie deren Bestand nicht nur landtäglich betrieb und gesetzlich verbreitete, sondern die Comitatsbehörden selbst arbeiteten corporativ an einem erschöpfenden ungarischen Wörterbuche.

Aber den ich vor allen hätte erwähnen sollen — denn er überragt alle andern weitaus an Verdienst und Ruhm in der Ausbildung und am Emporblühen unserer Sprache und Literatur —, auch Franz Kazinczy, der Schöpfer unserer Prosa, erhob seine Stimme wieder. Seine schriftstellerische Thätigkeit zu ertödten waren nicht einmal die Mühsale seiner Haft im Stande. Als die Strenge der Gefangenwärter sich vergrösserte, und er seiner Bücher und Papiere, welche man ihm geraume Zeit lang zurückgegeben hatte, wieder beraubt wurde, schrieb er mit Rostfarbe, manchmal selbst mit seinem Blute, und wenn er

Nikolaus Révay.

Michael Csokonai. Johann Kis.

Franz Kazinczy.

keine Feder hatte, mit einem Stiele, welchen er sich aus einem seinen
Fenstern entnommenen Bleistückchen angefertigt hatte, die Bücher
voll, die man ihm manchmal einschmuggelte. Sobald er im Juni 1801
aus seiner Haft entlassen wurde, setzte er, obgleich durch die Ungerechtigkeit seiner herz- und gewissenlosen Verwandten in drückende
Lage versetzt, und oft von den Mühseligkeiten einer an Noth grenzenden Armuth gepeinigt, seine schriftstellerische Thätigkeit mit nie
erschlaffender Lust, mit unermüdlichem Eifer fort. Nach anderthalb
Jahren harrten sieben Bände gemischter Werke der Presse, durch
welche er die grosse Idee der Sprachneuerung durch die That lösen
und seiner Nation die fertigen Vorbilder des neuen Geschmacks, des *Sprachneuerung.*
neuen Geistes und einer edeln, gewählten, präcisen literarischen Sprache
vorlegen wollte. Aber der ungarische Schriftsteller hatte damals noch
kein Publikum; es fand sich daher für diese mit grossem Fleiss geschriebenen Werke auch kein Verleger, und damit er seine Nation mit
denselben beschenken könne, blieb ihm nichts anderes übrig, als dazu
sein ohnehin geringes Vermögen zu verwenden. Der treugesinnte
Patriot schrak in Anbetracht des grossen Zwecks auch davor nicht
zurück. Die schriftstellerische Sprache begannen seit Báróczy schon
zu Ende des vorigen Jahrhunderts einige mit neuen Wörtern und
Wendungen zu bereichern, zu verschönern, und von der Volkssprache
abzusondern. Da jedoch der grössere Theil der Neuern ohne gründliche Kenntniss und ohne tieferes Studium des der Sprache inwohnen-
den Geistes vorging, so fanden diese Bestrebungen beinahe allgemeine
Opposition. Die Debrecziner, sogenannte volksthümliche Schule schlug
grossen Lärm gegen die „Sprachverderber": und mit derselben wünschten viele andere die Sprache lieber in der gewohnten unschönen,
flachen Volksthümlichkeit zu belassen, als sie ihres eigenthümlichen
Genius entkleidet zu sehen; und da sie die Art und Möglichkeit einer
vernunftmässigen, richtigen Neuerung nicht einsahen, so wurden sie
zu heftigen Gegnern jeder Neuerung.

Aber es war die unerschütterliche Ueberzeugung Kazinczy's, dass,
wenn wir wünschten, unsere Literatur jemals auf gleicher Höhe mit
der anderer Völker zu sehen, vor allem die Sprache erneuert werden
müsse; das diese sich erheben müsse aus jener flachen Alltäglichkeit,
welche sie so breit, farb- und charakterlos macht; dass sie reicher
und mannichfaltiger, präciser und edler geformt werden müsse, damit
sie geeignet sei, sich den Eigenthümlichkeiten eines jeden Gegenstandes anzuschmiegen, alle ästhetischen Formen der gebundenen und
ungebundenen Rede aufzunehmen, mit Einem Worte, dass sie im
Stande sei, den in den Literaturen der gebildeten Welt gebräuchlichen Ideengang widerzuspiegeln. Er urtheilte richtig, dass er dieses
grosse Ziel, wegen der allgemeinen Abneigung gegen die Neuerung,
mit einzelnen nur nach und nach eingeführten Verbesserungen nicht

annähernd erreichen werde; dass er hier somit die Schranken engherziger Furchtsamkeit und verstockter Unberufenheit kühn durchbrechen, und gleichsam eine Revolution hervorrufen müsse, deren Parteikämpfe der guten Sache, woran er keinen Augenblick zweifelte, zu schnellem Siege verhelfen müssten. Nur durch einen derartigen geräuschvollern Kampf hoffte er auch zu erreichen, dass die durch das Regierungssystem in Unwissenheit, Apathie und geistige Verkommenheit versunkene Nation aufgerüttelt und in derselben Leselust und Interesse für die Literatur geweckt werde, und schliesslich in dessen Folge die geistige Bewegung sich der ganzen Intelligenz der Nation bemächtige.

An der Billigung der ältern, bekanntern Schriftsteller, als Johann Kis, Benedict Virág, des damals schon in Abzehrung verfallenen Révay und einiger anderer, welche diese Richtung instinctmässig selbst verfolgten, konnte Kazinczy nicht zweifeln; und von den auftauchenden jüngern Kräften hatte er die ausgezeichnetern, als Daniel Berzsenyi, Franz Kölcsey, Paul Szemere, Vitkovics, Stephan Horvát, Döbrentey, Helmeczy und andere, die sich derselben freiwillig zuneigten, schnell gewonnen. Die Herausgabe seiner Werke begann endlich 1808. Was er mit denselben anstrebte, dass jeder Band „stets aus einer andern Gattung der Stilistik irgendein ausländisches Meisterwerk vorführe", und dass er der unberufenen und sich in alles mischenden „grossen Menge nicht gefallen möge", erreichte er vollkommen; denn während die neue Ausdrucksweise, „welche den Leser mit dem französischen Atticismus, der französischen Eleganz bekannt machte", von jedem Feingebildeten mit Beifall begrüsst ward, wurde sie zugleich von den Freunden der alten, volksthümlichen Sprachweise laut verdammt. Den Kampf eröffnete er indessen eigentlich einzig und allein auf gesellschaftlichem Gebiete durch einen äusserst lebhaften polemischen Briefwechsel, und brachte ihn erst 1811 mit der an seinen Freund Michael Vitkovics gerichteten „Poetischen Epistel" und in der poetischen Sammlung „Tövisek és Virágok" (Dorne und Blumen), welche er selbst „grammatische und ästhetische Epigramme" nennt, vor das grosse Publikum.

Diese agitirenden, aufreizenden, herausfordernden Schriften, worin er die verknöcherten Anhänger der alten volksthümlichen Schreibweise mit scharfem Spotte angriff, riefen in deren Lager eine ausserordentliche Erregung hervor, dessen Mittelpunkt einerseits der Kreis des übrigens sehr braven Grafen Georg Festetics, andererseits Debreczin war. Der polemische Briefwechsel wurde beiderseits mit grosser Leidenschaftlichkeit fortgeführt; ja das 1813 von Gedeon Somogyi herausgegebene berüchtigte „Mondolat" und die hierauf von Szemere und Kölcsey erfolgte „Antwort" („Felelet") erweckten durch ihren schonungslosen Ton eine wahre Verbitterung, einen gegenseitigen Hass

in den Parteien, was indessen nicht verhinderte, dass der Sprachkampf später, obgleich nicht mit weniger Lebhaftigkeit, doch mit mehr
Anstand und Nutzen von beiden Seiten auf das wissenschaftliche Gebiet herübergebracht und mit sachgemässen Abhandlungen ausgefoch-
ten wurde.

Dieser Sprachkampf, welcher noch im dritten Zehnt dieses Jahrhunderts fortgesetzt wurde, besass eine eigenthümliche Bedeutung
und eine viel grössere und tiefer einwirkende Tragweite als bei andern Nationen, welche denselben Process schon in der zweiten Hälfte
des vorigen Jahrhunderts durchgemacht hatten. Bei den Franzosen
und Deutschen war der Zweck wie der Erfolg von dergleichen
Kämpfen kein anderer als die Reinigung der Sprache, die Erhebung
derselben zur grösstmöglichen Präcision, die Sonderung des schriftstellerischen Ausdrucks von der volksthümlichen Sprachweise, die Veredlung des Geschmacks, die Ausbildung der Kunst, die Förderung
der Wissenschaft; denn wie diese Revolution aus dem Triebe für
Wissenschaft und Kunst entstand, so beschränkte sie sich auch mit
ihrer Wirkung auf die grössere Ausbildung beider. Allein bei uns
gab es ausser diesen Ursachen auch noch andere, welche auf den
Streit einwirkten, dessen Wirkung mithin auch weit über Literatur,
Kunst und Wissenschaft hinausging. Diese bewegende Kraft war bei
uns die erwachende Nationalität, die Sehnsucht nach dem Aufblühen
nationaler Existenz; daher dieser Kampf auf dieselbe auch nicht
weniger ausbildend und stärkend zurückwirkte als auf die Literatur.
In jener traurigen Zeit, in welcher einerseits die wiener Regierung
das Netz ihrer Willkürherrschaft unmerklich immer weiter und weiter
ausbreitete und die Nationalität auf einen stets kleinern Raum zu-
sammendrängte, andererseits die grosse Masse des in Unwissenheit und
Apathie versunkenen Volks in einer so unrühmlichen Unbeweglichkeit verharrte, unsere Grossen aber so entnationalisirt waren, dass sie,
wie Berzsenyi 1817 an Kazinczy schreibt, „die Muttersprache die
Sprache der Zigeuner nannten“, — in jener traurigen Zeit sahen die
für das Aufblühen der Nation glühenden edlern Seelen, weil die
Willkürherrschaft ihnen jeden andern Weg versperrte, diesen hehren
Zweck gleichsam instinctmässig nur durch die Ausbildung der Sprache
und Literatur erreichbar. Daher die grosse Glut, womit der Sprachkampf durchgefochten wurde; daher die Leidenschaft, welche, über die
eigentlich schriftstellerischen Kreise hinausgehend, einzig und allein
kraft des Interesses an der Nationalität auch die andern Klassen ergriff, und nach und nach sich auf die ganze Intelligenz der Nation
ausdehnte. Die Lebhaftigkeit, welche durch diese Aufregung in der
Literatur entstand, begann nun auch auf das bürgerliche Leben einzuwirken. In der ausserordentlichen Hitze des Kampfs hielten viele
der ausserhalb desselben Stehenden die Nationalität selbst für ge-

fährdet und betrachteten, nach ihrer Farbe der einen oder der andern Partei sich zuneigend, die Anhänger der Gegenpartei als Sprachverderber und Feinde des Vaterlands. Die Bewegung schlug nach Siebenbürgen hinüber, besonders nachdem Gabriel Döbrentey, einer der jungen Partisane der neuen Schule, dort 1813 eine grösstentheils philosophische, ästhetische und literargeschichtliche Zeitschrift gegründet und mehrere Jahre lang redigirt hatte, welche den Titel „Erdélyi Muzeum" führte. Diese Zeitschrift wählten sodann mehrere von den Parteigängern der neuen Schule zu ihrem Organ, während den Kampf von der Schar der Gegner Beregszászi und Sipos in selbständigen Werken, andere in dem 1817 begonnenen „Tudományos Gyüjtemény" fortsetzten. Indessen waren die Anhänger der neuen Schule ihren Gegnern sowol an Wissenschaft als Geschmack ohne Vergleich weit überlegen, und wussten sodann — darunter vorzüglich Graf Josef Teleki, der mit seiner von dem Marczibányi-Institut preisgekrönten, die Sprachneuerung mit systematischer Wissenschaft behandelnden Werke sich gleichfalls der neuen Schule zuneigte, und in noch höherm Grade die aus Szemere, Vitkovics und Stephan Horvát bestehende literarische „Trias" der Hauptstadt —, trotz der grössern Anzahl der Alterthümler, den Ansichten Kazinczy's über die Ausbildung der Sprache und Literatur einen immer grössern Sieg zu verschaffen. Es ist zwar nicht zu leugnen, dass sich in den Streit auch eine ganze Schar unberufener Stümper mit dreisten Neuerungen hineindrängte, die eine Zeit lang einige Verwirrung in die Sprache und Literatur brachten; allein diese wurden durch energische Geiselhiebe der Führer selbst bald zum Schweigen gebracht, und die Sprachprincipien, der Geschmack der neuen Schule, wurden zuerst durch den von Karl Kisfaludy mit dem Taschenbuch „Aurora" vereinigten jungen, begeisterten Schriftstellerkreis, später aber von der endlich zu Stande gekommenen ungarischen Akademie von allen Schlacken gereinigt und dem vollständigsten Triumphe zugeführt.

Und während der Sprachkampf durch seine grosse Lebhaftigkeit auf die ganze Nation erweckend einwirkte, erhielt auch das Gefühl der Nationalität und Vaterlandsliebe in allen Werken der neuen Schule grössere und gesündere Nahrung. Die Verjüngung unserer Sprache und Literatur wurde vornehmlich im Gebiete der Dichtung vollbracht. Und obgleich die Poesie auch damals nicht aufhörte sich selbst als eigensten Zweck zu betrachten, als sie ihre Gegenstände dem Leben, der Politik entnahm, so wirkte sie nichtsdestoweniger stark auf das Leben zurück; ja sie diente zuweilen gern politischen Zwecken als Werkzeug. Sie schien sich neben der Kunst auch die Erweckung und Pflege der Nationalität und des Patriotismus als Ziel vorgesteckt zu haben. Dies ist eine der entschiedensten Richtungen unserer gesammten Dichtung; dies der Charakter nicht nur des Dramas

und des Epos, sondern auch der lyrischen und der Volkspoesie.
Wir dürfen getrost sagen, dass es keine europäische Literatur gibt,
in welcher die Poesie ihre Gegenstände in diesem Masse aus dem
Gebiete der Nationalität und Vaterlandsliebe wählte, aus denselben
ihre Begeisterung schöpfte und patriotische Gefühle mit so hinreissen-
dem Feuer verherrlichte. Selbst in die Liebeslieder flicht sie fortwährend nationale und patriotische Gefühle ein, und wie unser aus-
gezeichnetster Literarhistoriker, Franz Toldy, so richtig bemerkt,
theilt der Sänger sein Herz zwischen Liebe und Patriotismus, und
wenn seine Phantasie zuweilen auch etwas anderes zu ergreifen
scheint, so kehrt er doch wieder zum Vaterland zurück, als wäre er
auf andere Gegenstände nur deshalb übergegangen, um Heimat und
Vaterlandsliebe, Freiheit und Nationalität aus einem neuen Gesichtspunkte, in einem neuen Gleichniss hervorheben zu können. Sie wird
zur Sittenrichterin ihrer Zeit, sie bald milde an ihre Pflichten, an die
höhere Bestimmung des Menschen erinnernd; bald die entarteten
Sitten geiselnd und die feige Zeit, welche staunend und zitternd aus
dem Thal emporsieht zu den Felsenburgen der Ahnen; bald wieder
deren Kraft und Treue, Opferfreudigkeit und Ausdauer ihr als nach-
zuahmendes Beispiel vorhaltend. Sie bewegt sich mit Einem Worte
zwischen solchen Elementen und folgt einer solchen Richtung, als
wenn die Kunst nicht sich selbst, oder wenigstens nicht allein sich
selbst als ihr Endziel betrachtete, sondern zugleich als Bedingung
und Grundlage eines künftigen nationalen Emporglühens, nach welchem
sie sich sehnt, dienen wollte.

In dieser Zeit war Daniel Berzsenyi der erste, der diese nationa-   Daniel
Berzsenyi.
len, patriotischen Saiten mit unvergleichlicher, bisher noch nicht da-
gewesener Kraft schlug. Eben als der Sprachkampf am heftigsten
fortgeführt wurde, im Jahre 1813, erschienen, auf Antrieb Kazinczy's,
der den grossen Dichter schnell erkannt hatte, und durch Vermittelung
Helmeczy's zum ersten mal Berzsenyi's „Gedichte". So kühn, mit
einer so erschütternden Kraft, mit solcher Begeisterung für das
Vaterland, und einer solchen Sehnsucht nach dem Aufblühen desselben
hatte bisher noch kein ungarischer Dichter zu seiner Nation gesprochen als Berzsenyi in diesen Oden, in welchen den Leser Reichthum der Phantasie, Glut und Kraft, Erhabenheit und Anmuth ab-
wechselnd entzücken. Und wenn man einige derselben selbst heute
noch nicht lesen kann, ohne tiefinnerst ergriffen zu werden, welchen
Eindruck mussten sie machen, als der Dichter, z. B. in seiner Ode
„A Magyarokhoz" (An die Ungarn), mit der glühenden, zerschmettern-
den Kraft der Thatsächlichkeit dem apathischen, entarteten, seiner
Nationalität entkleideten Geschlechte in die Ohren ruft:

> O Ruine du deiner einstmaligen Kraft!
> Siehst du nicht Árpád's Blut, das entartete?

> Nicht auf deiner armen Heimat Land
> Zorniger Blitze gewalt'ge Spuren?

Die blutigen Stürme vergangener Jahrhunderte, ruft er aus, das Xerxeslager der wilden Tataren und die den ganzen Osten niederschmetternde Macht der weltstürmenden Türken hatten diese Nation nicht vernichten können, und nicht die Hand heimlicher Mörder, nicht das Feuer innerer Streitigkeiten; denn sie kämpfte, sich selbst treu, männlich. Jetzt verzehrt sie heimliches Gift, langsamer Tod. Die stolze Eiche, welche selbst der Sturm nicht entwurzeln konnte, streckt jetzt auch der schwächste Windeshauch danieder, weil ihre Wurzeln im innersten Marke von Würmern zerfressen sind.

> Was ist der Ungar? — Ein Sybarite nur,
> Seines Stammes Fahn' riss er in Fetzen nun,
> Aus zerstörten Mauern seines Ahns
> Baut er Paläste zu feiger Ruhe.

> Und das Kriegerkleid mächtiger Ahnenzeit
> Und der Mutter Sprach' tauscht' er für andere ein;
> Frech verhöhnt er seines Volkes Geist,
> Kindische Puppen im Herzen tragend. [1]

Und indem er ihm seine Sünden auf diese Weise in die Ohren donnert, weist er auf die Kraft der Ahnen hin, womit sie das Vaterland so oft retteten. Aber gleichsam an der Feigheit der Gegenwart verzweifelnd, sieht er mit herzerschütternder Resignation der Vernichtung entgegen.

Und während er so die in unrühmliche und selbstmörderische Apathie versunkene Nation geiselt und emporrüttelt, stellt er in seinen Oden: „Szilágyihoz" (An Szilágyi), „Wesselényi hamvaihoz" (An die Asche Wesselényi's), „Nagy Pálhoz" (An Paul Nagy), „Prónay Sándorhoz" (An Alexander Prónay) und mehrern andern, welche den obigen gleich ebenso schön als kräftig und erhaben sind, glänzende Vorbilder aus der Vorzeit und Gegenwart hin, deren Nacheiferung sie noch dem ihr der eigenen Schuld wegen drohenden Verderben zu entreissen vermag.

Aber, schon ihrer Natur gemäss, war auf die Erweckung der Nationalität und des Patriotismus sowie auf die Aufrüttelung des in Stockung gerathenen nationalen Lebens von noch grösserer Einwirkung die dramatische Literatur, deren Effect nächst dem Vortheil, dass sie

---

[1] Der Uebersetzer fühlt sich leider ausser Stande, diese schönen Stellen besser, namentlich die zahlreichen energischen, kurzen, meist einsilbigen Wörter der ungarischen Sprache ebenso kräftig wiederzugeben. Er musste daher frei übersetzen, um wenigstens den Sinn vollständig wiederzugeben, und dies hofft er erreicht zu haben.

das Leben selbst abspiegelt und sich in ihrer Objectivität freier- bewegen darf, auch noch durch die schauspielerische Darstellung vermehrt wird. Wir übergehen hier Joseph Katona, übergehen von seinen Werken selbst „Bánk Bán", welcher, obgleich er eine der werthvollsten Perlen unserer dramatischen Literatur ist, als Buch allein auf das Publikum nicht in ausgedehnterer Weise einwirken konnte, weil er von seinen Zeitgenossen nicht nach Verdienst gewürdigt und von der Censur zur Bühne nicht zugelassen wurde.

Eine um so tiefere und umfassendere Einwirkung auf die Nation übte Karl Kisfaludy, der jüngere Bruder Alexander's, aus, der ebenso volksthümliche als ausgezeichnete Repräsentant unserer dramatischen Literatur aus damaliger Zeit. Nach sechsjährigem Umherschweifen im Auslande brachte er aus Italien, wo er sich am längsten aufhielt, nicht nur künstlerischen Geschmack, sondern auch einen an den beinahe „wüthend patriotischen" Werken Alfieri's und Ugo Foscolo's gereiften Freiheitssinn heim. Hier fand er in der Sprache und Literatur eine lebhafte Thätigkeit entwickelt, und von Berzsenyi's Muse angefeuert, betrat auch er die schriftstellerische Laufbahn, auf welcher er schon vor seinen Wanderungen im Auslande nicht nur in der Lyrik, auch im Drama mit seinen Stücken „A gyilkos" (Der Mörder), „A Tatárok Magyarországban" (Die Tataren in Ungarn), „Zách Klára" und mit der Uebersetzung von Voltaire's „Brutus" Versuche angestellt hatte. Eins dieser Dramen, „Die Tataren in Ungarn", wurde 1819 in Pesth von der stuhlweissenburger Schauspielergesellschaft aufgeführt und vom Publikum mit ausserordentlicher Begeisterung aufgenommen; was den Dichter zur Verfassung neuer Bühnenstücke aufmunterte. Da er mit bewundernswerther Leichtigkeit und Schnelligkeit arbeitete, so wurden „Ilka", „Stibor Vajda", „Salamon Király" (König Salamon), „Széchy Maria", „A Kérök" (Die Freiwerber), „Kemény Simon", „A pártütök" (Die Rebellen) und mehrere andere Stücke, theils ernster, theils heiterer Gattung, in kurzer Zeit fertig, und grösstentheils auf der Bühne dargestellt und sämmtlich mit grossem Beifall aufgenommen. Da zu dieser Zeit in Ungarn und Siebenbürgen schon etwa funfzehn Schauspielergesellschaften bestanden, deren einige von den Comitatsständen subventionirt wurden, so wurden diese Theaterstücke, welche übrigens auch gedruckt erschienen, in kurzem im ganzen Vaterlande bekannt und verschafften dem Dichter einen solchen Ruhm, eine solche Volksthümlichkeit, wie sie bei uns noch kein Schriftsteller je genossen hatte.

Die Ursache dieses glänzenden Erfolgs lag nicht so sehr in der Vollkommenheit der Werke; denn einige derselben waren gleichsam im Fluge, während nur weniger Tage geschrieben worden, und konnten nicht eben frei von Fehlern und Mängeln genannt werden: das Geheimniss der hervorbrechenden Begeisterung lag in dem gut be-

Karl Kisfaludy.

rechneten Bühneneffect und noch mehr in den zur Darstellung gebrachten Objecten dieser Werke, und dem Geiste, welcher dieselben
durchwehte. Die bisher auf die ungarische Bühne gelangten bessern
Stücke waren durchwegs Uebersetzungen aus dem Deutschen und
Französischen gewesen, welche, obgleich sie dem ungarischen Leben
einigermassen angepasst wurden, sich dennoch in einer fremden Welt,
in fremden Ideenkreisen bewegten, von fremdem Geiste durchdrungen
waren. Im Gegentheil hiervon waren Object und Material sämmtlicher Stücke Kisfaludy's ohne Ausnahme national. Seine heitern
Stücke zeichnen bald das städtische, bald das ländliche Leben stets
in wahrer, eigenthümlich ungarischer Färbung; bei einigen derselben
ist selbst die Sprache so voll von Sprichwörtern und specifisch ungarischen Redewendungen, dass man dieselben in eine andere Sprache
kaum übersetzen kann. Seine ernsten Stücke sind alle der Geschichte
entnommen. Seine Gestalten sind von der ersten bis zur letzten vollständig ungarisch und tragen den deutlichen Stempel der Nationalität
an sich. Da die Unfruchtbarkeit des gegenwärtigen und unlängst
vergangenen Lebens wenig Material bot, auch die streng gezogenen
Schranken der Censur und Polizei dasselbe in seiner Wirklichkeit zu
zeichnen nicht erlaubten, so wählte Kisfaludy die Vorwürfe zu seinen
Stücken aus dem Leben und Treiben der Vergangenheit, wo uns soviel grosse Angedenken, soviel selbstaufopfernde Treue, Vaterlandsliebe und Heldengrösse entgegenglänzen. Wie er in einem Schreiben
an seinen tiefwissenschaftlichen, mit gebildetem Geschmack versehenen,
und in allen Literaturen Europas bewanderten Freund Georg Gaal [1],
der seine Werke auch ins Deutsche übersetzte, sich selbst äussert:
wünschte er „in denselben die kraftvolle Vorzeit des Vaterlandes zu
schildern", ohne Zweifel als Gegensatz zu jener Apathie, jenem Siechthum, jener Kraftlosigkeit, welche das lebende Geschlecht zur Schau
bot. In der Vorzeit durfte sich der Dichter auch freier bewegen; er
konnte die Treue und den Feuereifer für das Vaterland mit grösserer
Kraft hervorheben; er durfte die Untreue, Lauheit, Sünde, ja die
Willkürherrschaft selbst schärfer geiseln, ohne sich Hass — von
seiten der Censur und Polizei aber Verdacht, Rüge und Verbot zuzuziehen. Dem musste er aber, wollte er nicht zum Schweigen gebracht
werden, um so eher auszuweichen suchen, als er nicht allein auf die
Erweckung der Nationalität und Vaterlandsliebe einzuwirken wünschte,
sondern in seinen Werken zugleich auch der Freiheit einen Altar
bauen wollte. Z. B. sein „Stibor Vajda", welcher noch 1819 zur
bühnlichen Aufführung gelangte, athmet nicht nur glühenden Patriotismus, sondern auch einen hochfliegenden Geist der Freiheit, ja wird

---

1) Vgl. die meisterhaft geschriebene Skizze des Lebens und der schriftstellerischen Thätigkeit dieses um unsere Literatur hochverdienten Mannes
von Franz Toldy in dessen „Irodalmi arczképek", S. 76.

sogar zum Apostel demokratischer Principien; was ihm auch, obgleich
es vom grossen Publikum mit rauschendem Beifall überhäuft wurde,
viele aus den Reihen des Adels übel nahmen. „Dieses Stück hat mir
hier Feinde gemacht", schreibt er au Gaal; „man glaubt, ich wolle
der Welt die Bedrückung des ungarischen Bauers verkünden." — „Es
ist ein wenig stark", sagt er in einem spätern Briefe, „aber seine
Tendenz möge ausgleichen, was ihm an Güte fehlt." Und welch
glühendes Freiheitsgefühl durchweht seinen „Kemény Simon"! Von
diesem sagt er in einem Schreiben an Gaal: „Dieses Stück liebe ich
am meisten; ich habe es geradezu aus meinem Herzen herausgeschrie-
ben. Die strenge Kritik wird vieles darin finden; aber mir sind
diese Gefühle so heilig! Die schönsten Träume meiner Jugend sind
darin geschildert!" Auch wurden seine beiden Stücke: „Zach Klára"
und „Salamon Király" von der Censur zur Bühne nicht zugelassen,
obgleich in denselben, wie der nicht durch die Brille der Censur und
Polizei schauende Dichter sagt: „nichts ist, was aus höherm Gesichtspunkte schädlich wäre · . . . aber sie erwecken schmerzliche Gefühle
in dem Herzen des Ungars". „Es kommt jetzt wieder eins meiner
Stücke unter die Presse: «Záeh Nemzetség» (Das Geschlecht der Záeh).
Das Thema ist gross und interessant. Es ist gegen die Aristokratie,
und wird unsern Landsleuten nicht gefallen." Sein Drama „Barátság
és Nagylelküség" (Freundschaft und Grossmuth) verstümmelte die
Censur auch sehr, besonders an den Stellen, wo er seine Gedanken
über das Leben am Hofe eingewoben hatte, obgleich er sich, nach
eigener Aeusserung, sehr mässigte und bestrebt war, jede politische
Beziehung zu vermeiden. „Meinen Bischof" (Janus Pannonius) haben
sie mir ganz gestrichen. . . . Der neue Primas (Rudnay) ist ein sehr
wachsamer Herr; wenn es so bleibt, werde ich bald Gebetbücher
schreiben."

Aber während die Schilderung nationaler und patriotischer Gefühle in seinem Publikum eine so aussergewöhnliche Begeisterung
hervorrief; wärend er durch den Kunstgriff, nur solche Charaktere
auf die Bühne zu bringen, „welche der Ungar", wie er selbst gesteht,
„liebt, welche den Stempel der Nationalität an sich tragen, in welchen
der Ungar sich selbst auffindet", auch der Nationaleitelkeit Weihrauch streute, ja während sein Zweck sogar derjenige war, dem
Publikum für diese Art von Unterhaltung Geschmack einzuflössen, und
er deshalb manchmal selbst bessere Gedanken vermied und angenehm
klingende Reden einfliessen liess, dessen er sich übrigens in spätern
Werken enthielt: so unterliess er doch nicht, besonders in seinen
spätern Werken, die nationalen Eitelkeiten, Vorurtheile und Verkehrt-
heiten zu geiseln und mit dem Stachel des Spottes zu verfolgen. „In
meinen «Pártütök» hat die Censur viele nackte Wahrheiten, besonders
in Bezug auf die Insurrection, gestrichen." Der Spott ist in diesem

Stücke so stark, so beissend, dass er selbst meinte: „Wenn die Herren Richter es so ganz verstünden wie mein Freund Gaal, so wäre es für mich nicht räthlich, ohne militärische Bedeckung zu reisen." Noch schärfer, noch schneidender war sein Lustspiel „A Koresházi vásár" (Der Markt zu Krüppelhausen). Allein, einige Brummbärte ausgenommen, verherrlichte ihn die Nation und hielt ihn schon damals für ihren ersten und grössten Dichter, obgleich sie sich manchmal durch ihn in ihrer Eitelkeit getroffen fühlte; das gemischte Theaterpublikum aber ertheilte eben seinen starkgewürzten Stücken den meisten Beifall, so gefielen z. B. „A Pártütök" bei der ersten Aufführung so sehr, dass man ganze Scenen wiederholen musste.

So gross war Karl Kisfaludy's Einwirkung auf die Nation schon in der ersten Periode seiner schriftstellerischen Thätigkeit; und doch fing er eigentlich erst später an, die Geheimnisse der Sprache und der Kunst ernstlich zu studiren, und sich auf seine hohe Laufbahn vorzubereiten. Seit 1820 arbeitete er langsamer, aber um so besser, und mit einer um so grössern, kunstbewussten Kraft, wie dies die nachgelassenen Fragmente einiger geschichtlichen Dramen bezeugen. Zu dieser Zeit fasste er auch den Plan zu seinem Taschenbuch „Aurora", in welchem er sodann nicht nur als wirklicher Künstler auftritt, sondern zugleich als Führer und zweiter Begründer der neuen Kunstschule, aus welcher er die besten jungen Kräfte in seinem Taschenbuche vereinigte: der von Kazinczy bezeichneten Richtung verhalf dieses Taschenbuch und dessen Mitarbeiter, der sogenannte „Aurorakreis", zum vollständigen Siege. Von ihm und von seinem glänzenden Erfolge angeeifert, begannen auch zahlreiche andere originale, national gefärbte Dramen zu schreiben. „Es werden darunter", sagt er selbst, „viele schlecht sein, es wird aber vielleicht auch gute geben, und so dürfen wir hoffen, dass wir aus unserm Schlafe aufwachen und unter die gebildeten Nationen treten werden." Doch war es ihm leider nicht vergönnt, das nationale Aufblühen, dessen glühende Sehnsucht ihn zum Dichter gemacht und welches er so mächtig gefördert hatte, zu erleben: der frühzeitige Tod entriss ihn an dessen Schwelle aus der Mitte seiner Nation.

Allein Kisfaludy's Dramen sind nicht die einzigen Werke, welche in dieser Zeit auf das Nationalleben einen so lebhaften, bildenden, erhebenden Einfluss ausübten. Mit dem Drama wetteiferte seit Berzsenyi auch die Lyrik, welche Kisfaludy auch meisterhaft handhabte, und welcher in Franz Kölcsey und Michael Vörösmarty Sterne ersten Ranges erstanden waren. Wen ergriff nicht Kisfaludy's „Mohács", dieser grosse Kirchhof unserer nationalen Grösse, mit seiner melancholischen Trauer? Wer wurde nicht weich gestimmt durch das sehnsüchtige Verlangen nach dem fernen Geburtslande in seinem „Honvágy" (Heimweh)? Und in wessen Herzen klangen beim Lesen seiner

lieblichen Volksliedern die wehmüthigen Klänge der Nationalität und
Vaterlandsliebe nicht wieder? Wer seufzt nicht auf mit dem „Rákosi
szántó" (Der Pflüger auf dem Rákos), wenn er die vergangene Herrlichkeit der Vorzeit und das entartete Wesen des heutigen Geschlechts
besingt:

> Sie schwanden hin, du (Rákos) stehest nur,
> Wie viele nähret deine Flur!
> Ach, wenig Ungarn seh' ich mehr,
> Und pflüge fort, das Herz so schwer.

> Ach, Ofen-Pesth gar manchen hegt,
> Der unsre Sprach' nicht liebt und pflegt,
> Heutmorgen ist des Ungars Sprach'
> Ein weisser Rabe auf dem Dach.

> O Rákos, Rákos! Theurer Raum!
> Hinschwand dein Ruhm als wie ein Traum!
> Mein Herz wird schwer und wehmuthsvoll,
> Und weinend pflüg' ich deine Scholl'.

Und wer fühlt nicht seine Anhänglichkeit für das Vaterland sich vermehren, wenn er den Herumirrenden nach dem Lande, wo er geboren,
sich zurücksehnen hört:

> Meiner Heimat schöne Grenze,
> Seh' ich einst dich noch im Lenze?
> Wo ich geh' und wo ich stehe,
> Ich nach dir nur immer sehe.

> Kleines Hüttchen, meine Wiege,
> Ach, wie fern von dir ich liege!
> Fern, gleich wie ein Blatt vom Baume
> Sturmentführt vom Waldessaume.

Oder wessen Antlitz überfliegt nicht die Röthe der Scham, wenn er
den Bauernjüngling im Gespräche mit dem Thau über seine so tief
gesunkene Nation trauern hört:

> O Thau, o Thau, wo bist du her?
> Was fällst du mir aufs Herz so schwer?
> „Ich fiel drum aus der Wolke dort,
> Weil meines Daseins Sonne fort."

> Du Thau, du wirst zur Thräne auch,
> Find'st einen Quell in meinem Aug',
> Auch meine Sonn' musst' untergehn:
> Mein Ungarn, dir wein' ich die Thrän'!

Als Franz Kölcsey die schriftstellerische Laufbahn betrat, war   Franz
der Sprachkampf zwischen Kazinczy und seinen Gegnern schon auf   Kölcsey.
das heftigste entbrannt; vielleicht bewog ebendies ihn, der seiner
grossen Thatkraft und der Richtung seiner glänzenden Fähigkeiten

zufolge eher für einen Staatsmann, für einen parlamentarischen Redner geboren war, sich der Bewegung anzuschliessen, von welcher er wahrscheinlich schon damals ahnte, dass sie die Grundlage, die Bedingung des künftigen nationalen Emporblühens sein werde. Wegen der Heftigkeit, mit welcher er den Sprachkampf besonders in der, auf das erwähnte „Mondolat" mit seinem Freunde Paul Szemere verfassten „Antwort" fortführte, und wegen der Strenge, mit welcher er als ästhetischer Kunstkritiker manche beliebtere Persönlichkeiten der Literatur und deren Werke, z. B. den volksthümlichen Csokonai, beurtheilte, bezeigte das Lesepublikum ihm gegenüber längere Zeit hindurch nicht jene Vorliebe und Auszeichnung, welche seine glänzenden Fähigkeiten und der innere Werth seiner Werke sonst mit Recht hätten in Anspruch nehmen dürfen. Später jedoch machten ihn seine wunderlieblichen lyrischen Gedichte, seine Balladen und Romanzen, welche Gattung er zuerst in unsere Dichtung verpflanzte, und in welcher liebliche Phantasie, Feuer des Gefühls und Schönheit des Tons den Leser entzücken, zum Lieblinge des Publikums. Es ist Aufgabe der Literaturgeschichte, diesen grossen Dichter nach der Gesammtheit seiner Werke zu würdigen. Wir können hier, da wir ihn von unserm besondern Standpunkt aus betrachten, nur jene vorleuchtend nationale Färbung, jenes zum Patriotismus hinreissende, die Vaterlandsliebe anfachende tiefe Gefühl in Betracht ziehen, welches seine Dichtung überströmt und in einigen seiner Lieder und Balladen in einer so hohen Begeisterung erglüht, wie wir sie vor ihm nur bei Berzsenyi, und nach ihm nur bei Michael Vörösmarty, dem grössten unserer Dichter, finden. Welch tiefem Gefühle entspringt, von welch leidenschaftlicher Vaterlandsliebe überströmt z. B. sein Lied „A Rákos Nymphájához" (An die Nymphe des Rákos), in welchem er zwischen der Doppelliebe seines Herzens, der Liebe zum Vaterlande und zu seinem Mädchen, eine Parallele zieht:

> Zwei sind dem Herzen lieb und werth:
> Die Heimat und die Maid,
> Die ein' umarm' ich Weh im Herzen,
> Die andre mit der Sehnsucht Träumen,
> Die lächelnd, jene heiss.
> Stolz aber wird mein Herz und pocht,
> Selbstachtung zieht mir auf die Stirne,
> Wenn mich ihr holdes Bild umschwebt.
> Voll Huld, doch, ach, so traurig
> Steigt auf dein Bild, o Heimat!
> Wie Rom in Cäsar's Träumen einst,
> O heilige du!
> Doch ist's der Schmerzen herb Gefühl,
> Was du ins Herz mir strahlst hinein! —
> Doch du kommst lächelnd, Maid,
> Gleichwie im schönen Mai zur Früh'

Der Tag, der neugeborne, lacht.
An deiner Brust
Wie schmilzt der Schnee dahin,
Und ausser deiner Brust
Wie stirbt die Wonn'!
O Heimat, wenn nur kurze Zeit
Die Wolken sich verziehn,
Du heiter lächelst,
Fliegt meine Seele zum Olymp
Und Glut und Kraft erfüllt das Herz. —
Und wenn dir, Mädchen,
Die Trauer sanft das Auge trübt,
Stürz' ich dir weinend in die Arme,
Und Trost bringt dir die Lippe dar.
O Maid, an deiner Gruft
Tönt traurig einst des Liedes Laut,
Und bald die Flügel schwingend
Tropft es aus seinem Himmel
Dir Thau und Trost herab. —
Doch du musst leben, Vaterland!
Und ewig wie der Frühling, blühen; —
Ach, denn auf deinen Trümmern
Würd' ich vernichtet niedersinken,
Mein Vaterland!

Und was sollen wir von seinem „Hymnus" sagen, aus welchem uns
die mehrhundertjährigen Leiden des Vaterlandes so wehmüthig, so
herzerschütternd entgegenstöhnen, und dessen Schluss sich zu einem
heissen Gebet erhebt, vom Himmel Gnade, einen schützenden Arm
und Segen für die Zukunft der Nation herabflehend, denn

Längst gesühnt hat dieses Volk
Vorzeit schon und Zukunft.

Bald wieder empören sich seine patriotischen Gefühle, und er fragt
beim Anblick der im Vaterlande verbreiteten Apathie, Herzlosigkeit
und sittlichen Verkommenheit in „Zrinyi dala" (Das Lied Zrinyi's),
gleichsam aufkreischend:

Wo ist das Vaterland, das Árpád's Blut
Im Kampfe einst erwarb als heilig Gut . . .?

und antwortet darauf traurig:

Hier das Land, doch ist's das alte nicht,
Oed dehnt die Flur sich aus, dürr, ohne Licht . . .

und rügt dann mit Flammenworten die Generation, welche in sich die
Vaterlandsliebe erlöschen liess, welche

Keine Flügel hat an ihrer Seele,
Und ein eis'ges Herz im Busen trägt.

5*

> Und die Zwerglein aus den Thälern blicken
> Schwindelnd auf die hohen Felsenrücken,
> Wo die Ahnen stolz sich hingebaut.

Und die Rolle des strengen Sittenrichters aufnehmend, fordert er sie für die Errungenschaften der Altvordern, die Erfolge ihres Beispiels, die Hoffnungen der Zukunft zur Rechenschaft:

> Und wo ist das Volk, das seine Bahnen
> Mühsam sich erringen von der Ahnen
> Hehrem Beispiel lernt' mit treuer Brust?
> Ob es litt, von Leid zu Leid sich mühte,
> Seine Jugend unverwelklich blühte,
> Vorzeit, Zukunft in dem Heut bewusst.

Dann, das entartete Geschlecht überblickend, ruft er mit patriotischer Bitterkeit aus:

> Wand'rer, steh'! Du find'st nicht mehr das rechte;
> Es erstand ein anderes Geschlechte
> Schwachen Haupts, und schwach an Herz und Sinn;
> Jenes hehre Volk, das seine Bahnen
> Mühsam sich erringen von der Ahnen
> Edlem Beispiel lernte — ist dahin!

In seiner Ode „A Szabadság isteuasszonyához", welche er „an die Göttin der Freiheit" richtete, bricht er sogar in einen Fluch aus, als er die Sklavenseelen züchtigt:

> O ein Joch dem Feigen, der zitternd meidet
> Deines Reiches glänzende Sonnenwelten;
> In gewohnter Knechtschaft mit seinen Ketten
> Klirrt, halb im Traume!
>
> Fluch dem Feigen, der dich, erzitternd, fürchtet,
> Weil der Sturm dir über dem Haupt oft brauset,
> Weil oft Todesröcheln der Siegeslaufbahn
> Himmlische Palme.

Allein wir würden von unserm Ziele zu weit abirren, wollten wir alle Gedichte anführen, mit welchen zu dieser Zeit Kölcsey und die mit ihm beinahe gleichzeitig aufgetretene kraftvolle, junge Schar unserer Dichter, unter welchen schon damals Michael Vörösmarty, Gregor Czuczor und Joseph Bajza als Sterne erster Grösse glänzten, das Gefühl für Patriotismus, Nationalität und Freiheit zu wecken, zur Entwickelung zu bringen, zur Thatkraft zu erheben sich bestrebten. Czuczor und Vörösmarty übten in dieser Beziehung ausser ihren lyrischen Gedichten auch durch das Epos eine grosse Wirkung auf die Lesewelt aus. Das Heldengedicht, welches, schon seiner Natur nach das grösste Anrecht auf Schilderung objectiver Nationalität besitzt, war zu diesem Zwecke besonders geeignet, und wurde von diesen unsern Dichtern gerade zu dieser Zeit in unserer Literatur auf

Vörösmarty. Czuczor. Bajza.

den Glanzpunkt erhoben. Vörösmarty's „Zalán futása" (Die Flucht Zalán's), „Cserhalom" und „Eger", Czuczor's „Augsburgi ütközet" (Die Schacht bei Augsburg) und noch im höhern Grade sein „Aradi gyülés" (Der Arader Landtag) sind Schöpfungen des Geistes, welche nicht nur das ungarische Publikum elektrisirten, 'sondern auch mit ähnlichen Erzeugnissen jeder andern Literatur in Europa kühn in die Schranken treten können.

Und diese so lebensfrische, so nationale und patriotische Literatur konnte auch nicht ohne segensreiche Einwirkung auf das gesammte Nationalleben bleiben. Sie war gleichsam die Einleitung zu der spätern politischen und gesellschaftlichen Entwickelung. Der erste unzweifelhafte Beweis ihrer Einwirkung war, dass das Lesepublikum sich von Tag zu Tag vergrösserte. Die Aufmerksamkeit der Nation wandte sich immer mehr ihren geistigen Interessen zu, und sie begann zu fühlen, dass sie nur auf diese gestützt den Grundstein zu dem so sehnsüchtig herbeigewünschten nationalen Wohlsein legen könne. Mit diesem Gefühle aber war der Wunsch unzertrennlich verbunden, sich auch von jenen Fesseln zu befreien, mit welchen sie jede freiere günstige Bewegung niedergehalten sah: von der Censur und dem Verbote des Verkehrs mit dem Auslande. Dieses Verlangen wurde seit 1820 noch lebhafter, als die Regierung, erschreckt vom Geiste der Volksfreiheit, welcher in dem infolge des Wiener Congresses geknechteten Europa allenthalben zu erwachen anfing, den sich immer lauter äussernden Zeitgeist mit neuern Verboten und Einschränkungen zu ersticken bestrebt war. In einer Verordnung vom 11. Jan. dieses Jahres dehnte die Regierung in dieser Hinsicht ihre Strenge bis zu den äussersten Grenzen aus, indem sie nicht nur die Einfuhr der politischen, sondern auch der rein wissenschaftlichen und literarischen Zeitschriften vollständig verbot, die inländische Presse aber in noch engere Schranken einzwängte. Einige Jahre zuvor hätte diese Verordnung die Aufmerksamkeit wahrscheinlich ebenso wenig auf sich gezogen wie jene frühern, wodurch jede geistige Bewegung in Bande geschlagen wurde. Allein jetzt, wo die Nation durch das in der Nationalsprache und Literatur neuerwachte Leben zu immer klarerm Bewusstsein ihres bedauernswerthen Zustandes gelangte, jetzt blieb sie nicht unbemerkt. Zahlreiche Comitate, in welchen es der Regierung bei aller Bemühung nicht gelungen war, die constitutionellen Gefühle zu ersticken, erhoben lebhaft ihre Stimme gegen diese neue Einschränkung des nationalen Fortschritts. Von allen gab indessen die Gemeinschaft des Comitates Bars den Ansprüchen der öffentlichen Meinung den treuesten und lebhaftesten Ausdruck in einer in der allgemeinen Versammlung desselben am 6. März 1820 beschlossenen Adresse an die königliche Statthalterei.

Die Einwirkung der Literatur auf das öffentliche Leben.

11. Jan. 1820.

„Wenn wir die persönlichen Ursachen dieses Verbots untersuchen", sagt unter anderm diese Adresse, „wollen wir nicht in Zweifel ziehen, dass diese aus dem Wunsche, die öffentliche Ruhe zu erhalten, und der Zügellosigkeit Schranken zu setzen, entspringen; . . . wir müssen indess gestehen, dass die objectiven Ursachen dieser Verordnung auf uns um so schwerer einwirken, je eifriger man ·bestrebt ist, sie vor der öffentlichen Meinung geheim zu halten, und je sicherer es ist, dass dergleichen Einschränkungen sich nie eines guten Erfolgs rühmen dürfen. . . . Wir zweifeln nicht, dass die Regierung Sr. Majestät zu einer Zeit die Nützlichkeit jener strengen Censur sah, unter deren schonungslosem Joche unsere Literatur seufzt; auch wollen wir nicht leugnen, dass es bei dem Mangel an Kenntniss der Zeitereignisse, welchen wir der Einschränkung unserer politischen Blätter zu verdanken haben, leichter war, die allgemeine Ruhe und das Ansehen der Macht aufrecht zu erhalten. Wir fragen nur, ob auch der gereiftere Geist im Stande ist, einen ähnlichen Druck zu ·erleiden? Ob es nützlich ist, auch den Erwachsenen in jene Wiege einzuzwängen, in welcher der Säugling eingelullt wurde? Wir würden unsere bürgerliche Pflicht verletzen, wenn wir es verabsäumten, unsere Stimme gegen das Verbot der Zeitschriften zu erheben. . . . Was haben wir verschuldet, dass die periodischen Schriften, die literarischen wie die politischen, wiederholt verboten wurden? Weshalb werden uns die Quellen der Ausbildung abermals verschlossen? Weshalb wird ein gemeinnütziges Band des gesellschaftlichen Lebens aufs neue zerrissen?

„Unsere Gegengründe wollen wir nicht aus unsern Gesetzen schöpfen, noch aus der Geschichte unsers Landes, welche unzweifelhaft nachweist, wie sehr unsere Vorfahren die Freiheit des Wortes und des Gedankens hochhielten und zu jeder Zeit unverletzt aufrecht zu erhalten wünschten; ja wir berufen uns selbst auf das Volksrecht nicht, welches durch dergleichen Verbote schwer verletzt wird: wir nehmen einzig die Beschaffenheit der Zeitschriften in Betracht, um zu beweisen, welcher Druck, welche Willkür, welcher Nachtheil in deren Verbote liegt.

„Die Zeitschriften sind hinsichtlich des Auslandes ebenso viele freundschaftliche Briefe, durch welche die Nationen miteinander verkehren und sich gegenseitig die Ereignisse, Fortschritte und ihre Wünsche zu wissen thun. Sie sind so nothwendige Erfordernisse zur engern Verbindung der miteinander in freundschaftlichen Beziehungen stehenden Völker, des Aufblühens von Gewerbe und Handel und der Beförderung nationaler Bildung, dass civilisirte Nationen dieselben schlechterdings nicht entbehren können. Hinsichtlich der innern Zustände aber sind die Zeitschriften die Organe der öffentlichen Meinung, die wie ein See, welchem freier Ausfluss gestattet wird, in tausend Adern sich ausbreitend, im Abfluss befruchtend wirkt, während er anschwillt, wenn ihm Dämme entgegengesetzt werden, diese zerreisst, alles verheert und vernichtet, was ihn hindert.

„Dass der Geist des grössten Theils der Zeitschriften seit lange schon verdorben wurde, dass diese nicht mehr der treue Dolmetsch der öffentlichen Meinung, sondern verfälschte, knechtisch gesinnte Organe sind, wissen wir sehr gut. Das Ergebniss indess ist dasselbe, ob das freie Wort unterdrückt wird, oder ob die öffentliche Meinung verfälscht wird: das erstere verletzt durch die Einschränkung der natürlichen Freiheit jedes Recht; das letztere verhöhnt durch einen Betrug die Würde des Publikums.

„In der That, wenn wir angesichts dieses Verbots uns die Bevorzugung einiger ausländischen Blätter erklären wollen, entsteht in uns unwillkürlich die Frage: ob denn diese allein ihrem Zwecke entsprechen und dem Publikum gegenüber die schuldige Aufrichtigkeit einhalten? . . . Und weshalb werden die andern Zeitschriften verboten? Gelangen die auswärtigen Geschehnisse und die Gefühle anderer Völker trotz des Verbots nicht zu unserer Kenntniss? Oder werden sie deshalb verboten, weil sie der Regierungsgewalt verhasste Principien verbreiten? Man kann kaum glauben, dass die Regierung sich selbst des Werkzeugs berauben wolle, durch welches sie die Wünsche der Unterthanen am besten erfahren kann. Und welche sind die Principien, welchen man in andern Ländern freien Ausdruck geben kann, und welche nur eben von dieser Regierung gehasst werden? Der gerechte Monarch, der nach dem Geiste der Gesetze regiert, wird der Liebe des Volks niemals entbehren, der Thron aber findet in der Liebe des Volks eine weit stärkere Stütze, als jene sein kann, welche ihm die ausstreichende Feder des Censors gewähren kann.

„Das Verbot ausländischer Blätter“, heist es ferner, „fällt uns auch deshalb schmerzlich, weil wir, durch lebhaftern Handel mit den Nachbarstaaten nicht in Verbindung stehend, einzig und allein dieses Mittel besitzen, andere Völker kennen zu lernen, von ihnen kennen gelernt zu werden und, von ihren Fortschritten angeregt, in der Civilisation vorzuschreiten. . . . Die Schriftsteller in den Erblanden beschimpfen uns, verhöhnen unsere Gesetze und tadeln die weisesten Institutionen unserer Väter. Die Presse ist für diese frei, die sonst so strenge Censur duldet dergleichen, ja sie begünstigt es sogar. Jene ausländischen Zeitschriften im Gegentheil, welche als Quellen der Bildung dienen könnten, werden mit grosser Sorgfalt verboten; für uns ist die Presse nicht einmal zur Widerlegung verleumderischer Schriften frei; ja sogar der Wissenschaft, welche als mit dem öffentlichen Wohle unvereinbar vorgegeben wird, werden enge Schranken vorgezeichnet. Und was haben wir Ungarn verbrochen, dass man uns mit so verletzendem Mistrauen begegnet? Haben wir die stufenweise Abnahme unsers Wohlstandes nicht standhaft ertragen, und

die zahlreichen verheerenden Kriege? . . . Hat die Treue der Nation
zur Zeit der Gefahren und Verlockungen gewankt? . . . Jenen Geist,
welchen die Regierung so sehr verfolgt, wie ihn die Zeitschriften nicht
geweckt haben, so wird ihn auch das Verbot derselben nicht in Bande
schlagen. Das Kind der Wahrheit wird unter einer Regierung, welche
auf Gerechtigkeit und Gesetzen fusst, keinen Stoff zur Umstürzung
vorfinden. . . . Es thut unserm Herzen weh, dass wir für so viele
Opfer, für so viele Zeugnisse unserer Treue nichts gewinnen konnten,
als täglich wachsenden Argwohn und solche moralische Einschränkungen, deren Erfolg nur gegenseitiges Mistrauen sein kann. . . . Wird
auf diese Weise in der Zukunft nicht jede Mittheilung, wie gut sie
auch scheinen möge, mit Mistrauen aufgenommen werden? Und
nachdem die bezahlte Servilität der erlaubten Blätter das Vertrauen
nicht vermehren kann, wird es da nicht geschehen können, dass das
Publikum, indem es die Hülfsquellen des öffentlichen Wohles dem Monopol unterliegen sieht, auch die heilsamen Bestrebungen der Regierung mit Verdacht empfangen und sie nicht unterstützen werde?

„Nachdem aber hierdurch weder die Kenntniss der Ereignisse
verhindert werden kann, noch die Anhänglichkeit der Völker an ihren
Regierungen befestigt wird; ja die Neigung zum Verbotenen die
Kenntniss der auswärtigen Ereignisse und Principien mit noch grösserer
Hast und verbunden mit eigenthümlichen Ansichten verbreiten wird:
so kann unser bescheidener Verstand es nicht begreifen, was dieser
heilsame Zweck sein mag, welchem zu Liebe die Presse im allgemeinen so sehr eingeschränkt wird, die ausländischen Zeitungen und periodischen Schriften aber verboten werden.“

Schliesslich sagen die Absender der Adressen noch, dass sie, obgleich sie frühern Beispielen nach auch noch zu befürchten hätten,
sich durch diesen Schritt die Rüge des Königs zuzuziehen, nichtsdestoweniger den Palatin und die Statthalterei bäten, dass dieselben
die Adresse, zufolge ihres Amts als Vermittler, Sr. Majestät unterbreiten
mögen; denn sie dürften gesetzlich fordern, dass ihre Gedankenfreiheit
willkürlich nicht eingeschränkt werde, dass sie von den andern Völkern,
in welchen sie Brüder erblickten, Verbannten gleich nicht abgeschlossen,
und der wirksamsten Werkzeuge der Bildung nicht beraubt würden.

Dieses Interesse, dieser Eifer, welchen die im Bereich der Sprache
und Literatur entstandene lebhafte Bewegung für die geistigen Interessen erweckte, sind ein unzweifelhaftes Zeugniss der Wirkung, welche
der nationale und patriotische Geist der Literatur auf die Elektrisi-
rung der so lange in Apathie versunkenen Massen ausgeübt hatte.
Diese Wirkung aber musste sich, natürlich, unausbleiblich immer mehr
auf das ganze nationale, und somit auch auf das politische Leben
ausdehnen, besonders nachdem die Regierung jene Gesuche kaum der
Beachtung gewürdigt hatte, welche zu Gunsten der geistigen Interessen

von den Comitaten an sie gerichtet wurden. Die Literatur, die sich
trotz aller Hindernisse rasch ausbildete, erweckte, besonders in der
jüngern Generation, erhöhte Thatkraft, lebhafteres Verlangen, glühen-
dere Sehnsucht nach der Ausbildung und Befestigung der nationalen
Verfassung und Freiheit, nach nationalem Emporblühen und Ruhme;
sie vermehrte und consolidirte den Rückschlag gegen die verfassungs-
feindliche deutsche Hofpartei und Willkürherrschaft, und ermuthigte
die bislang spärliche, verschüchterte und zum Schweigen gebrachte nationale und constitutionelle Opposition, den Kampf für die Nationalrechte offen aufzunehmen.

Dieser Kampf musste um so früher und unausbleiblicher eintreten, als die Regierung nicht aufhörte, die Opposition mit willkürlichen Massregeln zu reizen. Da keine Reichstage abgehalten wurden,
so konnte, bei der strengen Einschränkung der Presse und dem Verbote der Vereine, wie wir oben berührten, das nationale Leben einzig
und allein noch in den Sälen der Comitatsversammlungen einigermassen
sich äussern. Allein, wie wir gleichfalls erzählt haben, gelang es dem bestehenden und einschüchternden Regierungssystem eine Zeit lang, auch
inmitten der Comitatsbehörden einen immer weitern Raum zu gewinnen, indem man den grössten Theil der im Ansehen stehenden einsichtsvollern Stände durch geheime Späherei und Angeberei, durch
Verweise und Drohungen aus den Berathungssälen entfernte, den in
seiner Unwissenheit gläubigen und leicht zu verführenden kleinen Adel
hingegen durch die Comitatsvorstände und andere Agenten zu sich
hinüberlockte. Das wiener Cabinet aber erreichte seinen Zweck weder
überall, noch dauernd; ja eben jene Mittel, durch welche sie ihre
Willkürherrschaft befestigen, den Zeitgeist und die constitutionelle
Freiheit zu unterdrücken bestrebt war, kehrten sich, wie es in der
Regel zu geschehen pflegt, auch bei uns in kurzem gerade gegen sie.
Die Befangenheit des niedern Adels konnte unmöglich lange dauern.
Wie sehr auch die Opposition durch die Anwendung der erwähnten
Regierungsmassregeln an Zahl und Einfluss geschwächt war, blieben
dennoch die einsichtsvollern und muthigern Mitglieder derselben
bald in grösserer, bald kleinerer Anzahl standhaft auf ihren Plätzen,
und ihren patriotischen Bestrebungen gelang es immer mehr, den
niedern Adel über die Zwecke der Regierung aufzuklären und ihrer
Partei geneigt zu machen. Der früher eingeschüchterte und entmuthigte
mittlere Adel begann wieder die Comitatsversammlungen in immer
grösserer Anzahl zu besuchen. Der constitutionelle, freisinnige Geist
erstarkte im mittlern Adel immer mehr, und dieser bildete sodann
jene lebenskräftige, unbezwingliche Phalanx gegen die Willkürherrschaft eben damals, als diese sich schon anschickte, den Sieg auf den
Ruinen der constitutionellen Freiheit und Unabhängigkeit zu feiern.
Die anwachsende Opposition legte in dem Grade, als ihre Kraft zu-

nahm, jene rücksichtsvolle Schonung und bescheidene Nachgiebigkeit immer mehr beiseite, welche sie früher den Comitatsvorständen, Obergespänen und Administratoren gegenüber bezeigt hatte; sie wurde immer kühner und heftiger in ihren Angriffen auf die verfassungswidrigen Regierungsmassregeln, stürmischer und ausdauernder in ihrer Forderung hinsichtlich der Einhaltung der Gesetze. Ja einige aus den Reihen derselben verschmähten sogar nicht, die übrigens unmoralische und einer guten Sache unwürdige Waffe der Regierungspartei, die anonyme Angeberei, anzuwenden; von dem man befürchten konnte, er mache den heimlichen Angeber, dem bestrebten sie sich zuvorzukommen, klagten ihn oft aus wirklichen, manchmal auch erdichteten Ursachen an, und suchten ihn auf diese Weise zu verderben und unschädlich zu machen. Diese Waffe wurde zu mehrern malen gegen willkürlich handelnde Comitatsvorstände und andere angesehene Anhänger der Regierungspartei gebraucht. Die gegenseitigen anonymen Angebereien standen in zahlreichen Comitaten in voller Blüte, und die Regierung vermehrte sie selbst, indem sie ihnen ein gläubiges Ohr lieh. Als Folge dessen wurden oft königliche Commissare in die Comitate geschickt, welche die Anklagen zu untersuchen, die Streitigkeiten und Unordnungen beizulegen hatten. Weil indess die Ursachen der Zwietracht grösstentheils nur aus den verletzten constitutionellen Rechten herstammten, und die königlichen Commissare demzufolge den wirklich schuldigen Comitatsvorstand meistentheils in Schutz nahmen, die Gemeinschaft des Comitats aber die Willkürherrschaft der Regierung in noch höherm Grade fühlen liessen, so ging die Opposition aus allen derartigen Zusammenstössen nur noch stärker hervor; und wenn sie ihre Sache dem königlichen Commissar gegenüber auch verlor, so erstarkte sie dafür sowol an Zahl als an moralischem Gewicht in der öffentlichen Meinung.

Den ausdauernden Muth der Opposition, welchen diese wenigstens moralischen Siege fortwährend schürten, vermehrte bedeutend auch der Umstand, dass sich der Geist der Freiheit allenthalben unter den geknechteten Völkern Europas mächtig offenbarte, den zu erdrücken und verstummen zu machen selbst dann nicht gelang, als der Aufstand in Neapel und Piemont durch die österreichischen Heere niedergeschlagen war. Spanien kämpfte noch immer mit den zur Unterdrückung der Revolution einmarschirten französischen Regimentern, und die Völker begrüssten mit lebhaften Aeusserungen der Sympathie jeden Vortheil, welchen die ihre Verfassung vertheidigenden Spanier über die Franzosen errangen. Das reactionäre System und Vorgehen der Regierungen nährte überall bittere Unzufriedenheit und einen trotzigen revolutionären Geist in den Völkern; und dieser Geist, obgleich in geringerm Masse als bei den westlichen Völkern, fehlte auch bei uns nicht. „Du weisst, welcher Feind alles Despotismus ich bin", schrieb zu dieser Zeit der ob-

6. März 1823.

gleich freisinnige, doch sehr gemässigte, billig denkende Graf Joseph Dessewffy an seinen Freund, Franz Kazinczy, „und kannst daher muthmassen, was ich fühle, denke, und was ich Europa in seinen jetzigen Umständen wünsche. Ich verfolgte die Zeitgeschichte stets mit grosser Aufmerksamkeit. Ich glaube, dass nun der Wendungspunkt eingetreten, und dass der spanische Löwe die Willkürlichkeiten der französischen Adler ebenso brechen werde, wie vor einigen Jahren der Brand des Kremls die Willkür des einköpfigen Adlers verzehrt hatte. Fürchterlich sind die Zwecke, schrecklich die Mittel, thöricht die Kundgebungen. Unerhörte Dinge werden früher oder später überall erfolgen, wenn die gesunde Vernunft die Ausschweifungen der dümmsten und niederträchtigsten Leidenschaften nicht irgendwie verhindert. Schliesslich werden auch wir daran theilnehmen. Gott gebe, dass wir dann Verstand genug haben und uns eine wahrhafte, nationale Unabhängigkeit verschaffen. So könnten wir das feudale System aufopfern; allein ich zweifle sehr an unserer Klugheit sowol als auch an unserm Edelmuthe; der Rost des Egoismus frisst an unsern Herzen, wir sind keine Aristokraten mehr, sondern Kakokraten. . . . Gross und allgemein wird diese Aufregung, dieser Wirrwarr sein; denn es wird nicht die Revolution eines Landes sein, sondern eine europäische; indess wird sie durchgeführt werden, denn die Menschen haben an den Fehlern der Französischen Revolution gelernt, was man unterlassen muss, um zu einem günstigen Erfolge zu gelangen. Ich wiederhole, wir werden grosse Dinge erleben, wenn nicht irgendein Fatum dazwischentritt oder der Geist der Klugheit und gesunden Vernunft nicht etwas dazu thut, um die sich aufthürmenden Wolken gänzlich zu zerstreuen." [1]

Wo schon die Gemässigten so denken, da besteht zweifelsohne in den Massen eine grosse Unzufriedenheit mit dem Vorgehen der Regierung. Und es fehlte auch nicht an diesfälligen Kundgebungen im Lande. Hier und da waren auch noch Gerüchte verbreitet, dass auch schon der italienische Carbonarismus in einige Gegenden gedrungen sei. [2]

Zwar lag darin nicht viel Wahres; inzwischen war es eben kein Geheimniss, dass, wie der freisinnige Zeitgeist überall, auch inmitten

---

[1] Franz Kazinczy's und Graf Joseph Dessewffy's Briefwechsel, III, 212.

[2] Ebendaselbst, S. 260. „Isidor Guzmics", schreibt Kazinczy, „fragt mich, ob es wahr sein könne, dass der italienische Carbonarismus auch in Zemplén eingedrungen; denn in ihrer Gegend, um Raab, sei dieses Gerücht verbreitet. Ich antwortete ihm, dass dies eine böswillig verbreitete Fabel. Es gibt bei uns niemand, der etwas anderes wollte als das Gesetz; obgleich wir nicht leugnen, dass wir es gern sähen, wenn die landtäglichen Elaborate in Berathung gezogen, und König und Vaterland bestimmen würden, was das öffentliche Wohl erheischt."

der durch die Gewalt der Bajonnete hergestellten Ruhe, im westlichen
und südlichen Europa im Zunehmen war, so auch bei uns die Unzufriedenheit immer mehr wachse und die constitutionelle Opposition
erstarke. In mehrern Comitaten bildete sie sich, trotz aller Ränke
der Comitatsvorstände und anderer hochstrebender Anhänger der Regierungspartei, zu einer starken, entschiedenen Majorität aus, welche
in ihren Adressen selbst vor dem Throne ihre kühne Stimme immer
öfter erhob. Den Hauptgegenstand ihrer Bitten und Betreibungen
bildete bei jeder Gelegenheit die Einberufung des Reichstags; und
obgleich auf ihre Adressen oft auch keine Antwort erfolgte, so waren
sie doch in der Wiederholung derselben unermüdlich. Derlei ver-
tröstende Aeusserungen, wie sie Kaiser Franz bei Gelegenheit seiner
ofener Reise persönlich, und seither in seinen Rescripten hinsichtlich
einer unverletzten Aufrechthaltung der Verfassung und der Gesetze
gemacht hatte, befriedigten die stets erwachsende Opposition, welche den
Druck der Willkürherrschaft so schwer fühlte, nicht mehr. Das blosse
Wort und Versprechen hatte in der öffentlichen Meinung ·schon den
Credit verloren, die Opposition forderte grössere Garantien und suchte
diese einzig in der Einberufung des Reichstags, in der verfassungsmässigen Gesetzgebung.

Diese Bitten der oppositionellen Comitatsstände unterstützten
auch einige ungarische Herren und höhere Beamte, welche übrigens
bei jeder Gelegenheit ihre Anhänglichkeit an den Hof bezeugt hatten,
mit ihren gutgemeinten Vorstellungen, indem sie, in Anbetracht der
stets wachsenden Unzufriedenheit der Nation, im Interesse der allgemeinen Ruhe die Einberufung des Reichstags auf das angelegent-
lichste anempfahlen. In einer solchen Denkschrift lesen wir unter
anderm, mit lebhaften Farben geschildert, einerseits die aufopfernde
Treue der Nation, welche sie gegen das regierende Kaiserhaus während der vergangenen Jahre der Gefahr so oft an den Tag gelegt
hatte, und andererseits den gegenwärtig bei jeder Gelegenheit hervorbrechenden Aerger des Königs Franz gegen die Nation, welchen sich
der Verfasser dieser Denkschrift nur damit zu erklären meint, dass
einige in seiner nächsten Umgebung, die entweder die ungarische
Verfassung nicht genau genug kennen, oder sie beneiden, oder gegen
einige Verfechter derselben von persönlichem Hasse erfüllt sind, sich
nicht entblödeten, das im Grunde gute, aber infolge der ausgestandenen Widerwärtigkeiten furchtsam, mistrauisch und argwöhnisch gewordene Naturel des Kaisers aufzureizen. „Es ist zwar nicht zu
leugnen“, heisst es in der Denkschrift weiter, „dass manche der aus den
Sitzungssälen der Comitatsstände an den König gerichteten Adressen
die Grenzen der Bitte überschritt, und die Beschwerden vielleicht
schärfer, als es die Schicklichkeit erlaubte, schilderte; dass ferner
mancher der Redner, vom Schmerze hingerissen, seine Worte nicht

immer gehörig erwog. Allein dies sind nur die Fehler einzelner, leicht zur Ordnung zu weisender Comitate und Männer, und nicht die der Mehrheit, um so weniger die der ganzen Nation, welche sodann dem Könige dennoch in einem so gehässigen Lichte vor Augen geführt wurde, dass man nicht nur verschiedene geheime Polizeiagenten in die Comitatsversammlungen, oder gar königliche Commissare in die markirtesten Comitate schickte, sondern auch den Ober- und Vicegespänen befahl, alle jene dem Könige namentlich anzugeben, welche gegen die allerhöchsten Befehle zu sprechen sich erkühnten. . . . Dazu kam, dass die Nation ausser unzähligen geheimen Angebereien, durch in Wien verfasste und herausgegebene, überaus verletzende Flugschriften in ihrem guten Rufe, ihrer Ehre und Verfassung in der zügellosesten Weise zerfleischt und lächerlich gemacht, und vor der Welt und ihren eigenen Bauern als Tyrann gezeichnet wurde; was indess die beabsichtigte Wirkung, wenigstens bei dem ungarischen Landvolke, durchaus nicht hatte. . . . Alle diese und andere Beschwerden sowol hinsichtlich der verletzten Verfassung als der Integrität des Landes in Betracht ziehend, kann man sich in der That nicht wundern, dass sich in der Nation allenthalben Unzufriedenheit, Niedergeschlagenheit und Mistrauen zeigt. . . . Aber wohin kann dieses gegenseitige Mistrauen in diesen Zeiten führen, wo das Volk von einer demokratischen Verfassung mit einer immer geringern Zurückhaltung spricht; wo der Gelehrte über religiöse und bürgerliche Gleichheit und Freiheit und eine freie Presse Untersuchungen anstellt; wo sich die Herren zur Durchführung einer Gleichheit der drei christlichen Glaubensbekenntnisse verbünden, und die Jugend bei dem Mangel an zweckmässig eingerichteten Erziehungsinstituten durch fremde Privatlehrer nur in gymnastischen Uebungen, und nicht in den für den Staat nothwendigen und nützlichen Gegenständen ausgebildet wird?

„So steht die Sache Ungarns. Urtheile nun ein jeder, ob jene in der ungarischen Verfassung wenig und nur oberflächlich bewanderten Minister und Räthe . . . zweckmässig und bezüglich des Staats nützlich handeln, und Frieden und Ruhe beabsichtigen, die dem Kaiser den Rath ertheilen, dass er sich bei den Ungarn lieber durch Härte gefürchtet, als durch die ihm angeborene Güte geliebt machen möge; die ihn aneifern, dass er in den ungarischen Regierungsangelegenheiten dem Rathe seiner die Gesetze und Gewohnheiten des Landes nicht kennenden deutschen Minister mehr Gewicht beilege als dem seiner ungarischen Räthe, die doch gegen ihn auch mit einem besondern Eide gebunden sind. Urtheile wer immer, ob jene Räthe an dem Wohle des Staats redlich mitarbeiten, die, einige Beförderungen nachjagende Individuen anspornend, der Herausgabe der heftigsten, Nation und Verfassung verhöhnenden Schmähschriften Vorschub

leisten; die im Herzen des Kaisers das aus den obenangeführten Ursachen entstandene Mistrauen nähren und schüren, und auf diese
Weise in ihm eine Antipathie gegen jenen ansehnlichen Theil seiner
Unterthanen erwecken, die trotz aller Ungerechtigkeiten, welche gegen
sie seit den Zeiten Kaiser Joseph's begangen wurden, und trotz der
verführerischen Beispiele anderer Völker, in Frieden und Treue verblieben. Ich hege die Meinung, dass unter den gegenwärtigen kritischen Umständen nur jener Minister seinem Fürsten redlich dient,
der seine Bestrebungen darauf richtet, ˙dass dieser sich mit seinem
Volke so schnell als innig vereinige, von seiner Person, seinem Hofe
und aus seinen Diensten alle jene unreligiösen und sittenlosen, Unei-
nigkeit schürenden Wortkrämer sofort entferne, die gegen die Rechte
des Volks oder einzelner eifern, und bereit sind, für Geld, Titel oder
einen gnädigen Blick des Monarchen alles aufzuopfern; und statt
deren sich religiösen, wahrheitsliebenden, aufrichtigen, vom Volke
geachteten Personen zuwende. Dies ist der allgemeine Wunsch der
Völker des österreichischen Kaiserthums. Die Ungarn wünschen
ausserdem noch, dass endlich ein Mann erstehen möge, der aus dem
Herzen ihres guten Königs das Mistrauen und die gegen sie täglich
immer lauter sich äussernde Antipathie entferne: dass König und
Land, sich gegenseitig vertrauend, einander sich mittels eines Landtags (welchen man früher oder später einmal dennoch abhalten muss)
annähern können, und dort alle zwischen ihnen entstandenen Misverständnisse zu beiderseitiger und dauernder Beruhigung und zur Beförderung des Wohlstandes, der Kraft und des Ruhmes der ganzen
Monarchie gänzlich gehoben werden könnten."

Um das Vertrauen der Nation zu gewinnen, ertheilt die Denkschrift
übrigens noch den Rath, dass einstweilen, bis der Reichstag zusammenberufen würde, man einige durch die öffentliche Meinung ausgezeichnete
Personen zu bewegen trachten möge, bei den Dicasterien Stellen anzunehmen; mehrere Herren mögen mit Orden betheilt werden, den ungarischen Maria-Theresia-Orden besitzen die Ungarn am wenigsten; das
Theresianum, welches seines verkehrten Systems wegen beim Publikum
in so schlechtem Rufe steht, und die ungarische Leibgarde mögen ver-
vollkommnet werden, damit aus denselben geschickte Staats- und Kriegs-
männer hervorgehen könnten; der Monarch möge seinen ungarischen
Räthen und Dicasterien mehr Vertrauen schenken als bisher, wo beinahe
alle ihre Vorstellungen und Vorträge mit Aeusserungen der Unzufriedenheit verworfen, oder ganz übergangen, oder Deutschen zur Meinungs-
äusserung übergeben werden, was zur Folge hat, dass jede Angelegenheit
im verfassungsfeindlichen Sinne der österreichischen Bureaukratie entschieden wird; endlich möge die während der französischen Kriege von
Kroatien abgetrennte, 1814 mit Illyrien vereinigte Landstrecke dem
Reiche der ungarischen Krone wieder einverleibt werden.

Das wiener Cabinet indess, welches seine über die neapolitanische und piemontesische Revolution gewonnenen leichten Siege als schlagende Beweise der Zweckmässigkeit seines reactionären Regierungssystems, und als neue Garantien der Aufrechthaltung desselben betrachtete, fühlt sich nicht nur durch nichts bewogen, dieses System aufzugeben, und den Reichstag auf die dringenden Bitten der Comitate und den wohlwollenden Rath einzelner einzuberufen; vielmehr schien es jetzt stärker als jemals entschlossen, sich über alle verfassungsmässigen Rechte der Nation hinwegzusetzen und, das begründete Regierungssystem fortsetzend, die Verfassung schweigend zu übergehen, und Ungarn mit den übrigen Erblanden nach denselben Manieren und Grundsätzen zu regieren. Einige nach Gunst jagende Comitatsvorstände und königliche Commissare, die zur Beilegung der in den Comitaten seit einiger Zeit entstandenen Zwistigkeiten ausgesendet waren, bestärkten den Hof in dieser seiner Absicht nur noch mehr, indem sie in ihren Vorträgen jenes heftige Auftreten der Opposition nur als einfach persönliche Streitigkeiten schilderten, von welchen ernste Folgen nicht zu befürchten wären. Der Hof schenkte dem Gedanken gern Glauben, dass er in der Ausführung seiner Zwecke in der Mehrzahl der Comitate auf keine heftige Opposition treffen werde; das in einigen Comitaten vielleicht zu erwartende Opponiren erschien im Interesse der Willkürherrschaft eher wünschenswerth als schädlich; denn es bot Gelegenheit zur Entfaltung energischer Massregeln und Strenge und zur Einschüchterung der öffentlichen Meinung. Kaiser Franz entschloss sich daher auf den Rath seiner deutschen Minister, eine Rekrutenaushebung und Steuererhöhung eigenmächtig durch ein einfaches Hofdecret im Lande anzuordnen.

Schon 1820, unmittelbar nach dem infolge der neapolitanischen Revolution abgehaltenen Congresse in Troppau, welcher die energische Unterdrückung des revolutionären Geistes beschloss, entstand über die genannten beiden Gegenstände zwischen dem kaiserlichen Cabinet und der ungarischen Hofkanzlei ein lebhafter Notenwechsel. Der Hof wünschte zuerst nur die Rekrutenaushebung anzuordnen, da er die Absicht hatte, wegen seiner Intervention in Neapel das Heer zu vergrössern. Damit die ungarischen Regimenter auf den Kriegsfuss gestellt werden könnten, wies der Hofkriegsrath eine Stellung von 35000 Rekruten aus; der König wünschte daher; dass die ungarische Hofkanzlei die genannte Anzahl Rekruten auf das Land auswerfe.

Wir sahen aus der obenangeführten Denkschrift, dass die Hofkanzlei ihrem Amte nach mehrmals Vorstellungen erhoben hatte gegen die auf den Rath des deutschen Ministeriums beschlossenen gesetzwidrigen Verordnungen, welche indess trotzdem in Vollzug gesetzt wurden. Diese Erfolglosigkeit ihrer Vorträge entmuthigte jedoch diese Regierungsbehörde nicht, auch später bei allen ähnlichen Gelegenheiten die Ansprüche der Verfassung vor ihrem Monarchen zu erheben. Jetzt erachtete sie die Erfüllung dieser patriotischen Pflicht für um so unerlässlicher, als ein Cardinalrecht der Nation in Frage stand, und sie von vornherein wissen konnte, dass diese die Constitution vernichtende Verordnung im ganzen Lande auf mächtigen Widerstand stossen werde. Ehe sie daher die Verordnung an die Comitate verschickte, unterbreitete sie dem König die nachfolgenden Bemerkungen, welche zu machen, wie sie sagt, ebenso „ihr auf die Verfassung geleisteter Eid als ihre der Hochachtung gegen Se. Majestät entsprossene Pflicht" von ihr fordert.

„Die Rekrutenaushebung ausserhalb des Landtags widerspricht der Verfassung und den Gesetzen, gegen welche Ew. Majestät Allerhöchstihre Achtung der Nation gegenüber zu wiederholten malen ausgesprochen haben", so spricht die Vorstellung der Hofkanzlei. „Infolge derselben wurden auch schon unter der Regierung Ew. Majestät auf mehrern Reichstagen Rekruten verlangt und bewilligt. In den letzten Jahren aber wurde dieser Gegenstand in den diesfälligen königlichen Rescripten unter der Versicherung, dass hieraus auf eine Verletzung der Verfassung und des Gesetze keine Folge zu ziehen sei, unter jenem Vorwande der Nation vorgelegt, dass die Grösse der Gefahr, die Kürze der Zeit, in welcher diese Hülfe nothwendig, die Einberufung des Reichstags nicht zulasse. Derselben Gründe bedienten sich die Obergespäne, als sie die Comitate zur Rekrutenstellung und Leistung von Subsidien aufforderten. Diese Zwecke wurden auch damals nicht ohne Schwierigkeiten erreicht; an vielen Orten erfüllte das Verlangen erst die zweite, ja sogar erst die dritte Generalversammlung; und die Stände verwahrten sich auch damals für die Zukunft und erklärten, sie würden, nachdem der allerhöchste Hof, so oft er die Nation auf gesetzlichem Wege, reichstäglich, anrief, in ähnlichen Fällen zur Hülfeleistung stets bereit fand, in diesen Gegenstand ein anderes mal in den Comitatsversammlungen sich nicht einlassen. Unter den gegenwärtigen Verhältnissen kann man sich, ohne die Würde des Throns zu verletzen, auch dieser Gründe nicht bedienen, um die Nation zur Erfüllung der königlichen Wünsche zu bewegen. Diese gehorsamste Kanzlei ist daher genöthigt zu zweifeln, dass sich auch nur Ein Comitat finden werde, welches gegen diese Massregel zu Ew. Majestät nicht recurriren und die Abhaltung eines Reichstags nicht betreiben würde.

„Auf diese Adressen der Comitate wird es zwar möglich sein, mit neuen und schärfern Rescripten zu antworten; ja wenn auch diese keinen Erfolg haben, können auch königliche Commissare in die Comitate geschickt werden, und wenn die Stände auch diesen keine Folge leisten, können ausserordentliche Massregeln, wiewol kaum ohne bedeutendere Unordnungen, angewendet werden. Allein, Ew. Majestät, wie man dieselben mit der Verfassung und den Gesetzen des Landes nicht vereinen kann, so würden sie auch sicherlich tiefen Schmerz und hohe Besorgniss in den Herzen der treuen Landesbewohner erwecken, die nichts Heiligeres, nichts Theureres kennen ausser ihrem nicht erst neuerer Zeit entsprossenen, noch den demokratischen Institutionen der Neuzeit ähnlichen, sondern durch den Brauch vieler Jahrhunderte geheiligten politischen Leben, ihrer Verfassung, ihren Gesetzen. Sie suchen die Festigkeit und Sicherheit derselben vertrauungsvoll in der Pietät und Wahrheitsliebe ihrer Regenten, und daher auch Ew. Majestät, den sie lieben und hochachten; und halten es für ihre grösste Pflicht, dieselben, wie sie sie von ihren Vorfahren empfingen, ebenso unverletzt ihren Nachkommen zu hinterlassen. Und dieses Gefühl theilt mit dem Adel auch das übrige Volk, welches nichts mehr hasst als die Rekrutenaushebung, wenn diese nicht mit der Einwilligung der Stände oder gar trotz derselben erfolgt.

„Wolle Ew. Majestät diese unterthänigen, aus der zartesten Anhänglichkeit und Treue entstandenen Bemerkungen allergnädigst empfangen und mit Allerhöchstihrer Weisheit und Voraussicht und der Zartheit Allerhöchstihres väterlichen Herzens in Erwägung nehmen, ob es nicht nützlicher sei, unter den gegenwärtigen Umständen den Landtag einzuberufen, was ohnehin die vielen und so wichtigen Angelegenheiten der innern Administration dringend erfordern. Auf demselben würde sodann die Rekrutenstellung und alles andere, was das öffentliche Wohl erheischt, im Namen Ew. Majestät vorgetragen werden können, und die gehorsamste Kanzlei zweifelt nicht im geringsten, dass die versammelten Reichsstände, deren alter Verfassung und Gesetzen die zügellosen Erfindungen der neuern Zeit schnurstracks zuwiderlaufen, das Verlangen Ew. Majestät bereitwilligst und in seinem ganzen Umfange erfüllen werden. Es bestehen zwar gewisse Gegenstände, welche hinwieder auf dem Reichstage auch die Stände verlangen werden, allein die Gnade Ew. Majestät kann diesen theils zuvorkommen, theils sie auf dem Reichstage selbst überwinden. Denn die ungarische Nation, welche Neuerungen nicht sehr gewogen ist, und nicht duldet, dass der Ruhm der Treue und ihrer Bereitwilligkeit zu nothwendiger Hülfeleistung innerhalb der Schranken ihrer Verfassung und Gesetze ihr genommen werde, wird auch bei der gegenwärtigen Gelegenheit die Beweise ihrer unerschütterlichen Anhänglichkeit geben.

„. . . Die gehorsamste Kanzlei glaubt mit der innigsten Ueberzeugung treuer Unterthanen, dass der offene, gerade Weg, der Zutrauen erweckt und die Gemüther versöhnt, ebenso mit der allerhöchsten königlichen Würde als mit den Wünschen der Nation, mithin mit dem Wohle des Vaterlandes, in diesem Falle wie in allen andern, am besten übereinstimmt, und es unterliegt keinem Zweifel, dass, je weiter der Reichstag verschoben wird, aus welchen Ursachen dies auch geschehen mag, das Vertrauen zueinander, die gegenseitige Anhänglichkeit immer mehr erkaltet.

„Die gehorsamste Kanzlei glaubt daher, dass es weder rücksichtlich der reichstäglichen Gegenstände, noch in Betracht der unruhigen Zeiten gerathen wäre, den Reichstag zu verschieben. Dass dies, was in einigen europäischen Staaten gegenwärtig geschieht, mit der Verfassung und den Gesetzen unsers Vaterlandes in geradem Gegensatze steht, ist unzweifelhaft, weshalb es auch nicht denkbar, dass von seiten des Reichstags irgendein ähnlicher Antrag gestellt würde. Es gab aber noch nie eine passendere Zeit, wo die Stände durch Würde, Besonnenheit der Verhandlungen und Kundgebung der Treue und Hochachtung gegen Ew. Majestät vor der Welt einen überzeugendern Beweis davon hätten geben können, dass nur geläuterte und von der allerhöchsten Gewalt gemilderte constitutionelle Principien die bürgerliche Gesellschaft stark und dauerhaft machen können. Die gehorsamste Kanzlei vermag auch dem Gedanken keinen Glauben zu schenken, die Nation würde ihren eigenen Vortheil so wenig kennen und könnte so sorglos sein, dass sie es verabsäumte, die sich darbietende Gelegenheit zu benutzen, um Ew. Majestät die unter den gegenwärtigen europäischen Verhältnissen nicht gleichgültige und nicht zweckwidrige Beruhigung zu verschaffen; oder dass sie gar etwas anderes verlangen möchte, als was sie dem Gesetz nach fordern und der gerechte Monarch gewähren kann.

„Gewiss, die vaterländischen Jahrbücher beweisen zur Genüge, dass, seitdem die Reichstage ihre jetzige Gestalt gewannen, aus der Einberufung derselben selbst in den schwersten Zeiten für den Staat keine Gefahr erwuchs, dass die heilsamsten Gesetze auf denselben gebracht wurden, und dass beinahe diese allein eines thatsächlichen Erfolgs sich erfreuten, ausserhalb des Reichstags aber manches geschah, wovon man das Nämliche nicht behaupten kann. Und dies kann auch nicht anders sein. Denn ob man die Beschaffenheit und Eigenschaften der auf dem Reichstage Versammelten, oder die Zusammenstellungsform des gesetzgebenden Körpers, oder die Art und Weise der Berathung, oder endlich die verfassungsmässigen Rechte und den durch die Gesetze bestimmten Wirkungskreis des Reichstags betrachte, man kann nichts finden, weswegen es nicht gerathen wäre, den Reichstag in der gegenwärtigen Lage Europas abzuhalten.

„Alles beschränkt sich dort auf Anträge, Gesuche und Bitten um Aufhebung der Beschwerden, welche, wenn sie dem allerhöchsten Gutachten nach nicht gewährt werden können, mit einigen königlichen Rescripten, wie es zu geschehen pflegt, zu Ende geführt werden. Aber auch dann, wenn man voraussetzen könnte, dass der Reichstag seine gesetzlichen Schranken überschreiten wollte, hielte es die gehorsamste Kanzlei für ihre strengste Pflicht, Ew. Majestät den Rath zu ertheilen, denselben mit Allerhöchstihrer königlichen Gewalt auf den gesetzlichen Weg zurückzuführen. Auch hängt es von dem allerhöchsten Willen ab, denselben zu jeder Zeit aufzulösen. Auch in unserer Zeit, in den Jahren 1796 und 1802, wurden die Stände des Reichs, vielleicht aus nicht genug wichtigen Gründen, und ohne allen Trost nach Hause geschickt: und doch bezeigten sie sich sowol auf dem nächsten Reichstage als auch ausser demselben, von 1812—15, vor Ew. Majestät als treue Ungarn.

„... Die reichstäglichen Verhandlungen stören, wie die Erfahrung beweist, ausser den Festlichkeiten, welche man aber auch ganz unterlassen kann, den täglichen Lauf der Administration nur sehr wenig. Ew. Majestät, Allerhöchstwelche sich ganz dem Wohle der Völker widmeten, würden auch auf diese Weise Allerhöchstihre der ungarischen Nation bisher erwiesenen allergnädigsten Wohlthaten vermehren."

Mit diesem Gutachten des Dicasteriums waren allein der Vicekanzler Graf Ignaz Almássy [1] und der Hofrath Baron Püchler nicht einverstanden. Obgleich sie die Rekrutenaushebung im Sinne der Gesetze auch nur durch den Reichstag durchführbar behaupteten, glaubten sie doch die Einberufung desselben in diesen stürmischen Zeiten nicht anrathen zu können, und machten den Vorschlag, die Rekruten durch die Comitate in bestimmter Anzahl durch Werbung beizustellen. Die Hofkanzlei unterbreitete zwar auch dieses Separatgutachten dem Könige, widerlegte es aber zugleich und bewies die Unzweckmässigkeit der Werbung unter den gegenwärtigen Umständen mit schlagenden Gründen.

Allein diese Vorstellung der ungarischen königlichen Hofkanzlei blieb ohne Erfolg. Der Hof, welcher zu dieser Zeit wegen der Regelung der europäischen Angelegenheiten mit den auswärtigen Mächten nach und nach mehrere Congresse abgehalten hatte, wollte in der Nähe derselben keineswegs die Erscheinung einer verfassungsmässigen nationalen Versammlung herbeiführen. In dem Bewusstsein seiner Macht war er viel zu stolz, als dass er geneigt gewesen wäre, jenen auswärtigen Mächten neben seiner staatlichen Allmacht in seinem Reiche auch noch etwas anderes aufzuweisen, was mit derselben vielleicht nicht in vollständigem Einklange zu sein schien. Der den Rath seiner deutschen Minister befolgende Kaiser Franz wollte daher von einem Reichstage gar nichts hören, obgleich damals die neapolitanische Revolution schon gänzlich unterdrückt, die schnelle Bezwingung der piemontesischen aber ebenfalls sichergestellt war, ihn an der Ein-

---

[1] Deswegen sagte ihm später ein Rath der Hofkanzlei: „Wenn Ew. Excellenz durch Ihr Ungestüm das Land und den König in eine so grosse Verlegenheit bringen konnten, belieben Sie nun, beiden mit Ihrer Weisheit herauszuhelfen.

berufung desselben daher nichts hinderte. Und obgleich bei diesem Stande der Dinge die Nothwendigkeit der Rekrutenaushebung auch keine so brennende war, dass man sie nicht hätte aufschieben können, ordnete der König dennoch mittels Cabinetsbefehls aus Laibach, wo die Mächte der italienischen Angelegenheiten wegen auf einem Congresse versammelt waren, die Rekrutenaushebung in der That an. Die Vorstellung der Hofkanzlei machte aber doch einige Wirkung. Der Hof hatte früher die Absicht, dem Lande die Stellung von 35000 Rekruten aufzuerlegen; jetzt aber, als ob er, bei diesem ersten Schritte gegen die Cardinalrechte der Nation, einigermassen die constitutionellen Gefühle desselben hätte schonen und der ohne Zweifel ausbrechenden Opposition die Spitze abbrechen wollen, bemühte er sich die Ungesetzlichkeit des Befehls ein wenig zu mildern, indem er nur die Beistellung jener Rückstände forderte, welche aus den Zeiten des letzten französischen Kriegs zurückgeblieben waren. „Aus väterlicher Sorgfalt", so spricht unter anderm der königliche Befehl, „mit welcher wir die von Gott unserm Scepter unterworfenen Völker vor dem Gifte des wahnsinnigen, bösen Aufruhrs zu bewahren uns bestreben, verordnen wir: dass zur Completirung der ungarischen Regimenter jene Rekruten, welche von dem für das Jahr 1813 bestimmten Erforderniss von 60000 Mann in Rückstand verblieben, sowie auch jene, welche von den 1815 verlangten 30000 Mann nicht sofort abgestellt wurden, und deren Aushebung später, bei eingetretenem Frieden, eingestellt wurde, in möglichst kurzer Zeit auf die bestimmten Sammelplätze abzusenden seien."

Die Aushebung 'der in dem Hofbefehle in den erwähnten zwei Jahren dem Lande auferlegten 90000 Mann wurde von den Comitaten auch nur ausserhalb des Reichstags, einfach durchein Hofdecret, willkürlich und ebenso gesetzwidrig verlangt als gegenwärtig die Stellung der damals aufgebliebenen Rückstände. Die Comitatsbehörden nahmen auch damals die von der Willkür verübte Gesetzverletzung nicht stumm hin, und die meisten Comitate waren trotz wiederholter königlicher Befehle und Drohungen nicht zu vermögen, die ihnen auferlegte Anzahl von Rekruten behördlich einzutreiben. In Berücksichtigung der aussergewöhnlich schwierigen Umstände und Gefahren, deren Grösse das Aufschieben einer Vergrösserung des Armeestandes unmöglich machte, verhinderten indessen die Comitatsstände nicht, dass der Beamtenkörper eine Werbung in grösserm Masstabe veranstalte, und auch einzelne durch freiwillige Anträge der Herbeischaffung einer möglichst grossen Anzahl von Rekruten förderlich wären; aber in Bezug darauf, dass die Rekruten von der Regierung in der gewünschten Anzahl unter die Fahnen geliefert würden, übernahmen sie keinerlei Verpflichtung. Die von der Regierung verlangten 90000 Mann wurden in den genannten zwei Jahren durch derlei freiwillige Anträge grösstentheils herbeigeschafft, sodass nur 28420 und auch diese meistentheils 1815 und nur deshalb im Rückstande verblieben, weil der Friede eintrat und die Aushebungen von der Regierung selbst eingestellt wurden.

Jetzt aber, wie die Hofkanzlei in ihrem Vortrage reichlich be- *Die Antworten der Comitate.* wiesen hatte, hinderte den König nichts, die gesetzliche Form einzuhalten und die Completirung der ungarischen Regimenter auf dem Reichstage verhandeln zu lassen. Demzufolge machte die Verordnung vom 14. April in den Comitaten, wo, wie wir oben erzählten, die Unzufriedenheit mit der sich auf alles ausdehnenden Willkür der Regierung und deren reactionärem Geist ohnehin eine lebhafte war, grossen Lärm. In jedem Comitate erklärten die Stände, und weil in dieser Angelegenheit selbst der treueste Anhänger des Hofes nicht wagte, denselben zu unterstützen, und mindestens schwieg, beinahe einstimmig, dass jener Umstand, inwiefern die Regierung jetzt nur die Rückstände aus vergangenen Jahren herbeigeschafft wünsche, nachdem die angeordnete Aushebung auch in den genannten Jahren ungesetzlich war, ihr durchaus kein Recht gebe, die Gesetze abermals zu übergehen; und jetzt um so weniger, weil damals der König selbst der Nation wiederholt die Versicherung gegeben hatte: dass die damalige Umgehung der Gesetze, welche die äusserste Gefahr entschuldigen konnte, in der Zukunft niemals als Präcedenz zu einer Schwächung der Constitution dienen würde. Jetzt aber, wo Se. Majestät an der Einberufung des Reichstags nichts hindere, dürfe die Nation die Einhaltung der Gesetze mit um so grösserm Rechte fordern, als sie zur Zeit der Gefahr dem Verlangen des Hofes so rücksichtsvoll, nachgiebig und bereitwillig entsprochen habe. Demzufolge forderten' sie: der König möge den Reichstag ausschreiben, dessen gesetzliche Zeitfrist ohnehin schon vor so vielen Jahren verstrichen, und welchen, bei dem in jeder Hinsicht gesunkenen und krankhaften Zustande des Landes, bei den so schweren Verletzungen der Gesetze und nach der so langjährigen Verschiebung der allernothwendigsten Verbesserungen, jetzt ferner noch zu umgehen ohne unersetzlichen Schaden der öffentlichen Angelegenheiten unmöglich wäre.

Die Adressen der Comitate wurden indessen vom Hofe ebenso wenig beachtet wie früher die Vorträge der königlichen Hofkanzlei. Es wurden an die Comitate neue Hofbefehle gesandt, welche die Stände mit dem Verluste der königlichen Gnade und den schweren Folgen desselben bedrohten, wenn sie sich auch ferner weigern sollten zu gehorchen. Die Saiten waren noch nicht bis zum Springen gespannt. Zahlreiche Comitate, in welchen es der Regierung während der vergangenen Jahre besser gelungen war, die constitutionelle Opposition zu schwächen, beugten sich eingeschüchtert vor dem Zorne des Königs. Allein es gab auch Comitate, welche zu dieser schreienden

Gesetzverletzung auf keine Weise hülfreiche Hand bieten wollten. In diese schickte die Regierung, nachdem sie durch die Obergespane und Administratoren alle Mittel der Ueberredung, Bestechung und Einschüchterung erschöpft hatte, königliche Commissare, um sie zum Gehorsam zu zwingen. Das wiener Cabinet war indessen im Verlaufe des Jahres von den europäischen Ereignissen viel zu sehr in Anspruch genommen, als dass es Zeit gehabt hätte, dieser Angelegenheit grössere Sorgfalt zu schenken. Aber was es am meisten dazu bewogen haben mochte, rieth ihm zugleich, die Sache nicht zu forciren, denn ,der revolutionäre Geist trat noch allenthalben in Europa gar lebhaft zu Tage, und obgleich die neapolitanischen und die piemontesischen Unruhen vollständig unterdrückt waren, musste man doch zur Sicherung des Friedens einen grossen Theil der Armee längere Zeit hindurch in diesen Staaten und in dem gleichfalls unzufriedenen und gärenden Lombardisch-Venetianischen Königreiche stehen lassen. Die königlichen Commissare erhielten demnach für die betreffenden Comitate keine überaus strenge Instruction: sie wurden angewiesen, mehr durch Ueberredung, Bestechung, Einschüchterung und andere ähnliche moralische Mittel als durch Strenge zu wirken. Wo die Sache auf diese Art nicht zu Ende geführt werden konnte, dort überging man sie mit Stillschweigen, und liess sie nach und nach einschlummern. Nachdem die Comitate den grössten Theil der verlangten Rekruten auf diese Weise endlich dennoch gestellt hatten, verschob die Regierung die schärfern Massregeln gegen die ungehorsamen Comitate auf eine passendere Zeit, da sie ohnehin zugleich in der Steuerangelegenheit vorzugehen beabsichtigte.

Die Erhöhung der Kriegssteuer. • Die auf der Pyrenäischen und Apenninischen Halbinsel ausgebrochenen Aufstände, obgleich sie die österreichische Monarchie unmittelbar nicht berührten, ja, die im nachbarlichen Piemont ausgenommen, für dieselbe keine nähere Gefahr hatten, kosteten dem wiener Hofe eine ungeheure Geldsumme. Dieser betrachtete das Legitimitätsprincip und den vollständigen Sieg der Reaction in Bezug auf sich für eine Lebensfrage, und ausser den Auslagen, welche das in Neapel und Piemont intervenirende Heer erforderte, wurden auch noch grosse Summen Geldes aufgewendet, um die Reactionspartei zu unterstützen. Die ohnehin auf schwachen Füssen stehenden finanziellen Zustände der Monarchie fühlten diese Last äusserst schwer. Es wäre zwar nicht unmöglich gewesen, in dem noch in vieler Beziehung unausgebildeten Staate neue Einnahmequellen zu eröffnen; aber die reactionäre Cabinetspolitik, welche die Länder der Monarchie, um die Verbreitung revolutionärer und freisinniger Ideen zu verhindern, von dem übrigen Europa möglichst abzusperren für ihre Hauptaufgabe betrachtete, erlaubte nicht, etwas zu thun, was Handel und Gewerbe hätte bedeutend beleben und die Staatseinnahmen auf diesen Nebenwegen vermehren

können. Als die Einwechselung des alten Papiergeldes zu Anfang
März 1820 der wiener Bank überlassen wurde, waren von diesen
Geldzeichen noch 450 Mill. R.-Fl. im Umlauf; und damit die Bank
diese Operation zu Ende führen könne, war der Staat genöthigt,
seine Zuflucht zu neuen Anleihen zu nehmen, welche in diese Bank
einflossen und die Zinsenlast des Staats jährlich mit 4 Mill. Fl.
vergrösserten. Die Summe der Staatsschulden, zu deren Tilgung
und Umänderung im Jahre 1818 (durch das Patent vom 21. März)
eine neue Finanzoperation angebahnt wurde, erhob sich von den
488 Mill. Fl., welche sie damals ausmachte, auf einen bedeutend
höhern Betrag; das Deficit aber wuchs mit dem Budget des Jahres.
Hinsichtlich des Salzpreises, der Zölle, des Tabacksmonopols und anderer indirecter Steuern bestanden in der ganzen Monarchie schon
seit lange solche Verordnungen, dass, was vor 1816 in Einlösungsscheinen zu zahlen war, von da ab in Silber gezahlt werden müsse;
wodurch diese Steuern auf die möglich höchste Stufe hinaufgeschraubt
wurden. Es blieb daher zur Erhöhung der Staatseinnahmen kein
anderes Mittel übrig, oder richtiger gesagt, das wiener Cabinet
konnte bei seiner angenommenen Regierungspolitik kein anderes finden, als die Kriegssteuer auch in Ungarn zu erhöhen.

Ueber diesen Gegenstand begann zwischen dem kaiserlichen Cabinet und der ungarischen königlichen Hofkanzlei schon 1820 ein
Notenwechsel. Das Cabinet verlangt, dass die ungarische Kriegssteuer,
welche zuletzt auf dem Reichstage des Jahres 1812 in dem ein Jahr
zuvor in Umlauf gesetzten Papiergelde, den sogenannten Einlösungsscheinen, auf 5,200000 Fl. bestimmt wurde, vom 1. Nov. 1821 an
der Zahl nach in derselben Summe, jedoch in Silber gezahlt werden
und diese Steuererhöhung sowie die Rekrutenaushebung ohne Vermittelung des Reichstags einfach durch einen Cabinetsbefehl angeordnet werden solle. Die Regierungsämter, der königliche Statthaltereirath ebenso wie die Hofkanzlei wiesen in mehrern an den
König und an die kaiserliche Hofkammer gerichteten Vorstellungen
unwiderleglich nach, dass man diese Verordnung, abgesehen von deren
Ungesetzlichkeit, schon der Armuth und Zahlungsunfähigkeit des
steuertragenden Volks wegen unmöglich in Vollzug setzen könne.
Diese Regierungsbehörden wiesen nach, dass das Volk infolge der ihm
zur Zeit der Kriege auferlegten aussergewöhnlichen Lasten und der
zweimaligen Werthherabsetzung des Papiergeldes, wodurch dessen
frühere 100 Fl. auf 8 Fl. herabschmolzen, ferner wegen der Hindernisse und Stockungen in Gewerbe und Handel so arm geworden
sei, dass es seine Steuern, wie die bedeutenden, nicht einzu-
bringenden Rückstände beweisen, nicht einmal in Papiergeld vollständig zu zahlen vermöge. Die Grösse dieses Geldmangels stelle
auch der Umstand ausser allen Zweifel, dass das Volk sich selbst

das nothwendigste aller Nahrungsmittel, das Salz, nicht in genügender
Menge zu verschaffen im Stande sei. Der Salzverkauf von Anfang
November 1818 bis November des darauffolgenden Jahres, verglichen
mit dem Verbrauche des vorausgehenden, nahm im Lande um
12 Millionen Pfund ab, was in Anbetracht der hohen Nothwendigkeit des Lebensmittels nur der Abnahme des in den Händen des
Volks befindlichen Geldquantums zugeschrieben werden kann. Bei
einem solchen Stande der Dinge würde die Erhöhung der Steuer in
Silber, mithin von 5,200000 auf 13,000000 Fl. W.-W., nothwendigerweise das Resultat nach sich ziehen, dass entweder die Steuer grösstentheils uneinbringlich bliebe, in welchem Falle von deren Erhöhung
dem Staatsschatze kein Nutzen erwüchse; oder, wenn deren Eintreibung
durch die allerstrengsten Mittel in Vollzug gesetzt würde, insbesondere wenn dem steuerzahlenden Volke sein Stammkapital, sein Vieh,
seine Wirthschaftsgeräthe u. s. w. genommen würden, dessen Steuerfähigkeit dadurch für die Zukunft gänzlich vernichtet wäre. Ein
Theil der Steuerzahlenden käme auf diese Weise gänzlich herab; ein
anderer würde hinwieder um so vieles weniger Salz verbrauchen, als
um wie vieles mehr er Steuern zu zahlen genöthigt sei; in welchem
Falle, ausserdem dass der Gesundheitszustand hinsichtlich der Menschen und des Viehes gefährdet wäre, auch dem Staatsschatze die ge-
hoffte Mehreinnahme entfiele. Demnach riethen die Dicasterien dem
Könige, diese Angelegenheit zu verschieben, bis die Zahlungsfähigkeit
des steuertragenden Volks grösser geworden sei; einstweilen aber
möge diese Fähigkeit durch Beförderung des Handels und der damit
in Verbindung stehenden Gewerbe und Production vermehrt werden,
wie dies der Reichstag des Jahres 1802 in Vorschlag brachte. Sie
riethen ferner zu einer Herabsetzung des Salzpreises, damit der Ver-
brauch dieses nothwendigen Lebensmittels sowol im Interesse des
Volkswohls als der Einnahmen des Staatsschatzes zunehme. Diese
Zunahme des Verbrauchs, welche infolge der Preisherabsetzung eben
in der Klasse der ärmsten Steuerpflichtigen im grössten Masstabe
einträte, könne der Regierung keine gleichgültige Sache sein; bei dem
unerschöpflichen Reichthume der Salzwerke aber hindere nichts die
Herabsetzung der Preise. Sie rathen schliesslich, die Regierung
Sr. Majestät möge sich bestreben, die finanziellen Angelegenheiten
endlich in bessern Stand zu setzen, insbesondere zu bewerkstelligen:
das Silbergeld möge aufhören, fortwährend Waare zu sein, und zum
grossen Nachtheile des Handels und der Gewerbe nur als Gegenstand
der Börsenspeculation benutzt zu werden. Zu beseitigen wäre auch
noch das Uebel, dass, während bei der Gerichtspflege in Privatangelegenheiten das alte Papiergeld statt Silber und mit diesem im gleichen
Werthe betrachtet wird, die Regierung dasselbe bei den Staatseinnah-

men nur auf den dritthalben Theil seines Werthes herabgesetzt annimmt, u. s. w.

Diese und zahlreiche andere, ähnlich lautende Verträge der Dicasterien hatten indessen keinen andern Erfolg, als dass die beabsichtigte Erhöhung der Steuer auf ein Jahr später verschoben wurde. Aber im darauffolgenden Jahre, als nach den leichten Siegen 1822. der österreichischen Armeen in Italien die schonungslose Strenge der inländischen Regierungen jede noch so gemässigte Aeusserung der Freisinnigkeit, des Carbonarismus und der Sehnsucht des Volks nach einer Verfassung gewaltsam erdrückte, und die grässliche Thätigkeit der Ausnahmegerichte der Reaction auch dort zu vollständigem Siege verhalfen, fand das wiener Cabinet auch in Ungarn keinen Grund mehr, seine verfassungswidrigen Massregeln noch ferner aufzuschieben. Obgleich von alle dem, was die ungarischen Regierungsbehörden dem Könige bezüglich einer Erhöhung der Steuerkraft des Volks angerathen hatten, nichts in Wirksamkeit gesetzt wurde, erliess der Hof dennoch am 13. Aug. seine Verordnung, welche die Zahlung der bis jetzt in Einlösungsscheinen geleisteten Steuern vom 1. Nov. ab in Silber oder in dritthalb erhöhter Summe jener Goldzeichen einzufordern anbefahl. Eine andere von demselben Tage datirte Verordnung setzt die Summe der einzutreibenden Steuerquote, als ob diese der Regierung selbst zu hoch gegriffen erschiene, um etwa eine halbe Million herab.

Diese Verordnung überraschte das Land nicht unerwartet; denn die Kunde davon hatte infolge der Dicasterialverhandlungen schon den Weg ins Publikum gefunden. Allein darum entstand nach der Veröffentlichung dieses Regierungsactes unter den freien wie unter den steuerpflichtigen Klassen der Nation eine gleich grosse Aufregung. Nach der die Rekrutenaushebung betreffenden Verordnung verursachte diese neue, schwere Verletzung der Constitution in den Ständen des Reichs einen um so grössern Schmerz, ja Niedergeschlagenheit, weil jedermann darin die entschiedene Absicht des Hofs erblickte, sich über die Verfassung gänzlich hinwegzusetzen und das Land der in den deutschen Erblanden üblichen Willkür zu unterwerfen. Und es war kaum möglich, dieser gesetzwidrigen Massregel eine andere Erklärung zu geben. Als im verflossenen Jahre der Befehl bezüglich der Rekrutenaushebung erlassen wurde, konnten die für die Vollziehung desselben eifernden Obergespane und andere Regierungsbeamte den Hof noch mit der Ausflucht unterstützen, dass die in Italien ausgebrochenen Revolutionen und die Möglichkeit, dass diese sich in der Lombardei und andern italienischen Ländern verbreiten könnten, ohne Gefahr nicht erlaubten, die Ergänzung der ungarischen Regimenter und die Stellung derselben auf den Kriegsfuss auf so lange Zeit, als die landtägliche Verhandlung über die Rekrutenaushebung benöthigen

würde, zu verschieben. Dieser Grund konnte zwar die Grösse der
Gesetzverletzung nicht vermindern, war aber doch geeignet, die Opposition verstummen zu lassen. Jetzt aber konnte man nicht einmal
mit einem so schwachen Grunde als Rechtfertigung dafür auftreten,
dass man den Reichstag abermals überging; keine brennende Nothwendigkeit, keine drohende Gefahr stand vor der Regierung, dass sie
genöthigt gewesen wäre, die Steuererhöhung so plötzlich anzuordnen
und die Verhandlung darüber dem Reichstage zu entziehen. In
Italien hatten die Repressivmassregeln eine Grabesstille hervorgerufen;
im grössten Theile von Europa feierte die Reaction den Sieg; der
sich in Spanien noch haltende Aufstand konnte seiner Entfernung
wegen dem wiener Cabinet keine ernstlichern Befürchtungen ver-
ursachen, besonders als sie hoffen durfte, der in Verona von den
Grossmächten dieserhalb abzuhaltende Congress werde die Ruhe auch
auf der Pyrenäischen Halbinsel herstellen; die griechische Bewegung
betrachtete der Hof in Bezug auf sich selbst für so geringfügig, dass
er sich in dieselbe nicht einmal auf diplomatischem Wege einmischte.
Der Zustand der Finanzen war auch nicht mehr ein gar so verzweifel-
ter, dass man damit eine so schwere Verletzung der Constitution
hätte motiviren können. Bei diesem Stande der Angelegenheiten war
daher jedermann genöthigt zu schliessen, dass das Cabinet damit auf
die Verfassung selbst einen tödlichen Streich zu führen beabsichtige.

Die Oppo-
sition der
Comitate.　　　Die Comitate richteten demzufolge aus ihren stürmischen Sitzungen im Tone des tiefsten patriotischen Schmerzes Adressen an den
König, und baten um Zurücknahme der Verordnung und baldige Einberufung des Reichstags. Nur das einzige Comitat Békés, dessen an
Zahl geringe, unbemittelte Stände und selbstsüchtigen Beamtenkörper
zu gewinnen und aller constitutioneller Gefühle zu entkleiden es der
durch die Harucker'sche Erbschaft im Comitate allmächtig gewordenen
Familie Wenkheim gelungen war, — das einzige Comitat Békés
empfing das besagte Hofdecret mit Beruhigung. Ja, es vergass, leider,
in seiner crassen Selbstsucht seine patriotischen Pflichten so sehr,
dass es dafür eine Dankadresse hinaufschickte; erlaubte doch das
Decret von den in Silber einzutreibenden Steuern die Gehalte der
Beamten in derselben Münzgattung, mithin in dritthalbmal grössern
Beträgen, auszuzahlen. Die übrigen erklärten — damit die Regierung
diese Verfassungsverletzung nicht einmal durch das Sträuben, welches
sie von seiten der Nation bei allen Versuchen, die Steuer zu erhöhen, sonst erfuhr, motiviren könne, indem sie die Einberufung
des Reichstages betrieben — zugleich von vornherein: dass, wie die
Nation während der Gefahren in den vergangenen Zeiten nicht verabsäumte, so sträube sie sich auch jetzt nicht, die gerechten Wünsche
des Königs zu erfüllen, wenn er ihr dieselben nach der durch die
Gesetze vorgeschriebenen Weise vorlege; das Gesetz aber verbiete den

Comitaten, Fragen in Bezug auf Rekrutenstellung und Steuererhöhung auch nur in Verhandlung zu nehmen.

Allein der Hof glaubte, dass ihn seine Ausdauer auch jetzt zum Ziele führen werde, und dass die Comitate nach einigem Lärmen und Murren, dessen man leicht Meister werden könnte, der Energie sich endlich fügen würden. Ihre Bitten bezüglich der Einberufung des Reichstags wurden daher mit Stillschweigen übergangen und ihnen die Vollziehung des Decrets neuerdings und mit grösserer Strenge aufgetragen. Ja in den Rescripten an die in der Rekrutirungsangelegenheit ungehorsamen Comitate wurde auch dieser Gegenstand wieder aufgewärmt, der Rückstand an Rekruten auf das strengste eingefordert, und erklärt, dies sei in beiden Fragen der unabänderliche Wille Sr. Majestät.

Jener Theil der Comitate, in welchen es den Comitatsoberhäuptern auf die obenangegebene Art gelungen war, die constitutionelle Opposition zu schwächen, oder mittels der rohen Masse des irregeleiteten kleinen Adels die Intelligenz und den Patriotismus noch immer zu tyrannisiren, fügte sich abermals dem strengen königlichen Befehle und erhob dessen Durchführung zum behördlichen Beschlusse. Der grössere Theil der Comitate aber liess sich nicht so leicht seiner wesentlichsten verfassungsmässigen Rechte entäussern. Sie richteten daher neuerdings Adressen an den König, in welchen sie sich theils auf die bestimmten und klaren Gesetze des Landes beriefen und erklärten, dass es ihnen verboten sei, einen die Verfassung so schwer verletzenden Befehl zu vollziehen; theils, die traurige Abnahme der materiellen Zustände mit lebhaften Farben schildernd, die Unmöglichkeit, das Steuerpatent durchzuführen, nachwiesen; theils den König ernstlich aufmerksam machten, dass die unerschütterliche Grundlage und stärkste Stütze in allen Gefahren nur die Gesetze bilden können; theils wieder sich flehend an das väterliche Herz des Königs wandten: er möge in ihnen keinen derartigen schweren Kampf zwischen dem Gehorsam gegen den Monarchen und der Achtung der Gesetze erwecken; sie sprachen die Hoffnung aus, er werde ihr Vertrauen, ihren Glauben an die Heiligkeit des königlichen Wortes nicht erschüttern, sondern werde, ehe er, wie im königlichen Rescript gedroht wird, seine Zuflucht zu andern Mitteln nähme, den Reichstag einberufen, welchen der Wohlstand des Landes und die unabweisliche Nothwendigkeit, in allen Zweigen der öffentlichen Angelegenheiten Reformen einzuberufen, ohnehin unerlässlich fordere.

In diesen Verfassungskämpfen der Nation nahmen die Stände des barser Comitats, wenn auch nicht gerade die des Führers, so doch die hervorragendste Stelle ein; sie entfalteten die unerschütterlichste Standhaftigkeit, die unermüdlichste Zähigkeit, und eine so unbezwingliche patriotische Energie in der Vertheidigung der Constitution, dass ihr Verhalten auch den Schwächern zum aneifernden Vorbild diente. Es ist daher gerecht, dass wir den Kämpfen dieses Comitats mit der grössten Aufmerksamkeit folgen. Da in dem letzten königlichen Rescript die Erklärung enthalten war, dass dies der unabänderliche Wille des Monarchen sei, so wandten sich die Stände des Comitats, ehe sie der Regierung direct antworteten — da sie wussten, der Erzherzog-Palatin Joseph, dessen gesetzliche Vermittelung sie sich übrigens gleichzeitig ausbaten, stehe selbst mit dem Hofe in gespannten Verhältnissen, und könne diese Angelegenheit der Nation mit dem besten Willen nicht erfolgreich unterstützen — unterm 18. Febr. 1823 an den Kronprinzen Erzherzog Ferdinand und baten um seine Vermittelung.

„Je mehr Ursachen zur Klage, theils über Ungunst der Zeiten, theils wegen feindseliger Bestrebungen für die ungarische Nation entstehen", heisst es in der Adresse, „um so fester bestrebt sie sich, jenes Band zu knüpfen, durch welches sie sich auch schon kraft des 2. Gesetzartikels des Jahres 1723, dem allerhöchsten Geschlechte Ew. k. k. Hoheit anschliessend, die Wohlfahrt ihrer Nachkommen, die Beständigkeit ihrer gesetzlichen Institutionen und die Sicherheit des theuern Vaterlandes für ewige Zeiten begründen wollte. . . . Wie die 1790 zum Reichstage versammelten Stände des Landes bei dem allerdurchlauchtigsten Vater Ew. königlichen Hoheit Protection suchten, so suchen auch wir, zwar von unerwarteten Ereignissen gezwungen, aber mit unverminderter Treue und Liebe gegen den Monarchen, Fürsprache bei Ew. k. k. Hoheit. Unsere ehrfurchtsvolle Achtung erlaubt nicht, die Ursache der Unabänderlichkeit des königlichen Willens zu untersuchen; allein wir sind gezwungen, unsere unbegrenzte Verehrung gegen die allerhöchste Person Sr. k. k. Majestät mit unsern nicht weniger heiligen Pflichten in einer schweren Collision zu sehen. . . . Aus den angeführten Gesetzen werden sich Ew. königliche Hoheit gnädigst überzeugen, dass wir weder kraft unserer gesetzlichen Verfassung, noch kraft unsers abgelegten Eides, noch kraft unserer Ehre anders handeln konnten, als, die Durchführung der Verordnungen suspendirend, uns abermals vor dem Throne niederzuwerfen, und Se. Majestät um die Erfüllung unserer gesetzlichen Bitten anzuflehen.

Allein unsere nie verzagenden Hoffnungen ermatten schon! Der allerhöchste Wille Sr. Majestät äussert sich schon in einer Weise, welche wir mit unserm gesetzlichen Bestehen nicht zu vereinbaren wissen, während wir unserer gerechten Befürchtung, unserm tiefen Schmerze keine Grenzen zu setzen vermögen. Bei diesem Stande der Dinge wolle Ew. königliche Hoheit Höchstihre Aufmerksamkeit der gegen das allerhöchste Kaiserhaus treuen ungarischen Nation gnädigst zuwenden; . . . und was Höchstihrem Vater noch als Kronprinz 1790 gelang . . . zu unserm und unsers steuerpflichtigen Volks unschätzbarstem Wohle

versuchen zu wollen. . . . Der künftige Krönungsschwur und das
Wohl der Ew. königlichen Hoheit treu anhängenden Nation rathen,
beanspruchen, ja fordern, dass auch Ew. königliche Hoheit dem in
unserer Geschichte nicht unbekannten Beispiel der jüngern Könige
und Kronprinzen nachfolge, und Höchstihre gnädigste Vermittelung mit
unsern ehrfurchtsvollsten Bitten und der gesetzlichen Intervention
Sr. königlichen Hoheit des Palatins verbinde, und bezüglich der Fragen
der Rekrutenstellung und Steuerhöhung eine reichstägliche Verhandlung
auszuwirken die Gnade haben möge."

Aber die Vermittelung des Palatins wie die des Thronfolgers
blieb ohne Erfolg. Der König ertheilte auf die an ihn gerichteten
Adressen, welche die Zurücknahme der Verordnungen, und die Einberufung des Reichstags betrieben, nicht einmal eine Antwort mehr,
sondern machte es den Comitatsvorständen durch die Hofkanzlei präsi-
dialiter zur Pflicht, die Durchführung dieses seines unabänderlichen
Willens in Angriff zu nehmen. Die Regierung erreichte durch diese
Strenge in manchen Comitaten ihren Zweck, welche indessen, indem
sie ihre Unterwürfigkeit und Bereitwilligkeit bezüglich der Durchführung der Verordnungen anzeigten, zu gleicher Zeit nicht unterliessen, die baldmöglichste Einberufung des schon so lange nicht abgehaltenen Reichstags neuerdings dringend zu fordern.

Andere Comitate jedoch — der Zahl nach etwa fuufzehn, unter
welchen, ausser dem barser, noch die Comitate Neutra, Neograd,
Borsod, Gömör, Zemplin, Oedenburg, Komorn, Eisenburg und Zala
sich am meisten durch patriotische Energie und Festigkeit auszeichneten —, nachdem sie auf ihre Adressen nicht einmal eine Antwort
erhalten hatten, annullirten die von den Comitatsvorständen zur Durchführung des königlichen Decrets getroffenen Vorkehrungen, untersagten den Steuereinnehmern und andern Beamten die Erhebung der
Kriegssteuer in Silber, und, entschlossen, den ungesetzlichen Befehlen
bis zum materiellen Zwange Widerstand zu leisten, eiferten sie sich
in Rundschreiben gegenseitig zu fester Ausdauer an.

Allein die wiener Regierung war jetzt, da in Italien die Ruhe
vollständig wiederhergestellt war, und ihrem Beispiel, ihrer Aneiferung
nach die Reaction auch von allen übrigen Regierungen auf der Apenninischen Halbinsel wie in Deutschland zur Herrschaft erhoben wurde,
mehr denn je entschlossen, ihre Absichten, selbst mit Gewalt, durchzusetzen und die constitutionelle Opposition in jenen paar Comitaten
als eine unzulässliche „Verwegenheit" ein für allemal zu brechen. In
die ungehorsamen Comitate schickte sie daher königliche Commissare,
welche ihrem Willen, wenn es nicht mit guter Art anginge, auch
durch Anwendung von Strenge Geltung verschaffen sollten. Die ernannten königlichen Commissare, die strafbaren Werkzeuge der
Willkürherrschaft, waren die folgenden: Baron Ignaz Eötvös, Kron-

hüter, Graf Anton Cziráky, Graf Franz Amade, Baron Johann Malonyay, Gabriel Lónyay und Baron Joseph Wenkheim. Einige dieser Herren wurden auch in mehrern Comitaten mit der Durchführung der königlichen Verordnungen betraut, weshalb man sie spöttisch „Ambulanten" nannte.

Und in kurzem traten ebenso schwere Zeiten ein, das Land wurde der Schauplatz ähnlicher gewaltthätigen Willkürlichkeiten wie in den letzten Regierungsjahren Joseph's II. Aber die Freiheitsliebe und constitutionelle Gesinnung bildete auch in der Nation immer mehr eine ebenso grosse Standhaftigkeit, eine ebenso muthige und ausdauernde Widerstandskraft aus wie damals, als Kaiser Joseph's Energie endlich brach und er sich genöthigt sah, seine ungesetzlichen Verordnungen zurückzuziehen. Die Resultate des passiven Widerstandes waren indessen gegenwärtig fruchtbarer geworden als nach Kaiser Joseph's Tode: die übrigens schon viel mehr ausgebildete Nation liess sich von nun an vom Pfade des Fortschritts nicht mehr verdrängen.

Die königlichen Commissare erschienen in den betreffenden Comitaten und suchten zuerst durch die gewöhnlichen Kunstgriffe der Regierung, Versprechungen, Bestechungen, bald wieder durch Drohung und Einschüchterung den Hofbefehlen Erfolg zu verschaffen. Der Umstand, dass die königlichen Commissare unerwartet und grösstentheils zu derselben Zeit in den Comitaten erschienen und die ersten Generalversammlungen unter ihrem Vorsitz abhielten — wodurch die Comitatsbehörden zur Herbeiführung eines festen Einverständnisses weder Zeit noch Gelegenheit hatten —, verschaffte ihrem Auftreten an einigen Orten Erfolg: abermals unterwarfen sich einige Comitate ihren Drohungen.

Allein die Ausführung der Aufgabe war nicht überall so leicht, wie man sich's in Wien dachte. Mehrere Comitate blieben trotz aller Ränke und Drohungen der Commissäre unbeugsam. Zwischen den Commissaren und den Ständen bildete sich ein wahrer Kampf aus, in welchem, solange kein Brachium, keine rohe Gewalt angewendet wurde, der Sieg sich beinahe überall auf die Seite der Stände neigte. Einige Commissare mussten sich von der lebhaften constitutionellen Gesinnung, von der patriotischen Energie der Stände beschämt fühlen. Andere wieder waren in der Versammlung der aufgeregten, verbitterten Stände selbst vor thatsächlichen Beleidigungen nicht sicher. So geschah es z. B. im zempliner Comitat mit Gabriel Lónyay, der dahin besonders aus dem Grunde geschickt worden war, weil man hoffte, dass es ihm vermöge seiner ausgebreiteten Verwandtschaft und zahlreichen Verbindungen gelingen werde, die Annahme des Befehls auch im gütlichen Wege durchzusetzen. Allein Lónyay fand eben von seiten derjenigen die heftigste Opposition, von welchen er Hülfe und Unterstützung erwartete. Als er in der Versammlung erschien, und den Präsidentensitz eingenommen hatte, riss ein Blutsverwandter, Ladislaus Lónyay, den Sessel gewaltsam unter ihm weg. In einer noch grössern persönlichen Gefahr schwebte, wie wir sogleich erzählen werden, Eötvös in Neutra.

Die Standhaftigkeit der Comitate riss aber die Regierung zu einer noch schonungslosern Willkür und Gewaltthätigkeit hin. Die Commissare erhielten neue Instructionen, wodurch sie ermächtigt wurden, überall, wo man sich ihnen widersetzte, ohne alle Rücksicht militärische Gewalt anzuwenden. Die Postbeamten aber wurden angewiesen, die gegenseitigen Correspondenzen der Comitate zu überwachen und alle Briefe, welche gegen das Interesse der Regierung gerichtet seien, zurückzuhalten und nach Wien zu schicken.

Die Commissare kehrten also mit militärischer Begleitung in die widerspenstigen Comitate zurück. Sie liessen die Sitzungssäle mit bewaffneter Macht umringen, drohten dem Beamtenkörper und den Rednern mit Arretirung, wenn sie sich noch ferner den Befehlen des Hofs widersetzten; einige derselben hielten sie in ihren Wohnungen unter Bewachung zurück und erpressten ihnen schriftliche Versprechungen und Eide, dem Befehle Erfolg zu verschaffen. Mit der militärischen Execution sassen sie dem Comitat so lange auf dem Nacken, bis die Durchführung erfolgte. Nachdem sie ihren Auftrag auf diese Weise erfüllt hatten, untersagten sie den Ständen, damit nach ihrem Scheiden die Opposition nicht neuerdings ihr Haupt erhebe und alles verderbe, das Abhalten der Versammlungen, und nahmen das Comitatssiegel in Beschlag. Die der Gewalt weichenden Comitate konnten zu ihrem Schutze nichts anderes vornehmen, als dass sie in die Protokolle eintragen liessen, sie hätten nur der Gewalt nachgegeben. Wo jedoch eine solche Thatsache dem Commissar zur Wissenschaft gelangte, dort wurde, damit das Andenken daran nicht verewigt werden könne, das Protokoll verstümmelt, die Beschreibung des Thatbestandes ausgerissen.

Das gewaltthätige Auftreten der Commissare.

Indessen fanden die königlichen Commissare nicht überall so viel Fügsamkeit, und waren, um die Befehle durchsetzen zu können, gezwungen, zu thatsächlichem, physischem Zwange zu schreiten: sie liessen die Beamten festnehmen, in Eisen legen, in Kerker werfen. Im komorner Comitat hielt der Regierungscommissar den Vicegespan Kürthy zwei Wochen in dessen eigenem Hause gefangen, und bestürmte ihn, die Durchführung des Decrets in die Hand zu nehmen. In Neutra liess der Commissar Baron Eötvös den Vicegespan Johann Uzovics und den Stuhlrichter Ignaz Ocskay als Häupter der Opposition mit Ketten beladen und einkerkern; was jedoch unter dem zur Versammlung erschienenen niedern Adel eine solche Gereiztheit hervorrief, dass, als Eötvös in den Saal hereintrat, ihm dieser den Tod entgegenrief, und er aus den Händen eines kräftigen Burschen, der

In Komoru.

In Neutra.

ihn an der Brust packte, nur durch die Wachsamkeit der neben ihm befindlichen Offiziere befreit werden konnte.

In Zemplin. Im zempliner Comitat waren Matulay und Baron Paul Vécsey die standhaftesten Verfechter der Constitution. Anfangs hielt auch der Obernotar Adam Szirmay zu ihnen, und als der Commissar aus dem Protokoll alles auszureissen befahl, was in den Beschlüssen der frühern Sitzungen auf den Widerstand sich bezog, so verweigerte er dies nicht nur entschieden, sondern schwur, das Protokoll an die Brust drückend, dass er zu diesem Sacrilegium niemals hülfreiche Hand bieten werde. Deswegen jedoch festgenommen, liess er leider in seiner Standhaftigkeit nach; der Schwur wurde noch an demselben Tage vergessen und die Vernichtung der betreffenden Schriftstücke vollzogen. Szirmay erhielt den Lohn für seinen Gehorsam und seine Abtrünnigkeit von der constitutionellen Sache und wurde noch in demselben Jahre zum Beisitzer an der königlichen Tafel ernannt.

In Neograd. In Neograd beging der Commissar Baron Wenkheim noch mehr Gewaltthätigkeiten. Nachdem er die Hofdecrete hatte vorlesen lassen und sowol von seiten des Beamtenkörpers als der Stände auf Widerstand traf, hob er die Sitzung auf und liess die Vicegespane Gyürky und Gyurcsányi und sämmtliche Stuhlrichter von Soldaten umgeben in ihre Wohnungen abführen. Nach der Gefangenschaft von einigen Tagen zwang er diese Beamten einzeln zur Annahme der Regierungs-befehle. Die Stände beabsichtigten, um gegen diese Gewaltthätigkeit Protest zu erheben, trotz des Verbots sich im Sitzungssaale zu ver-sammeln; da sie denselben aber verschlossen und die Thüren von Soldaten bewacht fanden, eröffneten sie ihre Sitzung, geführt durch den Unternotar Johann Prónay, unter ˏfreiem Himmel. Allein der königliche Commissar schickte ihnen seine Trabanten auch dahin nach, liess die Versammlung sprengen und die Führer festnehmen. Indessen war damals der Widerstand und Protest gegen das alles Gesetz mit Füssen tretende Vorgehen des königlichen Commissars schon aus-gesprochen und schriftlich aufgesetzt worden. Dieses Schriftstück wurde sodann am nächsten authentischen Orte, im Archiv des waizener Kapitels, niedergelegt und in das Protokoll eingetragen. Die Regierung hatte hiervon kaum Kunde erhalten, als sie auch das Kapitel die ganze Schwere ihres Zorns fühlen liess. Die von den Ständen de-ponirten Acten wurden in Beschlag genommen, die Protokollirung des Kapitels, eine arge Verletzung der Rechte der unter dem besondern Schutz der Gesetze stehenden authentischen Orte, aus dem Protokoll herausgerissen, das Kapitel selbst aber hart bestraft. Einige Mit-glieder desselben erhielten Verweise, vorzüglich wurde der Domherr Johann Balogh so streng gerügt, dass er trotz seiner ausgezeichneten Verdienste und Persönlichkeit nachher noch nach zehn Jahren in seiner Uebergehung bei vorkommenden Beförderungen die Folgen des Verlustes der königlichen Gnade fühlte.

Im Comitat Zala erschienen die Stände auf der vom königlichen **In Zala.** Commissar ausgeschriebenen Versammlung, und verliessen, als sie das Comitathaus von den Truppen umgeben sahen, nach einer Rede der Beisitzer Anton Deák und Szegedy den Sitzungssaal. Der Beamtenkörper war jedoch genöthigt, sich der Gewalt zu fügen.

Unter allen beobachteten die Stände des Comitats Bars das geschickteste, klügste Verfahren. Nachdem sie von den Ungesetzlichkeiten, welche der königliche Commissar in Neutra beging, Kunde erhalten hatten, brachten sie in der zu Szent-Benedek am 2. und 3. Mai abgehaltenen Generalversammlung folgende Beschlüsse: damit der mit dem Brachium versehene Commissar, dessen Erscheinen sie auch in ihrem Comitat erwarteten, nicht im Stande sei, die gesetzwidrigen Befehle durch die gesetzlichen Organe des Comitats zwangsweise vollziehen zu lassen, möge sich der Beamtenkörper sofort auflösen und jede Amtirung sogleich unterlassen; das Amtssiegel sei nach dem Schlusse der Sitzung im Archiv des Comitats, und dessen Schlüssel in dem der Benedictinerabtei, welche zugleich ein authentischer Ort, zu hinterlegen; und endlich wurde unter den Beisitzern eine Commission [1] ernannt, welche, wie das Protokoll besagt, „die im Comitat im Sinne der Gesetze vorkommenden politischen Angelegenheiten und die Aufrechthaltung der innern Sicherheit besorgen, und in wiefern unabweisliche Nothwendigkeit Geldauslagen erforderte, diese leisten, die für die ins Comitat geschickten Soldaten nöthigen Victualien aus der Domesticalkasse bestreiten, und die an das Comitat adressirten Schreiben eröffnen solle; ausser diesen Gegenständen dürfe sich aber die Macht derselben nicht erstrecken". Der Commission wurde besonders aufgetragen, dass, wenn der königliche Commissar in das Comitat käme, sie sich mit demselben in keine Beziehung setzen, sondern ihre Function von diesem Tage an für vollständig erloschen ansehen möge. Ferner wurde der Beschluss gefasst, dass, wenn der königliche Commissar die Stände des Comitats zur Versammlung einberiefe, niemand erscheinen möge, und wenn einige dieser Aufforderung etwa Folge leisten würden, so wurden alle Beschlüsse dieser ungesetzlichen Versammlung schon in vorhinein für null und nichtig erklärt. Die Stände richteten sodann aus dieser Versammlung, nach so vielen vergeblichen, noch eine energische Adresse an den König und die Königin, welche am 3. Mai abgesendet wurde, wonach sodann der Vicegespan Karl Ambró die Sitzung mit

Das Vorgehen des barser Comitats.

---

[1] Zu Mitgliedern der Commission wurden die beifolgenden Beisitzer ernannt: Anton Tajnay, Johann Szathmáry, Michael Kvassay, Alexius Jeszenszky, Ludwig Majthényi, Emerich Gyurcsányi, Karl Majthényi, Ladislaus Kosztolányi, Joseph Zsembery, Joseph Kiss, Laurenz Simonyi und Stephan Marsovszky.

einer patriotischen, tiefe Wirkung hinterlassenden Rede schloss. „Schon seit 37 Jahren", sagte er unter anderm, „diene ich dem edlen Comitate Bars; dass aber die Angelegenheiten des Vaterlandes in einen solchen Zustand gerathen wären, habe ich weder gehört, noch selbst erfahren. . . . Während dieser Jahre habe ich unzählige Beweise meiner Treue und Anhänglichkeit an das allerhöchste Kaiserhaus gegeben, und will dies auch ferner thun, solange mein Leben dauert. Allein . . . eingedenk des Eides, womit ich mich zur Ausführung der Beschlüsse des löblichen Comitats verbindlich gemacht habe, . . . kann ich die hohen königlichen Befehle nicht erfüllen. . . . Ich kenne meine Pflichten gegen das gekrönte Oberhaupt; allein ich weiss auch, wozu mich mein Eid bezüglich der Rechte meines Vaterlandes verpflichtet; jene werde ich nicht verletzen, aber ich kann auch nicht der Verfassung und den alten Gesetzen meines Vaterlandes zuwiderhandeln. . . . Ich lege daher das mir durch die Gnade und das Vertrauen der löblichen Stände übertragene Amt nieder . . . . Und wie dieser Schritt aus Religiosität, aus aufrichtiger Anhänglichkeit an den König, und wahrer Vaterlandsliebe entstanden ist, so werde ich auch in allen mir noch übrigen Tagen meines Lebens keine Gelegenheit versäumen, in welcher ich mich nicht minder als treuer Unterthan des Königs als auch als wahren Bürger des Vaterlandes bezeigen kann. . . ."

Die Adresse, welche an den König gerichtet wurde, floss aus der Feder des Notars Michael Plathy, und übertrifft durch energischen, kühnen Ton, ernsten Adel patriotischer und constitutioneller Gesinnung, endlich durch glänzenden rednerischen Stil weitaus alle Adressen aus diesen Tagen, und ist würdig, dass ihre Hauptpunkte hier in den Geschichtsblättern jener traurigen Zeiten Platz finden.

„Nachdem die ungarische Nation, trotz all jener feindseligen Bestrebungen, welche sie von den diesem Lande Uebelwollenden seit dem Beginne der Regierung des allerhöchsten Kaiserhauses erfahren hat, ihrem Charakter und ihrem Monarchen bis heute treu blieb; nachdem die von der Nation freiwillig begründete Erbfolge beider Geschlechter, und der durch die Tapferkeit und Anhänglichkeit der Nation befestigte Bestand des königlichen Throns, ausser unzähligen andern Documenten der 2. und 3. Gesetzartikel vom Jahre 1687, der 8. von 1715, der 2. von 1723, und der 63. von 1741; und nächst diesen, die allein unter der Regierung Ew. Majestät gebrachten gemeinschaftlichen Opfer, der 9. von 1792, der 1. von 1796, der 1. von 1802, der 1. und 2. von 1805, der 2. und 6. von 1807, der 1. von 1808 und der 12. von 1812; ferner die geschichtlichen Andenken der Jahre 1805, 1809 und 1815 der späten Nachwelt reichlich verkünden; und auf diese Weise der von der Nation im Vereine mit den übrigen Völkern mit gleicher Tapferkeit und gemeinsamer

Kraftanstrengung erworbene und aufrecht erhaltene Friede jedermann mit der süssen Hoffnung schmeichelte, dass, nun endlich die Stürme des Kriegs vorbei, man im sichern Hafen bleiben und die mit so vielen Opfern errungenen Früchte in Ruhe geniessen können werde: erneuern sich anstatt dessen die alten Wunden unserer Nation, das Ansehen der Gesetze ist vernichtet, die Höfe der Edelleute, die Comitathäuser sind durch Bewaffnete verletzt, die Freiheit der Rede ist unterdrückt; die Beamten eingekerkert, mit Einem Worte selbst unser constitutionelles Sein ist der letzten Gefahr preisgegeben.

„Ein ungewöhnliches Erstaunen bemächtigte sich der Gemüther, als wir hörten, dass im benachbarten Comitate Neutra unlängst ein aus ungarischem adelichen Geschlechte entsprossener Mann, der Hüter der heiligen Krone des Reichs, als Commissar aufgetreten; und im allerhöchsten königlichen Namen Ew. Majestät das Comitathaus, wohin auch Ew. Majestät selbst ohne militärischer Begleitung einzutreten die Gnade haben, mit Soldaten umzingeln liess; die Stände nach Verlesung der allerhöchsten königlichen Rescripte durch sofortige Aufhebung der Sitzung in der Abgabe ihres Gutachtens, was stets das Wesen unserer Versammlungen gebildet, hinderte; die Beamten, den Cardinalrechten des Adels entgegen, ohne Vorladung und Convinction militärischer Bewachung übergab; ihre Edelsitze, mit grosser Verletzung ihrer Rechte und ihres Besitzthums, überfallen liess; die durch Eide Verpflichteten zu Eidbrüchen zwang; durch Beschlagnahme des Protokolls und der Adresse der Versammlung den Weg gesetzlicher Petition versperrte; mit Einem Worte alles Recht und alle Billigkeit zu verachten, und auf diese Weise das gesetzliche Ansehen Ew. Majestät durch den Misbrauch der Macht zu verletzen sich nicht entblödete; und als wir hörten, dass er einem Gewittersturme gleich auch andere Comitate besuchen wolle, und die heiligen Institutionen des Landes überall mit Füssen zu treten, die Bande der kindlichen Liebe gegen den Monarchen überall zu zerreissen beabsichtige: da erwachte in uns sofort das Andenken an jene vor fünf Jahrzehnten geschehenen traurigen Vorgänge; es kamen uns zu Sinne die Versuche jenes grossen, weisen und gerechten Fürsten, welchen sein überstürzter Eifer für das öffentliche Wohl und unsern Gesetzen widersprechende Rathschläge über die von den Gesetzen gezogenen Schranken hinausschreiten liessen; es schien uns, als ob wir die damaligen Zeiten wieder sich erneuern sähen. Allein, o Schmerz! jener Monarch, welcher sah, dass unsere Verfassung seinen Absichten entgegenstehe, vermied es lieber, von der gesetzlichen Krönung Gebrauch zu machen, unterliess es lieber, den öffentlichen Eidschwur abzulegen; und als er zur Durchführung seiner Verordnungen die Anwendung bewaffneter Macht für nothwendig erachtete, zeigte er diese mehr, als er sie anwendete. Und doch, als er sich in den letzten Augenblicken seines

Lebens überzeugte, dass das Wohl der ungarischen Nation einzig in der richtigen Anwendung der vaterländischen Gesetze zu suchen sei, zog er alles zurück, er, der in der Reihe unserer Könige nicht einmal erscheint. Dass aber jetzt, unter der Regierung eines gesetzlich gekrönten, gerechten Monarchen unsere Gesetze vernichtet werden sollen; dass ein König, den die Welt als den allergnädigsten preist und den auch wir selbst als solchen kennen lernten, seine Zuflucht zu gewaltsamen Massregeln nehmen sollte; dass er, den Europa als Gerechten und Gottesfürchtigen verehrt, sein eidlich bekräftigtes Krönungsdiplom verletzen sollte, — wir sehen es zwar, verwundern uns darob, können es aber nicht glauben.

„Wenn die Jahrbücher die Geschichte jener wechselvollen Schicksale, welche unsere Verfassung infolge der systematischen Angriffe des Ministeriums durchmachen musste, richtig erzählen; wenn die öffentliche Meinung nicht trügt, welche jene unzähligen, einander in langer Reihenfolge abwechselnden Thatsachen als nichts anderes betrachtet als einen Versuch zur gänzlichen Ausrottung unserer Freiheiten und Institutionen: so können wir gewisslich unsere allerhöchsten Monarchen nur bemitleiden, von welchen, obgleich in ihrer Familie die Gerechtigkeit und Gnade erblich ist, sich aber die Herzen ihrer treuen Unterthanen täglich dennoch mehr und mehr entfremden. . . . Alle Zeiten und Regierungen hatten Männer, welche, das Vertrauen ihres Monarchen und ihre erlangte Macht misbrauchend, den Glanz der Krone mit den Thränen der Völker zu erhöhen sich bestrebten. Auch unser Vaterland hatte, besonders in den letzten Zeiten, keinen Mangel an solchen Ministern, die, nachdem sie die Stimme der Nation erstickt hatten, durch von der Wahrheit abweichende Vorträge und unserer Verfassung angedichtete Verleumdungen das Herz der besten Fürsten uns abwendig zu machen und unter dem Scheine des öffentlichen Wohls die municipalen Gesetze, Rechte und Freiheiten dieses Landes zu untergraben trachteten. Aber wer hätte gedacht, dass unser Vaterland auch in der gegenwärtigen Zeit so vielen Angriffen ausgesetzt sein würde? Wer hätte ahnen können, dass sich Ungarn finden würden, ihres Geburtslandes, ihrer Pflichten gegen König und Vaterland so sehr vergessen, dass sie, anstatt kraft jenes auszeichnenden Vertrauens, jener glänzenden Würde, womit sie beschenkt waren, die Beschwerden ihrer Landsleute Ew. Majestät mit aufrichtiger Geradheit vorzutragen, vielmehr eigenen selbstsüchtigen Nebenzwecken nachjagend, sich als Werkzeuge eines durchaus gesetzwidrigen, dem Herzen Ew. Majestät gewiss fremden Systems gebrauchen lassen und, den Hass und die Verachtung der Nachwelt unvermeidlich auf sich ladend, gegen ihr eigenes Selbst wüthen sollten? Dieselben Beschwerden und Verletzungen, welche in andern schicksalsvollen Tagen das im 9. Kapitel des ersten Theils des Tripartitums und im 5. Gesetzartikel 1723

klar umschriebene persönliche Adelsprivilegium erlitten hatte: dieselben
Beschwerden und Verletzungen erleidet jetzt, dem öffentlichen Recht
zuwider, die Sicherheit der Person und des Besitzthums, indem die
seit Jahrhunderten bestehende Freiheit der Rede und gesetzlichen Berathung aufgehoben wird und jeden, der seine das öffentliche Wohl
bezweckende Meinung aufrichtig kundgeben will, schwere Gefahr bedroht. Alle jene unterthänigen Bitten, welche uns bisher erlaubt
waren, dem Herzen des gemeinsamen Vaters mit unbeschränkter Aufrichtigkeit anzuvertrauen, werden jetzt als überflüssig untersagt; jene
aber, welche wir hinaufschickten, werden, ohne sie der geringsten
Aufmerksamkeit zu würdigen, unter die Acten geworfen. Die Berufung auf die Gesetze, welche bisher König und Land für gleich
heilig betrachteten und in Achtung hielten, ist jetzt zum Verbrechen
geworden und wird mit dem Zeichen der Störrigkeit und wahnsinnigen
Widersetzlichkeit gebrandmarkt.

„So bedrängt, und das Herz des besten Fürsten uns entfremdet
sehend, können wir etwas anderes thun als, uns an das weltbekannt
gute, väterliche Herz Ew. Majestät wendend, ohne einen Augenblick
zu wanken, vor den allerhöchsten Thron zu treten und mit kindlicher
Offenheit auszusprechen, was uns beängstigt, was unsere Beschwerden,
unsere Bitten sind?

„Allergnädigster Herr, es ist unzweifelhaft, dass Gefahren der
Neuerung drohen, dass sich Meinungen verbreiten, welche den Thro-
nen und Dynastien gefährlich sind; dass Bestrebungen auftauchen,
welche auf die Umstürzung der öffentlichen Sicherheit und Ruhe abzielen; der Thron Ew. Majestät selbst wird untergraben, und unsere Befürchtungen für die Sicherheit Allerhöchstihrer Person und
Familie sind nicht grundlos. Allein die Feinde würden wir vergeblich
in fernen Ländern suchen, diese sind mit ihren eigenen Schäden und
Uebeln genug beschäftigt, und kümmern sich um andere Angelegenheiten nicht; vergeblich unter unsern eigenen Landsleuten: diese wünschen den Frieden und sehnen sich in ihren offen vorgetragenen aufrichtigen Wünschen nur nach Beförderung des öffentlichen Wohls und
nicht nach Zerstörung. Die Feinde stehen der allerheiligsten Person
Ew. Majestät näher und umgeben vielleicht auch Allerhöchstihren Thron.

„Diese böse Partei dieser Neuerer, welche wir hassen, nähert
sich, alles Recht, alle Billigkeit umstürzend, das gegenseitige Vertrauen
zwischen Fürst und Volk schwächend, und mit erdichteten Vorträgen
beide Theile betrügend, langsam ihrem Ziele; und erst nachdem sie
dasselbe nahezu erreicht, und die ihrer Rechte, ihres Vermögens,
ihrer Sicherheit beraubten Familien dem äussersten Elend preisgab,
wirft sie die Maske ab, und treibt den Monarchen selbst entweder in
den Wirbel innerer Verwirrungen, oder, nachdem sie die Bande der
Unterthanenliebe zerrissen, reizt sie ihn zu unbeschränkter Willkür.

„Wer den Charakter der ungarischen Nation und die neuesten
Schicksale dieses Landes mit grösserer Aufmerksamkeit untersucht,
kann derjenige zweifeln, dass am Hofe Ew. Majestät selbst dergleichen
Parteiumtriebe bestehen? Wenn wir den Verlust eines Theils des
Vermögens, den übertriebenen Preis des Salzes und anderer Erze,
und dem entgegen die Stockung des Handels mit den Producten des
nationalen Handels und der Gewerbe in Betracht nehmen; wenn wir
ferner die verpachteten Monopole, die gesetzwidrige Abhängigkeit unserer Kammer, unsere durch die Einmischung der Hofdicasterien in
Verwirrung gerathene Jurisdiction, die ungewohnte Verhandlung unserer verfassungsmässigen Angelegenheiten mittels Patenten, die schon
seit so langen Jahren versäumte Einberufung des Reichstags und zahlreiche andere Beschwerden überblicken; und nebstbei beachten, dass
die ungarische Nation nicht nur in den gefährlichen Perioden der
Jahre 1805 und 1809, sondern auch zu allen Zeiten dieser ihrer
Beschwerden eine unerschütterliche Treue und Hochachtung dem allerhöchsten Herrscherhause gegenüber bezeugte; dass sie kein auf gesetzlichem Wege gefordertes Opfer jemals verweigerte, ja selbst ausser
dem Reichstage reichliche Zeugnisse ihrer persönlichen Anhänglichkeit
gab: wer sieht nicht die feindseligen Bestrebungen jener Ruhestörer
darin, dass sie in einer Zeit, wo die Monarchie sich des auswärtigen
Friedens erfreut, da mithin die Abhaltung des Reichstags nichts stört,
und so viele Tausende beurlaubter Soldaten zu Hause die Sitten verderben, und so viele andere Tausende von Vaterlandsvertheidigern
fremde Throne bewachen, auf eine eben solche, den Gesetzen entgegenstehende Weise, und unter dem Vorwand, die königliche Würde aufrecht halten zu wollen, mit bewaffneter Hand Rekruten verlangen? Wer
sieht nicht, dass es auch die Ränke dieser Feinde sind, dass nun die
Bezahlung der Steuer in Silber, wozu das nöthige Silbergeld im Verkehr fehlt, dessen sämmtliche Kanäle verstopft sind, und dessen reichstägliche Anordnung nicht der geringste Umstand hindert, das Gesetz
aber vorschreibt, mit gleicher Gewaltthätigkeit anbefohlen wird? Sie
wissen wohl, dass die stärkste Stütze des regierenden Herrscherhauses
in der musterhaften Anhänglichkeit und Opferwilligkeit der unter
ihrer Regierung stehenden Völker zu suchen sei; sie wissen, dass der
in seiner Freiheit und Kraft erhaltene ungarische Adel vom Throne
unzertrennlich ist: es ist ihnen daher leicht, einzusehen, dass, solange
diese Grundlage nicht umgestürzt ist, sie auch ihre Zwecke nicht erreichen können; und deswegen haben sie, als sie Ew. Majestät diese
gesetzwidrigen Massregeln anriethen, vor allem eine allgemeine Verbitterung der Gemüther und später nach dem Beispiel der Vergangenheit eine Bewegung der verkürzten Volksklassen beabsichtigt; — von
diesen Zwecken haben sie den ersten durch ihre gewaltthätigen Mass-

regeln schon erreicht, dass sie aber den zweiten nicht erreichen, darüber wird ungarische Ehre und Tugend wachen.

„Wenn jene, die uns das Wohlwollen Ew. Majestät abwendig zu
machen suchen, wussten, dass es aussergewöhnliche Umstände gebe,
welche ohne Nachtheil für das königliche Ansehen nicht erlauben,
von der geforderten Rekrutenstellung und Steuerzahlung Abgang zu
nehmen: weshalb schöpften sie ihre Vorschläge nicht aus den Gesetzen, welche ihnen einen viel gedeihlichern Weg zur Abhülfe ge-
zeigt hätten? Weshalb wollen sie dieses consolidirte königliche Ansehen vor den Augen Europas mit so gewaltthätigen Mitteln aufrecht
erhalten, während sie dasselbe selbst offenbar einer Krise preisgeben?
Indem sie Ew. Majestät vortragen, jene Behörden, welche standhaft
an ihren Gesetzen halten, wären störrig: weshalb unterbreiten sie
Ew. Majestät nicht auch die Bitten und Motive derselben? Weshalb
erleichtern sie nicht das persönliche Erscheinen vor Ew. Majestät?
Weshalb geben sie den Rath, Gewalt zu gebrauchen, was stets einen
Mangel an Recht verräth? Wenn schliesslich die Stände, in ihren
gesetzlichen Berathungen, über jene Ränke, wodurch das Vertrauen
des Königs auf Abwege geleitet wird, ihre Meinung äussern, und deshalb gegen sie strenge Untersuchungen angeordnet werden: warum
bestreben sich die von Ew. Majestät zur Durchführung der allerhöchsten Verordnungen ausgesandten Commissare, verschiedene· ungewöhnliche Mittel in Anwendung·zu bringen? Weshalb werden Be-
lohnungen, Gehässigkeiten, Drohungen, Begünstigungen und Versprechen in Bewegung gesetzt? . . . Weshalb werden selbst religiöse
Angelegenheiten als Mittel zu politischen Zwecken aufgewendet?
Weshalb verhindern sie die Berathungen der Stände und ändern die
gesetzlichen Versammlungen der Behörden in feindliche Kampfplätze um?

„Allergnädigster Monarch! Wenn diese Gattung Menschen, welche,
in dieser Sache wenigstens, das Verderben des Throns und unserer
Verfassung anstrebt, ein so bedeutendes Vertrauen für sich gewinnen
konnte; wenn ihren zweifelhaften Plänen gegenüber die Seufzer unserer Nation verstummen mussten: so sei es endlich uns, ganzen Behörden, welche als moralische Corporationen weder der Anspruch auf
Würden, noch Gewinnsucht oder eine andere menschliche Leidenschaft verblenden kann, zu hoffen erlaubt, dass Ew. Majestät auch
unsere unterthänigen Vorstellungen allergnädigst anhören, und was
wir, die Dolmetscher der öffentlichen Meinung, mit kindlicher Aufrichtigkeit vortragen, Allerhöchstihrer Aufmerksamkeit würdigen werden.

„Ew. Majestät wolle uns erlauben, das wir Allerhöchtdieselben
an Höchstihre Vorfahren erinnern, mit deren Uebereinstimmung unsere Gesetze geschaffen wurden, in welchen wir jetzt Schutz suchen
und Hochstwelche die schwierigsten Angelegenheiten des Landes nicht
durch Commissare, sondern auf dem gesetzlich bestimmten Wege zu

beseitigen, oder mindestens zu mildern wussten. Ew. Majestät wolle
allergnädigst erlauben, dass wir an jene unvergessliche Maria Theresia,
seligen Andenkens, uns berufen, welche inmitten feindlicher Angriffe
nicht zögerte, den Reichstag einzuberufen, und welche, die Gesetze ver-
ehrend, nicht nur 1741, sondern auch zu andern Zeiten die Treue
der Ungarn niemals kleiner fand als ihre eigenen fürstlichen Tugenden. Oder sollen wir des unsterblichen Vaters Ew. Majestät erwähnen, dessen Herrscherweisheit sein Geburtsland auch heute noch
segnet? Er half den Mängeln der Verwaltung, welche die Unwissenheit der Verfassung des Reichs zuzuschreiben pflegt, nicht mit Hülfe
der Commissare ab, sondern durch reichstägliche Berathungen; und wie
viel er in dieser Hinsicht geleistet, welche Hoffnungen er erweckte,
verkünden laut die Protokolle des Reichstags von 1791."

Sie bitten sodann den König, er möge die übeln Rathgeber von
sich entfernen, welche ihn, seinem Krönungseide entgegen, zu dieser
gewaltthätigen Durchführung der Rekrutenstellung und Steuererhebung
bewogen hatten, und möge die von der Nation auf seine Vorfahren
übertragene höchste Macht nach der durch den 10. und 12. Gesetzartikel 1791 bestimmten Weise ausüben. Dann heisst es weiter:

„Was unser . . . Comitat betrifft, so sind, wie wir Ew. Majestät schon
zu wiederholten malen vorgetragen haben, dass wir nichts gegen die
Gesetze des Reichs beschliessen können, unser Beamtenkörper aber,
zur Beobachtung der Gesetze eidlich verpflichtet, aufhören würde,
unser Stellvertreter zu sein, wenn er eidbrüchig würde: wir auch
jetzt genöthigt zu erklären, dass wir ebendeshalb, weil wir treue
Unterthanen Ew. Majestät sind, und in der unverletzten Aufrechthaltung unserer Constitution auch die Sicherheit des königlichen
Throns erblicken, wie bei unserer frühern unterthänigsten Aeusserungen, standhaft verbleiben, und dem gütigen Gott und der Gnade
Ew. Majestät vertrauend, uns weder durch die gesetzwidrigen Gewaltthätigkeiten der Commissare noch durch das gesetzverletzende Beispiel einzelner Behörden bewegen lassen werden, die Angelegenheiten
der Rekrutenstellung und der Steuer, welche wesentlich vor den Reichstag gehören, ausser demselben durchzuführen."

Sie erklären sodann, dass sie dem Commissar, obgleich diese Commissare nach [dem oben Gesagten Vaterlandsverräther seien, aus Rücksicht
für den König die persönliche Achtung nicht versagen werden; allein
sie würden zu der von ihm auszuschreibenden Versammlung nicht
erscheinen. Schliesslich verständigen sie Se. Majestät von ihrem Beschlusse, durch welchen sie, nachdem die Beamten ihre Aemter niedergelegt, die Functionen der Behörden suspendirt hatten. — An demselben Tage richteten sie auch an die Königin eine ähnliche energische
Adresse, und baten, sie möge Vermittlerin sein zwischen dem von
übeln Rathgebern auf Irrwege geleiteten Fürsten und der Nation.

Wie es schon im voraus zu erwarten war, zogen die Stände des Comitats mit dieser Adresse die ganze Schwere des königlichen Zorns auf sich. Ein donnerndes, und mit der Anwendung äusserster Strenge drohendes Rescript befahl ihnen, sogleich den Beamtenkörper ohne Versäumniss wiederherzustellen; der Administrator aber erhielt die Instruction, den königlichen Commissar in der Durchführung der Verordnungen möglichst zu unterstützen, den Comitatsbeschluss aber, damit selbst sein Andenken nicht übrigbleibe, aus dem Protokoll sofort herauszureissen; was später auch geschah. Auch der Commissar erschien bald darauf an der Grenze des Comitats; da er jedoch nicht einmal einen Vorspann bekommen konnte, da kein Beamter da war, der ihm einen solchen besorgt hätte, so war er genöthigt, ohne Resultat zurückzukehren. Die Stände verbanden indessen klug patriotische Energie mit Unterthanengehorsam und verständigten in einer Adresse vom 11. August den König, „dass der Beamtenkörper in die betreffenden Aemter bis zur demnächst abzuhaltenden Wahlversammlung zwar eingetreten sei, aber nur unter der auch eidlich bekräftigten Bedingung, dass er dieselben nur so lange verwalten werde, solange im Comitate kein ungesetzlicher Commissar erscheine". Der Commissar behelligte hiernach in der That das Comitat nicht mehr; seine Rolle jedoch wurde einigermassen vom Administrator übernommen. Der 1. Nov., der zur Durchführung der königlichen Verordnung bestimmte Termin, nahte heran, der Administrator machte, nach seiner Instruction, Vorbereitungen zur Erhebung der Steuer in Silber. Die Stände hatten dies kaum erfahren, als sie auch sofort am 20. Oct. eine Generalversammlung abhielten, in welcher sie alle auf diesen Gegenstand bezüglichen Voranstalten des Comitatsvorstandes kassirten und den Steuereinnehmern die Einhebung der Steuern in Silber einfach untersagten. Der Vorstand des Comitats säumte nicht, dem Hofe das Protokoll dieser Sitzung zuzuschicken, worauf unterm 5. Nov. abermals ein neuer Hofbefehl an das Comitat herabgelangte, in welchem „dieser störrische und überaus frevelhafte Beschluss des Comitats kassirt und annullirt wird; und welchem, indem ihm dieser Beschluss strenge verübelt wird, hiermit allergnädigst angeordnet und anbefohlen wird: dass sie, wenn sie die schwersten Folgen des königlichen Zorns nicht erfahren wollen, sich nicht unterfangen sollen, dem Administrator, wenn derselbe mit der Durchführung der auf die Steuern bezüglichen königlichen Decrete befasst ist, die geringsten Hindernisse in den Weg zu legen".

Allein dieser das Gesetz verletzende Befehl fand die Stände wieder in der Stimmung unbezwingbarer patriotischer Energie. „Mit dem grössten Schmerze unsers Herzens haben wir gelesen", so lautete hierauf die Antwort der Stände aus der am 1. Dec. abgehaltenen Generalversammlung, „Ew. Majestät königliches Rescript vom 5. Nov.

bezüglich der Steuerzahlung in Silber. Wir haben trauernd erfahren, dass unsere gegen die ausserreichstägliche Durchführung des königlichen Steuerpatents angeführten Gründe, obgleich sie sich auf unsere heimischen Gesetze, auf die Natur der Angelegenheit selbst und unsere kindliche Hochachtung stützten, von Ew. Majestät ungünstig aufgenommen, ja sogar als Trotz bezeichnet wurden. Nachdem es nicht geleugnet werden kann, dass die Angelegenheit der Steuer einzig und allein der Verfügung der gesetzgebenden Gewalt untersteht; dass ferner weder das väterliche Gemüth Ew. Majestät, noch die Zeitverhältnisse von der Art sind, weswegen man die reichstägliche Verhandlung dieses Gegenstandes umgehen müsste; dass endlich wir ebenso durch unsere privilegirten ständischen Verhältnisse als durch unsere vererbte bürgerliche Pflicht schuldig sind, dafür zu sorgen, dass die Gesetze, worauf nicht nur unsere, sondern auch die Sicherheit des allerhöchsten Throns gegründet ist, auf das pünktlichste eingehalten werden: welch schwache Stützen wären wir für Ew. Majestät, wenn wir auch auf einer so festen Grundlage wanken, und eines kleinen oder grössern Nutzens willen die eigene Ueberzeugung aufopfernd, mit unsern Cardinalgesetzen willkürlich verfahren würden.

„Ew. Majestät! Zwar ist unsere Verehrung und Treue gegen die Person Ew. Majestät unbegrenzt; allein ebendeshalb fühlen wir es tiefschmerzlichst, dass wir, vom Gesetz und unserm Gewissen gebunden, selbst auf das wiederholte Drängen Ew. Majestät keinen andern Weg zur Erfüllung der allerhöchsten Forderungen finden. Wenn es uns freistünde, die allergnädigsten Forderungen anzunehmen, wären wir auf die erste Aufforderung Ew. Majestät keinen Augenblick unschlüssig gewesen, dieselben in Vollzug zu setzen; und wenn wir dies zu thun gezögert und auf so viele Mahnungen, unsere Pflicht zu erfüllen, gewartet hätten: dann wahrlich hätten wir verdient, als trotzig bezeichnet zu werden. Da wir aber als Richtschnur unserer Handlungen einzig das Gesetz und unsere innere Ueberzeugung betrachten; da wir für Ew. Majestät von kindlicher Liebe und Unterthanenehrfurcht durchdrungen sind, und nicht einmal zu denken vermögen, dass unsere kindlichen Bitten Ew. Majestät verletzen könnten — obgleich unser Administrator angibt, dass ihm zugekommenen entschiedenen höhern Befehlen gemäss es nicht mehr erlaubt sei, in dieser Angelegenheit weitere Vorstellungen zu machen: so werfen wir uns, unsere Hoffnung auf das Vorausgeschickte setzend, abermals einmüthig vor dem Throne Ew. Majestät nieder und erklären mit tiefster Unterthänigkeit: dass wir niemals, daher auch bei dieser Gelegenheit nicht wollten und auch nicht wollen, unserm gesetzlich gekrönten Könige, wie wir es von uns behauptet sehen, Widerstand zu leisten; sondern dass wir, einzig und allein die Einhaltung des Gesetzes,

dieser stärksten Stütze des Fürsten und des Volks, fordernd, wie zu
keiner andern Zeit, so auch im gegenwärtigen Falle nicht unsere
Einwilligung zu einer Verletzung der Gesetze geben können."

. Dass in diesem Kampfe des Constitutionalismus gegen die Willkürherrschaft nicht jedes Comitat eine so unerschütterliche Ausdauer an
den Tag legte als das barser, dass vielmehr, seit die Commissare zu
Gewaltmassregeln griffen, im Verlaufe des Jahres 1823 dem Zwange
auch mehrere jener Comitate wichen, welche eine Zeit lang sich widersetzt hatten: davon ist die Ursache theilweise auch darin zu suchen, dass
die Comitatsvorstände infolge neuerer strenger Befehle zwischen den
Comitaten jede Verbindung verhinderten, die gegenseitigen Zuschriften
derselben, in welchen sie einander zur Eintracht und Ausdauer an-
eiferten, in Beschlag nahmen, und diese herauszugeben sich selbst
dann weigerten, als sich die Behörde von der erfolgten Beschlagnahme
Gewissheit verschafft hatte.   Dies geschah unter anderm auch im Comitat Bars mit einem Schreiben des neograder Comitats, welches der
Administrator, wie er selbst gestand, zufolge höhern Befehls der Hofkanzlei zuschickte.   Diese neue Verletzung der behördlichen Rechte
fand im barser Comitat nicht minder kühne und eifrige Vertheidiger
als die verletzte Verfassung des Reichs.   An demselben Tage, an 1. Dec. 1823.
welchem die oben mitgetheilte Adresse beschlossen wurde, richteten
die Stände des Comitats auch für dieses Recht eine besondere energische Adresse an den König.   „. . . . Wenn auch in den öffentlichen
Angelegenheiten", sagen sie unter anderm, „Umstände vorkamen,
welche Ew. Majestät zur Herausgabe von Verordnungen, welche mit
unsern Gesetzen im Widerspruche stehen, bewegen konnten; . . . und
wenn wir zur Aufrechthaltung unserer altüberkommenen Verfassung
. . . gezwungen waren, die Durchführung der allerhöchsten Verordnungen trotz unserer ehrfurchtsvollsten Pietät zu unterlassen: so haben
wir doch unsere Ueberzeugung niemals verloren, dass Ew. Majestät
unsern gesetzlichen Bestand aufrecht halten wolle, und nach Aller-
höchster Gnade weder uns, um so viel weniger unsere Bitten von
Allerhöchstihrer geweihten Person ausgeschlossen habe, Allerhöchstihre
königliche Bekräftigung aber solchen Verordnungen nicht angedeihen
lassen werde, wodurch nicht nur irgendein thatsächliches Recht umgestossen, sondern auch die bürgerliche Gesellschaft in einem ihrer
zartesten Punkte, in der Sicherheit der Privatangelegenheiten, verletzt
würde.   Auf diese Ueberzeugung gestützt . . . flehen wir auch in
dieser Angelegenheit die allerhöchste Gerechtigkeit und Gnade Ew. Majestät an. . . . Die Thatsache", sagen sie ferner, „dass auch über solche,
überhaupt erlaubte und anständige Gegenstände verfasste Schreiben
in Beschlag genommen werden, verletzt den Monarchen selbst, weil
sie die Gerechtigkeit seiner Regierung in Frage stellt; verletzt die
Nation, weil sie deren Treue und Sittlichkeit verdächtigt; und verletzt

auch die Ehre der einzelnen; denn wenn man schon selbst in einer Privatangelegenheit nur durch Vorladung und Vernehmung verurtheilt werden kann, um wie viel mehr darf man erwarten, dass auch in öffentlichen Angelegenheiten niemand auf eine so antipicirte Art der Stempel der bösen That aufgedrückt werde. Diese Thatsache verletzt auch das öffentliche Recht, welches die gebildeten Nationen für ein gemeinsames halten, und stürzt die Sicherheit aller Dinge um, wegen welcher die Menschen in eine Gesellschaft zusammentreten. Aber sie verletzt besonders auch den 14. Gesetzartikel 1791, welcher die gesetzmässige Jurisdiction der Comitate unversehrt zu erhalten verordnet."

Auch die Opposition anderer Comitate erstarkt. Die Adressen des barser Comitats sind übrigens nur einzelne Beispiele dafür, was mit mehr oder minder Standhaftigkeit und Muth auch in zahlreichen andern Comitaten des Landes geschah. Die Regierung hatte sich in ihrer Berechnung sehr getäuscht, als sie glaubte, dass, weil die Obergespäne und Administratoren anfangs in der Mehrzahl der Comitate den in Betreff der Rekrutenstellung und Steuerzahlung erlassenen Verordnungen gegenüber Fügsamkeit erzwungen hatten, es ihr nun durch unerbittliche Strenge und Gewalt auch in den übrigen gelingen werde, die constitutionelle Opposition zu brechen. Ja sie machte bald nicht ohne alle Besorgniss die Erfahrung, dass, wie schon der Ton der zwei letzten Adressen des barser Comitats verrieth, die Opposition aus dem Gefühle der Rechtmässigkeit und Gesetzlichkeit ihrer Sache nicht minder wie aus der durch das gewaltthätige Vorgehen und die neuern Rechtsverletzungen der Regierung auf das höchste gewachsenen Verbitterung täglich neue Energie schöpfte, täglich grössere Ausdehnung gewann. Die ungebrochene Ausdauer der Comitate Bars, Neograd, Zemplin und einiger andern erweckte überall Begeisterung. Mehrere auch von jenen Behörden, in welchen die Comitatsvorstände durch die Unterstützung der gewonnenen und herbeigerufenen rohen Massen oder andere Ränke die Annahme der Hofdecrete in Anhoffung einer spätern landtäglichen Verhandlung durchsetzten, blickten, als sie von der exemplarischen Ausdauer jener paar standhaften Comitate Kunde erhielten, beschämt auf ihre eigene Energielosigkeit und Lauheit zurück, mit welcher sie so leicht die wichtigsten constitutionellen Rechte zu verletzen sich erlaubten, und bestrebten sich nun, ihren Fehler dadurch wieder gut zu machen, dass auch sie selbst sich den entschlossenen, kühnen Verfechtern des Gesetzes und der Verfassung anschlossen. Einige stellten auch die schon begonnene Durchführung der Hofdecrete ein und begannen beim Könige mit neuen Adressen zu betreiben: er möge den von den Commissaren ausgeübten gesetzwidrigen Gewaltthätigkeiten gegen jene Comitate, deren ganzes Vergehen nur darin bestehe, dass sie das Gesetz und die Verfassung nicht verletzen wollen, ein Ende machen.

„Obgleich wir beide Gegenstände der königlichen Forderungen in Ausführung zu bringen uns bestrebten", so lautet z. B. die Adresse des pesther Comitats, welche in der Generalversammlung vom 10. Juni 1823 beschlossen wurde, „haben wir dadurch doch keineswegs anerkannt, dass man ausserhalb des Reichstags entweder das eine oder das andere (Soldaten und Steuern) rechtmässig hätte von uns verlangen können; ja wir haben in unsern Adressen wiederholt erklärt, dass beide Verordnungen unsere constitutionellen Rechte verletzen; und nach unserer Verwahrung in dieser Angelegenheit wollten wir durch diesen unsern opfervollen Gehorsam unser grenzenloses Vertrauen gegen Ew. Majestät bezeugen, wohl wissend, dass wir in Zeiten leben, in welchen es für die Könige Bedürfniss ist, reichlichere Beweise von der Treue und Liebe ihrer Völker zu erfahren.

„In diesem schweren Kampfe zwischen dem Gehorsam gegen Ew. Majestät und der Anhänglichkeit an das Gesetz war es, obwol wir uns fügten, für uns unmöglich, nicht betrübt zu werden, als wir hörten, dass einigen Behörden, welche dieses Opfer mit dem Sinne der Gesetze und ihrem Gewissen nicht zu vereinigen vermochten, durch die allergewaltsamsten Mittel abgepresst wird, was man dem freien Willen hätte überlassen sollen.

„Wir wollen von den einzelnen Mitteln der verübten Gewaltthätigkeit nicht sprechen, wodurch die Sicherheit der Person und der Wohnung des Adels verletzt wurde; . . . wir können jedoch nicht stillschweigend übergehen, was mit den Rechten der Stände des Königreichs im Widerspruch, die Bande zwischen Fürst und Unterthanen schwächt. . . . Denn wenn auch durch diese ungesetzlichen Mittel den allerhöchsten Befehlen schliesslich ein Erfolg erzwungen wird; . . . so werden doch die Herzen der Unthanen, welche die grössten Schätze der Könige sind, entfremdet, und die zartesten Bande der bürgerlichen Gesellschaft gelockert. . . . In der That, wir fürchten mit Recht, dass aus diesen Verhältnissen noch weit traurigere Folgen entstehen werden, wenn jenes Vorgehen, welches nur aus dem ungarischen Gemeinwesen feindlichen Rathschlägen entspringen konnte, nicht so bald als möglich eingestellt, und der allgemeinen Unzufriedenheit und Unordnung nicht gesetzlich und schnell abgeholfen wird. . . . Wir bitten daher Ew. Majestät, die in einige Comitate gesandten Commissare allergnädigst zurückberufen und so bald als möglich einen Reichstag ausschreiben zu lassen. . . ."

Die Stände des pesther Comitats baten an demselben Tage auch den Erzherzog-Palatin Joseph um seine Vermittelung beim Hofe, erklärend, dass, obgleich sie meistentheils dem Zureden Sr. königlichen Hoheit nachgebend, die Verordnungen des Hofs auch in Vollzug ge-

Die Erfolglosigkeit der Intervention des Palatins.

setzt hatten, jene gesetzwidrige Gewaltthätigkeit jedoch, welche deswegen in einigen Comitaten beliebt worden, ohne Einwendung nicht
dulden könnten, zudem alles darauf hindeute, dass die Verfassung der
Bestrebungen einiger, dem ungarischen Gemeinwesen feindselig gesinnten Rathgeber wegen in ernstlicher Gefahr schweben. Aehnliche Ersuchen um seine Vermittelung richteten auch zahlreiche andere Comitate an den Palatin. Der Erzherzog, obgleich er einerseits, seitdem
sich diese traurigen Verhältnisse ausgebildet hatten, den Comitaten
zum Gehorsam rieth, war andererseits, soweit er es nur thun konnte,
fortwährend bemüht, dem wiener Cabinet von dem gesetzwidrigen
Pfade abzurathen. Er erfreute sich aber jetzt keines wirksamen Einflusses bei Hofe, weil er, kein Freund der Reaction, die Regierungspolitik des Hofes nicht guthiess, und mit der Anwendung verfassungs-
verletzender, willkürlicher Massregeln nicht einverstanden war; Kaiser
Franz schenkte ihm schon viele Jahre lang sein Vertrauen nicht.
In jenen Jahren konnte man bei mehr als einer Gelegenheit in den ver-
traulichern Kreisen des Hofes hören, dass der Erzherzog spöttisch
„Rákóczy" genannt wurde, weil er wegen der unversehrten Aufrechthaltung seiner Würde als Palatin und der Wahrung seines constitutionellen Wirkungskreises den Gesetzen anhänglich war. Von seiner
Vermittelung durfte demnach Palatin Joseph nicht viel hoffen; damit
er jedoch vor der in die Geheimnisse des Hofes nicht eingeweihten
Nation den Verdacht des Einverständnisses mit dem Hofe nicht auf
sich ziehe, war er genöthigt, seiner Stellung als Vermittler, auf so
viele Bitten der Comitate zu entsprechen und persönlich nach Wien
zu reisen. Was er vorausgesehen hatte, ging in der That und in
einem weit grössern Masse in Erfüllung, als er erwartete; nicht nur
blieb seine Vermittelung ohne allen Erfolg, sondern Metternich und
andere deutsche Rathgeber, von welchen dieser Feldzug der Reaction
und Willkürherrschaft ausging, reizten das Gemüth seines Bruders
gegen ihn noch mehr auf, indem sie ihn verdächtigten, dass die Comitate sich nicht einmal getrauen würden, der Regierung einen so
ausdauernden Widerstand entgegenzusetzen, wenn sie nicht unter der
Hand dazu von ihm aufgemuntert würden. Der Palatin wurde mit
allen Zeichen des Gnadenverlustes nach Ofen zurückgewiesen, und für
eine Zeit wurde er auch vom Hofe ausgeschlossen. Ausserdem wurde
ihm, damit sein Einfluss auch im pesther Comitate geschwächt werde,
in seinem Amte als Obergespan der sich Wien mehr zuneigende Sigmund Szögyény als Stellvertreter beigegeben.

Obgleich der Erzherzog-Palatin auf diese Weise den Zweck seiner
wiener Reise nicht erreicht hatte, so erwiesen sich doch die Resultate
dieses Empfangs als sehr erspriesslich für die ungarische Angelegenheit. Die Verbitterung und der Zorn, welche er gegen die übermü-
thigen deutschen Minister in seinem Herzen aus Wien mitbrachte,

wurden zu mächtigen Verbündeten der nationalen Constitutionssache. Er war auch bisher, soweit ihm die schwierigen Verhältnisse seiner Stellung als königlicher Prinz und Bruder des regierenden Monarchen dies erlaubten, ein um so treuerer Verfechter der Constitution gewesen, als er den entscheidenden Einfluss, welchen er als der erste Beamte des Landes und königlicher Statthalter im Sinne der Gesetze besitzen musste, den deutschen Ministern des Cabinets gegenüber nur so auch thatsächlich ausüben zu können hoffen durfte, wenn die sowol auf den Wirkungskreis des Palatins bezüglichen als auch alle unsere übrigen constitutionellen Gesetze unversehrt aufrecht erhalten würden. Seit dieser Demüthigung aber, welche er wegen seiner eifrigen Vertheidigung der Gesetze erfahren hatte, war er mit verdoppelter Energie bestrebt, den verfassungswidrigen Intentionen der Minister Hindernisse in den Weg zu legen; in Wien ihre Wirkungskreise, auf Nebenwegen, durch seine Geschwister und andere bevorzugte Personen durchkreuzend, im Lande selbst den Erfolg ihrer Regierungsmassregeln und Pläne, soweit er es im geheimen thun konnte, möglichst erschwerend. Andererseits musste die Nachricht von dem Empfange des gesetzlich intervenirenden Palatins in den Comitaten die moralische Kraft und Ausdauer in der Opposition und dem passiven Widerstande um so mehr befestigen, als die Stände überzeugt sein durften, dass der Erzherzog fernerhin, wenn er nicht anders zu einem blossen vollziehenden Werkzeuge Metternich's und anderer deutscher Minister herabsinken wollte, genöthigt sei, entweder seiner Würde als Palatin zu entsagen, oder in der Vertheidigung der Verfassung ihr Verbündeter zu werden und mit ihnen vereint derselben den Sieg zu erkämpfen.

Dies erschien indess vorläufig noch als sehr zweifelhaft und war im besten Fall nur nach langem Kampfe zu erreichen; denn der Hof zeigte sich noch keineswegs geneigt, auf dem Pfade der Willkürherrschaft umzukehren, obgleich die Nation stets gereizter, in ihrem passiven Widerstand immer energischer wurde. Ja es schien sogar, dass derselbe seine Strenge noch vergrössern wolle. Nachdem die königlichen Commissare die Verordnungen des Hofes, wo es nothwendig war, mit militärischer Gewalt durchgeführt hatten, wurde, damit die Opposition aus den Zusammenkünften und dem bei denselben stattfindenden Ideenaustausche und vermittelten Einverständniss keine Nahrung gewinne, die Abhaltung der Comitatscongregationen, ohne vorläufige Erlaubniss, mithin auch die Correspondenz der Comitate miteinander, welche hinsichtlich der Erstarkung der öffentlichen Meinung gewissermassen die von der Censur niedergehaltene Presse ersetzte, verboten. Ja es waren sogar verschiedene Gerüchte zweifelhaften Ursprungs verbreitet, es würden auch in der Gestalt der gesammten constitutionellen Administration bedeutende Aenderungen vorgenommen werden.

Einschüchterungsversuche.

Wir sind nicht im Stande zu sagen, wie viel an diesen Gerüchten wahr gewesen; daran kann man jedoch nicht zweifeln, dass die Regierung entschlossen war, die Opposition zu brechen und für die Zukunft einem solchen Widerstande, wie sie ihn nun bekämpfen musste, vorzubeugen. Sie wollte daher durch eine exemplarische Bestrafung derjenigen, welche in den einzelnen Comitaten die Opposition führten, die Nation einschüchtern, die öffentliche Meinung verstummen machen, und wie es 1795 mit der Ausrottung der demokratischen Partei gelungen war, Ruhe und unbedingten Gehorsam erzwingen. Zum Glück war weder der Geist der Zeit noch der moralische Zustand der Nation, noch die Personen, durch welche die Ausführung dieses Planes beabsichtigt wurde, derjenigen der vergangenen Periode in irgendeiner Weise ähnlich; und der Despotismus war endlich genöthigt zurückzutreten vor der moralischen Kraft des Rechts und der Gesetze.

Vor allem ärgerte die Regierung das nicht minder kluge als energische Verfahren der Stände des barser Comitats. Dort war der Beamtenkörper, welcher, wie wir wissen, in der in den ersten Tagen des Mai (1823) abgehaltenen allgemeinen Versammlung corporativ abgedankt hatte, später infolge eines drohenden Rescripts auf seinen Posten zwar zurückgekehrt, aber nur unter der Bedingung, dass er als abgedankt zu betrachten sei, sobald in das Comitat ein Commissär käme, denn seine Function werde in diesem Augenblick aufhören. Gerichtssitzungen indess wollte der Beamtenkörper nicht einmal unter dieser Bedingung mehr halten, da schon seit sieben Jahren keine Restauration abgehalten worden und er sich nur als substituirt, und mithin zur richterlichen Function nicht mehr berechtigt betrachtete. Wenn dieses Beispiel auch von den übrigen Comitaten befolgt worden wäre, so hätte hieraus für die Regierung eine ernstliche Schwierigkeit entstehen können; sie wollte daher dessen Wiederholung durch strenge Strafen verhindern. Der königliche Rechtsanwalt (Causarum Regalium Director) wurde demnach nach Wien berufen und dort mit der Instruction betheilt, gegen jene, welche gegen die Befehle des Hofs und das Vorgehen der Commissare mit grösserer Kühnheit geeifert oder dasselbe durch ihren Ungehorsam und passiven Widerstand erschwert hatten, Hochverrathsprocesse einzuleiten.

Der Anwalt, der zufällig auch jetzt Németh hiess, wie jener seiner Vorgänger, der 1795 im Processe der sogenannten „ungarischen Jakobiner" sich so schändlich benommen hatte, war seinem Charakter nach von diesem völlig verschieden. Joseph Németh vereinigte mit ausgezeichneten Talenten und einer grossen Bewandertheit in den vaterländischen Gesetzen lebhafte patriotische Gesinnungen und eine unbestechliche unerschütterliche Redlichkeit. Vom Kanzler, dem Fürsten Franz Koháry, aufgefordert, gegen die bezeichneten Personen

Joseph
Németh.

die gerichtliche Vorladung und Anklage vorzubereiten, erklärte er
mit offener Aufrichtigkeit, dass man die ˋAnklage wegen Hochverraths
im gegenwärtigen Fall gesetzlich nicht begründen könne; denn im
Corpus Juris gebe es kein Gesetz, welches man gegen die Nichtvoll-
strecker gesetzwidriger königlicher Befehle wenden könne, weshalb
er denn auch nicht im Stande sei, die Anklage zu formuliren. Wenn
der Process auch angefangen würde, so wäre es doch unmöglich, die
Angeklagten zu verurtheilen, sobald nur die Richter keinen Eidbruch
begehen wollten. Da auch die Verordnungen des Hofs, welche das
Land gegenwärtig in Flammen setzten, gesetzwidrig sein, so könne
Se. Majestät ganz wie diese erlassen worden, zwar den Richtern der
königlichen Tafel anbefehlen, auf dieselbe Art, wie es 1795 geschah,
zu urtheilen. Wenn die Richter gehorchen, mögen sie zusehen, wie
sie sich mit ihrem Gewissen abfinden: wenn sie nicht gehorchen,
so erleide das königliche Ansehen Abbruch, weil die Ungesetzlichkeit
der königlichen Verordnungen dann gerichtlich ausgesprochen sei.
Dieses Gutachten reichte er sodann schriftlich ein, und setzte hinzu,
dass, da der König, nach dem Geiste der ungarischen Gesetze,
der Vater seines Volks sei, das von der väterlichen Gewalt handelnde
Gesetz aber dem Vater das Recht gebe, sein Kind nach Billigkeit zu
bestrafen, dieses Gesetz auch Se. Majestät in Anwendung bringen
könne, zu dessen Vollzug sei jedoch der Director der königlichen
Rechtsangelegenheiten entbehrlich.

Der Hofkanzler indess, der des Königs Franz und des Fürsten
Metternich bestimmten Willen kannte, wünschte ein für allemal die
Anklage aufgenommen zu sehen. Németh gehorchte daher, aber auf
eine Art, welche ihn von fernerm Zwange, die bezeichneten Patrioten
aber von der Gefahr befreite. Als er nämlich die Anklageschrift auf-
setzte, liess er in jenem Theile derselben, in welchem nach der Vor-
schrift der Gerichtsnormen und der Processordnung die der Anklage
zum Grunde liegenden Gesetze angeführt und auf die vorgetragenen
Thatsachen angewendet zu werden pflegen, die Stelle für die anzu-
führenden Gesetzartikel leer. Dieserwegen zur Verantwortung gezogen, erklärte er, dass er ein Gesetz, welches auf den obschwebenden
Fall anzuwenden wäre, wie er schon früher geäussert habe, nicht
kenne, daher auch nicht habe anführen können. Die Anklageschrift dem
Befehle gemäss zu verfassen, sei die Pflicht seines Amts gewesen,
die Lücken mögen diejenigen ausfüllen, die den Process betreiben;
sie würden vielleicht im Stande sein, ihm unbekannte Gesetze zu
citiren, worauf sie die Bestrafung des angeblichen Hochverraths ba-
siren können. Man sagt, dass der in Zorn entbrennende Monarch,
das Verhalten seines Beamten für Trotz haltend, in seiner ersten
Hitze gegen denselben in drohende Worte ausgebrochen wäre, den er
selbst übrigens seiner Talente, seiner Geradheit und ausgezeichneten

Dienste wegen persönlich hochachtete; worauf derselbe mit unerschütterlicher Festigkeit auf folgende Art geantwortet haben soll: „Ich weiss, dass mein Leben in den Händen Ew. Majestät ist, allein das Recht meines Vaterlands und die Ehre meines Königs ist mir theuerer als mein Leben." Doch mag die Audienz Németh's wie immer zu Ende gegangen sein, soviel ist bestimmt, dass er von allen fernern Plackereien befreit blieb und, nach Hause entlassen, bald darauf zum Richter an der Septemviraltafel befördert wurde; ob deswegen, weil die glänzende Bürgertugend, die offenherzige Geradheit, und die selbst im Angesicht der Macht unverzagte, unerschütterliche Ehrlichkeit dem übrigens seiner innersten Natur nach gutmüthigen und der Gerechtigkeit zugeneigten König Achtung abgewann; oder deswegen, weil die wiener Regierung lieber bereit war, ihn zu belohnen, um ihn entfernen zu können, als ihn auch fernerhin in dem wichtigen Amte eines Directors der königlichen Rechtsangelegenheiten zu belassen, welches sie in den Händen einer blindeifrigen und unbedingt gehorchenden Persönlichkeit zu sehen wünschte, — ist in Bezug auf unsere Sache ganz gleichgültig.

Da es nun infolge Németh's über alles Lob erhabenen Verhaltens unmöglich war, den strafgerichtlichen Process einzuleiten, so befolgte Kaiser Franz wirklich den Rath, welchen ihm der königliche Rechtsanwalt zur väterlichen Bestrafung der barser Opposition gegeben hatte. Die Führer derselben, Ambró, Plathy, der ältere und jüngere Johann Balogh, Bencsik, Majthényi u. a. wurden „ad audiendum verbum regium" nach Wien berufen. Der König liess sie einzeln zu sich kommen und ertheilte allen einen strengen Verweis. Zu Plathy sagte er unter anderm auch folgende Worte: „Ich habe deine mit Geist, aber mit in Galle getauchter Feder geschriebenen Adressen gelesen; dein junges Leben liegt in meiner Hand, gib Acht auf dich; ich werde indess zu seiner Zeit dein gedenken." Der eine ausgezeichnete Feder führende Plathy wurde später unter gänzlich veränderten Umständen zum Beisitzer der königlichen Tafel, später zum Hofrath an der ungarischen Hofkanzlei befördert.

Die standhaften Patrioten wurden nach Anhörung des königlichen Wortes zum Hofkanzler beordert, um ihre Meinung abzugeben, auf welche Weise diese Angelegenheit geschlichtet werden könnte, dass weder das königliche Ansehen Nachtheil erleide, noch das Comitat in dem unregelmässigen Zustande weiter verbleibe. Die Antwort lautete: dass, wenn ihnen die Regierung keinen Commissar mehr zuschicke, sie bereit wären, in ihrem Comitate den behördlichen Wirkungskreis in seinem ganzen Umfange wiederherzustellen, und vorausgesetzt, dass Se. Majestät nicht säumen werde, den Reichstag einzuberufen, auch dem königlichen Verlangen nach Möglichkeit zu entsprechen; sie würden eine freie Werbung veranstalten, und dass

Die Führer der barser Opposition werden nach Wien vorgeladen.

auf diese Art die gewünschte Rekrutenanzahl zusammenkomme, wollten sie sich aus allen Kräften bestreben; auch würden sie sich nicht weigern, die Steuer, soweit es die Armuth des Volks erlaube, in Silber einzutreiben. Die Regierung nahm das vorgeschlagene Compromiss mit Freuden an, da sie sich dadurch aus ihrer immer mehr und mehr steigenden Verlegenheit ohne ihre Verordnungen zurückziehen zu müssen und ohne ihrem Ansehen etwas zu vergeben, befreien konnte. Die patriotisch gesinnte Behörde des barser Comitats wurde kurze Zeit darauf vollkommen wiederhergestellt.

Aus dem Geschehenen gewann die wiener Regierung die Ueberzeugung, dass ihr Versuch, die Verfassung zu beseitigen und die Gesetzgebung durch Hofbefehl zu ersetzen, nicht gelingen könne. Die Modificirung der Regierungspolitik. Sie überzeugte sich, dass in den Comitaten, welche sie früher in Apathie versunken oder gewonnen und eingeschüchtert wähnte, noch weit mehr constitutionelle Gesinnung verborgen war, als dass sie erlaubt hätten sich ihrer Verfassung ohne grössere Verwirrungen, ohne energischern Widerstand berauben zu lassen. Sie sah, dass ihr Widerstand und die Gewalt, welche sie zum Niederwerfen derselben aufzuwenden genöthigt war, einen noch grössern Lärm schlug und den gänzlichen Sieg der Regierungspolitik noch mehr gefährde, als dies selbst ein Reichstag vermöge. Sie hielt es daher für räthlicher, das dem Lande gegenüber beobachtete Regierungssystem zu modificiren, welches statt eines passiven, stummen Gehorsams solche Gereiztheit, solchen Lärm verursachte, und statt Unterwerfung das Land mit Feuer und Flammen zu überziehen drohte.

Wir liessen schon oben die Bemerkung einfliessen, dass in Kaiser Franz neben jener Härte, jenem Hasse gegen Verfassung und Volksfreiheit, welche sich in ihm vorzüglich unter der Einwirkung der infolge der französischen Revolution auf ihn hereinstürmenden Schicksale ausgebildet hatten, seiner eigensten Natur nach auch eine starke Gerechtigkeitsliebe und eine gemüthliche Herzensliebe bestand, welche ihre grösste Befriedigung darin suchte, von seinen Völkern gleich einem ihnen von der Vorsehung selbst übergeordneten Vater geliebt zu werden, und seine Regierung in dem Lichte einer wohlmeinenden, gerechten und patriarchalischen Leitung erscheinen zu lassen. Er vermochte, jener Gemüthsstimmung zufolge, nicht, in seiner Regierung gewaltsame Massregeln, wenn er sie auch manchmal versuchte, consequent durchzuführen und längere Zeit aufrecht zu erhalten. Wenn er sah, dass er mit denselben seinen Zweck nicht schnell erreichen könne, diese vielmehr im Volke statt Einschüchterung Gereiztheit und Widerstand hervorbrächten, so war er schnell zur Nachgiebigkeit bereit und beeilte sich, die begangene Ungerechtigkeit wieder gutzumachen.

So geschah es auch jetzt. Dass er jedoch den Reichstag, nach dem einmüthigen Wunsche der Nation, nicht gleich damals einberief, als er die Abänderung des Regierungssystems beschlossen hatte, ist grösstentheils der Ursache zuzuschreiben, dass er sich vorläufig noch scheute, die Ungesetzlichkeit der in Ausführung genommenen Massregeln und den an der Opposition der Comitate erlittenen Schiffbruch der Regierungspolitik durch Zurücknahme jener Massregeln einzugestehen. Wie im allgemeinen bei jeder despotischen Regierung, so herrschte auch im wiener Cabinet das Vorurtheil, dass die Regierung Schwachheit verrathe und sich in Schatten stelle, wenn sie vom Volke verurtheilte Massregeln zurückziehe, und der öffentlichen Meinung, den allgemeinen Wünschen nachgebe. Der wiener Hof wollte daher unter den obschwebenden Verhältnissen seine Schritte so einrichten, dass dem königlichen Ansehen jene eingebildete Demüthigung erspart bliebe. Die Erhöhung der Steuer bestimmte der Hof gleich anfangs, weil er damit augenscheinlich nur einen Versuch machen wollte, ob es gelingen könne, die Verfassung ganz zu übergehen, in den diesfalls erlassenen offenen Befehlen nur auf zwei Jahre. Diese wollte er daher auch nach seinem Entschlusse, das Regierungssystem abzuändern, bis zur bestimmten Zeit aufrecht halten. Den Comitaten liess er inzwischen im Wege der Obergespane unter der Hand zu wissen machen, der bezüglich der Einberufung des Reichstags geäusserte allgemeine Wunsch würde nicht ferner ignorirt werden. Gleichsam zum Pfand der Systemsänderung und der Wiederherstellung des verfassungsmässigen Régime wurden noch im Laufe des Jahres 1824 von der Regierung Fiume und jene Theile Kroatiens, welche einstens unter französische Herrschaft gekommen waren, und welche die Regierung auch nach deren Wiedererlangung mit dem Mutterlande zu verbinden versäumt hatte, zurückeinverleibt und in denselben die gesetzliche Verwaltung wiederhergestellt. Die Comitate, von den Absichten der Regierung auf diese Weise überzeugt, verhinderten nicht ferner, dass die Regierung die Steuer bis zur Eröffnung des Landtags, im Sinne der Hofdecrete, in Silber eintreiben lasse.

In der ersten Hälfte des folgenden Jahres, 1825, gab der Hof sowol von der Umänderung des Systems als auch davon, dass der Reichstag den Wünschen der Nation gemäss endlich einberufen werde, immer mehr Beweise in jenen Ernennungen, durch welche er die Obergespanschaften und die andern höhern Aemter besetzte. Zum Reichsrichter wurde an die Stelle des greisen Joseph Ürményi der Tavernikus Graf Joseph Brunszvik ernannt, dessen Posten wieder Graf Anton Cziráky einnahm, seines frühern Amts als königlicher Commissar wegen zwar keine populäre Persönlichkeit, aber von dessen grosser Kenntniss des ungarischen Rechts und der Staatswissenschaft der Hof nützliche Dienste erwartete. Der Vorsitz der königlichen Kammer wurde nach dem zu Anfang des Frühlings erfolgten Tode des Grafen Joseph Majláth auf den jüngern Grafen Karl Zichy, einen

Sohn des gleichnamigen Staatsraths und einstigen Landrichters, übertragen. Die Würde des königlichen Personals, welche der Vorsitz an
der Ständetafel so überaus wichtig machte, hatte der beredte Sigmund Szögyény inne. Die Grafen Nikolaus Széchen und Fidel Pálffy,
Baron Ignaz Eötvös u. a. wurden zu Obergespanen ernannt.

Der Reichstag wurde endlich mittels königlichen Decrets, datirt
aus Bergamo 3. Juli 1825, verkündigt, als dessen Ort Presburg, und
die Eröffnung auf den 11. Sept. bestimmend. Die in Gefahr gewesene
Verfassung konnte man daher vorläufig als gerettet betrachten, denn
die Sicherstellung, Ausbildung und Consolidirung derselben und mit
ihr jene der Nationalität wurde nun die Aufgabe dieses Reichstags.
Bisher hatten die Reichstage nicht so viel Nutzen gehabt, als die
Nation von ihnen mit Recht erwarten durfte. Die Stände, der Adel,
der Klerus, die Bürgerschaft, welche an denselbe theilnahmen, erschienen mehr aus Nothwendigkeit, grösstentheils sorglos, da sie wussten,
das die Gesetzgebung sie an der Regierung noch nicht wirklichen
Antheil nehmen lasse, welche unverantwortlich ist, und die gebrachten
Gesetze oft verletzt, umgeht oder deren Geist verdreht. Aber eine
grosse, unschätzbare moralische Wirkung kann man diesen Versammlungen dennoch nicht absprechen, und es ist auch die Pflicht der Geschichte, dies gehörig anzuerkennen. Diese Versammlungen, als die
höchsten Potenzen unserer Verfassung, waren von Zeit zu Zeit ebenso
viele lebhafte Proteste gegen die politische Knechtschaft und Willkürherrschaft, denen zufolge die Unterdrückung der nationalen Unabhängigkeit und des selbständigen Staatslebens der dies beabsichtigenden wiener
Regierung vollständig nie gelingen konnte; sie waren von Zeit zu Zeit
ebenso viele lebhafte Proclamationen und Erneuerungen gewisser constitutioneller Nationalrechte, z. B. dass nur das Land allein die Steuer
bestimmen, eine Rekrutenaushebung anordnen, nur allein das Land
über sich selbst gesetzlich Verfügung treffen könne. Dass diese Maximen selbst unter den Stürmen vergangener Jahrhunderte stets unversehrt blieben, dass das Andenken und Gefühl für Freiheit in der
Nation immer wach gehalten, und die Nationalrechte, von Zeit zu
Zeit neu belebt, zurückgefordert wurden, haben wir vorzüglich
den Reichstagen zu verdanken. Diese Versammlungen traten stets mit
den Verletzungen der Constitution auf und wiesen in ihren kräftigen
Adressen ebenso den Irrweg nach, auf welchem die die Interessen des
Landes verkennende oder misachtende Regierung fortschritt, als sie
jenen Punkt bezeichneten, auf welchem das Reich vermöge seiner
Verfassung stehen sollte. Und obgleich diese Reichstage nicht im
Stande waren, etwas anderes zu erkämpfen als einige ungenügende
Surrogate und Palliative; obgleich sie in den meisten Fällen mit
einigen ungenügenden Versprechungen und Vertröstungen der Regie-
rung sich begnügen mussten; obgleich sie unter den eigenthümlichen

Die Ver-
kündigung
des Land-
tags.

Verhältnissen, welche zwischen uns und der Regierung der andern
Hälfte der Monarchie sich ausgebildet hatten, noch nicht im Stande
gewesen waren, sich einen Wirkungskreis zu schaffen, dass sie hätten
an der Regierungsgewalt, wie dies bei den Repräsentativverfassungen
stattfindet, thatsächlich theilnehmen und die Regierungsmänner zur
Verantwortung ziehen können; ja obgleich sie, von der abgöttischen
Verehrung der adelichen Privilegien befangen, es bisher versäumt
hatten, die verschiedenen Klassen des Volks zu einer einheitlichen
Nation zu verschmelzen: hörte doch trotz alledem der Reichstag nicht
auf, eine systematische Institution, und, wiewol nur im Princip, ein
Regierungsorgan zu sein, welches bei einer Aenderung der Verhält-
nisse, wie es 1848 auch in der That geschah, zum wirklichen Theil-
haber an der Regierungsgewalt werden konnte. Ohne Reichstage
wäre unser Vaterland, bei der Einrichtung unserer Comitate, ein
todter Staat gewesen, in dessen einzelnen Theilen zwar einiges
Leben vorhanden gewesen wäre, welches jedoch, einzig in den engen
Kreis örtlicher Verhältnisse gezwängt, auf die höhern Interessen des
Landes keinen entscheidenden Einfluss ausgeübt hätte; Leben und
Lebhaftigkeit konnte in den Staat nur der Reichstag, welcher die oft
divergirenden Tendenzen der Comitate vereinigte, bringen.

Sehen wir nun, was in Bezug hierauf die Errungenschaften des
Reichstags des Jahres 1825 waren.

Zweites Buch.

Die Wiederherstellung der Constitution. Anfang der Reformbewegungen.

———

Erstes Kapitel.

Der Reichstag von 1825—27.

Das aus Bergamo vom 3. Juli 1825 datirte königliche Rescript, welches den Reichstag verkündigte, war ein deutliches Zeugniss dessen, dass der Hof seine Regierungspolitik in Bezug auf Ungarn geändert, und seine Absicht, die Verfassung in ihren wesentlichen Punkten zu beseitigen, die Nationalrechte abzuschaffen, das Land, wie die deutsch-slawischen Provinzen, nach absoluten Grundsätzen zu regieren; die Organe und die Art der Verwaltung nach denselben Principien langsam umzuformen, aufgegeben hatte; es war ein Zeugniss davon, dass er bereit sei, die Verfassung anzuerkennen', in ihren Cardinalgrundsätzen aufrecht zu erhalten, die bedeutendern Beschwerden der Nation hinsichtlich ihrer verletzten Gesetze auszugleichen, und in Bezug auf die Verfassung und Gesetzmässigkeit ihrer künftigen Regierungsweise gewisse Garantien zu bieten; mit Einem Worte, die bedeutendern Wünsche der Nation in einigen Punkten zu erfüllen.

Demzufolge machte das den Reichstag einberufende königliche Rescript auf die Nation denselben Eindruck, wie im Jahre 1790 die Verordnung Joseph's II. vom 28. Jan., wodurch er seine Neuerungen abschaffte. Jetzt wie damals hatten die Nationalrechte, obgleich die Zwecke und Mittel der Regierung sehr verchieden waren, in ernstlicher Gefahr geschwebt. Jetzt wie damals hatte die vis inertiae, der passive Widerstand der Comitatsbehörden, welcher nur der rohen Gewalt, der Anwendung der Bajonnete nachgab, die Macht der Willkürherrschaft besiegt und deren Absichten vereitelt. Die Verordnung vom 3. Juli verkündigte ebenso wie jene vom 28. Jan. den Sieg selbständiger Nationalität und Verfassungsmässigkeit über den, die Verschiedenheit hüben und drüben der Leitha aufzuheben und in ein einheitliches Regierungssystem zu verschmelzen sich bestrebenden Absolutismus. Und deshalb erfüllte, wie 1790, auch jetzt lebhafter Jubel das Land, und in denselben mischten sich nicht minder lebhafte

Klänge des Tadels und des Lobes: Tadel gegen die thätigsten Werkzeuge der gebrochenen Willkürherrschaft, die gewesenen königlichen
Commissare, welche von den Heissblütigern als Vaterlandsverräther
gebrandmarkt wurden; Lobeserhebungen hingegen für die entschlossenen Verfechter der Constitution, deren Namen die öffentliche Meinung
rühmend verbreitete. Das Zurücktreten der Regierung ermuthigte
selbst die Furchtsamern und Vorsichtigern; die Oppositionspartei
wuchs rasch zu einer so starken Zahl und Macht, dass sie, man
kann sagen, die ganze Nation in sich enthielt. Da man nun den
Sieg der verfassungsmässigen Nationalrechte feierte, diesen aber, der
Adelsprivilegien wegen, in grösserm oder geringerm Masse der gesammte Adel anhing: so stimmte in diesen allgemeinen Jubel, mit
Ausnahme jener 'geringen Anzahl von Individuen, welche sich früher
als Werkzeuge der Regierungswillkür gebrauchen liessen, der ganze
hohe, mittlere und niedere Adel ein. Ja selbst die nicht dem Adel
angehörenden Klassen, welche nur von der Thätigkeit einer constitutionellen Gesetzgebung eine naturgemässe nationale Entwickelung hoffen
durften, knüpften ihre Hoffnungen an diesen Sieg der Verfassungsmässigkeit ebenso hinsichtlich der Gewinnung staatsbürgerlicher Rechte,
als der Beförderung materiellen Wohlstandes.

Allein, wer sich mit der Aussenseite nicht begnügte, und die
Dinge ihrem Wesen nach betrachtete, konnte die Umstände noch
lange nicht in einem so rosigen Lichte erblicken, dass er neben der
zweifelsohne berechtigten Freude nicht auch zu einiger Besorgniss
Anlass gefunden hätte. Die wiener Regierung gab zwar ihren Vor-
satz, die ungarische Verfassung gewaltsam zu unterdrücken, auf; entsagte jedoch keineswegs ihren absolutistischen Grundsätzen und Mitteln. Jene oben geschilderte reactionäre Politik und willkürliche
Regierungsart, welche durch die ausdauernden Bestrebungen Metternich's auf dem ganzen europäischen Festlande zur Herrschaft gebracht
wurde, feierte eben zu jener Zeit ihren vollständigsten Sieg. Und
diesen aufrecht zu erhalten, in allen Details auszubilden und zu befestigen, war der wiener Hof nie entschlossener gewesen als gegenwärtig, da auch der spanische Aufstand vollständig erdrückt war;
da Russland und Preussen, wie auch die kleinern deutschen Staaten
diese Regierungspolitik ihrem ganzen Umfange nach annahmen und
durchführten; da es gelungen war, die constitutionellen Bewegungen
der deutschen Südstaaten immer mehr in den Hintergrund zu drängen, und die Deutsche Bundesacte, wenn auch nicht dem Buchstaben
nach, so doch in ihrer Anwendung ganz im Sinne der Legitimitäts-
und Reactionspolitik umzuformen. Mehrfache Verordnungen, welche
im Lombardisch-Venetianischen Königreiche und in den deutsch-
slawischen Erblanden bezüglich der geistigen Absperrung vom Auslande, der Handhabung der Censur, der polizeilichen und bureau-

kratischen Verwaltung eben zu jener Zeit, im Laufe dieses und des
künftigen Jahres, erlassen wurden, liessen hierüber nicht den geringsten Zweifel übrig. So wurde z. B. im Jahre 1824 das seit 1805
bestehende Unterrichtssystem mit einem neuen vertauscht, welches
noch weit engherziger als das frühere war und die Freiheit in
der öffentlichen Erziehung und Lehre noch mehr einschränkte. Zu
jener Zeit bildeten Torresani und Pachta im Lombardisch-Venetianischen
Königreiche die geheime Polizei zur allergrössten Vollkommenheit aus,
sodass sie im Staate alles dasjenige ersetzte, was anderswo die öffentliche Meinung, das freie Wort und die freie Presse zu bewerkstelligen
pflegt. Damals sagte Metternich jene merkwürdigen Worte: „dass
die hohe (man verstehe darunter geheime) Polizei mit der Politik
gegenwärtig in einer so engen Verbindung stehe, dass sie diese in
gewisser Beziehung sogar beherrsche".

Während aber dieses System in der gesammten Leitung der
Monarchie aufrecht erhalten wurde, konnte auch die in den öffentlichen
Angelegenheiten Ungarns gemachte Wendung nichts anderes bedeuten,
als dass die Regierung zwar hinfür vom Lande weder Steuern noch
Rekruten auf ungesetzlichem Wege, einfach durch Hofbefehle, einfor-
dern, sondern, wenn sie daran Noth hätte, zeitweise den Reichstag
ausschreiben werde; dass es auf diesem an Versprechungen, die Verfassung aufrecht zu erhalten, und die Beschwerden aufzuheben, zwar nicht
fehlen werde, allein der Geist der gesammten Administration bei
jenem System der Centralregierung kaum noch ein verfassungsmässiger
sein könne, der Ausbildung der geistigen und materiellen Interessen
der Nation sich kaum mehr und zweckmässigere Wege erschliessen
würden als bisher.

Und obgleich wegen des grossen Mangels an höhern und gründ-
lichern staats- und volkswirthschaftlichen Kenntnissen sich äusserst
wenige fanden, in welchen derartige Besorgnisse zu vollem Bewusstsein kamen; wenige, die jenes erstarrende System, welches die Regierung in ihrer Furcht vor den neuen Ideen, in ihrem Bangen vor
der Revolution zur Herrschaft erhoben hatte, tiefer auffassten, und
zugleich auch all dasjenige klar erkannt hätten, was die Nation zur
Befestigung ihrer Verfassung, zu ihrer geistigen und materiellen Entwickelung bedurfte: so war bei alledem der durch die Erfahrung von
Jahrhunderten gezeitigte politische Takt in der Nation doch schon
weit ausgebildeter und schärfer, als dass sie sich, auf die Kunde von
der in den öffentlichen Angelegenheiten eingetretenen Wendung, mit
leichtsinniger Sorglosigkeit dem Genusse der Freude überlassen und
schon alles damit gewonnen geglaubt hätten, dass der Reichstag endlich verkündigt worden. Im Gegentheil, wie 1790, entwickelte sich
die Opposition, auch durch ihren Sieg ermuthigt, erst nachher sowol
rücksichtlich ihrer Zahl als ihrer innern Wirksamkeit bis zu einer

Stufe, auf welcher sie die Regierung auf dem Landtage nicht ohne
Besorgniss erblickte. Damals war es auch, dass jene Beschwerdenpolitik sich ausbildete und tiefe Wurzeln schlug, welche später nicht
nur dem Reichstage, sondern durch mehrere Jahre hindurch auch der
gesammten Haltung und Verfahrungsweise der Nation die Richtung gab.

Wählende
und instru-
irende Co-
mitatsver-
sammlun-
gen. Diesen Geist verfassungsmässiger Opposition spiegeln lebhaft jene
Versammlungen wider, welche in den Comitaten wegen der Instruc-
tion und Wahl der zum Reichstag abzusendenden Deputirten abgehalten wurden. Zu Deputirten wurden in der Mehrzahl der Comitate
die freisinnigsten Oppositionsmänner und grösstentheils jene gewählt,
welche sich in dem abgelaufenen Streite mit der Willkürherrschaft
am meisten ausgezeichnet hatten. Einige Comitate, in der Erinnerung,
wie viel Ränke, ja sogar Gewaltthätigkeiten die Obergespane vor dem
Jahre 1812 bei den Wahlen angewendet hatten, um denselben ein
den Interessen des Hofs günstiges Resultat zu verschaffen, riefen, um
allen Machinationen der Comitatsvorstände zuvorzukommen, ihre be-
liebtern Persönlichkeiten eilig zu Deputirten aus. So geschah es unter
anderm im ödenburger Comitat mit Paul Nagy. Wie wir wissen,
erhielt 1811 Fürst Eszterházy, der Obergespan dieses Comitats, von
der Regierung die Instruction, die Wahl Paul Nagy's zum Deputirten
um jeden Preis zu verhindern, weswegen der glühende, geniale Redner damals auf dem Landtage auch nicht zugegeben war. Jetzt war
eine solche Instruction zum Obergespan zwar nicht herabgelangt;
nichtsdestoweniger riefen die Stände des Comitats, um alle derartige
Einflüsse schon von vornherein zu vereiteln, als die zur Veröffentlichung
des den Reichstag verkündenden königlichen Rescripts zusammen-
berufene Versammlung eröffnet wurde, noch ehe das Rescript selbst
verlesen ward, ihren Lieblingsredner einmüthig zum Landtagsdeputir-
ten aus. Auffallend war, wovon bei unsern Reichstagen bisher wenige
Beispiele vorlagen, dass in mehrern Comitaten auch Mitglieder des
hohen Adels, die übrigens auch an der Magnatentafel ihren Sitz gehabt hätten, sich zu Deputirten wählen liessen. So Graf Joseph
Dessewffy, welchen das szabolcser, Baron Sigmund Prényi, welchen
das bereger, Baron Gabriel Prényi, den das ugocsaer, Graf Georg
Károlyi, den das szatmárer, und Graf Georg Andrássy, welchen das
gömörer Comitat zum Deputirten wählte. Dies betrachtete die Regierung als kein gutes Zeichen für sich: nicht als ob ihr die Persönlichkeit dieser Deputirten Grund zur Besorgniss gegeben hätte —
denn ausgenommen den schon seit längerer Zeit auf literarischem
Felde thätigen Dessewffy waren die übrigen, die jetzt zum ersten mal
auftraten, noch unbekannt —; allein ihr Name und jener Umstand war
von bedeutendem Gewicht, dass es schon von vornherein unzweifelhaft war, dass sie ihre Plätze in den Reihen der Opposition einnehmen
würden.

Die Instructionen für die Deputirten wurden durchgehends im ganzen Lande zu Ausdrücken der Beschwerdenpolitik. „Man muss die während der verflossenen Jahre erlittenen Beschwerden aufheben lassen; und die Verfassung stark umschanzen gegen alle den vergangenen ähnliche Angriffe der Willkürherrschaft." Dies war der allgemeine Ruf der Nation von den Karpaten bis zur Adria, von der Morawa bis zur Niederdonau. Die in den Comitatsversammlungen gehaltenen Reden waren Variationen und Detaillirungen jener Gedanken. Danach waren, in ihren Hauptpunkten beinahe gleichlautend, die von den Comitaten ihren Deputirten vorgeschriebenen Instructionen verfasst. Reformen und Fortschritt wurden nur von wenigen Comitaten in sehr geringem Masse angebahnt. Höchstens legten die Comitate ihren Deputirten ans Herz, die Entfernung jener Hindernisse zu beantragen und zu betreiben, durch welche das die österreichischen Interessen schützende Zollsystem Gewerbe und Handel bei uns niederhielt, und durch welche das Land den deutsch-slawischen Erblanden gegenüber in Colonialverhältnisse versetzt wurde. Dies gehörte jedoch auch auf die Liste der Beschwerden. Die Befreiung der geistigen Interessen, die Begründung einer zweckmässigern Methode des öffentlichen Unterrichts, die Aufhebung der, zwar ungesetzlichen, Bücherrevision und Censur, und die Regelung der Presse wurde vielleicht von keinem einzigen Comitat in den Instructionen für die Deputirten erwähnt. Der Sorgfalt der Regierung war es zu verdanken, dass das Land in geistiger Beziehung schon so tief gesunken war, das im übrigen Europa immer glänzender werdende Licht der Kenntnisse und Wissenschaften so wenig kannte, dass es sein Zurückbleiben nicht einmal zu fühlen schien. Von geistigen Interessen war einzig die Verbreitung der Nationalsprache, die Befestigung der Nationalität jener Gegenstand, welchen die meisten Comitate auf dem Reichstage betrieben zu sehen wünschten. Eine um so grössere Sorgfalt wandten dagegen die Stände der Comitate auf die Bezeichnung jener einzelnen Mittel an, durch deren Einfügung in das Gesetz Verfassung und Nationalität für ewige Zeiten vor ähnlichen Angriffen zu bewahren und zu sichern, wie sie dieselben seit Joseph II. schon zum zweiten mal mit schwerer Gefahr bedroht hatten.[1]

[1] So lautet z. B. der Hauptpunkt der Instruction des neograder Comitats: „Da die Gesetze, welche die Stellung von Rekruten und die Erhöhung der Steuer einzig und allein auf dem Reichstag zu verfügen erlauben, klar und ausser allem Zweifel sind: so wird den Herren Deputirten strengstens aufgetragen, dass sie sich in eine Abänderung weder der von diesen Gegenständen handelnden noch anderer constitutioneller Grundgesetze, nach dem klaren Sinne des 8. Gesetzartikels 1741, auf keine Weise einlassen mögen, und wenn irgendwelche derartige Abänderungen vorgenommen werden sollten, so haben sie hiervon die Stände des Comitats, behufs der Empfangnahme neuer Instructionen, alsogleich zu verständigen; übrigens aber, indem die

Der Hof konnte im voraus wissen, dass er auf dem Reichstage mit einer lebhaften, lärmenden Opposition zu thun bekommen werde; er konnte wissen, dass er wegen seiner Gesetzverletzungen eine lange Reihe bitterer Klagen werde anhören müssen; denn durch die im ganzen Lande überall angestellten zahlreichen Agenten der Geheimpolizei konnte er sich von der im Lande herrschenden Stimmung genaue Kunde verschaffen. Allein da er die aufgeregten Leidenschaften zu beruhigen, die Nation zu versöhnen, und deren Vertrauen wieder-

Stände die Kassirung der jetzigen überaus grossen und ohnehin nicht einbringlichen Restanzen, und demnach eine Rectificirung der Porten verlangen, sind ihnen auch die in ihrem Comitate vorgekommenen traurigen Vorfälle in frischer Erinnerung — als nämlich die Rekrutenstellung und die Einforderung der Steuer in Conventionsmünze ausserhalb des Landtags durch die königlichen Commissare und das Militär mit Gewalt erzwungen, das Comitathaus mit bewaffneter Hand besetzt, der Beamtenkörper unter Bewachung gestellt wurde; als nächst dem Verbot, die Comitatsitzungen abzuhalten, die Acten und Protokolle vernichtet, das amtliche Siegel des Comitats gewaltsam in Beschlag genommen, einzelne Personen durch die königlichen Commissare ausser der Ordnung vereidigt und so auch Brüder und Verwandte in Mistrauen und Hass gegeneinander versezt wurden —; worüber die Stände ihren tiefen Schmerz nicht verheimlichen können, und indem sie, vor dem Throne Sr. Majestät niedersinkend, demselben in tiefster Unterthanenehrfurcht Worte zu leihen sich erkühnen, fügen sie zugleich die unterthänigste Bitte bei, dass, wie ihnen einerseits die Aufrechthaltung der Heiligkeit der Gesetze am Herzen liegt; andererseits, überzeugt, dass der Glanz und Ruhm des königlichen Throns mit der Verfassung des Vaterlands unauflöslich verbunden ist, sie nichts so sehr scheuen, als dass ihre tadellose Treue, ihre tiefste Unterthanenehrfurcht und ihre grenzenlose Anhänglichkeit an die geheiligte Person Sr. Majestät irgendeinmal wieder selbst im entferntesten in Zweifel gezogen werden könne. Die Stände flehen daher in unterthanlicher Unterwürfigkeit: dass der Landtag, auf welchem nämlich die Propositionen Sr. Majestät und die Bitten und Wünsche des Landes von Zeit zu Zeit vorgetragen werden können, alle drei Jahre, oder, wenn es die Nothwendigkeit erfordern sollte, auch früher abgehalten werde; dass der Statthaltereirath in seine gesetzlichen Functionen wiedereingesetzt werde; — dass die Dicasterien, mit Beseitigung der Separatstimmen, und die Grossen des Reichs angehört werden; — dass die geheimen Präsidialerlässe und Patente aufgehoben, und das Recht zur Nichtannahme derselben nicht nur den Gerichtsstühlen, sondern auch den Jurisdictionen gegeben werde; — dass der gegen Angeber und Ankläger gebrachte 5. Gesetzartikel 1805 streng eingehalten werde, und alle diejenigen, die aussergesetzlich bestraft wurden, von aller Strafe losgesprochen und künftighin stets nur im Wege des Gesetzes bestraft werden; — dass die freie Correspondenz der Comitate miteinander, aus deren Unterdrückung auch in jüngstvergangener Zeit zwischen den Comitaten Meinungsverschiedenheiten vorkamen, nicht behindert werde; — und dass, mit Einem Worte, jene Zwischenmauer beseitigt werde, welche bisher verhinderte, dass die Stimme der Nation vor den königlichen Thron und vor die geheiligte Person unsers väterlichen Monarchen gelangen konnte — dies alles werden die Herren Deputirten vor den Ständen des Reichs betreiben.

zugewinnen wünschte: so hatte er sich folgerecht entschlossen, die Leidenschaften ungehindert ausstürmen zu lassen, dem Strome von Klagen und Beschwerden kein Hinderniss entgegenzustellen, und die Opposition durch Nachgiebigkeit zu entwaffnen. Zu eben diesem Zwecke suchte er auch den Reichstag so feierlich als möglich zu gestalten. Nach den Zeugnissen älterer und neuerer Beispiele wusste der Hof sehr gut, dass Krönungen stets von grosser Wirkung sind, die Nation in gute Stimmung zu versetzen. Dadurch war es schon mehr als einmal gelungen, den Ausbruch der Leidenschaften abzuwehren und die aufgeregten Gemüther zu beschwichtigen: nicht nur, weil der an der Entfaltung von Glanz und Pracht Gefallen findende ungarische Nationalcharakter an solchen Feierlichkeiten reiche Befriedigung finden kann; sondern, und vielleicht noch mehr deshalb, weil der seiner uralten Verfassung, seinen Gesetzen und Institutionen so glühend anhängliche, seiner Natur nach tief monarchisch gesinnte und daher seiner Krone mit den zartesten Gefühlen der Verehrung zugethane Ungar in jeder Krönung eine Huldigung für diese ehrwürdigen Institutionen von seiten des Monarchen erblickt, und diese als eine Anerkennung und Sicherstellung der nationalen Rechte betrachtet. König Franz ergriff daher dieses begütigende Mittel und bestimmte auch, die Krönung seiner vierten Gemahlin, der Kaiserin Karolina Augusta, zur Königin von Ungarn vom Reichstage vornehmen zu lassen.

In ebenso versöhnlichem Geiste waren auch die königlichen Propositionen gehalten, welche zum Gegenstand der Berathungen der Stände dienten. König Franz erinnerte sich nämlich, wie oft und mit welchem Feuer die Nation auf den im ersten Zehnt unsers Jahrhunderts abgehaltenen Reichstagen die Aufnahme der von den Commissionen des Reichstags von 1791 ausgearbeiteten systematischen Reformplane betrieben hatte, und glaubte dem Nationalwunsche zu entsprechen, wenn er, nächst der Krönung der Königin, die Durchsicht und Berathung dieser Reformvorschläge auf die Tagesordnung setzte. Ausserdem wurde nur noch ein einziger Gegenstand in die königlichen Propositionen aufgenommen: die Regelung der Geldverhältnisse der Privaten, welche nach der zweimaligen Werthherabsetzung des Papiergeldes so sehr nothwendig geworden war, und schon auf dem Reichstage des Jahres 1812 Veranlassung zu heftigen Debatten gegeben hatte.

Aber auch sonst versäumte der Hof nichts, wodurch er die Versöhnung zu beschleunigen und die einzelnen, einflussreichern Mitglieder des Reichstags zu gewinnen hoffen durfte. Und während in dieser Angelegenheit die Agenten des Monarchen unter der Hand mit grossem Eifer thätig waren, legte auch König Franz, sowol beim festlichen Empfange als bei der feierlichen Eröffnung des Reichstags, eine herzgewinnende Freundlichkeit und väterliches Wohlwollen gegen die

Die königlichen Propositionen.

Die Thronrede.

Stände an den Tag. Die Eröffnung der Session ging mit Ueberreichung der königlichen Vorlagen am 15. Sept. vor sich, bei welcher
Gelegenheit Franz in seiner Thronrede Folgendes sagte:

„Wir wünschen von euch nichts anderes als einen Eifer, welcher
sich die Vermehrung eures Wohls zum Ziele gesteckt hat. Von euch,
ihr Väter des Vaterlands, erwarten wir daher auch, das eure Weisheit die zur Erreichung desselben dienlichsten Mittel vortragen werde;
welchen sodann auch der Erfolg und unsere innigste königliche Zufriedenheit nicht fehlen wird, wenn ihr, einzig und allein vom Eifer
für das allgemeine Wohl begeistert, um das dauernde Glück des
Vaterlands zu befördern, und die dankbare Erinnerung der Nachkommen zu verdienen, eure Bestrebungen mit den unserigen verbindet.

„Diesen heilsamen Bestrebungen ist jetzt die bestimmte Hoffnung
auf einen dauernden Frieden besonders günstig, und überdies lässt
auch noch ein anderer Grund die eifrige Fortsetzung derselben räthlich erscheinen: unser Alter schreitet rasch vorwärts, und die Jahre
der Sterblichen stehen in Gottes Hand; wir wünschen aber sehnlich,
jene Seelenfreude zu erleben und zu geniessen, dass wir sowol die
Zunahme eures zweckmässigen Einrichtungen entstammenden Wohls,
als auch das befriedigt sehen dürften, dass die Verfassung des Reichs,
umwallt von der Weisheit der Gesetze und stets mehr und mehr befestigt, auf unsere erlauchten Nachkommen, und auf die Ungarn, die
wir als unsere lieben Söhne betrachten, übergehe.“

Antworts-
adresse. Die Thronrede, in welcher der König auf diese Weise selbst in
die Reihe der Verfechter der Constitution trat und seinen Wunsch
aussprach, dieselbe während seines noch übrigen Lebens befestigt zu
sehen, machte auf alle Stände des Reichs einen äusserst günstigen
Eindruck. Dies war für die Regierung eine halb gewonnene Schlacht;
besonders nachdem Erzherzog-Palatin Joseph — dessen Volksthümlichkeit in den verflossenen Jahren durch sein oft an den Tag gelegtes
Bedauern und die volle Würdigung der Nationalbeschwerden, jetzt
aber durch die theilweise ihm und seinem erfolgreichen Wirken zu-
geschriebene Verkündigung des Reichstags fortwährend wuchs — in
seiner nach Verlesung der königlichen Propositionen gesprochenen
Rede die Stände nachdrücklich aneiferte, dass sie in ihren bald zu
beginnenden Berathungen einzig die Beförderung der Macht des Throns
und des öffentlichen Wohls, welche man voneinander nicht trennen
könne, vor Augen haben, nur dem Könige Vertrauen schenken mögen,
der ihnen in der Aeusserung desselben entgegengekommen; das gegenseitige Vertrauen werde Einigkeit zwischen dem Throne und dem
Volke hervorbringen, und als dessen Folge werde das Wohl des
Vaterlands emporblühen.

Nach einigen Tagen wurde an den König eine Dankadresse

abgesendet, welche auf die freundliche Thronrede eine höfliche Antwort enthielt. Die Stände erklärten, dass ihre Seele Schmerz erfüllt
habe, als Se. Majestät von seinem nach und nach dem Verfall ent-
gegenschreitenden Alter Erwähnung gemacht; dass aber Se. Majestät
die Verfassung noch während seines Lebens befestigt, und deshalb
alles dasjenige, was das Wohl und die Entwickelung des Vaterlands
betrifft, noch im Laufe dieses Reichstags beendigt und zum Gesetze
sanctionirt zu sehen wünsche, empfangen die Stände mit tiefstem
Danke. Sie wünschen selbst nichts sehnlicher, als dass dieser Wunsch
Sr. Majestät vollständigen Erfolg gewinne. Deshalb würden sie nicht
versäumen, die königlichen Propositionen seinerzeit sorgfältig zu
berathen; vor allem aber thäte es noth, die Verfassung wiederherzustellen: daher sie auch beschlossen hätten, vorläufig [1] die Beschwerden
zum Gegenstand der Berathung zu machen, in der bestimmten Hoffnung, dass Se. Majestät dieselben nach Allerhöchstdessen in der Thronrede ausgedrückter väterlichen Gesinnung abstellen werde.

Die Krönungsfeierlichkeit der Königin, welche am 25. Sept. mit
grossem Glanze vor sich ging, diente, wie der Hof im voraus berechnet hatte, als sehr zweckmässiges Mittel zur Befestigung des
gegenseitigen Vertrauens. Nachdem die Stände des Reichs ihre Huldigung der neuen Königin mit dem gebräuchlichen Geschenke, welches
bei dieser Gelegenheit auf 25000 Stück kremnitzer Dukaten bestimmt
wurde, dargebracht hatten, sandte Franz einige Tage darauf (28. Sept.)
als Antwort auf die Dankadresse ein sehr gnädiges Rescript an die
Stände herab. Indem er sie ermahnte, die Berathung der königlichen
Propositionen so bald als möglich vorzunehmen, richtete er zugleich
die Aufforderung an sie, dass, nachdem er sie seiner väterlichen Gesinnung schon in der Thronrede versichert habe, und sie nun derselben neuerdings versichere, sie jetzt mit der aufrichtigen und unbegrenzten Zuversicht eines Sohnes seinem väterlichen Busen alles anvertrauen mögen, was ihnen am Herzen liege, und zur Beförderung
des Wohls und Glücks des Landes dienen könne.

Der Hauptzweck dieser gnädigen königlichen Aeusserung war,
dass die Stände, dadurch gewonnen, bewogen würden, ihre Arbeiten
vor allem mit der Berathung der königlichen Propositionen zu beginnen; allein die Stände waren, obgleich ihnen diese Kundgebung des
Vertrauens von seiten des Throns sehr angenehm war, überzeugt,
und dahin lauteten auch ihre Instructionen, dass, ehe sie sich in andere Verhandlungen einliessen, sie zuvor die Aufhebung der durch
die Ungesetzlichkeiten der vergangenen Jahre und die Verletzung der

---

[1] Hiervon stammt das Wort präferentiale, vorläufige Beschwerden, welches später sowol in diesem als auch in mehrern folgenden Reichstagen in den Sälen der Gesetzgebung so oft erklang.

Constitution entstandenen Beschwerden betreiben möchten, da sie nur durch die vollständige Wiederherstellung der Verfassung jene Seelenruhe gewinnen könnten, welche zur Schaffung heilbringender Gesetze nothwendig sei. Sie begannen daher, ihrem frühern Beschlusse gemäss, sofort, in den ersten Tagen des October, die Berathung der Beschwerden.

Diese Verhandlungen waren sodann der Probirstein, welcher die Stellung und Gruppirung der Parteien und die Schattirung der Ansichten sowol als auch die individuellen Eigenschaften der Mitglieder des Gesetzgebenden Körpers in helles Licht stellte.

Die Parteien und deren Richtungen.

Als dieser Reichstag eröffnet wurde, und während des Verlaufs desselben noch geraume Zeit hindurch, waren die zwei grossen geschichtlichen Parteien, die conservative und oppositionelle, welche in der Geschichte sämmtlicher Verfassungsstaaten des 19. Jahrhunderts vorkommen, bei uns noch nicht vorhanden; die Grundlagen zu denselben wurden aber auf diesem Reichtage gelegt, die ersten Fäden ihres Ursprungs entspannen sich aus den Debatten und Entwickelungen dieses Landtags.

Die Stände waren, wie früher in den Comitatsversammlungen, so jetzt auch auf dem Reichstage von den Fragen der Befestigung der vom absoluten und deutschen Oesterreich bedrohten Verfassung und Nationalität so sehr in Anspruch genommen, dass von einer eigentlich europäischen Politik weder an der Magnaten- noch an der Ständetafel die Rede sein konnte. Hier und dort beschäftigten den grünen Tisch ausschliesslich die Beschwerden, oder, wenn man sie so nennen kann, die Hauspolitik. Das höchste und beinahe einzige Bestreben, der vornehmste Zweck der Nation war: die verletzte und geschwächte Verfassung wiederherzustellen und dieselbe, wie der damals gebräuchliche Ausdruck lautete, gegen ähnliche Verletzungen „zu umschanzen". Durch diese Beschwerdenpolitik wünschten die Stände jedes Recht, jede althergebrachte Institution der Verfassung wiederzugewinnen. Wie nach dem Tode Joseph's II., so begnügte sich die Nation auch jetzt nicht mehr damit, dass nur die neuern Gesetzverletzungen aufgehoben würden; noch war sie geneigt, die ausserhalb des Reichstags willkürlich erlassenen Verordnungen, wenn diese vielleicht auch zweckmässig und nützlich waren, nachgiebig zu dulden: sie forderte vielmehr, dass alles aufgehoben und in den alten Zustand zurückversetzt werde, auch wenn es besser war als das Alte, damit sie es gesetzlich ordnen könne. Man suchte die ältesten Beschwerden hervor, debattirte hitzig über dieselben und wünschte alle Usurpationen, welche die absolutistisch gesinnte wiener Regierung auf Rechnung der Rechte und der Unabhängigkeit des Reichs in irgendeiner Zeit begangen hatte, behufs der Abstellung derselben zu unterbreiten, und erklärte die verfassungsmässigen Rechte für unverjährbar.

Diese Beschwerdenpolitik beschäftigte so sehr alle Gemüther, beherrschte so sehr beinahe den ganzen Verlauf des Reichstags, dass sie für die Fragen des Fortschritts kaum noch Raum liess. Die grosse Majorität der Stände hatte nicht einmal Verlangen oder Neigung für Reformen, wie unabweislich auch die veralteten Zustände und die Ansprüche des vorgeschrittenen Zeitalters dieselben zu fordern schienen; was zum grossen Theil die bedauernswerthe Frucht der dreissig Jahre hindurch so consequent fortgesetzten gegenrevolutionären Regierungspolitik war. Dieses unter der Wirkung jenes das Land nach auswärts absperrenden, nach innen jede geistige Bewegung und Reibung der Ideen verhindernden Systems auferzogene Geschlecht kannte die Reformen nicht einmal recht, welche ihm nothwendig waren, um sich aus seiner allseitigen Stockung emporzuschwingen, seine Mängel auszubessern und das Land in die Reihe der gebildeten Staaten Europas emporzuheben. Die weltgeschichtlichen Entwickelungen der Ideen einer über Privilegien hinaus sich erhebenden wahren Freiheit und verfassungsmässigen Regierung — welche z. B. in Deutschland auf dem Wartburger Feste, im preussischen Verfassungskampfe, und noch mehr in der Literatur; bei den Franzosen in den parlamentarischen Kämpfen der demokratisch gesinnten Linken, in den geheimen Gesellschaften und in den fortwährend sich erneuernden Aufstandsversuchen; bei den Engländern in den heftigen Agitationen für die Emancipationsbill, in den ungeduldigen Betreibungen der Reform u. s. w. sich so laut verkündigten — waren bei uns noch kaum oder nur so äusserst wenigen bekannt, dass man in der Mehrzahl der Mitglieder des Gesetzgebenden Körpers vergeblich nach richtigen Begriffen von nationalen, verfassungsmässigen Reformen gesucht haben würde.

Unter diesen moralischen Verhältnissen konnte es bei uns eine freisinnige oder gar radicale Partei im europäischen Sinne noch nicht geben; aber es bestand auch keine eigentlich conservative Partei. Und in der That waren diese Benennungen im Verlaufe des gegenwärtigen Reichstags noch nicht im Gebrauche. Eine Scheidewand zwischen den Parteien bildete nicht das fortschreitende oder das stationäre Princip, sondern die für die ständische Verfassung, die Adelsprivilegien und die nationale Unabhängigkeit bekundete grössere oder mindere Anhänglichkeit und Begeisterung. Deshalb war nur die Benennung einer „Oppositions-" und einer „Hofpartei" gebräuchlich. Die Bezeichnung der oppositionellen Partei wurde nicht selten mit der einer „freisinnigen, liberalen" vertauscht, jedoch nur in eigenem, nicht in europäischem Sinne: die Oppositionspartei vertheidigte zwar die Verfassungsrechte gegen die Regierung, hing aber dabei, den übrigen Volksklassen gegenüber, hartnäckig den adelichen Privilegien an; und so war sie in Bezug auf die alte Verfassung noch conservativer als die Hofpartei selbst, welche ebendeswegen so benannt wurde, weil diese gegen die willkürherrschaftlichen Absichten des Hofs sich nachgiebiger bezeigte. An Entwickelung, Reformen, Fortschritt dachte die Oppositionspartei jetzt nicht einmal soviel als 1790 die sogenannten „Patrioten".

Die Opposition. Was die zwei Tafeln besonders betrifft, so gehörte die Obere Tafel, welche von den Bischöfen, den Reichsbaronen, Obergespanen und den geborenen Magnaten gebildet wurde, mit wenigen Ausnahmen, durchwegs der Hofpartei an. Unter diesen wenigen hatte die Rolle des Führers, wie auf den im ersten Zehnt dieses Jahrhunderts abgehaltenen Reichstagen, so auch jetzt Graf Illésházy, Erbobergespan der Comitate Trenchén und Liptó, der letzte männliche Spross seines berühmten Geschlechts, übernommen; die Würde eines königlichen Oberküchenmeisters, welche ihm in den ersten Tagen des Reichstags verliehen wurde, war nicht im Stande, seine constitutionellen Gesinnungen zu erschüttern und ihn der Vertheidigung der Nationalrechte zu entfremden, für welche er seine angesehene Stimme, zwar immer innerhalb der Schranken der Mässigung, aber stets mit ernster Würde erhob. Unter den andern, meistens der jüngern Generation der Magnaten angehörigen Oppositionsmitgliedern stachen zumeist hervor: der wissenschaftlich gebildete Baron Alois Mednyászky, Graf Karl Zichy und mehrere andere. Die Sprache, in welcher die Berathungen an dieser Tafel gepflogen wurden, war ausschliesslich die lateinische; denn, leider, hatte der grösste Theil des zumeist dem Deutschthum huldigenden hohen Adels die Nationalsprache nur in geringem Grade in seiner Gewalt.

In der Untern Tafel repräsentirten die Hofpartei unter der Führung des Präsidenten und königlichen Personals, Sigmund Szögyény's, die Beisitzer der königlichen Tafel, die Deputirten der Kapitel und der königlichen Freistädte, denen sich von den Ablegaten der Comitate nur sehr wenige anschlossen. Die grosse Mehrzahl und von dieser sämmtliche hervorragendere Mitglieder gehörten hier · in der ersten Hälfte des Reichstags, denn später gab es auch Abtrünnige, zur Oppositionspartei. Etwa der dritte Theil der Deputirten bestand aus Individuen, die schon auf den frühern Reichstagen eine Rolle gespielt hatten; deren einstiger in hohem Ansehen gestandene Führer, Joseph Vay, war jedoch nicht mehr am Leben. Seine Rolle als Führer nahm eigentlich niemand ein; nicht als hätte es unter ihnen an einer mit vorwiegendem Ansehen und ausgezeichneten Fähigkeiten, wie sie für einen Führer erforderlich sind, versehenen Persönlichkeit gefehlt; sondern vielmehr deshalb, weil die Opposition eine eigentliche, disciplinirte Partei, wie auf den spätern Reichstagen, noch nicht bildete. Nach Beschaffenheit der vorkommenden Fragen wurde bald dieser, bald jener ausgezeichnetere Deputirte zum führenden Redner. Zu diesen hervorragendern Mitgliedern gehörten: Paul Nagy, Johann Balogh der Aeltere, Graf Joseph Dessewffy, Anton Deák, Baron

Sigmund Prényi, Szerencsy, Borsitzky, Sigmund Bernáth, Thomas Ragályi, Dionys Pázmándy, Somsich, Takács, Niczky, Abraham Vay.
Georg Bartal stand im Rufe des ausgezeichnetsten Rechtsgelehrten;
unter den Schriftführern führte Plathy, der Deputirte des barser
Comitats, die beste Feder. Unter den städtischen Deputirten zeichnete sich am meisten Wagner aus Oedenburg durch umfassendes
Wissen und rednerisches Talent aus.

Uebrigens erwies sich auf diesem Landtage noch nicht so sehr
die Nothwendigkeit dessen, dass sich die Opposition regelrecht, mit
einem bestimmten Programm versehen, bilde und mittels eines Führers disciplinire. Die grosse Mehrheit wurde von der Erinnerung an
die Gefahren, in welchen Verfassung und Nationalität geschwebt
hatten, und von dem fortwährend lebhaften Gefühl der vorgekommenen
Gesetzverletzungen noch genug zusammengehalten. Auch war kein
anderes Programm nöthig als dasjenige, welches die Nation als allgemeinen Wunsch aussprach und jeder Deputirte in seiner Instruction
mitgebracht hatte, die Redner aber mit folgenden Worten auszusprechen pflegten: vor allem müssen die Beschwerden aufgehoben,
die Verfassung wiederhergestellt und stärker umschanzt werden. Diese
Forderung war so stark, so allgemein, dass sich im ganzen Gesetzgebenden Körper niemand fand, der sich getraut hätte, hierin zu
widersprechen; und selbst die eifrigsten Anhänger der Hofpartei
sprachen höchstens in Bezug auf die Reihenfolge der Berathungsgegenstände eine von der Mehrheit abweichende Meinung aus, indem sie
wünschten, dass die Arbeiten mit der Berathung der königlichen
Propositionen beginnen möchten. Da die Gesinnung der Mitglieder der
Ständetafel so übereinstimmend war, so ist es kein Wunder, dass
diese Beschwerdenpolitik sich durch die Berathungen des ganzen Reichstags hindurchzog, und ausser der Wiederherstellung und Befestigung
der Constitution höchstens noch die Ausbildung und Stärkung der
Nationalität und deren wesentlichsten Trägers, der Nationalsprache,
das hauptsächlichste, man kann beinahe sagen, einzige Ziel der Bestrebungen war.

Nur einen einzigen Mann finden wir auf diesem Reichstage, der
im Innersten seines Busens schon jetzt eine tiefe Sehnsucht nach
etwas Schönerm und Besserm trug als nach Befestigung dieser grossentheils nur die Privilegien einer einzigen Klasse sichernden, sich auf
die grosse Masse der Nation nicht ausdehnenden und daher äusserst
mangelhaften, veralteten ständischen Verfassung; der mit seinen Wünschen unter den zauberischen Ferngebilden einer entwickelten Nationalität, einer auf breiter Grundlage basirten, und nicht allein vom
Buchstaben des Gesetzes, sondern auch durch freisinnige neue Institutionen gesicherten, ausgebildeten und zur Lebenswahrheit erhobenen
wahren constitutionellen Freiheit, eines ganz neu gestalteten, in allen

Stephan Széchenyi.

Zweigen von Gewerbe, Handel, Wissenschaft und Bildung vorgeschrittenen, alle Genüsse der europäischen Civilisation bietenden, aber trotzdem specifisch ungarisch nationalen und gesellschaftlichen Lebens zu schweifen wagte; ein Mann, der, durch seinen mächtigen Geist, seinen durchdringenden Verstand, sein scharfes Urtheil, sein die eigene Nation mit einer zu allen Opfern bereiten Liebe umfassendes Gemüth bald darauf der Leitstern der Nation auf dem schweren Pfade der Umgestaltung wurde; der, selbst wenn man unsere gesammte Geschichte in Betracht zieht, sich in den Kämpfen für unsere Wiedergeburt zu einer so riesenhaften Gestalt erhebt, dass selbst sein späterer leidenschaftlicher Rival nicht zweifelte, ihn „den grössten Ungar" zu nennen. Brauche ich zu sagen, dass ich den Grafen Stephan Széchenyi meine, der auf diesem Landtage in der Magnatentafel noch als Husarenrittmeister erschien?

Aber es sei genug, hier nur den Namen dieses grossen Mannes zu nennen; wir werden später versuchen, eine Charakteristik desselben zu zeichnen; die Erzählung seiner Bestrebungen und seiner grossartigen öffentlichen Laufbahn nimmt ohnehin den grössern Theil der Geschichte der folgenden Jahrzehnte ein. Er stand, in Hinsicht auf seine grossen Zwecke, noch ganz allein, ohne Partei zu Anfang dieses Reichstags. Im Vaterlande selbst waren nur wenige, vielleicht Baron Nikolaus Wesselényi allein derjenige, welchem er einen Theil seiner Plane und Zwecke kundgab, und welcher seinen edeln Eifer theilte. Wesselényi, der bald darauf gleichfalls eine hervorragende Rolle in unserer Geschichte spielen sollte, wurde noch 1823 mit dem, mit seinem Regiment in Debreczin stationirten, reichen, durch glänzende Eigenschaften ausgezeichneten Rittmeister bekannt, mit welchem er, gar bald enge Freundschaft und einen Bund zu vaterländischen heiligen Zwecken schliessend, eine Zeit lang gemeinsam ernstere Studien trieb, und später zur Erlangung reicherer Erfahrungen und Kenntnisse das gebildete Europa bereiste. Wesselényi jedoch zur Zeit nur in Siebenbürgen begütert, war auf diesem Landtage noch nicht Mitglied des Gesetzgebenden Körpers. Széchenyi, der seine Schritte von Anfang an stets nach nüchterner Berechnung, nach einem tiefdurchdachten Plane zu machen pflegte, konnte, sobald er unter den Mitgliedern des Gesetzgebenden Körpers sich ein wenig orientirt hatte, sich sofort die Ueberzeugung verschaffen, dass die passende Zeit für ihn noch nicht gekommen sei: er mochte die Gemüther von der Beschwerdenpolitik viel zu sehr eingenommen, und jede andere Richtung von der Arbeit der Aufrechthaltung und „Umschanzung" der alten Constitution in den Hintergrund gedrängt sehen, als dass er hätte hoffen dürfen, seinen neuen Ideen auf dem noch vollständig unvorbereiteten Boden selbst den geringsten Erfolg zu verschaffen. Er schloss sich daher lieber der die alte Verfassungsmässigkeit zu behüten

und zu sichern strebenden Oppositionspartei an, als dass er seine
eigene Richtung und seine Ideen durch eine übereilte Kundgebung der
Gefahr gewissen Schiffbruchs preisgegeben hätte. Uebrigens nahm er
selbst an den lebhaften, nicht selten bittern Debatten der Oppositionspartei öffentlich keinen Theil; und wie wir später erwähnen werden,
sprach er nur einmal, und dies nicht in der Obern, sondern in einer
Circularsitzung der Deputirtentafel einige Worte, welche zu einer
grossen, patriotischen That wurden. Indessen hatte er ausserhalb der
landtäglichen Sitzungssäle seine reformatorische Thätigkeit schon damals begonnen, oder vielmehr deren Terrain und Mittel vorbereitet.
Er schuf sogleich beim Beginn des Reichstags einen Club, dessen
Zweck war, einen Gedankenaustausch, eine Reibung der Ideen hervorzurufen, ein Feld zu eröffnen, wo der Zustand des Vaterlands, dessen
öffentliche Angelegenheiten und die auf gesellschaftlichem Wege zu
veranstaltenden Reformen und Verbesserungen in der anspruchslosen
Weise der Privatconversation erörtert und, was auf diesem Wege zu
bewerkstelligen sei, durch zu errichtende Vereine ins Leben eingeführt
werden könnte. Den Mitgliedern des Reichstags war ein solcher Ort
für den Austausch der Ideen, für Erörterungen und Reibung der Gedanken um so nöthiger, und wie wir später darstellen werden, ward
dessen Einwirkung auf unsere künftige Umgestaltung um so heilsamer,
als die Regierung die Censur noch immer so streng und ängstlich
handhaben liess, dass in der Presse jede Erörterung nicht nur unserer
öffentlichen Zustände oder irgendeiner andern, auf Verbesserung oder
Fortschritt abzielenden Frage verboten war, sondern nicht einmal
die Veröffentlichung der reichstäglichen Berathungen erlaubt wurde,
weswegen in Presburg nicht einmal eine Zeitung bestand, welche
das Organ der Verhandlungen und der öffentlichen Meinung gewesen
wäre. In dieser Beziehung hegte die Mehrzahl der Stände mit der
Regierung die gleiche Ansicht, indem sie für unnöthig hielt und
auch nicht wünschte, dass die Debatten im Vaterlande zu allgemeiner Kenntniss gelangten, und für genügend erachteten, ihre Absender, die Gemeinschaft des betreffenden Comitats, von Zeit zu Zeit
von dem Stande der vorgekommenen Fragen selbst zu benach-
richtigen.

Die erste dieser Fragen bildeten, wie wir schon oben erwähnten,
die Beschwerden der Verfassung und der Nationalrechte. Auf den
zur Zeit der französischen Kriege abgehaltenen Reichstagen, welche
der Hof einzig und allein zur Votirung des Kriegssubsidiums einberufen hatte, war die Regierung überaus sorgfältig darauf bedacht,
vor allem andern die königlichen Propositionen in Verhandlung nehmen zu lassen, demzufolge es sodann mehr als einmal geschah, dass der
Reichstag, nachdem diese beendigt waren, noch ehe die Wünsche der
Nation in Erfüllung gingen, geschlossen wurde. Jetzt war etwas

Die Ver-
handlung
der Be-
schwerden.

Aehnliches zwar nicht zu fürchten, weil die königlichen Propositionen mit den nationalen Wünschen nicht im Gegensatze standen. Allein die Stände wollten bei alledem zuerst die Wünsche der Nation in Verhandlung nehmen; denn die Aufhebung der Beschwerden lag ihnen noch mehr am Herzen als die von der Krone vorgeschlagenen Reformen. Der König, der nur eine Versöhnung herbeizuführen wünschte, war diesem Verfahren nicht nur nicht entgegen, sondern er hatte es vielmehr in seinem Rescript vom 28. Sept. selbst hervorgerufen, in welchem er, wie wir erwähnten, die Stände aufrief: sie möchten mit aller Offenheit seinem väterlichen Herzen alles anvertrauen, was kindliches Vertrauen und Aufrichtigkeit anrathe.

Nach der Krönung der Königin wurden daher sofort die Beschwerden des Landes in Verhandlung genommen, und dauerten die stets heftigen, in den Ausbrüchen der Leidenschaft nicht selten beinahe drohenden Debatten fast einen ganzen Monat lang, ehe in der Angelegenheit der Beschwerden die erste Adresse hinaufgeschickt wurde. Gegen die deutschen Rathgeber, die, in die Angelegenheiten des Landes sich unrechtmässig einmischend, den Monarchen in der Sache der Steuer und Rekruten zur Erlassung jener willkürlichen Massregeln bewogen hatten, erging man sich in bittern Auslassungen. Noch zorniger und schonungsloser wurden jene ungarischen Beamten getadelt, welche zur Durchführung jener Gesetzverletzungen hülfreiche Hand geboten hatten. Die Deputirten von Zala, Anton Deák und Franz Szegedy, stellten den Antrag, alle jene „Vaterlandsverräther“, die den Monarchen auf Abwege leiteten, namhaft zu machen und in Anklagezustand zu versetzen. Noch härter traf sie mit seiner glühenden Beredsamkeit Paul Nagy, der, indem er die Verletzer der Gesetze vor den Richterstuhl der Nation und der öffentlichen Meinung forderte, dieselben nicht so sehr anklagte als verurtheilte. Mit grosser Offenheit und Kühnheit wurde die ganze Regierungspolitik, durch welche das Cabinet gegen die mit so vielen königlichen Eiden besiegelten constitutionellen Gesetze fortwährend feindselige Gesinnungen verrathen hatte, verhandelt und getadelt. Gerügt wurde die Undankbarkeit, womit die von der Nation zur Zeit der Kriege gebrachten schweren Opfer nach Wiederherstellung des Friedens mit einem Angriff auf die theuersten nationalen Schätze erwidert wurden. Die Mehrzahl der Deputirten glaubte dem Vertrauen ihrer Landsleute, durch das sie zu ihren Vertretern gewählt wurden, am besten zu entsprechen, wenn sie den Männern der Regierung die bittersten Wahrheiten mit der grössten Offenheit und Kühnheit ins Angesicht schleuderte. Man begnügte sich nicht einmal damit, den Tadel gegen die Centralregierung und deren Werkzeuge, die königlichen Commissare, auszusprechen; in seinem patriotischen Eifer erhob jeder die Anklage, jeder wollte die Gefühle des nationalen Schmerzes, der patriotischen

Besorgniss in Worte fassen. Das Wort wurde für die That gehalten, und jeder wünschte an der Rächung und künftigen Sicherstellung der verletzten Nationalrechte auch thätlich theilzunehmen.

Nachdem die präferentialen Beschwerden vornehmlich unter der Führung Paul Nagy's zusammengestellt worden, wurde die erste Beschwerdenadresse, nach mehrern bezüglich der Redaction an die Magnatentafel abgeschickten Nuntien, am 22. Oct. endlich dem Könige zugesandt. Der Inhalt des äusserst wichtigen, umfassenden Schriftstücks ist folgender: Die Stände des Reichs, durch das Rescript des Königs vom 28. Sept. dazu aufgerufen, unterbreiten vor andern alles dasjenige, was die Befestigung der Constitution betrifft. Sie erklären demnach, dass die Nation ein tiefer Schmerz gefasst habe, da trotzdem, dass sie in den Kriegsläufen ihre Treue durch grosse Opfer bekundet hatte, dem Krönungsdiplom und den Gesetzen von 1791 entgegen, die Verfassung und die nationalen Grundrechte so schwer verletzt wurden, dass sie, hierdurch der Stütze des Gesetzes beraubt, schon das Verlöschen des nationalen Seins befürchten musste. Und namentlich:

Die erste Beschwerdenadresse.

Dem 10. Gesetzartikel 1791 entgegen begann die Regierung das Land in Bezug vieler Angelegenheiten nach der Weise der deutschslawischen Erblande durch Patente zu verwalten.

Mit Verletzung des 12. Gesetzartikels 1791 wurden zu mehrern malen Hofdecrete im Lande veröffentlicht. In zahlreichen Angelegenheiten, in welchen das Verfügungsrecht einzig der Gesetzgebung zusteht, wurden ausserreichstäglich willkürliche Verordnungen erlassen und mit Militärgewalt durchgeführt. Subsidien, Unterstützungen, welche vom freien Willen der Nation abhängen, wurden ausserhalb des Reichstags zwangsweise auf die Comitate ausgeworfen. Zur Durchführung der gesetzwidrigen Rekrutenstellung und Eintreibung der willkürlich erhöhten Steuer wurden, trotz der Adressen, königliche Commissare in die Comitate gesandt, die, mit bewaffneter Macht erscheinend, die Comitatshäuser in Belagerungszustand versetzten, die Beamten einkerkerten, denselben ungesetzliche Eide und widerrechtliche Reverse abnöthigten, die Freiheit der Berathung unterdrückten, die Archive verletzten, die Protokolle, in welchen die erlittenen Ungesetzlichkeiten und die von den Comitaten dagegen gefassten Beschlüsse und Verwahrungen verzeichnet standen, verstümmelten, vor den Beamten, mit Intervention der bewaffneten Macht, zerrissen, oder mitnahmen und die Amtssiegel mit Beschlag belegten; die Comitatsversammlungen wurden mittels Präsidialerlasse funfzehn Monate lang suspendirt, die Adressen der Comitate und die gegenseitigen Correspondenzen derselben unterschlagen, oder unter der Androhung der Strafe wegen Hochverraths unterdrückt. Ja es wurden sogar Drohungen laut, dass die Verfassung ganz aufgehoben werden solle. Die vollziehende Gewalt überschritt in all diesem ihre gesetzlichen Schranken und erschütterte damit die Grundprincipien der Verfassung.

Dem 13. Gesetzartikel 1791 entgegen wurde dreizehn Jahre lang die Einberufung des Reichstags versäumt; und mit Verletzung des 14. Gesetzartikels wurde, mit vollständiger Uebergehung der königlichen Statthalterei, dem Lande ein zwangsweises Verwaltungssystem auferlegt, und dadurch das Vertrauen zwischen Thron und Nation erschüttert.

Die ausgesandten königlichen Commissare gefährdeten, da sie dem 18. Gesetzartikel 1791 entgegen, nach anonymen Anzeigen vorgingen, die Sicherheit der Person und der Ehre, beraubten zahlreiche gute Patrioten ihres Amts und hinderten sie in der Ausübung ihrer Rechte.

Endlich wurde die Verfassung dadurch sehr schwer verletzt, dass die Regierung sich zu wiederholten malen geäussert hat, die Zeit zur Einberufung des Reichstags bestimme nicht das Gesetz, sondern die Umstände; dass die Adressen der Stände, womit sie die Befolgung der Gesetze betrieben, nicht in Betracht gezogen werden könnten; dass man die einmal erlassenen, wenngleich ungesetzlichen Befehle nicht mehr zurückziehen könne. Alles dieses vernichtet, wenn es nicht beseitigt wird, die Verfassung.

Sie seien überzeugt, dass dies nicht vom Könige, sondern von dem jahrhundertelang befolgten willkürherrschaftlichen System herstammt, und hofften, dass Se. Majestät diese Beschwerden nicht nur vollständig aufheben, sondern auch das Land gegen eine Wiederholung derselben sicherstellen werde. Sie wünschten daher, dass die verletzten Gesetze aufs neue sanctionirt würden. Die Eintreibung der Steuer in Silber, die zwangsweise Aushebung der Rekruten, die in die Comitate geschickten Commissariate möge einstweilen, bis sie dieselben in eindringlichere Berathung nähmen, sofort aufgehoben werden. Den zu Schaden Gekommenen möge derselbe ersetzt, die infolge grundloser Anklage in Ungnade Gefallenen in königliche Gnade wieder aufgenommen werden.

Besonders und vor allem wünschen sie sich in Folgendem gesichert zu wissen:

Der Reichstag ist hierfür alle drei Jahre unausweichlich abzuhalten; die Zeit seines Beginns möge der König im vorhergehenden Reichstage im voraus bestimmen.

Die vollziehende Gewalt bleibe innerhalb ihrer gesetzlichen Grenzen; jeder Beamte soll in seinem Eide nächst der Treue gegen den König auch die Befolgung der Gesetze und der Verfassung beschwören.

Die Statthalterei hat ihren gesetzlichen Wirkungskreis wieder einzunehmen, gegen alle ungesetzlichen Verordnungen, bei der Verbindlichkeit dieses Eides, Vorstellungen zu erheben und die Durchführung dieser Decrete zu suspendiren. Wenn entweder die Statthalterei oder ein einzelner Beamte die Erlassung ungesetzlicher Verordnungen anrathen oder dieselben vollziehen würde, können beide, nach einer von den Ständen des Landes zu erhebenden Anklage, vor das Septemviral-Obergericht gefordert und verurtheilt werden.

Die gegenseitigen Correspondenzen der Comitate dürfen auf keine Art und unter keinem Vorwand gehindert werden.

Endlich verlangen sie, dass, ehe sie im Sinne der königlichen Propositionen die systematischen Reformarbeiten der landtäglichen Commissionen in Verhandlung nähmen, Se. Majestät auf das Vorausgeschickte allergnädigst Antwort ertheilen möge.

Die Stände des Landes hegten zwar keine sanguinischen Hoffnungen, dass der König auf diese Adresse, die, bei all ihrem ehrfurchtsvollen Tone der Person Sr. Majestät gegenüber, alle in den verflossenen Jahren begangenen Ungesetzlichkeiten so unverhüllt darstellte, ein directes Sündengeständniss ablegen werde; da aber an den versöhnlichen Bestrebungen des Hofs niemand zweifelte, so erwartete jedermann, dass der König nach einigen Entschuldigungen die Gültigkeit der angeführten Gesetze anerkennen und der Nation Genugthuung geben werde. Die Antwort des Königs entsprach indess nicht ganz diesen allgemein gehegten Erwartungen. In seinem Rescript vom 9. Nov. spricht Se. Majestät seine Unzufriedenheit darüber aus, dass die Stände die Berathung der königlichen Propositionen bisher noch immer verschoben haben. Nach diesen Vorwürfen legt er zwar, mit einer Entschuldigung des Geschehenen, der Nation ein einigermassen reumütiges Bekenntniss ab, behauptet aber zugleich Dinge, welche mit constitutionellen Principien nicht zu vereinbaren sind. Hinsichtlich der präferentialen Beschwerden sehe er zwar mit Schmerz, dass vieles aufgewärmt werde, was zu vergessen sich eher geschickt hätte, ergreife aber die Gelegenheit zu sagen, was Veranlassung dazu geboten hätte. Se. Majestät wissen sehr wohl, was sie der freiwillig und auch eidlich bekräftigten Verfassung schulden; aber sie kennen auch ihre Pflicht, das allgemeine Wohl aufrecht zu erhalten und unter allen Umständen zu befördern. Diesem nach war es geboten, als die Neuerer, in verwegener Absicht, alle Institutionen unserer Altvordern umzustürzen sich bestrebten, zu aussergewöhnlichen Massregeln Zuflucht zu nehmen; besonders nachdem zur Einberufung des Reichstags weder Zeit übrigblieb, noch die Umstände günstig waren. Nur Se. Majestät, an der Spitze der Regierung stehend, konnte die Gefahren in ihrer ganzen fürchterlichen Grösse erblicken; nur er konnte demnach die passenden Mittel wählen, wodurch er Ungarn retten konnte, was ihm schliesslich auch gelungen ist. . . . Se. Majestät erkennt die in diesen gefahrvollen Zeiten ihm bewiesene Liebe seiner Völker

Die Antwort des Königs.

an: es war ihm daher schmerzlich, dass einige Comitate dasjenige,
was das Vertrauen gegen den König und die Treue zum Vaterlande
anrieth, zu thun und zu leisten sich weigerten; in ihren Adressen
und Protokollen auf Dinge verfielen, welche die königliche Würde
verletzen und die, ohne Unordnungen und Wirren überhandnehmen
zu lassen, nicht geduldet werden könnten. Deswegen war er genöthigt, auch unangenehme Massregeln ergreifen zu müssen. Se.
Majestät, der den Worten ihrer Räthe zwar Gehör schenke, aber in
seinen Beschlüssen nur den Eingebungen des Gewissens folge, und nie
etwas erlaube, was die Rechte des Landes verletzt, würde übrigens
jene, die seine Befehle erfüllen, stets vertheidigen. Auf die Bitten
der Stände nehme er jedoch alle diejenigen, die, von ihrem Eifer hingerissen, die Schranken überschritten, wieder in seine königliche
Gnade auf. Er benachrichtigt ferner die Stände, dass er unter den
jetzigen friedlichen Verhältnissen der auswärtigen Angelegenheiten die
fernere Aushebung von Rekruten eingestellt habe, jedoch genöthigt
sei, die Steuer, wie dies schon seit einigen Jahren geschehen, auch
fortan unverändert in Silber eintreiben zu lassen, ja auch hinsichtlich
des Steuerzuschlags von 1802, welchen er vor drei Jahren nachgelassen hatte, erwarte er noch während dieses Reichstags die Vorlage seitens der Stände.

Uebrigens — in diesem Sinne fährt das Raisonnement des Rescripts
fort — erkennt Se. Majestät, dass er dem Gesetze nach verpflichtet sei,
den Reichstag alle drei Jahre einzuberufen. Hierin wurde Se. Majestät durch die aussergewöhnlichen Umstände gehindert, verspreche
indess, fortan in der Einberufung der Stände um so pünktlicher sein
zu wollen, als das Wohl des Landes die Ersetzung zahlreicher
Mängel in den öffentlichen Angelegenheiten dringend erfordern. Er
verpfändet daher sein Wort, dass, sollte alles dasjenige, was die königlichen Propositionen enthalten, im Verlaufe dieses Reichstags nicht
beendigt werden können, noch vor Ablauf der künftigen drei Jahre
ein neuer Reichstag würde einberufen werden. Der Wirkungskreis
der königlichen Statthalterei ist durch den 14. Gesetzartikel 1791 genau
genug bestimmt, es liege daher zur Erweiterung desselben, sowie auch
zu jener des vom Eide der Beamten handelnden Gesetzartikels desselben Jahres kein Grund vor. 'Bezüglich der Correspondenz der Comitate werde er sich an das halten, was er 1792 und 1812 erklärt
habe. Die Adressen aber würden mit billiger Aufmerksamkeit entgegengenommen werden, da Se. Majestät überzeugt sei, dass das Wohl
des Throns und des Landes auf den Gesetzen beruhe, und dass wenn die
Rechte des Königs oder die des Reichs verletzt würden, die im Verlaufe der Jahrhunderte ausgebildete und erstarkte nationale Verfassung gefährdet werde. Das Vorstehende mache Se. Majestät den
Ständen des Reichs mit dem Beisatze zu wissen, dass der gegenwär-

tige Reichstag seinen Zweck, die Befestigung der Constitution durch
neue Gesetze, nur so erreichen werde, und die auf das Wohl der
Nation abzielenden Absichten Sr. Majestät nur so verwirklicht werden
könnten, wenn in den Verhandlungen jeder Zwist vermieden, und
die Arbeiten in Eintracht und sobald als möglich zu Ende geführt
würden.

Allein dieses königliche Rescript, weit entfernt, die Stände zu Die Unzu-
beruhigen, erweckte in ihnen vielmehr grosse Besorgnisse, und als friedenheit
der Stände.
deren Folge eine nicht geringe Gereiztheit; denn sie sahen darin
Principien ausgesprochen, welche die königliche Gewalt, zum Nachtheil
der Nationalrechte und mit Verletzung des Geistes unserer Gesetze,
über die bestimmten Schranken hinaus ausdehnten. Es entstanden in
den Circularsitzungen hierüber so heftige Debatten, dass der Palatin
zu befürchten begann, das nach und nach wiederkehrende Vertrauen
der Nation gegen den Thron würde abermals erschüttert werden.
Um daher dies noch bei zeiten zu verhindern, berief er die Stände
zu einer Privatberathung zu sich. Und nachdem hier alle den Wunsch
ausgesprochen, dass durch seine Vermittelung ein neues Rescript zu
erwirken sei, in welchem die mit den Rechten des Reichs nicht zu
vereinbarenden Principien und Ausdrücke des frühern modificirt
würden, so übernahm derselbe freudig das ihm übertragene Amt des
Vermittlers.

Auch blieb bei dieser Gelegenheit die Intervention des Palatins Das neue
nicht ohne Erfolg. Das neue Rescript, welches am 28. Nov. in Rescript
vom 28. Nov.
Presburg anlangte, ist eins der wichtigsten Documente unserer neuern
Geschichte, und ein glänzender Sieg des in Gefahr gewesenen Constitutionalismus. Der König erklärt in demselben, es sei ihm zwar
schmerzlich, dass die Stände einige Ausdrücke des frühern Rescripts
misverstanden, er sei jedoch bereit dieselben aufzuklären, da er entschlossen sei, alle kleinern und grössern Beschwerden aufzuheben.
Um den Beweis zu liefern, wie sehr er das in den Palatin gesetzte
Vertrauen der Stände und dessen gesetzliche Vermittelung hochschätze,
wolle er es um so weniger versäumen, die Stände zu beruhigen, je
ferner ihm die Absicht gestanden, in seinem frühern Rescript jene
vergangenen Vorfälle, welche zu der Adresse der Stände vom
22. Oct. Anlass gaben, und welche „seinem väterlichen Herzen
ebenso unlieb sind", als Beispiele für die Zukunft anzuführen, oder
durch die einfach geschichtliche Aufzählung der verflossenen Umstände
ein neues Recht für sich erwerben zu wollen; oder endlich, unter dem
Vorwande aussergewöhnlicher Ereignisse, die Gegenstände des Sub-
sidiums an Geld und Naturproducten und der Rekrutenstellung dem
gesetzlichen Wirkungskreise des Reichstags zu entziehen, wohin einzig
und allein gehörend er dieselben nach dem 19. Gesetzartikel 1791
freiwillig anerkenne. Sodann einige Punkte des frühern Rescripts,

welche Besorgnisse eingeflösst hatten, nacheinander einzeln vornehmend, beruhigt er die Stände, dass es sein entschiedener Wille sei, die königliche Statthalterei in ihrem gesetzlichen Wirkungskreise zu erhalten, und ihre Adressen gebührend in Beachtung zu nehmen; ferner willigt er schon im voraus ein, dass die Freiheit der Correspondenz der Comitate miteinander durch ein neues Gesetz sichergestellt werde; hinsichtlich des Reichstags aber ertheilt er die Erlaubniss, dass sie ihre Wünsche in Bezug auf die Zeit der künftigen Reichstagsversammlung am Schlusse der gegenwärtigen vorlegen dürften.

Das Verhältniss zwischen den Tafeln. Dieses königliche Rescript behob endlich alle Besorgnisse und beruhigte die Stände bezüglich der Unversehrtheit der Verfassung und Gesetzmässigkeit der Verwaltung in der Zukunft vollkommen. Die Freude hierüber war unter den Ständen allgemein, und ihre Begeisterung äusserte sich in lebhaften Ausdrücken des Dankes gegen den König. Auf den Antrag einiger wurde sofort der Entschluss gefasst, an Se. Majestät eine Dankadresse zu richten, welcher auch die sogleich auszuarbeitenden Gesetzvorschläge über jene Gegenstände beizufügen seien, welche in der königlichen Resolution aufgezählt werden. Ueber diese Adresse und die Gesetzvorschläge war die Meinung der Stände beinahe ungetheilt und wurden in ihren Sitzungen nur von seiten der königlichen Curie und des Klerus einzelne Einwendungen erhoben; jedoch entstanden zwischen den beiden Tafeln wegen derselben überaus lebhafte Streitigkeiten, welche stillschweigend zu übergehen unsererseits ein grosser Fehler wäre, weil sie hinsichtlich des Verhältnisses der beiden Tafeln zueinander grosse Wichtigkeit gewannen.

Schon wegen der Redaction der Adresse wechselten die beiden Tafeln mehrere Nuntien miteinander, wozu vorzugsweise der Umstand Anlass gab, dass die Magnatentafel die königliche „Gnade“, welcher jenes Rescript zu verdanken war, ganz besonders hervorheben wollte; während die grosse Mehrheit der Stände die Meinung hegte, dass in diesem Falle nicht so sehr von Gnade als vielmehr „von Gerechtigkeit und Genugthuung“ die Rede sein könne.

In einem noch grössern Widerspruch aber stand die gegenseitige Meinung der beiden Tafeln in Bezug auf die hinaufzuschickenden Gesetzvorschläge. Die Schwierigkeit waltete namentlich hinsichtlich zweier Gegenstände ob: der Steuer und der Verkündigung des Reichstags. Bezüglich der Steuer wollten die Stände schon im voraus erwähnt sehen, dass jener Theil der Steuern, welchen die Regierung in den verflossenen Jahren über die reichstäglich bestimmte Summe eingehoben hatte, und der etwa 6 Mill. Gulden in Wiener Währung betragen mochte, in die Steuer der nächstfolgenden drei Jahre einzurechnen sei. Hinsichtlich des Reichstags aber wünschten die Stände ein solches Gesetz zu bringen, kraft dessen der König verpflichtet sein solle, den Termin des künftigen Reichstags stets noch im Laufe des gegenwärtigen zu bestimmen. Die Magnaten verwarfen beide Gesetzvorschläge, worauf sich zwischen den beiden Tafeln lange heftige Debatten entspannen. Von dem einen, welcher sich auf die Reichstage bezog, nahmen die Stände, nach einem Wechsel zahlreicher Nuntien, zwar endlich Abstand; allein bezüglich der Einrechnung der ungesetzlich erhobenen Steuern wollten sie, da auch ihre Instructionen so lauteten, durchaus ein Gesetz schaffen und den betreffenden Vorschlag schon bei dieser Gelegenheit unterbreiten; weshalb sie auch die Modificirung der Magnatentafel verwarfen, dass nämlich dieser Gegenstand jetzt in der Adresse nur auf die Art erwähnt werden solle, dass die Stände des Reichstags das Recht, hierüber ein Gesetz zu bringen, sich für die Zeit vorbehalten, wo die eigentliche Berathung der Steuerfrage auf die Tagesordnung käme. Die Magnatentafel stellte sodann das Princip auf, dass Gesetzvorschläge im allgemeinen nur über solche Gegenstände dem Throne vorzulegen seien, worüber beide Tafeln übereinstimmen, und erklärte zugleich, dass sie dem Gesetzvorschlage hinsichtlich der Einrechnung der Steuer nicht beitreten könne. Dieses Verfahren der Magnaten rief indess unter den Ständen grosse Gereiztheit hervor. Zahlreiche derselben äusserten sich dahin, dass, da sie Vertreter des gesammten Adels, ja, in Anbetracht des Wirkungskreises der Comitate die des ganzen Volks seien, so sei ihr Gewicht in der Gesetzgebung ein grösseres als das der nur in ihrem eigenen Namen gegenwärtigen, einzig und allein den grossen Besitz repräsentirenden Magnaten. Zu welcher Unbedeutendheit würde das nationale Recht der Initiative zusammenschrumpfen, wenn die Stände nur das vor den Thron gelangen lassen könnten, was der Magnatentafel durchzulassen beliebe! Sie würden daher das Veto der Magnaten, welches diese in Anspruch nehmen, das aber dem Könige allein zustehe, niemals und in keiner Angelegenheit anerkennen, am allerwenigsten aber in der Steuerfrage. Nach langen Debatten fasste das Haus der Stände den Beschluss, dass die Dankadresse nur für sich, ohne Beifügung des Gesetzvorschlags, an den König abgesendet werde; allein an Se. Majestät sei zugleich die Bitte zu richten, über die vorläufige Annahme der Steuereinrechnung Resolution zu ertheilen. Wenn die Magnaten auch dem ihre Zustimmung versagen sollten, so würde das Unterhaus selbst, im Sinne des 36. Gesetzartikels 1542 und des 64. Gesetzartikels 1550, mit Uebergehung des Hauses der Magnaten diese wichtige Angelegenheit dem Könige vorlegen. Ein solches Zerwürfniss des Gesetzgebenden Körpers sahen indess viele von den Ständen unter den gegenwärtigen Umständen in Bezug auf die Angelegenheiten der Nation für äusserst gefährlich an; und weil die Stände nicht einmal im Gegenstand des Streits, welcher von seiten der Regierung, wie sie im voraus sehen konnten, entschiedenen Wi-

derstand finden werde, zu siegen hoffen durften, so wünschten sie den
drohenden Schluss aus dem Nuntium ausgelassen zu sehen. Die
Majorität weigerte sich sodann nicht, besonders infolge der eifrigen
Bestrebungen des an die Stelle des verstorbenen Sigmund Szögyény
zu Ende des Jahres zum königlichen Personal ernannten Georg Majláth, dem Antrag beizutreten, nicht ohne Grund hoffend, dass die
Magnaten nach diesen Debatten von selbst so vorsichtig sein würden,
das Verhältniss zwischen den beiden Tafeln nicht zu verbittern.
Einem Bruche wurde auf diese Weise in der That vorgebeugt, und es
verweigerte fortan auch die Magnatentafel nicht, dass die Adresse am
20. Jan. 1826 endlich dem Willen der grossen Mehrheit der Stände
an den König abgesendet werde.

1826.
Die Dank-
adresse. In derselben heben die Stände des Reichs jene Worte des könig-
lichen Rescripts besonders hervor und sprechen hierfür ihren tiefsten
Dank aus, durch welche Se. Majestät erklärte, dass die Vorfälle der
Vergangenheit seinem väterlichen Herzen unangenehm waren, und er
fortan die Verfassung unverletzt aufrecht erhalten werde. Sie bitten
Se. Majestät, dass diese Garantien den Gesetzen einverleibt würden.
Indess erwähnten sie mit Schmerz, dass ihre Bitte in der Steuerfrage
noch nicht erfüllt worden sei; sie betreiben daher neuerdings die
Einwilligung des Königs, dass die über den gesetzlich bestimmten
Betrag erhobenen Steuern in der Zukunft eingerechnet werden mögen.
Die Zeit der Einberufung des künftigen Reichstags wünschen sie gleichfalls gesetzlich bestimmt zu sehen, und endlich versprechen sie, die
Reformarbeiten, sobald die Hindernisse beseitigt sein würden, unver-
säumt in Verhandlung zu nehmen, und bitten zugleich den König, ein-
zuwilligen, dass die zu schaffenden Gesetze nicht nur in lateinischer,
sondern auch in ungarischer Sprache verfasst würden und die königliche Sanction den beiden, spaltenweise nebeneinander zu schreibenden
Texten ertheilt werden möge. — Der Kürze und des grössern Zusammen-
hangs wegen bemerken wir gleich hier, dass die auf diese Adresse
vom König unterm 9. April ertheilte Antwort die Stände des Reichs
wenn auch nicht in allem, so doch bezüglich der Hauptpunkte befriedigte. Der König gibt seine Zustimmung, dass über die auf die
Verfassungsmässigkeit der Regierung Bezug habenden 10., 12. und
19. Gesetzartikel 1791 ein neues Gesetz gebracht werde. Er erkennt
an, dass zur Bestimmung der Steuer dem Reichstage allein das Recht
zustehe. Aber eine Einrechnung des in den frühern Jahren aussergesetzlich erhobenen Mehrbetrags der Steuer in die in den nächsten
drei Jahren zu zahlende Steuersumme erlaubten die Verhältnisse des
Staatsschatzes nicht, wie sehr es der väterlichen Gesinnung Sr. Majestät
auch erwünscht wäre, die Lasten der Unterthanen nach Möglichkeit
zu erleichtern. Der Schaffung eines von der alle drei Jahre stattzu-
findenden Einberufung des Reichstags handelnden Gesetzes sei er

gleichfalls nicht entgegen; aber dass der Termin jedes künftigen
Reichstags stets in der vorhergehenden Versammlung bestimmt werde,
finde er weder nothwendig noch nützlich. Er spricht schliesslich
auch seine Einwilligung aus, dass das Recht der gegenseitigen Correspondenz der Comitate durch ein Gesetz gewahrt werde.

Die Art und Weise der reichstäglichen Verhandlungen war damals Die Art der
Verhand-
lung.
noch eine solche, dass der Leser daran kaum genug Interesse fände,
wenn wir ihn durch den ganzen Verlauf dieses langen, bis 18. Aug.
1827 dauernden Reichstags in chronologischer Ordnung hindurchführen
wollten. Der Fortgang der Berathungen machte auch jene Art der
Unterhandlung sehr langsam und schwerfällig, welche bezüglich der
vorkommenden Gegenstände einerseits zwischen den beiden Tafeln,
andererseits in Hinsicht einer zwischen der gesetzgebenden Gewalt
und der Regierung zu erzielenden Uebereinstimmung im Gebrauche
war. Da man dem Könige nur einen solchen Gegenstand unterbreiten
konnte, worüber beide Kammern übereingekommen waren, so wechselten die beiden Tafeln, wenn ihre Meinungen über einen Gegenstand
nicht im Einklange standen, darüber so lange ihre gegenseitigen Nuntien,
bis endlich eine die Meinung der andern annahm und auf diese Weise
die Uebereinstimmung hergestellt wurde. In wichtigern Angelegenheiten geschah es nicht selten, dass die zwei Tafeln zehn bis funfzehn
Nuntien miteinander wechselten, bis endlich eine Uebereinkunft erzielt
wurde. Wenn aber sodann bezüglich des in Vorschlag gebrachten
Gegenstandes, wie es beinahe bei jeder wichtigern Frage geschah, die
Regierung verschiedener Ansicht oder andern Willens war, so gelangte derselbe sammt den Einwürfen und Gegengründen abermals an
die Ständetafel zurück. Und weil die Magnaten der Meinung der
Regierung zumeist beipflichteten, fehlte es wieder zwischen den beiden
Tafeln an Meinungseinheit, welche abermals nur durch die oben be-
schriebenen Unterhandlungen und oftmaligen Austausch von Nuntien
zu bewerkstelligen war. Und dies wiederholte sich in gleicher Weise,
so oft die Regierung gegen die gemeinschaftliche Adresse der endlich
übereingekommenen beiden Häuser irgendwelchen Einwand erhob.
Erst dann wurde der Gesetzvorschlag, dessen Redaction nicht selten
gleichfalls nur nach mehrern Nuntien und dem Auswechseln einiger
Adressen und Rescripte festzustellen gelang, verfasst und hinaufge-
sendet. Die Regierung bestrebte sich ihren willkürlichen Neigungen
gemäss stets, dass die Texturing des Gesetzes eine dunkle sei, um
die zweifelhaften Ausdrücke desselben zu ihren Gunsten deuten zu
können. Dies war die Ursache, dass sich die Stände oft mit Kleinig-
keiten abzumühen, über die Einschaltung, Hinweglassung oder Abänderung einzelner Ausdrücke, ja sogar Wörter manchmal wochen- oder
monatelang zu debattiren genöthigt waren; denn der ohne strenge

Erwägung geschriebene Buchstabe des Gesetzes konnte von seiten der
Regierung eine empfindliche Rechtsverletzung nach sich ziehen.

Uebrigens besteht auch das Hauptverdienst dieses Reichstags nicht
darin, dass auf demselben viele gute Gesetze zu Stande kamen,
die Zahl derselben ist sehr gering, sondern er besteht darin, dass
er die nationalen Rechte und die Hauptprincipien der Verfassungsmässigkeit reichlich besprach, und dieselben vielleicht noch mehr durch
die ebenso sehr während der Verhandlungen als in den Adressen an
den König sich mächtig äussernde constitutionelle Gesinnung, wie durch
die paar neuen auf diese Rechte bezüglichen Gesetze gekräftigt hatte;
dass er endlich durch die energischen, nicht selten stürmischen
Aeusserungen dieser Gesinnung die Regierung in ihren despotischen
Tendenzen erschütterte und überzeugte, dass sie sich vergeblich bestrebe, die Verfassungsrechte der Nation zu verstümmeln. Aber nicht
geringer ist das Verdienst dieses Reichstags auch darin, dass, während
er die alten constitutionellen Rechte sicherte, auch zugleich andererseits durch die lange eindringliche Verhandlung der verschiedenen
Fragen die Ideen aufklärend, die Kenntnisse vermehrend, die allgemeine Intelligenz erweiternd, das Gefühl für die Mängel lebhafter gestaltete und künftigen Reformen Bahn brach.

Wir wollen daher die chronologische Reihenfolge der langsam
fortschreitenden. Verhandlungen übergehen und nur die Erörterung
jener wichtigern Fragen erzählen, an welchen der diesen Reichstag
durchwehende Geist am meisten zur Offenbarung gelangte, und in welchen sich auch die gewonnenen Resultate am besten zeigen. Diese
Hauptgegenstände sind: die präferentialen Beschwerden und Wünsche;
die Angelegenheit der Nationalität und der Nationalsprache; die
Steuerfrage und die Regelung der Geldverhältnisse im privaten Credit,
endlich die systemmässigen Reformarbeiten. Beinahe jede dieser Fragen zog sich durch den ganzen zwei Jahre dauernden Reichstag hindurch und kam, den Adressen und Rescripten nach, bald die eine,
bald die andere zuerst in den Commissions-, später in den Circular-,
zuletzt in den Generalversammlungen zur Verhandlung.

Die präfe-
rentialen
Beschwer-
den und
Wünsche.   In die Rubrik der präferentialen Beschwerden und Wünsche
wurden alle jene constitutionellen Beschwerden und Wünsche der
Nation aufgenommen, welche die Integrität, Unabhängigkeit, Vertheidigung, nationale Bildung, ferner die Landwirthschaft, die Gewerbe, den
Handel und die finanziellen Angelegenheiten des Landes betrafen und
1826. in der am 22. Oct. dem Könige unterbreiteten Adresse nicht enthalten waren. Hierher gehörten unter andern: die Union Siebenbürgens mit Ungarn, einstweilen aber, bis dies geschehen könne, die un-
verzügliche Wiedereinverleibung der Comitate Zaránd, Kraszna, Kővár
und Közép-Szolnok, welche in der Sprache des Landtags kurzwég
„Theile" (partes) genannt werden, mit dem Lande; die thatsächliche,

wirkliche Unabhängigkeit der königlich ungarischen Hofkammer von
der allgemeinen Hofkammer; die Angelegenheit der Erz- und Salz-
bergwerke, das Recht der Preisbestimmung des Salzes, das Papiergeld,
das von der Regierung zur Regelung der Geldverhältnisse der Privaten 1812 erlassene Provisorium, die Hindernisse in Handel und
Gewerbe, die Mauthangelegenheit u. s. w.

Ueber diese Gegenstände wurden die Berathungen schon im
Januar (1826) begonnen, und die zwei Tafeln, deren Ansichten in
vielfacher Beziehung nicht übereinstimmten, wechselten miteinander
über jeden Gegenstand zahlreiche Nuntien. Die Mitglieder der Ständetafel hielten während dieser Debatten zu wiederholten malen Revue
über die von der Regierung begangenen Gesetzverletzungen, erhoben
Klagen über die Uebergriffe der Willkürherrschaft und wünschten die
verfassungsmässigen Principien und Gesetze nicht nur deutlich wiederhergestellt, sondern auch mit neuen Garantien umschanzt zu sehen.
Jeder führte die Nothwendigkeit „der Verschanzung der Constitution"
im Munde. Dagegen wollten die Magnaten unter der Leitung des
Erzherzog-Palatins — der während dieser Debatten glänzende Beweise
seiner umfassenden Geschäftskenntniss, seiner Toleranz gegeneinander
widerstreitende Ansichten, ja trotz der häkeligen Stellung, welche er
einnahm, sogar nicht selten seiner unerschütterlichen constitutionellen
Gesinnung gab [1] — sich damit begnügen, dass die Regierung das ungesetzliche Terrain thatsächlich verlassen habe, und hielten es für gefährlich, deren gegenwärtig an den Tag gelegten guten Willen durch
heftige Diatriben und übereifriges Opponiren aufs Spiel zu setzen.

Mitte April kam endlich die Uebereinstimmung in dieser Angelegenheit zwischen den beiden Tafeln zu Stande, und die Adresse
wurde abgesandt. Die Stände sagen in derselben unter anderm, dass
die Hauptquelle aller Uebel jenes Regierungssystem bilde, welches mit
dem Geiste der Verfassung und der Gesetze des Landes in geradem
Gegensatze stehe. Sie wünschten daher dieses System auf jene Art
und nach jenen Grundsätzen abgeändert zu sehen, welche sie in der
von uns schon oben angeführten Adresse vom 22. Oct. vorgetragen,

---

[1] Die Stände des Landes versagten ihm auch nicht ihre Anerkennung.
Als ihn am 18. März, dem Namensfest des Erzherzogs, der Reichsrichter
Graf Joseph Brunszvik im Namen der Magnaten begrüsste, sagte er ihm Folgendes: „In der That, in den schwierigsten und verwickeltsten Gegenständen,
wenn wir schon vergeblich nach einem Ausweg suchen, pflegen Ew.
k. k. Hoheit mit der Ihnen eigenthümlichen Geistesschärfe, Ihrer gründlichen
Kenntniss der Angelegenheiten, und Ihrer angenehmen und klaren Vortragsweise jeden Knoten so zu lösen, dass wir sofort zu Höchstihrer Meinung
fast hingerissen werden, und Höchstihrer süssen Beredsamkeit, welche
jede Verwickelung so leicht löst, mit Bewunderung und freudigem Genusse
lauschen."

und erklären zugleich, dass, bis diese von Sr. Majestät nicht aufrichtig angenommen und verwirklicht worden, die Verfügungen der Gesetzgebung auch in allen jenen Angelegenheiten keinen Erfolg erlangen können, welche jetzt als nationale Beschwerden und Wünsche vorgelegt wurden. Das Resultat rechtfertigte vollkommen die Richtigkeit dieser Ansicht der Stände. Obgleich sie indess mit dieser Adresse ihren Zweck auch nicht erreichten, so blieb doch die Erörterung dieser Gegenstände nicht gänzlich unfruchtbar. In jenen kühnen, heftigen Debatten, welche über diese Gegenstände später, infolge der abschlägigen Antwort der Regierung, abermals zahlreiche Sitzungen einnahmen, sagten sie der Regierung die Wahrheit unverhüllt ins Gesicht, und obschon sie das willkürherrliche Regierungssystem jetzt auch nicht stürzten, so brachten sie es doch so stark zum Wanken, dass die Regierung fortan genöthigt war, behutsamer zu sein und gegen die Verfassung und die Gesetze mehr Achtung zu bezeigen. Andererseits begann man während dieser leidenschaftlichen Erörterungen immer klarer einzusehen, dass es zur Befestigung der Verfassungsmässigkeit nicht mehr genügend sei, blos eine Ausbesserung der Mauern des alten Gebäudes vorzunehmen, wie dies zum Anfange der Session ihr einziges Bestreben war; sondern dass man die Grundlagen desselben im Sinne der Zeit erneuern und erweitern müsse, damit es gesichert bestehen und den Anforderungen der Zeit entsprechen könne.

Die Steuerfrage; der Zustand der Unterthanen; die Besteuerung des niedern Adels. Unter den Beschwerden, ja im allgemeinen unter allen auf diesem Reichstage vorgekommenen Angelegenheiten, verursachte keine so lebhafte und hitzige Debatten als die Steuerfrage, mit welcher auch jene des gesellschaftlichen Zustandes der nichtadelichen Klassen in Verbindung gebracht wurde.

Wie wir schon oben berührten, hegte die Ständetafel, nach den Grundsätzen der Beschwerdenpolitik, die Meinung, dass die von der Regierung in der Steuersache begangene Verfassungsverletzung vollständig nur dann behoben sein werde, wenn jene paar Millionen Gulden, welche in den vergangenen Jahren über die gesetzliche Steuer eingetrieben wurden, in die Steuersumme der künftigen Jahre eingerechnet und dies auch durch ein Gesetz bestimmt würde. Auch unter den Magnaten gab es mehrere, welche mit dieser Ansicht der Stände übereinstimmten, und machte eine Rede des Grafen Karl Zichy, in welcher dieser, eine Stelle aus den Werken des Papstes Benedict XIV. citirend, sagte: „Die Sünde wird so lange nicht vergeben, solange das geraubte Gut nicht wiedererstattet wird" (Non dimittitur peccatum, nisi restituatur ablatum), auf den Hof selbst grosse Wirkung. Die Majorität der Magnatentafel wollte indess diese Frage nicht auf die Spitze stellen und stimmte lange Zeit den Ständen nicht bei. Die Ansicht der letztern siegte aber schliesslich dennoch, und die Adresse wurde in ihrem Sinne nach Wien abgesandt. Nach der Be-

rechnung der Stände hatte die Regierung in den letzten Jahren um
etwa 2,400000 Fl. C.-M.[1] mehr an Kriegssteuern (welche 1812 be- 10. Juni.
stimmt worden waren) erhoben; sie wünschten daher diese Summe in
drei Theile getheilt von der Steuerquote der kommenden drei Jahre
abgerechnet zu sehen, welche für jedes dieser Jahre auf 4 Mill. Fl.
C.-M. festgestellt wurde. Uebrigens führen die Stände in ihrer Adresse
auch des breitern aus, dass die Stockung des materiellen Zustandes
im Lande unabweislich eine Belebung der Gewerbe und des Handels
erheische. Sie richten demnach an den König die Bitte, einige taug-
liche Personen zu ernennen, damit die Stände mit denselben verhandeln und die Zollangelegenheit noch auf diesem Landtage ordnen
könnten.

Aber in dieser Adresse einigten sich die Stände des Reichs nur
über jene Principien, welche die Steuerverhältnisse in Bezug auf die
Regierung regeln; hinsichtlich anderer mit der Steuer verbundenen
Fragen wurden die Debatten noch lange und heftig fortgeführt. Bei
der Bestimmung der Steuersumme kamen auch die Zahlungsfähigkeit
der Unterthanen und deren materielle Zustände zur Sprache; die
Conscription der Steuerzahlenden bot wieder zur Anregung der Frage
Anlass, ob auch jene mit Adelsdiplomen versehenen Edelleute, die
Urbarialgründe bebauen, steuerpflichtig seien.

Die Uneigennützigkeit, Aufklärung und von Vorurtheilen befreite
Auffassung der allgemeinen Interessen hatte auf diesem Landtage
unter den Ständen noch keineswegs so grosse Fortschritte gemacht,
dass sie schon geneigt gewesen wären, ihre Sorgfalt auf die Verbesserung des gesellschaftlichen Zustandes der nichtadelichen Klassen
auszudehnen. Paul Nagy, der schon auf dem Reichstage 1807 begeistert zu Gunsten des steuerzahlenden Volks gesprochen hatte, ergriff
auch jetzt die Gelegenheit, und drang mit mächtiger Rede in die
Stände, den Zustand des steuertragenden Volks zu verbessern. Sein
Antrag war überaus gemässigt, und viel mehr menschenfreundlich als
freisinnig zu nennen. Mit den übrigen Ständen hegte auch er die
feste Meinung, dass die Adelsprivilegien zum Wesen der Verfassung

---

[1] Diese Rechnung ist die folgende: das Land wäre verpflichtet gewesen,
in den verflossenen drei Jahren zusammen 16,010560 Fl. W.-W. zu zahlen,
die Regierung aber liess 10,171182 Fl. C.-M., d. i. 25,236818 Fl. W.-W. eintreiben. Das Land zahlte daher um 9,226257 Fl. W.-W. mehr als die gesetzliche Steuer beträgt. Weil aber der Staatsschatz die Productenlieferung
in den Comitaten mit 2,178610 Fl. C.-M. berechnet hatte, was er übrigens
nur in W.-W. hätte rechnen sollen, so ist von dem eingehobenen Mehr-
betrage von 9 Millionen die Summe von 3,267916 Fl. W.-W. abzuziehen
Der ungesetzlich erhobene Steuerbetrag repräsentirt daher die Summe von
5,958340 Fl. W.W., oder 2,383336 Fl. C.-M., welche man sodann in die
Steuer der nächsten drei Jahre einzurechnen verlangte.

gehörten. Sein Antrag dehnte sich daher nur bis dahin aus, dass die Stände, eben im Interesse der Aufrechthaltung unserer altehrwürdigen Constitution, alle jene Misbräuche, welche in den Urbarialverhältnissen auf den Unterthanen so schwer lasten, abschaffen und dem Volke alles geben mögen, was man ihm innerhalb der Grenzen der Verfassung reichen könne. Allein noch erschloss sich der Busen der Stände weder der ihre Gaben gleichmässig vertheilenden Gerechtigkeit, noch dem wahrhaft freien Constitutionalismus. Nicht einmal das sahen sie ein, dass sie diese privilegirte alte Verfassung selbst nur so in ihrer Unversehrtheit erhalten könnten, wenn sie die Misbräuche abschafften. Zeugen jener schönen, in ihrer Art einzigen Erscheinung, da der Adel selbst für die Unterthanen gegen die Regierung kämpfte und zwar nicht nur für eine Abschaffung der Misbräuche und eine Verminderung der Urbariallasten, sondern im allgemeinen für die Principien einer vollständigen Befreiung des Volks und allgemeiner Theilnahme an den Lasten, — Zeugen jener schönen Erscheinung werden wir erst einige Jahre später, in den Zeiten nach 1832 sein. Jetzt wollte der Adel, welcher eben mit so grosser Erregtheit für eine Behebung der Beschwerden der avitischen privilegirten Verfassung kämpfte, von der fehler- und lückenhaften Beschaffenheit der gesellschaftlichen Zustände, von den Beschwerden, welche auf den Millionen des ausserhalb der Verfassung stehenden Volks lasteten, nichts hören. Der edelherzige Redner, welcher nur die schreiendern Misbräuche abgeschafft zu sehen wünschte, musste gallige Diatriben, ungerechte Verdächtigungen gegen sich erheben hören. Viele von diesen blindeifrigen Verfechtern der Privilegien unterbrachen schliesslich seine glühende Rede, und verliessen, ihn der Absicht zeihend, die Verfassung umstürzen zu wollen, haufenweise den Saal. Allein eben dieser emporlodernde Zorn, welcher gegen den übrigens beliebtesten und populärsten Redner ausbrach, ist ein unzweifelhaftes Zeugniss dessen, dass diese übereifrigen Verfechter der Privilegien sich in ihrer schwächsten und wundesten Stelle getroffen fühlten; und beweist ferner auch, dass seit jener Zeit, als Paul Nagy in dieser Angelegenheit zum ersten mal auftrat, das Rechtsgefühl und die Aufklärung der Stände doch einige, obgleich geringe Fortschritte gemacht hatte. Im Jahre 1807 noch hatten die Anbeter der Privilegien einen ähnlichen von ihm gestellten Antrag mit grosser Gleichgültigkeit, mitleidigem Lächeln und mit dem Ausrufe „Faseln Sie doch nicht!" (Non stultiset!) beseitigt; jetzt aber waren die Worte des Redners nicht spurlos verhallt. Es war das erste Stadium des Siegs, welchen das Princip eines freien Volks und eines freien Bodens im Jahre 1848 endlich vollständig erfocht.

Glücklicher war Paul Nagy mit seinem zweiten Antrage in der Steuerangelegenheit, in welchem ihn selbst sein mächtiger Geist über die Grenzen seines eigenen, übrigens gleichfalls aristokratischen Sy-

stems hinaus, nach einem Ziele mit sich fortriss, welches er selbst
nicht geahnt hatte. Da es sich nämlich um die Regelung einer jener
Arbeiten handelte, welche die Zusammenschreibung sämmtlicher der
Steuer unterworfenen Urbarialgründe zum Zwecke hatten, so entstand
die Frage: ob auch jene Edelleute verpflichtet wären, die Steuer zu
entrichten, welche die Nutzniessung solcher Urbarialgründe hätten?
Die Zahl solcher verarmten und auf den Colonicalgründen grösserer
Herrengüter sesshaften Edelleute war in manchen Comitaten bedeutend; und die Steuerfreiheit derselben, welche nach dem Princip des
dem ganzen Adel gleichmässig zugute kommenden Vorrechts bisher im
Gebrauche war, verringerte bedeutend den Grundstock der Steuer, die
Urbarialgründe, und belastete die steuerpflichtigen Unterthanen. Paul
Nagy reihte daher die Steuerfreiheit dieser auf Urbarialsessionen
wohnhaften Edelleute auch unter jene Misbräuche ein, von welchen
man die Verfassung reinigen müsse, wenn man deren Aufrechthaltung
sicherstellen wolle; und er wandte die ganze Macht seiner Rednergabe daran, diese Frage so entschieden zu sehen, dass auch die von
Edelleuten gebrauchten Urbarialgründe unter die steuerpflichtigen aufgenommen würden. Die Debatte wurde überaus hitzig; die übereifrigen Anhänger der Adelsvorrechte sprachen abermals vom Umsturz
der Verfassung und ergingen sich in giftigen Invectiven gegen den
Redner. Die Majorität aber neigte sich, auch von den Magnaten
hierzu gedrängt, endlich der Ansicht Paul Nagy's zu und erhob die
Besteuerung der auf Urbarialgründen angesessenen Edelleute zum Beschluss; fügte aber dennoch auch die Clausel bei, dass erst die Nachkommen solcher steuerfreien Edelleute die Zahlung der Steuer beginnen sollten. Das neograder Comitat liess später durch seine
Deputirten auf dem Reichstage auch gegen diesen Beschluss Verwahrung einlegen, wurde aber durch ein königliches Rescript zur Ordnung
verwiesen. Dieser Beschluss, anscheinend von geringer Wichtigkeit,
führte nach einigen Jahren, wie wir später sehen werden, zu einem
grossen Erfolg; der sehr zahlreiche Urbarialadel, dem fortan das
Vorrecht der Steuerfreiheit genommen war, vereinigte sich von da ab
mit den übrigen Steuerpflichtigen und half den Sieg des Princips allgemeiner Besteuerung erkämpfen.

An ebendemselben Tage, an welchem dieser denkwürdige Be- 12. Aug.
schluss in Form einer Adresse dem König vorgelegt wurde, gelangte 1826.
auch dessen Antwort auf die in der Steuerangelegenheit unterm
10. Juni abgeschickte Adresse herab. Diese Antwort erweckte unter
den Ständen grosse Unzufriedenheit; denn der Hof begnügte sich
weder mit der festgestellten Kriegssteuer von 4 Mill. Fl., noch wollte
er sich zu einer Einrechnung der in den vergangenen Jahren ungesetzlich erhobenen Steuersumme verstehen; von jener Commission
aber, welche die Stände zur Regelung der Zollangelegenheit auszu-

senden baten, machte er nicht einmal Erwähnung. Die Debatten über diese Fragen wurden daher nach einigen Tagen von der Ständetafel mit gleicher Hitze und ähnlichen Gründen fortgeführt wie bei der ersten Verhandlung. Aber es konnte nicht unbemerkt bleiben, dass einige ausgezeichnetere Redner der Opposition jetzt an den Debatten entweder keinen Antheil nahmen, oder gar thätig waren, zur Vereinigung der Stände und der Regierung Brücken zu bauen. Die Majorität blieb indess auch jetzt standhaft bei ihrer frühern Ansicht, und betrieb beim König in einer neuen Adresse die Annahme derselben. Der Hof war damals schon überzeugt, dass es nur der Ausdauer bedürfe, um die Stände nachgiebiger zu stimmen; denn jene Ansichtsänderung, welche die erwähnten Redner während der letzten Verhandlungen an den Tag legten, waren geradezu ein Resultat seiner geheimen Thätigkeit. Seine neue Erwiderung stimmte daher auch mit der vorigen überein; sie betrieb die Erhöhung der Steuersumme und erklärte für unmöglich, den in den vergangenen Jahren erhobenen Mehrbetrag der Steuern einzurechnen. Dass der Hof, wenigstens theilweise, richtig gerechnet hatte, trat sogleich zu Tage, als dieses Rescript in Verhandlung genommen wurde. Als die Stände einsahen, dass es ihnen nicht gelingen würde, die Regierung ihrer Ansicht geneigt zu stimmen, waren sie fortan nur darauf bedacht, das Princip zu retten. Demnach beschlossen sie, in dieser Angelegenheit den Palatin, der ohnehin schon längere Zeit hindurch in Wien war, zu bitten, er möge beim König persönlich interveniren, und wenn es ihm gelänge, den Monarchen dazu zu vermögen, dass er die Gerechtigkeit der Einrechnung in einem hierüber zu schaffenden Gesetze anerkenne und demzufolge die noch aushaftenden Steuerrückstände aufhebe, so würden auch sie von ihrer Forderung einer thatsächlichen Einrechnung abstehen; die Steuersumme der künftigen Jahre wollten sie indess auch jetzt noch nicht erhöhen, da die Armuth des steuerpflichtigen Volks eine grosse sei.

Der Palatin, der selbst an diesem Uebereinkommen arbeitete, übernahm mit Freuden die Rolle des Vermittlers, und überbrachte schon am 5. Dec. die Antwort des Königs, in welcher Se. Majestät nicht dagegen war, dass die Einrechnung in einem Gesetzartikel gebührendermassen erwähnt und auch die Steuerrückstände nachgelassen werden sollten; der dringende Bedarf des Staatshaushalts zwänge ihn jedoch, eine Erhöhung der Steuersumme zu betreiben. Im weitern Verlaufe seines Vortrags sprach der Erzherzog-Palatin seine Hoffnung aus, dass, wenn diesem Verlangen des Königs entsprochen werde, auch das Land von demselben in der Angelegenheit der bereits vorgelegten Beschwerden und Wünsche einige Begünstigungen erwarten könne. Er bittet daher die Stände, sie mögen wenigstens die Steuersumme des Jahres 1790 anbieten. „Nicht nur zufolge meiner strengen

11. Sept.

17. Oct.

20. Nov.

Pflicht", sagte er unter anderm, „welche mich als den ersten Beamten des Landes hierzu verbindlich macht, und nicht allein kraft meiner Stellung als Vermittler zwischen König und Nation, sondern weit mehr noch aus jener aufrichtigen Liebe, welche ich gegen das theuere Vaterland · in glücklichen und unglücklichen Zeiten gleichmässig bewiesen habe, und aus Besorgniss für die Zukunft, rathe ich den Ständen des Reichs, dass sie in dieser wichtigen Sache der Steuervotirung, worüber schon so lange verhandelt wird, um so mehr trachten mögen, dem Verlangen Sr. Majestät zu entsprechen, als Se. Majestät zufolge Allerhöchstihrer Zuneigung und väterlichen Sorgfalt für das steuerzahlende Volk entschlossen sind, jede Gelegenheit zu ergreifen, welche zur Hebung der nationalen Industrie und zur Beförderung der Steuerfähigkeit des Volks Anlass bieten könne." Wie dem Throne, so erreichte der Palatin auch den Ständen des Landes gegenüber mit seiner Vermittelung den angestrebten Zweck; die Stände, auch von den Magnaten hierzu gedrängt, bewilligten endlich die Steuersumme des Jahres 1790 (4,395000 Fl.) und sprachen die 7. Jan. Hoffnung aus, dass Se. Majestät nun auch dem Lande in der Ange- 1827. legenheit der präferentialen Beschwerden eine allergnädigste Antwort ertheilen werde, und besonders wegen der Beförderung der materiellen Interessen die Zölle, nach dem Vortrage der Stände, mit grösserer Billigkeit ordnen werde. Der König empfing das Angebot mit Zufrie- 1. März. denheit und versprach neuerdings, er werde sorgfältig darauf bedacht sein, die Industrie des Landes zu befördern.

Wie hinsichtlich der constitutionellen Rechte jene Verhandlungen Die Frage die wichtigsten waren, infolge welcher die in den verflossenen Jahren der Natio- nalsprache. erlittenen Gesetzverletzungen in der Angelegenheit der Steuer und der Rekrutirung behoben wurden, und das Recht der Nation, welchem nach Steuern und Rekruten dem Lande nur durch die verfassungsmässige Gesetzgebung auferlegt werden können, vollständig wiederhergestellt wurde, so nimmt auch hinsichtlich der Nationalität und der nationalen Bildung die Frage der vaterländischen Sprache den ersten Platz ein.

Der mit so grosser Hitze und Leidenschaft geführte Spracherneuerungskampf und die junge Nationalliteratur, welche durch die neue Schule einen so mächtigen Anstoss erhalten hatte, hielt auch während der politischen Gärung der vergangenen Jahre die Aufmerksamkeit und das Interesse der Nation für die Nationalsprache unablässig wach. Es ist daher kein Wunder, dass der grösste Theil der Comitate seine Deputirten in dieser Beziehung mit solchen Instructionen versehen hatte, dass diese sich bestreben sollten, in der öffentlichen Verwaltung an die Stelle der lateinischen die Nationalsprache zur amtlichen zu erheben. Die Angelegenheit der Nationalsprache nahm daher unter den Punkten der Beschwerden und Wünsche eine hervor-

ragende Stelle ein. Es gab auf dem Reichstage niemand, selbst die
Deputirten Kroatiens und Slawoniens nicht ausgenommen, der sie nicht
unterstützt hätte; die Verständigsten und an ihrer Spitze Paul Nagy,
nach seiner auf dem Landtage 1807 gesprochenen denkwürdigen
Rede, stellten die Sache der Nationalität mit Recht noch· jener der
Freiheit voraus, und ergriffen jede Gelegenheit, wodurch sie auf die
Befestigung des Nationalgefühls einwirken und dem Lande die von den
Vorfahren sündhafterweise so sehr vernachlässigte Angelegenheit der
Nationalsprache ans Herz legen konnten. Demnach bildete die Ein-
setzung der Nationalsprache zur amtlichen einen der Hauptgegenstände
der Adresse, welche man an den König hinsichtlich der Beschwerden
und Wünsche des Landes richtete. Es wurde die Einwilligung des
Königs verlangt, damit die Nationalsprache noch durch die Gesetz-
artikel dieses Reichstags in ihre Rechte eingesetzt werde, und die
Gesetze nicht nur mit lateinischem, sondern auch mit ungarischem
Text herausgegeben werden mögen; in der öffentlichen Verwaltung
und im öffentlichen Unterricht aber möge zum ersten Anfang die ungarische Sprache wenigstens für einige Zweige derselben bindend sein.
Diese Wünsche stimmten ganz mit jenen überein, welche schon der
Reichstag des Jahres 1811 vorgelegt hatte. Allein dieses so sehr gerechte Verlangen, dessen Verweigerung kaum möglich schiene, wurde
wie damals, auch jetzt nicht erfüllt. Die Vertreter der Nation durften
dies um so übler nehmen, als die Regierung, welche während der
französischen Kriege, um die Nation zu reichlichern Unterstützungen
anzueifern, gewisse Aufrufe freiwillig in ungarischer Sprache erlassen
hatte, jetzt die Verweigerung dieses Nationalwunsches mit keinem
stichhaltigen Grunde motiviren konnte. Schmerzlich ersah daraus die
Nation, dass der Hof seinen Kampf gegen die Nationalität noch immer
nicht ganz aufgegeben habe; sie konnte sich zugleich davon überzeugen, dass nur ausdauernder patriotischer Eifer und anhaltende Bestrebung im Stande sei, die Nationalsprache auszubilden und sie in ihre
natürlichen Rechte einzusetzen.

In den Berathungen, welche über diesen Nationalschatz gehalten
wurden, tauchte abermals die Idee einer ungarischen Gelehrtengesellschaft auf, welche schon Nikolaus Révay, dieser unsterbliche Begründer
des wissenschaftlichen Systems unserer Sprache, bei den Ständen des
Reichstags von 1790 mit solch patriotischem Eifer, jedoch vergeblich,
betrieben hatte. Das grösste Hinderniss bestand damals in dem
Mangel eines genügenden Fonds; denn die Stände des Reichs waren
weder im Stande, die zu diesem Zwecke nöthigen Geldquellen aus den
öffentlichen Einnahmen, welche von der Regierung bis zum letzten
Heller in Anspruch genommen wurden, nachzuweisen; noch waren sie
zur Zeit von der brennenden Nothwendigkeit eines derartigen Instituts so sehr durchdrungen, dass sie den Grund dazu aus ihrer eige-

nen Börse, auf dem Wege privater Beiträge, zu legen geneigt gewesen
wären. Zwar wurde diese heilsame Idee auf den im ersten Zehnt
dieses Jahrhunderts abgehaltenen Reichstagen öfter in Anregung gebracht; weil jedoch den Plan zur Verwirklichung derselben auch
schon jene Commission ausgearbeitet hatte, welche der Reichstag des
Jahres 1790 zur Vorbereitung der Reformplane der geistigen Interessen eingesetzt hatte, die Regierung aber die Verhandlung dieser
Commissionsarbeiten mit den übrigen Reformen stets auf spätere Zeiten
verschob, so konnte die ungarische Akademie bisjetzt noch immer nicht
ins Leben treten. Und es fehlte doch schon nicht an einzelnen eifrigen
Patrioten, die nicht minder geneigt gewesen wären, zur Begründung
derselben Opfer zu bringen als zu der im Plane befindlichen Kriegs-
akademie. Unter andern wäre Stephan Marczibányi, dem Gerüchte
nach, der Gründung des Fonds mit 50000 Fl. beigetreten. Im Jahre
1810 starb auch dieser ausgezeichnete Patriot; und weil er zur Errichtung der Akademie schon keine Hoffnung hatte, so gründete er
in seinem Testament eine Preisvertheilungsanstalt, welcher er, wie
wir oben erwähnten, die Aufgabe sellte, alljährlich Preisfragen zur
Ausbildung der Sprache auszuschreiben, und ausserdem die während
des Jahres erschienenen besten ungarischen Geistesproducte mit Preisen
zu betheiligen.

Dieses Institut, der Eifer, welchen dasselbe in den Pflegern un- Die Grün-
serer Sprache und Literatur erweckte, und im allgemeinen der hoff- ungarischen
nungsvolle Fortschritt unserer jungen Literatur wirkten auf den all- Akademie.
gemeinen Wunsch noch mehr ein, ein derartiges nationales Institut
zu errichten, welches, mit genügendem Fonds versehen, und die ausgezeichnetern schriftstellerischen Kräfte in sich vereinigend, an der
Ausbildung der Sprache und Literatur corporativ zu wirken berufen
sei. Unter solchen Verhältnissen ward es auch dem Landtage unmöglich, diesen Gegenstand der allgemeinen Wünsche zu übergehen, als
die Frage der allgemeinen Einführung der Nationalsprache in Verhandlung genommen wurde. In einer am 3. Nov. stattgefundenen
Circularsitzung beriethen die Stände diesen Gegenstand eindringlicher.
Man debattirte über die Art, wie die Gelehrtengesellschaft errichtet
werden könne. Einige vermeinten, es würde genügen, der Literatur
nach Art des Marczibányi-Instituts, jedoch durch in grösserm Masstabe
zu veranstaltende Preisvertheilungen, durch Erleichterung der Herausgabe ausgezeichneterer Werke und durch Hebung des Buchhandels zu
grösserm Fortschritt zu verhelfen. Die grosse Mehrzahl glaubte indess
den gewünschten Zweck nur durch die Errichtung eines akademie-
artigen Körpers erreichen zu können. Und es erklangen wunderschöne Reden : an Vernünfteleien und guten Wünschen war kein
Mangel; allein der Knoten der Frage, die Art der Herstellung eines
genügenden Fonds, blieb ungelöst. Der Faden der Verhandlungen

wurde am künftigen Tage wiederaufgenommen, die Debatten nahmen
ihren Fortgang, eine Zeit lang abermals mit gleicher Erfolglosigkeit.
Endlich erhob sich Paul Nagy, dessen Flammenworte schon öfter auch
früher in der Sache der nationalen Sprache und Literatur Begeisterung
erweckt hatten. In seiner Rede schilderte er mit lebhaften Farben
die Angelegenheit unserer Nationalität, und erzählte hinreissend, wie
die vaterländische Sprache und mit ihr auch die Nationalität bisher
meistentheils nur durch die bei ihren glimmenden Lampen zumeist
hungernd und darbend arbeitenden, ihre Hoffnungen, ihr Glück, ihr
ganzes Leben aufopfernden, armen Patrioten mit deren Herzblut vor
gänzlichem Verderben bewahrt blieb: nun aber, rief er aus, entwickele
und bilde sie fortan das patriotische Opfer der überreichen Grossen
unsers Vaterlands aus; denn auch hierzu brauche man, wie nach dem
Worte des einstigen Heerführers zum Kriege, hauptsächlich drei Dinge:
Geld, Geld und wieder Geld!

Während der Stille, welche auf diese Worte folgte, erhob sich
ein Mann, der bisher hinter Paul Nagy gesessen hatte und den Berathungen, an welchen er, da er nicht Mitglied des Hauses, keinen
Antheil nahm, nur als Zuhörer mit gespannter Aufmerksamkeit und
fortwährend sich steigerndem Interesse gefolgt war. Seine Nachbarn
sahen während der Rede Paul Nagy's in seinen Augen das Feuer der
Begeisterung lodern. Dieser Mann war Graf Stephan Széchenyi, Mitglied des Oberhauses, der, obgleich er sich bisher an den Gravamial-
Debatten des gesetzgebenden Körpers noch gar nicht betheiligt hatte,
und sich überhaupt um die Tagespolitik wenig kümmerte, dennoch
schon die öffentliche Aufmerksamkeit in verschiedener Beziehung auf
sich gezogen hatte. „Ein Offizier", schreibt Baron Sigmund Kemény
in dem gutgetroffenen Charakterbilde desselben, „der mit der Uniform
am Leibe sich in die öffentlichen Angelegenheiten mischen will;
ein die ungarische Sprache noch fehlerhaft sprechender Mann, der
einen bedeutenden Theil seines Lebens im Auslande zubrachte; der
Sprosse einer reichen und glänzenden Familie, der, mit einigen Freunden vereint, sich bemüht, in der Versammlung der lateinische Reden
haltenden und deutsch conversirenden hohen Stände die süssen Klänge
der Muttersprache einzubürgern; Franz Széchenyi's, jenes Magnaten,
welcher dem Vaterlande so viele Opfer gebracht hatte, in den höhern
Kreisen der europäischen Gesellschaft lebender Sohn, der eigens deshalb unter die Väter des Vaterlands tritt, um sich zum Vorkämpfer
der in den ungarischen Palästen kaum gekannten, kalt empfangenen,
oder höchstens aus Mitleid geduldeten Nationalität zu weihen; —
alle diese Beziehungen umgaben Széchenyi mit einem gewissen Glorien-
scheine; sie verliehen ihm Interesse, ehe er Verdienste, — richteten die
allgemeine Aufmerksamkeit auf ihn, bevor er gesprochen hatte, und
bereiteten schon frühzeitig für seine Popularität den günstigen Luft-

Graf
Stephan
Széchenyi.

kreis vor." Die allgemeine Aufmerksamkeit wandte sich ihm in diesem Augenblicke, als man die vaterländische Sprache und Nationalität verhandelte, und man ihn inmitten der Debatte sich erheben sah, um so mehr zu, denn das Publikum war schon einigermassen gewohnt, von ihm in dieser Hinsicht Gutes, Schönes, Ausgezeichnetes zu erwarten. Gleich bei Beginn des Reichstags verbreitete sich das Gerücht, dass er zur Reichsversammlung grösstentheils nur deshalb erschienen sei, um seinem Vaterlande in der Sache der Nationalität irgendeinen nützlichen Dienst zu erweisen; und in der That, seit er den Conversations-Club gegründet hatte, bildeten meistens die Sicherstellung und Entwickelung der Nationalität den Gegenstand seines Gesprächs; diese war stets der Grundgedanke, von welchem er in seinen freundschaftlichen Discussionen auszugehen, und auf welchen er wieder zurückzukommen pflegte.

In der allgemeinen Stille, welche auf die letzten Worte Paul Nagy's in dem sonst geräuschvollen Saale gefolgt war, schien das Schweigen des gesetzgebenden Körpers den Wunsch auszudrücken: die Grossen unsers Vaterlands, die bisher die Nationalität so schmählich vernachlässigt hatten, mögen endlich edelherzig genug sein, von ihren Schätzen zu opfern für die heilige Sache! Jedes Auge wandte sich Széchenyi zu, jedes Ohr lauschte mit gespannter Aufmerksamkeit seinen Worten, als er sprach: „Mir steht hier das Wort nicht zu. Ich bin nicht Mitglied des Hauses der Deputirten. Aber ich bin Gutsbesitzer; und wenn ein Institut gegründet wird, welches die ungarische Sprache ausbilden soll, und damit die ungarische Erziehung unserer Landsleute befördern hilft, so weihe ich demselben die einjährlichen Einkünfte meiner Güter." Nur aus diesen Worten bestand die Jungfernrede Széchenyi's; allein seine kurze Rede hatte auf die Anwesenden mit elektrischer Kraft gewirkt und riss die Mitglieder der Versammlung zu grenzenloser Begeisterung, stürmischem Applaus und nicht endenwollenden Éljens hin.

Und als die Ruhe einigermassen wiederhergestellt war, schien die Versammlung nur darin zu pausiren, damit sie zu neuen Ausbrüchen der Begeisterung einen Gegenstand gewinne, denn das schöne Beispiel fand sofort edle Nachahmer. Graf Georg Andrássy, Deputirter von Gömör, opferte zu diesem Zwecke dem Vaterlande 10000, Graf Georg Károlyi, Deputirter von Szatmár, 40000, Abraham Vay, Deputirter von Zemplin, 8000 Fl. noch während dieser Sitzung. Später traten ihnen auch noch andere bei, infolge dessen noch während dieses Reichstags 250000 Fl. in Silber als Grundstock zum Fonds des zu errichtenden Instituts eingesammelt wurden.[1] Die Stelle des Protectors nahm der

---

[1] Die Namen und Gaben der ersten Gründer sind die folgenden: Erzherzog-Palatin Joseph 10000, Graf Stephan Széchenyi 60000, Abraham Vay 8000, Graf Georg Károlyi 40000, die Grafen Georg Andrássy, Johann Batthyányi,

Erzherzog-Palatin Joseph an. Die Stände des Landes aber schufen
ein Gesetz, dass der Plan und die Statuten der von den Gründern zu
errichtenden Akademie dem Könige und auch dem künftigen Reichstage zur Sanction vorzulegen seien. Hinsichtlich einer allgemeinen
Einführung der ungarischen Sprache konnte man übrigens auf diesem
Reichstage von der Regierung keine Concession erlangen.

Die königlichen Propositionen enthielten, wie wir oben erzählten,
ausser der Krönung der Königin auch noch die Regelung jener Verwirrungen, welche durch die zweimalige Werthherabsetzung des Papiergeldes in den ältern Geldangelegenheiten der Privaten entstanden
waren, und die Verhandlungen der von den Landescommissionen des
Reichstags von 1790 ausgearbeiteten systematischen Reformplane. Einen
thatsächlichen Erfolg hatte die Versammlung weder in der einen noch
in der andern Aufgabe aufzuweisen.

Die Geld-
verhältnisse
der Pri-
vaten.

Was das erste anlangt, so konnte, wie sehr auch in den ältern
Geldverhältnissen der Privaten die Nothwendigkeit solcher Vorschriften,
auf welche sich die Gerichte bei der Regelung derartiger Angelegenheiten in ihren Urtheilen stützen konnten, gefühlt wurde, die Gesetzgebung dennoch sich mit der Regierung auch jetzt noch nicht vereinbaren. Die Regierung wollte auch jetzt, wie im Jahre 1811, diese
Regelung auf Grundlage ihrer Finanzoperationen der vergangenen
Jahre vorgenommen wissen, wozu hinwieder die Stände, um diese
auf willkürliche Verordnungen gegründeten Finanzoperationen nicht
anscheinend billigen und, obgleich mittelbar, auch noch mit einem Gesetze unterstützen zu müssen, sich auf keine Weise verstehen wollten.
Nachdem sich die Regierung nach mehrern hin und her gewechselten
Adressen und Rescripten endlich die Ueberzeugung verschafft hatte,
dass in dieser Angelegenheit eine Vereinbarung nicht zu Stande käme,
machte sie den Verhandlungen mit der Erklärung ein Ende: dass sie
sich bestreben werde, das alte Papiergeld bis zum künftigen Reichstage gänzlich aus dem Verkehr zu ziehen, worüber es sodann leichter
sein werde, einen Beschluss zu fassen.

Die syste-
matischen
Reform-
arbeiten.

Die systematischen Reformarbeiten der Landescommissionen des
Reichstags 1790 enthielten, wie wir dies anderswo [1] erzählten, die Plane
zur Ausbesserung oder Neugestaltung des ganzen veralteten Systems

Michael Esterházy, Karl Esterházy, der Jüngere, Paul Széchenyi und Ladislaus
Festetics je 10000, Gabriel Justh und Emerich Inkey je 1000, Fürst Philipp
Batthányi 50000, Graf Anton Cziráky 3000, Graf Johann Keglevich 6000,
Joseph Kopácsy, Bischof von Weszprim und Baron Karl Zay je 2000, Baron
Karl Mandell und Samuel Pápay je 1000, die Gebrüder Grafen Teleky 5000 Fl.
und eine 30000 Bände starke Bibliothek, und endlich Stephan Sándor 10000 Fl.,
eine Bibliothek, Münz- und andere Sammlungen.

    [1] Vgl. mein Werk: „Magyarország Történelme" (Geschichte Ungarns),
VI, 84 fg.

der öffentlichen Verwaltung. Dieser Reichstag war jedoch, wie schon
aus dem bisher Gesagten genügend erhellt, den Reformen keineswegs
günstig. Den Geist der den Privilegien noch übereifrig anhängenden
Stände hielt ganz die Beschwerdenpolitik gefangen. In dieser Beziehung
besassen selbst die Gemässigtern und Unbefangenern noch nicht eine
solche allgemeine Bildung, dass sie sich auf die Höhe der europäischen
Staatswissenschaften hätten erheben können. Und welche Reformen
hätte man auch von jenen Ständen erwarten dürfen, die die Garantien der Verfassung allein in den todten Buchstaben des Gesetzes,
nicht aber in lebenskräftigen Einrichtungen, in zeitgemässen Neuerungen suchten; deren Mehrheit den Berathungssaal voll lauten Zorns
verliess, als Paul Nagy den Antrag stellte, dass man die urbarialen
Misbräuche mit Aufrechthaltung der Adelsvorrechte aufheben möge?
Auf diesen Geist bezieht sich einer der ausgezeichnetsten unter den
Deputirten, der wissenschaftlich gebildete Graf Joseph Dessewffy,
Abgeordneter des szabolcser Comitats, als er (30. Sept. 1826) seinem
Freunde Franz Kazinczy schreibt: „Der jetzige Reichstag kann, vermöge der Vereinigung der Umstände, nicht das geringste Gute, aber
er kann viel Schlimmes hervorbringen; entweder muss man wünschen,
dass er noch eine Weile ohne jedes Resultat fortdauere, oder dass ihn
Se. Majestät ohne Resultat auflöse. . . ." „Am besten wäre es", sagt
er weiter, „in den jetzigen Zeiten ein paar Jahre lang zu schlafen
und dann aufzuwachen." Der Rath wäre indess richtiger gewesen, wenn
er so geklungen hätte, dass es am besten gewesen sein würde, einige
Jahre lang zu lernen und sich vorzubereiten und dann die Reformen
in Angriff zu nehmen. Auch fühlte die Mehrzahl der Stände die
Nothwendigkeit davon. Die Reformarbeiten, deren Verhandlung die
Nation im ersten Zehnt des Jahrhunderts bei der Regierung so eifrig,
jedoch vergebens betrieben hatte, setzten sie jetzt nur auf wieder-
holtes Andringen derselben auf die Tagesordnung. Und kaum hatten
sie deren Verhandlung begonnen, so sahen sie selbst ein, dass es bei
der grossen Mehrzahl des Repräsentantenkörpers grösserer Vorbereitung,
bedeutenderer Fachkenntniss in den Staatswissenschaften bedürfe, damit sie im Stande seien, solch ausgedehnte Reformarbeiten, welche
alle Zweige der öffentlichen Verwaltung umfassen, richtig zu beurtheilen, und dieselben, ohne die überaus eifersüchtig bewachte alte
Verfassung zu gefährden, ins Leben treten zu lassen. Aber sie bemerkten auch, dass seit 1792, wo diese Arbeiten entstanden, die Welt
in allen Dingen eine bedeutende Umwälzung erfahren habe; viele Umstände änderten sich gänzlich, neue Mängel und neue Bedürfnisse
erschienen am Horizont des nationalen Lebens, welche in diesen
ihrer Zeit nach übrigens genug richtigen Arbeiten keine Berücksichtigung fanden. Demnach konnten die Stände jetzt auch nichts
Besseres thun, als dass sie den folgenden Gesetzartikel schufen: „Da

die Verhandlung der systematischen Arbeiten, ihrer hohen Wichtigkeit
und Tragweite gemäss, eine längere Berathung erheischt: so beschlossen die Stände mit Einwilligung Sr. Majestät, eine aus zahlreichern Mitgliedern bestehende Commission auszusenden, welche, in
Sectionen getheilt, die erwähnten Arbeiten zu untersuchen, zu berathen,
und ihre Ansichten sowol über diese Arbeiten selbst als auch in
Bezug auf die zu schaffenden Gesetzartikel mit Gründen unterstützt
dem künftigen Reichstage vorzulegen haben wird." Zu diesen hochwichtigen Arbeiten wurden in die unter der Oberleitung des Palatins
stehende Commission 25 geistliche und weltliche Mitglieder der Magnatentafel, und von der Ständetafel 8 obergerichtliche, 2 kroatische,
5 Kapitel-, 28 Comitats- und 9 städtische Deputirte gewählt,
welchen sodann noch 3 Statthaltereiräthe und die Studiencommission
beigegeben wurde. Diese wurden vom Palatin sämmtlich in neun
Sectionen eingetheilt, deren jeder ein besonderes Operat zugewiesen
wurde.

Und dies waren die Hauptgegenstände, womit die Stände des
Reichs neunzehn Monate hindurch beschäftigt waren, als ein vom
19. März 1827 datirtes Rescript den Schluss des Reichstags auf den
19. Mai verkündigte. Bis zu diesem Termin erreichten jedoch weder
die Regierung noch die Stände des Reichs in allem, was sie noch zu
Ende führen wollten, ihren Zweck. Jene wünschte, im Interesse ihrer
Finanzoperationen, das Gesetz bezüglich der Regelung der privaten
Geldverhältnisse gebracht zu sehen; diese wollten noch in der Angelegenheit der präferentialen Beschwerden und Wünsche von der
Regierung einige Zugeständnisse erwirken; denn das in dieser Sache
unterm 11. April herabgelangte königliche ' Rescript befriedigte die
Stände keineswegs, da dasselbe weder hinsichtlich der Wiedereinver-
leibung der siebenbürgischen Landestheile noch in der Angelegenheit
der allgemeinen Einführung der Nationalsprache und nationalen Bildung,
noch auch in Bezug auf die Salzpreise, das Papiergeld und die volle
Unabhängigkeit anderer kameralischer Angelegenheiten von der wiener
Hofkammer, eine so günstige Antwort gab, wie sie die Stände erwarteten, um als Material zu Gesetzen dienen zu können. Demnach
wurde der Schluss des Landtags bis auf den 18. Aug. verschoben.
Aber in den erwähnten Angelegenheiten gelang es selbst bis zu diesem
so weit hinausgeschobenen Termin nicht, eine Uebereinkunft zwischen
der Regierung und der Nation zu Stande zu bringen, und blieb die
Erwirkung einer solchen dem künftigen Reichstage als Erbe zurück.

Die Resul-   Allein bei alledem war der Erfolg, welchen die Stände des Reichs
tate des
Reichstags. auf diesem zwei Jahre dauernden, oft von heftiger Leidenschaftlichkeit unterbrochenen Reichstage erkämpften, von überaus grosser
Wichtigkeit für unser Staatsleben. Die Verfassung und die selbständige Nationalität, welche das Willkürsystem der Regierung wäh-

rend der verflossenen funfzehn Jahre zu verschmelzen und zu verschlingen drohte, war jetzt mit neuen, klaren, bestimmten Gesetzen gesichert. Wir wollen von diesen Gesetzen nur drei anführen, damit wir die Tragweite dieses Reichstags in ihr ganzes Licht stellen.

Das eine derselben, der Reihenfolge nach das dritte, lautet folgendermassen: „Zur Behebung der aus Vorfällen der Vergangenheit entstandenen Besorgnisse der Stände hinsichtlich der Aufrechthaltung der Fundamentalgesetze, deren Folgen bereits aufgehoben wurden, haben sich Se. Majestät — vollkommen überzeugt, dass das Wohl des Königs und des Landes auf die pünktliche Einhaltung und Unversehrtheit der Gesetze gegründet ist und, wenn entweder den Rechten des Königs oder denen der Stände etwas entzogen wird, hierdurch das durch die Uebung vieler Jahrhunderte gekräftigte Gebäude der Gesetze und der gesetzlichen Ordnung des Landes untergraben wird — allergnädigst zu äussern geruht: dass Allerhöchstdieselben es als ihre grösste Sorge betrachten, die durch den Krönungseid bekräftigte Verfassung des Landes zu allen Zeiten zu vertheidigen und einzuhalten; und würden daher Allerhöchstdieselben die Gesetzartikel 10, 12 und 19 vom Jahre 1790—91 nicht nur selbst beständig einhalten, sondern auch durch andere einhalten lassen." — Wie wir wissen, handeln die angeführten Artikel des Gesetzbuchs von 1790—91 davon: dass „Ungarn mit seinen mit ihm verbundenen Ländern ein freies Reich, und hinsichtlich der Gestaltung seiner Regierung (seine sämmtlichen Dicasterien hierzu miteinverstanden) unabhängig sei, das heisst, von keinem andern Lande oder Volke abhängig, sondern mit seinem eigenen Bestand und mit seiner Constitution versehen, und demzufolge durch seinen gekrönten König nach seinen eigenen Gesetzen und Gewohnheiten, nicht aber nach der Art anderer Erbländer zu regieren sei"; dass die Gewalt der Gesetzgebung in Ungarn nur auf dem gesetzlichen Reichstage, und ausser demselben auf keine Weise auszuüben sei, weshalb es verboten, das Reich durch Patente und Hofbefehle zu regieren.

Das zweite hochwichtige Gesetz (der 4. Gesetzartikel) verordnet: dass in der Angelegenheit der Steuer, der Rekrutirung und welcher andern Subsidien immer, im Sinne des 8. Gesetzartikels 1715 und des 19. Gesetzartikels 1790—91, nur der Reichstag beschliessen könne; und dass die Regierung diesen Beschluss ausserhalb des Landtags weder hinsichtlich der Gattung noch der Summe der Steuern ändern dürfe.

Im dritten Gesetze (5. Gesetzartikel) gibt der König den Ständen die Garantie, dass er jene ältern Gesetze, welche die alle drei Jahre stattzufindende Einberufung des Landtags, und die auf demselben einzuhaltende Ordnung der Verhandlungen bestimmen, vorzüglich den 13. Gesetzartikel 1790—91 unverzüglich in Vollzug setzen werde.

Indessen, wie überaus wichtig auch diese drei Gesetze an sich sind, so könnten wir doch die Resultate dieses Reichstags in keinem Verhältniss zu den daran gewandten zwei langen Jahren erblicken, wenn wir diese Erfolge einzig in den gebrachten und sanctionirten Gesetzen suchen würden. Selbst die angeführten drei Gesetze enthalten keine neue Errungenschaft, sie frischen nur ältere consitutionelle Gesetze auf und bekräftigen dieselben neuerdings, die übrigen (vielleicht die gesetzliche Einregistrirung der Wiedereinverleibung der Landestheile jenseit der Save und des ungarischen Littorales allein ausgenommen) betreffen Gegenstände von geringerer Wichtigkeit; bewirken aber in nichts thatsächlich Reformen oder Fortschritte, und beziehen sich höchstens auf eine Wahrung älterer Rechte. Die Resultate dieses Reichstags müssen wir daher eigentlich nicht in den gebrachten Gesetzen, sondern anderswo suchen.

Wir müssen sie vor allem darin suchen, dass, während die constitutionellen Nationalrechte, die staatliche Unabhängigkeit und die Selbständigkeit der Verwaltung wiederhergestellt wurden, durch jene mit grosser Offenheit und Energie, ja nicht selten mit Leidenschaftlichkeit geführten Debatten, welche besonders während der Verhandlung der Beschwerden und Wünsche sich auf alle Zweige der öffentlichen Angelegenheiten ausdehnten, die von der wiener Regierung angenommene und in Ausführung gesetzte Staatspolitik, wenigstens hinsichtlich Ungarns, in ihren Fundamenten erschüttert wurde. Die ihre verfassungsmässigen Rechte in deren ganzer Ausdehnung zurückfordernde Nation verwahrte sich durch die Flammenworte ihrer Abgeordneten energisch gegen jene obgleich väterlich sanfte Willkürherrschaft, welche, als in den übrigen Theilen der Monarchie herrschend, man sich bestrebte, auch auf Ungarn auszudehnen. Sie protestirte energisch gegen alle jene Bestrebungen, deren Zweck war, Ungarns staatliche Unabhängigkeit, gesetzliche Selbstregierung und Nationalität nach und nach zu schwächen und in der Einheit der Monarchie untergehen zu lassen. Sie protestirte gegen jene Regierungsmassregeln des Despotismus, durch welche man das Land, indem man es von allen Berührungen mit dem Geiste des Auslandes abschloss, und innen jede freiere Bewegung, die Freiheit des Gedankens, des Wortes und der Vereinigung mit Censur- und geheim-polizeilichen Institutionen erdrückte und einschränkte, in seiner naturgemässen Entwickelung, seinem zeitgemässen Fortschritt zu behindern bestrebt war. Mit Einem Worte, sie protestirte energisch gegen alle Zwecke und Massregeln, gegen den ganzen Geist der Willkürherrschaft, und forderte für alle Angelegenheiten eine aus dem Geiste der Gesetze fliessende constitutionelle Verwaltung. Durch diese ihre Verwahrungen aber brachte sie ihre Sache dahin, dass der billig denkende, sich nach der Liebe seiner Völker sehnende Monarch die begangenen Rechtsverletzungen nicht nur anerkannte und eingestand,

sondern, von den lebhaften und nicht zu unterdrückenden constitutionellen Gesinnungen der Nation auch neuerdings sich überzeugend,
das Land fortan verfassungsmässig regierte, und wenn er der Nation
auch nicht erlaubte, auf dem Pfade der Wiedergeburt so schnell vorwärts zu schreiten, wie sie es bald darauf wünschte, und deshalb seine
weite königliche Gewalt in ihrem ganzen Umfange ausübte, so machte
er doch auch den willkürherrlichen Bestrebungen der deutschen Minister ein Ende, und war fortan mehr geneigt, seinen ungarischen
Rathgebern Gehör zu schenken.

Ein deutliches Zeugniss hiervon gaben noch im Laufe des Land- Adam
Reviczky.
tags jene Rescripte, durch welche der Hof den Wünschen der Nation
entsprach; und vielleicht noch mehr der Umstand, dass derselbe an
die Spitze der Hofkanzlei in Adam Reviczky einen Mann stellte, der
das Vertrauen der Nation im vollen Masse besass. Auch gereichte
es Reviczky zu grossem Vortheil, dass er der Abstammung nach nicht
zu den Magnaten, welche damals, mit wenigen Ausnahmen, beschuldigt
wurden, sich aller patriotischen und nationalen Gesinnungen entäussert
zu haben, sondern zum mittlern Adel, daher zu jener Klasse gehörte,
welche den Kern der legalen Nation, den treuen Wächter der Verfassung und auch gegenwärtig den Schöpfer der constitutionellen Opposition und der erwachenden öffentlichen Nationalmeinung bildete. Sein
Vater war früher Professor der politischen Wissenschaften an der
pesther Universität und später Beisitzer der königlichen Tafel. Nachdem er seine Studien im wiener Theresianum beendigt hatte, trat er
in ein Civilamt ein, welches er, als 1809 der Krieg wieder ausgebrochen war, mit der militärischen Laufbahn vertauschte, und als
Lieutenant im Infanterieregiment Sztáray an den Schlachten von
Regensburg, Aspern und Wagram theilnahm. Nach beendigtem Kriege
kehrte er wieder zur bürgerlichen Laufbahn zurück und stieg rasch
zu hohen Aemtern empor; 1811 wurde er zum Richter an der königlichen Tafel ernannt; als nach dem Sturze Napoleon's das Lombardisch-
Venetianische Königreich wiedererworben ward, wurde er dem Vice-
könig der Lombardei, Erzherzog Rainer, als vortragender Kammerrath
an die Seite gegeben; 1822 wurde er zum Vicepräsidenten des galizischen Guberniums, zwei Jahre später in derselben Eigenschaft zur
wiener Allgemeinen Hofkammer ernannt und in den Grafenstand erhoben. In dieser Stellung kam er mit dem Monarchen, der sich auch
in die Details der Verwaltung einzumischen liebte, oft in persönliche
Berührung, und gewann dessen Vertrauen in bedeutendem Masse; und
als Graf Ignaz Almásy, welcher wegen der in den vergangenen Jahren
erlassenen Regierungsdecrete völlig unpopulär geworden war, in Ruhe-
stand versetzt wurde, verlieh Kaiser Franz die Vicekanzlerstelle
Reviczky und übergab ihm nach dem 1827 erfolgten Tode des Hof-

kanzlers Fürsten Franz Koháry die Leitung der ungarischen Angelegenheiten gänzlich, und ernannte ihn auch bald darauf zum Hofkanzler. Er vereinigte mit amtlichem Eifer und erfolgreicher Thätigkeit ausgezeichnete Fähigkeiten und grosse Geschicklichkeit in der Verwaltung, mit aufrichtiger Anhänglichkeit an das Herrscherhaus lebhafte patriotische Gesinnungen in sich; er besass daher nicht nur unter
seinen Landsleuten einen guten Leumund, sondern er suchte auch
seinem Vaterlande und seiner Nation nach Möglichkeit nützlich zu
werden. Man spricht, dass es ihm zumeist gelungen sei, den Monarchen zu überzeugen, dass seine Regierung im Lande bis dahin nothwendigerweise schwach bleiben müsse, solange man die Verfassung
desselben auf ungesetzliche Art modificiren wolle; denn die Opposition
werde sodann auf gesetzlichem Boden stehen, und es würde niemals
gelingen, dieselbe mit gewaltsamen Mitteln zum Schweigen zu bringen;
dass man ferner die Verfassung nur dann gültig umändern könne,
wenn dieselbe auch bei ihrer pünktlichen Einhaltung sich als ungenügend und mit dem Zeitgeiste und den Umständen unvereinbar erweise, und in einem solchen Falle würde auch die Nation nothwendigen Reformen nicht entgegen sein; dass endlich der König von Ungarn, nationalen Begriffen nach, der erste Ungar sein müsse, dann
aber sich von unbegrenzter Anhänglichkeit und Opferfreudigkeit der
Nation unterstützt sehen würde. Soviel ist Thatsache, dass Kaiser
Franz fernerhin in den ungarischen Angelegenheiten zumeist seinen
Rathschlägen folgte und ihn mit der ganzen Leitung derselben betraute.

Allein nicht nur in den Verhältnissen zwischen Regierung und
Nation, sondern auch im Schose der letztern selbst waren die Resul-
tate des Reichstags bedeutend und heilsam, obgleich sie grösstentheils
erst später nach und nach zu Tage traten. Die auf die meisten
Zweige der öffentlichen Angelegenheiten ausgedehnten langen, heftigen
Debatten hatten zur Orientirung hinsichtlich jener Richtung gedient,
welcher die Nation fortan folgen musste, und wurden in mehrfacher
Beziehung Grundlagen jener Reformbestrebungen, welche die Geschichte
der künftigen Jahrzehnte, der ruhmreichsten Epoche unsers gesammten
Staatslebens, bilden. Während dieser Epoche, welche wir getrost die
Epoche des Ideenkampfs und unserer Wiedergeburt nennen dürfen,
trat kaum eine befruchtendere Idee oder Reform zu Tage, deren erste
Wurzelfaser wir nicht in den Acten und Protokollen dieses Reichstags oder in den damals gehaltenen Reden und Verhandlungen finden
könnten. Der zwei Jahre dauernde lebhafte Gedankenaustausch, die
Reibung der Ideen, denen die Nation, selbst bei dem Mangel an einem
die Verhandlungen detaillirt mittheilenden landtäglichen Organe, in-
soweit es aus den amtlichen Berichten der Deputirten und aus Privat-
correspondenzen möglich, mit Aufmerksamkeit gefolgt war, konnte in

Bezug auf den Fortschritt nicht ohne heilsame Erfolge bleiben. Der Ideenkreis in den sich mit öffentlichen Angelegenheiten beschäftigenden Klassen erweiterte sich, die constitutionellen Begriffe wurden immer klarer, die enge politische Weltanschauung, welche unser öffentliches Leben charakterisirte, gewann einen immer ausgedehntern Sehkreis; die Intelligenz nahm zu, und die geistige Bewegung, welche sich früher beinahe ausschliesslich auf die Sprache ausdehnte und nur durch die sich frisch aufschwingende Literatur ins Leben trat, wandte sich während des Reichstags immer mehr den politischen und staatswissenschaftlichen Ideen zu. Zwar beschäftigten anfangs in dieser Beziehung die Gemüther die Sorgen wegen der Erhaltung der alten Constitution und die Behebung der Beschwerden beinahe ausschliesslich; in der zweiten Hälfte des Reichstags indess, als die Stände hinsichtlich der Aufhebung der brennendsten Beschwerden bereits beruhigt waren, besonders als Paul Nagy das Lager der Misbräuche so heftig angriff, begannen die Gemüther, wenn auch verstimmt und es offen nicht eingestehend, nichtsdestoweniger immer klarer die unabweisbare Nothwendigkeit privat- und staatsrechtlicher Reformen einzusehen, was an sich selbst schon, nach dem langen sorgsamen Stillstande, als grosser Gewinn betrachtet werden kann. Von der Einsicht der Nothwendigkeit bis zur That gibt es nur einen Schritt: die Erkenntniss und Auffindung der Art, auf welche es zur Wirklichkeit gefördert werden könne; und in den Gemüthern kam die Sehnsucht nach grösserer Vollkommenheit immer mehr zum Ausdruck.

Dieser Richtung war auch der Systemwechsel seitens der Regierung förderlich. Damit die Nation versöhnt werde und ihrem Monarchen, wie dieser beanspruchte, mit Vertrauen und Liebe entgegenkomme: musste man in ihr die Ueberzeugung erwecken, dass derselbe sein Willkürsystem gänzlich aufgegeben habe. In dieser Beziehung war es jedoch nicht genug, die begangenen Gesetzverletzungen zu erkennen und einzugestehen, die auf die Sicherstellung der Constitution abzielenden Gesetze zu sanctioniren: man musste sich nothwendigerweise auch hinsichtlich jener Mittel, womit man früher die Willkürherrschaft verbreitet hatte, freisinnig bezeigen. Man musste die Fesseln der inländischen Presse loser knüpfen, die Absperrung vom Auslande mildern; man musste erlauben, dass wenigstens einzelne Producte der ausländischen Presse hereingebracht werden dürften, besonders nachdem die Erfahrung bewiesen hatte, dass es ohnehin unmöglich sei, die geistige Bewegung des Auslandes ganz auszuschliessen und dass die verbotene Frucht auf dem Wege der Einschmuggelung noch eifriger gesucht und trotz der chinesischen Mauer hereingeführt werde. Wiewol diese beiden übrigens noch spärlich genug fliessenden Quellen, verbunden mit dem durch die Reichstagsverhandlungen hervorgebrachten Ideenaustausch, unsere Landsleute nicht zur vollen Kennt-

niss jener weltgeschichtlichen Entwickelungen gelangen liessen, welche
die Freiheit und die Gesellschaft im westlichen Europa erreicht hatte,
so erweiterten sie doch jedenfalls die beschränkte Weltanschauung nicht
minder auf gesellschaftlichem wie auf politischem Gebiete, und wurden
zu einem der wirksamsten Factoren der nachfolgenden Epoche, welche
der Kampf der Ideen und die durchgeführten Reformen in unserm
Staats- und Volksleben so interessant und ruhmreich machte.

Zweites Kapitel.

Der Anfang der Reformbewegungen.

Obgleich der Reichstag von 1825—27 nicht allen Wünschen ent-Der öffent-liche Geist nach dem Reichstage des Jahres 1825.sprochen hatte, beruhigte er doch, da er die grössern Beschwerden beseitigte, die Nation hinsichtlich der Verfassung und Nationalität vollkommen. In den Sitzungssälen der Comitate, welche die von den Reichstagsdeputirten zeitweise herabgeschickten Berichte über den Verlauf der Verhandlungen und die den Abgeordneten in einigen aufgetauchten Fragen ertheilten nachträglichen Instructionen noch kurz vorher zum Schauplatz lebhafter Debatten gemacht hatten, wurde es nach Verkündigung der neuen Gesetze still. Die Debatten über staats- und privatrechtliche Fragen lösten die alltäglichen Gegenstände der öffentlichen Verwaltung ab, und die uninteressant gewordenen Sitzungen zogen höchstens bei einer Feststellung der Fleischpreise ein grösseres Publikum heran. Die Nation schien nach ihren Verfassungskämpfen in ihrem öffentlichen Leben ruhen und ihren über die Willkürherrschaft gewonnenen Sieg feiern zu wollen.

Allein der erkämpfte Sieg lullte die Nation nicht mehr in Schlaf ein. Die geistige Bewegung, das Interese für die öffentlichen Angelegenheiten, welches in den vergangenen Jahren erweckt worden war, blieb nun, obgleich mit weniger Lärm wie früher, aber beständig wach für Sprache und Literatur wie für die Politik.

Die Angelegenheit der Nationalsprache und Literatur erhielt durch die Errichtung der ungarischen Akademie einen grossen Anstoss, und trat, man kann sagen, in eine neue Epoche ein. Zwar hatte das Institut, dessen Statuten erst nach beendigtem Reichstage von einer Commission ausgearbeitet wurden, welche aus einem Theile der Gründer und einigen eigens dazu berufenen namhaftern Schriftstellern zusammengesetzt war, seine Functionen noch nicht begonnen; aber schon durch die Errichtung desselben feierte die neue Schule ihren Triumph. Alle jene unserer Schriftsteller, die auf die Gestaltung desselben

Einfluss nahmen, oder zu den ersten Mitgliedern desselben ernannt
wurden, gehörten insgesammt zu den Jüngern dieser neuen Richtung.
Und wenn sich ihnen die befangenen, starrsinnigen Anhänger der
alten, volksthümlichen Schule auch nicht unterwarfen, so waren diese
doch genöthigt, ihren siegreichen Gründen und der sich ihnen immer
mehr zuneigenden Meinung des Publikums gegenüber zu verstummen.
Unsere ältern und neuern Zeitschriften, die Taschenbücher „Aurora‟,
„Hebe‟ und „Aspasia‟, welche sich einzig mit der schönen Literatur
befassten, nächst den fortwährend mit grosser Sorgfalt redigirten
„Tudományos Gyűjtemény‟ und „Felső Magyarországi Minerva‟, das
1826 von Franz Kölcsey und Paul Szemere begonnene „Élet és Lite-
ratura‟ (Leben und Literatur), welches im darauffolgenden Jahre unter
dem Titel „Muzarion‟ erschien, sie alle bedienten sich der Schreibart
der neuen Schule; und besonders dieses letzte, wesentlich ästhetische
und kritische Blatt, wirkte mit grossem Erfolg auf die Entwickelung
unserer Sprache und Literatur und auf die Erweckung einer philosophischen und ästhetischen Denkweise ein. Die eifrige Thätigkeit,
die unermüdliche Ausdauer unserer Schriftsteller verjüngte nicht nur
die Literatur, sondern schuf auch nach und nach ein Lesepublikum.
Die Entwickelung der Sprache und Literatur schritt seither unablässig
in immer grösserm Masstabe vorwärts; die Zahl der Schriftsteller und
Leser vermehrte sich fortwährend; die Literatur wuchs ihrem äussern
und innern Umfange nach gleichmässig.

Die Lebhaftigkeit, welche so auf dem Felde der Literatur immerfort im Wachsen begriffen war, konnte auch auf das öffentliche politische Leben nicht wirkungslos bleiben, welches übrigens auch durch
einige andere Umstände immer reichlichere Nahrung bekam. Obgleich
wegen der noch nicht gänzlich gebrochenen Fesseln der Presse der
politische Zweig der Literatur — bis zum Erscheinen eines sogleich
näher zu erörternden Werks — noch gänzlich unbebaut war, insbesondere die Tagespresse, welche noch immer Kulcsár's Blatt allein
repräsentirte, von der präventiven Censur nach den alten strengen
Vorschriften niedergehalten wurde: verkündigte doch schon die Richtung, der Geist unserer gesammten Literatur, welche unverändert auch
jetzt nach einem der bedeutendsten Elemente unsers öffentlichen
Lebens, der Nationalität, gravitirte, auf immer bemerklichere Weise
die neue Zeit, an deren Schwelle unsre Nation stand. Darauf deutete auch hin, dass die ausgezeichnetern Producte des Auslandes bei
uns einen immer zahlreichern Leserkreis fanden; denn wenn das Verbot auf die Einfuhr derselben auch noch bestand, so standen doch
dem Schmuggel Mittel zu Gebote, dieselben hereinzubringen.

Indessen beschränkte sich die Wirkung des also verbreiteten
Lichts auf einen noch viel zu engen Kreis, als dass wir in der damaligen öffentlichen Meinung schon die Spuren einer freisinnigen,

eine neue Richtung einschlagenden ungarischen Politik finden könnten. 1828.
Eine eigentliche ungarische Politik — dieses Wort in dem Sinne genommen, in welchem es später gebraucht wurde und sich auf die
Unterstützung oder Verwerfung der Reformfragen und deren Richtung
bezog —, bestand damals im ungarischen Publikum noch nicht; wollen
wir anders nicht die auf Behebung der Beschwerden und auf Sicherstellung der Verfassung und Nationalität abzielenden Bestrebungen,
wie sie uns die Geschichte des verflossenen Reichstags darstellt, mit
diesem Namen belegen. Selbst nach dem Reichstage noch bewegte
sich das Publikum eine Zeit lang im Kreise der Beschwerdenpolitik.
Die geistige Bewegung, welche sich dem Fortschritte, den Reformen
zuzuneigen begann, fand noch keine bestimmten Formen, hatte noch
kein festgestelltes Programm. Die Anforderungen der Zeit lebten in
den Gemüthern mehr als Ahnung denn als geläuterte Idee; die Begriffe, noch verwirrt, dunkel, gestaltlos, schweiften eher in den Regio-
nen der Sehnsucht, als in jenen des Willens. Die öffentliche Meinung
vermochte sich noch höchstens darin zur Entschiedenheit aufzuraffen,
dass die Opposition, um Verfassung und Nationalität aufrecht zu erhalten, unablässig alles beachten und überwachen müsse, was von
oben kommt. Zwar gab es kaum irgendjemand, der, wenn er es auch
vielleicht nicht offen eingestand, nicht gefühlt hätte, dass in unserm
öffentlichen Leben Neuerungen nothwendig wären; die Entwickelung
der materiellen Interessen aber trat schon als brennende Nothwendigkeit in den Vordergrund; jedoch über die Arten, Wege und Mittel
der Reformen konnte sich die öffentliche Meinung noch nicht orientiren.
Die Nation war noch sehr wenig befähigt, in dieser Beziehung
den rechten Weg zu finden; denn es ist unglaublich, wie gross die
Unwissenheit selbst bei dem grössten Theil jener war, die noch unlängst
auf dem Reichstage als Gesetzgeber wirkten. Die traurigen Folgen
jenes Befangenheit, Vorurtheile und geistige Beschränktheit so sorgfältig nährenden Systems zeigten sich bei jedem Schritte, an jedem
Gegenstande in erschreckender Wirklichkeit. Die Nation war durchaus
unvorbereitet dazu, um den Anforderungen des vorgeschrittenen Zeitalters aus eigener Initiative genügend entsprechen zu können. Die
Summe der Staatswissenschaft unserer Gesetzgeber und Wortführer
der Comitatsversammlungen ging kaum über die Kenntniss der alten
Gesetze und Verböczy's vierhundertjähriges Tripartitum hinaus. Einer
im gebildetern Europa gebräuchlichen Auffassung der staatlichen und
gesellschaftlichen Zustände, einer genügenden Kenntniss der neuern
vergleichenden Rechtswissenschaft, der Rechtsphilosophie, der Staats-
wirthschaft u. s. w. konnten sich in den Reihen der löblichen Stände
und der hochgeborenen Magnaten nur äusserst wenige rühmen, die
doch dazu berufen waren, den Grundstein zum künftigen Schicksal
der Nation zu legen und die einzuschlagenden Richtungen zu bezeichnen,

1828. dass diese aus ihrem unrühmlichen Stillstande endlich zu einer schönern Entwickelung gelange. In dieser Beziehung kann man, ohne einen
Augenblick zu zaudern, sagen, dass die Nation, dank der Sorgfalt
ihrer Regierung und ihrer eigenen Apathie, zur Zeit des verflossenen
Reichstags niedriger stand als im Jahre 1790; was um so betrüben-
der war, je grössere Fortschritte seither die civilisirten Nationen
Europas gemacht hatten.

Die Landes-
commission
und ihre
Arbeiten.
Dieses Bild würde vielleicht viel zu grell erscheinen, wenn seine
Lebenstreue nicht durch die Arbeiten jener Reichsdeputation bewiesen
würde, welche aus der Mitte des verflossenen Reichstags zur Prüfung
der systematischen Reformplane von 1792 und zur Anpassung derselben an die veränderten Anforderungen der Zeit ausgesendet wurde.
Diese Commission arbeitete, in mehrere Sectionen abgetheilt, 1828
und im darauffolgenden Jahre in Pesth unter der unmittelbaren Leitung des Erzherzogs-Palatin, welcher, weil die beiden Schwesterstädte
damals mit einer stehenden Brücke noch nicht verbunden waren und
die Donau die Communication zwischen denselben oft unterbrach, zwei
Winter hindurch in Pesth im Palast der Grafen Károlyi wohnte.
Die Function dieser Commission in Pesth übte auf das Land einen
ähnlichen Eindruck aus wie der Reichstag selbst. Zur Reibung der
Ideen, zu einem Austausch der Gedanken öffnete sich ein weites Feld,
weil ausser den Mitgliedern der Sectionen viele Männer aus allen Theilen des Landes in der Hauptstadt erschienen.

Zufolge jener geistigen Verhältnisse, dass die von den Anforderungen der Zeit gebotenen Reformen mehr in der Sehnsucht und den Gefühlen als im Verständniss des grossen Publikums lebten, erwartete
jedermann von den Arbeiten dieser Commission die Lösung der nationalen Lebensfragen. Das Resultat entsprach indess nicht der allgemeinen Erwartung. In diesen Commissionen fehlte es zwar nicht an
einigen äusserst fähigen, gebildeten Männern, von welchen man nicht
ohne Grund erwarten konnte, dass sie die Richtung der nothwendig
gewordenen Umgestaltung richtig bezeichnen würden. Allein die Fesseln der corporativen Arbeiten hinderten auch diese im freiern Fluge.
Schon die Eintheilung der Commission nach den verschiedenen Gegenständen war keine richtige. Manches Commissionsmitglied hätte, mit
einem andern Gegenstand betraut, als ihm zutheil geworden, der Sache
der Reform von grossem Nutzen sein können, während von demjenigen,
der seine Stelle einnahm, eine ausgezeichnetere Arbeit, welche sich bis
zur Höhe europäischer Staatswissenschaft, Rechtsphilosophie oder Staats-
ökonomie erhoben hätte, eben nicht erwartet werden konnte. So
musste z. B. der geniale Paul Nagy, dessen Name aus der Reihe derjenigen, die sich mit den systematischen Reformarbeiten beschäftigten,
ich weiss nicht weshalb, ausgestrichen wurde, seine Zeit mit der Zusammenschreibung der Palatinalporten vergeuden; während andere,

deren Fähigkeiten man mit den seinigen nicht entfernt vergleichen 1829. konnte, an den Reformfragen herumpfuschten. So geschah es, dass manche dieser neuen Arbeiten sich nicht einmal zu jenem Grade der Vorzüglichkeit erhoben, auf welchem die gleichen Arbeiten aus dem Jahre 1792 stehen. Im allgemeinen, wenn wir einige ausgezeichnetere, von einzelnen Mitgliedern der Commission angefertigte Ausarbeitungen, welche indess, da sie keine Majorität erlangten, unter den Elaboraten nur als besondere Gutachten (votum separatum) stehen, ausnehmen, können wir von diesen Arbeiten nicht viel Rühmendes sagen. Man sieht denselben überall an, dass sie nicht von Fachmännern, nicht von dazu fähigen Individuen ausgearbeitet wurden. Europäische Begriffe finden wir nur sehr wenige darin. Der Standpunkt, von welchem aus unsere Verhältnisse und deren Umgestaltung betrachtet werden, ist zumeist ein sehr niedriger; den Horizont nehmen grösstentheils die an die Beschwerdenpolitik erinnernden specifisch ungarischen Ideen ein. Die Plane sind zum grössten Theil nur ärmliche Flickwerke, und erstrecken sich nur bis zu einigem mangelhaften Ersatz der brennendsten Bedürfnisse; mit allgemeinen Hauptprincipien, welche sodann unsern Verhältnissen angepasst würden, treffen wir weder in politischer noch in constitutioneller Richtung zusammen; von radicalen Reformen aber enthalten sie kein Wort. Das grösste Verdienst dieser Arbeiten besteht darin, dass sie die Haltlosigkeit der bestehenden Zustände, die unabweisliche Nothwendigkeit von Reformen handgreiflich beweisen; und ihr heilsamstes Resultat ist, dass sie später, als sie von den Comitaten in Verhandlung genommen wurden, den Reformangelegenheiten einen grossen Anstoss gaben, wenn auch nicht die Nation belehrend und aufklärend, so doch, indem sie Gelegenheit boten, dass die allgemeinen Zustände vollständig, erschöpfend analysirt und die Fragen der Umgestaltung nach allen Seiten hin erörtert werden konnten.

Unter diesen Zuständen, diesen Verhältnissen begann seine gross- *Stephan Széchenyi.* artige reformatorische Laufbahn Graf Stephan Széchenyi, der seit dieser Zeit viele Jahre hindurch in der Geschichte unserer Umgestaltung als Führer vorangeht; und wie dieselbe vorzugsweise von ihm mit seiner unermüdlichen Thätigkeit eingenommen wird, so ist auch der Ruhm und zugleich auch die Verantwortlichkeit sein für jene Richtung, zu welcher er der Nation in ihrer Wiedergeburt den Anstoss gegeben hatte. Er gab den in den Gemüthern verborgenen Ahnungen nicht nur Form und Ausdruck, er wurde nicht nur zur Stimme der allgemeinen Gefühle und Gesinnungen; sondern er unterwarf sich auch beide, und herrschend über die geistige Bewegung, welche sich in dem Irrwege dunkler Ideen von selbst nicht zurechtzufinden wusste, zeichnete er derselben mit seinem alles tief erfassenden, mächtigen Geist die neuen Bahnen vor.

1829.   Es ist keine leichte Aufgabe, die Rolle, welche dieser grosse
Mann zwanzig Jahre hindurch in unserer Geschichte spielte, getreu
und ohne zu irren zu würdigen.[1] Die Systemlosigkeit und Zerfahren-
heit, welche seine Thätigkeit für den ersten Anblick zu kennzeichnen
scheint, und welche dennoch nicht daher stammt, dass es seinen weit-
verzweigten Plänen an Einheit und Zusammenhang mangelte, sondern
daher, dass er, um die sich darbietende Gelegenheit sofort ergreifen
zu können, oft genöthigt war, beim Zustandebringen irgendeiner Sache
die logische Ordnung aufzuopfern, — diese anscheinende Systemlosigkeit erschwert nicht minder die richtige Beurtheilung seiner Thätigkeit als jene Parteiansichten, welche im Publikum in den verschiedenen Perioden seiner Laufbahn über ihn im Schwange waren. Das
richtige Urtheil über diesen ausserordentlichen 'Mann erschwert auch
noch das Räthselhafte seiner Gemüths- und Geisteswelt, welches ihn
nicht selten in den Augen des seinen Gedankengang, die bewegenden
Ursachen seiner Handlungen nicht genug kennenden oder würdigenden
Publikums als mit sich selbst im Widerspruch stehend erscheinen liess.
Und doch hängt die Treue der Geschichtserzählung dieser Zeitperiode
zumeist von der richtigen Auffassung der reformatorischen Laufbahn
Stephan Széchenyi's ab; denn diese nahm zumeist er mit seiner Thätigkeit ein, in der von ihm bezeichneten Richtung schritt die Nation in
ihrer Umgestaltung vor.

Stephan Széchenyi — der jüngste Sohn jenes hochverdienten Grafen
Franz Széchenyi, der im ersten Zehnt dieses Jahrhunderts das National-
museum gegründet hatte, und von dem sein Sohn, wie wir oben erwähnten, schrieb, dass er, als Ungar, die nationale Verkommenheit
schon für unheilbar haltend, hoffnungslos zu Grabe stieg — erhielt
im Hause seines ausgezeichneten, jedoch in religiösen Dingen schwärmerischen Vaters eine beinahe bigote Erziehung. Aber der fähige,
für jeden Eindruck empfängliche Jüngling wurde zeitig mitten in
das stürmische Leben hineingeworfen. Schon in seinem achtzehnten
Jahre stand er in den Reihen der Insurrection des Jahres 1809; von
dort aber in die reguläre Armee eintretend, nahm er nicht nur Theil
an allen bis zum Sturze Napoleon's geschlagenen Weltschlachten, sondern zeichnete sich auch in einer derselben, in der Schlacht bei
Leipzig, aus, und als der Frieden wiederhergestellt wurde, schmückten
einige kriegerische Ehrenzeichen die Brust des jugendlichen Rittmeisters. Die Soldatenlaufbahn, seine vielen Reisen im gebildeten
Europa, die Genüsse der grossen Welt, und die Erzeugnisse der französischen Literatur, welche er nach wiederhergestelltem Frieden in

---

[1] Indess hat dies Baron Sigmund Kemény mir schon sehr erleichtert
durch sein in dem von Anton Csengery herausgegebenen Werke: „Magyar
Szónokok és Státusférfiak" (Ungarns Redner und Staatsmänner) enthaltenes,
im allgemeinen richtiges, treffendes Charakterbild Széchenyi's.

der Unthätigkeit des Garnisonlebens fleissig las, waren zwar der 1829.
Richtung jener Schule ganz entgegengesetzt, welche ihm seine erste
Erziehung und die Beispiele des väterlichen Hauses gegeben hatten:
die Spuren jener ersten Begriffe blieben indess in dem merkwürdigen
Manne selbst dann, als er sich zum ersten Staatsmann unsers Vaterlands emporgeschwungen hatte; ja man erzählt sogar, dass sie im
letzten, unglücklichen Abschnitt seines Lebens eine seiner fixen Ideen
bildeten. Der in den meisten Arten der Leibesübungen beinahe un-
übertreffliche Mann warf sich von 1819 an mit eisernem Fleisse und
unermüdlicher Ausdauer auf die ernstern Wissenschaften. Von dieser
Aenderung seiner Lebensrichtung unterrichtet uns Baron Sigmund
Kemény:

„Der zweimalige Einzug der Verbündeten in Paris und der
Wiener Congress waren die glänzendsten Perioden im excentrischen
Jugendleben Széchenyi's. Die Grossartigkeit der Erscheinungen, der
Taumel kriegerischen Ruhms, die in den höchsten Kreisen der Welt
verbrachten Stunden, seine vielbeneidete bonne fortune, wie seine stets
anwachsenden Schulden hielten ihn in einer fortwährenden Erregtheit
und verschafften seiner unerschöpflichen Thatkraft, seiner nach Abwechselung und Effect durstigen Seele Beschäftigung und Befriedigung
in den Feenreichen der Liebe, des Ruhms, des Glanzes und der
Abenteuer. Allein alle diese Freuden erreichten mit der Wiederherstellung des Weltfriedens grösstentheils ihr Ende. . . . Széchenyi
begann in sich zu kehren. Er fand sich leer in Herz und Kopf. Er
hielt die alltägliche Rolle eines auf ein Dorf relegirten Rittmeisters
für sehr langweilig, die Gegenwart für traurig und die Vergangenheit
mit all ihren Glanzpunkten weder für edel genug noch für seiner
würdig. Dieses Gefühl, dieses Bewusstsein brachte in ihm nach
und nach eine starke, aber wohlthätige Krisis hervor." Den
grössten Theil seines Lebens brachte er sodann auf Reisen zu, auf
welchen er zuerst Genuss und Zerstreuung, später aber Kenntnisse
und Erfahrungen suchte, vorzugsweise in England, dieser classischen
Heimat der Gewerbe und des Handels, der Freiheit und des praktischen Verstandes, wo er mindestens funfzehnmal war und sich
manchmal längere Zeit aufhielt. Seine Vorbereitungen zur reformatorischen Laufbahn zeichnet er in der folgenden Schilderung selbst,
welche, da sie nicht nur seinen eigenen Charakter, sondern auch die
Zustände und Stimmungen jener Zeit getreu abspiegelt, einer doppelten Aufmerksamkeit werth ist:

„Seitdem mein mit so vielen bürgerlichen Tugenden geschmückter
Vater, als «Ungar», hoffnungslos zu Grabe ging, habe ich unaufhörlich 1820.
die Lebenszeichen anderer Nationen mit dem Lebensfaden des Ungars
verglichen, um zu erkennen, ob zu seiner Auferstehung Hoffnung sei
oder nicht. Dies war die tiefste Aufgabe meines Lebens. Und in

allem machte ich die Erfahrung, dass eben die Blüte dieses östlichen Schwarms — denn auch diese Nation hat, wie selbst die ausgezeichnetste, ihre Spreu — schon verzweifelt, und in Trauer und tiefer Melancholie nach etwas seufzt, was ihr unbekannt ist. Während andere Nationen in der Gegenwart zu leben scheinen, und sich durch Zufriedenheit und gute Laune auszeichnen, als hätten sie schon ihren Standpunkt in der grossen Natur erreicht und wären im Besitze ihres Antheils: hofft der Ungar, dessen ganzes Sein ein so dunkles Geheimniss deckt, entweder nichts mehr und wähnt seinen Ruhm in der Vergangenheit für immer begraben, oder er erwartet vom Laufe der grossen Zeiten den Balsam für seine Seelenwunden, und nur manchmal, und auch da nur als rasch vorüberfliegenden Schein, ahnt er in der fernen Zukunft den Glanz seiner Nation und sieht sich alle Himmel öffnen. — Achte auf den gesellschaftlichen Geist des Deutschen, beachte den Charakter seiner Musik, der Musik, in welcher sich das innerste Gefühl der verschiedenen Nationen so getreu widerspiegelt: wirst du leugnen können, dass der Deutsche in der Gegenwart lebt, dass er die Blumen der Gegenwart pflückt und sich niemals sehnt nach dem Würfelspiele der Zukunft? Höre seine Musik, und ohne deinen Willen wirst du zur Freude gestimmt; indess ist der Zauber mit dem Verklingen der letzten Saite zu Ende, in deiner Seele bleibt keine Spur zurück. Ich wohnte viel unter Deutschen, bestrebt, ihre Natur der meinigen anzupassen, und fühlte unter ihnen mit dem Schlusse des übrigens angenehm verbrachten Tags die Zukunft abgeschnitten, während ich in der letzten der nächsten vierundzwanzig Stunden ohne jedes Sehnen nach der Zukunft wieder dort stand, wo gestern. Was fühle ich im Gegentheil unter Ungarn, deren Seele noch die Schande der Entartung nicht brandmarkte; was fühle ich fern vom Lärm der Welt, in mich gekehrt? Trauer und Hoffnung! Lass die Trauersaiten des Nationalliedes erklingen, und in die Tiefen der Vergangenheit versenkt weine ich in süssen Schmerzen mit Berzsenyi meine schwermüthige Elegie, und nichts vermag mich dem Glauben zu entreissen, dass die ungarische Nation «gewesen». Der Himmel öffnet sich wieder vor mir und mit paradiesischer Lust durchzittert meinen Geist der Ruf: «Dein Klagen betrifft nicht die Todten, deine traurigen Töne sind kein Todtenlied; die Zukunft kann dir gehören. O himmlische Freude!»"

An einem andern Orte äussert er sich über seine Absichten, Zwecke und die Zukunft des Vaterlands noch klarer folgendermassen: „Seit ich lebe, erfüllt meine Seele eine unaussprechliche Sehnsucht, die Entwickelung Ungarns zu bewerkstelligen. Die Hoffnung, dass ich nicht nur einer dichterischen Phantasie nach, sondern auch nach trockener Auffassung die Möglichkeit, ja sogar die Wahrscheinlichkeit unserer nationalen Wiedergeburt sah, erwachte in mir vor langen

Jahren. .... Alle Erscheinungen deuten auf den künftigen Ruhm un- 1829.
serer Nation hin, zu dessen Prophezeiung man übrigens keine grössere
Sehergabe braucht, als vorherzusagen, dass aus der kleinen Eichel,
wenn sie nicht verdorben ist, mit der Zeit ein fruchttragender Eich-
baum wird, nur möge ihn niemand zusammentreten. .... Und so geschah es, dass ich 1825, nach unaussprechlichen, mehrere Tage an-
dauernden innern Kämpfen, und erst dann, als ich sah, dass niemand
die Lage unserer Nation von jenem vielleicht etwas höhern Standpunkte auffasse wie ich, oder wenn ja, nicht den Muth habe, und
dass statt einer gänzlichen Neugestaltung nur erbärmliche Flickerei
an der Tagesordnung sei, — mir in einer gewissen Stunde zuschwor:
dass ich, nachdem sich meiner Seele klar die sichersten Anzeichen
nicht nur der Auferstehung, sondern auch der einstigen grossen Entwickelung unserer Nation zeigten, alles thun würde, selbst wenn ich
allein bleiben oder untergehen sollte, was zur Erreichung dieses
Doppelzwecks vorzunehmen meine Seele mir anräth. Und damals trat
ich — hinaus auf das dornige Feld des öffentlichen Lebens, mit der
ernsten Entschlossenheit, dass ich, wenn niemand sonst, den Grund
zum einstigen Ruhme unserer Nation legen, oder wenigstens diesem
Zwecke meine Erdenlaufbahn bis zum letzten Athemzuge weihen
würde. Ein unbedeutender, im nationalen Körper auf niederer Stelle
stehender Rittmeister, steckte ich mir kein geringeres Ziel aus; obgleich in das beinahe an Unmöglichkeit grenzende Wirrsal des beabsichtigten Werks niemand tiefer einblickte als ich."

Mit einem so grossen Ziel in seinem Geiste, mit einer solchen
patriotischen Entschlossenheit erschien der einfache Kapitän auf dem
Reichstage 1825. Da er jedoch einsah, dass seine militärische Stellung
mit der politischen Laufbahn, welche er sich vorgesteckt hatte, unvereinbar sei, trat er nach siebenzehnjährigen Diensten aus dem
Armeestande und weihte fernerhin sein ganzes Leben der Verwirklichung jener grossen Ideen. Den Zweck, die Aufgabe, welche seiner
Ansicht nach die Nation in ihrer Umgestaltung lösen musste, trägt er
mit folgenden Worten vor: „Der Beruf der ungarischen Nation ist
kein geringerer als, in Europa der einzige heterogene Stamm, die in
seiner asiatischen Wiege verborgenen, bisher noch nirgends entwickelten, nirgends zur Reife gebrachten Eigenthümlichkeiten zu repräsentiren; die Eigenthümlichkeit eines Stammgeschlechts, welches, obzwar
es gleich einer alles vor sich niederwerfenden Flut schon mehrmals die
blühendsten Theile unserer Erdkugel verwüstet hatte, und in seiner
aufbrausenden Wuth, eine Geisel Gottes, überall blutige Spuren zurück-
liess, — sicherlich so viel Eigenthümliches, und vermöge seiner Kraft
gewiss so viel Gutes und Edles in sich verbirgt wie welche immer
hochsinnige und starke Familie des menschlichen Geschlechts. Dem
menschlichen Geschlechte eine Nation erhalten, deren Eigenthümlich-

1829. keiten wie eine Reliquie hüten, und in ihrer unbefleckten Beschaffenheit ausbilden, ihre Kräfte und Tugenden veredeln und, sie auf diese Weise in gänzlich neuen Gestaltungen zu ihrem Endziele ausbildend, der Verherrlichung der Menschlichkeit entgegenführen: — das ist die Aufgabe."

Allein obgleich dem Vorhergehenden nach den Augen Széchenyi's die Sicherstellung der Stammgattung und die Entwickelung als Hauptziel vorschwebte — welchem er, wenn es nicht anders möglich wäre, ohne zu wanken bereit gewesen wäre, die Interessen der Freiheit und der Verfassung aufzuopfern —, bestrebte ers ich indess auch, der eifrige Vorkämpfer der Freiheit und des Constitutionalismus zu werden. Und dies machte auch zur unablässigen Bedingung die Rolle, welche er sich, das Ziel, welches er der Nation bestimmt hatte. Aus der Geschichte der vergangenen Zeiten konnte er deutlich sehen, dass die ungarische Nation ihrer Natur, ihrer geistigen Richtung gemäss der constitutionellen Freiheit viel zu innig anhängt, als dass sie geneigt wäre, ihr jemals zu entsagen, oder fähig wäre, eine edlere Entwickelung auch ohne dieselbe zu erreichen. Nach einer Untersuchung der europäischen Verhältnisse und der die Nation näher berührenden Umstände insbesondere war es unmöglich, nicht zu dem Resultat zu gelangen: dass, wenn sie in materieller und geistiger Beziehung gleichmässig nicht schnell vorwärts eilt, und von ihren Nachbarn in allem überflügelt wird, in kurzer Zeit Vernichtung ihr Los sein würde. Demnach schwebten, nächst der Sicherstellung und Ausbildung der Stammgattung, auch die constitutionelle Freiheit, als die nothwendige Bedingung einer friedlichen Entwickelung, ebenso sehr wie der rasche geistige und materielle Fortschritt, und die dazu führenden radicalen Verbesserungen und Reformen als Hauptziel vor seinen Augen.

Jedoch stand er hinsichtlich dieses erhabenen, grossartigen Ziels noch ohne Partei, ja gänzlich allein auf dem Reichstage, dessen Mitglieder einzig und allein in der Aufhebung der Beschwerden, in der Wiederherstellung und Garantie der Verfassung das Heil der Nation suchten. Von Reformen, von einer Umgestaltung hörte er lange kein Wort um sich erschallen. Sobald er sich daher bei seiner Seelenstimmung über die Ideen und Bestrebungen ein wenig orientirt hatte, entschloss er sich sofort, die Offenbarung seiner Ideen und Plane auf passendere Zeiten zu verschieben und bis dahin seine Ansichten nur auf gesellschaftlichem Wege, durch freundschaftlichen Gedankenaustausch zu verbreiten und denselben Anhänger zu erwerben. Und zu diesem Zweck schuf er jenen Club, das Casino, nach dessen Muster sodann zahlreiche ähnliche gesellschaftliche Vereine im Lande errichtet wurden. Und jene Eine Gelegenheit ausgenommen, bei welcher er, wie wir oben erzählten, im Einklang mit seinem Plane, zur Sicherstellung und Entwickelung des ungarischen Volksstammes die Gründung der ungarischen

Akademie durch sein grossartiges patriotisches Opfer möglich ge- 1828.
macht hatte, trat er auf diesem Reichstage auch nicht mehr auf.

Die Mitglieder der Gesetzgebung verliessen Presburg, wie wir
bereits erwähnten, mit vollkommener Zufriedenheit; Verfassung und
Nationalität waren, wie sie wähnten, gerettet. Unter denselben beruhigenden Gefühlen traten 1828 in Pesth auch die Commissionen zusammen, welchen die Aufgabe geworden war, jene Reformarbeiten vorzubereiten, welche dem künftigen Reichstage zum Gegenstand der
Berathung dienen sollten. Széchenyi aber, der, als vollständig gereifter
Staatsmann, die äusserlichen Verhältnisse und Reformfragen Europas,
nicht minder als die Probleme der Civilisation in allen ihren Beziehungen
auf den Staat und die Gesellschaft gleich genau kannte, erblickte die
ungarischen Zustände nicht in einem so rosigen Lichte als die Mitglieder des jüngstverflossenen Reichstags, und begnügte sich auch
nicht mit so mangelhaften, nur zu einigem Ersatz der brennendsten
Bedürfnisse dienenden Verbesserungen und Flickereien, wie sie von
den in Pesth tagenden Commissionen beliebt wurden. „Unsere Nation
ist in einer tiefen Schlafsucht erstarrt“, meint er, „allein es ist noch
Zeit zum Erwachen, wenn sie auch nur kurz ist.“ Er vergleicht das
Land mit einer „dem Schiffbruche entgegengehenden unglücklichen
Familie“, mit einem „dem Verfalle nahen Hause“, dessen Rettung
man nicht genug beschleunigen könne; er zeichnet die Nation als
„an einer schleichenden Krankheit leidend“, welche erst jetzt „vom
Rande des Grabes zurückzukehren“ beginnt, aber unrettbar verloren
ist, wenn sie nicht in sofortige Pflege genommen wird. Er sah daher
die Zeit gekommen, um mit seinen auf eine gänzliche Umgestaltung
der Nation abzielenden Ideen öffentlich aufzutreten und liess seine erste
Flugschrift „Hitel“ (Credit) erscheinen, in welcher er mit dem sprühenden Feuer des Genies und mit der Begeisterung der Liebe gegen
Vaterland und Volk als Agitator und kühner Reformer, der seine
Plane wohl erwogen hat, zu seiner Nation spricht; er untersucht die
öffentlichen Zustände derselben, und analysirt mit einem an der Betrachtung und im Studium der gebildetsten Staaten und bürgerlichen
Gesellschaften Europas gereiften, durchdringenden Verständniss, mit
einer tiefen staatsmännischen Auffassung ihre Zustände, ihre staatlichen und gesellschaftlichen Mängel und Fehler; er weist schliesslich
das Ziel nach, welchem sie entgegenstreben, die Arten und Mittel,
durch welche sie sich demselben nähern müsse, um sich zu einem
bessern Dasein emporzuraffen.

Wenn man die grossen Massen betrachtet, waren in dieser
Zeit über die nationalen Zustände hauptsächlich drei Ansichten vorherrschend.

Die eine Gruppe bildeten jene treuen, aber schwachen energie-
losen Gemüther und kleinmüthigen Schwärmer, welche, über die

gegenwärtige nationale Verkommenheit trauernd, in der Geschichte der ruhmreichen Vorzeit der Nation Trost suchten; welche, die Nation für gealtert haltend, deren Wiedergeburt unter den feindseligen Verhältnissen, welche auf ihr lasteten, nicht mehr hofften, und wähnten, sie würde in langsamem Siechthum untergehen.

Zur zweiten Gruppe kann man alle jene zumeist der jüngern Generation angehörenden Individuen zählen, welche, ihre Hoffnung auf eine allgemeine Wiedergeburt der Nation aus der neuerwachten Literatur, der verjüngten und fortwährend sich vervollkommnenden Nationalsprache schöpfend, und von den grossartigen und schnellen Entwickelungen der europäischen Civilisation ergriffen und begeistert, an eine bessere Zukunft ihres Vaterlandes glaubten und, nach derselben sich sehnend, mit regem Eifer zu Reformen und Fortschritt drängten; da sie sich jedoch über die Richtung, die Arten und Mittel derselben noch nicht zurechtzufinden verstanden, so warteten sie ungeduldig auf die systematischen Arbeiten der Reichscommission, und auf die Durchführung der in denselben in Vorschlag gebrachten Reformplane.

In der dritten, der Zahl nach grössten Gruppe finden wir jene, die, mit den Zuständen, nachdem der vergangene Reichstag die nationalen und verfassungsmässigen Rechte so ziemlich hergestellt und mit der Garantie neuer Gesetze versehen hatte, erträglich zufrieden, nur wünschten, dass auch noch die übriggebliebenen Beschwerden behoben würden. Wenn sie von der Stockung der materiellen Zustände des Landes sprachen, beschuldigten sie die Regierung allein, dass sie mit ihrem Papiergeld und ihrem feindseligen Zollsystem die Entwickelung des allgemeinen Wohlstandes hindere, die materiellen Interessen des Landes der Bereicherung der willkürlich regierten und daher in grösserer Gunst stehenden deutsch-slawischen Erblande aufopfere. Sie wähnten, Handel und Gewerbe würden von selbst emporblühen, sobald die Regierung die vorzüglich im Zollsystem bestehenden Hindernisse hinwegräume. Hierauf bezog sich daher all ihr Verlangen nach Verbesserungen, und ohne dies vorher zu erreichen, hielten sie jede Bestrebung von seiten der Nation für vergeblich und unfruchtbar und prophezeiten jedem Unternehmen den Ruin, welchen bisher noch jeder Versuch erlitten hatte, solange die Regierung dieses ungerechte Zollsystem nicht modificiren und die für die nationale Entwickelung hieraus entstandenen Hindernisse nicht beseitigen würde.

Die Flugschrift „Hitel".   Széchenyi richtete im „Hitel" seinen mächtigen Aufruf an die Repräsentanten aller drei Ansichten. Den ersten, die mit dem Dichter über „Mohács, den grossen Kirchhof unsers grossen nationalen Seins", trauerten und, keine Auferstehung mehr hoffend, mit allen ihren Gedanken unter den Ruinen der Vorzeit weilten und aus dem Ruhme derselben Trost schöpften zur Ertragung des unrühmlichen Siechthums der Gegenwart, — schilderte er mit lebendigen Farben, dass er in

der ganzen Vergangenheit keine wahrhafte nationale Grösse und Herrlichkeit finde, und man beides nur in der Zukunft erst schaffen könne
und müsse. Die Nation ist, sagte er, obgleich „ihre Verkommenheit
gross, obgleich sie in Schlafsucht erstarrt liegt", doch noch jung. Wie
die Begebenheiten von 1790 und auch die der Neuzeit beweisen, besitzt dieser östliche Volksstamm eine grosse Elasticität, weshalb ihm
Tod und Sarg noch fern stehen. Indem er sie daher zum Leben erweckt, mit Hoffnung erfrischt, und zur Kraftanstrengung aneifert, ruft
er ihnen zu: „Sie haben unrecht, die da sagen: dass der Ungar gewesen; ich meine, dass er erst sein wird!"

Jene, die, eine schönere Zukunft hoffend und wünschend, von
der Nothwendigkeit gründlicher Reformen überzeugt waren, jedoch
nicht wussten, welche Richtung man einschlagen, welche Mittel man
ergreifen müsse, damit das Vaterland von seinem welkenden Zustande
gesunden und die Hindernisse seiner Entwickelung besiegen könne, —
wies er auf das Ziel, nach welchem man streben müsse: ihren Augen
eine ausgebildete, veredelte, und daher ebendadurch gesicherte Nationalität, materielles Emporblühen, Wohlstand und Reichthum, constitutionelle Entwickelung vorzaubernd. Er wies den Ausgangspunkt
und den Pfad nach, auf welchem man fortschreiten müsse, um jenes
Ziel zu erreichen; er entwickelte das „logische Nacheinander" — wie
er die zusammenhängende Reihenfolge der Reformen zu nennen liebte,
und stellte den Satz auf: „Freies, gesichertes Besitzthum; dem vorangehend ein gutes Gesetz; dem vorangehend ein Austausch der
Ideen; dem vorangehend eine Centralisation; dem vorangehend eine
Beliebtmachung des Vaterlandes und seines Mittelpunkts Pesth-Ofen."

Jenen endlich, die ausserhalb der privilegirten alten Verfassung
kein anderes Heil für die Nation erblickten, und die den einzigen
Weg zum Fortschritt in der Beschwerdenpolitik verborgen glaubten,
sagte er entschieden: dass nur „eine ohne Wanken 'durchgeführte Um-
zauberung unsers Vaterlandes aus einem verbrauchten, halb feudalen,
halb constitutionellen Gewirre zu einem des Menschen würdigen, von
jedem falschen Glanze gereinigten Repräsentativsystem" die Nation
zum Wohlstande und Emporblühen erheben könne. Mit beissendem
Spotte und scharfer Dialektik geisselt und macht er ihre falschen
Ansichten, ihre bequeme Anhänglichkeit an die gewohnten alten Zustände, ihre Befangenheit und ihre Vorurtheile hinsichtlich der Mittel
und Quellen zur Beförderung des nationalen Wohlstandes lächerlich.
Diesen gegenüber verkündigte er, als leitende Principien und Losungsworte, folgende Sätze: „Suchen wir nicht alle Ursachen unsers Zurück-
bleibens einzig in der Regierung; bleiben wir nicht unbeweglich in
unserm alten Siechthum, weil die Regierung nicht alle Hindernisse des
Wohlstandes beseitigt hat; sondern greifen wir selbst statt ewiger
Klagen, unfruchtbarer Recriminationen und müssiger Wünsche zur

1828. Arbeit, und wenn uns auch das Feld nicht in allem offen steht, ver·
suchen wir, uns mindestens geistig und moralisch zu entwickeln und
unsern nationalen Wohlstand dort und so, wo und wie es· angeht
emporzuheben. Wenn wir jene privatrechtlichen Verhältnisse, deren
Abänderung von uns abhängt und welchen entgegen zu sein die
Regierung kein Interesse hat, gründlich verbessern: wird das Vaterland und die Nation trotz jener äusserlichen Hindernisse in kurzer
Zeit emporblühen." Und in dieser Beziehung griff er schonungslos
einzelne von dieser Partei für wesentlich gepriesene, leidenschaftlich
vergötterte Principien und Institutionen der „alten ungarischen Freiheit" an. Er griff insbesondere das ungarische feudale Gütersystem
an, welchem zufolge man den Grundbesitz der Aviticitätsgesetze wegen
weder verkaufen noch mit nöthigen Investitionen werthvoller und
einträglicher machen kann. Er schrieb zumeist dieser Ursache die
Armuth und das Unvermögen des grössten Theils unserer Gutsbesitzer
zu, die, obgleich sie genug an Grund und Boden besitzen, keinen
Credit haben, durch welchen sie ihre Güter zu grösserer Nutzbarkeit
erheben könnten. Er beweist mit seiner scharfen, treffenden Dialektik
und launigen Beispielen, die Aviticität, welche die Hände des Grund-
besitzers gebunden hält, stehe mit ihrem eigenen Begriffe in schreien-
dem Widerspruche und sei die allergrösste Knechtschaft. Er richtet
seinen Angriff auf verschiedene unnatürliche Auswüchse und die Ausschliesslichkeit der die Grundlage der adelichen Privilegien bildenden
Gesetze; insbesondere auf die Schuldengesetze und die Processordnung,
welche nur die schlechten Zahler oder die Betrüger begünstigen. Er
beweist, dass man bei diesen Gesetzen weder an Vermögens- noch an
persönlichen Credit denken dürfe; wer aber keinen Credit hat, der
kann, wie grossen Grundbesitz er auch von seinen Ahnen ererbt haben,
wie sehr er auch auf seine Adelsfreiheit pochen mag, weder frei noch
vermöglich sein. Er greift das Urbarialsystem, die Robot an, welche
einen grossen Theil der nationalen Arbeitskraft nutzlos vergeudet.
Er greift das System der Communicationsmittel an, dass nämlich selbst
die Landstrassen der Manipulation der einzelnen Comitate unterstehen
und durch kostenfreie Unterthanenarbeit hergestellt werden. Er beweist, dass wir eben deswegen keine guten Strassen hätten und auch
keine haben könnten; und aus Mangel an solchen könnten wir auch
keinen Verkehr haben, deshalb müsse nothwendigerweise die Pro-
ductivkraft des Landes hinsiechen u. s. w.

Es könnte als sonderbar erscheinen, dass damals, als jedermann
die zwischen Nation und Regierung bestehenden Verhältnisse, das
Staatsrecht, so eingerichtet zu sehen wünschte, dass die constitutionelle
Freiheit für immerwährende Zeiten sichergestellt würde: er in diesem
seinem Buche dieses Recht kaum erwähnt und, wo er die Erwähnung
des zwischen der Nation und der Regierung bestehenden Verhältnisses

nicht umgehen kann, davon stets äusserst behutsam, mit grosser ¹⁸²⁸.
Schonung spricht. Es wäre indess ein grosser Irrthum, hieraus zu
folgern, dass er mit unserm Gemeinrechte vollkommen zufrieden war.
Dieses schonungsvolle Verfahren findet nicht in seiner Gesinnung, sondern in der zwingenden Macht der Umstände seine Erklärung. Er
spricht es ja an einer Stelle deutlich aus, dass ihn nur „ein von
allem falschen Glanze gereinigtes Repräsentativsystem" befriedigen
könne. Damit er jedoch in seiner reformatorischen Laufbahn von
seiten der Regierung nicht sogleich anfangs auf Hindernisse und Verbote stosse, welche ihn zum Schweigen, zur Unthätigkeit nöthigen
könnten, hielt ihn seine ihn in allen Dingen charakterisirende Klugheit von dem Betreten dieses häkeligen Terrains zurück, auf welchem
sich nur die Gesetzgebung mit einiger Freiheit bewegen durfte. Ja
ehe er mit seinem Buche das Feld der politischen und gesellschaftlichen Agitation betrat, reichte er dem Fürsten Metternich eine Denkschrift ein, in welcher er schon im voraus bestrebt war, die Regierung über seine Absichten und die Richtung seiner zu beginnenden
Agitation zu beruhigen.¹ Uebrigens war er auch tief überzeugt, dass
im Wiedergeburtsprocess der Nation eine solche privatrechtliche und
gesellschaftliche Umgestaltung, wie er sie in Vorschlag brachte, den
gemeinrechtlichen Abänderungen vorhergehen müsse und unerlasslich
sei; denn jene müsse, wenn sie glücklich gelinge, früher oder später
unfehlbar selbst die gemeinrechtlichen Reformen nach sich ziehen. Er
wandte daher seine ganze Kraft an, um jene Beschwerdenpolitik,
welche stets nur von der Regierung Concessionen forderte, in jenen
Dingen aber, in welchen sie ihre Einrichtungen mit voller Freiheit
treffen konnte, sich zu rühren Anstand nahm, — endlich einmal umzustossen und, die Nation von der Nothwendigkeit einer Umgestaltung
der privatrechtlichen Verhältnisse vollkommen überzeugend, jene unfruchtbare Beschwerdenpolitik mit einer gesunden Reformpolitik vertauscht zu sehen.

Und neben diesem seinem Auftreten in der politischen Literatur   Das Na-
blieb Széchenyi auch auf dem Felde des thätigen Lebens nicht müssig. tionalcasino
Wir erwähnten, dass er in Presburg, sogleich zu Anfang des Reichs- Landwirth-
tags, einen Club gebildet hatte, um Gelegenheit zu haben, während schaftliche
der Conversation seine Ideen mitzutheilen, einen Gedankenaustausch   Verein.
zu vermitteln. Da er seinen leitenden Principien gemäss sich zum
allernächsten Ziele vorgesteckt hatte, Pesth-Ofen zu einem so beliebten,
anlockenden Wohnorte umzuzaubern, dass auch unsere bisher grössten-

---

¹ „Széchenyi", sagte Wesselényi, „war schon, als er den «Hitel» schrieb,
der Regierung geneigt, wenn auch nur schöne Worte zu geben." Franz
Kölcsey in seinem Tagebuch des Reichstags von 1832. Sämmtliche Werke
(2. Ausg.), VII, 150.

theils in Wien wohnenden Magnaten dort residirten; die geistigen und
materiellen Kräfte sich dort immer mehr concentrirten, und der so
entstehende lebhaftere gesellschaftliche Umgang und Gedankenaustausch
einen Vereinsgeist erwecke und Unternehmungen entstehen lasse: so
änderte er diesen Club zu Ende des Reichstags in ein „Nationalcasino"
um und versetzte dasselbe nach Pesth. Ebenso stellte auch die
„Wettrenngesellschaft", welche nach dem Gelingen eines 1826 während des Reichstags improvisirten Pferdewettrennens sich im folgenden
Jahre nach dem Beitritte Nikolaus Wesselényi's, Georg Károlyi's,
Michael Esterházy's und anderer für beständig constituirt hatte, dieses
Ziel in ihren Statuten fest. Und nach diesen ersten erfolgreichen
Anfängen auf dem Felde der Association brachte die unermüdete
Thätigkeit Széchenyi's bald immer mehr ähnliche Resultate hervor.
Diese zwei ersten Vereine, von welchen anfangs viele meinten, er habe
sie nur geschaffen, um eine Unterhaltung für grosse Herren zu be-
gründen, wurden infolge der durch sie bewirkten Erweckung des
Vereinsgeistes und der Belebung des Ideenaustausches gleichsam zur
Wiege verschiedener anderer Vereine und Unternehmungen. Nächst
dem Nationalcasino, welches in zahlreichen Provinzstädten schnelle
Nachahmung fand, entstand auch ein anderer Verein, welcher die Be-
kanntmachung unserer Weine, und die Beförderung des Handels mit
denselben zum Zweck hatte. Die Wettrenngesellschaft erweiterte
sich schon im Jahre 1828 zu einer „Gesellschaft für Pferdezucht";
und nachdem sie im darauffolgenden Jahre auch den „Thierausstellungs-
Verein" in ihre Mitte aufgenommen hatte, nahm sie schon 1830 den
Namen einer „Gesellschaft für Thierzucht" an, welche sodann auf sein
Betreiben einen Paragraphen ihrer Statuten so gestaltete, dass der
Verein „in Pesth, dem Mittelpunkte des Landes, über Zucht der Pferde,
Schafe, des Hornviehs, und anderer Hausthiere und die befördernden
Mittel derselben berathe; von wo aus gleich aus einem Herzen eine
diesen Gegenstand betreffende bessere Kenntniss, grössere Sorgfalt,
gewisserer Nutzen in alle Adern des Vaterlandes hinausströme". Diese
Gesellschaft dehnte später in natürlicher Entwickelung ihre Wirksamkeit auch auf die übrigen Zweige der Landwirthschaft aus und gestaltete sich zu einem centralen „Landwirthschaftsverein". Diese Verbreitung des Associationsgeistes, die Errichtung gemeinnütziger Unternehmungen auf gesellschaftlichem Wege und durch gesellschaftliche
Kräfte war stets eine von den eifrigsten Bestrebungen Széchenyi's.
Deshalb hatte er sich der im Jahre 1830 zwar nicht von ihm beantragten, allein zu einer solchen Grösse, zu einem solchen Umfange,
wie sie sich dessen bald rühmen konnte, hauptsächlich durch ihn erhobenen „Donau-Dampfschifffahrts-Gesellschaft" mit rastloser Thätigkeit
so warm angenommen, dieselbe unterstützt und entwickelt. Und
damit wir andere durch ihn beantragte, errichtete oder unterstützte

Vereine und Unternehmungen übergehen: war dies sein Zweck auch bei der grossartigen pesth-ofener Kettenbrücke, deren Idee schon damals in seinem fruchtbaren Gehirn entstanden war, mit deren Zustandebringung er indess, wie wir später sehen werden, auch noch eine hochwichtige Principienfrage in Verbindung brachte.

Die Flugschrift „Hitel" machte inmitten dieser Vereine und Unternehmungen eine aussergewöhnliche Wirkung auf die Nation. Noch niemals hatte ein Buch in Ungarn eine solche geistige Bewegung, einen so lebhaften Ideenkampf hervorgerufen wie dieses. Seine Wirkung kann man kaum besser mit etwas anderm vergleichen als mit der der „Briefe des Junius" in England im vorigen Jahrhundert. Diese Wirkung war indess sehr verschieden in den verschiedenen Klassen und politischen Gruppen der Nation. Die Getreuen der Beschwerdenpolitik und der „alten ungarischen Freiheit", die in allen Parteischattirungen unter der legalen Nation und der Gemeinschaft des Comitats am zahlreichsten vertreten waren, konnten sich von ihrer ersten Bestürzung und Verblüffung kaum erholen, und riefen laut ihr Anathema über das Buch, welches ihren Begriffen, der Summe ihrer traditionellen Staatsweisheit mit so unerhörter Kühnheit den Krieg erklärte; welches die hundertjährigen Gebräuche und die auf Gesetzen fussenden alten Institutionen nicht minder schonungslos angriff als die Vorurtheile und Misbräuche, die Nachlässigkeit und Ungeschicklichkeit in der Procedur, das Monopol und die Ausschliesslichkeit. Der grösste Theil der Táblabirós (Gerichtstafelbeisitzer) beschuldigte ihn der Bauernaufwiegelung, des Besitzraubes, und konnte nicht begreifen, wie ein ungarischer Magnat fähig sein könne, seine Nation so sehr zu verleugnen und zu brandmarken, indem er alle Fehler und Mängel, alle Schwächen und Sünden derselben in ihrer ganzen Nacktheit und in so höhnischer Sprache vor aller Welt blossstelle. Schamröthe bedeckte das Antlitz des Táblabiró, wenn er daran dachte, dass dieses Buch, in fremde Sprachen übersetzt, die Nation bald vor dem Auslande an den Pranger stellen würde. Obgleich sie daher die Berechtigung seines Tadels nicht leugneten und ihm höchstens den Vorwurf machen konnten, dass er hier und da die Wirklichkeit mit schreienden Farben malte, und obgleich sie andererseits die Reinheit seiner Absichten, sein Bestreben, den Wohlstand seines Vaterlandes zu befördern, nicht in Zweifel ziehen konnten, so schmähten sie ihn doch aus den oben angeführten Gründen nicht nur, sondern einige verbrannten auch in ihrer Wuth das Buch, welches, wie sie wähnten, die Ehre und den guten Leumund der Nation vernichte. In den Comitatsversammlungen aber versäumten sie keine Gelegenheit, bei welcher sie den „Hitel" schmähen und gegen den Verfasser desselben losziehen konnten. Solche Angriffe erfuhr Széchenyi nicht nur von den Alterthümlern, welche die alten Zustände um jeden Preis aufrecht zu

Die Wirkung des „Hitel".

erhalten sich bestrebten, sondern auch von zahlreichen solchen Tábla-birós, die, sonst Anhänger der Beschwerdenpolitik, in den Reihen der Opposition standen und als solche auch den Namen der Freisinnigen sich anmassten.

Nicht geringer und zugleich viel nützlicher war die Wirkung von Széchenyi's „Hitel" auf die zwei andern Meinungsparteien. Die scheinbar wenig bedeutenden Worte: „Sie haben unrecht, die da sagen, dass der Ungar gewesen; ich meine, dass er erst sein wird!" wirkten mit elektrischer Kraft auf diese Gruppen, sie erweckten diese Schwärmer, die unter dem Moder vergangener Zeiten die jugendliche Grösse, den Ruhm der, ihrer Meinung nach, schon überalterten Nation gleichsam zu neuem Leben und neuer Thatkraft. Jene aber, die, er-griffen von den grossartigen Entwickelungen der europäischen Civili-sation, sich nach einer bessern Zukunft sehnten und hofften, auch ihre Nation würde diese einst erreichen, nahmen diese in ihrem eige-nen Innern widerhallenden Worte wie eine Prophezeiung auf, an deren Wirklichkeit zu zweifeln eine Sünde gegen das Vaterland wäre. Während die selbstsüchtigen und blindeifrigen Anbeter der avitischen Privilegien das die nationalen Schwachheiten so schonungslos auf-deckende Buch des Verbrennens würdig erklärten, erhob die jüngere Generation dasselbe als Evangelium der neuen Zeit, welches den fruchtbaren Samen des Aufblühens des nationalen Lebens ausstreute, und den Namen Széchenyi's mit der grössten Begeisterung preisend, schwor sie bedingungslos zu seinen Fahnen.

Zu den Factoren, welche zuerst die Verbreitung und später den endlichen Sieg der Reformideen Széchenyi's vermittelten, gehörten einerseits jene Casinos, welche nach der Art des pesther und auf Anregung Széchenyi's im Lande in immer grösserer Anzahl entstanden, und in der Provinz die Mittelpunkte, und da sich die Presse noch nicht freier bewegen durfte, die Hauptmittel zu einem Austausche der Ideen wurden; und andererseits jener grosse Erfolg, welcher, eben in-folge des Erwachens des Associationsgeistes, alle Unternehmungen Széchenyi's krönte. Sein Name wurde in kurzem zu einer Bürgschaft nnd Sicherung des Erfolgs in allen nationalen Verbesserungen. Das Vertrauen zu ihm wurde im grössten Theil des Publikums so uner-schütterlich, dass in demselben über den Erfolg und die Verwirk-lichung dessen, was er begann oder unterstützte, fortan nie der ge-ringste Zweifel entstand. Da man aber sah, welch schöner Erfolg alle seine materiellen Unternehmungen begleitete, wie hätte man auch an der Zweckmässigkeit jener privatrechtlichen Reformen zweifeln können, welche er als erste Stufe zum nationalen Aufschwung in Vorschlag gebracht hatte? Und nebstbei bewies er in seinem Buche die Nothwendigkeit seiner Vorschläge, den unmittelbaren Nutzen und den Einfluss derselben auf die übrigen Details der nationalen Wieder-

geburt in einer so klaren, so praktischen Methode, dass selbst die 1828—30.
gereiften und tiefer denkenden Köpfe die Richtigkeit seiner Beweis-
führungen einzusehen genöthigt waren, die zu hoffen so gern geneigte
jüngere Generation aber in ihm den Apostel einer schönern neuen
Zeit begeistert begrüsste und pries.

Indess je mehr Széchenyi's Volksthümlichkeit wuchs, eine je Opposition
grössere Verbreitung seine Reformideen und Lehren gewannen, eine gegen die
Lehren Szé-
um so grössere Besorgniss bemächtigte sich jener Getreuen der Be- chenyi's.
schwerdenpolitik und der avitischen, privilegirten Verfassung, welche
die neuere Zeit mit dem Namen „Táblabiró" bezeichnete. Diese
Alterthümler, die übrigens in den National- und Verfassungsfragen
der Regierung gegenüber stets die heftigste Opposition gebildet hatten,
erfuhren jetzt fast erschrocken, wie schnell Széchenyi mit seinen Reformideen das Feld gewinne. Wie einstens die Conservativen des
jüdischen Volks, die Pharisäer, als sie die Verbreitung der Lehren
Jesu erblickten, so riefen auch bei uns die Männer der alten Zeit in
ihrer Besorgniss aus: „Was fangen wir mit diesem Manne an, das
ganze Volk folgt ihm nach!" Diese Partei, deren Verdienst zweifelsohne bisher in der Erhaltung der Constitution gross war, betrachtete
das ungarische Privatrecht, insbesondere die Vorrechte des Adels für
so nothwendige und wesentliche Bestandtheile der Verfassung, dass
sie an jenen rühren oder etwas verändern wollen für unmöglich hielt,
ohne die letztere der Gefahr und gänzlichem Verderben auszusetzen. Der grösste Theil des Adels vermeinte in seiner Ideen-
verwirrung, die adelichen Privilegien und Vorrechte stünden mit der
Verfassung selbst in einem so innigen Zusammenhang, dass er nicht
im Stande war, diese ohne jene zu denken. Daher kam es, dass, wie
schon mehrmals zuvor, als er die Cardinalrechte des Adels von österreichischen Schriftstellern angegriffen sah, er auch jetzt nicht minder
aus Patriotismus und constitutioneller Gesinnung als aus Befangenheit
und Selbstsucht beim Lesen des „Hitel" aufschrie, und jetzt mit um
so bitterer Gefühle, weil es ein ungarischer Magnat, ja einer, der auf
den Altar des Vaterlandes schon grossartige Opfer niedergelegt hatte,
war, welchen er nun das Privatrecht und die Adelsvorrechte angreifen
sah. Wenn man in der damaligen Zeit entweder in den Palästen der
Magnaten oder in den Gesellschaftskreisen des ländlichen Adels erschien, konnte man kaum etwas anderes hören als Debatten über den
„Hitel" und dessen Reformideen. In der gewöhnlich schnell auflodernden Hitze der Debatten sprachen sich die ältern Herren, die
Männer der Macht, die Koryphäen der Comitate, und diejenigen, die
bisher die öffentlichen Angelegenheiten leiteten, beinahe ohne Ausnahme
in der leidenschaftlichsten Weise über dieses „gefährliche Buch" aus,
während die jüngern, soweit es die übrigens schon sehr abnehmende

1825–30.   Pietät gegen das Alter zuliess, jenen gegenüber den Reformator und
seine Ideen mit ähnlicher Hitze vertheidigten.

Das „Tag-
lalat" Des-
sewffy's.   Die Debatte trat bald aus den Privatkreisen auch in die Oeffentlichkeit hinaus. Wäre die Tagespresse nicht so sehr, wie sie wirklich
war, von der Censur eingeschränkt gewesen, so würde zweifelsohne
dieser Gegenstand die Spalten der „Hazai Tudósitások" angefüllt
haben. Da dies nicht geschehen durfte, ging die Debatte in selbständige Bücher und Flugschriften über. Graf Joseph Dessewffy, einer
der ausgezeichnetsten Männer der Wissenschaft und Führer der nationalen verfassungsmässigen Opposition auf dem letzten Landtage, schrieb
unter dem Titel „Taglalat" (Analyse) eine Kritik über den „Hitel"
und griff die Grundlehren und die Richtung desselben vom ungarisch-
constitutionellen Standpunkt aus mit den Gründen und Schlussfolgerungen der Oppositionspartei an. Dieses grössere Werk rief bald
darauf von seiten der Anhänger des alten Systems eine ganze kleine
Flugschriften-Literatur gegen den „Hitel" hervor.

Széchenyi's
„Világ".   Die Freunde der neuen Ideen waren in der Sache der Reform
noch viel zu wenig muthig und theilweise auch noch zu schwankend,
als dass sie gewagt hätten, gegen die beinahe als öffentliche Meinung
scheinenden Parteiansichten zur Vertheidigung ihres anerkannten
Führers aufzutreten. Allein dies war bei dieser Gelegenheit auch
nicht nothwendig. Auf dem Kampfplatz erschien Széchenyi selbst
mit seinem umfangreichen Buche „Világ" (Licht), welches seinen „Hitel"
an Schönheit und Präcision des Stils nicht nur übertrifft, sondern
auch in seinen Schlussfolgerungen noch erschöpfender, überzeugender,
von Funken des Genies noch sprühender, mit einem Worte noch ein-
dringender ist, und ohne Zweifel als das beste Werk des berühmten
Reformators gelten kann. Von der Wirkung und Begeisterung, welche
dieses Buch in den Reihen der Reformpartei erweckte, können die
Worte eines seiner damaligen Recensenten einigen Begriff geben: „Das
«Világ»", sagt derselbe, „ist der Vorbote der Feuersäule, welche uns
Ungarn einstens aus dieser unfruchtbaren Wüste ins Land der Verheissung führen wird; das «Világ» ist das erste Dämmern des Sterns
im Osten, welcher den Männern der Macht und dem Volke den Weg
zum Erlöser zeigt; das «Világ» ist ein Leuchtthurm, der seine trösten-
den Strahlen weit hinaus sendet und die Richtung bezeichnet, wenn
in stürmischer Nacht ihm tief zu Füssen die empörten Wogen an den
unerschütterlichen Felsengrund vergeblich branden."

Bezüglich seines Inhalts theilt sich das „Világ", obgleich es in
der Abhandlung der Fragen nicht systematisch vorgeht, in zwei
Haupttheile: im ersten werden die Ideen des „Hitel" mit neuen Gründen siegreich erläutert; im zweiten betritt Széchenyi ein neues Feld,
er beginnt für neue Ideen zu agitiren, welche die fernern Grundlagen
seiner Reformplane bilden. In der ersten Abtheilung ist seine Me-

thode im allgemeinen leidenschaftlich. Er begnügt sich nicht damit, seine Gegner zu widerlegen und seinen Ideen den Sieg zu erkämpfen; weder damit, die Principien und Lehren des sich nicht rühren wollenden, verknöcherten Stabilismus über den Haufen zu werfen, und in den noch schwankenden Freunden des selbstgeschaffenen neuen Systems eine starke Ueberzeugung zu erwecken: er will zugleich seine Feinde niederschlagen und ein für allemal vernichten. Er sucht ihre Schwächen auf, und nachdem er das Verkehrte ihrer Folgerungen nachgewiesen, ihre Gründe aus dem Felde geschlagen, macht er sie schonungslos lächerlich und zu Gegenständen des Hasses und tödtet sie mit den scharfen Pfeilen des bittersten Spottes.

Und während er auf diese Weise die in seinem „Hitel" gegen die alten Begriffe und Institutionen angefangene lebhafte aber friedliche Revolution im ersten Theil des „Világ" siegreich erkämpft, beginnt er im zweiten Theil desselben an die Stelle des eingerissenen Gebäudes die Fundamente des neuen aufzurichten. Treu dem Grundgedanken, worauf, wie er verkündigte, der ganze Plan der nationalen Wiedergeburt gegründet werden müsse, verlangt er vor allem, dass der diplomatische Rechtskreis der ungarischen Sprache, dieses Hauptfactors der Nationalität, auf alle Zweige des öffentlichen Lebens ausgedehnt werde. Von hier aus weiter fortschreitend, agitirt Széchenyi, jenen unfruchtbaren Klagen und erfolglosen Wünschen entgegen, welchen zufolge der Ungar jeden Fortschritt für unmöglich behauptete, solange die Hindernisse desselben von der Regierung nicht aus dem Wege geräumt werden, und jedes Hinausgehen aus den Sümpfen der bestehenden Verhältnisse von der Erlaubniss der Regierung abhängig machte, für die Verbreitung und Geltendmachung des Associationsgeistes. Schon jene Unternehmungen, welche er mit so schönem Erfolg ins praktische Leben eingeführt hatte, gründete er hauptsächlich auf eine Vereinigung der Kräfte; und ohne Zweifel verlieh ihnen zumeist dies jene Zauberkraft, wodurch sie augenscheinlich gediehen, daher analysirt er jetzt theoretisch im „Világ" jene ans Wunderbare grenzende Kraft, deren Erfolge sich schon auf so überraschende Weise zeigen. Er schildert sie in seinen mit Beispielen illustrirten Schlussfolgerungen als einen solchen Hebel, welcher uns, trotz „unserer Mischehe mit Oesterreich", trotz der aus dem Regierungssystem entspringenden Hindernisse, aus unserer Stockung herauszuhelfen vermag. In Verbindung mit diesem Associationsgeiste, und zur weitern Entwickelung desselben tritt er als Apostel der Centralisationsidee auf; er versteht darunter jedoch nicht jene Verwaltungscentralisation, welche die municipalen Behörden verschlingt und unsere Selbstregierung vernichtet, sondern die Centralisation der geistigen Bewegung und der materiellen Unternehmungen. Er beweist handgreiflich, dass eins der Haupthindernisse unsers Fortschritts bisher in jener Zer-

stückelung und Decentralisation gelegen habe, welche, infolge unserer
selbst mit der Centralregierung nur in sehr loser Verbindung stehenden
Comitatsverwaltung, sich auf alle unsere gesellschaftlichen, materiellen und
moralischen Interessen gleichförmig ausdehnte. Die in jeder Beziehung
zerstückelten, voneinander sich abzweigenden Kräfte wurden, da sie keinen vereinigenden Mittelpunkt besassen, einzeln verschwendet, und vermochten daher kein schöneres, bedeutenderes Resultat hervorzubringen.
Die Comitate waren miteinander selbst in gesellschaftlicher Beziehung mit
so wenigen und so schwachen Banden verbunden, dass der Bewohner des
einen sich im andern gleichsam fremd fühlte. Wenn sodann auch manchmal
in einem oder dem andern Comitat eine gemeinnützige Idee auftauchte,
deren Verwirklichung mehr Kräfte erforderte, als das betreffende Comitat besass, so wurde sie entweder wieder vergessen, oder kam
wegen des Mangels an allgemeinem Interesse nur zwerghaft zu
Stande. Um diesem Uebel abzuhelfen, betrieb er daher die Centralisation in Pesth-Ofen, wo, gleich dem Blutumlauf im Herzen, sich alle
Fäden der geistigen Bewegung, der materiellen Interessen vereinigen
sollten; von wo aus sich hinwieder jedes Mittel des Fortschritts in
alle Theile des Landes auszubreiten hätte.

Auch die Wirkung dieses Buchs auf das Publikum war gross,
ungeheuer. Zwar blendete es die Augen mit der Neuheit der Ideen
nicht so sehr wie der „Hitel", aber seine Wirkung war tiefer und
erzeugte in den Gemüthern eine stärkere Ueberzeugung. Wer nach
dem Durchlesen des „Hitel" noch zweifelte und schwankte, der fühlte
sich durch das „Vilag" der Reformsache gänzlich gewonnen. Die Anhänger des alten Systems, wenn sie auch nicht offen gestanden, dass
sie durch die Kraft seiner Gründe und Motivirungen bezwungen seien,
und, nachdem sie seinen von so glänzenden Erfolgen begleiteten
materiellen Unternehmungen ihre Billigung verständigerweise nicht
versagen und seinen Planen und Lehren den Stempel des Unpraktischen
nicht aufdrücken konnten, verstummten grösstentheils. Wenn sie daher
vielleicht auch nicht aufhörten, ihn seiner privatrechtlichen Reformplane wegen im geheimen einen Bauernaufwiegler zu nennen, so hüteten sie sich doch, ihn offen anzugreifen, der seine Gegner im „Vilag"
mit einer so grossen geistigen Suprematie besiegt, mit sprühendem
Witz und scharfem Spott aber der Lächerlichkeit preisgegeben hatte.

Die schär-
fere Sonde-
rung der
Parteien.
Diese Methode verschaffte zweifelsohne Széchenyi zahlreiche Feinde,
was indess weder das Wachsthum seiner Popularität noch das Zunehmen seiner Unternehmungen, noch die Verbreitung seiner Reformideen verhinderte, und nur den Erfolg hatte, dass sich die Parteien
voneinander schärfer absonderten. Das Wort conservativ war
bisher bei uns noch nicht sehr im Gebrauch; es hätte auch nicht
jenen Sinn gehabt, in welchem es anderswo genommen wird. Der
Hof, die Regierung waren bisher eigentlich nicht conservativ, sondern,

obgleich reactionär, repräsentirten sie zugleich revolutionäre Ideen, indem ihr constantes Ziel war, die geschichtlichen Rechte und die darauf fussenden verfassungsmässigen Principien und Institutionen umzustossen und zu vernichten; an der Stelle des Constitutionalismus die Willkürherrschaft, den Absolutismus aufzurichten. Dagegen war die Benennung der Opposition nicht nur sehr weit und unbestimmt, sondern diente auch verschiedenen Meinungsschattirungen zur Fahne und usurpirte in den meisten Fällen unberechtigterweise die Glorie der Freisinnigkeit. Jeder, der die despotische Richtung der Regierung, deren Versuche, ihre Macht immer weiter auszubreiten, tadelte, sich derselben entgegenstellte, und die Landesverfassung und mit derselben auch die Vorrechte des Adels vertheidigte, nannte sich oppositionell und freisinnig, gleichviel, ob er zeitgemäss fortzuschreiten, Reformen ins Leben treten zu lassen wünschte, oder, verknöchert, dem veralteten System der „avitischen Verfassung" anhing.

Széchenyi's Reformagitationen vereinigten die Begriffe auch in dieser Beziehung. Die Benennung der Parteien wurde übrigens erst später, auf dem Reichstag von 1832, von der öffentlichen Meinung bestimmt festgestellt. Da die frühern willkürherrschaftlichen Bestrebungen der Regierung seit dem vergangenen Reichstage des Jahres 1825 sich grösstentheils auf die Aufrechthaltung des alten, ihr freiere Hand gewährenden Systems zu beschränken begannen, so scharte sich die conservative Partei um dieselbe, der Zahl nach auch durch viele jener vermehrt, die früher in den Reihen der Opposition die Constitution vertheidigten, von jetzt ab indess gegen die Angreifer der Privatrechte, die Dränger zu Reformen hinter den Wällen der avitischen Verfassung ihren Standpunkt einnahmen. Den Namen einer freisinnigen Opposition aber begann nur jene Partei anzunehmen, welche mit einer Aufrechthaltung der wesentlichen Grundprincipien der Verfassung auch die zeitgemässen Reformen verband und sich bestrebte, im Privatrechte und den alten Institutionen ebenso als im Verhältniss zwischen Regierung und Nation alles umzugestalten, was den Fortschritt des nationalen Wohlstandes, die Wiedergeburt der Nation behindert; und deshalb wurde sie präciser Reformpartei genannt. Was in Bezug auf diese Parteiverhältnisse insbesondere die Person Széchenyi's betrifft, kann man ihn, wie wir aus dem später zu Erzählenden sehen werden, einen Oppositionellen eigentlich nicht nennen, denn er vermied sorgfältig, um in seinen Reformplanen von seiten der Regierung auf kein Hinderniss zu stossen, jede Fingerzieherei mit den Männern der Macht; ja er verschmähte sogar nicht, ihnen seiner Plane wegen bis zu einem gewissen Masse zu schmeicheln; daher schloss er sich, als Führer der Reformen, der Oppositionspartei nur insofern an, als er mit Hülfe dieser sich immer freisinniger gestaltenden Partei seine Jdeen verwirklichen konnte.

Unter jenen zahlreichen jungen Kräften, welche zur Durchführung dieser Reformpläne sich an Széchenyi anschlossen, war in jeder
Beziehung die ausgezeichnetste Baron Nikolaus Wesselényi, der, mehrere Jahre hindurch Széchenyi's Freund und Gesinnungsverwandter, bald
darauf, eine andere Richtung einschlagend, dessen Rival wurde. Dieser
Mann ward zu einem zu bedeutenden Factor in den Kämpfen unserer Wiedergeburt, und hinterliess in der Geschichte jener Zeiten
eine viel zu tiefe Spur, als dass wir unterlassen könnten, schon jetzt,
zum Anfange unserer Reformbewegungen, mit seiner grossartigen Persönlichkeit ein wenig näher bekannt zu werden.

Nikolaus Wesselényi war der Sohn des gleichnamigen Vaters, der
in den letzten Zehnten des vorigen Jahrhunderts im öffentlichen und
gesellschaftlichen Leben Siebenbürgens nicht minder durch seine
Sonderlichkeiten, seine ungeheure Verwegenheit und seine riesigen
Leidenschaften die allgemeine Aufmerksamkeit auf sich gezogen hatte,
als durch seine glänzenden Eigenschaften, seine aussergewöhnliche
leibliche und geistige Kraft, seine in jener Zeit dort noch seltene
Freisinnigkeit, opferbereite Vaterlandsliebe und glänzende Rednergabe.[1] Sein Sohn, Nikolaus der jüngere, in leiblicher und geistiger
Beziehung das getreue Abbild seines Vaters, erhielt in dessen Hause
von ihm eine spartanische Erziehung, in deren Strenge sich übrigens
auch manche Verziehung und Nachsicht mischte. Baron Sigmund
Kemény beschreibt eine Scene aus seiner Erziehung so: „Das ernste,
denkende, der Gestalt nach so aussergewöhnlich starke Kind war noch
nicht sechs Jahre alt, als es mit seinem Vater einst auf dem Hofe spa-
zierte. Eben brachten die Reitknechte einen wilden Hengst — an
deren Zähmung der Vater grossen Gefallen fand — und führten ihn
dem Hausherrn vor. Das Kind betrachtete das schnaubende und
stampfende Ross, wie es sich näherte, mit immer grösserm Vergnügen.
Der Vater, der dies bemerkte, sagte lächelnd: Würdest du dich wol
daraufsetzen? Nikolaus schwieg. Der Alte wandte ihm seine scharfen
Augen zu und fragte abermals: Nun, wirst du nicht aufsitzen? — Nein,
erwiderte das Kind. — Weshalb? — Weil ich mich fürchte. — Die
Wesselényi dürfen sich nicht fürchten, donnerte der Vater, und warf
sein Kind auf das Pferd, diesem mit der Peitsche einen Schlag ver-
setzend. Das gepeinigte Pferd stürmte fort. Die Mutter des Knaben —
Helene Cserey, „die Gattin voll Liebe, Geduld und Leiden" —, die sich
zufällig in der Vorhalle befand, lief aufkreischend in ihr Zimmer und

---

[1] Siehe die romanhaft interessante, meisterhafte Charakter- und Lebens-
beschreibung dieser merkwürdigen zwei Männer, des Vaters wie des Sohnes,
von Baron Sigmund Kemény, in dem von Anton Csengeri herausgegebenen
werthvollen Buche „Magyar Szónokok és Staturférfiak", welches so viele
Daten zur Geschichte jenes Zeitalters bietet.

barg ihr Haupt in die Kissen des Sofas, um ihr Schluchzen zu ersticken und zum Anhören der Todeskunde Kraft zu sammeln; denn sie hielt den Verlust ihres einzigen Kindes für gewiss. Die Zeit schwand unter stets gleichen Schmerzen. Die Mutter wagte nicht, ihre Stellung zu verlassen, so sehr presste ihr die Furcht das Herz zusammen. Plötzlich hörte sie die muthwillige Stimme des Kindes, welches ins Zimmer hereinstürzend der neues Leben gewinnenden Mutter lachend erzählt, dass sich das Ross sehr schlecht aufgeführt habe; er sei aber dennoch auf seinem Rücken geblieben und so lange geritten, bis es müde wurde."

Ein solcher Vater und eine solche Erziehung bildete zeitig die körperliche Geschicklichkeit des Kindes aus, und härtete dasselbe ab. Mit dem Leibe entwickelte auch die Seele sich gleichförmig. Ein überraschendes Beispiel hiervon gab er einmal schon in seinem zehnten Jahre. In einer allgemeinen Versammlung des mittelszolnoker Comitats, in welcher in gewohnter Weise auch der Sohn mit seinem Vater erschienen war, brach der alte Wesselényi gegen den von ihm gehassten Obergespan, Grafen Sigmund Teleki, und die denselben vertheidigenden Stände in so leidenschaftliche Invectiven aus, dass viele verlangten, ihn wegen Verletzung der Gerichtsbarkeit in Process zu nehmen, andere wieder ihn aus der Sitzung entfernen wollten, und einige sich sofort zur thätlichen Ausführung dieses Wunsches anschickten. Der um den Vater besorgte Knabe bemühte sich zuerst, dessen Gegner durch Bitten zu beruhigen, da er aber sah, dass es mit Worten nicht gethan sei, so zog er den Säbel und erklärte, er werde jeden, der sich unterfangen würde, seinen Vater anzurühren, durchstechen. Diese entschlossene Kühnheit des Knaben verfehlte ihre Wirkung nicht. Jedermann blickte mit Verwunderung auf dieses Wunderkind; der Sturm der Leidenschaften aber beruhigte sich. Während der Insurrection des Jahres 1809 stand Nikolaus, erst zwölf Jahre alt, schon an der Spitze einer Insurrectionsschar, und hielt als deren Hauptmann, in Gegenwart des Erzherzogs Maximilian, in Gross-Karoly über dieselbe Revue ab. Neun Jahre darauf wurde hauptsächlich durch seine Agitation der Erfolg jener von der Regierung erlassenen Conscriptions- und Urbarialverordnungen vereitelt, welche dieselbe mit Uebergehung des Reichstags, auf ungesetzlichem Wege ins Leben treten lassen wollte. In der hierauf folgenden Periode — als (wie Sigmund Kemény schreibt) die gebildete und vermögliche Klasse Siebenbürgens verschmähte, sich mit den Geringfügigkeiten des verkrüppelten öffentlichen Lebens zu befassen, und in glänzenden Soiréen, in heitern Gesellschaftskreisen, an den Toilettetischen der Damen ihre Sehnsucht nach Ruhm vergass, die Pedanten, die von Pflichten, die Schwärmer, die von Vaterland, und die Leberkranken, die von allgemeiner und Bürgertugend sprachen, verlachte —

fühlte auch Wesselényi die einschläfernde Wirkung der Zeit und suchte zumeist in Leibesübungen, grossen Jagden und im Herzen der Frauen verursachten Revolutionen für sich einen entschädigenden Zeitvertreib.

Nach solchen Präcedenzen, eben als die ungarischen Vorgänge des Jahres 1823 auch ihn in eine ernstere Richtung hineingezogen, traf Wesselényi mit einem reichen, dem hohen Adel angehörigen Offizier zusammen, der ein grösseres Jagdglück hatte als er, gleich schöne Pferde ritt, und in vielen Arten von Leibesübungen mit ihm wetteiferte, bald ihm gleichstehend, bald ihn übertreffend. Dieser Offizier war Stephan Széchenyi, mit dem er sogleich ein enges Freundschaftsbündniss schloss. Der berechnende Széchenyi, in dessen Gehirn, wenn auch noch unbestimmt, die auf die Wiedergeburt des Vaterlandes abzielenden Plane schon zu gären begannen, und der seinem Freunde schon damals die Rolle eines Parteiführers zugedacht hatte, wusste ihn, da er sah, dass dieser bei all seinen glänzenden Eigenschaften noch wenig Weltkenntniss besitze, dahin zu vermögen, in seiner Gesellschaft eine Reise durch Frankreich und England zu unternehmen. Während dieser Reise rivalisirten sie miteinander ebenso in ermüdenden oder Selbstverleugnung erheischenden Uebungen, als in der Erwerbung von Kenntnissen; denn beide hatten sich entschlossen, in ihr Vaterland zurückgekehrt, ihr Leben, ihre Kräfte der Erweckung und Entwickelung des Vaterlandes zu weihen.

Als Széchenyi auf dem Reichstage 1825 mit der Gründung der ungarischen Akademie, später auf gesellschaftlichem Felde mit der Errichtung verschiedener Vereine, und endlich in der Presse mit seinen agitirenden Reformideen auftrat, war Wesselényi, der damals, als nur noch siebenbürgischer Gutsbesitzer, zum ungarischen Reichstag nicht eingeladen war, allein in Privatkreisen bekannt; aber der Ruf seines eifrigen Patriotismus, seiner Freisinnigkeit und glänzenden Eigenschaften verbreitete sich schnell im ganzen Lande. Zu dieser Zeit mit Széchenyi noch über alle die Wiedergeburt der Nation bezweckenden Reformplane vollkommen einverstanden, wurde er der treue und thätige Gefährte desselben in allen jenen geistigen Agitationen, bei der Errichtung aller Vereine, wodurch Széchenyi den Grund zu seinen Reformen auf gesellschaftlichem Felde legte.

Indess trat seit dem Erscheinen des „Hitel" und noch mehr dem des „Világ" eine gewisse Kälte und später ein Zerwürfniss zwischen den beiden Freunden ein, die zwar einen und denselben Zweck verfolgten, aber hinsichtlich der Mittel, durch welche die Reform durchgeführt werden sollte, voneinander immer mehr abweichender Ansicht waren. Széchenyi war und wollte eigentlich trotz all seiner Reformbewegungen, ja eben wegen des leichtern und sichern Gelingens derselben, kein sogenannter Parteimann sein. Damit er seinen Einfluss auf die Parteien aller Farben, ja auf die Regierung selbst behalte, 1828-30. und sowol diese als jene zur Annahme seiner Reformplane geneigt mache, hütete er sich um so mehr, der Opposition sich enger anzuschliessen, als diese die ganze Richtung seiner Reformen zu der ihrigen gemacht hatte, und ohnehin auf seiner Seite stehen musste. Er wollte seine Stellung einigermassen über den Parteien einnehmen, damit er um die zur Verwirklichung seiner Zwecke geschaffenen Vereine Männer aller Parteischattirungen versammeln und auch von der Regierung eher Unterstützung als Hindernisse erwarten könne. Dies war der Grund, weshalb Széchenyi zu dieser Zeit an jenen oppositionellen Debatten keinen Theil nahm, welche manchmal in den Versammlungen des pesther Comitats in so lebhafter Weise stattfanden. Hieraus ist auch erklärlich, dass er in seinen Büchern den damals bestehenden Ansichten und Recriminationen der Opposition gegen die Regierung sorgfältig auswich. Ja, wie Wesselényi selbst bezeugt, „schon wie er den «Hitel» schrieb, war er geneigt, der Regierung wenn auch nur schöne Worte zu geben; im «Világ» aber sprach er schon offen aus, dass man vom Hofe Gutes erwarten müsse; 1830 sagte er sogar, es wäre für die Nation am räthlichsten, die Opposition aufzugeben und sich dem Hofe ganz in die Arme zu werfen".[1] Allein diese seine Auffassung theilte der weniger schmiegsame Wesselényi auf keine Weise, welcher zwar die von Széchenyi in Vorschlag gebrachten gesellschaftlichen und privatrechtlichen Reformen eifrig unterstützte, allein, eifersüchtig auf den Bestand der Verfassungsrechte des Landes bedacht, diese nicht nur zu bewahren, sondern auch der Regierung gegenüber möglichst auszudehnen wünschte, welche, die Politik ihres traditionellen Willkürsystems befolgend, noch keineswegs geneigt war, die Principien des Constitutionalismus in allen Zweigen der Verwaltung aufrichtig in Anwendung zu bringen. Demzufolge betrieb Wesselényi die Herstellung einer starken, entschiedenen Opposition auf dem Felde des Gemeinrechts gegen die Regierung. Zwischen den zwei Freunden „wurde auch eine Correspondenz darüber unterhalten und die Sache kam so weit, dass die enge Verbindung, welche sie vereinigt hatte, sich erweiterte"; und als Széchenyi „1830 in Pesth mit ihm Zusammenkünfte halten und im Einverständniss mit ihm auf die Menge einwirken wollte", versagte ihm Wesselényi entschieden seine Mitwirkung.[2] Die Wege der zwei grossen Männer zweigten von da an voneinander immer mehr ab. Obgleich beide auch fernerhin dem-

---

[1] Franz Kölcsey in seinem Tagebuche des Reichstags von 1832. Sämmtliche Werke, VII, 150.

[2] Franz Kölcsey, ebendaselbst.

selben Zwecke, einer nach allen Seiten hin entwickelten, ausgebildeten, durch blühenden Handel und Gewerbe reichen, durch eine ausgebildete Verfassung und Selbstregierung politisch gesicherten Nationalität zustrebten, so wichen sie doch in Bezug auf die Art und die Mittel zur Erreichung derselben voneinander mit jedem Tage mehr ab.

Drittes Kapitel.

Der Reichstag des Jahres 1830.

Während in Ungarn, unter dem stets wachsenden Einflusse des Zeitgeistes, infolge der Initiative und zweckmässigen Agitation eines hochsinnigen, eifrigen Patrioten solch eine friedliche, moralische Revolution begann, welche sodann, sich immer mehr ausbreitend und vorschreitend, die Nation und das Land in zwanzig Jahren gänzlich umgestaltete: wurden auf dem politischen Horizonte Europas die Vorzeichen einer gewaltsamen Umwälzung immer drohender. Die unsinnige und ungeschickte Reaction Karl's X. gegen die Charte trieb die Franzosen einer stets lebhafter werdenden Gärung zu, bis er endlich von denselben wirklich verjagt wurde. Das wiener Cabinet konnte zu Anfang des Sommers 1830 über den nahen Ausbruch der Revolution kaum im Zweifel bleiben und traf energische Massregeln, um in den kommenden Ereignissen eine starke Stellung behaupten zu können. Da in unserm Vaterlande die gesetzliche Zeit zur Einberufung des Reichstags ohnehin schon herannahte, verkündigte die Regierung einige Tage vor dem wirklichen Ausbruche der Julirevolution die Eröffnung desselben auf den 8. Sept. nach Presburg. 1830.

Den Gegenstand dieses Reichstags hatte schon der 8. Gesetzartikel 1827 bestimmt, als er anordnete, dass die zur Ausarbeitung der Reformplane ausgeschickten Landescommissionen ihre Operate dem künftigen Reichstage vorzulegen hätten. Der Hof aber wollte in dem gegenwärtigen fieberhaften Zustande Europas diesen voraussichtlich längere Berathungen erfordernden Gegenstand jetzt nicht aufgenommen wissen, und erklärte sogleich in dem Einberufungsschreiben: dass, indem diese Operate zuvor von den Comitaten wegen der den Deputirten zu ertheilenden Instructionen ohnehin noch in Verhandlung genommen werden müssten und erst des Druckes harrten, er dieselben auf den künftigen Reichstag verschiebe, welcher einzig zu diesem Zwecke auf den 2. Oct. des künftigen Jahres 1831 einberufen werden solle. *Die Gegenstände des Reichstags.*

13 *

Gegenwärtig hatte der Hof zwei Zwecke auf diesem Reichstage.
„Achtunddreissig Jahre sind schon vergangen", sagt bezüglich des
einen König Franz in seinem Einberufungsschreiben, „seit wir unsere
von Gott unserer Sorgfalt anvertrauten Völker regieren. . . . Die
Tage unsers Lebens sind gezählt . . . und unser väterliches Herz
sehnt sich nach dem Troste, unsern lieben erstgeborenen Sohn, Se.
königliche Hoheit den Kronprinzen Ferdinand, als unsern Nachfolger
gekrönt zu sehen. . . ." Ueber die Krönung des Erzherzogs Ferdinand
waren bei Hofe schon mehrmals lebhafte Verhandlungen gehalten
worden, worüber jedoch noch keine glaubwürdigen Nachrichten ans
Tageslicht getreten sind. Soviel wissen wir, dass bei Hofe die Meinungen in dieser Frage getheilt waren. Einige wollten ihn seines
kränklichen Zustandes wegen in der Thronfolge übergangen und an
seiner Statt seinen jüngern Bruder, den Erzherzog Franz Karl, auf
den Thron gehoben wissen. „Würdest du denken", schrieb noch am
25. Aug. 1820 Graf Joseph Dessewffy an Franz Kazinczy, „dass das
österreichische Ministerium, neben der Ausposaunung der Legitimität,
den zweitgeborenen Sohn des Königs von Neapel, der Schwiegersohn
unsers Kaisers ist, auf den Thron von Neapel setzten wollte, dem
erstgeborenen aber Sicilien zugedacht hatte? Wozu aber dies alles? —
Wahrscheinlich darum, um auch bei uns, diesem Beispiel nach, Ferdinand seines Erstgeburtsrechtes zu berauben. Diesem hätten sie sodann Lucca gegeben, weil der Fürst von Lucca König von Buenos-
Ayres werden sollte."[1] „Weisst du", schreibt derselbe seinem Freunde
im folgenden Jahre, „dass, obgleich Gustermann vor einigen Jahren
dafür eifern musste, in Ungarn entscheide das Recht der Erstgeburt
für die Thronfolge, man in der jüngsten Zeit in Wien dennoch daran
dachte, dass dem Monarchen der jüngere Bruder des Kronprinzen auf
dem Throne nachfolge?"[2] — Die Uebergehung des Erzherzogs wurde
später um so wahrscheinlicher, als auch in den dem Reichstage von
1825 vorausgehenden Cabinetsberathungen sich die Mehrheit der Betreffenden gegen ihn ausgesprochen hatte; ja, er war zu dieser Zeit
mit seinem kaiserlichen Vater im Zwiespalt, und auch andere Personen
von grossem Einfluss fühlten gegen ihn Antipathie. „Die jetzigen
Minister verfolgen den Kronprinzen unaussprechlich", sagt derselbe
Graf Dessewffy in einem Schreiben vom 3. April 1826, „und die
Stände des Reichs sind feig genug, dies zu dulden. Du kannst dies
auch aus der an Se. Majestät nach seiner Genesung gerichteten
Freudenadresse sehen. Allein diese Wiedergenesung kann nicht dauerhaft sein, daher muss man sich für alle Fälle bereit halten. Ich

---

[1] Briefwechsel zwischen Franz Kazinczy und Graf Joseph Dessewffy,
III, 67.
[2] Ebend., III, 87.

meine mit dem Grafen Illésházy, der es noch besser weiss als ich,
dass der Kronprinz ein energischer Mensch wird, und dass er mehr
Verstand hat, als man aussprengt und er von sich selbst glauben
machen will. Seine Stellung ist eine sehr häkelige und erklärt alles.
Er steht nun mit seinem Vater besser, seit wir einige ihn auf dem
Reichstage zu heben begannen, obgleich die feige, nichts wagende und
daher sich ungerechterweise klüger dünkende Mehrheit uns, doch
nur dem Scheine nach, entgegen war; aber er steht mit seinem Vater
noch immer nicht so gut, wie es sein sollte. Indess ist das jetzige
Ministerium sehr in Aengsten und weiss nicht, was es unter diesen
Umständen thun solle, besonders da die Energie des Kronprinzen
und die Pragmatische Sanction die Nachahmung des russischen Beispiels[1] nicht erlaubt. . . . Aus vielen Anzeichen ist es glaublich,
dass die ganze Abdication in Russland das Werk unsers Ministeriums
war.“[2]   Allein abgesehen von jenen verschiedenen Reden, welche über
die Persönlichkeit und die Verhältnisse des Kronprinzen im Publikum
im Umlauf waren, genüge es uns hier zu bemerken, dass man allgemein glaubte, es sei zumeist das Werk Baron Stifft's, Hofarztes des
Kaisers Franz, gewesen, dass der Kaiser endlich seiner Absicht, eine
Veränderung in der Ordnung der Thronfolge vorzunehmen, entsagte;
dass aber die Krönung Ferdinand's noch bei Gelegenheit dieses Reichstags vorgenommen werde, schrieb man grösstentheils dem ungarischen
Hofkanzler Grafen Adam Reviczky zu, der das Vertrauen des Kaisers
Franz fortwährend in grossem Masse besass.

Ausser der Krönung wünschte der Hof auch noch die Votirung
einer Anzahl Rekruten zur Completirung der ungarischen Regimenter,
was die gärenden Zustände Europas dringend zu erfordern schienen.
Ausserdem wurde in den königlichen Vorlagen zum Gegenstand der
jetzigen Berathungen nur noch bestimmt, dass, weil die Berathung
der Reformarbeiten auf dem künftigen Reichstage voraussichtlich viel
Zeit in Anspruch nehmen werde, damit die Rechtspflege, wie dies zur
Zeit der Reichstage gewöhnlich geschieht, nicht lange feiere, die Stände
des Landes schon im voraus sorgen mögen, dass die Gerichtsstühle
sowol bei den Comitaten als auch bei den Districtualtafeln fortwährend im Gange bleiben. Seinerseits dagegen verspricht der König,
dass er nicht säumen werde, auf die von dem vergangenen Reichstage
vorgelegten, jedoch noch nicht geschlichteten Beschwerden und Wünsche
seine allergnädigste Antwort herabgelangen zu lassen, und wünscht,

---

[1] Er versteht das Beispiel des Zaren Nikolaus, der nach dem Tode
Alexander's I. mit Uebergehung seines ältern Bruders Konstantin den russischen Thron einnahm.
[2] Briefwechsel zwischen Franz Kazinczy und Grafen Joseph Dessewffy,
III, 345.

dass dieser Reichstag in den gesetzlichen drei Monaten beeudigt werde.

Die ausge-
zeichnetern
Persönlich-
keiten der
Stände und
deren Stim-
mung.

Die hervorragendern Persönlichkeiten des Reichstags waren beiläufig dieselben, die schon auf dem Reichstage von 1825 das Wort geführt hatten. Neben der in der Magnatentafel unter dem Vorsitz des Erzherzog-Palatins vom Reichsrichter Grafen Anton Cziráky geführten regierungsfreundlichen Majorität schien auch die freisinnige Opposition einigen Zuwachs erhalten zu haben: ausser dem Fürsten Philipp Batthyányi und dem Grafen Stephan Illésházy zählte sie auch alle jene jüngern Magnaten zu den Ihrigen, die unter der Fahne Széchenyi's die Vornahme von Reformen wünschten. Der führende Redner dieser Partei war indess nicht Széchenyi, der, wie wir schon sagten, der leichtern Verwirklichung seiner beabsichtigten Reformen wegen sich hütete, der Regierung und ihrer Partei gegenüber eine schärfere Opposition zu entfalten, sondern Baron Nikolaus Wesselényi, der, um sich ein Einberufungsschreiben zum ungarischen Reichstage zu verschaffen, zu seinen siebenbürgischen Gütern vom Grafen Georg Károlyi im szathmárer Comitat einen Gutsantheil angekauft hatte. Széchenyi überliess die Rolle des Führers, obgleich diese eigentlich seiner geistigen und staatsmännischen Ueberlegenheit halber ihm gebührt hätte, aus den angegebenen Ursachen freudig Wesselényi, den übrigens nebst andern ausgezeichneten Eigenschaften seine glänzende, effectvolle Rednergabe dazu vorzüglich befähigte. Einen eigentlichen Parteiführer können wir indess in dieser Zeit auch Wesselényi nicht nennen, da eine eigentliche Oppositionspartei während dieses Reichstags an der Magnatentafel noch nicht bestand, und Wesselényi selbst seine Privatberathungen gewöhnlich mit den Mitgliedern des Unterhauses abhielt. Sein die Wahrheit unverhüllt aussprechender, offener und kühner Vortrag, seine glänzende ungarische Beredsamkeit war eine bisher ohne Beispiel dastehende Erscheinung in dem dem Hofe gegenüber schmeichlerischen, oder doch mindestens sehr schonungsvollen, lateinisch sprechenden Oberhause. Ausser ihm zählte seine Partei noch den witzigen, launigen Grafen Karl Andrássy, Joseph und Michael Esterházy, Sigmund Prényi und Leopold Nádasdy unter ihre ausgezeichnetern Mitglieder.

An der untern Tafel, wo auch jetzt Georg Majláth, der königliche Personal, den Vorsitz führte, war gegen die Vergangenheit einige Veränderung zu bemerken. Von den hervorragendern Mitgliedern des Reichstags von 1825 standen einige jetzt schon in Regierungsämtern. Solche waren Georg Bartal, Pankraz Somsich, Michael Plathy, Stephan Szerencsy, von welchen übrigens die drei letzten als Mitglieder der königlichen Tafel auch gegenwärtig an den Berathungen der Reichsversammlung theilnahmen, während der erste als Rath der ungarischen Hofkanzlei der regelmässige Verfasser der von der Regierung an den

Reichstag hinabgeschickten Rescripte wurde. Die übrigen Hauptredner des vergangenen Reichstags, alle der Opposition angehörend, dem Namen nach: Paul Nagy, Thomas Ragályi, Dionys Pázmándy, Anton Deák, Johann Balogh, Sigmund Bernáth, Stephan Borsiczky u. s. w., waren von seiten ihrer Comitate auch jetzt zugegen, sowie von den Magnaten die Grafen Georg Károlyi und Georg Andrássy, und Baron Gabriel Prényi. Ausser diesen zogen noch einige jüngere Deputirte die allgemeine Aufmerksamkeit auf sich, von welchen Baron Nikolaus Vay, Stephan Bezerédy und Nikolaus Somsich auf den spätern Reichstagen eine bedeutende Rolle spielten. Mit Paul Nagy wetteiferte in der Gewalt der Rede meistens Thomas Ragályi, welcher, damals auf der Spitze seines Ruhmes und seiner Popularität, als der energischste und glänzendste Redner der Opposition 'gefeiert wurde und selbst Paul Nagy, der jetzt des Zeitgeistes wegen behutsamer geworden war, in Schatten stellte. Er war weniger gemässigt als Paul Nagy, hegte mehrmals die entgegengesetzte Meinung, ja er bestrebte sich augenscheinlich, was vielleicht nicht stets aus reiner Quelle entstand, ihn vor dem Publikum seiner Popularität zu berauben.

Indess entwickelten die Stände des Unterhauses der Regierung gegenüber auf diesem Reichstage keine heftigere Opposition, was nicht so sehr in dem seit 1825 mehr verfassungsmässigen Verfahren der Regierung seine Erklärung findet, als vielmehr in einigen andern Ursachen. Dieser Reichstag war Zeuge grosser Ereignisse. Seiner Eröffnung ging die pariser, seinem Schlusse die polnische Revolution voraus. Die letztere hatte wegen Kürze der Zeit wenig oder gar keinen Einfluss auf die Stände ausgeübt. Um so mächtiger war aber auf den Geist und den Verlauf unsers Reichstags die Wirkung des pariser Aufstandes, welcher, den ältern Zweig der Bourbonen stürzend und in die Verbannung jagend, in Ludwig Philipp, Herzog von Orleans, die jüngere Linie derselben auf den Thron setzte und mit der Dynastie auch die Grundsätze der Verfassung und Regierung umänderte. Der Sieg der Demokratie in Paris erfüllte auch bei uns alle diejenigen mit tiefer Besorgniss, die, wiewol sie sich für freisinnig hielten und vielleicht auch zu einigen Reformen geneigt waren, dabei doch auch unsere avitische aristokratische Verfassung mit allen Privilegien und Vorrechten des Adels unversehrt aufrecht zu erhalten wünschten. Wird nicht der demokratische Geist, der sich nach allen Seiten hin so schnell ausbreitet, auch bis zu uns dringen? Und wenn er sich wirklich festsetzen sollte, was wird dann aus dem Adel? Wird die privilegirte avitische Verfassung bestehen können? Das waren Fragen, welche in unserm Adel, der vor der Demokratie, obgleich diese jetzt ihr Haupt in einer weniger schrecklichen Gestalt erhob als zu Ende des vorigen Jahrhunderts, noch immer zitterte, auf die Kunde der pariser Ereignisse von selbst entstanden und in demselben eine nicht

zu unterdrückende Besorgniss erweckt hatten. Eine gewisse Art von
Freisinnigkeit kann man zwar unserm Adel nicht ableugnen; denn
diese geht immer Arm in Arm mit der Liebe zur Freiheit, welche
ihm in hohem Grade eigen war. Aber der Begriff der Freiheit war
bei uns noch bei äusserst wenigen so sehr geläutert, dass sie darin
auch etwas anderes gesehen hätten als eine grössere Einschränkung
der vollziehenden Gewalt. Und dies konnte auch kaum anders sein
in einem Staate, wo die constitutionelle Freiheit bisher in der vollziehenden Gewalt allein einen Feind gefunden hatte, vor dessen Ueber-
griffen sie sich kaum bewahren konnte. Diese constitutionelle Freiheit genoss bisher nur der Adel, und auch nur er allein vertheidigte
sie gegen die Regierung. Deshalb war er so eifersüchtig auf seine
Privilegien; nach diesen Ausnahmsrechten wog er seine Kraft in seinem Kampfe gegen die nach Willkürherrschaft strebende Regierung.
Ist es daher ein Wunder, wenn er sodann in einer Verwirrung der
Begriffe diese Privilegien mit der constitutionellen Freiheit selbst
identificirte? Ist es ein Wunder, wenn er glaubte, dass jede Concession, welche er auf Rechnung dieser Ausnahmsrechte machte, die
Verfassung selbst schwächen würde? Jetzt aber sah er einen neuen
Feind gegen sich aufstehen in der Demokratie, welche während vierzig
Jahren in Frankreich schon zweimal gesiegt, die bestehende Verfassung
schon zweimal umgestürzt hatte. Zwar war es für ihn unmöglich, nicht
einzusehen, dass die Demokratie gleichfalls der Freiheit, und zwar
einer auf noch breiterer Grundlage begründeten, zustrebe. Allein,
theils weil er aus einer jeder Aristokratie eigenen Engherzigkeit seinen Ausnahmsrechten nicht entsagen wollte, theils weil er noch kein
Beispiel sah, dass das demokratische Element in irgendeiner Monarchie die Freiheit aufrecht erhalten hätte, und meinte, ein weit stand-
hafterer Vertheidiger der Verfassung zu sein als das seiner geistigen
Beschränktheit wegen leichter zu bethörende Volk: wünschte er schon
aus Eifersucht gegen die von der wiener Regierung schon so oft bestürmte Verfassung nicht, die Demokratie auch auf unser Vaterland
ausgedehnt zu sehen. „Unsere Verfassung", sagte bei einer Gelegenheit im Laufe dieses Reichstags unter anderm Paul Nagy, „bedrohte
seit 800 Jahren noch keine so grosse Gefahr als gegenwärtig. Die
Tataren und Türken verwüsteten das Land, aber nachher verliessen
sie es wieder freiwillig oder gezwungen. Allein gegenwärtig bedroht
uns eine moralische Macht, deren Richtung in geradem Gegensatz zu
dem steht, was wir als das Heiligste bewahren müssen. Alles ist mit
demokratischen Principien erfüllt, von Tag zu Tage dehnen sie sich
weiter aus, gleich einer Feuersbrunst, und bedrohen auch unser aristokratisches System mit äusserstem Verderben." Und dies sagte jetzt
Paul Nagy, der schon 1807 mit so edelm Eifer für einer Verbesserung
der Zustände des Volks gesprochen hatte; der, obgleich er damals

mit den spöttischen Worten: „non stultiset" zum Schweigen gezwungen wurde, zum grossen Aerger der selbstsüchtigen Aristokraten 1825 abermals mit der ganzen Macht seiner Rednergabe die Sache der nicht-adelichen Klassen unterstützte. Zwar ist nicht zu leugnen, dass , es auch unter den Ständen dieses Reichstags schon einige gab, die in der Demokratie keineswegs so viel Gefahr erblickten, und die auf jene aristokratischen Besorgnisse mit Thomas Ragályi und Borsiczky antworteten: dass, wenn die Richtung und öffentliche Meinung der Völker mit unserer Verfassung im Gegensatz stehe, wir uns vergeblich bestrebten, diese aufrecht zu erhalten; und was andern Nationen in so verlockendem Lichte erscheint, dass sie danach aus allen Kräften streben, unmöglich auch uns so sehr gefährlich sein könne. Auch fanden sich bei uns schon mehrere, die mit Széchenyi die Meinung hegten: dass unsere Verfassung ebendeshalb so oft in einer so grossen Gefahr schwebte, weil sie innerhalb ihrer Schanzen nur von wenigen, nur von den Mitgliedern Einer Volksklasse, vertheidigt wurde, und wir erst dann im Besitz einer allen Angriffen trotzenden Freiheit sein würden, wenn an derselben alle Klassen des Volks theilnähmen und es das Interesse aller sein würde, dieselbe zu vertheidigen; die grosse Mehrheit der Stände konnte indess während des ganzen Reichstags sich ihrer Furcht vor der Demokratie nicht erwehren. Was war daher natürlicher, als dass sie sich gegen dieselbe, als gegen einen gemeinsamen Feind, mit der Regierung enger verbanden, mit welcher sie 1825 sich ohnehin ausgesöhnt hatten, und welche seither, wie mehrfache Anzeichen zu beweisen schienen, ihren gegen den Constitutionalismus unternommenen Angriffen für immer entsagte? Und dies war die Eine Ursache, weshalb die Stände, obgleich sie auch während dieses kurzen Reichstags genug Anlass gehabt hätten, mit der Regierung anzubinden, den Wünschen derselben gegen ihre Gewohnheit mit weit grösserer Nachgiebigkeit entgegenkamen.

Diese Nachgiebigkeit hatte indess auch noch einen andern Grund. Es war allgemein bekannt, dass König Franz zum Hofkanzler Reviczky grosses Vertrauen hatte und deshalb, den Einflüsterungen der verfassungsfeindlichen deutschen Rathgeber kein Gehör schenkend, in den ungarischen Angelegenheiten sich ausschliesslich seines Rathes bediente. Es war bekannt, dass, seitdem er an der Spitze der Hofkanzlei stand, selbst der Einfluss der österreichischen geheimen Polizei im Lande aufhörte, und dass, wenn Verständigungen geheimerer Natur erfordert würden, z. B. hinsichtlich zu befördernder oder anderer Persönlichkeiten, diese sich jetzt der Hofkanzler mit Herbeiziehung der in höhern Aemtern stehenden Beamten zu verschaffen pflege. Diese Benachrichtigungen waren jetzt für die Betreffenden in der Regel weitaus günstiger wie früher, was dem Hofkanzler als Verdienst zugeschrieben wurde. Aber auch sonst gab Reviczky zahlreiche Beweise seiner

patriotischen Gefühle in der Leitung der Angelegenheiten; ja sogar der
Umstand, dass nach dem Reichstage des Jahres 1825 ein Bartal,
Somsich, Plathy, Szerencsy und andere ausgezeichnete Persönlichkeiten
aus den Reihen der Opposition zu hohen Regierungsämtern ernannt
wurden, liess keinen Zweifel übrig, dass der Hofkanzler die Verwaltung
des Landes ganz in verfassungsmässigem und soviel möglich frei-
sinnigem Geiste leiten wolle.   Darauf wies auch hin, was die Zufriedenheit der Protestanten zur Folge hatte, und ihm das Wohlwollen derselben verschaffte, dass der protestantischen Jugend wieder
erlaubt wurde, die ausländischen Universitäten zu besuchen. Die Stände,
durch diese und ähnliche Zeichen von den patriotischen und freisinnigen
Gesinnungen und Ansichten des Hofkanzlers voll Vertrauen gegen
denselben, wollten ihm daher die Regierung nicht erschweren, sondern
wollten vielmehr, ihn möglichst unterstützend, auch den König fühlen
lassen, dass sie, verfassungsmässig regiert, stets geneigt wären, den
Wünschen des Hofs zu entsprechen.   Einige gingen auch hierin noch
weiter. „Einige Führer der öffentlichen Sache Ungarns, und unter
diesen auch Paul Nagy", sagt der Verfasser seiner Charakterschilderung, „meinten in der Stimmung des Monarchen und in den Persönlichkeiten seiner Umgebung günstige Gelegenheit zu finden, um
durch den Kanzler den ungarischen Interessen im Rathe und in der
Politik der ganzen Monarchie einen bisher noch nicht gehabten Einfluss und Nachdruck verschaffen zu können.   In dieser Beziehung
hielten sie es aber für nothwendig, dass der Hofkanzler, Graf Reviczky,
sich von der Nation und insbesondere vom Reichstage unterstützt
und in seiner Wirksamkeit gekräftigt fühle, und zugleich auch der
Monarch sofort die guten Folgen seiner der ungarischen Partei bezeigten Zuneigung sehe.   Daher stammt grösstentheils die aussenge-
wöhnliche behutsame Haltung des von den europäischen Ereignissen
in Bestürzung versetzten Reichstags." [1]

Reichstags-   Diese behutsame Haltung der Stände war sogleich zu Anfang
zeitnng.   des Reichstags in jenen Berathungen bemerkbar, welche vor der Krö-
nung über die Reichstagszeitung und später über das königliche
Diplom stattfanden.   Das Gefühl des Bedürfnisses der Oeffentlichkeit
war schon so lebhaft erwacht, dass es beinahe unmöglich war, den
Antrag zur Herausgabe eines reichstäglichen Organs zu unterlassen.
Indess war es sehr natürlich, dass diese Zeitung niemand von den
Banden der Censur beirrt sehen wollte, über deren Ungesetzlichkeit die
Meinung der Stände ohnehin übereinstimmend war.   Allein obgleich
infolge dessen sich über die Pressfreiheit eine interessante Debatte
entspann, obgleich jedermann vollkommen einig war, dass, da hierüber kein gesetzliches Verbot besteht, man das Recht der Nation

---

[1] Anton Csengeris, Magyar Szónokok és Státusférfiak, S. 13.

gar nicht in Zweifel ziehen könne, und daher der Reichstag die Herausgabe einer solchen nicht censurirten Zeitung ohne alle vorläufige Anzeige und Concession anordnen könne: so wurde doch aus Rücksicht auf die Regierung beschlossen, dass der Verlagsunternehmer sich die betreffende Concession von der Regierung auf die gewohnte Weise verschaffen möge, und die Stände nur in dem Falle interveniren und den Herausgeber unterstützen würden, wenn die Regierung die Concession verweigern sollte. Dieses Verfahren war von seiten der Stände zweifelsohne äusserst verkehrt und fehlerhaft. Ausserdem, dass sie in eine grosse Inconsequenz verfielen, und die sonst für ungesetzlich erklärte Censur mittelbar anerkannten, konnten sie auch ihren Zweck nicht erreichen. Vergeblich waren alle schönen Reden für die Aufrechthaltung des Princips der Oeffentlichkeit und Gedankenfreiheit: die Regierung verschob ihre Antwort auf die Bittschrift des zur Herausgabe der Zeitung bereitwilligen Buchdruckers, um die sich hierüber neuerdings entspinnenden unangenehmen Debatten zu verhindern, bis zum Schlusse des Reichstags; und als damals die Zeitung nicht einmal mehr nothwendig war, wünschten die Stände selbst nicht, den Gegenstand noch einmal vorzunehmen.

Eine nicht geringere Behutsamkeit und Nachgiebigkeit bezeugten die Stände in jenen längere Zeit dauernden Debatten, zu welchen das Krönungsdiplom Anlass bot. Da dies nach dem ungesetzlichen Verfahren der Regierung vom Jahre 1823 die erste königliche Krönung war, wünschte ein Theil der Stände, um die Wiederholung ähnlicher Ereignisse zu verhindern, die folgenden Punkte in das Krönungsdiplom aufgenommen: 1) Dass die Minister verantwortlich seien; in Betreff dessen, den ältern Gesetzen gemäss, das Recht der Nation ohnehin unzweifelhaft ist. 2) Dass man die directe sowie auch die indirecte Steuer, insbesondere den Preis des Salzes, im Sinne der Gesetze, auf dem Reichstage allein feststellen könne. 3) Dass das Papiergeld sobald als möglich mit dem von den Gesetzen vorgeschriebenen vollwichtigen vaterländischen Metallgeld ersetzt werde. 4) Dass Galizien, welches kraft des Rechtstitels der ungarischen Krone in Besitz genommen wurde, dem Reiche einverleibt werde. Endlich 5) dass der neue König im Lande wohne; aber bei Lebzeiten des Vaters sich in die Regierungsangelegenheiten ohne Einverständniss der Stände nicht einmische. — Die Majorität stand indess bald darauf sowol davon ab, dass diese Punkte in das Krönungsdiplom aufgenommen, als auch davon, was einige verlangten, dass aus denselben vor der Krönung Gesetzartikel gemacht würden, und setzte nur mit den Magnaten, die in einem Nuntium das Recht der Nation, das Krönungsdiplom den Anforderungen der Umstände gemäss zu verändern, zu bestreiten schienen, eine Zeit lang heftige Debatten fort, in welchen die Magnaten schliesslich gezwungen waren, das Feld zu räumen. Der Regierung

Die Debatten über das Krönungsdiplom.

gegenüber gingen die Stände auch in dieser Frage so schonungsvoll
vor, dass sie in jener Adresse, in welcher sie erklärten, dass sie das
Diplom von 1792 unverändert annähmen, ihr nur mit dem einzigen
Worte: noch in diesem Falle, zu wissen gaben, dass sie sich das
Recht der Abänderung des Krönungsdiploms für die Zukunft aufrecht
zu erhalten wünschten. König Franz wollte sich jetzt deshalb in keine
Erörterungen einlassen, und überging in seiner Antwort diesen Punkt
ganz; übrigens aber gab er seine Zustimmung dazu, dass ein Gesetz
geschaffen werde, nach welchem der junge König, obgleich er schon
gekrönt in den Besitz des Throns gelangen werde, verpflichtet sei, in
den ersten sechs Monaten seiner Regierung den Reichstag auszuschreiben; so lange, bis er zur Regierung gelangt, werde er längere Zeit
hindurch im Lande wohnen, aber bei Lebzeiten seines Vaters an der
Regierung nicht theilnehmen.

Die Krönung ging sodann am 28. Sept. in gewohnter Weise
unter glänzenden Festlichkeiten vor sich. Der junge König bestimmte
einen Theil des ihm von den Ständen gemachten Krönungsgeschenkes
von 50000 Dukaten zur Unterstützung der infolge der schlechten
Ernte grosse Noth leidenden Bewohner der Comitate Oberungarns;
den andern aber zur Vermehrung des Fonds der ungarischen Akademie, wodurch er den Werth der Erinnerung an seine Krönung erhöhen wollte.

Die Ange-
legenheit
der Na-
tional-
sprache.

Die Frage der Einverleibung Galiziens — welcher sich die Regierung so entledigte, dass sie den Ständen durch den Palatin zu
wissen geben liess, Se. Majestät habe schon, um in dieser Hinsicht die
Rechte des Reichs untersuchen zu lassen, eine gemischte Commission
aus Ungarn und einigen Mitgliedern des galizischen Guberniums ernannt — brachte die Frage des amtlichen Gebrauchs der ungarischen
Sprache auf die Tagesordnung. Die Stände nämlich theilten der Magnatentafel ihr Verlangen bezüglich der Einverleibung in einem ungarisch verfassten Nuntium mit, worauf diese die auf den Gebrauch
der Nationalsprache abzielenden Einrichtungen bis zum künftigen
Reichstag verschoben wissen wollten. Nur zwei Stimmen erhoben sich
in der Versammlung der Magnaten zur Unterstützung der Nationalsprache, die Michael Estherházy's und Nikolaus Wesselényi's; aber
vorzüglich die Rede des letztern, welche seine Jungfernrede auf diesem Reichstage war, machte auf das Auditorium einen aussergewöhnlichen Eindruck, und erhob den Namen des Redners zu einer solchen
Volksthümlichkeit, wie sie bisher nur Széchenyi allein zutheil geworden
war. „Der Gebrauch der Muttersprache", sagte Wesselényi unter anderm,
„ist das unzweifelhafte Recht einer jeden Nation. Wenn die Nation
in der Ausübung dieses natürlichen Rechts beschränkt wird, bricht
sie in Klagen aus; wenn die Beschränkung aufrecht gehalten wird, erweckt sie bittere Gefühle im Herzen der Nation; wenn die Beschränkung

zur Unterdrückung ausartet, erweckt sie eine Rückwirkung, welche für die Regierung ebenso gefährlich ist als schädlich in ihren Folgen. . . . . Und könnten wir von einem väterlich gesinnten Monarchen, welchen wir als Muster patriarchalischer Tugenden kennen, von unserm hochverehrten Palatin, der schon ein ganzes Menschenalter auf das Wohl unsers Vaterlandes verwendet, könnten wir von dieser geehrten hohen Tafel etwas anderes erwarten als Zustimmung zu einem so nützlichen Fortschritte? . . . ." Aber die Mitglieder der Magnatentafel, die — es ist eine Schande, es auch nur auszusprechen — die Sprache ihres Vaterlandes grösstentheils entweder gar nicht oder nur gebrochen sprachen, wurden von dieser Rede voll edeln Feuers nicht bewegt.

Diese sträfliche Gleichgültigkeit der Magnaten rief heftige Diatriben von seiten der Stände hervor. „Stets beschuldigen wir nur die Regierung", sagt unter anderm Paul Nagy, „der Fehler aber liegt in uns selbst. Betrachten wir die königliche Familie: fünf oder sechs Mitglieder derselben sprechen die ungarische Sprache, während es so viele hochadelige Familien gibt, deren kein einziges Mitglied sie versteht. Ihre herrschaftlichen Besitzthümer lassen sie auch deutsch verwalten, und zwingen dadurch viele Tausende von Jünglingen zur Erlernung der deutschen Sprache, damit jene sich in ihrem eigenen Vaterlande Brot zu verschaffen vermögen. Es ist vor allem nothwendig, dass die öffentliche Meinung die Unkenntniss der Muttersprache mit dem Brandmal der Schande zeichne. Soll ich an das ungarische Schauspiel erinnern: wie einige von uns sich bestrebten, diesem Vermittelungsorgan der Sprache emporzuhelfen. . . . Wir gingen auch zum Palatin, um uns seine Protection auszubitten. « Ich thue alles Mögliche», entgegnete er, « auch gestern war ich in der Vorstellung; allein von Ihnen, meine Herren, sah ich niemand dort. » Und wie gross sind die Klagen unserer Schriftsteller! Das beste ungarische Werk darf auf höchstens 200 Käufer rechnen. Niemand liest ungarisch; die ungarischen Bücher bedeckt Staub in den öffentlichen Bibliotheken. . . ." Die Stände, durch solche Reden zu einer wärmern Unterstützung der Nationalsprache angeeifert, drangen neuerdings in die Magnaten, dass die Nuntien fortan in ungarischer Sprache ausgewechselt würden, dem diese hierauf zwar nicht entgegen waren, jedoch verlangten, dass ihnen mit dem Nuntium der Adressenentwurf auch fernerhin in lateinischer Sprache zugeschickt werde.

Die bisherigen Erfahrungen überzeugten die Stände, dass es nur durch fortwährendes Drängen und einigen Zwang möglich sein könne, dem Unpatriotismus der Magnaten irgendwelche Concessionen zu Gunsten der Nationalsprache abzupressen. Sobald sie daher hinsichtlich der in ungarischer Sprache zu geschehenden Abfassung der wechselseitigen Nuntien ihr Ziel erreicht hatten, begannen sie darauf zu dringen, dass auch die an den König zu richtenden Adressen und die

Gesetze in der Nationalsprache verfasst, und nachdem die Nation den amtlichen Gebrauch ihrer Sprache schon seit 40 Jahren fordert, alle Zweige der Verwaltung in dieser Sprache geleitet werden mögen; ferner, dass an der im Entstehen begriffenen militärischen Akademie, dem Ludoviceum, als Unterrichtssprache die ungarische aufgenommen werde; bei den ungarischen Regimentern das Commando ungarisch sei, indem auch ohnehin die Erfahrung beweist, dass meistens der Gebrauch der deutschen Sprache und die Verwendung deutscher Offiziere unserer Jugend die Lust von der kriegerischen Laufbahn benimmt. Allein es gelang jetzt noch nicht, diese Wünsche durchzuführen; und alles zusammen konnte man nur die folgenden Punkte in das am Schlusse der Versammlung geschaffene neue Gesetz einschalten: 1) Dass die königliche Statthalterei mit jenen Behörden, welche an sie ungarisch schreiben, ebenfalls in dieser Sprache correspondire. 2) Die Obergerichte seien gehalten, die Berathungen in allen an sie ungarisch appellirten Processen in eben dieser Sprache zu pflegen und ihre Urtheile in derselben zu verfassen. Bei den Districtualtafeln, den Comitats-, städtischen und Consistorialgerichten, wo die ungarische Sprache bisher nicht gebräuchlich war, sei es erlaubt, vom Schlusse dieses Reichstags angefangen, alle Processe in ungarischer Sprache zu führen; jene Gerichtsstühle, an welchen diese Sprache noch nicht in Gebrauch kam, dürften ihre Berathungen nach Belieben in dieser oder in lateinischer Sprache fortführen. 3) Ohne Kenntniss der ungarischen Sprache dürfe von jetzt an niemand in einem öffentlichen Amte angestellt werden. 4) Advocatendiplome könnten vom 1. Jan. 1834 an nur ungarisch sprechende Individuen erlangen. 5) Die ungarischen und die Grenz-Regimenter, ebenso die im Lande befindlichen Militärbehörden seien verpflichtet, alle von den Behörden an sie gerichteten ungarischen Schriftstücke anzunehmen.

Die Votirung der Rekruten. Das Hauptinteresse, welches die Regierung auf diesem Reichstage glücklich durchzuführen wünschte, war im dritten Punkt der königlichen Propositionen enthalten, in welchem sie vorträgt, die ungarischen Regimenter hätten jetzt schon einen nur so geringen Stand, dass die Ergänzung derselben schon die Aufrechthaltung des kriegerischen Ruhms der Nation unausweislich erfordere, und von derselben Rekruten verlangt. Die Stände waren zwar zufolge der obenerwähnten Stimmung geneigt, in dieser Beziehung jeden billigen Wunsch der Regierung zu erfüllen; sie wollten indess diese gute Gelegenheit nicht versäumen, ohne zugleich von der in ihren Concessionen stets so kargen Regierung auch einiges von den ältern Wünschen der Nation auszuwirken. Die am Schlusse des vorigen Reichstags unterbreiteten Nationalbeschwerden und Wünsche waren noch immer unerledigt; die Stände erklärten daher, dass, nachdem sie bezüglich derselben schon 40 Jahre lang vergebens auf eine Antwort seitens der Regierung harrten, sie jetzt vor allem wünschten, dieselben Sr. Majestät vorzulegen. Erfolglos blieb auch das vom Palatin im Namen des Königs gegebene Versprechen, dass Se. Majestät auf eine jede der Beschwerden Antwort ertheilen werde, wenn die Stände vor den Beschwerden oder mit diesen zugleich die königliche Proposition in Betreff der Rekruten in Verhandlung nähmen und ihren Beschluss unterbreiteten. Da die Regierung ein so grosses Gewicht darauf legte, dass die Rekrutenfrage zuerst in Verhandlung genommen werde, so verrieth sie dadurch auch zu deutlich, dass sie sich nach Votirung derselben leicht über die Wünsche der Nation hinwegsetzen werde. Die Stände blieben daher standhaft; ja mehrere wollten jetzt auch noch jene kräftige Beschwerdenadresse vorgelegt wissen, welche 1827 wegen des Widerstrebens der Magnatentafel vor den König nicht gelangen konnte; was indess, weil die Magnaten später der vorläufigen Berathung der Beschwerden entgegen zu sein aufhörten, die Mehrzahl der Stände selbst nicht mehr unterstützte. Die Hauptpunkte der Beschwerden und Wünsche, welche infolge dessen vorgelegt wurden, sind die folgenden: Einige Theile und Inseln Dalmatiens, ebenso gewisse Theile Siebenbürgens, insbesondere die Comitate Krassna, Mittel-Szolnok, Zaránd und Kővár und endlich Galizien und Lodomerien mögen dem Reiche wieder einverleibt werden; Siebenbürgen werde mit dem Mutterlande enger verbunden; der Preis des Salzes möge, als indirecte Steuer, mit Zustimmung der Stände noch im Laufe dieses Reichstags festgesetzt werden; jener Misbrauch, welchem nach die Gerichte in den ältern Geldverhältnissen der Privatleute seit der Werthherabsetzung des Papiergeldes noch immer gezwungen sind, nach den Normen der ungesetzlichen Hofdecrete Urtheil zu fällen, solle sofort eingestellt werden; die ungarische königliche Kammer werde von der kaiserlichen Kammer thatsächlich unabhängig gemacht; die Geldangelegenheiten des Reichs mögen der Manipulation der ungarischen Kammer untergeordnet werden, u. s. w.

Die Stände wollten indess jetzt der Regierung nicht den Zwang auferlegen, dass sie die Votirung der Rekruten von der auf die Beschwerden zu ertheilenden Antwort abhängig machten, und sobald sie diese unterbreitet hatten, nahmen sie sofort die Rekrutenfrage in Verhandlung. Jene behutsame Haltung und Nachgiebigkeit der Regierung gegenüber, welche wir oben als den Hauptcharakter dieses Reichstags hervorhoben, legten die Stände am deutlichsten in dieser hochwichtigen Angelegenheit an den Tag. Es mangelte zwar an der Ständetafel nicht an einzelnen opponirenden Stimmen; es wurde unter anderm gesagt, dass die Nation zu einer normalen Ergänzung der Armee im Sinne ihrer Gesetze nicht verpflichtet und der in den Regimentern entstandene Abgang durch die gewöhnliche Werbung zu ersetzen sei; dass die Regierung selbst die Schuld trage, wenn sie

auf dem Wege der Werbung nicht die genügende Anzahl Rekruten
erhalte; denn dies stamme daher, dass auch in den ungarischen Regimentern deutsches Commando herrsche und die Offiziere, dem Gesetze
entgegen, grösstentheils Deutsche seien, die mit der Mannschaft, welche
der deutschen Sprache nicht mächtig sei, unwürdig verfahren; dass
unsere Landsleute wegen Unkenntniss der deutschen Sprache es kaum
bis zum Corporal bringen könnten; auch wurde ein Beispiel angeführt,
dass unlängst in einem Husarenregimente mehrere Ungarn ihrer
Offizierschargen verlustig wurden, einzig weil sie sich über ihren
neuernannten deutschen Obersten beklagt hatten u. s. w. Aber die
Mehrheit der Stände sprach bei alledem ihre Bereitwilligkeit aus, das
Verlangen des Hofs zu erfüllen, sobald die Nothwendigkeit desselben
von der Regierung motivirt nachgewiesen würde. Die motivirte Dar-
legung dieser Nothwendigkeit erklärten sie übrigens für unerlasslich,
da sie im engsten Zusammenhang stehe mit jenem Cardinalrechte der
Nation, nach welchem sie in der Entscheidung der Frage über Krieg
und Frieden Einfluss besitzt.

Die Magnaten waren indess selbst mit dieser loyalen Aeusserung
nicht zufrieden, und, nach dem Antrage des Reichsrichters Cziráky,
jede vorläufige Nachfrage und Nachweisung der Nothwendigkeit für
überflüssig erklärend meinten sie, die Rekruten, deren Anzahl die
Regierung in einem königlichen Rescript auf 50000 bestimmt hatte,
müssten als Subsidium einfach votirt werden. Nur Eine Stimme erhob sich zur Unterstützung des Nuntiums der Stände, die Stimme
Nikolaus Wesselényi's. „Die von den Ständen angeführten Gründe",
sagt er, „sind überaus wichtig. Seit 1741 bestand die normale Art,
die Regimenter zu ergänzen, in der Werbung, denn die Nation wies
diese Last von Anfang an von sich ab. Die Stände glauben, dass der
Abgang mit Hülfe der zu diesem Zweck bestimmten namhaften Summen zu jeder Zeit genügend gedeckt werden könne; und auch die Erfahrung beweist, dass die Werbung, zweckmässig eingerichtet, dem
Zwecke vollkommen entspricht. Aber in den letztern Zeiten schlichen
sich leider in die Handhabung derselben so zahlreiche Mängel ein,
dass ihr Erfolg, besonders bei der Infanterie, sehr zweifelhaft ist. Man
hält den Eingetretenen das gemachte Versprechen nicht, und viele,
die sich zur Cavalerie anwerben liessen, werden unter die Infanterie
gesteckt. — Aber es ist ja eigentlich auch nicht von einer Ergänzung,
sondern vielmehr nur von einem ausserordentlichen Subsidium die
Rede; und in dieser Beziehung muss ich offen gestehen: indem die
Stände bei einem so wichtigen, dem Volke aber verhassten Antrage, wo nicht von Getreide oder Geld oder vom eigenen Leben
der Deputirten, sondern von der Freiheit und dem Blute des steuerzahlenden Volks, welche hier als blosse Waare betrachtet werden, die
Rede, — indem, sage ich, die Vertreter in dieser Frage zuvor über

die Nothwendigkeit vollständig belehrt zu sein wünschen, ehe sie sich grossherzig bezeigen, — erfüllen sie, meiner geringen Meinung nach, nur ihre Pflicht, folgen nur dem Geiste unserer Gesetze, der Stimme ihres Gewissens. Wenn das Vaterland nur unsere Güter, nur unser Leben in Anspruch nimmt, dann können wir zur Vertheidigung der Constitution und des Königs ohne zu unterhandeln sagen: Auf, zu Pferde, zu den Waffen! — Die Bewegungen der Völker sind nicht nach aussen gerichtet, nicht offensiv; wir haben daher von ihnen nichts zu befürchten. Wenn in der That irgendwelche Gefahr besteht, ist sie sicherlich nur in unserer eigenen Brust, in der öffentlichen Meinung, in der Unzufriedenheit des Volks zu suchen. Wir jedoch, die wir unter der Herrschaft eines sanften und friedliebenden Monarchen und weiser Gesetze stehen, haben von solchen Bewegungen nichts zu befürchten."

Das zuhörende Publikum überschüttete den kühnen Redner mit lautem Beifall; allein der Palatin, der gegen Wesselényi eine Antipathie hegte, machte einige beissende Bemerkungen auf seine Rede. Er sagte unter anderm, dass „diese Rede, welche eher geeignet sei auf Abwege zu führen, als Ueberzeugung hervorzubringen, nur dies beweise, dass Ankömmlinge, weil sie von unsern öffentlichen Angelegenheiten nur oberflächliche Kenntnisse besässen, in irriger Befangenheit lebten". Der patriotisch gesinnte kühne Graf Karl Andrássy glaubte diese Rüge nicht ohne Bemerkung lassen zu können, und äusserte sich: dass man denjenigen keinen Ankömmling nennen könne, wenn er auch bisher an dem ungarischen Reichstage keinen Antheil genommen, dessen Vorfahren dem Vaterlande schon seit langer Zeit gedient hätten, als das Herrscherhaus auf den ungarischen Thron gelangte. — Indess wünschte die Magnatentafel die Rekruten nicht nur ohne jede fernere Bedingung votirt zu sehen, sondern sie schien auch noch das Recht der Stände in Zweifel zu ziehen, von der Regierung in ähnlichen Fällen eine Begründung der Nothwendigkeit zu verlangen.

Diese Erklärung der hohen Stände erregte in der Ständetafel keine geringe Gereiztheit. Es wurde bewiesen, dass die Stände dieses Recht nicht nur 1741, als Maria Theresia persönlich, 1796, als die Regierung durch den Staatsrath Spielmann der Nation die Umstände erklärte, wodurch sie zu ihrer Bitte um militärische Hülfe bewogen wurde, sondern auch in zahlreichen andern Fällen ausgeübt hätten. Dieses Recht könne man daher nicht in Zweifel ziehen, obgleich man auch dafür Beispiele anführen könne, namentlich aus den Jahren 1807 und 1808, dass sich die Nation der Ausübung dieses Rechts freiwillig begab. Allein jetzt müssten sie die Aufrechthaltung dieses Rechts um so mehr fordern, als, wie sie erfahren, aus der in einigen Fällen freiwillig an den Tag gelegten Nachgiebigkeit gefährliche

Consequenzen zur Schwächung des Nationalrechts gezogen würden.
Es sei nämlich kaum einigemal geschehen, dass die Stände, von der
gewichtigen Beschaffenheit der der Hülfe bedürftigen Umstände von selbst
überzeugt, den Beweis der Nothwendigkeit nicht verlangten; so ziehe
auch schon die das Interesse des Hofs übereifrig wahrende Magnatentafel dieses nationale Recht selbst in Zweifel.

Die Folge dieser übertriebenen Hofgesinnung der Magnatentafel
war, dass, während früher nur 27 Stimmen gegen 25 die Beweisführung für die Nothwendigkeit der Rekrutenstellung verlangten, sich
jetzt die Majorität auf 33 Stimmen gegen 19 erhob, und der Beschluss gefasst wurde, dass in dieser Angelegenheit zur Wahrung des
nationalen Rechts ein kräftiges Nuntium an die Magnatentafel gerichtet werde. Dies machte inzwischen die Regierung selbst, welche
in diesem Falle mehr constitutionelle Gesinnung bewies als die hohen
Stände, überflüssig. König Franz, der auf die freiwillige Intervention
des Palatins von dem Wunsche der Stände Kunde erhielt, betraute
sofort den Banus von Kroatien, Grafen Ignaz Gyulay, der zugleich
Präsident des Hofkriegsraths war, mit der Mission, die Nothwendigkeit der Rekrutenstellung vor einer Commission der Stände detaillirt
zu motiviren.

Gyulay trug die aufklärenden Daten im Namen des Königs vor,
und verlangte vom Lande 50000 Rekruten auf die Art, dass zur Ergänzung der ungarischen Regimenter 30000 Mann sogleich, die übrigen aber in dem Falle gestellt würden, wenn die Vertheidigung des
Staats dies bis zur Eröffnung des künftigen Reichstags nothwendig
machte.

Die Mehrheit der Stände war infolge dessen ohne jeden fernern
Einwurf geneigt, zwar nicht 30000, sondern, um das nationale Recht
durch die That zu beweisen, 28000 Rekruten zu votiren. Indess
konnte sich zur Gewährung der für später bedingungsweise verlangten
20000 Mann sogleich keine Majorität bilden; viele hielten es für gefährlich, wenn man der Regierung, welche bisher stets nur in Hinsicht auf ihre eigenen Interessen den Reichstag ausschrieb, durch
einen solchen Vorschuss Gelegenheit gebe, denselben auf längere
Zeit zu vermeiden. Die Hälfte der Comitate wollte dem zufolge statt
der 20000 Rekruten für den Fall der Noth eine Adelsinsurrection
anbieten. Ja einige wollten mit Ragályi, Bosiczky und Balog schon
von dieser Versammlung aus die Insurrection des Adels angeordnet
wissen, damit dieser, sich in den Waffen gehörig übend, zur Vertheidigung der Freiheit und Verfassung sich nach und nach gleichsam
zum Ebenbild der französischen Nationalgarde entwickle. Dass diese
Idee der übrigens bezüglich des Adels so kostspieligen Insurrection
selbst bei den ausgezeichnetsten Rednern hauptsächlich aus Furcht vor
der Demokratie soviel Sympathie fand, trat aus der Rede Paul

Nagy's offen zu Tage, welche er in der am 6. Nov. abgehaltenen Reichstagssitzung hielt. „Ich gebe zu", sagte er unter anderm, „dass den König die Aufrechthaltung seines Throns beizeiten vorsichtig macht; allein haben wir selbst nicht noch mehr Grund zur Vorsicht, wir, sage ich, mit unserer isolirten Verfassung, welche im heutigen Europa keinen Gefährten, keinen Vertheidiger mehr hat? Ich wiederhole, was ich neulich in einer in Gegenwart des Palatins stattgefundenen Berathung sagte: wenn die Aristokratie der Regierung die nothwendige Unterstützung verweigert, zwingt sie dieselbe, ihr auf den Nacken zu treten und sich der Demokratie zuzuwenden. Dies beweist jede neuere Revolution: der Thron bleibt aufrecht, die privilegirten Stände gehen unter. . . . Ich bin davon so sehr überzeugt, dass ich, wenn der Regierung alle 50000 Rekruten nothwendig wären, auch heute für eine Votirung der ganzen Anzahl sprechen würde, wenn ich anstatt der für später verlangten 20000 Rekruten die adeliche Insurrection nicht für zweckmässiger und edler hielte." Später jedoch nahmen zwar die Stände, auf das Drängen der Magnatentafel, auch die Aushebung der für den Nothfall verlangten 20000 Rekruten an, aber nur unter folgenden Bedingungen: 1) Dass der König dieselben nicht gegen die Volksfreiheit, zur Einmischung in ausländische Aufstände, sondern einzig nur in dem Falle ausheben lassen dürfe, wenn der Staat bis zum October 1831, dem Termine des künftigen Reichstags, angegriffen werden sollte. 2) Dass diese 20000 Rekruten nach beendigtem Kriege sofort nach Hause entlassen würden; die Dienstzeit der übrigen aber auf zehn Jahre bestimmt würde. 3) Dass, nach dem Sinne des 9. Gesetzartikels 1791 den ungarischen Regimentern nur ungarische Offiziere gegeben würden, deren regelmässiges Avancement von den Offizieren der übrigen kaiserlichen Armee abgesondert stattzufinden habe.

Das Rekrutenanerbieten nahm der Hof zwar mit grosser Zufriedenheit, aber ohne die erwähnten Bedingungen an; worüber sodann die Debatten noch lange fortgesetzt wurden. Mit besonders grossem Eifer betrieben die Stände, dass in den ungarischen Regimentern nur Einheimische zu Offizieren ernannt werden sollen; wobei ihr Zweck nicht nur der war, dass das ungarische Militär von der oft unwürdigen Verfahrungsweise der deutschen, böhmischen und anderer ausländischen Offiziere, was unsere Jugend hauptsächlich von der kriegerischen Laufbahn abschrecke, befreit werde, sondern und zumeist der, dass die Armee des constitutionellen Landes von den Regimentern der absolutistisch regierten übrigen Erblande abgesondert und in nationalem Geiste organisirt würde.

Die Organisation der k. k. Armee, welche hauptsächlich den Zweck hatte, dass in derselben die absolute monarchische Gewalt eine durch keinerlei nationale Gefühle und Rücksichten geschwächte Stütze finden könne, war unleugbar in Bezug auf unser Vaterland ein Gegenstand der Beschwerde. Um verschiedene andere hinsichtlich der Nationalität und Verfassungsmässigkeit hieraus sich von selbst ergebende Gesichtspunkte zu übergehen, wollen wir nur Eine Seite dieser Organisation hervorheben, welche auch in den Debatten in beiden Tafeln Redner fand. Es war kein seltener Fall, dass in einem oder dem andern der ungarischen Regimenter zehn bis funfzehn Ausländer hohe Offiziersstellen einnahmen, die selbst aufrichtig genug waren zu gestehen, dass sie ihre Plätze mit Benachtheiligung anderer einnähmen, und von denen einige eben in jener Zeit in ihren von den Tagesblättern herausgegebenen Gedichten sich dessen rühmten „dass die Armee ihres Vaterlandes jedem Fremden verschlossen sei". Diese Benachtheiligung war für unsere Landsleute um so schmerzlicher, als in denselben Regimentern zahlreiche guterzogene, mit tüchtigen militärischen Kenntnissen versehene Jünglinge von untadelhafter Aufführung acht bis zehn Jahre lang als Cadetten im Unteroffiziersrange verbrachten und nicht selten den Unwürdigkeiten von Fremdlingen ausgesetzt waren, welche hinsichtlich ihres Verdienstes, ihrer Tüchtigkeit mit ihnen keinen Vergleich aushalten konnten. Denn fanden sich auch unter diesen Fremden ausgezeichnete Persönlichkeiten, so kann andererseits auch nicht geleugnet werden, dass die grösstentheils fremden Inhaber der Regimenter viele solche Ausländer in unsern Regimentern zu Offizieren machten, welche diese Laufbahn nur des Broterwerbes wegen oder zu ihrer weitern Ausbildung betraten, und z. B. als Husarenoffiziere erst beim Regimente reiten lernten. Da solche Erscheinungen öfter vorkamen, so gaben sie unserer vaterländischen Jugend Anlass zu unzähligen Klagen und verminderten in ihr die Lust, die militärische Laufbahn zu betreten. Einen ähnlichen Eindruck machte auch die Erfahrung, welche Stephan Széchenyi in einer über ebendiesen Gegenstand gesprochenen Rede, in Bezug auf sich, hervorhob, als er sagte, dass der Ungar, wie sehr er sich auch in der Armee durch kriegerische Eigenschaften, Fähigkeiten und musterhaftes Verhalten auszeichne, zu einer höhern Offizierscharge nur sehr selten und sehr schwer emporsteigen könne.

Da in unsern Regimentern die Verhältnisse so gestaltet waren, betrieben die Stände nicht ohne Grund, dass in den ungarischen Regimentern zu Offizieren nur Ungarn ernannt würden. Allein ihre Bestrebungen blieben ohne Erfolg. Vergebens sagten sie zur Unterstützung ihres Verlangens: dass, wie unsere Landsleute nicht verlangten, ausser den ungarischen Regimentern in andern zu dienen, sie ebenso billig fordern dürften, dass auch in unsern Regimentern die Plätze der Ungarn nicht von Fremden eingenommen würden, von welchen viele zudem nicht einmal geborene kaiserliche Unterthanen wären, sondern einem Lande angehörten, in dessen Armee kein Fremder

aufgenommen wird. Vergebens führten sie an, dass in der ihrem
Verlangen gemäss gleichartig zu gestaltenden ungarischen Armee der
nationale Heldengeist noch mehr Entwickelung finden und auf diese
Weise eine stärkere Stütze des Throns und Vaterlandes sein werde,
als jetzt in ihrem mit Fremden gemischten Zustand, grösstentheils
von Fremden commandirt und deshalb verstimmt. Diese und andere
ähnliche, gewiss gewichtige Gründe verhallten ohne Erfolg der Regierung gegenüber, welche in der Armee diese Organisation mit
Bedacht gegründet hatte, und auch gegenüber dem Hause der Magnaten, welches, besonders jetzt, in seiner Furcht vor den Schreck-
nissen der Demokratie, die Zwecke der Regierung blindlings unterstützte.

Je geneigter die Stände waren, das Verlangen des Hofs bezüglich Die Ange-
legenheiten
der Be-
schwerden
und Wün-
sche.
der Rekruten zu erfüllen, um so unangenehmere Gefühle erweckte es
in ihnen, dass die Regierung, nachdem die Rekruten votirt waren,
in der Angelegenheit der nationalen Beschwerden und Wünsche grösstentheils ausweichend antwortete und schon auch den Termin zum Schlusse
des Reichstags festgesetzt hatte. „Nach der Bestimmung des 13. Gesetzartikels 1791", sagte in Beziehung hierauf Paul Nagy in der
Sitzung vom 27. Nov., „müssen auf jedem Reichstage die königlichen
Vorlagen und ebenso auch die Beschwerden der Nation beendigt werden. Und indem wir den erstern entsprechen, haben wir das volle
Recht, bezüglich der letztern von der Regierung auch das .Gleiche zu
verlangen. Hier liegen die Beschwerden vor uns, welchen man schon
auf dem vergangenen Reichstage hätte abhelfen sollen, und die gegenwärtig abermals auf die Zukunft verschoben werden. Einige derselben
haben schon jahrhundertelang dies Schicksal. Die Regierung hält es
für genügend, einige unbedeutendere Punkte oberflächlich zu beantworten und, die übrigen übergehend, den Reichstag sofort aufzulösen,
sobald die Verhandlung der Vorlagen beendigt ist. Was würde geschehen, wenn auch wir, das Vorgehen der Regierung nachahmend,
von den königlichen Propositionen nur einige unbedeutendere Punkte
erledigten, und hinsichtlich der übrigen die Antwort gäben, dass wir
uns über dieselben mit unsern Absendern zuvor berathen müssten
und auf dem nächsten, oder gar einem dritten Reichstage Antwort
geben würden? Würde sich die vollziehende Gewalt damit begnügen?
Die Verbindlichkeit ist aber eine vollständig gegenseitige. Und daher
halte ich diese königliche Resolution selbst für die allergrösste Beschwerde. Wenn wir gegen irgendein Dicasterium Klage erheben,
können wir kaum eine andere Antwort erhalten, als «das betreffende
Dicasterium würde zuvor vernommen werden, der Gegenstand selbst
würde auf den nächsten Reichstag verschoben». Dies, meine Herren,
ist ein ungesetzliches Verfahren. Nicht die Behörde, welche zur Entschuldigung ihrer Gesetzverletzungen und Willkürlichkeiten leicht

schöne Worte finden kann, ist zu vernehmen; sondern dergleichen
Klagen müssen auf dem Reichstage untersucht und beurtheilt werden.
Und wenn gar solche Dinge an die Reihe kommen, welche der Regierung nicht angenehm, dann bekommen wir regelmässig die Antwort
zu hören: «Se. Majestät hätte gehofft» oder «Se. Majestät wünschte»,
und dann werden wir mit einer ausweichenden Antwort abgespeist.
Im allgemeinen scheint die Regierung zu vergessen, dass die Stände
des Reichs um keine Gnade flehen, sondern dasjenige fordern, wozu
sie ein Recht haben."

Die Errun-
genschaften
des Reichs-
tags.

Allein obgleich in Bezug auf diese Angelegenheiten alle fernern
Debatten und Adressen der Stände vergeblich blieben, und obgleich
die Regierung, von dem Princip ausgehend, dass sie der Anordnung
des Gesetzes entspreche, wenn sie auf die Beschwerden und Wünsche
welche immer Resolution ertheile, um dieselben nur nicht unbeant-
wortet zu lassen, in einem Rescript ihre Verwunderung aussprach, dass die Stände, wiewol sie schon eine Antwort erhielten,
dennoch abermals eine Adresse heraufschickten; worauf die Stände
sodann antworteten, dass diese Verwunderung in ihnen Entmuthi-
gung (consternatio) hervorgerufen habe, — hatte dieser Reichstag
dennoch einige werthvolle Errungenschaften ermittelt. Die Stände
des Reichs legten damals grosse Wichtigkeit vorzüglich darauf, dass
es ihnen gelungen war, die Regierung zur Anerkennung des Princips
zu bringen, dass das Krönungsdiplom umgeändert werden könne; denn
hierdurch sahen sie den Constitutionalismus mehr befestigt, nachdem
hinsichtlich der Regierungsprincipien das Verhältniss zwischen der
Nation und der Dynastie zum Gegenstand eines bei jeder Krönung
zu erneuernden und abzuändernden Vertrags gemacht wurde. Ferner
hielt man es für einen nicht geringen staatsrechtlichen Gewinn, dass die
Regierung die Verpflichtung, bei einer Heeresergänzung die bestehende
Nothwendigkeit nachzuweisen und zu begründen, anerkannte, und
dass, indem dies dem Gesetze einverleibt ward, das Recht der Einflussnahme der Nation auf die Entscheidung der Frage des Friedens und des
Kriegs thatsächlich anerkannt wurde; dass die Nationalsprache in der
Zurückgewinnung ihres natürlichen Rechts abermals einen Schritt vorwärts gemacht habe; dass endlich, indem zur Sprache der Nuntien
zwischen den beiden Tafeln die ungarische festgesetzt ward, die
Gesetzvorschläge, welche bisher die Organe der Regierung anfertigten, von der Redaction der Ständetafel abhängig gemacht wurden, was dem Initiativrechte der Stände nicht nur bedeutendern Umfang und grösseres Gewicht verlieh, sondern auch bezüglich des klaren,
präcisen, bestimmten Sinnes der Gesetze zu grossem Nutzen gereichte.

Noch ist erwähnenswerth, dass bei dieser Gelegenheit das Gefühl
jener Nothwendigkeit deutlicher hervortrat, und auch beantragt wurde,
dass der Reichstag für beständig nach der immer mehr zum Mittel-

punkt des nationalen Lebens und der Intelligenz werdenden Hauptstadt Pesth-Ofen verlegt werde; ebenso auch, dass Nikolaus Somsich,
somogyer Deputirter, in der Sitzung vom 16. Dec. der erste den
Antrag stellte, dass die Reichstagsauslagen, welche bisher aus der
Comitatskasse gezahlt und daher eigentlich von der auf dem Reichstage nicht einmal repräsentirten Klasse der Unterthanen bestritten
wurden, von jetzt an ausschliesslich vom Adel getragen werden sollen.
Dieser Antrag, der übrigens jetzt wegen Zeitmangel weitläufiger nicht
verhandelt werden konnte und erst auf dem künftigen Reichstage
durchgesetzt wurde, gab Paul Nagy Gelegenheit, drei Dinge zu rügen,
welche wirklich charakteristisch bewiesen, wie sehr sich vor Zeiten der
Adel bestrebte, seine jungfräulichen Schultern jeder Steuer zu entziehen, und selbst die Kosten dessen der, wie die Sprache der Gesetze
das steuerzahlende Volk nannte, „misera plebs contribuens" zuzuwälzen,
was unmittelbar ihm, dem Adel, Glanz verlieh, oder Nutzen und Vortheile brachte. Diese drei Dinge, welche Paul Nagy „niedrige
Schmuzigkeit" zu nennen keinen Anstand nahm, sind die folgenden:
dass die königliche Garde, in welche einzig und allein adeliche Jünglinge aufgenommen wurden, die Reichstagsdeputirten, welche der Adel
allein absandte, und die hauptsächlich die Interessen desselben vertraten, und schliesslich die Diurnen der Comitatsgerichtsbesitzer, auch
dann, wenn Processe der Edelleute verhandelt wurden, der Bauer,
die nichtadeliche Klasse zahlte. Aus diesem Antrage und aus der
von der überaus grossen Mehrheit der Stände mit Paul Nagy übereinstimmend gemachten Aeusserung trat klar zu Tage, wie sehr sich
schon die Ansicht des bessern Theiles des Adels in derartigen Gegenständen geändert hatte, und wie allgemein die Ueberzeugung geworden war, dass der Adel, wenn er leben wolle, jenen Ausnahmsrechten entsagen müsse, welche mit den Rechts- und Wahrheitsbegriffen
der Gegenwart nicht mehr zu vereinbaren sind. Während der Rede
Paul Nagy's bedeckte Schamröthe die Wangen zahlreicher Abgeordneten; und wenn wenigstens bezüglich darauf, wer die Reichstagskosten
zu tragen habe, kein neues Gesetz im Sinne des Antrags sogleich
gebracht wurde: so ist einzig aus dem Grunde zu erklären, dass der
Reichstag schon vier Tage darauf geschlossen wurde, die Deputirten
aber, die über diesen Gegenstand keine Instruction besassen, sich nicht
getrauten, ihre Absender von selbst mit einer Steuer zu belasten.
Sie sprachen übrigens den Beschluss aus, dass die Abgeordneten zum
künftigen Reichstag mit solchen Instructionen erscheinen mögen, dass
diese Frage sogleich beim Beginne der Versammlung entschieden werden könne.

Unsere Skizze dieses Reichstags würde unvollständig bleiben, Die Reli
wenn wir es versäumten, noch eines Gegenstandes zu erwähnen, wel- gionsfrage.
cher theilweise später die politische Welt Europas so sehr beschäftigte,

und auch bei uns zu so hitzigen und langen Debatten Anlass gab. Ich meine die Religionsfrage, welche in den letzten Tagen des Reichstags, zum ersten mal im Laufe dieses Jahrhunderts in unserer Gesetzgebung, aufs Tapet gebracht wurde.

Die Emancipation der irischen Katholiken in Grossbritannien wurde einige Jahre vorher auch bei uns von allen Aufgeklärten mit lebhafter Freude begrüsst und bot mehrern Comitaten Gelegenheit, ihren Deputirten die Instructionen zu ertheilen: sie mögen die Schaffung eines solchen Gesetzes betreiben, welches den Protestanten in Kroatien und Slawonien das Besitzrecht verleihen würde; ferner dahin wirken, dass die bei gemischten Ehen gebräuchlichen Reverse hinsichtlich der Erziehung der Kinder im katholischen Glauben aufgehoben würden, welche Reverse, dem Geiste der Religionsgesetze des Jahres 1791 entgegen, ein Decret der Statthalterei vom Jahre 1792 in Anwendung brachte, indem es der katholischen Geistlichkeit erlaubte, dergleichen Reverse den eine gemischte Ehe eingehenden Parteien abzufordern; und schliesslich trachten, dass jene Verfügung der Gesetze von 1791, nach welcher die von der katholischen Religion zu irgendeinem andern Glauben übertreten Wollenden zuvor einem sechswöchentlichen Unterricht unterworfen wurden, was im Laufe der Zeit zu zahlreichen Misbräuchen Gelegenheit bot, modificirt würde.

Der Antrag wurde von den Abgeordneten des neograder Comitats in diesem Sinne gestellt, und von der grossen Mehrzahl der Stände mit Billigung aufgenommen, die Betreibung des Gesetzes unter die nationalen Beschwerden und Wünsche eingereiht.

Die katholische Geistlichkeit war, wie man dies im voraus einsehen konnte, der Schaffung eines solchen Gesetzes heftig entgegen. Ueberraschender war jene Engherzigkeit der Stände Kroatiens, die, das Vorkommen dieser Frage ahnend, ihren Deputirten die Instruction gaben: dass sie, auf ihre provinzialen Munipalrechte sich stützend, der Schaffung eines jeden Gesetzes widersprechen mögen, welches den Protestanten in ihrer Mitte das Besitzrecht sichern würde. Diesem nach wünschte die Magnatentafel, obgleich sich auch dort mehrere fanden, die das Gesetz im Sinne der Stände zu schaffen wünschten, unter denen Wesselényi in . seinen die Reaction des hohen Klerus geiselnden, mächtig wirkenden, glänzenden Reden sich zum ersten Vorkämpfer der Gewissensfreiheit gemacht hatte, den Gegenstand auf den künftigen Reichstag verschoben zu wissen, indem sie zugleich die Hoffnung aussprach, dass die Stände Kroatiens, von der sich im gesetzgebenden Körper aussprechenden öffentlichen Meinung durch ihre Deputirten unterrichtet, dieselben für die Zukunft mit günstigern Instructionen versehen würden. Diese mit so grossem Interesse aufgefasste Frage wurde demzufolge, wiewol die Majorität der Ständetafel mit dieser Antwort der Magnaten keineswegs zufrieden war, dennoch hauptsächlich aus der Ursache, weil der Schluss des Reichstags schon an der Schwelle, und daher keine Zeit zur Einigung war, auf den künftigen Reichstag verschoben. Dies war die erste Phase jenes Gegenstandes, welcher sodann während mehrerer Reichstage Anlass zu so leidenschaftlichen Debatten bot.

Es war zugleich der letzte, eigentliche Gegenstand der reichstäglichen Berathungen; denn was die Stände noch ferner beschäftigte, das bezog sich nur auf die Feststellung des Wortlautes der Gesetze. Diese nicht selten schwere Arbeit, welche in der Reichstagssprache Concertatio hiess, wurde von einem Ausschusse des Landtags im Verein mit einer Deputation der Hofkanzlei ausgeführt. Jetzt entstanden in der Concertation wegen des Wortlautes des Krönungdiploms und der die Rekruten betreffenden Gesetzartikel grosse Schwierigkeiten; und die Debatten, welche infolge derselben entstanden, charakterisiren den Geist der Regierung auch unter diesen schon einigermassen veränderten Umständen viel zu sehr, als dass wir unterlassen könnten, dieselben mit einiger Ausführlichkeit zu zeichnen. Die Hofkanzlei, die mit einer Cabinetsinstruction versehen war, weigerte sich, bezüglich beider Artikel jene Ausdrücke anzunehmen, in welchen eben das Wesen der Sache, das Recht der Nation, die erwähnten wichtigen staatsrechtlichen Principien enthalten waren. Hinsichtlich des ersten: nachdem die Regierung im Verlaufe der Verhandlung anerkannt hatte, dass man das Krönungsdiplom, wenn es die Nothwendigkeit erheische, modificiren könne, wollten die Stände dies im Gesetze mit folgenden Worten ausgedrückt sehen: „Das allergnädigste Diplom wurde in jener Gestalt herausgegeben, worüber bei dieser Gelegenheit die Stände des Landes selbst übereinkamen." In dem von den Rekruten handelnden Gesetze wollten die Stände auf ähnliche Art das nationale Recht, nach welchem die Entscheidung darüber, ob die Rekrutenstellung nothwendig sei oder nicht, mit andern Worten: ob man Krieg führen solle oder nicht? der Gesetzgebung gebührt, — klar zum Ausdrucke bringen, dass der König, indem er die Nothwendigkeit der Armeeergänzung nachwies, dies nach dem gesetzlichen und rechtmässigen Verlangen der Stände gethan habe. Inzwischen erklärte die Hofkanzlei nach vier Tage dauernden Debatten geradezu, dass sie zur Annahme des Textes nach der Redaction der Stände nicht ermächtigt sei. Da der von den Ständen festgestellte Text mit den königlichen Resolutionen übereinstimmend angefertigt wurde, erschien die Sache nun so, dass die Regierung jetzt zurückzuziehen beabsichtige, womit sie früher einverstanden war; und es entstand eine grosse Gereiztheit unter den Ständen. Nachdem die Debatte später in den gemischten Sitzungen der gesammten Gesetzgebung wieder aufgenommen wurde, kämpften die Stände, auch von Széchenyi, Wesselényi, Karl Andrássy und einigen andern freisinnigen Magnaten unterstützt, mit einer solchen

Heftigkeit für die nationalen Rechte, dass, obgleich die Majorität des
hohen Adels auch jetzt auf seiten der Regierung stand, diese endlich
dennoch gezwungen war, die den nationalen Rechten günstigen Ausdrücke anzunehmen. Und so wurde dann, nachdem die neuen Gesetze
am 20. Dec. sanctionirt und verkündigt worden waren, der Reichstag
geschlossen.

Nach der Rückkehr der Abgeordneten schenkten die Comitatsbehörden den allgemeinen Versammlungen, in welchen die Deputirten
ihren Bericht abstatteten, weit mehr Aufmerksamkeit, als dies je früher
stattfand. Wiewol die Abgeordneten hinsichtlich jedes wichtigern Gegenstandes mit bestimmten Instructionen auf den Reichstag geschickt wurden, fiel es bisher dennoch keiner Behörde ein, von ihren zurückgekehr-
ten Repräsentanten Rechenschaft zu fordern: ob sie auch zur Schaffung
der Gesetze im Sinne der erhaltenen Instruction mitgewirkt? Die
Deputirten machten zwar einen kurzen, trockenen Bericht über die
Ergebnisse des Reichstags, der Bericht war grösstentheils von nur
geringem Interesse und zog keine Debatten nach sich. Die eingereichten Schrifttsücke wurden, theils weil die in denselben enthaltenen
Gegenstände ohnehin schon unabänderlich festgestellt waren, theils
weil das Publikum im allgemeinen wenig Interesse für den Gang der
Angelegenheiten zeigte — einfach zur Kenntniss genommen. Jetzt
aber gestalteten sich die Rechenschaftsberichte der Deputirten in den
meisten Comitaten ganz anders. Die Comitate gewannen die Ueberzeugung, dass die Instruction der Abgeordneten nur so Bedeutung
hat, wenn sie auf dem Reichstage wirklich zur Richtschnur genommen
wird, und wie sie den Verlauf der presburger Berathungen mit grösserer
Aufmerksamkeit begleitet hatten, so verlangten sie jetzt auch detaillir-
tere Rechenschaft vom Walten ihrer Vertreter. Und es gab Comitate,
welche ihre Deputirten strenge rügten wegen der Lauheit, mit welcher
sie bei dem über den Gebrauch der Nationalsprache gebrachten Gesetze vorgegangen waren, obgleich dies meistens deshalb geschah, weil
sie vermeinten, diese Angelegenheit müsse auf jene Zeit verschoben
werden, in welcher die systematischen Arbeiten verhandelt werden
sollten. Noch strenger wurden die gewesenen Deputirten in manchen
Comitaten deswegen gerügt, dass sie ausser den sofort zu stellenden
28000 Rekruten auch noch für den möglichen Fall der Noth die andern 20000 Mann bewilligt hatten. Wie auf dem Reichstage mehrere
der Abgeordneten, so hielten jetzt auch mehrere Comitate derlei Vor-
schüsse für gefährlich einer Regierung gegenüber, welche, ihr eigenes
Interesse mehr im Herzen tragend wie den Fortschritt des Landes,
leicht in Versuchung kommen könne, die Einberufung des Reichstags
auch über die gesetzliche Zeit hinaus zu verschieben. Besonders ist
erwähnenswerth, was in Bezug auf diesen Gegenstand im zempliner
Comitat geschah, dessen einer Deputirter, Baron Nikolaus Vay, den

Vorschuss der 20000 Rekruten dem Verlangen der Regierung gemäss sogleich votirt hatte, während sein Genosse, der zweite Deputirte, Anton Szirmay, demselben widersprach. Die Stände des Comitats misbilligten entschieden das Verfahren Vay's, und diese Rüge ins Protokoll aufnehmend, erklärten sie, hierfür keinen Magnaten mehr zum Abgeordneten wählen zu wollen. Es wird nicht uninteressant sein, von dieser Comitatsversammlung auch das noch zu erwähnen, dass in derselben Ludwig Kossuth, der zehn Jahre später der Führer unserer Bewegung wurde, bei dieser Gelegenheit zuerst auftrat, und in einer glänzenden, allgemeine Aufmerksamkeit erregenden Rede auseinandersetzte: welch schädliche Folgen aus staatsrechtlichem Gesichtspunkte ein solcher Vorschuss von Rekruten nach sich ziehen könne.

Uebrigens begannen zahlreiche Comitate die votirten Rekruten statt der alten unmenschlichen und schädlichen Methode des Pressens durch die Losung, welche zwar noch nicht Gesetz, aber durch einen Reichstagsbeschluss empfohlen war, zu stellen.[1]

[1] Vgl. hierüber Franz Kölcsey's ausgezeichnete Rede im szathmarer Comitat: Összes Munkái, VI, 55.

Drittes Buch.

Die ersten Schritte zur Reform.

Erstes Kapitel.

Die Vorläufer der Reformen.

Derjenige würde sich irren, der den öffentlichen Geist und die Orientirung. Richtung der moralischen Bewegung, welche zu dieser Zeit in unserm Vaterlande herrschte, oder wenigstens dies zu werden begann, einzig nach den Berathungen des Reichstags von 1830 abwägen und beurtheilen wollte. Jene bedeutungsvolle Aenderung, welche im Geiste des grössten Theils der gebildetern und verständigern Klasse der Staatsbürger seit einigen Jahren vor sich gegangen war, kann uns die Geschichte dieses Reichstags nicht getreu widerspiegeln, wenn sie uns dieselbe auch einigermassen ahnen lässt. Dieser bewegte sich auf einem ganz andern Felde, als dass aus den Verhandlungen desselben die geistige Bewegung, die neue Richtung der öffentlichen Meinung vollständig zur Erscheinung kommen könnte. Diese Versammlung hatte ihre eigenen speciellen Gegenstände, über welche niemand hinausgehen wollte, weil der zur Vornahme der Reformen bestimmte Reichstag auf den 2. Oct. 1831 schon im voraus ausgeschrieben war. Dies war die Ursache, dass auf den vergangenen Reichstage nur einige staatsrechtliche Fragen, und auch diese stets nur in der alten Weise der Beschwerdenpolitik zur Berathung gelangten. Jetzt ebenso wie auf dem Reichstag von 1825—27 wurde nur die Sicherstellung der Verfassung und Nationalität, die Wiederherstellung und Befestigung mancher in Zweifel gezogenen oder geschwächten staatsrechtlichen Principien, die Aufhebung einiger Beschwerden der Nationalrechte in Vorschlag gebracht; weshalb man auch diesen Reichstag eher eine Fortsetzung des frühern, als eine Vorbereitung des künftigen nennen kann. Mit diesen staatsrechtlichen und Beschwerdendebatten wurde die Politik des alten Systems gleichsam abgeschlossen, damit sie auf dem künftigen Reichstage einer neuen Raum gebe. Die Nation verliess zwar noch nicht ganz das Feld der Beschwerdenpolitik; aber sie

1831. schritt auf dasselbe schon nur seltener und gleichsam nebenbei zurück, und mehr nur darum, um jener den Weg zu ebnen.

Den Geist und die Richtung dieser in einer stillen Umgestaltungsgärung begriffenen Zeit spiegeln treuer und präciser als der verflossene Reichstag einestheils die allgemeinen Comitatsversammlungen ab, welche während dieses ganzen Jahres mit Verhandlungen über die allerwichtigsten Reformfragen lebhaft beschäftigt waren, andererseits die sich rasch vermehrenden Vereine und die in denselben gehaltenen Debatten, in welchen alle Zweige des öffentlichen Lebens einer Revue unterzogen wurden; ferner das Interesse, welches für die öffentlichen Angelegenheiten überall wuchs; die zunehmende Literatur, welche in der schon thatsächlich wirkenden Akademie eine treue Pflegerin fand und, infolge der etwas gelockerten Fesseln der Presse freiern Spielraum gewinnend, einige bedeutendere Werke hervorgebracht hatte; und endlich einige Schritte, welche von seiten der Nation in der Sache des polnischen Aufstandes gemacht wurden. Dies sind beiläufig die Hauptmomente dieser Zeit bis zur Eröffnung des epochemachenden Reichstags vom Jahre 1832.

Sympathie für den polnischen Aufstand. Die französische Julirevolution, welche den ältern Zweig der Dynastie der Bourbonen vertrieben und deren jüngern, die Familie Orleans, auf den Thron Frankreichs gesetzt hatte, eiferte in zwei andern Ländern die Völker zum bewaffneten Aufstande an, in Belgien und Polen. Belgien, welches vom Wiener Congress mit Holland verbunden wurde, empörte sich wegen der Engherzigkeit seiner Regierung und erkämpfte, von England und Frankreich durch die Aufstellung des Nichtinterventionsprincips unterstützt, nach kurzem Kampfe glücklich seine Unabhängigkeit. In Polen, welches wegen der mehrfachen Verletzung der von Alexander I. begründeten Verfassung die Waffen gegen den Zar Nikolaus I. ergriffen hatte, wüthete der Unabhängigkeitskampf während des grössten Theils des folgenden Jahres mit grosser Erbitterung. Das Andenken an jene freundschaftlichen Verhältnisse, welche die ungarische Nation mit der polnischen einstens sowol in internationaler als nachbarlicher, commerzialer und gesellschaftlicher Hinsicht enger verbunden hatten; nicht minder der gemeinschaftliche Hass der despotischen Macht Russlands, die Gleichheit, welche in der Geschichte und den Bestrebungen beider Nationen bestand, erweckten für den polnischen Aufstand lebhafte Sympathien im Lande. Die in den ersten Kämpfen von den Polen bekundete heldenmüthige Tapferkeit wurde auch diesseit der Karpaten mit Begeisterung begrüsst. Die Schlachten von Grohow und Ostrolenka, in welchem das russische Heer, trotz seiner grossen numerischen Ueberlegenheit, die Wunder der Tapferkeit verrichtenden Polen vollständig zu besiegen nicht vermochte; die bei Dembe-Wielki und Iganie gelieferten Schlachten, in welchen die geschlagenen russischen Truppen nur infolge der von den polnischen Anführern gemachten Fehler der Vernichtung entgingen, erweckten in den Ungarn die aufrichtigsten Wünsche für den endlichen Sieg der Freiheitssache der Nachbarnation. Die Sanguinischen bei uns sahen auch die Macht der fremden Willkürherrschaft schon in den letzten Zügen und wähnten in nächster Zukunft die Freiheit der braven Nation gegen den despotischen nordischen Riesen gesichert; aber die Vorsichtigern und Besonnenern konnten ihre Besorgniss für die Zukunft der Polen nicht unterdrücken, wenn dieselben gegen die überwiegende Macht durch auswärtige Hülfe nicht unterstützt würden.

Wenn der ungarische Adel seinen Gefühlen hätte folgen dürfen, wäre er zur Unterstützung seiner Nachbarn zu allen Opfern bereit gewesen, und er that auch im geheimen vieles, ja alles, was unter den bestehenden Umständen zu thun möglich war. Zahlreiche Personen stahlen sich über die Grenze, um mit ihrem theuersten Schatze, ihrem Leben und ihrem Blute, der heiligen Sache der Freiheit Opfer zu bringen, deren heldenmüthige Kämpfer zu unterstützen. Von den Offizieren der ungarischen Regimenter traten zahlreiche aus dem Dienste, um ihren Arm den braven Nachbarn zur Verfügung zu stellen; mehrere, die ihre Entlassung nicht erhalten konnten, verliessen ihre Fahnen, um sich den Polen anzuschliessen. Dem Beispiel der letztern folgten sogar einige am Theresianum und der Militärakademie erzogene Jünglinge. Andere unterstützten die Aufständischen mit Geld, Waffen und Naturproducten. Es bildeten sich Gesellschaften, welche sich mit der Sammlung und Weiterbeförderung der zur Fortsetzung des Kriegs nothwendigen oder nützlichen Mittel befassten. Und dies war keine leichte Aufgabe. Das wiener Cabinet hatte, dem europäisch bestehenden Princip der Nichtintervention gemäss, sogleich zu Anfang des Aufstandes sich den kriegführenden Parteien gegenüber für neutral erklärt; und damit seine Grenzen nicht verletzt würden, die Bewegung aber sich auch nach Galizien nicht verbreite, wurde die Grenze entlang ein Beobachtungscorps aufgestellt, dessen Aufmerksamkeit man nur mit grosser Mühe und Geschicklichkeit umgehen konnte, um die Lieferungen an ihren Bestimmungsort gelangen zu lassen. Unter denen, die mit der Sammlung und Weiterbeförderung derartiger Unterstützungen beschäftigt waren, entwickelten den grössten Eifer Graf Franz Haller und seine alles Schöne und Gute unterstützende hochsinnige Gattin.

Indess fühlte jedermann, dass solch eine aus Privatquellen fliessende Unterstützung nur dazu geeignet sein könne, guten Willen und Sympathie an den Tag zu legen, aber der Freiheitssache der gegen eine so riesige Macht kämpfenden Polen keinen bedeutendern Anstoss zu geben vermöge, und dass, um diesen den Sieg zu verschaffen, sie vom ganzen Lande unterstützt werden müssten. Zahl-

1831. reiche unserer Comitate verhandelten daher auf den allgemeinen Versammlungen mit grossem Eifer über diesen Gegenstand. Die ängst-
liche Opposition der Engherzigen verachtend, und einzig der Eingebung
ihrer von den Gefühlen für Freiheit und nationales Dasein, für die
zwischen der Menschheit und den Nationen bestehende Solidarität
durchdrungenen Seelen folgend, richteten die Stände zahlreicher Comitate offenherzige, freisinnige Adressen an den Thron, und flehten
um Hülfe für das unter einem so entsetzlichen Drucke leidende Nach-
barvolk, welches sich mit so vieler, aller Theilnahme werthen Entschlossenheit gegen den fremden Despoten vertheidigte. Diese Adressen
können mit vollem Recht ihren Platz unter den schönsten und interessantesten Actenstücken des sich nach Freiheit sehnenden, einer
humanen Richtung folgenden neuern Europa einnehmen. Das edle
Bars, welches auch an der Spitze dieser Angelegenheit stand, richtete
an den König, indem es zugleich die übrigen Comitate zur Unterstützung der Polen aufforderte, die folgende Adresse:

Die Adresse
des barser
Comitats. „Ew. k. k. Majestät! Während dieses an unerwarteten Ereignissen reiche Zeitalter mit ungewöhnlicher Schnelligkeit in den Rahmen
eines kurzen Jahres zusammengedrängt, was ehemals kaum Jahrhunderte enthielten, und wir den aller Unwahrscheinlichkeit zum Trotz
wunderbar erreichten Erfolg tiefergriffen betrachten, dient es uns
einestheils zwar zur innersten Beruhigung, unser geliebtes Vaterland
unter dem glücklichen Gestirne des allerhöchsten Herrscherhauses, und
unter dem Schilde unserer, die eigene Glückseligkeit nicht minder als
den Thron Ew. Majestät sichernden constitutionellen Unabhängigkeit,
in tiefem Frieden zu sehen; aber es ist anderntheils dennoch unmöglich, dem Waffengetöse an den Marken unsers Vaterlandes und den
blutigen Kämpfen gegenüber unser Mitleid einer Nation nicht zuzuwenden, welche durch die Bande der Nachbarschaft, durch das Andenken an die von ihr empfangenen und wechselseitig ihr gegebenen
Könige und durch die Gerechtigkeit ihrer Sache, deren Gefühl wir in
unsern Herzen nicht unterdrücken können, unsere Theilnahme so sehr
in Anspruch nimmt; einer Nation, welche ehemals ... ihre siegreichen
Waffen mit denen des unsterblichen Herzogs Karl von Lothrin-
gen, des Ahnherrn Ew. Majestät, vereinigend, den auf die zitternde
Residenzstadt Ew. Majestät stolz herabblickenden Halbmond zer-
schmetterte und, den Tyrannen des Ostens demüthigend, den Fürsten
des habsburgischen Hauses den Thron, den Völkern die Freiheit, und
unserm Vaterlande die Hoffnung auf eine friedlichere, glücklichere
Zukunft zurückgab.

„Indem wir uns aller dieser grossen Wohlthaten dankbar erinnern, und die wechselnden Schicksale der Völker nicht minder wie
den Zusammenhang der Ereignisse vor Augen halten, bemerken wir
vor allem jene wunderbare Wandelbarkeit der Dinge, welche, die

Verhältnisse der Völker mit der Zeit gänzlich umändernd, deren Lage 1831. oft Gegensätzen zuführt, und bald die erbetene Hülfe gewähren, bald die angebotene annehmen, jetzt die Nachbarn vertheidigen, ein ander mal sich von ihnen vertheidigen zu lassen anräth; und wir finden, dass auf dem schweren Pfade der Politik die Geschichte vergangener Zeiten der beste Lehrmeister ist, der uns nicht nur die, wiewol unter verschiedenen Namen, stets wiederkehrenden gleichen Ereignisse, sondern zugleich auch die Misgriffe unserer Vorgänger vorführt. Und in der That, wenn wir die einstige, zu so grosser Kraft herangewachsene Macht der Osmanischen Pforte und deren mit dem Byzantinischen Kaiserreiche geführten Kriege in unsere Erinnerung zurückrufen, kann uns jener Fehler unmöglich entgehen, dass dieses Reich sich selbst überlassen wurde, demzufolge es durch die türkischen Waffen zertrümmert wurde, und sein Schicksal uns als Erbe hinterliess. Die unzähligen widrigen Schicksale unsers Vaterlandes, und die Aehnlichkeit der Ereignisse mahnen uns an die Nothwendigkeit, jenem, nicht durch Erbfolge, nicht durch freie Wahl der Völker, sondern durch Waffenmacht bis ins Unendliche wachsenden, uns so nahen nördlichen Koloss endlich einmal Schranken zu setzen und, während wir Polen, welches einst für unsere Unabhängigkeit, für unser Bestehen so unerschrocken kämpfte, den schuldigen Tribut unsers Dankes abzahlen, dadurch zugleich uns selbst zu vertheidigen; damit, wenn wir die jetzt zwar noch nicht überwundenen, aber von überwiegender Macht bedrohten Polen sich selbst überlassen, unsere Enkel einstens in gleicher, leicht möglicher Gefahr, dieselben Feinde nicht abzuwehren vermögend, es nicht bitter beweinen mögen, dass es keinen Sobieski mehr gebe.

„Je mehr wir von diesem Gefühle durchdrungen sind, für eine um so grössere Pflicht halten wir . . . Ew. Majestät zu bitten, in Anbetracht der Gefahr, welche die um das allerhöchste Kaiserhaus so hochverdiente, hochsinnige polnische Nation, obgleich sie mit unvergleichlicher Heldenmüthigkeit, aber ungleicher Kraft kämpft und sich nur noch mit äusserster Kraftanstrengung aufrecht hält, durch eine Wendung des wechselnden Kriegsglücks unzweifelhaft erreichen wird; in Anbetracht der von Norden her jedem Nachbarvolke drohenden Gefahr, den Reichstag sogleich zu verkündigen und, solange es noch Zeit, sich mit Allerhöchstihrem treuen Volk über das Schicksal der polnischen Nation zu berathen, — und bis dahin jene in neuester Zeit erlassenen Verordnungen, welche auch jene geringe Communication, welche das Mauthsystem noch übriggelassen hatte, gänzlich unterbrochen, allergnädigst abzuändern geruhen mögen.

„Gegeben zu Aranyos Maróth, im Schlosse St.-Benedek aus unserer am 3. Mai und den folgenden Tagen des Jahres 1831 abgehaltenen allgemeinen Versammlung."

Noch interessanter als die barser Adresse ist jene des presburger Comitats, in welcher sich die Stände beiläufig folgendermassen äussern: „Aufgemuntert einerseits von der von Ew. Majestät uns gegenüber auf dem letzten Reichstage bekundeten, von uns dankbar empfangenen väterlichen Liebe, andererseits auf unsere Verfassung gestützt, unter deren auch neuestens garantirtem Palladium wir in Sicherheit leben, — glauben wir, Ew. Majestät werden es nur unserm unbegrenzten Vertrauen zuschreiben, wenn wir gestehen, dass jener blutige Kampf, welcher in unserer unmittelbarsten Nähe, zwischen Polen und Russland mit so aussergewöhnlicher Kraftanstrengung geführt wird, unsere Besorgniss in hohem Grade erweckt hat. . . . Ob wir die im schnellen Gange veränderte Lage unserer nördlichen Grenzen betrachten, oder den unlängst zumeist durch russischen Einfluss zurückgewonnenen nationalen Bestand der Griechen in Beachtung ziehen, oder endlich die innerhalb unsers Landes für den nordischen Cultus zu Tage tretende Anhänglichkeit erwägen, sind wir gezwungen . . . uns zu überzeugen, dass, wenn je, sicher jetzt, da die polnische Nation mit äusserster Anstrengung für ihre Freiheit kämpft, aber ohne das Dazwischentreten der betreffenden Mächte den ungleichen Kampf nicht lange wird fortführen können, — der Zeitpunkt eingetreten ist, in welchem die Sicherheit der Zukunft die Aufmerksamkeit Ew. Majestät und der Nation in vollem Masse in Anspruch nimmt.

„Wir wollen Ew. Majestät nicht mit den Beweggründen langweilen, da wir wohl wissen, es sei vorzugsweise Ew. Majestät Werk gewesen, dass der Wiener Congress das nationale Dasein der Polen einigermassen wiederhergestellt und gesichert hatte. Wenn dies damals die Aufrechthaltung des Gleichgewichts erforderte, so besteht diese Nothwendigkeit noch mehr für die Zukunft, seit die den nordischen Institutionen und derselben Religion so sehr anhänglichen Griechen ihre Selbständigkeit wiedergewannen und Russland seine Grenzen bis Siebenbürgen vorgeschoben hatte. Wir halten es demnach für unerlasslich nothwendig, das nationale Leben der Polen, welche, gänzlich sich selbst überlassen, sich vom Sturze nicht retten können, durch ein energisches Dazwischentreten zu vertheidigen. Aber auch schon die Menschlichkeit selbst — welche, wie das seiner Kämpfe müde Deutschland, und in allernächster Zeit die Beispiele Belgiens und Griechenlands beweisen, die Grossmächte in unsern Tagen vorzüglich beherzigen — erfordert billigermassen, dass der in Polen furchtbar um sich greifenden Verwüstung und dem barbarischen Blutvergiessen endlich ein Ende gemacht werde. Mit je grösserer Freude wir aber sehen, dass unter den Tugenden Ew. Majestät Menschlichkeit und Gerechtigkeitsliebe die hervorragendsten sind . . . um so lebhafter wünschen wir auch, dass Ew. Majestät denselben, durch Unterstützung der polnischen Nation, aus unser theueres Vaterland, wie die ganze

Monarchie nahe betreffenden Gründen, an unsern Grenzen ein neues, 1831. herrliches Denkmal setze.

„Indem sich diesen Beweggründen noch auch jene schwere Besorgniss anschliesst, dass die orientalische Cholera, welche, nachdem sie ganze Länder durchzogen, durch die russische Armee nach Polen, von dort aber nach Galizien, schon bis an die ungarischen Grenzen verbreitet wurde, ganz Europa mit Verheerung droht, und nur mit dem Eintreten des allgemein gewünschten Friedens wird unterdrückt werden können: zweifeln wir nicht, dass Ew. Majestät diesen Gegenstand nach den Eingebungen Allerhöchstihres Herzens, welches das Glück der unter der Regierung Ew. Majestät stehenden Völker wünscht, so wichtig finden werde, dass Allerhöchstdieselben, sich mit dieser treuen Nation berathend, es für nothwendig zu halten geruhen würden, einen schnellen und energischen Entschluss zu fassen; bis dahin aber, damit die Gelegenheit zu den erforderlichen Veranstaltungen nicht entgehe, den freien und sichern Bestand der polnischen Nation, welcher gegenüber wir unsere Verpflichtungen dankbar anerkennen, durch die mächtige Intervention Ew. Majestät nach Allerhöchstihrer Weisheit aufrecht erhalten werde. Indem wir Ew. Majestät darum unterthänigst anflehen, bitten wir zugleich, die Ausfuhr unserer Producte und Fabrikate, wozu sich jetzt gute Gelegenheit darbietet, befreien zu wollen.

„Gegeben zu Presburg aus unserer am 4. Juli 1831 abgehaltenen allgemeinen Comitatsversammlung."

Die Politik des wiener Cabinets stimmte bei dieser Gelegenheit mit den Sympathien und Wünschen der ungarischen Nation zu Gunsten der Polen vollkommen überein. Obgleich die betreffenden Actenstücke noch nicht veröffentlicht wurden, wissen wir dennoch, dass der wiener Hof, trotz der noch bestehenden Heiligen Allianz — entweder, weil derselbe einen österreichischen Erzherzog auf den neuen polnischen Thron zu setzen wünschte, oder weil er das fortwährende Wachsthum der russischen Macht, des russischen Einflusses, welche ihm in Bezug auf ihn selbst in mehrfacher Beziehung gefährlich werden konnten, mit Besorgniss betrachtete —, grosse Sympathie für das um seine Unabhängigkeit kämpfende Polen an den Tag legte. Fürst Clemens Metternich duldete nicht nur mit geschlossenen Augen, dass die Polen, soweit dies das europäisch bestehende Princip der Nichtintervention erlaubte, aus Oesterreich mit Waffen und andern Bedürfnissen insgeheim versehen wurden, sondern er machte auch bei den Regierungen von Frankreich und England Eröffnungen zu Gunsten der Polen. Sein Antrag bezweckte nichts Geringeres als eine Wiederherstellung des einstigen unabhängigen Polens Sobieski's; was, wenn es im diplomatischen Wege nicht gelänge, von den in enge Allianz tretenden Mächten Oesterreich, Frankreich und England mit Waffengewalt durchzusetzen wäre. Ludwig Philipp, obgleich noch von der Beruhigung und Ordnung seines neuen Reichs in Anspruch genommen, schien dem Antrage nicht abgeneigt und liess sich mit den Cabineten von Wien und London in nähere Verhandlungen ein; Lord Palmerston jedoch, der in England an der Spitze der auswärtigen Angelegenheiten stand, misbilligte entschieden die Intervention, welche demnach auch nicht stattfinden konnte.

In einer solchen Lage der Dinge war auch das wiener Cabinet genöthigt, jeden Zusammenstoss mit der russischen Regierung zu vermeiden, und auch uns blieb keine andere Art, die polnische Sache zu unterstützen — welche übrigens nach dem Tode des Feldmarschalls Diebitsch und der Uebernahme des Commandos durch Paskiewitsch immer mehr ihrem tragischen Ende zueilte —, als auf Privatwegen Geld und alles, was den Polen nützlich werden konnte, einzusammeln und mit grosser Mühe über die Grenze zu schmuggeln. Aber auch diese ohnehin nicht so sehr ihrer Menge als durch die Aufrichtigkeit der freundschaftlichen Gesinnung und Sympathie, welcher sie entstammten, werthvollen Sammlungen mussten gegen Ende des Sommers aufhören, als das Umsichgreifen der Choleraepidemie auch bei uns Schrecken und Besorgniss erweckende Bewegungen im Lande hervorgerufen hatte. Als jedoch unser Volk, von dieser fürchterlichen Heimsuchung befreit, sich wieder beruhigt hatte, war das Getöse der Schlachten in dem eines bessern Schicksals würdigen Polen schon längst verstummt und das Blinken der für die Freiheit erhobenen Waffen wechselte mit dem Sausen der Rachegeisel des siegreichen Tyrannen ab. Die unglücklichen Verfechter der Freiheit und nationalen Unabhängigkeit, die der russischen Gefangenschaft entrinnen konnten, suchten nach dem Untergange ihres Vaterlandes grösstentheils zwar in Frankreich, theilweise jedoch auch bei uns ihr Asyl. Die den ungarischen Boden betraten, fanden die herzlichste, man kann sagen an Begeisterung grenzende Gastfreundschaft. Jede Familie hielt sich für glücklich, wenn sie einen dieser Flüchtlinge in ihre Mitte aufnehmen konnte. Unser Landadel wetteiferte gleichfalls in der gastlichen Aufnahme derselben. Und wiewol die Regierung, infolge der Reclamationen des russischen Hofs diese Gäste auch nicht gern sah, so fanden doch mehrere derselben in unserm gastlichen Lande ein beständiges neues Vaterland und wurden, wenn man sie von oben etwa zu stören suchte, von den Comitatsbehörden wie Brüder beschützt.

Die Cholera- Gegen das Ende des Sommers, eben als das Abnehmen des
epidemie. Kriegsglücks der Polen die öffentliche Aufmerksamkeit beschäftigte, begann, wie wir bereits erwähnten, eine bisher unbekannte, furchtbare Krankheit, welche während weniger Stunden selbst Menschen von stärkster Complexion einen qualvollen Tod brachte, die sogenannte asiatische Cholera, unser Vaterland zu verwüsten. Da sie allgemein

für ansteckend gehalten wurde, so zweifelte niemand, dass sie durch 1831. die von der russischen Regierung gegen Polen geschickten Tatarenhorden in das unglückliche Land hereingebracht wurde und sich von da durch Galizien hindurch in unser Vaterland hinüberverpflanzt hatte. Und in der That zeigten sich die ersten Zeichen dieser Krankheit in den an dieses Land grenzenden Comitaten Zemplin, Sáros und Zips. Nach einigen Monaten gab es kaum eine Gegend im Lande, die von dieser verheerenden Krankheit, welche beinahe eine halbe Million Menschen dahinraffte, gänzlich verschont geblieben wäre.

Als diese Krankheit im darauffolgenden Jahre auch die andern Länder Europas heimsuchte, war ihre Natur, nach den bei uns gewonnenen Erfahrungen, sowie auch einige Präservative und Heilmittel dagegen, schon einigermassen bekannt, und dennoch, welchen Schrecken rief sie überall hervor, wo sie erschien! Da unser Vaterland das erste Opfer derselben war, so ist es kein Wunder, dass die unbekannte Krankheit, welche zudem mit ausserordentlicher Heftigkeit wüthete, allenthalben Furcht, Schrecken, Unordnungen, ja stellenweise sogar einen Volksaufstand hervorrief. Die polizeilichen und ärztlichen Massregeln selbst, welche die gesundheitspolizeiliche Abtheilung der Statthalterei, von der Ansteckungskraft dieser Krankheit ausgehend, verfügte, nährten den allgemeinen Schrecken, die Verwirrung, die Unruhe des Volks. Diesen Massregeln gemäss musste jede Gemeinde, in welcher diese Krankheit ausbrach, mit einem Cordon eingeschlossen, und deren Communication mit der benachbarten Umgegend gänzlich verhindert werden. Da jedoch dergleichen Cordons wochenlang aufrecht erhalten wurden, so konnte man die Absperrung wegen der unausweichlichen Nothwendigkeit des Lebensmitteltransports, besonders in volkreichern Städten, mit voller Strenge nirgends durchführen. Damit also die Epidemie sich nicht verbreite, wurden mit Schranken eingegrenzte Plätze bestimmt, wo sodann die Communication nach sorgfältiger Durchräucherung der Personen und Waaren vermittelt wurde. Auf den Posten wurden die Briefe durchstochen und gleichfalls sorgfältig durchräuchert auf den Ort ihrer Bestimmung befördert. Selbst der Priesterschaft wurde die Instruction ertheilt, dass sie den Sterbenden das Heilige Abendmahl nur mittels kleiner an einem Ende gespaltener Stäbchen reiche. Und nachdem diese Krankheit von der sanitätspolizeilichen Abtheilung der Landesregierung und mit derselben auch von der ganzen Schar der hierin noch ganz unerfahrenen Aerzte für contagiös erklärt wurde: wer hätte an der Wirklichkeit dessen zweifeln können, besonders nachdem mehrere Fälle vorkamen, dass in manchen Familien, wo sie sich eingenistet hatte, sämmtliche Mitglieder dahingerafft wurden? Wie es zur Zeit der Pest stets zu geschehen pflegt, begann der Freund den Freund, der Verwandte den Verwandten zu meiden, damit er nicht durch einen Händedruck, eine Be-

1831. rührung den Stachel des fürchterlichen, ebenso qualvollen als schnellen Todes irgendeinem geliebten Wesen mittheile, oder in sich selbst aufnehme. Jedes Haus und, soweit es anging, jedes einzelne Mitglied desselben schloss und sonderte sich von andern ab in tödlicher Furcht. Und nur das fortwährende Läuten der Glocken und das Geräusch der in den menschenleeren Gassen mit den Särgen, oder beim Mangel derselben, mit den in Säcke gesteckte Todten dahinrasselnden Wagen verkündigte den Abgesperrten, dass sie noch nicht ganz allein am Leben seien.

Unruhen in
der untern
Volks-
klasse. In einer solchen Verfassung des Geistes entsteht in der Phantasie leicht der Verdacht, und dieser wird in den befangenen Gemüthern ebenso leicht zum Wahne. Die Statthalterei gab den Behörden nach dem Rathe der hauptstädtischen Aerzte auch ein Arzneimittel (Wismuth) gegen die Krankheit an. Viele Comitatsbehörden liessen demnach dieses Mittel mit einer Gebrauchsanweisung in ihren Gemeinden vertheilen. Es geschah indess, dass einige von denen, die sich dessen bedient hatten, verstarben; andere hingegen, welche es nicht gebrauchten, genasen. Diese Erscheinung genügte, dass in einigen Gegenden, vorzüglich unter der ohnehin in geistiger Hinsicht vernachlässigten slawischen Bevölkerung des zempliner und sároscher Comitats, sich der Verdacht und der Wahn verbreitete, dass die Herren die Bauern mit Gift ausrotten wollen. Das leichtgläubige Volk schenkte diesem Verdacht Glauben, und begann bald, als es sah, dass die Krankheit in einigen Gemeinden, besonders unter solchen Kranken, die ihren brennenden Durst mit Wasser zu löschen suchten, noch ärger wüthete, davon zu sprechen, dass die Herren, um ihr Ziel schneller zu erreichen, die Brunnen vergiftet hätten. Dergleichen Gerüchte entstanden und wurden zumeist in solchen Ortschaften geglaubt, deren Einwohner mit ihren Grundherren in Zwiespalt lebten, oder von denselben Ungerechtigkeiten erduldet hatten. Und zufälligerweise wüthete die Cholera in eben den Comitaten zuerst und vielleicht in grösstem Masse, in welchen die Unterthanen seit lange her die meiste und gegründetste Ursache hatten, sich über ihre Grundherren zu beklagen. Jetzt also, da sich das Gerücht der beabsichtigten Vergiftung verbreitete, brach der langgenährte Hass im aufgeregten Gemüthe des Volks mit verdoppelter Wuth·aus; das verführte, von seiner Wuth verblendete Volk stürzte auf diese Grundherren, auf die Aerzte und die ausgesandten Comitatsbeamten los, welche, wie sie wähnten, die Vergiftung vornahmen, ermordete zahlreiche derselben mit entsetzlicher Grausamkeit und ausgesuchten Martern, den am langsamen Feuer bratend, jenen halb in die Erde eingegraben und grässlich verstümmelt dem Hungertode preisgebend, einen dritten gliedweise zerhackend. Baron Jgnaz Eötvös, Obergespan von Abauj, der von der Statthalterei auf die Kunde dieser Unruhen sogleich zum Regierungscommissar für die betreffenden Comitate ernannt und mit ent- 1831. sprechender militärischer Hülfe versehen wurde, unterdrückte dieselben zwar schnell durch unerbittliche Strenge und Hinrichtung der Rädelsführer, war aber dennoch nicht im Stande, aus den Herzen der Unterthanen den Verdacht und den Hass gegen ihre Herren auszurotten. Dies wurde später zur Aufgabe der Gesetzgebung, welche man sodann nur durch eine gerechtere und den Anforderungen der Zeit mehr entsprechende Regelung der Urbarialverhältnisse lösen konnte.

Noch während der durch diese gefürchtete Epidemic verursachten Der Zwiespalt zwischen dem Palatin und dem Hofkanzler. Unruhen beschäftigte die Gemüther ein bedauernswerther Zwiespalt, welcher sich zwischen den ersten zwei Beamten des Landes, dem Palatin und dem Hofkanzler, entsponnen hatte. Zwischen dem Erzherzog-Palatin Joseph und dem Hofkanzler Reviczky bestand, schon seitdem der letztere sein hohes Amt eingenommen hatte, eine gewisse Spannung. Es scheint, der Palatin habe jemand andern an der Spitze der Hofkanzlei zu sehen gewünscht, was für Reviczky kein Geheimniss bleiben konnte; und der die Gunst des Monarchen in so hohem Grade besitzende Mann huldigte nicht stets genug jenen Rücksichten, welche er dem Palatin nicht nur als Erzherzog, sondern auch als oberstem, seinem hohen Posten schon seit dreissig Jahren hochverdienstlich vorstehenden constitutionellen Beamten des Landes gegenüber schuldete, was zur Folge hatte, dass der Einfluss des Palatins, den Kaiser Franz ohnehin nicht liebte, im Cabinet sich noch mehr verringerte. Der Verdruss des Palatins gegen den Hofkanzler vergrösserte sich hierdurch natürlich nur noch mehr, und die Spannung ging von den zwei obersten Beamten auch auf die zwei Dicasterien über, an deren Spitze sie standen.

Diese Spannung vergrösserte seit 1830 nicht wenig der Umstand, dass der Palatin, den Arbeiten der Landescommissionen, zweifelsohne nur deshalb, um von den Comitaten in jeder Hinsicht discutirt werden zu können, die grösstmögliche Oeffentlichkeit geben wollte. Zu diesem Zwecke liess er dieselben drucken und schickte sie den Comitaten und Städten in zahlreichen Exemplaren zu, auch sorgte er dafür, dass sich dieselben jedermann leicht verschaffen konnte. Diese Unterstützung der Oeffentlichkeit konnte dem Palatin nur zur Ehre gereichen, besonders wenn wir bedenken, dass die 1792 angefertigten Reformarbeiten trotz der Betreibungen mehrerer Reichstage nicht gedruckt und der Nation nicht mitgetheilt wurden. Allein der Kanzler und seine Getreuen waren hierüber ganz anderer Ansicht und erklärten sich dieses Vorgehen des Palatins so, als ob er dadurch ihren Sturz beabsichtige. Sie glaubten nämlich, dass der Palatin durch diese grosse Oeffentlichkeit die allgemeine politische Gesinnung nur deshalb potenziren wolle, um den Kanzler auf dem künftigen, ohnehin als constituirenden verkündigten Reichstage im Cabinet stürzen zu können;

1831. welches seinem willkürherrschaftlichen Geiste noch keineswegs entsagt
hatte, seit der Julirevolution aber, welche die Regierung der Demokratie übergeben hatte, aus Furcht vor der letztern, den Neuerungen
noch mehr abgeneigt schien als früher.

Ob der Palatin dergleichen Gedanken wirklich hegte, ist in Bezug
auf die Sache vollkommen gleichgültig. Soviel ist sicher, dass der
Zwiespalt zwischen den zwei Staatsmännern im Verlaufe des Jahres
in den von ihnen geführten beiden höchsten Dicasterien sich bei Gelegenheit der durch die Cholera veranlassten Anstalten zu einer wahren
Zwietracht verbitterte. Was indess in den gegenseitigen Verhältnissen
der beiden Dicasterien so viele Unannehmlichkeiten hervorbrachte, gereichte dem Gemeinwesen keineswegs zum Schaden; ja, da der Zwiespalt auch nachher noch mehrere Jahre lang dauerte, so beutete die
freisinnige Fortschrittspartei denselben zu ihrer eigenen sonst kaum
gehofften Stärkung aus. Die einander oft widersprechenden Verordnungen der beiden Dicasterien geschickt benutzend, verschaffte sie
ihren Bestrebungen bald durch die Hülfe des einen, bald durch die
des andern hier und dort Erfolge; und während sie einerseits hierdurch stets grösseres Selbstvertrauen bekam, gewann sie andererseits für ihre Wirksamkeit eine festere Grundlage, Ansehen und immer
zahlreichere Nachfolger, eine nach innen und aussen stets zunehmende
Ausdehnung.

Die Behörden, die endlich in den Besitz der schon seit
vierzig Jahren betriebenen Reformpläne gelangten, unterliessen ihrerseits nichts, um durch eine gehörige Berathung derselben das grosse
Werk der Umgestaltung ebenso den Ansprüchen der Zeit gemäss, als
nach den Bedürfnissen des Vaterlandes, und den Anforderungen des
aus der Verbindung mit Oesterreich entspringenden Ausnahmsverhält-
nisses vorzubereiten. Sogleich zu Anfang des Jahres wurden Commissionen ernannt, welche diese Arbeiten zu prüfen und ihr Gutachten
über dieselben der Behörde vorzulegen hatten. Diese Commissionen
hielten ihre Sitzungen bei offenen Thüren ab, damit diese Reformpläne
nicht nur jedermann kennen lernen möge, sondern, wenn er sich
dazu befähigt fühlte, auch seine Meinung über die Art der vorzunehmenden Reformen frei äussern könne. Die Commissionen fertigten
nach der Majorität der sich auf diese Weise äussernden Meinungen
in Bezug auf jeden Gegenstand erschöpfende Instructionen für die zu
wählenden Abgeordneten an, welche sodann in den allgemeinen Versammlungen der Comitate nach einer neuern Berathung definitiv festgestellt und an mehrern Orten auch gedruckt wurden. Nur durch
dieses grosse Mass von Oeffentlichkeit konnte man einigermassen den
Mangel der Pressfreiheit ersetzen und veranlassen, dass diese Reformpläne, trotzdem die Censur die Besprechung derselben in unsern
Tagesblättern und Zeitschriften nicht erlaubte, zu treuen Dolmetschern

Die Bera-
thung der
systemati-
schen Re-
formar-
beiten.

der öffentlichen Meinung würden. Nebstbei beschlossen auch die 1831. Comitate aus derselben Ursache alle jene Schriftstücke anzunehmen und gehörig zu berücksichtigen, welche ihnen über die in Frage stehenden Reformpläne eingereicht würden. Die in so grosser Oeffentlichkeit bewirkte Verhandlung der politischen und andern allgemeinen Verhältnisse des Landes versäumte auch nicht ihre guten Früchte zu tragen, wie sie andernorts die freie Presse durch die Zeitschriften zur Reife zu bringen pflegt; der öffentliche Geist wurde immer mehr geweckt; die Sehnsucht nach Verbesserungen, nach einer Neugestaltung verbreitete sich und erstarkte immer mehr; der Trieb nach Fortschritt nahm stets mehr zu. Da jedermann gleichsam aufgerufen wurde, über unsere öffentlichen Angelegenheiten sein Urtheil auszusprechen, sein Gutachten zu verfassen, so fanden sich viele, welche diese Gelegenheit benutzten; der eine trachtete aus Patriotismus, aus Interesse für das öffentliche Wohl, ein anderer aus Eitelkeit danach, dass in den Commissions- oder in den Comitatssitzungen seine eigene Meinung zum instruirenden Beschlusse für die Gesetzgebung werde.

Wie schon die Reformarbeiten der Reichscommission von den verschiedenen Comitaten mit verschiedenen Gefühlen aufgenommen, hier von der Mehrheit für überaus freisinnig, dort wieder für zu wenig radical und den Anforderungen der Zeit nicht entsprechend gehalten wurden: so entstanden auch diese Gutachten und Instructionen der Comitate in sehr verschiedenem Geiste. Die freisinnigen, ja in einem oder dem andern sogar radicalen Instructionen überstiegen zwar der Zahl nach weitaus die im Geiste des alten Systems angefertigten; da man indess nicht zweifeln konnte, dass sich die Mehrzahl der hohen Stände den letztern anschliessen würde, so schien der Ausgang des parlamentarischen Kampfes vorläufig noch so zweifelhaft zu sein, dass man nicht einmal auf die Frage mit Bestimmtheit antworten konnte: ob die Reform nach den Principien der die Mitte zwischen den zwei äussersten Meinungen einnehmenden Landesoperate angebahnt würde, oder in der von Széchenyi vorgezeichneten Richtung? Nur daran zweifelte niemand, dass der herannahende Reichstag ein organisirender sein müsse, und dass er, der Grösse der Aufgabe und der Verschiedenheit der Ansichten wegen, sehr lange dauern würde.

Die Instructionen für die Comitatsabgeordneten wurden trotz jener allgemeinen Erregung, welche die Sympathie für den polnischen Aufstand, trotz jenes Schreckens, jener Unruhen, welche die Cholera hervorgerufen hatte, bis Ende des Sommers grösstentheils fertig, denn der Termin des Reichstags war vom Gesetz auf den 2. Oct. bestimmt worden. Indess fand es die Regierung für räthlich, unter diesen Umständen, besonders nachdem die Epidemie im Lande noch nicht überall aufgehört hatte, die Einberufung des Reichstags mittels königlichen Rescripts vom 16. Sept. auf das künftige Jahr zu verschieben.

Die Sache der Reform gewann indess nur durch diese Verzögerung; nicht nur weil die Fragen des Fortschritts auch fernerhin
bald hinsichtlich des einen, bald des andern Details in den Comitatsversammlungen einer noch eindringendern Debatte unterworfen wurden; sondern noch mehr deshalb, weil, je länger sich die Nation in
ihrem öffentlichen und gesellschaftlichen Leben mit den Fragen des
Fortschritts beschäftigte, sich die geistige Bewegung um so mehr
verbreitete, das Gefühl der unabweislichen Nothwendigkeit einer Neugestaltung vermehrte, die Reformideen gezeitigt wurden, und die freisinnige Partei sowol an Zahl als an moralischer Kraft und Ansehen
zunahm.   Unschätzbare Werkzeuge waren in dieser Beziehung die gesellschaftlichen Vereine, Casinos, welche nach dem Muster des von
Széchenyi in Pesth errichteten Nationalcasinos und auf seinen fortwährenden Antrieb sich schon auch in unzähligen kleinern Städten
gebildet hatten.   Die Conversation wandte sich in denselben grösstentheils politischen Fragen zu, welche nicht selten so lebhaft discutirt
wurden, dass mit Recht der Zweifel entstehen kann: ob nicht diese
gesellschaftlichen Kreise, vermöge der in denselben herrschenden
Zwanglosigkeit, welche auch den ungeübtern Redner, der sich im Co-
mitatssaale zu sprechen nicht getraute, oft ermunterte und gleichsam
mit sich fortriss, — zur Verbreitung der Reformideen noch mehr bei-
trugen als die Verhandlungen, welche in den Sitzungen der Comitate
stattfanden.   Die Casinos wurden dem Ideenaustausche, der Reibung
der Gedanken das, was die Eisenbahn für die Communication ist.   Die
freie Rede und Debatte beschränkte sich nicht mehr auf die Quartal-
sessionen allein, sie wurde in jenen gesellschaftlichen Kreisen alle Tage,
jede Stunde unterhalten.   Wenn diese Erörterungen, da sie ohne alle
Zurückhaltung und Vorbereitung stattfinden konnten, auch nicht immer
den Stempel tiefer Erkenntniss an sich trugen, führten sie doch um
so leichter zu gegenseitigen Aufklärungen.   Dazu kam, dass jedes
dieser Casinos, seinen Statuten gemäss, mehrere in- und ausländische
Zeitungen kommen liess und aus bessern Werken eine kleine Hand-
bibliothek zusammenstellte.   Die unlängst noch beinahe allgemeine
Abneigung vor dem gedruckten Worte verschwand; der Trieb zum
Lesen, zur Selbstbildung verbreitete sich; die Kenntniss europäischer
Ideen und Bildung drang nach und nach in diese Kreise und nahm
sie ein.   Aus diesen ausländischen Blättern und Büchern begann unser
Landadel, welcher, von seinen Privilegien und dem Ueberflusse an
Befriedigungsmitteln physischer Bedürfnisse befangen, so sehr zu erwähnen liebte, dass „extra Hungariam non est vita", einzusehen, welch
ungeheuern Fortschritt die westlichen Nationen in allen Zweigen des
öffentlichen und gesellschaftlichen Lebens gemacht hatten, wie gross
überall die geistige und materielle Bewegung sei; wie überall die
morschen Ueberbleibsel des feudalen Systems niedergerissen wurden,

damit an deren Stelle vernunftgemässe lebendige, dem Zeitgeiste entsprechende Institutionen aufgerichtet werden könnten; welch riesige
Fortschritte überall Wissenschaft, Kunst, Gewerbe und Handel gemacht hatten! Sie fingen an zu fühlen, dass nur Ungarn zurückgeblieben; nur hier noch durch das Gezweige des öffentlichen und gesellschaftlichen Lebens der matte Glanz mittelalterlicher Zustände
hindurchschimmere; hier nur alles hinsieche und verkümmere in den
Aeusserungen des geistigen wie materiellen Lebens u. s. w. Und
dies alles sehend und fühlend, war es unmöglich, sich nicht zu überzeugen, dass jene bisher befolgte Richtung wesentlich falsch sein
müsse, welcher gemäss sie bisjetzt blos die Adelsvorrechte vertheidigten, und, wenn nur diese unverletzt aufrecht erhalten blieben, sich um
den Fortschritt des Staats und der Civilisation nicht kümmerten, im
Besitze der adelichen Scheinfreiheit und Privilegien, auf dem Felde
des öffentlichen Lebens ihren Händen selbst die Macht wirklicher
Verfügung entwinden liessen; und trotz ihrer Verfassungsmässigkeit
jener Macht, welche in Bezug auf den Wohlstand, die Freiheit und
Unabhängigkeit des Landes nach eigener Willkür verfuhr, keinen
nachdrücklichern Einfluss entgegenstellen konnten; und demzufolge,
bei alledem, dass ihre materielle Existenz unleugbar auf fester Grundlage ruht, so arm sind an allem, was dem Lande und dessen Bürgern
Segen bringen, Thatkraft, Wohlstand und Bildung entwickeln könnte!
Die Erkenntniss dessen trug aber schon die Keime des Fortschritts
in sich.

Allein inmitten dieser mit jedem Tage wachsenden Selbsterkennt-
niss, dieses Interesses, dieser stets lebhafter werdenden geistigen Bewegung blieb jene Persönlichkeit, welcher diese heilsame Veränderung
grösstentheils zu verdanken war, Graf Stephan Széchenyi, nicht unthätig. Ihn erkannte, sowol infolge seiner politischen Schriften als
seiner sich eines so reichen Erfolgs erfreuenden Unternehmungen, die
Fortschrittspartei schon allgemein als ihr Haupt an und folgte ihm
als ihrem Führer nach. Er nahm zwar keinen Antheil an den in
den Comitatssälen stattfindenden Verhandlungen und Debatten. Unser
Comitatssystem wurde, seit es, von 1823 an, im passiven Widerstande
so grosse Energie entfaltet hatte, zum beständigen Lagerplatze heftiger Ausbrüche und Opposition gegen die Regierung, in welchen sich
der Sieg meistens auf die Seite der Oppositionspartei schlug. Széchenyi wollte daher, da die Regierung seinen Schritten von seinem ersten
Auftreten an mit argwöhnischen Augen folgte, damit ihm dieselbe in
seinen übrigen Bestrebungen keine Hindernisse in den Weg lege, in
den Comitatssälen keine Rolle spielen; und er erhob seine Stimme in
den Versammlungen des pesther Comitats höchstens dann, wenn der
vorgekommene Gegenstand zu seinen Unternehmungen gehörte, oder
seine Pläne näher berührte. Aber je mehr er sich vom Comitats-

leben zurückzog, welches er des Gelingens seiner Plane wegen nicht in Anspruch nehmen konnte: eine um so grössere Thätigkeit entwickelte er einerseits auf gesellschaftlichem Felde und in seinen Unternehmungen und andererseits in der Literatur.

Hinsichtlich jener beförderte er nicht nur das Emporblühen der ins Leben getretenen, und auch schon mit einigen Schiffen wirkenden Donaudampfschiffahrts-Gesellschaft mit dem ihm eigenthümlichen, unermüdeten Eifer, sondern er hatte auch fortwährend die Hebung der Landwirthschaft vor Augen. Vor allem ist ihm zu verdanken, dass die noch 1827 gesicherte Pferde-Wettrenngesellschaft im darauffolgenden Jahre in Pesth eine National-Pferdeschule erbaute, eine Thierausstellung veranstaltete, die Bildung der Thierärzte und Zucht und Abrichtung der Pferde beförderte. Nachdem sie 1830 den Namen eines „Thierzuchtvereins" angenommen hatte, dehnte sie ihren Wirkungskreis auf das ganze Land aus und stiftete zwei Jahre später in Pesth, durch Ankauf des „Köztelek" den Grund zu der so segensreich wirkenden „Landwirthschaftgesellschaft". Die Seele all dieser Unternehmungen und Vereine war Széchenyi, wie er auch 'stets in allem die Initiative ergriffen hatte. Treu seinem Princip, dass Pesth-Ofen der Mittelpunkt aller geistigen und materiellen Bewegung sein müsse, gründete er zu Anfang des Jahres 1832 einen neuen Verein, welcher sich zum Ziele stellte, die Schwesterstädte, nicht minder zum Schmucke, zur Bequemlichkeit derselben, als wegen der Belebung der Communication und des Handels, mit einer stehenden Brücke zu verbinden. Mit diesem Plane verband er indess, wie wir es zu erzählen später bessere Gelegenheit finden werden, auch noch ein politisches Princip von grosser Tragweite: die Aufhebung jenes Privilegiums des Adels, welches denselben von der Entrichtung der Brückenmauth befreite; dann die Angewöhnung desselben, zum öffentlichen Wohle auch beizusteuern.

Allein obgleich Széchenyi ausser bei dergleichen auf seine eigenen Plane bezüglichen Fragen an den Reformdebatten der Comitate keinen grössern Antheil nahm, so waltete sein Geist doch stets in denselben. Der Radicalismus, der seine Schlagworte auf den Fahnen der Fortschrittspartei stehen hatte, nahm seine Richtung direct von ihm, aus seinen Schriften. Die freisinnigen Anhänger der Fortschrittspartei kämpften mit seinen Ansichten, seinen Gründen gegen die Privilegirten, die Getreuen des alten Systems. Vorzüglich hatten sein „Hitel" und „Világ" den Erfolg hervorgebracht, dass die Fortschrittspartei die in den Reichstagsoperaten projectirten Reformen schon nicht mehr für genügend hielt und über dieselben hinausgehen wollte. Mit diesen Arbeiten konnte natürlicherweise auch Széchenyi nicht zufrieden sein. Im Vergleich mit seinen Reformideen waren sie nur Flickereien, und meistentheils sogar verkehrte Flickereien; während doch die Verhältnisse eine radicale Umänderung dringend forderten. Dies bewog ihn,

um die Reformrichtung des Reichstags vorzubereiten, mit einem neuen 1831—32.
Werke aufzutreten. Im „Hitel" und „Vilag" wollte er nur die Unmöglichkeit der Aufrechthaltung unserer Zustände, nur die unabweisliche Nothwendigkeit von Reformen, und die Hauptziele, welche wir in
unserer Wiedergeburt erreichen müssten, nachweisen; und wenn er
auch die logische Reihenfolge der Reformen bezeichnet hatte, so entwickelte er sie doch weder ihrem ganzen Umfange nach, noch systematisch; denn sein Hauptzweck war vorläufig der, Verlangen und
Neigung zu Reformen zu erwecken. Jetzt also, da die Gesetzgebung
die Bewerkstelligung der Reformen versuchen sollte, hielt er für nothwendig, den systematischen Operaten gegenüber gleichfalls mit einem
systematischen Werke aufzutreten, in welchem er den Ausgangspunkt
und das „logische Nacheinander" in dem Gange unserer Neugestaltung
bestimmt bezeichnen wollte, ohne sich übrigens mit den commissionellen
Reformarbeiten in eine Polemik einzulassen. Dieses Werk, welchem
er ebendeshalb den Titel „Stadium" gab, vollendete er schon im Das „Sta-
Jahre 1831. Die Censur legte zuerst dem Drucke desselben kein dium".
Hinderniss in den Weg; allein die Regierung, welche die ohnehin
schon zu so grosser Lebhaftigkeit gelangten Reformbestrebungen, und
deren radicale, demokratische Richtung mit nicht zu unterdrückender
Besorgniss beobachtete, untersagte die Drucklegung des Werks. An
dieser Massregel hatte wahrscheinlich Reviczky den grössten Antheil,
da er befürchtete, dass, wenn die radicale Richtung auf dem Reichstage die Oberhand gewänne, er entweder das Vertrauen seiner Landsleute verlieren würde, indem er gezwungen sei, sich dieser Richtung
entgegenzustellen; oder aber im Cabinet seinen Einfluss und seinen
hohen Posten aufs Spiel setzte, wenn er sich der Richtung der Stände
zuneigte. Allein wer immer der Urheber dieses Verbots sein möge,
das „Stadium" musste, nachdem einige Bogen schon gedruckt waren,
von der Presse entfernt werden, und erschien erst 1833, und auch
da im Auslande.

Indess blieb das Buch, obgleich es zur gehörigen Zeit nicht in
die Oeffentlichkeit gelangen konnte, noch vor Eröffnung des Reichstags
nicht gänzlich unbekannt. Von den gedruckten paar Bogen des Werks
befanden sich zahlreiche Exemplare, wenn auch nur unter der Hand,
im Besitz des Publikums, und die Kenntniss des Inhalts desselben
wurde einigermassen auch durch die gesellschaftlichen Vereine verbreitet. Und deshalb müssen wir, obgleich das Buch seine ausserordentliche Wirkung auf unser Publikum erst in der spätern Periode
des Reichstags ausüben konnte, uns mit demselben schon hier einigermassen bekannt machen.

Der Zweck des „Stadium" ist: die ersten Schritte zu bezeichnen,
welche die Nation auf dem Pfade ihrer Wiedergeburt vor allem machen
muss; und von der nicht ferner anfzuschiebenden Nothwendigkeit der

Reformen, und dem daraus sowol für den Staat als jeden einzelnen erwachsenden Nutzen im Publikum eine starke Ueberzeugung hervorzurufen. Die Richtung des Werks ist im allgemeinen so sehr radical, dass man es das Handbuch des ungarischen Radicalismus nennen kann. Seine Grundlage ist, wie die des „Hitel" und „Vilàg", das Nützlichkeitsprincip. Mit starker Dialektik beweist es, dass durch die Reformen materiell eben jene privilegirte Klasse das meiste gewinne, welche ihren Vorrechten entsagen müsse. Die Methode desselben ist agitirend; es spricht das principielle Gesetz kurz aus und beweist die unabweisliche Nothwendigkeit desselben siegreich mit allen Gründen des Verstandes und der Phantasie, und nach untrüglichen Zahlen mit blühenden, alles Gefühl ergreifenden Bildern. Diese Methode machte eine um so grössere Wirkung, als sie sich in die Details der Lösung dieser Fragen nicht einlässt, über die Schwierigkeiten der Ausführung leicht hinweggleitet. Wir müsssen indess erwähnen, dass diese Methode, welche nur die Glanzseite des Gegenstandes hervorhob, die Sehnsucht nach einer Neugestaltung in vielen zu stark potenzirte, und später auf den ruhigen, vernunftgemässen Gang unserer Umgestaltung störend einwirkte, die grosse Masse zu überstürztem Vorwärtseilen fortriss und zu endlosem Planeschmieden verführte.

Das Werk ist eigentlich unvollendet, es bestimmt nur zwölf Punkte, die man zuerst vornehmen müsse, und auch von diesen führt es nur die nachfolgenden weiter aus: Zur Hebung des Credits möge das Wechselgesetz eingeführt werden; die Aviticität und die Fiscalität werde aufgehoben; das Recht des Güterankaufs der nichtadelichen Klassen, und die Gleichheit aller Bürger des Vaterlandes vor dem Gesetze möge gesetzlich ausgesprochen werden; den Nichtadelichen müsse das Recht ertheilt werden, sich beim Comitat einen Vertheidiger wählen zu dürfen, der in den Commassations- und Proportionirungsprocessen ihre Interessen der Grundherrschaft gegenüber vertreten könne; zur Tragung der Lasten für die Domestikalkasse und die Reichstagsauslagen möge jedermann nach Massgabe seines Besitzthums verpflichtet werden; die Hauptlinien der Communication seien vom Reichstage zu bezeichnen, und zu deren Bau und Instandhaltung sei gleichfalls jedermann zu besteuern; die Monopole, mit andern Worten die Regalien (das Fleischausschrotungs-, Weinschanksrecht u. s. w.), die Zünfte und Preisregulirungen seien aufzuheben.

Wie wir aus diesen Reformpunkten sehen, hütete sich Széchenyi sorgfältig, solche staatsrechtliche oder in die Verwaltung eingreifende Neuerungen anzuempfehlen, welche zu einem Zusammenstoss mit der Regierung führen und die Reform sogleich anfangs unterbrechen könnten. Er wünschte vor allem den materiellen Wohlstand, die Herstellungskraft zu heben, und brachte zu diesem Zweck nur jene Verbesserungen in Antrag, welchen entgegen zu sein nicht das Interesse

der Regierung sein konnte. Dies beabsichtigt jedes seiner Pro-
jecte. Es scheint, er habe geahnt, dass sich unter allen hauptsächlich
gegen seine Anträge bezüglich der Aviticität, des Besitzrechtes der
Nichtadelichen, der Gleichheit vor dem Gesetze und der Besteuerung
des Adels die gewichtigsten Schwierigkeiten erheben würden; er verwandte daher auf die Erkämpfung derselben die grösste Kraft seiner
glänzenden Dialektik. Mit einer verführerischen Beweisführung zeigt
er den Privilegirten, dass ihnen die Aufopferung eines jeden einzelnen
Vorrechts einen materiellen Vortheil bringe; demzufolge aus diesen
Reformen den Besitzern der Privilegien weit grösserer Nutzen erwach-
sen würde als jenen, welche bisher keine Rechte besassen, und solche
erst mit dem Sturze des alten Systems gewännen.

Hinsichtlich der Annahme des Princips allgemeiner Besteuerung
indess erwartet er selbst von dergleichen Agitationen keinen Erfolg,
und wenn man bedenkt, in welch übertriebenem Werthe die ohne
Vergleich grösste Mehrheit des Adels das Privilegium der Steuerfreiheit
hielt, konnte er auch keinen erwarten; und weil dies dennoch die unerlassliche Bedingung des materiellen Emporblühens des Vaterlandes
war, sah er es daher für nothwendig an, auch andere Mittel in Bewegung zu setzen, um dieses Ziel zu erreichen. Im verständigern
Theil des Adels hatte zwar seit einigen Jahren in dieser Beziehung
eine grosse Meinungsänderung stattgefunden, und man kann sagen,
dass alle jene, welche die radicalen Reformideen angenommen hatten,
auch von der unabweislichen Nothwendigkeit der Besteuerung zu allgemeinen Zwecken überzeugt waren und sich derselben auch nicht
entzogen, sobald die Manipulirung und Verwendung der öffentlichen
Kassen in den Händen der Nation so gesichert werde, dass sie darüber
auf dem Reichstage Rechenschaft fordern dürften. Weil man aber
vom niedern Adel soviel Einsicht und Uneigennützigkeit vorläufig
nicht erwarten konnte, und die Entscheidung der Steuerfrage dennoch
grossentheils von seiner Votirung abhing, so musste man zur Be-
siegung dieses Vorurtheils eine andere Methode auffinden, mittels
welcher das Princip der Besteuerung mit einem andern allgemein
unterstützten Interesse verbunden und, einmal beschlossen, von dem
veränderlichen Willen des Adels unabhängig gemacht würde; der Adel
konnte sodann auf diese Art stufenweise zur Steuerzahlung gewöhnt
werden.

Den unermüdlichen Széchenyi beschäftigte während dieses Jahres
hauptsächlich die Auffindung und Verwirklichung einer solchen Methode. Diese Methode wünschte er jedenfalls auf eine solche Art
herzustellen, dass sie den materiellen Interessen nach seinen Planen
und Ausgangspunkten als Hebel diene. Wir erwähnten schon, dass
seine Ideen hinsichtlich dieser Interessen darauf abzielten, dass die
Hauptstadt auf die möglichst höchste Stufe der Entwickelung empor-

gehoben werde; dort sollten alle Hauptmittel der Communication, alle
Bedingungen zu Fortschritten in Handel und Gewerbe concentrirt
werden; durch Vereine sollte alles in Bewegung gesetzt werden, damit der Reichthum, die Schönheit, die Annehmlichkeiten Pesth-Ofens
baldmöglichst so sehr anwachsen mögen, dass es in jeder Hinsicht
zu einem bequemen und angenehmen Wohnort umgewandelt werde,
und jene vielen reichen Familien, welche bisher in Wien oder im Auslande wohnten und dem Verkehr des Landes alljährlich Millionen entzogen, angelockt würden, ihre Wohnungen dort aufzuschlagen: mit
Einem Worte, er wünschte Pesth-Ofen zum Mittelpunkt der Intelligenz
und der materiellen Interessen umzuzaubern, von wo aus Aufklärung
und Unternehmungsgeist und durch diese Zunahme und Wohlstand
sich über alle Gegenden des Landes ausbreiten sollten.

Die pesth-
ofener Ket-
tenbrücken-
gesellschaft.
Mit diesem Plane wollte er auch die Art und Weise in enge
Verbindung bringen, durch welche er die Abneigung und Befangenheit des Adels gegen die Besteuerung nach und nach besiegen wollte.
Zu diesem Zwecke konnte in seinem fruchtbaren Gehirn kaum ein
glücklicherer Gedanke entstehen als der Bau einer stehenden Brücke
zwischen Ofen und Pesth durch eine Actiengesellschaft. Dies entsprach beiden Zwecken vollkommen. Eine solche stehende Brücke
über den mächtigen Donaustrom, welcher bisher in den eisfreien
Monaten nur mittels einer Schiffbrücke bezwungen war, und auf welchem der Eisgang die Communication zwischen den zwei Städten, ja
zwischen den zwei Theilen des Landes wochen-, manchmal monatelang erschwerte und nicht selten gänzlich unterbrach, — versprach
sowol als Schmuck wie auch in Bezug auf Bequemlichkeit und mer-
cantilisches Interesse grosse Vortheile; und während sie, um die Hauptstadt zum materiellen Mittelpunkt des Landes emporheben zu können,
zu den ersten Bedürfnissen derselben gehörte, konnte sie zugleich zu
einem tauglichen Mittel dienen, das Princip der Steuerfreiheit des
Adels umzustossen, diesen selbst auf der Brücke, beim bequemen Pas-
siren derselben, zum Zahlen zu zwingen und im allgemeinen zur Annahme des Princips der Besteuerung geneigt zu machen.

Nachdem sich der Verein zur Realisirung dieses Brückenplanes
constituirt hatte, und zur Unterstützung desselben auch der die Hebung
der Schwesterstädte ohnehin auf jede Weise befördernde Palatin gewonnen war, liess Széchenyi die Vorarbeiten sofort in Angriff nehmen,
deren Zweck vorläufig war, dass die technische Ausführbarkeit des
Werks bewiesen werde, was viele, in Anbetracht des in manchen
Jahren aussergewöhnlichen Wellenschlags und gewaltigen Eisganges
des breiten starken Stromes, bezweifeln wollten. In dieser Beziehung
war Széchenyi selbst die Autorität vaterländischer Ingenieure und
Baumeister, die ihre Kräfte an einem so grandiosen Werke noch nicht
versucht hatten, nicht genügend, und er reiste noch im Laufe des

Jahres mit dem Grafen Georg Andrássy nach England, um sich mit 1831—22. den ersten Wasserbaukünstlern dieses Landes zu berathschlagen. Nachdem er seine Reise mit Erfolg beendigt hatte, begann er in den Versammlungen des pesther Comitats für die Durchführung seines mit dem Plane in Verbindung stehenden politischen Princips zu agitiren, und bewog die Stände, dasselbe nicht nur durch ihre Abgeordneten auf dem Reichstage betreiben zu lassen, sondern auch die übrigen Comitate zur Unterstützung desselben zu vermögen. Zugleich aber veröffentlichte er, um diese Angelegenheit gehörig bekannt werden und zur Reife gelangen zu lassen, eine Flugschrift, in welcher er nicht versäumte, das Publikum aufmerksam zu machen, dass das kostspielige, auf mehrere Millionen kommende Bauwerk nur durch eine Actiengesellschaft hergestellt werden könne und eine allgemeine Mauthzahlung nach sich ziehen würde.

Auch diese Idee Széchenyi's, wie im allgemeinen alle seine Reform- Die Politik
der Oppo-
sition. plane, ob sie sich auf materielle Verbesserungen allein bezogen, oder, um diese verwirklichen zu können, zugleich auch auf privatrechtliche Reformen, wurde zwar von der freisinnigen Reformpartei mit Beifall aufgenommen; aber bei alledem bestand auch schon damals zwischen dieser Partei und Széchenyi kein vollkommener Einklang in jeder Beziehung. Er konnte sich zwar, als Erwecker der Nation und Führer derselben vom unfruchtbaren Felde der Beschwerdenpolitik nach dem Pfade des Fortschritts, der Wiedergeburt, als Antragsteller radicaler Reformen, Begründer gemeinnütziger Vereine und bezüglich seiner auf das Emporblühen des Vaterlandes abzielenden Unternehmungen der Mann des Erfolgs, einer solchen Popularität und allgemeinen Achtung erfreuen, wie sie das Vaterland in neuerer Zeit keinem seiner Söhne gezollt hatte; aber er brachte trotzdem alle Bestrebungen des Nationalgeistes nicht zum reinen Ausdruck. Die gesicherte nationale Unabhängigkeit, die zur vollen Wirklichkeit gewordene verfassungsmässige Regierung zählte zwar auch er zu den höchsten seiner Wünsche und Zwecke; da er jedoch als Mann der praktischen Thätigkeit und Ausführbarkeit keine solch sanguinischen Hoffnungen hegte, dass man dieselben in nächster Zukunft werde verwirklichen können: so stellte er sich vorläufig nur jene Gegenstände zum Ziel seiner Bestrebungen, für deren Gelingen die Wahrscheinlichkeit sprach. Dafür finden wir den Schlüssel, dass Széchenyi unter den gegenwärtigen Verhältnissen keine oder wenigstens nicht solche gemeinrechtliche Reformen in Antrag brachte, welche den Fortschritt in anderm verhindert hätten, oder nur nach schweren Kämpfen verwirklicht werden konnten; dies ist auch die Ursache, weshalb er sich vom Comitatsleben zurückzog, und nicht nur die Führerschaft der Opposition nicht beanspruchte, sondern, damit wenigstens die durch ihn angebahnten Reformen ins Leben treten könnten, sogar geneigt war, sich der Regierung anzuschmiegen, vorausgesetzt, dass diese selbst sich an die Spitze der Reformen stellte. In dieser Zeit hörten seine Freunde ihn oft sagen, dass die Nation gegenwärtig nichts Besseres thun könnte, als wenn sie die Opposition gänzlich aufgäbe und sich der Regierung in die Arme würfe, damit sie zur Durchführung ihrer Umgestaltung deren bereitwilliges Mitwirken gewinne.

Die Opposition jedoch, welche die schmerzlichen Vorfälle des Jahres 1823 und die leidenschaftlichen Debatten des Reichstags 1825 sehr gross gemacht hatten, war zu einer solchen Nachgiebigkeit keineswegs geneigt. Die Oppositionspartei besass zwar eine Fraction, welche theils aus Furcht vor den um sich greifenden demokratischen Principien, theils des Umstandes wegen, dass sie dem Hofkanzler Reviczky noch immer ihr Zutrauen schenkte, die Regierung schonen wollte; aber die Mehrheit, welche in der Regierungspartei noch immer die österreichische Politik repräsentirt sah, war durchaus nicht so nachgiebig, sie war vielmehr überzeugt, dass sie ihre Opposition gegen die Regierung so lange fortsetzen müsse, bis der Absolutismus auch in den deutschen Erblanden aufhöre und das Cabinet seine Politik in der ganzen Monarchie zu einer verfassungsmässigen umgestalte. Der eigentliche Führer dieser Richtung war, nach seinem Auftreten auf dem Reichstage 1830, mehrere Jahre hindurch Wesselényi, dessen Laufbahn demnach von jener Széchenyi's immer mehr abwich. Auch Wesselényi gab über die Principien seiner Politik in dieser Zeit ein Buch heraus, welches, obgleich es von der Censur anfänglich auf kein Hinderniss stiess, später aber wie Széchenyi's „Stadium" während der Drucklegung vom Verbote getroffen wurde, erst 1833 unter dem Titel „Balitéletekről" (Von Irrthümern) im Ausland erschien. In diesem Werke unterstützte er zwar die von Széchenyi angebahnten privatrechtlichen Reformen ohne Ausnahme; aber seine Ausgangspunkte sind nicht so rein und radical. Die Adelsvorrechte, obgleich er bezüglich ihres Entstehens zahlreiche irrthümliche Auffassungen ausspricht [1]), bekämpft er zwar auch als Hindernisse jeden Fortschritts; dabei aber vertieft er sich auch in die Erörterung des Staatsrechts, und wünscht die constitutionellen Rechte der Krone gegenüber nicht nur aufrecht erhalten, sondern auch erweitert zu sehen; — und in

---

[1] Unmöglich ist es, nicht zu lächeln, wenn wir z. B. lesen: „Die Bergwerke, das Salz, die Krongüter . . . hat der Adel bestimmt zu diesem Zweck aus Eigenem gegeben; daher man es so annehmen kann, als ob er deren Einkünfte jährlich selbst gäbe. . . . Eigentlich genommen, zahlt der Adel auch die Steuer, wenn diese auch durch andere Hände in die Staatskasse einfliesst; denn die Steuer wird von den Bauern vom jährlichen Nutzen jener Grundstücke gezahlt, welche sie vom Adel besitzen; wenn sie daher davon keine Steuer zahlten. könnten und müssten sie desto mehr an die Grundherrschaft abgeben.

allem, worin die Regierung vom Geiste der Verfassung abweicht, legt 1831—32.
er seinen Landsleuten eine energische Opposition oder, wo es nicht
anders angeht, die vis inertiae, den passiven Widerstand, ans Herz.
Weil in der nächsten Zukunft keine Aussicht dazu vorhanden
war, dass das Cabinet die Regierungspolitik der Monarchie in eine
verfassungsmässige umändern werde, so wollte die Oppositionspartei
zu Hause, innerhalb der eigenen Nation, möglichst starke Schutzwälle
wider den Einfluss jener willkürherrschaftlichen Politik errichten, nach
welcher die übrigen Erbprovinzen regiert wurden und deren Einwirkung unser Vaterland, trotz all seiner Verfassungsmässigkeit, in
der Verwaltung seiner Geld-, Kriegs-, Handels-, Unterrichts- und
Pressangelegenheiten so schmerzlich empfand. Einen solchen Schutzwall wähnte die Opposition in den Comitatsbehörden zu besitzen, und
bestrebte sich auch, dieselben immer mehr auszubilden. Jener Umstand, dass die Wogen des unsere Verfassung im Jahre 1823 bedrohenden Sturmes sich an den alten Felsen unsers Comitatssystems
gebrochen hatten, erhob diese Institution in der öffentlichen Meinung
zum stärksten Schutzwalle, zur Garantie unsers nationalen Seins und
unserer Verfassung. Und dies kann man auch, bei dem Mangel jener
Institutionen, welche in den westeuropäischen Staaten die Grundlagen
neuern Constitutionalismus sind, als: parlamentarische Regierung, Verantwortlichkeit der Minister, Geschworenengerichte, Nationalgarde u. s. w.,
in der That kaum in Zweifel ziehen. Jene vis inertiae, jener passive Widerstand, welchen ins Werk zu setzen kein anderes Institut
mehr tauglich ist als unsere eine municipale Selbstregierung besitzenden Comitatsbehörden, vermochte, wie die Erfahrungen des Jahres 1823
bewiesen, die vom gesetzlichen Wege abgewichene Centralregierung
vollständig zu hemmen. Die von derselben nur innerhalb der gesetzlichen Schranken abhängigen, von der Gemeinschaft des Comitats gewählten Beamten führten die ungesetzlichen Befehle, nur von physischer Gewalt gezwungen, aus. Ja, wenn beim Herannahen der
bewaffneten Macht der Beamtenkörper seine Stellen niederlegte, konnte,
wie das Beispiel des barser Comitats beweist, nicht einmal die Gewalt
zum Zwecke führen; und die Regierung hatte keine andere Wahl, als
entweder auf den gesetzlichen Weg zurückzukehren oder gegen die
Verfassung den offenen Kampf zu beginnen, dessen Ausgang stets
zweifelhaft ist.

Was indess bei dem Mangel anderer constitutioneller Institutionen,
unter unsern eigenthümlichen Verhältnissen, zum Rettungsbalken für
unsere unabhängige Nationalität und Verfassung wurde, das Comitatssystem, wurde seither zum Lieblingsinstitut der Nation; worüber
man sich übrigens nicht wundern darf. Eine parlamentarische Regierung, ein verantwortliches Ministerium, wie solche England, Frankreich, Holland, Schweden, Norwegen u. s. w. besassen, waren damals,

wie die über das Krönungsdiplom im Jahre 1830 stattgefundenen
Debatten beweisen, zwar auch bei uns schon heissersehnte Institutionen;
aber deren Verwirklichung, wenn sie auch einmal möglich schien,
dämmerte nur in so weiter Ferne, erschien als so unwahrscheinlich,
dass das Streben danach gegenwärtig selbst von den mit sangui-
nischesten Hoffnungen Erfüllten für vorzeitig und für eine vergebliche
Kraftvergeudung angesehen wurde. Die freisinnige Opposition hing
daher mit allem Eifer dem Comitatssystem an, durch dessen passiven
Widerstand man den ungesetzlichen Absichten der Regierung einen
so zweckdienlichen Damm entgegenstellen konnte. Es war unter
diesen Umständen kein Wunder, wenn die Nation bald anfing, diese
Institutionen auch in gemeinrechtlicher Beziehung zu überschätzen;
besonders nachdem einige ausgezeichnetere Männer, die in unserm
öffentlichen Leben die Rolle eines Führers spielten, und unter welchen
wir vorzüglich Wesselényi[1] und Thomas Ragályi hervorheben müssen,
auf die im Comitatssystem verborgene vis inertiae ein ganzes Lehr-
gebäude aufführten, welchem nach dasselbe als besondere politische
Weisheit gepriesen wurde, wegen welcher uns das Ausland mit Recht
beneiden könne und das es bei sich bisher nur deshalb noch nicht eingeführt habe, weil es dieses System noch nicht kannte. Da diese Ansicht
von mehrern Koryphäen der Opposition unterstützt wurde, kam sie
so sehr in Aufnahme, dass das Comitat nicht mehr allein zum Haupt-
lager der constitutionellen Opposition diente, sondern immer mehr als
Ausgangspunkt unserer gesammten Umgestaltung zu gelten begann.
Die Befestigung des Comitatssystems, die Erweiterung der Municipalrechte wurden zu einer der Hauptbestrebungen der Opposition; dagegen durfte keine noch so nothwendige Reform Unterstützung erwarten, welche, den Umständen nach, die Municipalrechte des Comitats
hätte einschränken können.

Diese Lehre von der Wichtigkeit des Comitatssystems halfen,
zwar nicht in der Theorie, aber praktisch, auch jene öftern lebhaften
Discussionen ausbilden, welche 1831 und im darauffolgenden Jahre
bei Gelegenheit der Durchsicht der systematischen Reformarbeiten,
wegen Feststellung der Instruction für die Abgeordneten, bei den
Comitaten über die höchsten National- und Verfassungsfragen unterhalten wurden. Seit dieser Zeit war der Reichstag nichts anderes
als das concentrirte Echo der Comitate, welche ihren Abgeordneten
in jeder Frage den zu befolgenden Pfad mit beinahe in die geringsten
Details eingehenden Instructionen anwiesen, den davon abweichenden
Deputirten aber abriefen. Demnach ging die Richtung in allen nur
einigermassen wichtigen Fragen von den Comitaten auf den Reichstag über, und nicht von diesem auf jene, sodass wenn wir den Reichstag

---

[1] Vgl. z. B. unter anderm dessen Werk „Balitéletekről", S. 159 fg.

auch für den Mittelpunkt des nationalen Lebens betrachten, wir den Schwerpunkt desselben dennoch mehr in den Comitaten finden. Diese aber begnügten sich nicht mit den von Széchenyi in Vorschlag gebrachten privatrechtlichen Reformen, mit den in den systematischen Operaten enthaltenen Verbesserungen, sondern sie verlangten ausser denselben auch die Aufhebung der Beschwerden, die Verwirklichung der vollen, unabhängigen Selbstregierung des Landes und anderer gemeinrechtlicher Reformen; und in dieser Beziehung wünschten sie unter den systematischen Arbeiten zuerst das Handelselaborat auf dem Reichstage vorgenommen zu wissen, um vor allem eine Umänderung des die materiellen Interessen unterdrückenden, eine Landesbeschwerde bildenden Mauthsystems zu veranlassen. Dieser Wichtigkeit der Comitate wurde auch jener langwierige Streit nicht wenig zuträglich, welcher zwischen den beiden obersten Dicasterien, der Statthalterei und der Hofkanzlei, infolge des Zwiespalts ihrer Präsidenten, des Palatins und des Hofkanzlers, sich ausgebildet hatte: während diese Dicasterien das gegenseitige Ansehen mit ihren einander widersprechenden Verordnungen untergruben, suchten die Comitate, sich bald auf das eine, bald auf das andere stützend, sich von der Centralregierung immer mehr zu emancipiren. Alles dies trat allerdings erst später, insbesondere nach dem Schlusse des Reichstags von 1836, in unserm öffentlichen Leben in auffälligerer Weise zu Tage; allein die Richtung bildete sich schon in diesen dem Reichstage vorausgehenden Jahren aus, und die Ursachen der später aufgetauchten Erscheinungen kann man nur daraus erklären; ja die Geschichte des Reichstags von 1832—36 kann ihre volle Beleuchtung nur von diesen Umständen erhalten.

Ehe wir die Erzählung derselben beginnen, müssen wir dreierlei Vorfälle erwähnen, welche zur Ergänzung der Geschichte des Jahres 1832 dienen. Am 1. März dieses Jahres wurde das vierzigste Jahr der von schweren Schicksalen betroffenen Regierung des Kaisers und Königs Franz voll, was jetzt, nachdem die erst unlängst erloschene Choleraepidemie so viele tausend Leben gefordert hatte, um so herzlichere Gefühle in den Unterthanen gegen den greisen Monarchen erweckte, als er selbst zur Zeit der grassirenden Epidemie beständig in der Residenz geblieben war. Das pesther Comitat beschloss in einer unter dem Vorsitz des Palatins abgehaltenen allgemeinen Versammlung, dass es aus dieser Rücksicht an den König eine Beglückwünschungs-Deputation absenden werde, zu welcher, da dies bei den übrigen Comitaten Anklang fand, obgleich die entferntern davon entbunden wurden, dennoch aus 34 Comitaten etwa 300 Mitglieder, unter der persönlichen Leitung des Palatins, am 5. März vor dem Thron erschienen. Das Familienfest erhielt einen einigermassen politischen Anstrich durch die Rede des Königs, mit welcher er die Beglück-

1832. wünschungsansprache des erlauer Patriarchen Ladislaus Pyrker beantwortete. „Es gereicht uns zu Trost und Freude", sagte er unter
anderm, „dass . . . auch unser Ungarn die Gefühle des Vertrauens,
der Liebe und des Dankes beseelen; was uns um so mehr erfreut,
da diese Gefühle zugleich auch die sichersten Zeichen, dass ihr . . .
auch in diesen unruhigen Zeiten auf dem künftigen constituirenden
Reichstage alles dasjenige erfolgreich einrichten werdet, was geeignet
sein wird, euch und euer Vaterland vor dem schädlichen Einflusse
trügerischer Theorien und hieraus entstehender Stürme zu bewahren,
euern Nationalcharakter unverletzt, euere gesetzlichen Rechte, euere
Freiheit aufrecht zu erhalten oder was zur Verbesserung noch bestehender Fehler, der Ersetzung der Mängel und zur Begründung
einer grössern Vollkommenheit dienlich sein kann. Die dem Ungar
angeborene Rücksicht und Achtung gegen seine alte Verfassung möge
euch vor jenen Gefahren behüten, mit denen die Neuerungssucht und die
Nachahmung des Auslandes, wodurch ihr euch und euern glorreichen
Vorfahren unähnlich würdet, stets verbunden ist. Sehr lehrreich ist
für euch, was nahe und fern, neben und unter euch vorgeht. Es
mahnt euch dazu, dass ihr euch dem Thron enge anschliesst, und unsere landesväterlichen Absichten, unsere königlichen Sorgen und Bemühungen, welche wir zu euerm Wohle mit Freuden übernehmen, mit
euerm Vertrauen unterstützen möget. . . ." Dass Kaiser Franz durch
diese Ermahnung die Stände des Landes insbesondere vor den demokratischen Lehren und Theorien, welchen während der Debatten über
die systematischen Elaborate in den Comitatsversammlungen immer
mehr Wortführer erstanden waren, und wegen welcher auch die Drucklegung der Flugschriften Széchenyi's und Wesselényi's verboten wurde,
warnen wollte, stellte später der Verlauf des Reichstags ausser allen
Zweifel.

Das zweite Ereigniss bestand darin, dass die ungarische Akademie,
nachdem ihre Statuten noch 1830 bestätigt wurden, ihre erste allgemeine Sitzung aber der Epidemie wegen verschoben werden musste,
dieselbe endlich im März dieses Jahres abhielt. Das jugendliche Institut, in welchem die Nation die Verwirklichung eines alten Wunsches
begrüsste, wandte seine Sorgfalt vor allem der Ausbildung und Pflege
der Nationalsprache zu, und zu diesem Zweck bezeichnete es, auf
dem schon von Franz Kazinczy mit so schönem Erfolge betretenen
praktischen Pfade fortschreitend, zahlreiche ausgezeichnetere, in unserer Nationalsprache noch nicht vorhandene classische Werke sowol
der alten, griechischen und lateinischen, als auch der neuern europäischen Literatur zur Uebersetzung, und vermehrte zugleich die Zahl
der ursprünglich ernannten Mitglieder im Wege der Wahl mit neuen
Kräften. Die Akademie hielt noch im September dieses Jahres auch
hier zweite Generalversammlung ab, deren feierliche allgemeine Sitzung

der Erzherzog-Palatin mit seiner Gegenwart beehrte. Es war ein 1832. wirkliches Nationalfest, in welchem das Institut, im Beisein zahlreicher Zuhörer, die ersten Preise vertheilte, Franz Kölcsey aber über die unsterblichen Verdienste des verstorbenen Franz Kazinczy eine ausgezeichnete, mit grossem Beifall aufgenommene Denkrede hielt. Das vom Publikum dieser Feier der vaterländischen Wissenschaft und Sprachforschung gegenüber an den Tag gelegte Interesse bot eine sichere Bürgschaft für den Fortschritt der vom Institut in eifrige Pflege genommenen Wissenschaftlichkeit und Literatur.

Das dritte Ereigniss war ein allgemeine Entrüstung hervorrufendes Attentat gegen das Leben des jüngern Königs Ferdinand V., welches ein pensionirter Hauptmann, Namens Reindl, in Baden am 9. Aug. während eines Spaziergangs aus Privatrache beging und glücklicherweise keine ernstern Folgen hatte.

Zweites Kapitel.

Der Reichstag von 1832—36 bis zum Tode Franz' I.

Der Reichstag wurde nach Presburg auf den 16. Dec. ausgeschrieben, und sobald die Einberufungsschreiben an die Comitate herabgelangten, beschäftigten sofort lebhafte Wahlversammlungen die Stände derselben. In der Deputirtenwahl galt jetzt nicht mehr als entscheidendes Motiv wie ehedem: dass unter den angesehenern Ständen derjenige gewählt werde, der, weil er vielleicht auch früher schon mit einem solchen Mandat betraut gewesen, die Gebräuche in Presburg am besten kannte, unter den Mitgliedern des Reichstags sich der ausgebreitetsten Bekanntschaft erfreuen durfte, dazu demnach die meiste Lust, das meiste Verlangen an den Tag legte; und noch weniger das, dass irgendeine reichere Persönlichkeit gewählt werde, welche die Stände des Comitats auch äusserlich am würdigsten repräsentiren könne. Zu diesem Reichstag, welcher von vornherein für einen constituirenden gehalten wurde, bestrebte sich jede Partei ihr fähigstes Mitglied als Repräsentanten zu wählen: die Reformpartei, damit die mittelalterlichen, vernachlässigten Verhältnisse des Landes endlich den Anforderungen der Zeit gemäss umgeändert würden; die den Privilegien der alten Verfassung hartnäckig anhängenden, der eigentlichen Adelspartei angehörigen Getreuen, damit die Bestrebungen jener vereitelt werden mögen, die alte Verfassung aber durch Aufhebung der Beschwerden der Regierung gegenüber mit neuen Garantien befestigt werde. Auch die Regierung versäumte nicht, durch die Oberhäupter der Comitate und andere Agenten auf die Wahlen Einfluss auszuüben, um ihren Anhängern die Majorität zu verschaffen oder wenigstens die Wahl jener Individuen zu verhindern, welche sich durch heftigere Opposition ausgezeichnet hatten. Die erstern öffentlichern Beispiele jener Verlockungen, Bestechungen und Stimmenkäufe, welche später so anstössige Scenen hervorriefen, tauchten zu dieser Zeit und zwar von seiten der Regierungspartei auf. Graf Johann Keglevich, Ober-

gespan von Bars, kaufte, wie allgemein bekannt, die Stimme des 1832.
niedern Adels für Geld auf, um die Wahl Johann Balogh's zu verhindern. Einigen Patrioten, die von diesen Bestechungen noch zeitig
genug verständigt wurden, gelang es zwar, den niedern Adel aufzuklären und die Ränke des Obergespans zu hintertreiben; aber das
Beispiel dieser Wahlumtriebe, die sogenannte Korteskedés, fand seither bald bei der einen, bald bei der andern Partei stets mehr Nachahmung, bis es schliesslich in unserm öffentlichen Leben zu einer
wahren Krankheit und Gefahr wurde.

Zahlreiche Comitate schrieben ihren gewählten Deputirten auch
eine neue Eidesformel vor, nach welcher sich diese zur pünktlichen
Einhaltung ihrer Instructionen verpflichten mussten. Hierdurch wollten die Comitate jenen Verführungen zuvorkommen, welche die Regierung seit dem Reichstag 1825 systematisch zu betreiben begonnen,
indem sie die ausgezeichnetern Deputirten der Oppositionspartei mit
Titeln und Aemtern, nicht ohne Erfolg, auf ihre Seite hinüberzuziehen
sich bestrebte.

Unter den am 16. Dec. in Presburg versammelten Abgeordneten Die ausge-
treffen wir mit den Namen mehrerer schon von den frühern Reichs- Deputirten.
tagen her bekannten Patrioten zusammen. Ihrem Einfluss nach,
welchen sie auf die Richtung der Verhandlungen und Beschlüsse ausübten, gehörten zu den ausgezeichnetsten: der Veteran Paul Nagy,
Anton Deák, Dionysius Pázmándy, Thomas Ragályi, Baron Sigmund
Prényi, Stephan Bezerédy, Stephan Borsiczky, Johann Balogh, Sigmund
Bernáth, Nikolaus Somsich, Johann Prónay, Simon Dubraviczky, Joseph
Niczky, welche sich durch hervorstechende Rednergabe, Bewandertheit
in den öffentlichen Angelegenheiten und, einige ausgenommen, zugleich
durch freisinnigen, oppositionellen Geist und Charakterfestigkeit, theil-
weise schon auf dem Reichstage von 1825, theilweise auf dem kurzen
Reichstage von 1830 hervorgethan hatten. Unter jenen Deputirten,
welche in den Reihen der Gesetzgeber jetzt zum ersten mal erschienen, zogen meistens Franz Kölcsey, Deputirter von Szatmár, Edmund
Beöthy, Deputirter von Bihar, und Gabriel Klauzál, Deputirter von
Csongrád, die allgemeine Aufmerksamkeit auf sich.

Der Reformpartei, welche unter der Zahl der Comitatsabgeordneten die Majorität bildete, fehlte es daher nicht an ausgezeichneten Persönlichkeiten, und fanden sich sowol unter den ältern als
neuen Mitgliedern mehrere, die hinsichtlich ihrer geistigen Suprematie,
Rednergabe und Fähigkeit jedem Parlamente Europas zur Zierde
gereicht haben würden; nichtsdestoweniger besass keiner derselben
solche Eigenschaften, dass er von seiner Partei ohne Widerrede als
Führer anerkannt worden wäre.

Paul Nagy, der auf den frühern Reichstagen eine so grosse Paul Nagy.
Rolle gespielt hatte, konnte seinen alten Einfluss auf die Mitglieder

1832. des Unterhauses dieses Reichstags nicht mehr behaupten. Er war
zwar noch nicht hinfällig geworden, und hatte von der ehemaligen
Kraft seines Feuergeistes noch nichts verloren; auch jetzt riss er
seine Zuhörer hin, wenn er entweder von der Nationalität, oder vom
Zustand der untern Volksklassen und der Nothwendigkeit, denselben
zu verbessern, sprach; aber bei alledem war seine Macht unter seinen
Genossen nicht mehr die ehemalige. Er war während dieser letzten
Jahre mit den sich dem Radicalismus zuneigenden Reformbewegungen
nicht gleichmässig fortgeschritten, demzufolge er den Glorienschein
der Freisinnigkeit und mit demselben auch das Vertrauen der Mehrheit immer mehr verloren hatte. Er war den meisten der Neuerungen
zwar nicht nur nicht entgegen, ja vielmehr einer der eifrigsten Unterstützer derselben, einer derjenigen, welche die den Adelsvorrechten
entspringenden Misbräuche am stärksten geiselten; aber sein Ideal
blieb nur die avitische, aristokratische, obgleich von Wucherschösslin-
gen gereinigte Verfassung; ausser den Grenzen derselben war er nicht
geneigt, auch nur einen Schritt zu thun, und fanden die in Aufschwung
gekommenen demokratischen radicalen Reformideen in ihm einen entschiedenen Gegner. Deswegen „wurde ihm politischer Parteiwechsel
vorgeworfen", sagt der Verfasser seines Charakterbildes[1], „während
sich nur die Beleuchtung verändert hatte, in welcher er erschien. Das
Glas, durch welches hindurch man ihn beurtheilte, war ein anderes
geworden; er war derselbe geblieben, der er früher gewesen. Passenden Grund zum Verdacht bot den Kurzsichtigen auch der Umstand,
dass er kurz vorher zum Sequester des Grafen Franz Pálffy ernannt
worden war. In dieser Ernennung erblickte man den Lohn für seine
Apostasie.[2] Es fiel ihnen nicht ein, dass, wenn Paul Nagy seine politische Thätigkeit hätte verkaufen wollen, er seine amtliche Laufbahn
nicht mit der Stelle eines Sequesters begonnen und beendigt haben
würde." Wiewol er demnach das Ansehen eines Führers nicht mehr
hatte, so hörte sein Wort nicht auf, in verschiedenen Gegenständen
der Verhandlung von grossem Gewicht zu sein.

Thomas Ragályi. Vielleicht unter allen vereinigte Thomas Ragályi, der berühmte
Deputirte Borsod's während der letzten zwei Reichstage, in sich die
meisten jener Eigenschaften, welche zu einem Parteiführer erforderlich
sind. Aber ihn hinderten eine Zeit lang unangenehme Umstände an
der Einnahme seines Sitzes. Die Regierungspartei strengte im bor-
soder Comitat alle ihre Kräfte gegen ihn so sehr an, dass er bei
der Deputirtenwahl durchfiel. Sein Wegbleiben erregte im ganzen
Lande in der Oppositionspartei Bedauern; und da dieselbe ihm Genug-

---

[1] Anton Csengery, Magyar Szónokok és Staturférfiak.
[2] Diese falsche Ansicht hatte von ihm auch der sonst so scharfblickende
Kölcsey. Vgl. dessen Országgyülési napló. Összes munkai, 2. Kiad, VII, 242.

thuung, sich selbst aber eine mächtige Stütze verschaffen wollte, so 1832. wurde er in mehrern Comitaten unter die Deputirtencandidaten aufgenommen. In Szabolcs, dessen erster Deputirter abdankte, war die Hoffnung zu seiner Erwählung gross: die Opposition des Comitats designirte ihn einmüthig zu diesem schönen Posten; und da Zweifel entstanden, ob Ragályi ihrem Rufe auch folgen werde, so forderten ihn die Oppositionsmitglieder der Reichsstände auf, dass er das Vertrauen des szabolcser Comitats nicht von sich weisen möge. Selbst Borsiczky, der ihn während des vergangenen Reichstags zum Zweikampf gefordert hatte, unterschrieb das schöne von Kölcsey verfasste Schreiben. Ragályi fiel jedoch, wider alle Erwartung, auch in Szabolcs durch. Für diese doppelte Niederlage wünschten zwei Comitate, Heves und Torna, zugleich dem braven Verfolgten Genugthuung zu geben und schickten ihn beide als ihren Abgeordneten auf den Reichstag. Allein die Gültigkeit dieser doppelten Wahl wurde dort von der Regierungspartei in Zweifel gezogen. Da über die Wahl des tornaer Comitats keine Einwendung erhoben werden konnte, so wurde die Gesetzmässigkeit der Wahl des ohnehin von Parteiumtrieben durchwühlten heveser Comitats in Frage gestellt. Die Majorität der Stände des Landes fasste den Beschluss, dass hierüber das heveser Comitat allein Richter sein könne, und wenn eine neue Generalversammlung desselben die Wahl für gesetzlich erklären würde, so sei das Mandat Ragályi's anzuerkennen; da er jedoch der Deputirte zweier Comitate zugleich nicht sein könne, so müsste er zwischen Heves oder Torna die Wahl treffen. Indess wollte das Misgeschick, dass wegen der im Comitat herrschenden Zwietracht die Regierung in Heves, bis dessen Angelegenheiten von einem königlichen Commissar geordnet würden, keine Versammlung abzuhalten erlaubte. Ragályi wurde somit nur als Deputirter von Torna anerkannt. Er nahm sich diese Vorfälle jedoch so sehr zu Herzen, dass er sodann aus lauter Trotz sich der Regierungspartei anschloss und als solcher seine ganze Wirkung einbüsste.

Wenn allein Wissenschaft und Beredsamkeit, Patriotismus und Franz Kölcsey. Reinheit des Charakters zu einem oppositionellen Parteiführer nothwendig wären, so hätte sich ohne Zweifel das Vertrauen dieser Partei in Franz Kölcsey vereinigen müssen. Er war einer jener von heiligem Eifer begeisterten, von Patriotismus und Vaterlandsliebe glühenden Männer, welche die aus dem öffentlichen Leben ausgeschlossene, von den Erstgeborenen der Nation sündhafterweise verachtete, vernachlässigte Nationalsprache im zweiten Zehnt dieses Jahrhunderts in treue Pflege nahmen und, jahrelang ohne Anerkennung, jedoch stets unermüdet kämpfend, gegen die Gleichgültigkeit und Theilnahmlosigkeit ebenso wie gegen die galligen Angriffe und Verfolgungen der pedantischen Alterthümler dieselbe verjüngten und um-

1832. formten, und, nebstbei eine neue Literatur und ein Lesepublikum schaffend, die verkommene, in Traum versunkene, der äussersten Gefahr entgegengehende Nationalität zu neuem, munterm Leben erweckten. Lyrischer Dichter ersten Ranges, ausgezeichneter Kunstphilosoph, Gelehrter voll tiefen Verstandes und ausgebreiteter Kenntnisse, während er mit seiner Leier entzückte und hinriss, erhob er sich mit seinen Kunstkritiken, welche Tiefe und hoher Gedankengang charakterisirte, zu einer Autorität in der Literatur. Allein obgleich er ein Geweihter der Kunst war, sah er diese dennoch nicht als letzten Zweck an, sondern als Hebel unserer politischen, gesellschaftlichen und nationalen Entwickelung. Da seine zu einem Redner und Staatsmann geschaffene Persönlichkeit während der ungünstigen Zeitperiode, welche dem Jahre 1825 voranging, im öffentlichen Leben 'kein ihrem patriotischen Charakter entsprechendes Feld sich eröffnet sah, bemächtigte sich sein feuriger Geist der Sprache, der Literatur, und bemühte sich, durch dieselbe die verkommene, dahinsiechende Nationalität als die nothwendige Bedingung eines schönern nationalen Seins zu erwecken. Auch in seiner schriftstellerischen Laufbahn schwebte seiner Seele immer der Staat, und dessen zum neuen Leben zu erweckendes Sein als letztes Ziel vor; darauf blieb stets sein Blick gerichtet. „Landwirthschaft und Staatswissenschaft, Philosophie und Dichtkunst, Chemie und alles übrige", sagt er, „haben nur dann innern Werth, wenn sie mit dem wirklichen warmen Leben in Verbindung gebracht werden; wenn sie weder als spielende Beschäftigung eines einzelnen menschlichen Verstandes betrieben, noch blos als glänzende Möbel des Gedächtnisses betrachtet werden; sondern im grossen Kreise der Entwickelung, des Fortschritts der Gesellschaft leben, sich bewegen und entweder zu unmittelbarer That werden, oder auf die Ausbildung und das Hervorbringen künftiger Thaten berechnet sind." Mit dieser verständnissreichen Richtung, womit er auf das Leben, auf die Wiedergeburt und Veredlung seiner Nation eine grosse Wirkung ausübte, war in Kölcsey eine Seele von seltenem Reichthum, ein in den meisten Zweigen der Wissenschaft gebildeter Verstand und hochfliegender Geist, mit alledem aber ein an individuellen und öffentlichen, menschlichen und bürgerlichen Tugenden reicher Charakter verbunden. Der fleckenlose Mann, dem Selbstsucht unbekannt war, eiferte nur für das Gute, Schöne und Gemeinnützige. Seine Festigkeit, mit welcher er seiner Ueberzeugung anhing, für die heiligen Interessen von Vaterland und Nation, Freiheit und Menschlichkeit kämpfte, waren weder die Verlockungen der Macht noch der Weihrauch der Popularität zu erschüttern im Stande; dagegen fanden ihn jederzeit das Wohl und Aufblühen des Vaterlandes, das Interesse der Freiheit zu jeder noch so beschwerlichen Arbeit, zu jedem noch so grossen Opfer bereit. Unter den seltenen, Liebe und Hochachtung gleichmässig abnöthigenden

Eigenschaften seines Charakters, ist jedoch die hervorragendste sein unschuldiges, kindliches, jungfräuliches, sanftes und zartes Gemüth; und eben dies verbunden mit seiner Unerfahrenheit in den Kämpfen des Lebens war es, was ihn zum Führer einer undisciplinirten, keine Zügel duldenden Partei untauglich machte.

Wenn diese bescheidene, hohe, schwächlich gebaute, reine Gestalt, deren Haupt die Arbeit schon im vierzigsten Jahre kahl gemacht, deren Antlitz die Blattern eines Auges beraubt hatten, zu sprechen begann, entstand ebenso oft in dem meistens geräuschvollen Saale eine feierliche Stille, eine gespannte Aufmerksamkeit; jedermann wusste im voraus, dass er ein Meisterwerk der Redekunst hören werde, in welchem künstlerische Schönheit und Reinheit, Kraft und Wärme, Hoheit der Gedanken und Tiefe des Gefühls miteinander wetteifern würden. Allein es ist unnöthig, seine Rednergabe schon jetzt charakterisiren zu wollen, wir werden im weitern Verlauf unserer Geschichte ohnehin genöthigt sein, aus einigen seiner Reden Bruchstücke anzuführen.

Auch ihn hatte 1829 jene Bewegung der Ideen, welche Széchenyi mit seinem „Hitel" hervorrief, aus einem einsamen, zurückgezogenen, nur schriftstellerischer, Thätigkeit gewidmeten Leben in den Lärm des handelnden Weltlebens hineingezogen. Er hatte damals in Szathmár ein Amt angenommen, und wurde seither im Comitat die Seele aller Berathungen. Mit Wesselényi, der eine der Autoritäten dieses Comitats war, schloss er ein engeres Freundschaftsbündniss, und nahm mit ihm und mit dem in der Rechtsgeschichte sehr bewanderten, grosse politische Befähigung besitzenden Obernotar Karl Nagy an der Revision der systematischen Elaborate grossen Antheil. Jene Arbeit, welche aus derselben als Instruction für die Deputirten entstand, und welche, im ganzen Lande schnell berühmt werdend, mehrern Comitaten in der Bestimmung der vorzunehmenden Reformen zum Wegweiser gedient hatte, floss aus seiner künstlerischen Feder. — In welcher Gemüthsstimmung er auf dem Reichstag erschien, schildert er selbst lebhaft in seinem Reichstags-Tagebuche. In diesen Zeilen spiegelt sich der ganze Charakter des hochsinnigen, kindlichen, nach heiligen Zwecken strebenden, aber erfahrungslosen Mannes ab. „Siehe", sagt er, „dies ist das Vaterland, welches sein heiliges Bildniss in die Träume meiner Kindheit, in die Gefühle meines Jünglings- und Mannesalters mit Flammenzügen einwob; dies ist das Vaterland, für dessen Ruhm zu sterben es ein so alter und schöner Gedanke meiner Seele war, und dessen dreihundertjährige Wunden ich in meinem Herzen sich tausendmal erneuern fühlte. . . . Und was wirst du für dasselbe thun, was wirst du jetzt thun, da sich statt der Träume vor dir die Wirklichkeit erschliesst? Wirst du Kraft haben, die Ideen zu verwirklichen, welche seit zwanzig Jahren in deiner Seele dämmern?

1832. Wirst du Muth haben, allen Hindernissen entgegenzutreten? Wirst
du Abschreckung, Kälte, Undank und Misverstehen ertragen? . . .
Wirst du auch im Sturmangriffe bestehen inmitten der Versuchungen?
. . . Wirst du gegen Wind und Wellen kämpfen, wenn dich alles
verlässt; wenn es Sünde genannt wird, was dir dein Engel in den
Tiefen deiner Seele einflüstert, wenn alles Wahre und Gute, alles
Schöne und Grosse besiegt versinken will? Ach, ich fühle wohl, was
und wie vieles ich thun sollte! Du aber dort oben oder hier drinnen,
der du bisher dies Herz rein bewahrtest, reiche mir deine Hülfe bis
zum Ende!" Und diese Hülfe fehlte ihm nicht, sein Herz blieb rein,
auch in seinen Prüfungen, bis zum Ende. — Zum Schriftführer des
Reichstags gewählt, entstammten die schönsten und energischsten
Nuntien und Adressen seiner Feder.

Johann
Balogh.

Nachdem die Regierungspartei sich mit grosser Anstrengung,
aber dennoch vergebens bemüht hatte, die Wahl Johann Balogh's
zum Deputirten zu verhindern, wäre man versucht zu denken, dass
seine Partei in ihm ihren Führer ehrte. Der Anspruch, das Verlangen
danach fehlte auch vielleicht Balogh nicht, aber es mangelte ihm
hierzu an geistiger Suprematie, an höherer staatsmännischer Befähigung. Ihm verhalfen besonders die Vorfälle des Jahres 1823, an
welchen auch er an der Seite seines berühmten Vaters einigen Antheil nahm, und in neuester Zeit die bei Gelegenheit der Deputirtenwahl gegen ihn gerichteten Bestrebungen seines Obergespans zur Popularität. Aber auch in seiner Persönlichkeit war zu viel Auffallendes, als
dass ihn die öffentliche Aufmerksamkeit aus der grossen Menge nicht
hervorgehoben hätte. Hinsichtlich seines Aeussern war er der schönste
Mann des Reichstagspublikums, was ihn in den Augen der Damen,
von welchen schon viele dem Gange der Angelegenheiten eifrig folgten
und die Sitzungen besuchten, nicht unbemerkt lassen konnte. Allein
er war auch der Liebling des grössern Theils der Zuhörerschaft,
welche besonders aus der Reichstagsjugend bestand, nicht minder
seiner heftigen, keine Schranke kennenden, freien Reden, als im allgemeinen seiner Denkungsart und seines Betragens ausserhalb der
Versammlungen wegen. Den grossen Herren gegenüber legte er
immer einen grossen Stolz an den Tag; während sein Betragen gegen
Gleichstehende Höflichkeit, und gegen die Jugend gunstsuchende Her-
ablassung kennzeichnete. In den Gesellschaften der grossen Herren
erschien er niemals, nicht einmal beim Personal. Seine Neigung zur
Demokratie und zum Republikanismus, in welchen er bis zum Aeussersten
ging, war mit nicht wenig Affectation gemischt. Seinem Sohne hatte
er schon in dessen siebentem Jahre den folgenden Katechismus einge-
lernt: „Wer war der erste Mensch? Washington. — Welche ist die
beste Regierungsform? Die Republik. — Was bist du? Ein De-
mokrat." Ebendiese affectirte Freisinnigkeit, welche auch seine

Reden charakterisirte, in Verbindung mit seiner blumenreichen, fliessen- 1832.
den Vortragsweise und seiner männlich schönen Stimme machte ihn
zum Liebling der Galerien. Seinem Charakter fehlte es indess an
Wahrheit und Festigkeit. Sein in den spätern Jahren an den Tag
gelegter Gesinnungswechsel und die von ihm gesuchten Regierungsämter, wozu ihn die schlimme Lage seines Vermögens, welches seines
übermässigen Luxus wegen hochverschuldet war, bewogen hatte, beraubte ihn aller Popularität, welcher er sich auf diesem Reichstage
noch rühmen konnte.

Auf einem der spätern Reichstage schrieb über ein Mitglied des- Eugen
selben ein deutscher Dichter die folgenden Verse: Beőthy.

> Ich sah dich, kühner Löwe, sah den Funken,
> Den göttlichen, dir aus den Augen strahlen;
> Ich hört' dein mächtig Donnerwort erschallen,
> Und sah die Herzen rings von Glut durchdrungen. [1]

Und auf den kleinen aber kräftig gebauten, kurzhalsigen, mit einem
runden, rothgefärbten Antlitz und kleinen feuersprühenden Augen versehenen Beöthy — denn ihm galten diese Verse — passte der Name des
Löwen sehr, besonders wenn er seine scharfen Angriffe voll Spottes
und bittern Humors gegen die Regierung oder in Religionsangelegenheiten gegen die katholische Geistlichkeit richtete. Einer der grössten
improvisirenden Volksredner seiner Zeit, war er stets bereit, sich der
gerade in Verhandlung befindlichen Frage, in welcher Phase derselben
es auch war, zu bemächtigen. Das aussergewöhnliche Feuer seines Vortrags, der Fluss, die improvisatorische Kraft seiner Rede, die überraschende Mannichfaltigkeit seiner rednerischen Bilder, welche er stets
in grossen Umrissen zu zeichnen pflegte, neben seinen ergreifenden,
die Seele erhebenden Gedanken, das Beissende seines Humors, die den
Gegner vernichtende Schärfe seines Spottes und Witzes, liessen ihn
auf diesem Reichstage unter allen seinen Genossen ohne Zweifel den
meisten Beifall ernten, wie er auch im Lager der Regierungs- und
Priesterpartei den meisten Schrecken verbreitete, welch letztere er,
obgleich selbst Katholik, am schärfsten zu geiseln pflegte.

Bei dieser Macht seiner Rednergabe war sein Charakter rein,
unerschütterlich, unbestechlich. Allein obgleich es ihm in ernsten Si-
tuationen weder an Mässigung noch an Nachgiebigkeit fehlte, so
waren doch auch in der Conversation seine ewig beissenden, herausfordernden, spöttischen Auslassungen, seine kaustische Manier, seine
reizbare, zänkische Natur solche Eigenschaften, welche an einem Parteiführer selten oder niemals geduldet werden. Was ihn indess an der

---

[1] Dem Uebersetzer war das deutsche Original nicht zur Hand; er musste
diese Strophe daher frei übersetzen und wenigstens die Versform einhalten.

1832. Uebernahme der Führerschaft am meisten hinderte, war, dass er seine früheste Jugend im Soldatenstande zugebracht und keine Zeit gehabt hatte, den ihm aus der Verkehrtheit unsers öffentlichen Unterrichtssystems anklebenden Mangel an durchgreifender Bildung nachzuholen; denn nur in sehr seltenen Fällen vermag man die Unterlassungen der Jugend später genügend gutzumachen. Der Mangel an Studien und allgemeiner Befähigung war schuld, dass der grosse Volksredner nicht zugleich Staatsmann war. Wie gross seine Stärke auch im Opponiren, im Angriff auf die Misbräuche, ja auch in der allgemeinen Discussion der Reformfragen war: ebenso schwach sahen wir ihn, nicht in der Auffassung, sondern, wegen Mangel an genügenden Kenntnissen und Studien, in der Gestaltung, weshalb bei den Reformfragen seine Rolle mit den allgemeinen Debatten ihr Ende nahm. Seine politische Erziehung erhielt er, nachdem er der militärischen Laufbahn entsagt hatte, in seiner Thätigkeit beim Comitat; es ist daher kein Wunder, dass der Staatsmann bei ihm den Redner nicht erreichte. „Die provinziellen Urversammlungen des privilegirten Volks", sagt ebenso schön als richtig Anton Csengery in seiner politischen Charakterzeichnung Beöthy's, „haben kaum jemals Staatsmänner gebildet. Und das Echo solcher Versammlungen war das ungarische Parlament. Ein erhabener Ort öffnet dem Auge einen weitern Sehkreis. Die ungarischen Staatsmänner betraten nur deshalb auch den Standpunkt des Landes, damit sie die Hausweisheit der gespanschaftlichen Rednerbühnen wiederholten."

Stephan Bezerédy.

Von den jüngern Mitgliedern des gesetzgebenden Körpers, welche die öffentliche Aufmerksamkeit mehr als die übrigen auf sich gezogen hatten, erwähnen wir nur noch Stephan Bezerédy, der als Mensch, Redner und Gesetzgeber eine der hervorragendsten Gestalten unserer neuern Geschichte ist. Das durch seine scharfgeschnittenen, aber milden Züge anziehende Gesicht, mit der hohen, breiten Stirn, dem zeitlich kahl gewordenen Kopfe, erinnert an die Büsten der Philosophen der Alten Welt. Wenn er von seinem Gegenstande hingerissen sprach — und er pflegte auch von Dingen geringerer Wichtigkeit meistentheils so zu sprechen, was einen der charakteristischen Fehler seiner Reden bildete —, erglühte sein Antlitz von der Röthe innerer Glut, in seinen Augen brannte das Feuer der Ueberzeugung, und das Flammen seines Geistes verkündigte die Spannung aller seiner Züge.

Hinsichtlich der Milde, Reinheit und Kindlichkeit des Gemüths war er Kölcsey sehr ähnlich; seine Geistesrichtung war eine wesentlich verschiedene. Bei Kölcsey verlieh die Idee „Vaterland und Nationalität", bei Bezerédy jene „Menschheit und philanthropischer Humanismus" dem Charakter des Bürgers und Staatsmanns Farbe und Gestalt, jedoch ohne dass er aufgehört hätte, auch ein Kämpfer für Vaterland und Nationalität zu sein. Mit dem vollen Eifer der Begeisterung

kämpfte er stets auch für die Nationalität, und eben durch seine un- 1832
erschöpflich scheinenden Reden über diesen Gegenstand hatte er au
dem Reichstage 1830 sich besonders hervorgethan. Das Lieblingsfeld
indess, auf welchem sich seine milde Seele am liebsten bewegte, seine
Begeisterung zu einer unversiegbaren Flammenquelle, seine Rede zu
einem fortstürmenden Strom wurde, eröffneten ihm die Verbesserung
der politischen und socialen Lage der untern Volksklassen, die Volks-
erziehung, die Abschaffung der Todesstrafe, die Begründung eines mit
dem Zeitgeist und der Idee der Menschlichkeit übereinstimmenden
Strafverfahrens und ähnliche Humanitätsfragen. Seine Gefährten nannten ihn den unerschrockenen, und daher stets kampfbereiten Streiter
für die Wahrheit, scherzweise aber charakteristisch „ewige Wahrheit".
Er fühlte sich während dieses Reichstags, welcher sich mit dem Zustande der Unterthanen solange und soviel beschäftigte, besonders in
seinem Element, und suchte und fand selbst nach der Katastrophe
von 1849 darin Trost für seine in Trauer versunkene Seele, dass aus
dem Schiffbruch, welcher nationale Unabhängigkeit, Freiheit, Verfassung und alle Institutionen unserer Altvordern verschlang, wenigstens Eins gerettet wurde: der der Unterthanenklasse gesicherte
Grundbesitz, die bürgerlichen Rechte, die Freiheit derselben. Er war
der erste, der mit seinen Unterthanen Ablösungsverträge geschlossen,
ja sogar einen Theil seines Pusztabesitzthums bevölkert, auf seiner
Colonie eine Seidenzucht begründet hatte, und mit bedeutenden Opfern
bemüht war, den sesshaften Einwohnern auch andere Erwerbsquellen
zu eröffnen. In seiner Gemeinde schonte er zur Hebung der Volks-
erziehung weder Auslagen noch persönliche Mühe; er war einer der
ersten, die auf ihrem Besitzthum eine Kleinkinderbewahranstalt errichteten. Auch gab es im Lande keinen wohlthätigen oder gemeinnützigen Verein, unter dessen eifrigste Mitglieder er nicht gezählt
hätte; und er steuerte zu denselben nicht nur Geld bei, sondern
wirkte auch, wo es nothwendig war, thätig mit.

Allein meistentheils eben in diesen edeln Eigenthümlichkeiten
seines Charakters fanden jene Schwächen und Schattenseiten ihren Ursprung, welche ihn bei aller Vielseitigkeit seiner Befähigung, bei allem
Umfang seiner Belesenheit und allem Reichthum seines Wissens zur
Rolle eines Führers vollkommen unfähig machten. Sein Philanthropis-
mus erlaubte ihm nicht, genug entschieden, besonnen und umsichtig
zu sein. Er fiel im seinem humanitären Eifer nicht nur in den Fehler, dass er oft auch den weniger wichtigen Gegenstand mit eben der
Glut verfocht, als wenn davon das Wohl und Glück des Vaterlandes
abhinge, weshalb der stets feurige Fluss seiner Rede von viel geringerer Wirkung war, als wenn er sie nur bei Gegenständen, die der
Begeisterung wirklich würdig waren, angewendet hätte; sondern sein
Enthusiasmus schweifte öfter auch über die Grenzen der Ausführbarkeit

1832. hinaus. Das Princip stellte er oft auf die Spitze, sich wenig darum
kümmernd, wenn er auch nur allein bei diesem Extrem stand. In
seiner schmelzenden, edeln Entzückung wusste er auf die Mittel und
Wege der Verwirklichung selten genug Aufmerksamkeit und praktischen Takt zu richten. Der Philanthrop voll Aufrichtigkeit, Seelen-
reinheit und heiligen Strebens verdarb in ihm den besonnenen, umsich-
tigen Staatsmann.

Dionys
Pázmándy.

Von allen diesen vorzüglichen Männern hatte in der ersten
Hälfte dieses Reichstags — nicht sowol seiner glänzenden Geistes-
fähigkeiten oder hinreissenden Beredsamkeit wegen, welche er nicht
besass, sondern vielmehr wegen der Fleckenlosigkeit seines auf langer
politischer Laufbahn unter schwierigen Verhältnissen bewährten Charakters und seiner reichen Erfahrung unter seinen Genossen — unstreitig
Dionys Pázmándy, Deputirter des komorner Comitats, das grösste
Ansehen. Sein gesundes Urtheil, seine Bewandertheit in den öffentlichen Angelegenheiten, seine Besonnenheit verliehen ihm in den Vor-
bereitungsdebatten den meisten Einfluss. Seine Reden charakterisirte,
obgleich er nicht zu denen gehörte, welche die Zuhörer durch Erhabenheit und schimmernden Glanz der Gedanken oder durch Tiefe
und Glut des Gefühls hinzureissen pflegen, Gedrängtheit, Glätte, über-
zeugende Kraft, insbesondere aber jene besonnene Ruhe, in welche
sich niemals Leidenschaft einmischte, welche selbst die beissendsten
Wahrheiten nur zur grössern Befestigung der Ueberzeugung auszusprechen schien. Uebrigens eine Capacität zweiten Ranges, wenn er
auch in manchen Fragen die Richtung anwies, so konnte er sich doch
zum anerkannten und beständigen Ansehen eines Führers nicht erheben.

Unter den übrigen Talenten zweiten Ranges, welche sich in einer
oder der andern Frage auszeichneten, und von welchen wir gelegent-
lich sprechen werden, wollen wir hier nur noch einige erwähnen.
„Einer der gesinnungsvollsten und geradesten", sagt Kölcsey in seinem
Tagebuche, „ist sicherlich der Deputirte von Baranya, Siskovics. Ein
gesunder Kopf, ein muthiges Herz, ist er nicht nur eine schöne, sondern auch unerwartete Erscheinung aus einem Comitat, welches sonst
den . . . Kajdácsy als seinen Repräsentanten geschickt hatte." „Er
ist einer der entschiedensten Liberalen", sagt er an einer andern
Stelle, „und deshalb wurde er von Wesselényi und Kölcsey auszeich-
nend geliebt; auch Széchenyi wandte ihm jetzt seine Aufmerksamkeit
zu. Ihn hielt Balogh von Bars für einen jener drei, welche er von
allen Vorurtheilen der Aristokratie frei glaubte: und damit ich es
des Andenkens wegen erwähne, verband ihn der abaujer Deputirte
Komáromy mit Balogh und Kölcsey als wüthenden Gegner des heiligen
Aristokratismus."[1] Allein später, als sein Schwager, Somsich, zum

---

[1] Kölcsey, Összes munkái (2. Aufl.), VII, 111. 247.

königlichen Personal erhoben wurde, konnte man an Siskovics eine 1832. grosse Veränderung wahrnehmen. — „Der pesther Dubraviczky", sagt derselbe Tagebuchführer, „ist ein verständiger Mann voll guter Laune und seltener Geradheit; der in seiner schwierigen Stellung, als Vicegespan und Deputirter des Palatinalcomitats und als hervorragendes Mitglied der Opposition schon auf zwei Reichstagen sich allgemeines Vertrauen errungen hatte."[1] — „Der zalaer Deputirte Anton Deák ist ein stillernster Mann von erprobtem Charakter; ebenderselbe, der während des verflossenen Reichstags den ihm vom Hofe freiwillig angetragenen Titel eines königlichen Raths abgelehnt hatte. Er ist übrigens ein Mann der von Verbőczy bezeichneten Nation (specifischer ungarischer Edelmann) und warf keinen günstigen Blick auf die grosse Volksmasse. . . . In seinem Gesicht hat er etwas Himfy Aehnliches, etwas, was den Dichter ahnen lässt."[2]

Der Mangel einer allgemein anerkannten geistigen Suprematie eines Führers der freisinnigen, oppositionellen Partei 'an der Untern Tafel war die Ursache jener besondern Erscheinung, dass Nikolaus Wesselényi, übrigens Mitglied der Magnatentafel, und dort Führer der nur noch aus wenigen Mitgliedern bestehenden Opposition, im ersten Stadium des Reichstags auch der eigentliche Bannerträger der Oppositionspartei der Ständetafel wurde. Aus jenen freundschaftlichen Berathungen, an welchen die hervorragendern Mitglieder der Deputirten theilnahmen, führte er die Politik dieser Partei so lange, bis im folgenden Jahre Franz Deák, an die Stelle seines abgetretenen ältern Bruders Anton zum Deputirten gewählt, auf dem Reichstage erschien und Wesselényi nach Siebenbürgen ging. In den öffentlichen Sitzungen bestand bisher in den Reihen der Opposition noch keine engere Einheit; nach der Verschiedenheit der Gegenstände übernahm bald der eine, bald der andere der bereits Genannten die Führerschaft.

Der Regierungspartei, welche indess in der Minorität blieb, verlieh gleich anfänglich grössere Einheit der Willen der von oben wirkenden Macht, deren Hauptorgan der königliche Personal und zugleich Präsident der Ständetafel war. Diese hochwichtige Stellung nahm gegenwärtig Alexander Mérey ein. Der selbst in seinem Regierungsamte stets unerschütterliche, patriotische Gesinnungen hegende, die Entwickelung der Constitution nur auf geschichtlicher Grundlage aufrichtig wünschende, und die Energie der Regierung nur innerhalb der Schranken der Verfassung auszuüben strebende, hochgebildete Georg Majláth, der nicht nur während des Reichstags von 1830, sondern auch im Verlauf des grössern Theils des oft stürmischen, in den Beschuldigungen und Klagen ebenso heftigen, als in den

Die Regierungspartei.

[1] Kölcsey, a. a. O., S. 162.
[2] Ebend., S. 82.

1832. Forderungen muthigen Reichstags der Jahre 1825—27 die Verhandlungen als königlicher Personal geleitet hatte, wurde von einigen Mitgliedern des Cabinets für viel zu gemässigt gehalten, als dass man
geglaubt hätte, er würde auf diesem constituirenden Reichstage den
Intentionen der Regierung gemäss verfahren. Sedlnitzky, der einfluss-
reiche Polizeiminister, äusserte sich einmal in einem gesellschaftlichen
Kreise, dass Majláth mit seiner bescheidenen, gemässigten Art 'und
Weise die Stände verdorben habe.[1]   Er wurde daher am 7. Nov.
1831 zum Staatsrath befördert, und die Stelle des Personals am
16. Dec. Alexander Mérey verliehen.   Diese Wahl war, wie der Erfolg bewies, keine glückliche.   Da Mérey vom Deputirtenkörper für
den Chef der Geheimpolizei in Ungarn gehalten wurde, so wusste er
sich bei dem Mangel geistiger Suprematie weder Vertrauen noch Ansehen zu verschaffen, und wurde bald zum Zielpunkte der oppositionellen Angriffe.

Uebrigens war die Regierungspartei — deren Hauptredner grösstentheils Csapó von Tolna, Gyürky von Neograd, Andrássy von Gran,
und der mit einem hellen Kopfe, aber, wie ihn Kölcsey charakterisirt,
einer „platzregenmässigen Redefertigkeit" versehene Császár von Temes
waren —, obgleich geraume Zeit hindurch an Zahl schwächer, durch
die ihr von oben angewiesene Richtung einheitlicher gestaltet, und
errang, auch von den Magnaten unterstützt, in einigen Fragen den
Sieg über die divergirende, und in der Menge der Ambitionen noch
keine Disciplin duldende Majorität der Opposition.   Im weitern Verlaufe des Reichstags zog ein später erschienener junger Deputirter
von gewinnendem Aeussern, der sich dieser Partei anschloss, die öffent-

Eduard
Zsedényi.
liche Aufmerksamkeit auf sich.   Obgleich sich die Redner der Regierungspartei sonst selten der Aufmerksamkeit und des Wohlwollens
der oppositionellen Majorität und der den grössten Theil der Zuhörerschaft bildenden Reichstagsjugend rühmen konnten, so erwarb
sich doch Eduard Zzedényi — denn er war dieser junge vom
zipser Comitat abgesandte Deputirte — sogleich im Anfang seines Auftretens durch seine sehr geschickten Reden die Achtung seiner Genossen wie die des Publikums.   Seine Reden, welche nicht aus
Nebenzwecken, sondern wirklicher Ueberzeugung zu entstammen schienen, liessen einen reichen, tiefen Verstand, eine grosse Schnelligkeit
sowol in der Auffassung als auch in der Auffindung der richtigen,
treffenden Antwort, einen genialen Geist, eine seiner Jugend wegen
überraschende Bewandertheit in den öffentlichen Angelegenheiten, und
eine schöne staatsmännische Befähigung hervorleuchten, und verschafften ihm, da er mit diesen Eigenschaften auch gebildetes Wesen und
ritterlichen Charakter verband, im gesetzgebenden Körper einen solchen

---

[1] Kölcsey, Naplója, S. 103.

Einfluss, wie ihn bisher ein Deputirter der Regierungspartei noch 1832.
kaum besessen hatte. Diese ausgezeichneten Eigenschaften machten
ihn schon auf diesem Reichstage zum Führer der conservativen Fraction an der Untern Tafel.

Von den Hauptelementen der Ständetafel sprechend — zu wel- Die Reichs-
cher, wie wir wissen, noch die Repräsentanten der Kapitel und die tagsjugend.
aus später näher zu erörternden Umständen gänzlich einwirkungslos
gewordenen Deputirten der Städte gehörten — können wir hier, ehe
wir die Erzählung der Verhandlungen beginnen, nicht unterlassen,
auch die gleichsam zum ergänzenden Theil derselben gewordene Reichstagsjugend zu erwähnen, welche, obgleich ihr übrigens nur die Rolle
des Zuhörers bestimmt war, seit diesem Reichstage fortwährend, und,
zwar unberechtigt, aber unleugbar einen bedeutenden Einfluss auf den
Gang der Berathungen ausübte. Jeder der Deputirten und Richter
der königlichen Tafel, ja selbst zahlreiche unter den Bischöfen und
Magnaten nahmen, nach altem Gebrauch, eine grössere oder kleinere
Anzahl junger Leute zur Begleitung nach Presburg mit sich. Die
Anzahl derselben hatte sich auf dem gegenwärtigen Reichstage ungewöhnlich vergrössert und betrug etwa 1500. Die Bestimmung dieser
grösstentheils den juridischen Cursus bereits absolvirt habenden, und
zum Theil an der königlichen Tafel vereidigten Jünglinge (der sogenannten Juraten) bestand ursprünglich darin, dass sie die auf die reichstäglichen Verhandlungen Bezug habenden Schriftstücke für ihre Chefs
abzuschreiben hatten; denn obgleich diese Actenstücke, auf diese
Weise amtlich copirt, in tausend Hände kamen, und sowol in den
Circular- als in den allgemeinen Sitzungen mit voller Oeffentlichkeit
verhandelt wurden, so gestattete doch die Regierung, welche die
Presse mit überschwenglicher Eifersucht überwachte, deren Abdruck
nicht. In frühern Zeiten hatten diese Arbeit ein, höchstens zwei dem
Abgeordneten vom Comitat beigegebene Kanzlisten vollbracht, jetzt
indess erforderten die sehr vermehrten Schriftstücke grössere Arbeits-
kräfte. Aber ausserdem bewog die Comitate auch noch ein anderer
Grund, solche mit regelmässigen Diurnen versehene Jünglinge in so
grosser Anzahl auf den Reichstag hinaufzuschicken. Die Regierung,
wie wir schon oben in unserer Skizze des Reichstags von 1830 erwähnten, wollte trotz allen Drängens von seiten der Stände den Verhandlungen keine volle Oeffentlichkeit gewähren und war der Herausgabe einer Reichstagszeitung oder doch der Einrückung eines Auszugs
der Verhandlungsprotokolle in eine der schon bestehenden Zeitschriften
fortwährend entgegen. Dies zog eine um so bedeutendere Beschränkung der Oeffentlichkeit nach sich, als nur wenige der verdeutschten
Bürger der schon unter Maria Theresia gleichsam zur Vorstadt Wiens
gewordenen Stadt Presburg die ungarische Sprache verstanden und
folglich eine Zuhörerschaft auf dem Reichstage nicht bilden konnten;

1832. und in der That würde dieselbe ohne diese Jünglinge nicht einmal
bestanden haben, wenn sich nicht von Zeit zu Zeit aus Neugierde
oder aus Interesse für die öffentlichen Angelegenheiten zahlreiche
Patrioten aus dem Innern des Landes in dieser Grenzstadt eingefunden
hätten. Einestheils also wegen der anerkannten Nothwendigkeit eines
im Interesse der Oeffentlichkeit zu bildenden beständigen zuhörenden
Publikums, anderntheils, damit die jüngere Generation, welche bei
dem Mangel an einer Reichstagszeitung sich von den Landesangelegenheiten keine gehörige Kenntniss zu verschaffen vermochte, in
den öffentlichen Angelegenheiten bewandert werde und sich für die in
der Zukunft ihrer harrende legislatorische Laufbahn schon im voraus
und fortwährend bilden könne, sandte jedes Comitat funfzehn bis
zwanzig junge Leute mit seinen Abgeordneten auf den Reichstag.
Manches der freisinnigen Comitate wurde auch dadurch bestimmt, eine
bisher so ungewöhnlich grosse Anzahl von Jünglingen hinaufzuschicken,
um durch sie, die die Sehnsucht nach nationaler Wiedergeburt ohne
Ausnahme mit der Glut ihres Alters in ihrem Busen nährten, der
öffentlichen Meinung in der Richtung der Reformbewegungen einen
Anstoss zu geben.

Und diese Rolle fasste die Jugend in der That sehr gut auf,
und spielte sie mit grossem Eifer während dieses Reichstags. Sie
erschien pünktlich in den Versammlungen und bildete ein den Fragen
in allen ihren Phasen folgendes beständiges Publikum, welches in
kurzer Zeit auf den gesetzgebenden Körper einen nicht geringen
Einfluss ausübte und sich gleichsam zum ergänzenden Theil desselben
einsetzte, seine Meinung über die verschieden schattirten Reden der
Abgeordneten bald durch stürmisches Klatschen und Beifallrufen, bald
durch misbilligendes Murren kundgebend. Die berathungsartige Un-
gezwungenheit der Circularsitzungen, in welchen die wöchentlich wechselnden Vorsitzenden es mit der Disciplin nicht so genau nahmen,
wozu es ihnen auch an Ansehen fehlte, dieselbe aufrecht zu halten, liess
diese zuhörende Jugend nach und nach zu einer ganzen Macht
im Reichstagssale anwachsen, besonders da die freisinnigen Deputirten selbst mit diesem recensirenden Publikum nicht nur Nachsicht
hatten, sondern mehrere unter ihnen dasselbe sogar augenfällig prote-
girten, da es ihre Richtung so energisch unterstützte, die oppositionellen Reden mit Beifall, die der conservativen Partei mit Zeichen
des Misfallens begleitete. Dieser Misbrauch, welcher die stumme, zuhörende Rolle der Jugend in ein Richterthum von thatsächlichem
Einfluss umänderte, ging aus den Circularsitzungen in die allgemeinen über, in welchen der Personal Vorsitzender war. Dieser bestrebte
sich mit einigen Mitgliedern der Regierungspartei vergeblich, dem
Unfuge zu steuern; da er eine gehasste Persönlichkeit war, wurde er
von der oppositionellen Majorität nicht unterstützt, einmal, weil ein

Theil in dem Beifallssturm seine Eitelkeit befriedigt, und sich für seine 1832. patriotischen Bemühungen belohnt sah, der dieser lärmenden Zuhörerschaft ertheilten Rüge daher seine Unterstützung nicht gewährte; dann, weil der andere Theil, welcher die ausgezeichnetsten und verdienstvollsten Mitglieder des Deputirtenkörpers in sich enthielt, diesen Misbrauch für ein kleineres Uebel als den vollständigen Mangel der Oeffentlichkeit betrachtete und denselben solange dulden wollte, bis die Regierung den Reichstag, dem allgemeinen Wunsche gemäss, in die Hauptstadt Pesth-Ofen verlegen und die Herausgabe einer censurfreien Reichstagszeitung gestatten würde.

Die Ständetafel suchte diesen Mangel an Oeffentlichkeit sogleich Reichstags-zeitung und in den ersten Sitzungen aufzuheben, indem sie den Beschluss fasste, Circular-tagebuch. bei der Regierung sowol die Versetzung des Reichstags nach Pesth-Ofen als auch die Herausgabe einer Reichstagszeitung zu betreiben. Was die Zeitung betrifft, so erklärte das Haus, nachdem es dem grössten Theil der Abgeordneten in der Instruction aufgetragen war, allen von der Regierung in Bezug darauf möglicherweise vorzubringenden Vorwänden zu begegnen: dass in diesem Blatte vom Reichstag nichts anderes mitgetheilt werde als das von einigen aus den Reihen der Abgeordneten zu wählenden Censoren revidirte Tagebuch nach dem Belieben des Herausgebers, in seinem ganzen Umfang, oder im Auszug, jedoch ohne allen Commentar. Da man aber selbst bei diesem massvollen Vorgehen befürchten konnte, dass die Regierung wie 1830 das so billige Verlangen der Stände durch Verzögerung ihrer Antwort umgehen werde, wurde zum Beschluss erhoben: dass man einstweilen, bis die Hindernisse einer gedruckten Zeitung aus dem Wege geräumt seien, besorgt sein müsse, den Ansprüchen der Oeffentlichkeit zu genügen. Indess waren in den Debatten über diesen Gegenstand wie viel Köpfe so viele Meinungen. „Es scheint ein charakteristischer Zug der Männer dieses Reichstags zu sein", sagt Kölcsey in seinem Tagebuch, „dass sie auf niemand hören, und nichts, was ein anderer anempfiehlt, unterstützen." Einige wollten, dass Alexander Bertha, der die Geschichte des verflossenen Reichstags in einem Auszug verfasst hatte, dessen Werk jedoch die Statthalterei zurückhielt, ein Gesuch an die Stände einreichen solle, und nachdem dasselbe günstig beschieden, solle er die Arbeit sogleich in Angriff nehmen und das Manuscript dem Druck übergeben; wenn dies verhindert würde, sollten die Stände die Angelegenheit in die Hand nehmen. Andere, die voraussahen, dass der Reichstag auf diese Weise keine Zeitung haben würde, riethen, nach dem Antrage Wesselényi's, den Ankauf eines lithographischen Instituts und den sofortigen Beginn des Drucks an. Wenn dies der Regierung nicht gefallen sollte, möge sie dagegen einen Befehl erlassen. Die Angelegenheit käme auf diese Art vor den Reichstag; dieser möge darüber mit der Regierung rechten, mit dem

1832. Druck sei jedoch auch während dieser Zeit fortzufahren. Indess nahm die Majorität, die einen Zusammenstoss befürchtete, hiervon Abstand, und bestimmte, dass das Tagebuch der Circularsitzungen den Comitaten in· handschriftlichen Copien zugesendet werden und Kölcsey die Redaction desselben übernehmen solle. Als letzterer die Redaction nicht annahm, wurde diese von einer Berathung dem sich selbst zur Verfügung stellenden Advocaten Ludwig Kossuth, Deputirten eines abwesenden Magnaten, und dem Schriftsteller Joseph Orosz übertragen, welche sie mit zwei Schnellschreibern bewerkstelligen sollten, welchen eine gewisse Gebühr, die durch Subscription aufzubringen wäre, gezahlt werden sollte. Jetzt entstand aber wieder in der Kostenfrage ein neues Hinderniss, welches endlich Kossuth damit beseitigte, dass er mit Erlaubniss der Stände, bis eine gedruckte Zeitung zu Stande käme, geschriebene „Reichstagsnachrichten" im Subscriptionswege herausgab.

Dies war das erste öffentliche Auftreten dieses aus armer Adelsfamilie stammenden, aus eigener geistiger Kraft sich eine Laufbahn eröffnenden Mannes, der, später in der Geschichte unserer Umgestaltung stets mehr und mehr Raum einnehmend, sich an die Spitze der Bewegung stellte. Die Persönlichkeit dieses ausserordentlichen Mannes, der auf das Schicksal unserer Nation einen so verhängnissvollen Einfluss ausgeübt hatte, seine geistigen und moralischen Eigenschaften, seine Principien und seinen Charakter werden wir bessere Gelegenheit haben in jenem Abschnitt unserer Geschichte zu zeichnen, in welchem diese zumeist von ihm ihre Richtung erhielt. Jetzt bemerken wir hier nur soviel, dass die „Reichstagsnachrichten", welche er, den Text derselben einer ganzen Schar junger Leute in die Feder dictirend redigirte, kaum in geschicktere Hände hätten kommen können. Das in einem bei uns bisher ungewöhnlich lebhaften Stil, sprühendem Geist, und mit hinreissender Beredsamkeit geschriebene Blatt leistete der radicalen Reformrichtung, indem es sie verbreitete und befestigte, grossen Vorschub. Das Blatt, von welchem wöchentlich zwei Nummern erschienen, dehnte sich zwar nur auf die im Gebiet der Gesetzgebung obschwebenden Gegenstände aus; aber der geniale Geist des Redacteurs wusste selbst für den trockensten Gegenstand Interesse zu erwecken. Obgleich er die Kunst des Stenographirens nicht verstand, so wusste er doch mit Hülfe flüchtig gemachter Notizen den Inhalt der Reden eines jeden Abgeordneten mit bewunderungswürdiger Treue, später sogar die eigenthümlichen Formen jedes einzelnen Redners, nur meistens in noch besserm Zusammenhang und glänzenderer Schreibart, wiederzugeben; er entwickelte die Gründe und Folgerungen der freisinnigen Redner in einem so starken und vortheilhaften Licht, dass in seinem gedrängten und wohllautenden Stil der Auszug einer jeden Rede eine weit grössere Wirkung ausübte als die wirklich ausgesprochene Rede selbst. Die Zahl seiner Pränumeranten betrug 1832. zwar, weil das Blatt der hohen Herstellungskosten wegen theuer war, kaum mehr als hundert; aber in der Reihe dieser Pränumeranten stand jedes Comitat, die meisten königlichen Freistädte und Casino-vereine, weshalb diese wenigen Exemplare in tausend Hände kamen.

Und die Erfahrung bewies, dass diese Sorgfalt in Bezug auf den Ersatz des gewöhnlichen Mittels der Oeffentlichkeit, der freien Presse, nicht überflüssig war; denn ohne dieselbe wäre das Land auch jetzt noch nicht zur nähern Kenntniss der reichstäglichen Verhandlungen gelangt. Einestheils wollte die Magnatentafel, deren grosse Majorität ihre Richtung beinahe in jeder Frage angewiesen erhielt, selbst nach zahlreichem Nuntienwechsel ihre Einwilligung zum Druck einer von der Censur befreiten Zeitung nicht ertheilen, und wünschte den Gegenstand bis auf die Verhandlung der systematischen Arbeiten zu verschieben. Anderntheils waren die Stände selbst noch nicht reif genug, um die Freiheit der Presse ertragen zu können. Paul Nagy sprach seine Meinung schon in den am 26. Dec. über diesen Gegenstand stattgefundenen Debatten aus, dass ein so freies Blatt, wie es von einigen Rednern gewünscht werde, nur in ein gänzlich freies, und nicht in ein aristokratisches Land gehöre; er hätte noch hinzufügen können, dass es nicht in ein Land passe, wo die Gesetzgeber selbst nicht wissen die Oeffentlichkeit zu vertragen. Es geschah, dass die zwei ungarischen pesther Zeitschriften, das in diesem Jahre begründete „Jelenkor" Helmeczy's, und die „Hazai Tudósítások" Kulcsár's, einen umfangreichern Auszug aus den Verhandlungen der vergangenen Tage über die Reichstagszeitung und das Tagebuch brachten; und bei alledem, dass dies die Regierung, die eine Erörterung der Pressfreiheit ahnen mochte, wahrscheinlich nur aus Politik erlaubt hatte, bei alledem, dass am 10. Jan. wunderschöne Reden über Pressfreiheit gehalten 1833. wurden; bei alledem, dass, als dem Personal Mérey, der hierauf antwortete, einmal unter anderm das Wort entschlüpfte, die Bücherrevision gehöre zu den Rechten des Monarchen, ein Deputirter nach dem andern aufsprang, dieses Recht leugnete, die Ausübung desselben eine Usurpation nannte, und alle den Vorsitzenden so schonungslos angriffen, dass die Stände diesen Tag als eine der Regierung gegenüber gewonnene Schlacht betrachteten, dennoch gegen die pesther Blätter die empfindlichsten Einwendungen und Rügen erhoben wurden. Die bereger Deputirten gingen gar zum Palatin, um sich über die Zeitungen zu beklagen, welche, wie sie behaupteten, frevelhafte Auszüge aus ihren Reden veröffentlicht hätten. Der Palatin benutzte diese Gelegenheit, und liess den pesther Blättern bedeuten, dass sie fernerhin vom Reichstage nichts mehr mittheilen dürften, als was in den presburger lateinischen und deutschen Blättern und den wiener Zeitungen

veröffentlicht würde. „Ich schwöre euch", sagt hierauf bezüglich
Kölcsey in seinem Tagebuch, „nicht immer hat derjenige recht, der
über Unterdrückung klagt. In unzählig vielen Fällen verursacht das
Uebel der Klagende selbst, und es thut ihm wohl, wenn er jemand
andern beschuldigen kann. . . . Wir sprechen viel von Pressfreiheit;
dass wir sie aber weder verstehen noch fühlen, davon gibt die Aufregung Zeugniss, mit welcher wir die pesther Zeitschriften empfingen. . . . Nein, meine Herren, wir sind für die Pressfreiheit noch
nicht reif genug."

Die Adress-
debatten.
1832.   Nachdem der Reichstag am 20. Dec. durch König Franz persönlich mit den üblichen Feierlichkeiten eröffnet und die königlichen
Propositionen überreicht worden waren, rief die ersten bedeutendern
Berathungen, ausser den schon erwähnten auf die Herausgabe einer
censurfreien Zeitschrift und des Reichstags-Tagebuchs bezüglichen Debatten, die als Antwort auf die königlichen Vorlagen an den Monarchen zu richtende Adresse hervor. In Bezug hierauf walteten zwei
Umstände ob, aus welchen sich so grosse Schwierigkeiten entwickelten,
dass der Anfang dieser Session beinahe ein stürmischer wurde, und
die zwei Tafeln sich erst nach wochenlangen hitzigen Debatten über
die Absendung der Adresse einigen konnten.

Die Regierung und mit ihr vereint die Magnaten bestrebten sich
schon auf mehrern Reichstagen, das Princip durchzuführen, dass der
gesetzgebende Körper verpflichtet sei, die königlichen Vorlagen zum
ersten Gegenstand der Berathungen zu machen, daher die auf die
Thronrede an den König zu richtende Antwortsadresse sich auch nur
allein auf dieselben beschränken dürfe. Dagegen waren die Stände,
damit durch Begründung dieses Princips ihr Recht der Initiative
keinen Schaden erleide, bestrebt, in ihrer ersten Adresse auch andere
Gegenstände, grösstentheils die wichtigern, sogenannten vorläufigen
Beschwerden, zu unterbreiten. Sie thaten dies meistens deshalb, damit
der Reichstag nach der Verhandlung der königlichen Vorlagen nicht,
wie es einigemal geschah, schnell beendigt werden könne und die
Reichsbeschwerden unerledigt blieben. Auch jetzt wollten daher die
Stände, dass dem Könige in der Antwortsadresse auch solche Gegen-
stände vorgelegt würden, welche ihrer Initiative entstammten. Diese
Gegenstände waren bei dieser Gelegenheit die folgenden: die auf dem
Reichstage des Jahres 1825 begründeten und bisher noch nicht auf-
gehobenen präferentialen Beschwerden, zu deren Sammlung auch sofort
eine Commission ernannt wurde, und die Aufnahme der ungarischen
Sprache bei der Magnatentafel und der königlichen Hofkanzlei.
Es wurde zum Beschluss erhoben, dass diese Gegenstände mit den
Propositionen zugleich in Verhandlung genommen werden sollten.
Ausserdem hätten einige auch noch die Absonderung des ungarischen
Militärs vom österreichischen, die Verzögerung des Reichstags über

die gesetzlich anberaumte Zeit hinaus, und die ungesetzliche Einhebung der Steuer seit dem 2. Oct. 1832; die Unterstützung der polnischen Nation und die Versetzung des gegenwärtigen Reichstags nach Pesth in die Adresse aufzunehmen gewünscht. Die Majorität indess beschloss, diese Gegenstände besonders vorzulegen. Der zweite Umstand bezog sich auf die Reihenfolge der Arbeiten, wie sie in den königlichen Vorlagen enthalten war. Die Regierung wünschte, dass der gesetzgebende Körper von den systematischen Arbeiten das Urbarium zuerst vornehme. Dies erschien zwar durch die bei Gelegenheit der Cholera stattgefundenen Volksunruhen genügend motivirt; indess beschlossen die Stände, dazu auch von ihren Absendern angewiesen, vor allem das auf den Handel bezügliche Operat in Angriff zu nehmen. Die naturgemässe Entwickelung des Handels und der Gewerbe hatte, in Verbindung mit einigen andern Mängeln und mislichen Umständen, das noch aus den Zeiten Maria Theresia's und Joseph's II. stammende und seither seinem Wesen nach unverändert bestehende Colonial-Mauthsystem so sehr behindert, dass, wie es überall zu geschehen pflegt, wo neben vorwärts strebenden Nachbarn die Industrie und der Verkehr in stationärem Zustand hinwelken, auch bei uns immer mehr Zeichen darauf hinwiesen, dass das Reich dem Abgrund allgemeiner Verarmung zueile. Das Aufhören dieser Stockung konnten ohne Zweifel nur mehrfache Verbesserungen hervorbringen, welche nur theilweise in das Gebiet der Handelspolitik eingriffen, anderntheils aber der bürgerlichen Gesetzgebung, dem Unterrichtssystem, dem Kreise der öffentlichen Arbeiten und anderer gesellschaftlichen Verhältnisse angehörten. Da jedoch zur Entwickelung dieser materiellen Interessen jedermann von der Verbesserung des Mauthsystems das meiste erwartete, was einzig und allein der gute Wille der Regierung bewerkstelligen konnte, aber schon aus mehrmaliger Erfahrung bekannt war, dass Concessionen in diesem traditionellen System von ihr äusserst schwer zu erlangen seien: so kann es niemand wundernehmen, dass das Reich ein solches Gewicht darauf legte, das den Handel betreffende Operat zuerst in Verhandlung zu nehmen.

Hierzu kamen auch noch einige andere Beweggründe, welche theils der Selbstsucht der Privilegirten, theils dem Parteimanöver der Fortschrittsmänner entstammten.

Obgleich die Reformideen schon eine schöne Verbreitung gewonnen hatten, fanden sich doch unter dem Adel noch viele, die denselben, weil sie entweder ihre Privilegien bedrohten oder von ihnen Opfer zu fordern schienen, durchaus abhold waren. Da jedoch die Ueberzeugung allgemein war, dass man die Regulirung des Urbariums ohne dergleichen wiewol vielleicht nur augenblickliche und mehr scheinbare als wirkliche Opfer nicht ins Leben treten lassen könne,

1833. so erwartete ein grosser Theil des Adels, ehe er sich zu diesen Opfern entschlossen zeige, um später nicht ohne Entschädigung zu bleiben, von der Regierung Concessionen, wünschte durch sie die Hindernisse der allgemeinen Wohlhabenheit aufgehoben zu sehen. Allein auch mehrere von den freisinnigen Anhängern der Reform, die übrigens unter andern Umständen dem Urbarium den Vorrang einzuräumen selbst gewünscht hätten, sprachen jetzt dennoch aus Parteiinteresse den Wunsch aus, dass vor allem das die Handelsverhältnisse betreffende Elaborat vorgenommen werde. Da ihnen nämlich die Selbstsucht eines grossen Theils des Adels, der sich an seine Privilegien noch immer starrsinnig anklammerte, bekannt war, so hätten sie die Reformen, damit die Neigung zu denselben nicht unterbrochen werde, nicht gern mit einem Gegenstand begonnen, von welchem der Adel, wiewol irrthümlich, glaubte, dass er demselben werde Opfer bringen müssen. Diesen Kunstgriff hielten sie aber für um so nothwendiger, als sie überzeugt waren, dass auch die Regierung, wenigstens theilweise, aus ähnlichen Beweggründen, eben um das Verlangen nach Reformen abzustumpfen, die Priorität des Urbariums betreibe. Man konnte schon von vornherein annehmen, dass die Mehrheit der Stände die Reform in demokratischer Richtung anzubahnen wünsche, wovor die Regierung, wie die Erfahrung bewies, überaus auf ihrer Hut war. Die freisinnigen Freunde der Reform hegten daher den Glauben, dass die Regierung durch dieses Vorschieben des Urbariums nichts anderes bezwecke, als dass sie die Magnaten, von welchen sie gewiss war, sie würden den beabsichtigten Urbarialverbesserungen grossentheils entgegen sein, überhaupt zur Vereitelung des ganzen radicalen Reformplans enger an sich fesseln werde. Man glaubte, dass sie einen Conflict zwischen der radicalen Reformpartei und der ihre Vorrechte nicht aufgeben wollenden Aristokraten hervorrufen wolle, damit diese in ihren Kämpfen mit der Reformpartei in ihr, der Regierung, eine Stütze suchen und ihrem Interesse gemäss zum Verbündeten derselben werden. Die Frage, in welcher Reihenfolge die Verhandlungen aufgenommen werden sollten, war daher von weit grösserer Tragweite, als sie vielleicht auf den ersten Anblick erscheint; sie enthielt das Gelingen oder die Niederlage der radicalen Reform in sich. Und diese Beweggründe vermochten die Stände zu dem Beschlusse, dass die Handelsangelegenheit zuerst in Verhandlung genommen und zugleich an die Regierung das Ersuchen gestellt werde, dass sie von seiten der österreichischen Erblande eine Commission aussenden möge, mit welcher man über die Mauthfrage verhandeln könne.

Indess, während die Majorität theils aus Selbstsucht, theils aus Parteirücksichten dem Handel den Vorrang liess, betrachteten andere die für die Priorität des Urbariums sprechenden Gründe für wichtiger. Die zur Zeit des Choleraaufstandes an den Tag getretene Wuth des

Volks liess niemand in Zweifel, dass, obgleich bisher zumeist die Regierung die Aufnahme der Urbarialoperate von 1791 verhindert hatte: das Volk trotzdem unmittelbar gegen seine Herren, die Adelichen, wenigstens in einigen Gegenden, mit Hass erfüllt sei, die Regierung dagegen als seinen Beschützer betrachte. Zwar behaupteten einige, dass der Volksaufstand von 1831 nur durch geheime Agitationen der russischen Regierung hervorgerufen worden ;sei, welche die wiener Regierung, die für den polnischen Aufstand Sympathien bezeigt hatte, zu Hause beschäftigen wollte. Allein obgleich dies auch der Umstand zu rechtfertigen schien, dass die Unruhen allein in Gemeinden mit slawischer Bevölkerung und in der Nachbarschaft der polnischen Grenze ausbrachen, konnte man dennoch nicht leugnen, dass der Kern des Aufstandes in jenem unterdrückten Hasse enthalten war, welchen die Bauern gegen ihre Grundherren hegten, von denen in diesen Gemeinden viele mit ihren Unterthanen auf tyrannische Art· verfuhren. Da mithin die Abneigung der Unterthanenklasse gegen ihre Herren eine unzweifelhafte Thatsache war, so schien es für unerlasslich, die erstere so bald als möglich zu versöhnen, und sie über ihre irrthümliche, möglicherweise gefährlich werdende Meinung aufzuklären, dass die Herren ihr gegenüber feindselige Gesinnungen hegten. Ueberdies schien es beinahe gewiss, dass die Regierung, indem sie dem Urbarium aus welchen Gründen immer den Vorrang gab, scheinbar auf freisinnigerm Terrain stand als jene, welche die Reform des Mauthsystems betrieben, und daher eben aus diesem Grunde nicht weichen werde. Schon erhob sich der Tadel gegen die Schöpfer jenes Beschlusses, als hätten sie die Absicht, zu bewirken, dass alles in Verwirrung gebracht werde, und der Reichstag sich ohne Erfolg auflöse. Am 15. Jan. machte der Palatin selbst Prónay darauf aufmerksam. „Ein grosser Theil der Herren will allen Angelegenheiten Hindernisse in den Weg legen. Lesen Sie die Acten des Reichstags von 1764: thun sie nicht auch jetzt das, was sie damals gethan haben (in der Urbarialangelegenheit)? Geben Sie Acht, meine Herren! Da es der Reichstag 1764 nicht thun wollte, so that es die Regierung willkürlich. Wollen Sie's auch jetzt nicht? Wird nicht die Regierung vor ganz Europa gerechtfertigt dastehen, wenn sie sich abermals der Willkür zuneigt?" schreibt Kölcsey in seinem Tagebuche.

Dies entschied endlich sowol auf seiten der selbstsüchtigen Anhänger der Privilegien als auch der aus Parteiinteresse handelnden Liberalen; infolge der Anstrengungen Wesselényi's und Pázmándy's und anderer Parteiführer erlangte der frühere Beschluss in einer Generalversammlung, mit geringer Stimmenmehrheit, eine solche Abänderung, dass, der königlichen Proposition nach, das Urbarialoperat zuerst in Berathung genommen werde, jedoch so, dass unmittelbar darauf die Angelegenheiten des Handels und der Sicherheit folgen müssten, und

1833. die aus allen drei Operaten entstandenen Gesetzvorschläge dem Könige miteinander (junctim) zugleich vorgelegt würden. Die Magnaten wollten jedoch durchaus nicht einwilligen, dass die Antwortsadresse in diesem Sinne Sr. Majestät unterbreitet werde, und wünschten hinsichtlich sämmtlicher Operate die in der königlichen Vorlage bestimmte Reihenfolge einfach angenommen zu wissen. Stephan Széchenyi, der es in Bezug auf die Sache der Reform für überaus schädlich ansah, wenn die Regierung in einer solchen nebensächlichen Frage durch heftiges Opponiren verstimmt würde, stellte sich hinsichtlich der königlichen Propositionen selbst auch auf die Seite der Regierung, und zog den grössern Theil der unabhängigen Regalisten mit sich hinüber. Der bei dieser Berathung gleichfalls gegenwärtige Wesselényi nahm jedoch diesen Vorfall sehr übel auf und machte seinen Genossen bittere Vorwürfe, „dass sie die Stände verlassen, dass sie einen engen Kreis um sich ziehen, dass sie oligarchischen Principien folgen. Und ihr“, sagte er, „beginnt den Kampf mit den Ständen? Ihr habt den Handschuh hingeworfen; gut! ich nehme ihn auf. Aber erinnert euch dieser Nachmittagsstunde, ihr Oligarchen, und gedenket auch mein, wenn bald, von euern Schritten gezwungen, der zahlreichere Adel das steuertragende Volk mit sich vereinigt und sich mit demselben in euere ausgedehnten Besitzungen theilt!“ Dieses oratorische Wagestück rief, wie uns Kölcsey benachrichtigt, in den Magnaten ernste Bedenken hervor. Nach mehrern Nuntien nahmen sie endlich die Meinung der Stände dennoch an, dass nach dem Urbarium die Handels- und Commissariatsangelegenheiten vorgenommen werden sollen; dagegen unterliessen die Stände die Betreibung dessen, dass diese drei Gegenstände miteinander verbunden dem Thron vorgelegt werden müssten. So konnte sodann die Antwortsadresse endlich nach Wien befördert werden.

Die Angelegenheit der Nationalsprache.

Mittlerweile hatten die Stände der Magnatentafel auch jenen Beschluss zugeschickt, durch welchen sie verlangten, dass auch die Magnaten ihre Nuntien an sie in ungarischer Sprache verfassen mögen, dem Thron aber eine Adresse unterbreitet werde, in welcher die Einwilligung desselben betrieben würde; dass fernerhin auch die Adressen und Gesetze ungarisch zu verfassen seien. Gegen den ersten Punkt erhoben die Magnaten keine Einwendung; den zweiten aber — „obgleich Wesselényi, mit starker Stimme und starken Worten gegen sie donnerte“ und das Sündenregister herzählte, welches hinsichtlich der Sprachangelegenheit die Seele der Magnaten belastete; obgleich Széchenyi eine ganze Stunde lang gegen sie kämpfte und sie mit einem ganzen Gussregen beissender Witze überschüttete; obgleich auch noch mehrere andere ihre Stimmen zu Gunsten dieses unveräusserlichen Rechts der Nation erhoben; alles vergebens —: den zweiten Punkt verwarf die Majorität der Magnaten, ihren nationalfeindlichen Beschluss

damit motivirend, dass dieser Gegenstand zu jenen systematischen 1833.
Operaten gehöre, welche die Organisation des Reichstags betreffen.
Man spricht, dass in diesen Tagen, vor der Schöpfung dieses Beschlusses, der Landesrichter Graf Csziráky seinen zur Tafel geladenen
Gästen weinend geklagt habe, dass mit der Wiedereinsetzung der ungarischen Sprache in ihre natürlichen Rechte die ungarische Verfassung ihr Ende erreichen würde. „Himmel und ihr allen Sterne!"
ruft hierbei Kölcsey aus, „fürchtest du, armer Graf, dass, wenn die
heilige (szent) Sprache verloren geht, die Zendavesta sodann auch
andere verstehen können, und euere Brahminenweisheit dahin
ist?!"[1]
    Das Nuntium der Magnaten erfüllte die Mitglieder der Stände-
tafel mit Bitterkeit, welche in heftigen Reden hervorbrach. Die
schwachen, man kann sagen falschen Gründe des Nuntiums wurden
vom Gewichte der siegreichsten Beweise vernichtet; die Magnaten
selbst von mehrern wegen ihrer Behinderung, dies heiligste National-
recht zur Geltung zu bringen, schonungslos getadelt. „Wenn der
Senat und das Volk des alten Rom auch heute noch auf der Spitze
seiner Macht stünde", sagt in seiner schönen Rede unter anderm
Kölcsey, „wenn wir ein erobertes Provinzlein dieses römischen Volks
wären, und als Unterthanen an dasselbe diese Bitte gerichtet hätten,
damit wir uns von seiner Sprache befreiten, und uns eine ähnliche
Antwort geworden wäre: könnte ich, löbliche Stände, dies begreifen;
wenn aber auf den Wunsch der ungarischen Nation ungarische Magnaten eine solche Antwort geben, so vermag ich es nicht. Weshalb
wollen sie sich unserer Bitte nicht zuneigen? Man sagt, die römische
Sp.ache sei mit der Nation schon seit acht Jahrhunderten verbunden.
. . . Sonderbar! Ich kenne von dieser Seite gar kein anderes Interesse als dasjenige, welches daher stammt, dass wir Ungarn eine unabhängige, selbständige Nation sind, wenigstens sein wollen. Aus
diesem Interesse folgt naturgemäss, dass wir uns unserer eigenen
Sprache zu bedienen wünschen. . . . Die hohen Stände sagen, man
müsse langsam vorschreiten; man dürfe diesen Schritt nicht forciren.
Aber ist es denn nicht eine genügende Langsamkeit, wenn wir seit
dreiundvierzig Jahren um die Sprache kämpfen, und selbst jetzt nicht
dort sind, wo wir sein sollten und wo wir sein wollten? . . . Die
hohen Stände verbinden vielleicht die Idee der Langsamkeit mit Jahrhunderten? . . . Die Mitglieder der Magnatentafel sagen: die lateinische
Sprache sei so viele Jahrhunderte lang bei uns im Gebrauch gewesen, und habe dennoch den Vorrang und die Wirkungskraft unserer
Muttersprache nicht gefährdet. Was soll ich von einer solchen der
öffentlichen Erfahrung, der allgemeinen Wissenschaft der ganzen Na-

---

[1] Unübersetzbares Wortspiel.   Anm. d. Uebers.

1833. tion widersprechenden Behauptung sagen? Können wir unsere Sprache
eine diplomatische nennen? . . . Und hat unsere Sprache nicht in
jeder andern Hinsicht verloren? Denn obgleich sie ihren innern
Eigenschaften nach selbst neben den berühmtesten Sprachen Europas
mit Ehren bestehen könnte, musste sie dennoch zurückbleiben. Und
wo steht deswegen unsere gesammte literarische Fähigkeit, unsere
ganze Literatur? Ich erwähne nicht die deutsche, französische oder
englische; aber ist selbst die kleine dänische und schwedische Literatur nicht weiter voraus als unsere? Und weshalb? Darum, weil
man unsere Sprache ins Joch gespannt hat; weil man zertreten, weil
man beschimpft hat diejenigen, die, von Vaterlandsliebe geleitet, sich
die Ausbildung dieser Sprache angelegen sein liessen. Ich weiss dies,
ich weiss dies nur zu gut, löbliche Stände! Ich bin schon seit
zwanzig Jahren Schriftsteller, und habe nicht nur Verachtung, Zurücksetzung, Armuth, ja sogar auch Verfolgung erduldet, weil ich den
Muth hatte, die Sprache zu schätzen und die Ausbildung derselben
mit einigen Gesinnungsgenossen in Angriff zu nehmen. Und die Zeit
ist noch nicht da, um unsere Sprache zu befreien? Wir werden wieder auf die Reihenfolge der systematischen Arbeiten verwiesen? . . .

„Aber die hohen Stände verlangen, dass wir die Rechte des
Monarchen und der Nachbarländer in Betracht ziehen. Was den
Monarchen betrifft: wann haben wir in der Sprachangelegenheit gegen
die Rechte unsers Fürsten gefehlt? Haben wir nicht uns dem Thron
stets im Wege der Adressen genaht? . . . Und sind wir nicht auch
jetzt bereit zu unterhandeln um das Recht, welches sonst die Natur
gibt und in welchem uns zu behindern soviel heisst als unsere natürlichen Rechte vernichten? . . . Niemand wird mich jemals glauben
machen, dass jene Gründe, welche die Magnatentafel vorbringt, dem
Herzen, der Ueberzeugung entstammen. Sie wünschen nichts anderes,
als aus der lateinischen Sprache eine solche heilige Sprache zu machen,
welche sie von der Menge absondern solle. Oder fürchten sie sich
etwa vor der Demokratie, wenn die Muttersprache erhoben wird?
Bei unsern türkischen und russischen Nachbarn war die lateinische
Sprache niemals im Gebrauch: und wo herrscht ein grösserer
Despotismus als eben bei ihnen?

„Ich würde mich, löbliche Stände, nicht wundern, wenn die
Frage zwischen dem Adel und dem steuerzahlenden Volke obwaltete:
wenn an der Obern Tafel der ganze Adel sässe, hier aber die Repräsentanten des steuertragenden Volks ihren Platz hätten. . . . Jetzt
entsteht aber die Frage zwischen Adel und Adel, und zwar zwischen
einerseits 500 und andererseits 700000 Adelichen. . . . Dieser nach
zwei Richtungen hin sitzende Adel ist ein einziger Reichstagskörper.
Bei einem einzigen Körper ist nur eine Majorität denkbar; die
700000 haben ihre Aeusserung schon zweimal abgegeben; und ich

frage: welches Recht haben die 500, eine so hartnäckige Einsprache 1833. zu erheben? Ich kenne in unserer Verfassung nur ein Veto, und dieses ist mit der Krone verbunden.

„Und wer sind diese hohen Stände? Sind es nicht diejenigen, die die grössten Güter des Reichs geniessen? Sind es nicht diejenigen, die auf den Plätzen sitzen, auf welchen Zrínyi, der Held und Dichter, auf welchen Peter Pázmán und Liszti glänzten? Welche in die Reihen eintreten, welchen einstens Koháry und Amade, Orczy und Ráday, und unlängst noch Széchenyi und Georg Festetics zur Zierde gereichten? Dürfen wir nicht mit Recht verlangen, dass sie dem nicht widerstreben mögen, wofür die ihnen vorangegangenen Grossen zu leben und zu sterben für rühmlich erachteten? Und was sollen wir nun beginnen? Sollen wir neuerdings schreiben? Neuerdings Gründe auf Gründe häufen? Und was sollen alle unsere Gründe denen, die uns ihre Ohren und ihre Herzen schon zweimal verschlossen haben? Die den Aufruf der Natur und des Patriotismus schon zweimal zurückstiessen? Wenn mich die Achtung vor der heiligen Krone nicht zurückhielte, würde ich rathen, den Kampf aufzugeben und unsere Bitte direct Sr. Majestät zu unterbreiten. Denn es ist eine sonderbare Sache, wenn sich jemand als Scheidewand zwischen Thron und Nation stellt, damit diese sich ihrem Monarchen nicht nach Herzenswunsch nahen könne. Wenn wir aber dennoch noch einmal schreiben, so erklären wir unsern unabänderlichen Entschluss, dass wir von unserm frühern Nuntium auf keinen Fall abgehen; dass, wenn wir jetzt keine Zustimmung erlangen, wir den Weg zu Sr. Majestät allein suchen würden. Die Gefühle verbitterter Vaterlandsliebe verleihen grosse Rechte, nur müssen sie in starken Herzen lodern. . . . . Ich, der ich einer der Schwächsten bin, sage es offen und gerade heraus: dass diese Brust eher zerspringen wird, als dass ich von dem hinsichtlich der Nationalsprache gestellten Wunsche auch nur auf einen Augenblick abstünde."

Die Ständetafel richtete daher noch ein Nuntium an die Magnaten. Der Schriftführer, der es verfasste, war gleichfalls Kölcsey. „Mitten im Schmerze meiner Seele schrieb ich dasselbe", sagt er selbst, „hart und bitter. Die Augen der Söhne der Finsterniss und der Furcht wurden geblendet, ihre Herzen begannen zu pochen, und sie bestrebten sich, das Schriftstück all seiner Kraft zu entkleiden." Das Nuntium aber verblieb, mit einigen wenigen Auslassungen. Die Rede sowol als auch das Nuntium machte bei den Magnaten einen ausserordentlichen Eindruck. Die in jener Rede gesprochenen Worte von den 500 und 700000 Adelichen erregten Aufsehen. Cziráky und der Vicekanzler Eötvös in Wien — ersterer in einer Generalversammlung — erwähnten dieselben mit Schmerz. Jener Passus des Nuntiums: „einen Damm erheben zwischen König und Nation", war der hohen

Tafel gleichfalls misliebig; der Palatin sprach offen aus, dass ihnen dies weh thue, und dass sie nie ein Hinderniss sein wollten. „Ich will, dass es ihnen schmerzlich sei!" bemerkte hierzu Kölcsey. „Warum stellten sie sich dem Heiligsten entgegen, was das Vaterland besitzen kann?" Dieser Schmerz hatte jedoch eine segensreiche Wirkung: die Magnaten opponirten fernerhin nicht mehr, dass der König gebeten werden solle, zur Abfassung der Adressen und Gesetze in ungarischer Sprache seine Zustimmung zu geben.

Während die Debatten über die Reihenfolge der Verhandlungen auf die erwähnte Weise fortgesetzt wurden, wurde nach deren Beendigung das Urbarialelaborat der Commission des Reichstags von 1827 thatsächlich der Untersuchung unterzogen; während der Dauer der viel Zeit in Anspruch nehmenden Arbeit wurden am grünen Tische der Gesetzgebung, ausser der Angelegenheit der Nationalsprache, zeitweise und gleichsam nebenbei, auch noch andere wichtige Fragen verhandelt und dem König zur Bestätigung unterbreitet. Von diesen Gegenständen nehmen drei, welche die Religion, die Polen und die siebenbürgischen Landestheile betrafen, unsere Aufmerksamkeit besonders in Anspruch.

Die Frage des Verhältnisses der verschiedenen Religionen zueinander, welche seit einigen Jahren auch die Gesetzgebungen der übrigen europäischen Staaten lebhaft beschäftigte, wurde schon auf dem vergangenen Reichstage angebahnt, weil aber damals das Ende desselben schon bevorstand, wurde die eingehendere Berathung dieser Frage auf die künftige Versammlung verschoben, weshalb auch mehrere Deputirte in dieser Beziehung Instructionen erhalten hatten. Die Gläubigen der Helvetischen und Augsburgischen Confession beklagten sich schon seit lange her, dass ihre durch den Wiener und Linzer Friedensschluss und den 26. Gesetzartikel 1791 garantirten Rechte zur freien Ausübung ihrer Confession von der katholischen Geistlichkeit auf verschiedene Art verletzt und beeinträchtigt würden. Das erwähnte Gesetz ordnet unter anderm an, dass bei gemischten Ehen, wenn der Gatte der römisch-katholischen Religion angehört, alle Kinder in der Lehre derselben zu erziehen seien; wenn aber der Vater Protestant, die Mädchen der Religion ihrer Mutter folgen müssten ferner dass diejenigen, welche vom römisch-katholischen Glauben zu einem andern zu übertreten wünschten, damit der Uebertritt nicht etwa aus Unwissenheit geschehe, zuvor einem sechswöchentlichen Unterricht zu unterziehen, nach dieser Zeit jedoch am Uebertritt nicht zu behindern seien. Die Beschwerde bezüglich des ersten Punktes bestand darin, dass die katholische Geistlichkeit, auf eine noch 1792 erlassene ungesetzliche Verordnung der Statthalterei gestützt, bei Gelegenheit des Schliessens gemischter Ehen dem protestantischen Ehemann eine schriftliche Verbindlichkeitsurkunde, einen sogenannten

Die Reli-
gionsange-
legenheit.

Revers, abforderte, dass er auch seine männlichen Kinder im katholi- 1833. schen Glauben erziehen lassen werde. Dem zweiten Punkte der Beschwerde nach wurden die den Uebertritt Wünschenden statt eines sechswöchentlichen Unterrichts unter den verschiedensten Vorwänden jahrelang an der Ausführung ihres Vorhabens gehindert. Wenn nämlich die in einer solchen Angelegenheit sich meldende Person von ihrem Vorhaben in der vierten oder fünften Woche nicht abstand, trieb sie der katholische Priester fort, und da auf diese Weise der sechswöchentliche Unterricht nicht stattgefunden hatte, wurde sie, ehe der Uebertritt geschehen konnte, verbindlich gemacht, den Unterricht bei einem andern Priester zu nehmen; und dies Verfahren wurde so oft wiederholt, bis das betreffende Individuum, des jahrelangen Hinhaltens müde, sein Vorhaben ganz aufgab.

Die Protestanten haben zur Behebung dieser Beschwerden schon zu verschiedenen malen Schritte gemacht. Sogleich nach der Veröffentlichung der erwähnten Statthaltereiverordnung hatten die zwei protestantischen Confessionen aus allen acht Superintendenzen eine Deputation an den König abgeschickt, welcher damals, der Kaiserkrönung wegen, in Frankfurt war. Und später betrieben sie sowol bei dem Könige als auch beim Palatin und den obersten Dicasterien die Aufhebung ihrer Beschwerden; jedoch stets vergeblich. Der Palatin behob zwar in einzelnen Fällen ähnliche Klagen, welche sich indess, da die Ursache unverändert bestand, fortwährend erneuerten.

Die Protestanten waren bisher mit diesen ihren Beschwerden vor dem Reichstage noch · nicht aufgetreten. Da sie sich erinnerten, welche ungeheuern Schwierigkeiten sie 1791 von seiten der Geistlichkeit fanden, und wie sie damals den erwähnten Gesetzartikel, trotz des Widerspruchs des Klerus, einzig nur der religiösen Freisinnigkeit Leopold's II. zu verdanken hatten: so befürchteten sie, da bei Hofe seither der entgegengesetzte Geist zur Herrschaft gelangte, dass, wenn sie diesen Gegenstand vor die Gesetzgebung brächten, durch den Einfluss der Geistlichkeit auch noch der Gesetzartikel von 1791 eine solche Abänderung erhalten könnte, welche die Beschwerde verewigen, oder mindestens ihnen den Weg zur Aufhebung derselben auf lange hinaus versperren würde.

Jetzt entstand in einem katholischen Deputirten, Edmund Beöthy, ein Kämpfer für die Gewissensfreiheit. Auch jetzt fürchteten sich zwar die Protestanten so sehr vor den mislichen Folgen, welche aus der Verhandlung dieser Beschwerden für ihre Confession entstehen könnten, dass sie Beöthy anfangs mit ernsten Vorstellungen bestürmten: er möge seinen Antrag für so lange unterlassen, bis sie nicht im Zeitgeiste einen stärkern Verbündeten gewännen. Beöthy indess hielt den Zeitgeist für schon genug vorgeschritten, um mit dessen Hülfe auf einen Sieg hoffen zu dürfen. Eine ähnliche Meinung hegte auch

1833. der hohe Klerus, und machte in seiner Besorgniss Beöthy glänzende
Anträge, um ihn von seinem Vorhaben zurückzuhalten. Allein er
folgte trotz alledem nur seiner Ueberzeugung und der Instruction
seines Comitats, und stellte am 9. Jan. seinen Antrag. Seine Rede
war, wie Kölcsey sagt, eine männlich schöne, das heisst: sie war schön,
stark und kühn. Er erwähnte die Tractate von Wien und Linz;
warf einen kurzen Blick auf die Zeit Maria Theresia's; die von Joseph II.
publicirte Toleranz bezeichnete er für eine Rechtsverletzung (weil sie
nur ein geringer Ersatz für die schuldige vollständige Freiheit war);
er ging sodann auf den fraglichen Gesetzartikel über und klagte über
die verschiedenen Verletzungen desselben. Und schliesslich bat er die
Stände, zur Untersuchung und Redaction dieser Beschwerden eine
Commission niederzusetzen. Der Rede folgte ein rauschendes Éljen:
zwei Deputirte ausgenommen, wurde der Redner von den Ständen
mit einstimmiger Bewilligung begrüsst, und sofort auch die Commission
zusammengestellt, welche Gesetzvorschläge zu entwerfen hatte, die die
Gewissensfreiheit gegen jede confessionelle Engherzigkeit vollständig
sichern sollten.

Der Gesetz-
vorschlag
über Re-
ligions-
freihelt.
Dieser Gesetzvorschlag enthielt in zwölf Punkten die Freiheit
des Gewissens; die wichtigern waren die folgenden: die Ausübung
jeder gesetzlich angenommenen Religion ist vollständig frei; den Uebertritt von einem Glauben zum andern auf welche Weise immer zu verhindern ist verboten; der sechswöchentliche Unterricht und der bei
gemischten Ehen gebräuchliche Revers, welcher zur Erziehung sämmtlicher Kinder im katholischen Glauben verpflichtet, ist auch für die
Zukunft ungültig und wird abgeschafft; jener Punkt des 2. Gesetzartikels 1791, welcher den Protestanten in Kroatien das Recht der
Wohnung und des Besitzes entzieht, wird ausser Wirksamkeit gesetzt;
die protestantische Jugend darf immer die Universität des Auslandes ohne jede Beschränkung besuchen; katholische Aeltern dürfen
ihre Kinder in protestantische Schulen schicken, durch protestantische
Lehrer unterrichten lassen; bei jedem ungarischen Regimente werde
auch ein protestantischer Feldgeistlicher angestellt; die protestantischen
Mitglieder der Zünfte seien zur Einhaltung der katholischen Festtage
nicht verpflichtet u. s. w.

Die Circularsitzung vom 4. Febr. nahm den Gesetzvorschlag bei-
nahe mit einstimmiger Bewilligung an; nur die Abgeordneten der
Kapitel sprachen dagegen; „was zu einem Kampfe führte", sagt Kölcsey,
„und zwar nicht zu einem Kampfe zwischen Römischkatholischen und
Protestanten, sondern zu einem Kampfe zwischen der katholischen
Geistlichkeit und den zur römischen Kirche gehörigen Weltlichen.
Welche Umwandlung! Als man den Linzer Frieden und den Wiener
Tractat noch mit Blut erkämpfen musste, wer hätte es gewagt vor-
auszusagen, dass im Jahr 1833 auf dem ungarischen Reichstage die

Söhne Luther's und Calvin's schweigend zusehen würden, während die 1833.
Anhänger des Glaubens Pázmán's miteinander wetteifernd für sie
kämpften?" Dies geschah in der allgemeinen Sitzung vom 20. Febr. 20. Febr.
Denn obgleich die Majorität für den Gesetzvorschlag eine unvergleichlich grosse war, und derselben nur der präsidirende königliche Personal, die Deputirten Kroatiens, des zipser, graner und posegaer Comitats, der Kapitel und einiger königlichen Freistädte entgegenstanden:
nahmen dennoch mehrere der ausgezeichnetsten Redner an den Debatten theil; theils damit die von den Deputirten der Kapitel gehaltenen Vorträge nicht unwiderlegt bleiben mögen, theils damit die
die Nothwendigkeit der Gewissensfreiheit beweisenden Gründe ihr Echo
auch ausserhalb der Mauern des Hauses finden und jedermann überzeugt sein möge, dass der Zweck des Gesetzes: nicht eine Einschränkung der Rechte der katholischen Kirche, sondern nur die Aufhebung der Misbräuche und demzufolge eine Beseitigung jener Scheidewand, welche seit drei Jahrhunderten zwischen den Angehörigen des
Vaterlandes bestand; günzliche Behebung jener Zwistigkeiten, welche
die parteiische, ungerechte Regulirung der Verhältnisse der verschiedenen Confessionen zueinander unter den Kindern eines und desselben
Vaterlandes von Zeit zu Zeit so oft erneuert hatte. „Wie in der
Circularsitzung, sass auch jetzt jeder Protestant schweigend da; die
Geistlichkeit kämpfte mit ihren eigenen Glaubensangehörigen. Und
man kann sagen, es wurden schöne Aeusserungen laut, wie sie dem
blühendsten Volke Europas zum Schmuck gereichen würden. Miteinander wetteifernd sprachen sie die reinsten, vernünftigsten, und zur
Annäherung der Confessionen am meisten dienenden Gedanken aus."
Die Debatten hinsichtlich des auf die Veränderung der Religion
Bezug habenden Punktes wurden auch noch am darauffolgenden Tage
(21. Febr.) fortgesetzt. „So lange, bis der erlauer Domherr, Lonovics, 21. Febr.
oder der stuhlweissenburger, Mayer, sprach, gab es keinen Anstand",
sagt Kölcsey in seinem Tagebuche. Jener wusste seine Bemerkungen
mit rednerischer Glätte und oratorischen Wendungen mitzutheilen,
dieser aber liess stets etwas dem Liberalismus Aehnliches herausfühlen. Als aber Beöthy, seiner Instruction gemäss, Beispiele des
Misbrauchs mit dem erwähnten Unterrichte anführte; als er erzählte,
wie ein gewisser 70 Jahre alter Mann von seiner Jugend an bis zum
Tode fortwährend im Unterricht hingehalten wurde und sein Leich-
nam als der eines nicht bekehrten Menschen nicht einmal ein Be-
gräbniss finden konnte: da erhob sich der grosswardeiner Grosspropst Der Fall
Tágen und „leugnete die Wahrheit dieses Vorgangs rund ab". Diese Tágen
beleidigenden Worte versetzten die Abgeordneten, die die Beschimpfung
eines gefeierten Genossen nicht dulden wollten, in grosse Gereiztheit.
Vor allen andern wollte Beöthy selbst sprechen; seine Instruction,
welche den abgeleugneten Fall in sich enthielt, ergreifend, stand er

1833. auf, und wollte Genugthuung verlangen. Allein der königliche Personal Mérey, welcher sah, dass das grobe Wort die Abgeordneten in Flammen versetzt habe, erschrak, und in seinem Schrecken die von der königlichen Tafel her laut gewordenen Worte: „Heben Sie die Sitzung auf!" hörend, stiess er seinen Sitz ohne ferneres Nachdenken zurück und ging. Aber alle wollten Beöthy hören; zu Hunderten erhob sich der Ruf: „Bihar! Bihar!" Mérey kehrt um, und Beöthy beginnt zu sprechen, allein er wird zur Ruhe und auf den andern Tag gewiesen.

Der Deputirtenkörper war nach der Sitzung in grosser Aufregung; es war ein beständiges Kommen und Gehen. Der Vorfall zwischen dem grosswardeiner Grosspropst und Beöthy erweckte, wie uns Kölcsey benachrichtigt, schon seiner Seltenheit wegen allgemeine Aufmerksamkeit; und noch mehr der Voraussicht wegen, dass man gegen den Propst im Sinne des 7. Gesetzartikels 1727 Genugthuung verlangen werde. Ein Process also! Dies hatte jedoch seit Menschengedenken nicht stattgefunden; denn sowol die im Jahre 1808 dem neograder Deputirten durch den damaligen Personal Aczél zugefügte Beleidigung, als auch 1764 ein ähnlicher Vorfall zwischen dem damaligen Palatin und Gabriel Baranyay, wurde im Versöhnungswege beigelegt. Der Erzherzog-Palatin hätte auch jetzt gewünscht, diesen unangenehmen Zwischenfall auf eine ähnliche Art zu Ende zu führen; er liess Beöthy und auch Péchy zu sich rufen, und versprechend, dass er Tágen zur Abbitte anweisen werde, wollte er alle andern Folgen vermieden sehen.

Aber die Deputirten hielten jetzt nicht nur die Worte Tágen's für verletzend; sie erblickten auch im Verhalten des königlichen Personals eine Beschwerde, dass dieser, die Sitzung aufhebend, die sofortige Genugthuung aufgeschoben hatte. Sie bereiteten sich daher vor, von zwei Seiten Genugthuung und zwar mit starken Worten zu verlangen und, wenn möglich, den Vorfall auch zum-Sturz des Personals Mérey auszubeuten. Der grössere Theil der Deputirten war nämlich der Meinung, dass, wiewol der Palatin, seiner Stellung nach, jede Verwirrung vermeiden wollte, er ihnen ihre That insgeheim nicht verübeln werde; denn es war bekannt, dass auch er gegen Mérey keine herzliche Zuneigung hege, den sie selbst andererseits als das Haupt der im Lande wirkenden Geheimpolizei hassten. Mit einer besonders feindseligen Gesinnung war gegen Mérey die Partei des Palatins erfüllt. Man hatte bisher das Amt des Personals noch nicht besetzt, ohne in dieser Angelegenheit auch den Palatin zu befragen; ja da der letztere mit ihm als dem Präsidenten der königlichen Tafel und auf dem Reichstage dem Vorsitzenden der Ständetafel in häufigste Berührung kam, so erhielt grösstentheils sein Candidat diese hochwichtige Stelle. Bei der Ernennung Mérey's wurde indess der Einfluss des Palatins vollständig ignorirt. Der Hofkanzler Reviczky 1833. hatte, seit er bei König Franz durchsetzte, dass sich der wiener Polizeiminister in die Angelegenheiten des Reichs nicht hineinmischen dürfe, vielmehr auch dieser vom Monarchen für so wichtig angesehene Zweig der Verwaltung in seiner Hand concentrirt werden müsse, zur Besetzung der Stellung eines königlichen Personals sein Augenmerk auf eine Persönlichkeit gerichtet, welche, er zugleich an die Spitze seiner im Reiche befindlichen geheimen Agenten stellen konnte. Als daher beim Herannahen des Reichstags die Stelle des beförderten Georg Majláth erledigt war, liess Reviczky durch König Franz für dieselbe, ohne den Palatin zu befragen, Mérey ernennen. Dieser Umstand machte Mérey bei allen, die dem Palatin aufrichtig ergeben waren, um so verhasster, weil ihn ausser seiner bereits erwähnten Verbindung mit der geheimen Polizei die öffentliche Meinung auch mit dem in seiner oberrichterlichen Stellung doppelt schweren Verdacht der Bestechlichkeit belastete. Jetzt glaubte daher der in diese Geheimnisse eingeweihte Theil der Abgeordneten, nicht nur dem ganzen Reiche einen nützlichen Dienst zu erweisen, wenn es ihnen gelänge, Mérey zu stürzen, sondern sie glaubten hierdurch dem Palatin, gegenüber dem Hofkanzler Reviczky, auch Genugthuung zu verschaffen.

Denn es ist nothwendig, auch noch zu wissen, dass Reviczky nicht mehr jene Popularität besass, welche die Deputirtentafel für ihn noch auf dem Reichstage 1830 an den Tag gelegt hatte. Jene Hoffnungen, welche die Staatsmänner Ungarns damals noch nährten, dass durch diesen die Gunst des Königs in so hohem Masse besitzenden Mann die ungarischen Interessen im wiener Cabinet, wenn sie auch nicht etwa das Uebergewicht erlangten, doch mindestens eine gerechte Würdigung erreichen würden, waren schon gänzlich verschwunden. Anstatt dass Reviczky diesen Interessen im Cabinet eine günstige Richtung zu begründen bestrebt gewesen wäre, wurde er selbst von dem Strome der traditionellen Cabinetspolitik mit fortgerissen, sog er selbst den Geist der österreichischen Bureaukratie in sich und identificirte sein Vorgehen mit derselben. Und obgleich man ihm auch ein Antasten, eine Schwächung der hauptsächlichern constitutionellen Rechte als Sünde nicht anrechnen kann, so machte er sich dennoch zufolge seiner Regierungsweise — nach welcher er sich mit Präsidialerlassen in die constitutionelle Selbstregierung der Comitate einmischte, in diese mehrmals gewaltthätig einzugreifen versuchte, die Geheimpolizei, eben weil er sie selbst in die Hände nahm, in den Comitaten noch mehr ausbildete — zum Werkzeuge der Willkürherrschaft. Und weil er nebstbei auch für die radicalen Reformen wenig Neigung an den Tag legte, verlor er seine Volksthümlichkeit in eben jener Klasse, wo jene am stärksten war, im mittlern Adel, beinahe gänzlich; auf dem Reichs-

1833. tage wenigstens, wo die Schattenseiten seines Vorgehens schärfer vortraten, hatte er unter den Ständen nur noch sehr wenige Anhänger.
Eine um so grössere Anzahl schloss sich dagegen dem Palatin an, der,
wie auch die Geschichte dieses Reichstags genügend darthut, eine
stets entschiedenere Neigung verrieth, wenn auch nicht eben die Plane
der radicalen, so doch sicherlich die der gemässigten Reformpartei
zu unterstützen.

Und während dieser Umstände trat der Fall Tágen ein, welcher
unter der Einwirkung der in diese Angelegenheit eingemischten persönlichen Interessen und Leidenschaften einen so grossen Lärm schlug.
Beim Beginn der auf den erwähnten stürmischen Auftritt folgenden
Sitzung stellte Beöthy — seine Instruction in der Hand haltend,
welche indess der Abgeordnetenkörper aus der Ursache, dass er sich
nur seinen Absendern gegenüber zu rechtfertigen habe, vorzulesen
nicht erlaubte, indem er zuvor seine frühere Behauptung und deren
Ableugnung durch den grosswardeiner Grosspropst kurz erwähnte —
die Bitte, ihm und seiner verletzten Würde als Abgeordneter Genugthuung zu verschaffen.   Der Rede folgte ein allgemeiner Ausruf, welcher
gegen Tágen die Action, die gerichtliche Einklage, forderte.   Kaum
hatten sodann darüber einige Abgeordnete gesprochen, als der Personal Mérey, wahrscheinlich um die gegen ihn aufgebrachten Stände
zu versöhnen, ohne die Aeusserungen der übrigen, die sich zur Debatte einschreiben liessen, abzuwarten, die Action als Beschluss aussprach, und den Director der königlichen Angelegenheiten aufrief, die
Anklage sofort zu verfassen.   Tágen bat jetzt um das Wort, konnte
aber dazu in dem durch die Gereiztheit hervorgebrachten Lärm nicht
gelangen; die Anklageschrift gegen ihn wurde sodann verlesen und
die Bestrafung angeordnet.   Weil das Urtheil in dieser Sache ins Gebiet der königlichen Tafel gehörte, so hätte man erwarten dürfen,
dass diese Angelegenheit vor dem Reichstage gänzlich beendet sei
und dieser zur Tagesordnung zurückkehren werde; es geschah jedoch
anders.   Ladislaus Majthényi, Deputirter von Bars, stellte die Forderung — nach der Gepflogenheit, dass der Gerichtstafelbeisitzer im
Comitat, wenn er in Anklagestand versetzt wird, die Ausübung seines
Rechts bis zur Beendigung des Processes sofort verliert —: dass der
Personal Tágen aus der Sitzung augenblicklich hinausweise.   Der
Personal zögerte eine Zeit lang, worauf Majthényi ausrief: „Entweder er oder wir!" und die Abgeordneten sich inmitten des grossen
Lärms erhoben, um den Saal zu verlassen.   Der schwache Präsident
kommt in Verwirrung, und in seinem Schrecken dem Verlangen nachgebend, weist er den Deputirten des Kapitels aus dem Saale hinaus.
Diese That war nicht nur anstössig und mit der Würde des
gesetzgebenden Körpers unvereinbar, sondern auch ungesetzlich und
glich ganz derjenigen, welche das französische Parlament an Manuel

beging. Als ein Abgeordneter eines beleidigenden Wortes wegen den 1833. Schutz des Gesetzes anrief, wurde ihm zu Liebe, weil er eben populär war, ein anderer, unpopulärer, Deputirter nicht nur des Rechts der Selbstvertheidigung, sonderm seinem salvus conductus entgegen, auch sogar seiner Stellung als Abgeordneter beraubt, welcher ihn zu entkleiden nur im Rechte seiner Absender stand. Das Beispiel hätte, um anderes nicht zu erwähnen, auch der Verfassung leicht gefährlich werden können, indem es der Regierung einen Fingerzeig gab, was sie den ihr misliebigen Abgeordneten der Oppositionspartei gegenüber vornehmen müsse. Es fehlte auch nicht an solchen Bemerkungen, als sich die Flammen der Leidenschaft gelegt hatten. Der temescher Deputirte Alexander Császár entwickelte in einer wirksamen Rede die aus diesem Vorgehen möglicherweise entspringenden schädlichen Folgen, und wünschte, der hinausgewiesene Deputirte des Kapitels möge zur Einnahme seines Sitzes zurückgerufen werden. Der Deputirtenkörper schämte sich zwar, seinen Fehler so deutlich einzugestehen, doch wurde nach langer Debatte beschlossen, dass der Abgeordnete des Kapitels im Gefühl seines Rechts seinen Sitz nach Belieben wieder einnehmen könne. Er ging indess, wie man denken kann, nach Hause, und da die Frage später dem König vorgelegt wurde, unterblieb das Urtheil.

Die Rechtsverletzung erhielt sonach keine vollständige Genugthuung, aber die Partei des Palatins erreichte ihren Zweck. Der Personal Mérey wurde sofort nach Wien berufen, und konnte sich nicht lange mehr auf dem Präsidentenstuhle erhalten, auf welchem er sich so schwach und ungeschickt benommen hatte, und auch nachher noch „täglich gewisse Thiere schoss, welche man Böcke nennt", sagt Kölcsey. Nach einigen Tagen wollte er seine Schwäche als Vorsitzender durch eine strenge Einschränkung der Jugend bemänteln. Es ist nicht zu leugnen, dass sich die zuhörende Jugend in den vergangenen Tagen lärmend betragen und den von den Deputirten begonnenen Lärm nicht wenig vermehrt hatte. Aber die Majorität wollte Mérey selbst diese Genugthuung nicht gewähren, und die Nothwendigkeit der Oeffentlichkeit vorschiebend, unterstützte sie ihn in reprimirenden Massregeln nicht, demzufolge sowol Mérey als seine Anhänger, ehe die Reihe an die hitzigen Gegner der Opposition kam, in aller Eile die Segel strichen, und die Sache blieb, wie sie war. Mérey nahm seinen Präsidentenstuhl sodann nur noch in einigen Sitzungen ein. Im März wurde er von dem seine Kräfte übersteigenden Amt befreit und an die Stelle des in Pension versetzten Végh zum Provinzialcommissar erhoben. An der Ständetafel führte sodann eine Zeit lang der Vicepalatin Pankraz Somsich als Substitut den Vorsitz. Rücksichtlich des die religiösen Angelegenheiten betreffenden Gesetzvorschlags wurde am 27. Febr. von den Deputirten Kroatiens

1833. und der Kapitel nur noch jener Punkt angegriffen, welcher den Protestanten in Kroatien das Recht des Aufenthalts und des Besitzes verlieh. Der Personal rieth, um die stets wärmer werdende Debatte abzubrechen, an, das Nuntium an die Magnatentafel abzusenden; allein nachdem der Deputirte des fünfkirchner Kapitels im Namen des Klerus gegen den gesammten Inhalt desselben Protest erhoben hatte, geriethen die Redner abermals in Eifer, bis endlich nach wiederholten Anstrengungen des einen neuen Ausbruch befürchtenden Präsidenten die Annahme des Gesetzes zum Beschluss erhoben und das Nuntium den Magnaten zugeschickt wurde.

Die Religionsangelegenheit bei den Magnaten. Begleitete das Publikum die über die Gewissensfreiheit stattgefundenen Debatten bei den Ständen mit gespannter Aufmerksamkeit, so sah sie denselben mit Unruhe und Besorgniss bei der Magnatentafel entgegen, deren Beitritt zu dem so freisinnigen Gesetzvorschlag man kaum hoffen durfte. Bei den Magnaten pflegte bisher stets die Meinung der Bischöfe, Reichsbarone und Obergespane die Gegenstände zu entscheiden. Zwar konnten an den Berathungen, wie dies auch geschah, auch die übrigen unabhängigen Magnaten Antheil nehmen; aber ausserdem, dass diese jenen gegenüber eine Majorität kaum bildeten, wurde ihre Meinung, wenn sie auch von der jener abwich oder zuweilen vielleicht auch in der Majorität gewesen wäre, nicht sehr in Betracht gezogen. Der Beschluss wurde an dieser Tafel nicht nach der Zahl, sondern nach dem Gewicht der Stimmen gefasst, und es war seit langen Zeiten kein Beispiel bekannt, dass die Stimmen in irgendeiner Frage gezählt worden wären. Es sprachen einige Bischöfe, Reichsbarone und Obergespane, und die von ihnen zum Ausdruck gebrachten meistens übereinstimmenden Meinungen sprach sodann der Palatin entweder bestätigend oder manchmal mit einigen Abänderungen als Beschluss aus. Man konnte daher befürchten, der Gesetzvorschlag würde, wenn man diese Methode auch jetzt beobachtete, nach kurzer Debatte einfach zurückgewiesen werden.

Da indess jetzt der Palatin selbst zur Annahme des Gesetzvorschlags geneigt war, so bemühte er sich, demselben zuerst in Privatberathungen den Weg zu bahnen und die Magnaten zu vermögen, dass sie wenigstens einige Punkte desselben annähmen; und deshalb wünschte er das Nuntium in der öffentlichen Sitzung, nicht im allgemeinen, sondern punktweise in Berathung genommen zu wissen. Die Bischöfe, von vielen weltlichen Herren unterstützt, opponirten dem zwar mit grosser Hitze, da jedoch den Antrag viele Grosswürdenträger und noch zahlreichere unabhängige Magnaten unterstützten, so nahm der Palatin jetzt, zur grossen Freude des Publikums, auch die Stimmen dieser in Beachtung, und sprach den Beschluss nach dem Wunsche der Majorität aus.

Das Wohlwollen des Palatins war ein unberechenbarer Gewinn

für die ganze Reformangelegenheit. Was hätte ein noch so freisinniges 1833. Unterhaus genützt, wenn im Oberhause einige Bischöfe und Reichsbarone ihr Veto ausüben, und jede Reform schon im ersten Stadium derselben unterbrechen können? Was würde im Hause der hohen Stände selbst eine freisinnige Opposition genützt haben, und hätte sie eine wie immer grosse Majorität besessen, wenn deren Stimmen nicht gezählt wurden, und der Beschluss stets nur das Echo der Meinung einiger von der Regierung abhängiger geistlicher und weltlicher Würdenträger war? Nach diesem ersten Beispiel war jedoch sichere Aussicht vorhanden, dass die die Reform wünschenden, ihr Vaterland, ihre Nation heiss liebenden, und für beide auch zu Opfern bereiten unabhängigen Magnaten, deren Zahl stets wuchs, gleichfalls einen grossen Einfluss auf die Beschlüsse des Hauses ausüben können.

Grosse Verwunderung erregte es unter dem Reichstagspublikum und wurde allgemein für ein gutes Zeichen genommen, dass Wirkner, der beständig in Presburg anwesende, und eigentlich die Dienste der Geheimpolizei ausübende Secretär der Hofkanzlei, welcher durch die vom Kanzler erhaltenen Aufträge und die an denselben abgesendeten Mittheilungen nicht geringen Einfluss auf eine Abtheilung des gesetzgebenden Körpers und auf den Gang der Angelegenheiten selbst ausübte, — dass, sage ich, dieser Secretär selbst für den Gesetzvorschlag der Deputirtentafel agitirte, die Kirchenfürsten von Haus zu Haus besuchte und sie zu bewegen trachtete, das Nuntium durchzulassen. Da er dies nur infolge eines vom Hofkanzler erhaltenen Auftrags thun konnte, so schien es gewiss, dass man in Wien die Hinaufsendung des Gegenstandes wünsche und geneigt sei, wenigstens einige Punkte desselben günstig zu beantworten.

Die unabhängigen, freisinnigen Magnaten nahmen selbst diese Frage energisch in Angriff; ihre Privatberathung hatte jedoch nur das Resultat, dass sich achtzehn von ihnen dem Nuntium der Stände anschlossen. Zu dem ohnehin schon von vornherein zweifelhaften Siege konnte demnach kaum eine Aussicht sein, als der Gegenstand am 9. März in der Magnatentafel auf die Tagesordnung kam. Wesselényi, Széchenyi, Michael Eszterházy, der jüngere Waldstein kämpften, von mehrern unterstützt, begeistert für die vom Zeitgeist geforderte Gewissensfreiheit. Allein die Mehrheit der hohen Stände wollte nicht einmal erlauben, dass das Nuntium vorgelesen werde, und wünschte die ganze Religionsangelegenheit an jene Commission gewiesen zu sehen, welche sich mit den Reichsbeschwerden beschäftigte.

Indess brachte dieser Beschluss die Frage noch keineswegs zu gänzlichem Falle. Die Stände schickten, auf ihr Recht der Initiative gestützt, das Nuntium nach einigen Tagen einfach zurück und verlangten die Verhandlung desselben. Die unabhängigen Magnaten riefen jetzt von allen Seiten ihre Freunde, die sich von Presburg ent-

fernt hatten, zurück, um den Sieg durch numerische Mehrzahl zu erkämpfen. „Und diese erschienen nicht nur in grosser Anzahl, sondern
begannen auch, was bisher ungewöhnlich war, häufig zu sprechen,
und zwar sprachen ungarisch auch solche, die (wie Fürst Pálffy und
Graf Emerich Batthyányi) die Sprache noch nicht genug in ihrer Macht
hatten." Jetzt aber nahmen jene Mitglieder der Tafel, welche den
Neuerungen entgegen waren, ihre Zuflucht zu einem andern Kunstgriff: sie stellten den Antrag, eine Commission zu bilden, welche der
Tafel über die einzelnen Punkte des Nuntiums ein motivirtes Gutachten vorzulegen hätte. Und obgleich die Vays, der junge, geist-
volle Aurel Dessewffy, Batthyányi und Michael Esterházy gegen die
auf Verzögerung berechnete Commission sprachen, wurde diese dennoch gebildet. Das Operat jedoch, welches diese am 27. März
einreichte, gefiel keiner der Parteien besonders: die Opposition fand
dasselbe für engherzig, der hohe Klerus für zu nachgiebig, und so
wurde es von beiden streitenden Parteien bekämpft. Bei alledem geschah dasjenige, was unter ähnlichen Umständen meistens zu geschehen
pflegt: statt einer der beiden streitenden Parteien blieb die dritte,
das heisst die Commission, Sieger; ihre Arbeit wurde den Ständen als
Antwort zugesandt.

Die beiden Tafeln wechselten sodann bis Mitte August über
dieses Operat miteinander Nuntien aus, ohne dass sie über die Hauptpunkte, hauptsächlich über denjenigen, welcher sich auf den freien
Religionswechsel bezog, hätten übereinkommen können. Der Gegenstand rief bei jedem Nuntienwechsel bei beiden Tafeln erneuerte
hitzige Debatten hervor, welchen jedoch auf Schritt und Tritt zu folgen nicht zu unserer Aufgabe gehört. Bei der Magnatentafel gehörten grösstentheils die Bischöfe, und unter diesen besonders Baron
Ignaz Szepessy, Bischof von Fünfkirchen — übrigens ein Mann von
heiligem Lebenswandel, wohlthätig, ein Freund der Wissenschaften,
der unter anderm in Fünfkirchen auf eigene Kosten eine Akademie
gestiftet hatte, aber dabei befangen, fanatisch und von beschränkter
Weltansicht war — und der Titularbischof Eligius Jordánszky, zu
den Wortführern, die mit falscher Auffassung dort, wo es sich um die
politischen Verhältnisse der Religionen handelte, ihre Gründe meistens
aus der Theologie und Decreten der Concilien schöpften. Höhern
Genuss boten die Reden jener der Opposition angehörenden Magnaten,
welche, die Frage der Gewissensfreiheit aus dem Gesichtspunkt politischer und bürgerlicher Rechte auseinandersetzend, für die Nuntien
der Stände und den Gesetzvorschlag sprachen. Unter allen ragte
jedoch Wesselényi am meisten hervor, der mit seiner stets mächtig
wirkenden Rednergabe seine Genossen nicht minder als auch die Zuhörer oft zu stürmischen Beifallsausbrüchen hinriss.
Allein diese wenigen ausgezeichneten Reden ausgenommen, er-

weckten bis zum Ende ein weit grösseres und lebhafteres Interesse 1833.
die Berathungen der Ständetafel, welche die Frage grösstentheils vom
höhern Standpunkt aus beleuchteten, und welche sich von jenen der
Magnatentafel so sehr unterschieden, dass Kölcsey keinen Anstand
nahm, in einer seiner Reden in folgende Worte auszubrechen: „In
der That, wenn die Magnaten ihre Einwilligung auch fernerhin verweigern, so werden die Nachkommen nicht glauben, dass die Mitglieder der beiden Tafeln die Kinder einer und derselben Zeit, eines
und desselben lichtverbreitenden Jahrhunderts gewesen." Ausser
Beöthy, der in dieser Frage bis zuletzt der Führer der freisinnigen
Partei war, zeichneten sich unter den katholischen Deputirten noch
zumeist die beiden Abgeordneten des barser Comitats Johann Balogh
und Ladislaus Majthényi, Stephan Bezerédy, Stephan Borsiczky,
Niczky, Siskovics und Alexander Császár als begeisterte Verfechter der
Gewissensfreiheit aus. In dieser Frage zog zuerst auch ein neuer
Deputirter die allgemeine Aufmerksamkeit auf sich, Franz Deák, von
welchem wir bald des nähern sprechen werden. Während sich der
die Gestalt eines Veto annehmende, hartnäckige Widerstand der Magnaten so stark äusserte und die Parteiangelegenheit einigermassen zu
der des ganzen Deputirtenkörpers geworden war: mischten sich auch
die protestantischen Mitglieder in die Debatten immer mehr ein, und
Kölcsey, Pázmándy, Prónay und mehrere andere erhoben ihre gewichtigen Stimmen. Aber ausser allen diesen müssen wir noch zweier
Männer aus den einander gegenüberstehenden Lagern erwähnen, die,
obgleich voneinander sehr verschieden, jedoch beide ausgezeichnete
Persönlichkeiten, auch später noch in unserm öffentlichen Leben eine
bedeutende Rolle spielten. Der eine derselben ist der protestantische
Ladislaus Palóczy, Deputirter von Borsod, der andere Joseph Lonovics,
Domherr und Deputirter des erlauer Kapitels.

Vom erstern könnte man kaum ein treueres Bild zeichnen, als Ladislaus Palóczy.
uns solches Anton Csengery in seinen Charakterschilderungen ungarischer Redner und Staatsmänner gibt, wobei wir jedoch bemerken,
dass diese Skizze uns Palóczy zehn Jahre später, auf dem Reichstag
des Jahres 1843, vorführt. „Es folgt", sagt Csengery, „eine starke,
wohlbeleibte Gestalt. Sein Haar und sein kurzgeschnittener Schnurr-
bart sind altersgrau; sein Anzug blieb weit hinter der Mode zurück.
An seiner breiten Brust hängt an einem Knopfe sein Spazierstock.
Ueber sein ganzes Aeussere wie auch über seine Art des Vortrags
war ein gewisser Cynismus verbreitet. Mit seinem ehrbaren alter-
thümlichen Aussehen schienen die neuesten Lehren der Freisinnigkeit
in einigem Widerspruch zu stehen. Und diese Lehren mischten sich
bei ihm mit religiösem Sektengeist und den Eckigkeiten des Calvinis-
mus. Ein besonders auffallender Zug in diesem indifferenten Zeitalter.
Wir erinnern uns der rundköpfigen Puritaner Cromwell's. Und in der

1833. That kennt das Reichstagspublikum Palóczy unter dem Namen des
Puritaners. Die Redeweise des alten Herrn ist ein sonderbares Ge-
misch schulmeisterlicher Pedanterie mit gemüthlichem Witze. Seine
Declamation ist der Vortragsweise mancher Prediger seiner Confession
ähnlich, von welchen man sagt, dass sie aus dem Bauche sprächen.
Es ist eine Gattung jener improvisirenden Kirchen-Redekunst, welche
sich alte Diener der Religion nach langer Uebung aneignen. Palóczy
machte sich dieselbe durch langjährige Uebung auf den Reichstagen
zu eigen, wobei ihn sein grosses Gedächtniss unterstützte. Er ist ein
lebendiges Datenlexikon. Er kennt die reichstäglichen Präcedenzen
einer jeden Frage. Seine geschichtlichen Citate, ohne tiefere philosophische Auffassung der Ereignisse, sind kernig, zutreffend und meistens
witzig, manchmal erwecken sie auch grossartige Rückerinnerungen.
Er hat beinahe für jeden Tag ein bedeutenderes Datum aus der Geschichte Ungarns oder aus der Welthistorie. Er erzählt, was an
diesem oder jenem Tage geschah, wenn man über diesen oder jenen
bedeutenden Gegenstand verhandelt. Diese Eigenschaften, verbunden
mit einem gewissen Duft natürlicher Leichtigkeit und volksthümlicher
Poesie, machten ihn besonders für Gelegenheits- und Gastmahlsreden
geeignet. Er war bei den Festmahlen der Opposition das, was der
Barde an Attila's Hofe und was jetzt ein tüchtiger Schulmeister beim
ländlichen Gastschmause, oder ein beredter Hochzeitsbitter beim Hoch-
zeitsfeste ist. . . . Indess wird niemand leugnen können, dass die
eigenthümliche Methode des alten Herrn zufolge des Interesses der
Abwechselung ihren besondern Reiz hatte."

Eine seiner Gastmahlsreden, welche er zwar nicht in diesem Jahre,
wohl aber während dieses Reichstags hielt, verdient besonders erwähnt
zu werden, weil sie zur Ursache eines kleinen Vorfalls ward, welcher
den Hof charakterisirt. Der Geburtstag des Königs nahte heran.
Der Hof, vielleicht noch immer im Glauben, dass er auch jetzt, wie
ehemals, durch Festlichkeiten im Stande sei, das Wohlwollen der Repräsentanten der Nation zu gewinnen, in ihnen Begeisterung zu erwecken, ihre Anhänglichkeit zu vergrössern, liess den Personal benach-
richtigen, dass Se. Majestät die Begrüssung der Nation, nicht wie
es zu geschehen pflegte, durch eine Adresse, sondern durch eine
grössere Deputation ausgedrückt zu sehen wünsche. Es ging daher
eine aus sechzig und einigen Mitgliedern bestehende Abordnung nach
Wien ab, welche nach geschehener Begrüssung im kaiserlichen Palast
mit einem glänzenden Festmahl empfangen wurde. Gegen das Ende
desselben brachte der Erzbischof von Erlau, Ladislaus Pyrker, einen
Toast auf den König aus, welchen der die Stelle des Hauswirths
vertretende Graf Fürstenberg im Namen seines Herrn auf die ungarische Nation erwiderte. Indess begnügte sich die erwärmte Gesell
schaft mit diesem diplomatischen Toast nicht und wünschte, theils

aus launiger Fröhlichkeit, theils aus Antrieb nationaler Gefühle, im kaiserlichen Palast einen Toast in ungarischer Sprache zu hören und Rufe „Hört Palóczy!" erklangen im Saale. Palóczy gab dem allgemeinen Verlangen nach und sprach einen Toast in seiner gewohnten witzigen, angenehmen Weise, welchem nicht enden wollenden Éljens folgten. Diese Verletzung der Hofetikette wurde für einen fürchterlichen Skandal angesehen. Fürstenberg konnte nicht eilig genug sein, um hiervon Anzeige zu machen. Und als ob in diesem Toast irgendeine gefährliche Richtung enthalten gewesen wäre, wurde Palóczy nach der Tafel zum Hofkanzler Reviczky beordert und veranlasst, seine Rede sofort ins Deutsche zu übersetzen. „Darin ist ja gar nichts Schlechtes enthalten", sagte später der König, als er die Rede durchgelesen hatte, „danken Sie ihm in meinem Namen für seine guten Wünsche."

Nach jenen unangenehmen Scenen, welche durch die verletzenden Worte Tágen's entstanden waren, gelang es dem Erzherzog-Palatin, durchzusetzen, dass die Abgeordneten der Kapitel fernerhin an den Debatten in der Religionsfrage nicht mehr einzeln theilnähmen, sondern den Deputirten des erlauer Kapitels, der sich auch bisjetzt schon unter seinen übrigen Genossen sehr ausgezeichnet hatte, mit der führenden Rednerschaft betrauten. Die Wahl hätte keinen Bessern treffen können: er war ohne Zweifel die ausgezeichnetste Persönlichkeit des gesammten ungarischen Klerus. Lonovics war mit allen Eigenschaften des Genies reich ausgestattet: schnelle, tiefe Auffassung, gereiftes, richtiges Urtheil, spielender Witz, ein grosses Gedächtniss schmückten seinen Geist. Dazu kam noch seine ausgedehnte Belesenheit, seine Bewandertheit in den meisten Zweigen der kirchlichen und weltlichen Wissenschaften, seine europäische Bildung und publicistische Gewandtheit, welcher er sich unter allen seinen Genossen allein rühmen konnte. Und bei alledem seine glänzende Rednergabe, sein mächtiges Improvisationstalent, welches ihn stets redebereit machte und ihn nie in Verwirrung kommen liess, alles Eigenschaften, die ihn zu einem glänzenden parlamentarischen Redner stempelten. Seine Reden waren reich und schwellend, den Gegenstand stets erschöpfend. Die logische Ordnung, selbst in seinen Improvisationen, war eine so strenge, als ob er stets sorgfältig ausgearbeitete Reden gehalten hätte. Seine Gedanken waren rein und klar, seine Ausdrücke präcis, in seinem Stil soviel Kraft und Schönheit, Klangfülle und Gewähltheit, dass in dieser Beziehung mit ihm nur Kölcsey allein wetteifern konnte. Er sprach meistens zum Verstand, seltener zum Gemüth; auf glänzenden Eindruck berechnete grosse Worte kamen in seinen Reden kaum vor; um so öfter aber Bilder, Gleichnisse, Analogien aus der Geschichte. Sein Vortrag war leicht fliessend, abgerundet, ohne einen Schatten von

1833. Pedanterie oder schauspielerischen Pathos, ruhig ohne jede Affectation und Leidenschaft.

Wir könnten jedoch die Rolle, welche diese ernste, verstandestiefe, geistreiche Persönlichkeit in der Religionsfrage spielte, kaum vollkommen verstehen, wenn wir nicht zugleich auch einige Eigenthümlichkeiten ihres Charakters in Betracht nehmen würden. In seinen Reden verrieth er soviel Takt, so scharfes Urtheil und tiefes Verständniss, eine so richtige Weltansicht, soviel Sympathie für den allgemeinen Fortschritt, und überhaupt soviel Freisinnigkeit und Loyalität, dass es sonst kaum begreiflich wäre, wie es geschehen konnte, dass eine so aufgeklärte Persönlichkeit für die Einschränkung der natürlichen Rechte der Gewissensfreiheit im Interesse confessioneller Unduldsamkeit mit soviel Kraft und Ausdauer auftrat. Ihm fehlte bei allen jenen glänzenden Eigenschaften des Geistes dasjenige, was ihn zu einem wahrhaft grossen Mann hätte machen können: der moralische Muth, die Macht des Gemüths, was hauptsächlich den Grund wahrer Grösse bildet. Seine Furchtsamkeit machte seinen Charakter zu einem so schwachen und schwankenden, als hätte er kaum die Hälfte seines scharfen Urtheils, seiner tiefen und loyalen Auffassung besessen. Seine geschickte Umgebung konnte ihn zu allem bewegen, was von dem gewohnten, gebahnten Pfade nicht abwich. Man kann sich eine mit solchen geistigen Eigenschaften versehene Persönlichkeit ohne alle Ambition kaum denken. Auch Lonovics besass seine Ambition, welche darin Befriedigung fand, dass er allein mit Auszeichnung und Ruhm die Stelle behauptete, wo seine Genossen durch Murren und Zischen zum Schweigen gebracht wurden; dass er zur Berühmtheit und einem im ganzen Lande bekannten Namen gelange dort, wo die Popularität seiner Genossen mit jedem Auftreten immer tiefer sank; dass er der Dolmetscher und Führer der traditionellen Meinungen und Interessen einer grossen und mächtigen Confession sei. Aber seine Ambition war auch auf reale Ziele gerichtet. Wer wird es dem Manne der Kirche, der seine geistige Oberherrschaft so sehr fühlte, wie er solche schon zufolge seiner Rolle als Führer fühlen musste, übel nehmen, wer wird es ihm als Fehler anrechnen, dass er sich nach kirchlicher Macht, nach der Würde eines Kirchenfürsten sehnte? Allein diese Ambition konnte unter unsern Umständen, wo die Ernennung von einem in Religionsangelegenheiten den alten Traditionen folgenden Hofe abhing, keine solche sein, von welcher die Schrift sagt, dass wer „ein Bisthum verlangt, der verlangt ein gutes Ding". Diese Ambition verlangte Anhänglichkeit an gewisse Principien und volle Identificirung mit einer gewissen geistigen Richtung, welche der Sektengeist vorschrieb, und welcher jede selbständige Ueberzeugung ausschloss. Diese Ambition warf vor der ihn seiner glänzenden Fähigkeiten wegen sehr hochachtenden freisinnigen Partei auch auf seinen übrigens liebenswürdigen und untadelhaften Charakter 1833. einigen Schatten. Es schien unzweifelhaft, dass seine Ueberzeugungen im Boden der Freiheit wurzelten; weil er jedoch ein furchtsamer Charakter war, und seine Sehnsucht einer Kirchenwürde zustrebte: wurde er so, wie der Hof und die Hierarchie einen Bischof verlangte. Er drängte den freien Flügelschlag seines Geistes in die Tiefen seiner Seele zurück und identificirte sich mit der Richtung des Hofs und der Hierarchie. In dieser Richtung ging er übrigens, was ein unzweifelhaftes Zeichen seiner freiern Ueberzengungen ist, nie bis zum Aeussersten. Ultramontane Principien und Lehren sprachen seine beredten Lippen nie aus. Dem Fanatismus und der befangenen confessionellen Parteisucht stets fern bleibend, ging er nur so weit, als er gehen musste, um sein Ansehen, seinen Einfluss bei Hofe und in der Hierarchie zu behaupten, und so weit er gehen konnte, um seinen Namen dem Publikum gegenüber nicht aufs Spiel zu setzen.

Dieser bedeutende Mann stand monatelang beinahe allein an der Ständetafel so vielen ausgezeichneten Rednern gegenüber. Und wenn die Sache, für welche er kämpfte, die Richtung, welcher er folgte ihm auch nicht erlauben konnte, in seinen parlamentarischen Kämpfen den Sieg zu erringen: so war es doch unmöglich, ihn nicht zu bewundern, wenn er, mehrern Rednern, die vor ihm gesprochen hatten, zugleich antwortend, die Gründe sämmtlicher nach einander aufnahm, bestritt und zu entkräften suchte. In der Macht seiner zerlegenden, scharfen Logik oder im unversiegbaren Magazin seines Witzes fand er stets irgendwelche neue, gefällige Gründe, welche seine Antwort zu einer gelungenen machten. Wenn die Waffen, mit welchen er kämpfte, seine Sache auch dem Siege nicht zuführten, den Gegner nicht niederwarfen: so deckte doch die Geschicklichkeit, womit er sich derselben bediente, ihn selbst stets zur Genüge. Er vermochte nicht der Sache, ihrer Natur wegen, den Sieg zu erkämpfen, allein er verschaffte sich selbst Anerkennung und Ruhm. Der Angriff, mochte er noch so leidenschaftlich sein, brachte ihn nie in Verwirrung, riss ihn nie aus seiner Ruhe zu gleicher Leidenschaftlichkeit hin; bei solchen Gelegenheiten war in seinen Antworten höchstens ein feiner, aber scharfer Witz enthalten. In einer andern Angelegenheit, unter andern Umständen wäre er, wenn auch vielleicht nicht der am mächtigsten wirkende und populärste, so doch mit Franz Deák, mit dem er, wenn man den Charakter seiner Rednergabe betrachtet, viele Aehnlichkeit besitzt, ohne Zweifel der gebildetste und wissenschaftlichste, gleichmässig gefeierte Redner des ungarischen Parlaments geworden. Seine der Hofpartei und der Hierarchie geleisteten Dienste wurden noch im Verlauf dieses Reichstags mit dem csanáder Bisthum belohnt.

Der Religionsgesetzvorschlag hatte einen Punkt, weswegen Ungarn bei dieser Gelegenheit zum ersten mal mit Kroatien in

Die Religionsfrage bezüglich Kroatiens.

1833. Zusamenstoss kam. Dies war der Punkt, welcher jenen Abschnitt des 26. Gesetzartikels 1791 aufhob, welchem gemäss die Protestanten aus jener Provinz ausgeschlossen wurden. Diesen Abschnitt, welcher mit dem freien Geiste jenes Gesetzes einen so schreienden Gegensatz bildet, wünschten die Stände jetzt um so mehr abzuschaffen, weil in Kroatien neben den Katholiken auch zahlreiche Altgläubige im Besitz aller bürgerlichen Rechte waren und auch viele Juden wohnten. Die kroatischen Deputirten waren indess, auf die municipalen Rechte ihrer Provinz gestützt, dem freisinnigen Gesetze mit grosser Heftigkeit entgegen und wünschten, dass die Gesetzgebung die Aufhebung jenes Verbots den Kroaten selbst und dem Zeitgeiste überlasse. Allein die Majorität der Stände war um so weniger geneigt, dem Verlangen der kroatischen Abgeordneten nachzugeben, da es kein Geheimniss war, dass die Ursache der Opposition meistens von der kroatischen Geistlichkeit herstammte, welche von der in Bezug auf sich selbst für gefährlich betrachteten protestantischen Confession befreit bleiben wollte. Der Einfluss des Klerus war in dieser Provinz nicht allein deshalb gross, weil die Gutsbesitzer und die intelligentern Klassen durchgehends der katholischen Religion angehörten; sondern vielleicht noch mehr deshalb, weil der reicher als alle ungarischen Bischöfe dotirte agramer Bischof und sein Kapitel den grösstentheils armen, verschuldeten Adel auch in materieller Beziehung von sich abhängig machte. Der Klerus und die in dessen Solde stehenden Agitatoren, die öffentliche Meinung in dieser Religionsfrage für sich zu gewinnen beabsichtigend, mischten in die Religionsfrage zugleich die der Nationalität hinein und wollten glauben machen, dass die Gesetzgebung nur beabsichtige, durch die dort sich niederlassenden ungarischen Protestanten auf die kroatische Sprache und Nationalität einen Druck auszuüben. Aus dieser Quelle stammte sodann zum Theil jener lebhafte Nationalitätskampf, von welchem wir später näher sprechen werden, und dessen Früchte 1848 für beide Theile zu so bittern wurden.

Das Ende der Debatten in der Religionsangelegenheit. Die Magnatentafel war auch diesem Punkte des Gesetzvorschlags hartnäckig entgegen. Und alles, was man von ihr nach sechsmonatlichen lebhaften Debatten und Nuntien in Bezug auf das Religionsgesetz erlangen konnte, bestand in Folgendem: die in der gemischten Ehe bisher in Gebrauch gewesenen, die Erziehung der Kinder männlichen Geschlechts im katholischen Glauben betreffenden Reverse werden für die Zukunft aufgehoben, jedoch bleiben die bisher ausgestellten in Kraft; die Gottesäcker dürfen, wo sie nicht gesondert sind, von beiden Confessionen gemeinsam gebraucht werden; bei den Regimentern dürfen auch protestantische Feldgeistliche angestellt werden. — In der Frage der freien Religionsänderung, welche den wesentlichsten Theil der Gewissensfreiheit bildet, konnten die beiden Tafeln

selbst nach sechsmonatlichen bittern Debatten nicht übereinkommen. 1833.
Vergebens rief einst Kölcsey in seiner Begeisterung aus: „Eine solche
Angelegenheit ist jetzt in Verhandlung, welche, wiewol man sie jetzt
unterdrückt, früher oder später selbst den Sieg sich erkämpfen wird.
So wird es sein, löbliche Stände! Denn wenn nicht früher, so wird
aus unsern Gräbern und aus den Hügeln derer, die vor uns gekämpft
haben, die unerbittliche Nemesis erstehen; und mit schonungsloser
Gerechtigkeit wird sie Rechenschaft fordern für die Thränen dreier
Jahrhunderte, wird sie Rechenschaft fordern für die zerstörte Ruhe
von Millionen, für den letzten Seufzer des bis zum Grabe verfolgten
Greises, für das Schmerzgeschrei der ihrer Kinder beraubten Mutter;
und sie wird Rechenschaft fordern für jeden Tropfen Blutes, welches
für den Wiener im Linzer Frieden aus ungarischer Brust vergossen
wurde. Denn die Bitte von vierthalb Millionen Seelen ist keine blosse
Bitte mehr. . . . Indess ist die Stunde noch nicht verflossen: noch
liegen in Ruhe vor uns Gegenwart und Zukunft; noch ist die
Wahl frei!"

Je weiter die Frage hinausgezogen wurde, um so schwächer
wurde im Hause der Magnaten die Partei des Gesetzvorschlags; denn
von den unabhängigen Herren, welche denselben unterstützten, zerstreuten sich immer mehrere nach allen Richtungen. Und was die
Freunde der Freiheit am meisten betrüben konnte, war, dass auch an
der Ständetafel die Majorität sich täglich verminderte und das feindliche Lager wuchs; die Hoffnungen schwanden, welche die Religionsfrage viele so betrachten liessen, als würden durch dieselbe die zu Anfang des Reichstags divergirenden Gemüther und Interessen vereinigt
werden. Die geistlichen und weltlichen Grossen des Landes zogen
immer mehrere Deputirte, ja sogar ganze Comitatsbehörden zu ihrer
Partei hinüber, welche sodann ihren Deputirten eine von der frühern
abweichende Instruction zusandten. Zu Anfang Juni äusserten sich
schon elf Stimmen gegen das ursprüngliche Nuntium, während sich
zuvor nur drei, später nur neun Stimmen dagegen ausgesprochen
hatten. Seit Mitte Juni hatte der Palatin zu öftern malen Niczky
und einige andere von den katholischen Abgeordneten zu sich rufen
lassen, und liess durch dieselben auch den übrigen zu wissen thun,
dass der Religionsgesetzvorschlag, so wie er sei, niemals zum Gesetze
werden könne, sie daher, wenn sie den Sieg behaupten wollten, Concessionen machen müssten. Besonders hinsichtlich des den Religionswechsel betreffenden Punktes, welcher den Cardinalpunkt des ganzen
Gesetzes bildet, vertröstete er sie damit: dass der Hof der Aufhebung
des sechswöchentlichen Unterrichts nicht entgegen sein würde, man
jedoch auch in Wien davon nicht abgehen würde, dass jeder Fall des
Religionswechsels dem König angezeigt werde, worauf Se. Majestät
sodann die Erlaubniss zum Uebertritt ertheilen würde. Allein die

1833. Stände waren nicht geneigt, den freien Religionswechsel auf diese Weise von der Willkür des Monarchen abhängig zu machen. Indess wurden auch die Präsidenten beider Tafeln nicht müde, für den Gegenstand zu agitiren, weshalb sie nicht aufhörten, die Stände nacheinander zu sich zu berufen. Am 30. Juni erfuhren die Freisinnigen bei Gelegenheit einer Berathung mit grosser Besorgniss, dass schon dreiundzwanzig Comitate dem Personal angelobt hätten: sie würden unterstützen, dass jeder Fall des Uebertritts dem König vorgelegt werden müsse, um dessen Erlaubniss zu erlangen. „Peinliches Gefühl!" ruft hierbei Kölcsey in seinem Tagebuch aus, „denn ein halbes Jahr lang für etwas kämpfen, und dafür mit solchen Hoffnungen, für solche Zwecke streiten, wie hier; die Mehrheit der Nation an seiner Seite haben, all sein Vertrauen in die Zeit und die Kraft der Wahrheit setzen, und zuletzt das Unterliegen vor Augen haben!"

Da die Sache so weit gediehen war, beschlossen die Freisinnigen, die Religionsfrage, wie sie im ursprünglichen Gesetzvorschlag stand, ganz beiseitezulegen und auf günstigere Zeiten aufzuschieben. Aber der Palatin und der Personal, von dieser Absicht unterrichtet, bestrebten sich auf jede Weise, dies zu verhindern; denn der Hof wollte ein Gesetz haben, indem er befürchtete, dass, wenn der Reichstag ohne Religionsgesetz auseinanderginge, die Volksaufwiegler diesen Umstand in den Comitaten als Grund zur Empörung ausbeuten könnten. Der Personal stellte daher den 4. Juli direct den Antrag, dass beim Religionsübertritt der sechswöchentliche Unterricht zwar aufzulassen sei, zum Ersatz desselben sei jedoch jeder einzelne Fall Sr. Majestät behufs der Erlaubnissertheilung zu unterbreiten. Und das Reichstags-Tagebuch legt bei all seiner mangelhaften Redaction davon Zeugniss ab, dass die Agitation des Palatins und des Personals nicht ohne Erfolg geblieben war. Die Regierung hatte in dieser Frage schon in diesem ersten Kampfe neunundzwanzig Stimmen für sich, und die Oppositionellen fragten sich mit Besorgniss, was in einer zweiten oder dritten werde geschehen können. Sie sahen daher ein, dass die Zeit gekommen war, um diese Angelegenheit beiseitezulegen, und nur noch über die Art der Vornahme dieses Schritts waren die Meinungen verschieden. Am 10. Juli kamen sie endlich auch darin überein, und fassten in einer Privatberathung den folgenden Beschluss: „Es gibt keine andere Art, als die Religionsangelegenheit in ihrem unverletzten Zustande nicht fallen zu lassen, sondern bis auf glücklichere Umstände zu verschieben, und, dies den Magnaten in einem kurzen aber starken Nuntium anzeigend, zugleich zu erklären, dass sie sämmtliche den Friedensschlüssen und dem 26. Gesetzartikel 1791 entgegen erlassenen Regierungsverordnungen im Sinne des 12. Gesetzartikels 1791 für ungesetzlich und unwirksam hielten." Wie sehr sich sodann der neue königliche Personal auch immerhin bestreben mochte, so wurde dieser Beschluss nach einigen Tagen mit den Stimmen von achtunddreissig Comitaten dennoch zu einem reichsgültigen erhoben. Diese Beiseitelegung des Gegenstandes vollzog der Antragsteller, Edmund Beöthy, selbst, indem er seine Rede mit den folgenden Worten aus der Heiligen Schrift schloss: „Das Mädchen ist nicht todt, es schläft nur." Die Magnaten waren zwar mit dieser Suspendirung nicht zufrieden, wünschten jedoch auch die Fortsetzung der Sache nicht, und berichteten einzig an die Stände zurück, dass jene Punkte, worüber beide Tafeln miteinander übereingekommen waren, dem König jedenfalls vorgelegt werden müssten. Die Stände indess erklärten, obgleich den Personal jetzt auch Paul Nagy, der früher an den Debatten in der Religionsfrage keinen Antheil genommen hatte, in seinem Widerstande gegen die Suspendirung der Angelegenheit unterstützte, in ihrem achten und letzten Nuntium, dass die Punkte, worüber eine Uebereinkunft zu Stande gekommen war, der Vorlage nicht würdig seien, und thaten den hohen Ständen neuerdings entschieden zu wissen, dass sie sich dem Inhalt ihres frühern Nuntiums eng anschlössen und die Religionsfrage zur Zeit beiseitegelegt hätten.

Und dies war gegenwärtig der letzte Schritt in dieser mit so vieler Leidenschaft verhandelten Frage. Die Regierung hätte in den minder wesentlichen Punkten der Meinung der Stände freudig beigepflichtet, um nur ein solches Gesetz geschaffen zu sehen, welches den Uebertritt von einem Glauben zum andern, was doch der Cardinalpunkt der Gewissensfreiheit ist, von ihrer Willkür abhängig machte. Allein die Stände hüteten sich, eine solche Willkür auch noch durch ein Gesetz zu sanctioniren, und wollten eher noch eine Zeit lang die Verfahrungsweise des katholischen Klerus dulden, damit sie später dem Gewissen eine vollständige Freiheit erkämpfen könnten. Auch hatten die Anstrengungen des neuen Personals zu Gunsten der Absichten des Hofs keinen andern Erfolg, als dass er einen grossen Theil seiner frühern Popularität verlor. Den Vicepalatin Pankraz Somsich erhob eigentlich die Opposition zur Würde des königlichen Personals; jetzt fingen daher viele an, ihre ihm geleisteten Dienste beinahe zu bereuen. Uebrigens weshalb und auf welche Weise dies die Opposition gethan, davon macht uns Kölcsey in seinem Tagebuch eine interessante Mittheilung. „Schon während einiger Reichstage bestand die Beschwerde gegen die anonymen Angeber. Diese namenlosen Angeber sind niemand anders als die in der heiligen österreichischen Sprache sogenannte «geheime Polizei», welche schon in den Schriftstücken des Reichstags von 1825 mit dem sehr glücklich gewählten Worte «Hyder» bezeichnet wurde. Die Köpfe dieser schon so oft verfluchten Hyder vermehrten sich von Jahr zu Jahr; und Gott liess uns erleben, dass alle unsere obersten Aemter und auch ein nicht zu

1833. verachtender Theil derjenigen, welche nicht zu den obersten gehören, aus dergleichen preiswürdigen Schösslingen bestehen, und auch ausserhalb der Aemter auf allen Wegen und Stegen die Menge des brotessenden Volks von ihnen wimmelt. Glaubet aber ja nicht, als ob es dieser Menge an Ordnung und Seele fehlte. Denn diese zahllos verzweigte Hyder, wie sie sich unbemerkt verbreitet, strebt ebenso ungesehen nach einem bestimmten Mittelpunkte zurück, von wo aus alle ihre Bewegungen geleitet werden. Ich habe nicht nöthig, von diesem Mittelpunkte näher zu sprechen; soviel sage ich aber dennoch, dass es ausser dem Universalpunkt auch noch einen andern untergeordneten gab, und dieser war niemand anders als der zum Personal ernannte Mérey.

„Keine schlechte Wahl! Denn die häuslichen und bürgerlichen Geheimnisse der Menschen zu kennen oder zu denselben den Schlüssel zu besitzen, ist für den Vorsitzenden der Untern Tafel eine nützliche Wissenschaft, deren Ausübung viele wichtigere und seltenere Eigenschaften entbehrlich machen könnte. Nun gab es aber unter den Reichstagsmitgliedern viele, die so dachten: wenn die im Geiste dieser Hyder geleitete Verwaltung ihren Weg mit Glück fortsetzt, ist es sehr natürlich, wenn sich die Regierung in die keine Talente, sondern nur schwarze Seelen erfordernde und somit einer leichten Wahl unterliegende Methode verliebt, und wir von ihr uns nicht werden befreien können. Es gibt daher nichts Nothwendigeres zu thun, als den Anfang zu stürzen, das heisst, Mérey den Vorsitz so schwer als möglich zu machen. . . . Mérey gehörte zu den unbehülflichsten Präsidenten der Welt; . . . und gleich anfangs verbanden sich Männer von drei verschiedenartigen Interessen, um den Feigling zu stürzen. Die ersten waren, die in Mérey die Herrschaft der Hyder hassten und in der Rückerinnerung an Majláth der Ständetafel einen patriotisch gesinnten Präsidenten wünschten. Ihnen folgten, die durch Entfernung Mérey's Somsich Platz machen wollten, und diejenigen, die durch die Erhebung Somsich's die Stelle des Vicepalatins auf Sombory zu übertragen wünschten. Somsich wurde seines Patriotismus, seines klaren und tiefen Verstandes wegen schon 1825, als damaliger Deputirter des somogyer Comitats, lobend genannt. Als einen solchen kannte ihn Wesselényi, und auf dessen Anempfehlung Kölcsey; diese verbanden sich daher, als sie den Kampf gegen Mérey vorbereiteten, freudig mit Siskovics, Dubraviczky und andern Freunden Somsich's, ebenso mit Beöthy, Péchy und Balogh, die wieder Sombory unterstützten.“

Wir erzählten schon, wie diese Männer der ebenerwähnten drei verschiedenen Interessen mit Hülfe ihrer Freunde Mérey am 10. Jan. in der Pressfreiheitssache, am 25. Febr. in der Tágen'schen und einige Tage später in der Angelegenheit der Reichstagsjugend, oder vielmehr in der Sache der reichstäglichen Oeffentlichkeit besiegten. Mérey ging

nach diesen Niederlagen nach Wien, und seinen Präsidentensitz nahm 1833.
fernerhin der Vicepalatin Somsich ein. Hier war nun die Gelegenheit,
ihn zu unterstützen. Allein die Sache gehörte keineswegs zu den
leichten. Somsich war dem Palatin ergeben; durch ihn wurde er
Vicepalatin und Obergespan-Stellvertreter des pesther Comitats; er
konnte daher auf die Gunst des mit dem Palatin in Zwietracht befindlichen Hofkanzlers Reviczky nicht rechnen. Es scheint, dass
Revitzky Georg Bartal, den eine geschickte Feder führenden, in den
öffentlichen Angelegenheiten sehr bewanderten, gründlich wissenschaftlichen Hofrath zu diesem ehrenvollen Amte zu erheben wünschte,
dieser aber das mit vieler Unruhe verbundene Amt nicht annehmen
wollte. Während sich sodann die Regierung um eine andere Persönlichkeit umsah, legten die erwähnten Männer der Opposition Somsich
gegenüber mehrfache Begünstigungen an den Tag, liessen ihn in den
Debatten um die zu dieser Zeit aufs Tapet gebrachten Fragen vor
dem Hofe als einen Mann erscheinen, der die Liebe der Stände besitzt
und alles durchzuführen im Stande ist, dessen Vorsitz somit nicht
geringe Wichtigkeit hat. Der Kunstgriff gelang. Somsich wurde zum
königlichen Personal ernannt und setzte sich als solchen am 15. Juni
bei der Ständetafel mit feierlicher Rede ein. In ihm gewann das
Unterhaus zwar keinen mit glänzendem Rednertalent begabten Präsidenten, ja seine Popularität ging auch bald verloren; allein, was in
Bezug auf das Reich weit wichtiger war, in ihm gewann die königliche Tafel, an welcher der Aviticität wegen beinahe jede Familie mit
andern Familien oder dem Ärar Process führte, einen verständigen,
redlich gesinnten Richter und einen unparteiischen Präsidenten.

Die Debatten über die Religionsangelegenheiten erschütterten
jedoch die Popularität des Personals Somsich; dieselbe verlor er eigentlich in den Berathungen über das Urbarialoperat, welche während der
Zeit schon bedeutend vorgeschritten waren und bald nach der Beseitigung der Religionsfrage an der Ständetafel auch beendigt wurden.
Ehe wir jedoch an die Erzählung gehen, wie sich dieser Gegenstand
von höchster Wichtigkeit gestaltete, müssen wir einiger andern Fragen
erwähnen, welche während ebenderselben Zeit vorkamen und theilweise auch endgültig erledigt wurden.

Wir erwähnten schon, dass die ungarischen Comitate im Jahre 1831 Die pol-
grosse Sympathie für die polnische Erhebung bezeigten, und mehrere nische Angelegenheit.
derselben auch Adressen an die Regierung gerichtet hatten, worin sie
die letztere zu bewegen suchten, der ihrer Unabhängigkeit so ungerechterweise beraubten Nation zu Hülfe zu kommen. Was die Ursache gewesen, dass das wiener Cabinet, welches übrigens den Polen
gegenüber soviel unzweifelhaftes Wohlwollen an den Tag gelegt hatte,
den Anciferungen der Comitate keine Folge geben konnte, haben wir
gleichfalls berührt. Von den Comitaten bezeigte keins eine grössere

1833. Begeisterung für die für ihre Freiheit so heldenmüthig kämpfende
unglückliche Nation als das benachbarte Trencsén. Und so geschah
es, dass die nach der Unterdrückung des Aufstandes nach Paris ge-
flüchteten Polen, als sie von der Einberufung des ungarischen Reichstags Kunde erhielten, an den Vicegespan des trencsiner Comitats,
Stephan Borsiczky, zwei Schreiben sandten, deren eins an ihn selbst,
das zweite aber, in zwei Exemplaren, in ungarischer und lateinischer
Sprache verfasst, an die ungarische Nation gerichtet war. Das letztere
wünschte der feurige und kühne Borsiczky sogleich zu Anfang des
Reichstags in Verhandlung nehmen zu lassen; allein seine Freunde
befürchteten, dass hierdurch die allgemeine Aufmerksamkeit von den
schon in Verhandlung genommenen Gegenständen abgezogen würde,
und baten ihn zu warten, bis die polnische Angelegenheit ihren Instructionen gemäss auf die Tagesordnung käme. Er gab nach und
bat seine Freunde, das Bestehen der beiden Briefe bis dahin geheim
zu halten. Was er indess von andern als Geheimniss bewahrt wissen
wollte, das brachte er selbst in die Oeffentlichkeit, indem er überall
von dem Empfang der beiden Briefe sprach, und es zuletzt auch
dem Palatin zu Ohren kam. Der Palatin, der durch seine zweite
Gemahlin, die schon verstorbene Grossfürstin Alexandra Paulowna, mit
dem petersburger Hofe auch jetzt noch in Verbindung stand, und
von demselben noch immer eine jährliche Rente von 200000 Fl. bezog, hätte es natürlich nicht gern gesehen, dass der Polen wegen,
denen ohnehin schon nicht mehr zu helfen war, aus dem unter seinem
Präsidium tagenden Reichstage eine für den russischen Hof unangenehme Adresse hervorgehe. Er liess daher am 20. Jan. Borsiczky zu
sich berufen, erbat sich die beiden Briefe von ihm und erklärte, dass
man die Verhandlung derselben, die jedenfalls das Misfallen der russischen Regierung erregen würde, auf jede Weise meiden müsse. Borsiczky übergab die zwei Schreiben, machte jedoch den Erzherzog aufmerksam, dass über diesen Gegenstand viele Comitate ihren Deputirten
Instructionen gegeben hätten, man daher der Adresse nicht werde aus
dem Wege gehen können; er erklärte zugleich, dass er dann gezwungen sein würde, die Briefe zurückzuerbitten, um sie den Ständen vorlegen zu können. Der Palatin versprach dies zwar; allein später, als
Borsiczky dieselben zurückerbat, gab er ihm nur den an ihn gerichteten
zurück, den an den Reichstag gerichteten behielt er als Präsident
desselben in seinen eigenen Händen.

    Obschon er das Schreiben auf diese Weise auch verborgen halten
konnte, so war der Palatin dennoch nicht sicher, ob nicht jemand
anders diese beunruhigende Angelegenheit zur Sprache bringen würde,
besonders nachdem sich die Nachricht zu verbreiten begann, dass unlängst auch Balogh von einigen Polen ähnliche Schreiben erhalten hatte
und einen Antrag vorbereite. Zwar gab es auch unter den feurigern

Mitgliedern der Opposition einige, wie uns Kölcsey mittheilt, die im 1833.
Hinblick auf unsere eigenen zahlreichen Uebelstände anriethen, den
Kampf für dieses fremde Uebel auf spätere Zeiten zu verschieben; allein
die Aufnahme der Angelegenheit war früher oder später für alle
Fälle unausweichlich. Der Palatin und seine Anhänger sorgten daher
einzig dafür, den Gegenstand mit so wenig Lärm als möglich durch-
schlüpfen zu lassen, weswegen sie denselben durch den Notar der zur
Zusammenstellung der Beschwerden und Wünsche ausgesandten Commission in dieses Operat aufnehmen liessen. Die der Ständetafel angehörenden Mitglieder dieser Commission jedoch waren dem entgegen,
und wünschten den Gegenstand in einer seiner würdigen Fassung
besonders zur Vorlage zu bringen.

Und Balogh stellte auch gegen Ende des Jahres den Antrag,
und bat, an den König eine Adresse zu richten: er möge sich auf
diplomatischem Wege bestreben, der unglücklichen Nation Gerechtigkeit widerfahren, und die ihr durch die Schlussacte des Wiener
Congresses garantirte Verfassung wiederherstellen zu lassen. Der Antrag wurde von der Mehrheit mit grosser Sympathie aufgenommen.
Mehrere erhoben begeistert das Wort, wenn auch nur, um die Sympathie der ungarischen Nation für das unglückliche „Brudervolk" an
den Tag zu legen. „Wenn die Fürsten wegen des Todes der Könige
Trauer anlegen", sagte unter andern Ladislaus Palóczy, nachdem er
jene Bande, welche unser Vaterland einstens mit den Polen verbanden,
in einer kurzen historischen Skizze erwähnt hatte, „ziemt es nicht
auch den Nationen, den moralischen Tod eines ganzen grossen freien
Volks zu betrauern? Tragen wir daher Trauer, nicht auf unsern
Hüten, sondern in unsern Herzen. Und damit die Regierung wisse,
dass das hier Gesagte keine leeren Worte sind: so erkläre ich feierlich, dass einzig im Comitat Borsod 30000 Menschen bereit sind,
für die Polen alles aufzuopfern." Auch Kölcsey sprach zweimal, nach
seiner Gewohnheit mit jener künstlerischen Präcision, in jenem poetischen hochfliegenden Geiste, welcher seine Reden kennzeichnet. „Sehet",
sagte er, „wir zogen die Blicke Europas auf uns; wir erschienen als
die verwandten Theilnehmer des in Gefahr schwebenden Landes; und
wir thaten, was wir in unserer abgesonderten comitatlichen Lage,
unter unsern Verhältnissen thun konnten. Die Grenzen unsers Vaterlandes konnten wir zwar nicht überschreiten, wir konnten nicht hin-
eilen, wie in einer andern glücklichern Sache die Söhne anderer Länder, die in Waffen gingen, um unter den Ruinen des alten Hellas,
unter den Schanzen Missolunghis für die Freiheit eines fremden Volks
zu sterben. Wir besassen nichts anderes ausser kleinen Gaben, welche
wir überall einsammelten, und flehende Worte, welche wir schmerzlich
aufkreischend vor dem Thron unsers Königs niederlegten. Vergeblich!
unser Schrei verhallte erfolglos, und mächtige Hände schlugen nieder,

1833. schlugen angesichts der ganzen Welt die Nation nieder, welche mit
uns jahrhundertelang mit Recht die Schutzmauer der Christenheit genannt wurde; ohne welche jetzt die Thürme Wiens in Trümmern lägen, dessen Paläste der Wanderer ebenso vergebens suchen
würde wie in dem ofener Schlosse die prachtvollen Säle des Mathias
Corvinus. . . . Hier, an unsern Grenzen, durch eine so nahe Macht
wurde die entsetzensvolle That begangen, welche uns als Menschen,
als Nation, als Besitzer constitutioneller Freiheit gegen unsern Willen
in Schrecken versetzt. Menschen pflegen neben und nach Menschen
zu sterben, aber den Nationen wünschen und hoffen wir ein Jahr-
tausende dauerndes Leben; und dieser Wunsch, diese Hoffnung wird
in den Tiefen unsers Herzens erschüttert, wenn wir sehen, wie es
möglich war, dass diese Nation nicht starb, sondern ermordet,
von wilder Gewalt zerschmettert wurde." — „Es ziemt sich also",
sagt er in seiner zweiten Rede, „Sr. königlichen Majestät unsern Wunsch
zu erklären, dass Allerhöchstderselbe sein hohes Ansehen zu Gunsten
der unsere Theilnahme in so hohem Grade besitzenden Polen geltend
mache. Wir schulden dies der unglücklichen Nation. . . . Aber wir
sind es auch uns selbst schuldig. Denn wir können uns unmöglich
die Gefahr verheimlichen, welche uns bedroht, da an unsern Grenzen
eine freie Verfassung willkürlich zertreten wurde, und die nordische
Macht um uns herum immer mehr an Ausdehnung gewinnt. . . . Die
mächtigern Nationen Europas schwiegen, sprechen wir! Vielleicht,
wenn sie sehen werden, dass ein machtloses, und nicht die günstigste
Stellung einnehmendes Volk dasjenige gethan hat, was ihnen zu thun
geziemt hätte, springt ein Funke in ihre Herzen, welcher zu einer
wohlthätigen Flamme auflodert. . . . Ich rufe die löblichen Stände
im Namen der bis zur Verzweiflung gepeinigten Menschheit, der hin-
gemordeten constitutionellen Freiheit, der zertretenen Menschenrechte
auf: sie mögen ihren Busen dem Mitleid öffnen, und nicht versäumen,
für die Unglücklichen diesen kleinen, diesen mühelosen Schritt zu
machen." Der biharer Deputirte Tisza tadelte, als er zu Gunsten der
Polen sprach, zugleich hart die österreichische Regierung, welche gleichfalls die Unterdrückung der Völker anstrebe und unter anderm auch
die Armee des freien Ungarn zur Knechtung der italienischen Nation
benutze.

Sowol die Anhänger des Palatin als auch die Männer der eigentlichen Regierungspartei hörten diese Reden mit grossem Unwillen an,
und viele tadelten ihre freisinnigen Genossen strenge, dass sie die Regierung so zwecklos angriffen und für eine nicht nur fremde, sondern
zugleich auch unausführbare Sache eiferten. Unter andern war es
Joseph Andrássy, Deputirter des graner Comitats, einer der führenden
Redner der Regierungspartei, der, gegen den Antrag sprechend, es
natürlich fand, dass Nationen untergehen. Dieser bittere Hohn

berührte schmerzlich das Gefühl der Majorität der Stände; und ein 1833. junger Redner stand auf, der, die Stelle eines andern einnehmend, erst im Verlaufe des Reichstags angekommen war, und erst seit kurzem in den Berathungen sein gewichtiges Wort vernehmen liess. Die improvisirte meisterhafte Rede wies den unwürdigen Hohn auf mächtige Weise zurück und rächte das verwundete Gefühl zarter Gesinnung.

„Nationen untergehen, Nationen erstehen, diese Worte sprach der Deputirte Grans aus", so lautete die Rede; „ich glaube indess, dass er uns damit nicht etwa eine besondere Neuigkeit sagen wollte, denn die Jahrbücher der Geschichte haben uns reichlich gelehrt, dass, während eine Nation zunahm, eine andere zu Grunde ging. Aber die Weltgeschichte lehrt nicht, dass wir eine im Wirbel äusserster Gefahr mit dem Untergang ringende Nation, stumm und kalt zusehend, nicht nach Möglichkeit unterstützen sollen. Denn auch einzelne Menschen werden und gehen unter, ja, und es ist dennoch unsere Pflicht, unsere in Gefahr befindlichen oder in Noth gerathenen menschlichen Brüder nach Möglichkeit der Gefahr zu entreissen. Ich will die Geschichte des vergangenen Jahrhunderts Polens nicht erklären: ich müsste vieler traurigen Schicksalsschläge erwähnen, welche diese Nation trafen. Ich will die offenkundigen und geheimen Ursachen ihrer Zerstückelung nicht untersuchen, und die hieraus möglicherweise entstehenden Folgen nicht aufzählen: die Zeit wird bald Europa lehren, ob es nützlich und gerathen war, dass dies geschehe. Aber ein mit Schmerz und Besorgniss gemischtes bitteres Gefühl muss uns ergreifen, wenn wir sehen, dass die polnische Nation, welche im 16. Jahrhundert für den mächtigsten Staat des Nordens gehalten wurde, gewaltsam für immer ausgestrichen sei aus der Reihe der Völker. Es wurde zur fürchterlichen Wirklichkeit, was ihr König Johann Kasimir in seiner am 6. Juli 1616 gehaltenen Rede unter Thränen prophezeite; denn niedergetreten ist die einstige Grösse dieser Nation, zertrümmert liegen umher die zerstörten Denkmale ehemaliger Freiheit, und an den mit polnischem Blute getränkten Ufern der Weichsel rauchen die Heerde der nicht mehr freien Polen! Unsern Schmerz vermehrt noch das Gefühl, dass ausser Mitleid und Bitten nichts anderes in unserer Macht steht, was wir für die Unterdrückten thun könnten; denn auch auf uns lastet schon seit Jahrhunderten die Eisenhand des unerbittlichen Schicksals, sodass wir jetzt für unsere unglücklichen Nachbarn nicht dasjenige thun können, was der Ungar 1278 für Rudolf von Habsburg gegen den mächtigen Ottokar gethan hat.

„Doch dem bis zur Knechtschaft unterdrückten Armen reicht in der Fülle seiner Schmerzen auch dies süsse Linderung, wenn er die heissen Thränen theilnehmenden Mitleids fallen sieht; wenn er das für ihn bittende Wort desjenigen vernimmt, welcher für ihn mehr nicht thun kann, wenn auch das Wort der Bitte vom eisigen Herzen des

1833. Unterdrückers erfolglos abprallt. Bieten wir ihnen daher diese geringe Linderung', wenn schon nicht mehr in unserer Gewalt steht; aber bieten wir sie ihnen sofort und ohne Säumniss. Oder werden wir etwa die Thränen unsers Mitleids, und die zur Anfertigung der Bitte nöthige Arbeit weniger Stunden jenen nicht gern opfern wollen, deren Ahnen für uns Blut und Leben aufopferten? Macedoniens mächtiger Fürst, Alexander der Grosse. erschütterte Europa und Asien mit seinen Siegen, erfüllte die halbe Welt mit seinem Ruhm und liess sich einen Sohn Jupiter Ammon's nennen; aber er konnte von der Nachwelt nur Bewunderung, nicht allgemeine Hochachtung erringen, denn er hatte die Freiheit Griechenlands, welche schon sein Vater erschütterte, gänzlich hingemordet. Octavian, der glückliche Kaiser Roms, regierte sein Reich weise, war ein Beschützer der Wissenschaften, sein Volk nannte ihn Augustus; aber Dankbarkeit folgte seinem Andenken nicht, denn er hatte den zu letzter Flamme emporlodernden Funken der römischen Freiheit erstickt. Alexander, der russische Zar, gab nach seinen glänzenden Siegen den Polen eine bürgerliche Verfassung; und dies verschaffte ihm einen schönern Ruhm als alle seine blutigen Siege. Er begann indess selbst sein glorreiches Werk zu zerstören und die soviel Gutes versprechende glänzende Gabe wurde jetzt gänzlich über den Haufen geworfen. Die verbündeten Fürsten, als sie zum letzten Kampfe gegen die riesige Macht Napoleon's auszogen, hatten erklärt, dass sie für die Freiheit Europas fechten, und als die gewaltige Macht des Feindes glücklich gebrochen war, nannten sie sich die Befreier Europas. Jeder österreichische Soldat, welcher an dem blutigen Kampfe bei Leipzig theilnahm, trägt den Schuldbrief des glorreichen Versprechens der Verbündeten an seiner Brust, jenes kleine Metallkreuz, welches die Aufschrift hat: «Europa libertati asserta.» Diese drei Worte erweckten schöne Hoffnungen im Herzen der Völker, und die Erzbuchstaben dieser kleinen Denkzeichen erinnerten stumm, aber nachdrücklich an die Heiligkeit des Fürstenworts. Wenn daher schon die stummen Zeichen so laut sprechen, so wird es uns, die wir die süssen Früchte unserer freien Verfassung in Ruhe geniessen, vielleicht erlaubt sein, unsere Bitte um Verwirklichung des glorreichen Versprechens zu betreiben, damit die unterdrückte bürgerliche Freiheit unsers zertretenen Nachbars wiederhergestellt werde, und dadurch auch er glücklich werden könne; denn ohne Freiheit kann es kein reines und beständiges Glück geben."

Franz Deák.   Dieser junge Redner war Franz Deák, der jüngere Bruder Anton's, der zum Frühling dieses Jahres seine Stelle als Deputirter des zalaer Comitats niedergelegt hatte. Als seine Principiengenossen ihr Bedauern über das Scheiden dieses patriotisch gesinnten Abgeordneten, welcher vor einigen Jahren selbst den Titel eines königlichen Raths abgelehnt hatte, aussprachen, gab er ihnen zur Antwort: „Ich werde

euch einen jungen Mann schicken, der in seinem kleinen Finger mehr 1833.
Verstand und Wissenschaft besitzt als ich, sein älterer Bruder, in
meinem ganzen Körper." Der junge Mann erschien, und ohne dass
er in seiner Bescheidenheit nach dieser Auszeichnung gestrebt hätte,
wurde er mit stiller Uebereinkunft des Deputirtenkörpers bald darauf
der Führer der freisinnigen Reformpartei der Ständetafel. „Wie die
Sonne", sagt von ihm Laurenz Tóth, „kokettirt er mit niemand, sondern tritt plötzlich mit seinem ganzen Strahlenmeere, in seiner ganzen
Herrlichkeit am Himmel auf, und die kleinern Gestirne erblassen, auf
Erden aber verbreiten sich wohlthätige Strahlen und Wärme." Diese
Rolle spielte er fortan bis 1848 selbst dann, wenn er persönlich auf
dem Reichstage nicht zugegen war. Dort war er, zugegen oder fern,
der Weise des Landes, an den sich die freisinnige Partei in allen
schwierigern Angelegenheiten um Rath wandte; er war der allgemeinen Meinung nach der erste, tiefverständige Staatsmann des Landes,
dessen Stimme stets entschied. Er ist nicht jenes lebhafte, unruhige,
unablässig Neues und Neues zu schaffen strebende Genie, welches
Széchenyi von Plan zu Plan trieb; bei Deák bildet den Hauptcharakter
sowol der geistigen als der moralischen Eigenschaften die besonnene
Ruhe und Mässigung; und wenn an ihm ein Mangel war, so stammte
dieser nicht aus der feurigen, schwärmerischen Ausschweifung des
Geistes, nicht aus Leidenschaft, nicht aus einer übertriebenen, vieles
beginnenden Thätigkeit, sondern vielmehr aus dem Gegensatz alles
dieses, mit dem beinahe vollständigen Mangel des Strebens nach aussen,
des Dranges nach Oeffentlichkeit. In diesem mächtigen Geist, welcher
hinsichtlich der Tiefe des Verstandes, der Schärfe und Gründlichkeit
des Urtheils, des Reichthums an Wissenschaft, selbst nach der allgemeinen Anerkennung seiner politischen Gegner ohne Rivalen im Vaterlande dasteht, ist keine Eitelkeit, kein Ehrgeiz, keine Ambition vorhanden; und deshalb ist auch der Thatendurst und die Thätigkeit
selbst in ihm weit geringer, als in den meisten Fällen solch reichen
und starken Geistern eigen zu sein pflegt. Der Mangel des Strebens
nach aussen, des Triebes nach Schaffung scheint bei ihm beinahe an
Trägheit und Muthlosigkeit zu grenzen. Wenn er als Bürger eines
verfassungslosen, willkürherrschaftlich regierten Staats geboren worden
wäre, wo ihm das aus dem Vertrauen seiner Mitbürger stammende
Pflichtgefühl die öffentliche Laufbahn nicht aufzwingen und ihn aus
seiner Einsamkeit durch ihre Wahl nicht herausreissen konnte, wäre
er von nur wenigen gekannt, nur von seiner nächsten Umgebung bewundert, ohne Auszeichnung, ohne Ruhm zu Grabe gestiegen.

Aber dieser Mangel einer nach aussen strebenden, schaffungs-
lustigen Thätigkeit ist auch die einzige Schattenseite dieser übrigens
mit so zahlreichen glänzenden Fähigkeiten, mit so vielen zur Hochachtung zwingenden Eigenschaften versehenen, prächtigen Persönlich-

keit. Der Mangel an Ambition und Thatenlust, jene Ruhe und Mässigung machte ihn übrigens keineswegs zu einem zurückgezogenen, in sich verschlossenen, kalten, selbstsüchtigen, ungeniessbaren Menschen. Ja, wie er durch seine hohe geistige Fähigkeit, seine reichen Kenntnisse, seine Weisheit zu einer wahren Autorität im Reiche wurde: so verschaffte ihm seine goldreine Ehrlichkeit, seine uneigennützige Vaterlandsliebe, seine Bescheidenheit und liebenswürdige Gemüthlichkeit die Achtung aller Parteien. Die Regierung selbst achtete ihn hoch, obgleich er ihr durch seine unermüdete, in wesentlichen Dingen nie weichende Opposition oft nicht wenig zu schaffen machte. Er wurde in der gesellschaftlichen Unterhaltung nicht minder bewundert als in den Sälen der Gesetzgebung oder der Comitatsversammlungen. Seine witzige, gemüthliche Conversation war von den Damen feiner Erziehung nicht weniger gesucht als vom Kreise der Männer, in welchem ergötzliche Spässe, treffende Gleichnisse, schlagfertige Anekdoten, in wahrhaft ungarischem Geiste vorgetragen, auf geschmackvolle Weise seinen Lippen entströmten. Sein Charakter als Privatmann ist ebenso fleckenlos und liebenswürdig, als sein öffentlicher glänzend und musterhaft ist; die ihn näher kennen, oder eben sich seiner Freundschaft rühmen dürfen, können nicht leicht bestimmen, was in ihm grösser, der Mensch oder der Patriot.

Wenn wir ihn als den nie in Zweifel gezogenen, unzähligemal eingestandenen Parteiführer kennen lernen wollen, so müssen wir ihn nicht in einer öffentlichen Sitzung, sondern in den oppositionellen Vorbereitungsberathungen aufsuchen. „Morgen wird eine wichtige Sitzung stattfinden", so zeichnet ihn, ebenso schön als treffend, auf einer solchen Conferenz Laurenz Tóth, „es gelangte ein Rescript von Wien herab, dessen Stilisirung an die Zweideutigkeiten Pythia's erinnert. Gross ist der Lärm, die Unordnung, ungeheuer viel wird gesprochen im Berathungssale. Wer kennt nicht die Undisciplinirung der ungarischen und jeder andern Opposition? Sie sagt, sie wolle unabhängig sein, nur ihrem Gewissen Gehör schenken, damals, wenn sie nichts anders ist als stolz, eitel, ruhmsüchtig; wie viel Köpfe, so viele Meinungen, wie viel Soldaten, so viele Ansprüche auf die Führerschaft. Ein Mann betritt das Zimmer; sein Erscheinen wirkt mit neptunischer Macht auf die Wogen ein. Er setzt sich behaglich aufs Sofa — denn er liebt die Bequemlichkeit —, er hat eine Cigarre im Munde, was eine Lieblingsgewohnheit von ihm zu sein scheint; und nachdem schon viele, sehr viele sich ganz ausgesprochen haben, und hergesagt, was sie aus „Kelemen", „Kövy", „Rotteck" und „Bentham" gelernt, fängt er zu sprechen an, einfach, klar, manchmal scherzhaft; unter seinen Händen wickelt sich das verwickelte Knäuel in schöner Ordnung ab; auf seine klaren Worte zertheilt sich der Nebel der Zweideutigkeit, die trügerische Dämmerung der Sophismen; es erscheinen die sichern, begrenzten Standpunkte, die wohldurchdachte Schlachtordnung; er sagt, 1833. auf welchem Felde man den Angriff beginnen und den Kampf fortsetzen, welche Punkte man behaupten und aufgeben, in welcher Ordnung man die Scharen und Batterien aufstellen müsse. Und der Lärm verstummt, die untergeordnete Masse schweigt und geht ruhig zum Nachtessen auseinander, nachdem „wir alles aufs beste geschlichtet hatten“.

Dies ist Deák's Bild in den Conferenzen. Frei von Ruhmsucht und Eitelkeit überliess er beinahe stets, nicht selten schwächern, ungeübtern Abgeordneten, das erste Wort, den Antrag, welchen sodann sein tiefes Verständniss mit Gründen und Folgerungen versah. Er beachtete stets nur die Sache selbst; seiner eigenen Person vergass er immer. Nie liess er seinen allmächtigen Einfluss ein Mitglied seiner Partei fühlen; er war voll Schonung selbst gegen die Schwachen. Wenn man ihn nicht nothwendig hatte, sprach er in öffentlicher Sitzung nicht; und wenn er sprach, so that er dies nur deshalb, weil entweder die Wichtigkeit des Gegenstandes das Gewicht seines Wortes in Anspruch nahm, oder die im Verlaufe der Berathung entstandene Verwickelung die zersetzende Schärfe seiner Logik, das Licht seiner tiefen Vernunft erforderte; oder es wurde nöthig, die bereits genügend durchsprochene Frage in präcise, bestimmte Worte und Formen zu fassen. Er sprach bei solchen Gelegenheiten stets entscheidend. Seine Rednergabe ist keine solche, welche den Zuhörer elektrisirt, hinreisst, in Leidenschaft erglühen macht: sie wirkt vielmehr auf die Gemüther überzeugend, erwärmend ein; sie ist frei von allem Schwulste und leeren grossen Worten; sie ist einfach, präcis, klar, kernig; sie ist erschöpfend ohne Weitschweifigkeit und Langeweile, erwärmend ohne zur Entzückung hinzureissen, mit dem Gewicht ihrer Gründe und Schlussfolgerungen Ueberzeugung erweckend. Niemand vermag klarer zu denken, niemand seine Gedanken klarer auszudrücken als er. Die Reihenfolge seiner Gedanken kommt nie in Verwirrung, geräth nie in Stockung. Seine Reden wirst du nicht minder inhaltsreich, nicht minder kräftig und schön finden, wenn du sie mit kritischem Geiste liesest, als wenn du dieselben in seiner reinen, fliessenden, ruhigen und würdevollen Vortragsweise gehört hast. Was Guizot von Washington in dessen „Leben“ sagt, passt von Wort zu Wort so vollständig auf Franz Deák, als ob der berühmte französische Schriftsteller ihn hätte zeichnen wollen: „Es war in ihm“, sagt derselbe, „keine Selbstsucht, kein geistiger Wetteifer. Wenn er einen Sieg erkämpfte, so war dies in Bezug auf seine Feinde weder eine verlorene Wette noch eine allgemeine Verdammung. Er siegte nicht im Namen der Superiorität seines Geistes, sondern im Namen der Sachen selbst und der Nothwendigkeit derselben. . . . Er handelte nie aus Interesse allein, noch aus Rücksicht auf seinen Sieg. Er that nichts, wovon er nicht glaubte,

1833. Wahrheit und Recht stünden an seiner Seite, so sehr, dass für seine
Gegner in seinen Handlungen nichts Erniedrigendes lag; aber dieselben
hatten stets einen solchen moralischen Charakter, welcher zur Achtung
zwang. Uebrigens war von seiner Uneigennützigkeit jedermann innerlich überzeugt: er war ein grosses Licht, welchem die Menschen von
selbst und vollkommen vertrauen; er war eine mächtige Kraft, welche
die Seele an sich zieht und zugleich auch die Interessen sichert, dass
sie weder aufgeopfert, noch als Werkzeuge ausgebeutet würden zu
persönlichen und ehrgeizigen Zwecken." So war Franz Deák. Da er
indess der Cardinalpunkt war, um welchen sich seither grösstentheils
die Geschichte unserer Reichstage, besonders der spätern, drehte, so
werden wir noch oft Gelegenheit finden, mit diesem grossen Manne
zusammenzutreffen und mit den schönen Eigenschaften seiner Persönlichkeit eingehender bekannt zu werden. Kehren wir nun zu den
Reichstagsverhandlungen zurück.

Von der polnischen Angelegenheit bleibt nur noch wenig zu
sagen übrig. Wir erwähnten schon, welche Interessen den Palatin
bewogen hatten, diese Frage zu beseitigen. Nachdem er also bei
Balogh seine ganze Ueberredungskraft vergebens erschöpft hatte, um
denselben von der Stellung des Antrags zurückzuhalten, so wandte er
den ganzen ihm unter den Ständen zu Gebot stehenden Einfluss
darauf an, die Durchführung desselben zu verhindern. Seine Bestrebungen blieben auch nicht ohne Erfolg. Es fanden sich auch
unter den Freisinnigen noch viele, die den verdienstvollen Palatin,
der in seiner beinahe vierzigjährigen öffentlichen Laufbahn schon so
viel gethan, und von welchem man in dieser Umgestaltungsperiode noch
so vieles zum Wohl des Vaterlandes erwartete, dieser fremden, und
was noch mehr, durch eine Adresse des ungarischen Reichstags einer
günstigern Entwickelung ohnehin nicht mehr entgegenzuführenden
Angelegenheit wegen nicht verstimmen wollten. Der Antrag blieb
daher in der allgemeinen Sitzung in der Minorität.

Die Union
Sieben-
bürgens und
die Frage
der Partes.
Einen grössern Erfolg hatten die Bestrebungen der freisinnigen
Opposition in einem andern hochwichtigen Gegenstande, welcher gleichfalls, wie die Beschwerde in der Religionsangelegenheit, sogleich zu
Anfang des Reichstags aufs Tapet gebracht und auch früher beendigt
wurde, als der den reichstäglichen Berathungen eigentlich unterzogene
erste .Gegenstand, das Urbarialoperat. Dieser Gegenstand war die
Wiedereinverleibung einiger gegenwärtig innerhalb der Grenzen
Siebenbürgens befindlichen, aber rechtlich zu Ungarn gehörigen Theile
mit dem Mutterlande, namentlich der Comitate Zaránd, Kraszna und
Mittel-Szolnok und des Districts Kővár.

Die Wiedereinverleibung dieser Theile (Partes) hatten die Stände
vormals rücksichtlich der Vollständigkeit der Landesgrenzen betrieben,
und wie der 8. Gesetzartikel 1791 beweist, zog die Regierung die

hierauf bezüglichen Rechte des Landes auch nicht in Zweifel, hatte 1833. indess die thatsächliche Wiedereinverleibung von der Vernehmung der Siebenbürger abhängig gemacht. Und obschon auch spätere Gesetze die Beendigung dieses Gegenstandes zu betreiben nicht versäumten, so war doch die Ausführung desselben infolge der endlosen Verzögerungen der Regierung noch immer nicht zur That geworden.

Es könnte sonderbar erscheinen, dass jetzt, da so hochwichtige Reformen, die Fragen der systematischen Neugestaltung des Landes, das Ziel dieses Reichstags waren, die Stände diese Jahrhunderte alte Beschwerde dennoch für eine so grosse betrachteten, dass sie dieselbe, aus der Menge der übrigen präferentialen Beschwerden herausgerissen, abgesondert, und zwar sogleich zu Anfang der Sitzung zu verhandeln beschlossen, da es doch nur ein Unterschied von geringem Interesse zu sein scheint, ob die fraglichen vier Comitate unmittelbar unter der öffentlichen Verwaltung Ungarns, oder der des zum Reiche der ungarischen Krone gehörigen Siebenbürgens stehen. Und diese Frage würde jetzt auch keine grössere Wichtigkeit erlangt haben, wenn sie nicht Wesselényi, der damals auf dem Gipfelpunkt seiner Popularität stand, und als eigentlicher Führer der Oppositionspartei grossen Einfluss auf die Stände ausübte, zur Grundlage einer andern, an sich selbst schon gewichtigen Frage gemacht, und darauf das ganze System seiner auf Siebenbürgen bezüglichen Politik aufgerichtet hätte.

Wesselényi's eigentliches Vaterland war Siebenbürgen; und dieses zu heben, und dadurch auch die ungarische Nation zu stärken, war sein Bestreben. Allein der Zustand Siebenbürgens war sowol in politischer als materieller Beziehung ein noch weit schlimmerer, die Bedingungen des Fortschritts fehlten dort noch weit mehr, die Verwirklichung der Reformen stiess dort auf weit mehr und grössere Hindernisse als in Ungarn. Die Verfassung Siebenbürgens, welche zum grössten Theil auf dem 1691 mit Leopold I. geschlossenen Vertrag begründet war, unterschied sich in vielem von jener Ungarns. Das Wesen dieser Verfassung bestand aus folgenden Punkten: Die drei Nationen, das heisst, die Ungarn, Szekler und Sachsen; ferner die vier Religionen, nämlich: die römisch-katholische, die zwei protestantischen und die unitarische, besitzen Rechtsgleichheit; die Aemter müssen mit den Anhängern aller sieben Parteien besetzt werden; der Landtag, welcher das Recht der Gesetzgebung ausschliesslich besitzt, wird alle Jahre abgehalten. Die Mitglieder der Dicasterien, welche vom Landtage gewählt und vom Monarchen bestätigt werden, sind principiell verantwortlich; den Statthalter, welcher an der Spitze derselben steht, ernennt der Monarch, dagegen wird der Hofkanzler vom Landtag gewählt; zu den Comitatsämtern werden von seiten des Comitats nur Candidaten aufgestellt, die Ernennung steht der Regierung

1833. zu. Indess hatte die wiener Centralregierung in Siebenbürgen weit
mehr Machtübergriffe gethan als in der Verwaltung Ungarns; demzufolge die constitutionellen Rechte mehr oder minder zu blossen Schatten
schwanden. Die freiern Institutionen beraubte sie alle nacheinander
allgemach ihrer ursprünglichen Gültigkeit, oder beschränkte und schä-
digte sie in ihrem Wirkungskreise: die Verantwortung des Dicasteriums
verschwand gänzlich; die Beamtenwahlen der Comitate wurden ausser
Gebrauch gestellt, und sämmtliche Stellen durch die Regierung ohne
Candidirung und Vernehmung der Comitate besetzt, die Verwaltung
durch Beamte gehandhabt, die in bureaukratische Abhängigkeit vom
Centralpunkte gelangt waren. Da die Mitglieder der vornehmern, unabhängigern Familien aus den Aemtern nach und nach verdrängt wurden, so konnten sie fortan auf die öffentlichen Angelegenheiten kaum
einen geringen Einfluss ausüben. Der Landtag selbst, welcher grösstentheils aus solchen von der Regierung ernannten Beamten bestand,
hatte alle verfassungsmässige Kraft verloren; und so oft er seit 1791
einberufen wurde, hatte jedes neue unter der drückenden Einwirkung
der wiener Regierung geschaffene Gesetz die Grundlage des alten
Rechts, der avitischen Freiheit nur vermindert oder in engere Schranken eingezwängt. Seit 1811 war aber gar kein Landtag mehr verkündigt worden; was zur Folge hatte, dass sich im Dicasterium von
Jahr zu Jahr die Zahl der von den Ständen gewählten Beamten verminderte, bis sie schliesslich auf einen einzigen zusammengeschmolzen
war. Und auf diese Weise kam die ganze Verwaltung in die Hände
von Beamten, die in Wien ernannt wurden, und dieselbe den von
ebendort erhaltenen Verordnungen und Massregeln gemäss fortsetzten,
ohne sich an die Verfügungen der Gesetze zu kehren. Die Bureaukratie wurde zur einzigen Staatsmacht.

Das Erwachen Ungarns erweckte zwar auch in den Ständen
Siebenbürgens die Opposition, infolge dessen auch dort eine immer lebhaftere Bewegung zur Wiederherstellung der verfassungsmässigen Rechte
entstand; allein auch die wiener Regierung war auf ihrer Hut und
versuchte die Bewegung selbst durch Anwendung ausserordentlicher
Mittel zu unterdrücken. Der Banus von Kroatien, Wlasics, wurde,
mit voller militärischer und politischer Gewalt versehen, als königlicher Commissar nach Klausenburg gesandt, die Verfassung aber
wurde suspendirt. Die Stände, die das constitutionelle Leben neuerdings anzubahnen wünschten, betrieben mit grosser Energie die Einberufung des Reichstags, welche, nachdem hierzu auch der Banus rieth,
endlich auch versprochen wurde.

Aber Wesselényi, der an allen Bestrebungen der Opposition mit
grossem Eifer und grösstentheils leitend theilnahm, hoffte eine so
gründliche Reform, wie er sie wünschte, von diesem Landtage nicht
mehr; und zwar nicht allein deshalb, weil die Majorität desselben

königliche Beamte bildeten; noch blos deshalb, weil auf den Geist 1833. der zu schaffenden Gesetze der Einfluss der wiener Regierung schon massgebend geworden war. Er sah in den Grundlagen der Verfassung selbst, welche auf der Rechtsgleichheit dreier Nationen und vier Religionen, und auf den Rechtsansprüchen dreier Volksklassen beruhten, so viel abzweigende, einander gegenseitig schwächende Interessen in Wirkung, dass er es schlechterdings für unmöglich hielt, dieselben miteinander auf solche Weise auszugleichen, dass es möglich wäre, mit dieser Verfassung die in so tiefer Versunkenheit befindlichen, auf jede Art zurückgebliebenen öffentlichen Zustände noch umzuändern oder weiter auszubilden. Er hielt das Gemeinrecht für so fehlerhaft und ungereimt, dass er neben demselben gar keine Aussicht hatte, andere Gesetze schaffen zu können als solche, welche das Wasser auf die Mühle der Willkürherrschaft treiben. Er sah die ganze Maschinerie der öffentlichen Verwaltung für so schlecht an, dass er es für sicher betrachtete, dass die Beamten selbst früher oder später auch noch das Wenige, was von der Freiheit übrigblieb, zerstören würden.

Er hatte daher zu dem in Aussicht gestellten Landtag kein Vertrauen mehr; denn er konnte von demselben nicht soviel Lebenskraft und Organisationsfähigkeit hoffen, dass er seinem kleinen Vaterlande aus dessen herabgekommenen Zuständen heraushelfen, dasselbe zu einem rühmlichern Dasein emporheben, und in politischer und materieller Beziehung neu gestalten könnte. In dieser hoffnungslosen Lage erblickte er nur einen einzigen Weg, auf welchem es sich aus dem Sumpfe bureaukratischer Willkür herauswinden könnte: die Vereinigung mit Ungarn.

„Union mit Ungarn!" Dies wurde daher zum Losungsworte Wesselényi's in Bezug auf Siebenbürgen. Dieses Losungswort befolgte er in seinem ganzen politischen Vorgehen um so treuer und consequenter, da er durch die Vereinigung nicht nur Siebenbürgen retten, sondern auch in der Reichspolitik das Gewicht Ungarns bedeutend vermehren, und auf diese Weise die Reformangelegenheit selbst einem leichtern Siege entgegenführen zu können glaubte. Wie er zur Verwirklichung dieses Zweckes in Siebenbürgen, vereint mit Dionys Kemény und Karl Szász, welche mit ihm die Führerschaft der Opposition theilten, wirkte, werden wir weiter unten Gelegenheit haben zu erzählen; jetzt beschränken wir uns nur darauf, was er für diesen Zweck auf dem ungarischen Reichstage that.

Mit dieser Politik hinsichtlich Siebenbürgens war mit Wesselényi auch sein Freund, Franz Kölcsey, vollkommen einverstanden, der, in Siebenbürgen von einer Tochter dieses Landes geboren, nicht minder aus Pietät gegen sein Geburtsland und aus dem Verlangen, dasselbe aus seinem traurigen, tiefgesunkenen Zustand herauszureissen, als

1833. aus dem Wunsche, das Gewicht und die Kraft Ungarns zu vergrössern,
die Idee dieser durch die Verbindung der beiden Geschwisterländer
zu bewirkenden nationalen Vereinigung mit Begeisterung ergriffen
hatte. „Meine Liebe", sagt er an einer Stelle seines Tagebuchs, „zu
Siebenbürgen und zur Nationalsprache ist eine meiner stärksten,
ältesten Leidenschaften: beide stammen aus einer und derselben Idee,
aus einem und demselben Gefühl: aus der Liebe zum Vaterlande."
Die zwei Freunde hatten diese Idee vor dem Reichstage oft durch-
gesprochen, weiter ausgeführt und darauf ein ganzes politisches System
begründet. Es war übrigens unmöglich, die ungeheuern Schwierigkeiten, welche sich der Ausführung dieses Gedankens entgegenstellten,
nicht sogleich auf den ersten Blick wahrzunehmen. Nicht nur von
seiten der wiener Regierung war eine starke, entschiedene Opposition
vorauszusehen; in Siebenbürgen selbst gab es sehr zahlreiche Hindernisse. Man konnte es für unzweifelhaft ansehen, dass die sächsische
Nation, deren Einwilligung, weil mit den Ungarn und Seklern verfassungsmässig gleichberechtigt, gleichwol nothwendig war, gegen die
Union alles aufbieten werde, weil sie durch dieselbe in das das jetzige
an Macht ohne Vergleich weitaus überbietende constitutionelle Element
Ungarns eingeschmolzen werden sollte. Aber selbst von seiten der
Ungarn und Szekler konnte man den Kampf zahlreicher kleiner
provinzieller Interessen, vielfacher Ambitionen befürchten. Die Freunde
konnten, alle diese Schwierigkeiten bedenkend, sich leicht überzeugen,
dass, wenn ihre Idee der Vereinigung beider Länder im allgemeinen
ausführbar wäre, sie dafür auf den Reichstagen beider Länder einen
langen, lebhaften Kampf führen müssten. Davon konnte sie auch das
Schicksal der Frage der siebenbürgischen Landestheile überzeugen,
welche, obgleich sie seit einem Jahrhundert schon mehrmals verhandelt
und selbst durch ein Gesetz entschieden worden, dennoch bisher wegen
Mangel an Willen seitens der Regierung noch immer keine Lösung
finden konnte. Als nämlich unter Leopold I. Siebenbürgen wieder
unter die unmittelbare Regierung der Könige Ungarns kam, hätten
diese Landestheile, welche seit den Zeiten der Könige Johann Szapolyai
und Ferdinand I. in allen Siebenbürgen betreffenden Verträgen als
ungarischer Grund und Boden anerkannt und den Fürsten unter einem
ganz andern Rechtstitel übergeben wurden, als sie Siebenbürgen selbst
besassen, hätten diese Landestheile, sage ich, im Sinne dieser Verträge damals einfach dem Mutterlande wiedereinverleibt werden sollen.
Anstatt dessen aber wurden sie 1732 von König Karl III., ohne sie
und die Stände Ungarns einzuvernehmen, willkürlich und ungesetzlich
zu Siebenbürgen geschlagen. Dem widersprachen jedoch schon die
Stände des Reichstags von 1741, und in dem damals geschaffenen
ersten Gesetzartikel erkennt Maria Theresia mit klaren Worten an,
dass, gleichwie sie Siebenbürgen kraft des Rechtstitels als König von

Ungarn besitzt, ebenso auch die Landestheile unmittelbar zu Ungarn 1833. gehören, und sie dieselben demnächst mit dem Mutterlande vereinigen lassen werde. In dieses Gesetz liess indess die Billigkeit der ungarischen Stände eine Clausel mit einfliessen, nicht entfernt ahnend, dass diese ein Jahrhundert lang zum Vorwand dienen werde, um fortwährend die Ausführung des Gesetzes zu verschieben. Diese Clausel ist in jenen Worten enthalten, dass die Wiedereinverleibung nach der Einvernehmung der Siebenbürger vollzogen werden solle. Die Stände Siebenbürgens, in dieser Sache 1751 befragt, behaupteten, ohne dass sie es zu beweisen vermocht hätten, einzig auf jene Verordnung König Karl's gestützt, die Partes als zu Siebenbürgen gehörig; so wurde diese Angelegenheit bis 1790 belassen, denn die wiederholte Reclamation der Stände Ungarns auf dem Reichstage des Jahres 1764 war ohne Erfolg geblieben. An den nach dem Tode Joseph's II. eröffneten ungarischen Reichstag richteten die siebenbürgischen Landestheile selbst eine Adresse, in welcher sie um ihre Wiedereinverleibung baten und erklärten: dass, wie sie 1732, zur Zeit als Karl III. seine Verordnung erliess, nicht vernommen wurden, so auch 1752 die von den Ständen Siebenbürgens ertheilte, ihren Rechten widersprechende Antwort nicht mit ihrem Einfluss zu Stande kam, und sie durch ihre Repräsentanten auf dem damaligen siebenbürgischen Landtage zu Klausenburg erklären liessen, dass sie ihre Wiedereinverleibung mit Ungarn auch fernerhin zu betreiben wünschten. Die Stände Ungarns ordneten daher im 11. Gesetzartikel 1791 die Wiedereinverleibung an; die siebenbürgischen Stände aber beschlossen, den Rechten der Partes und des Mutterlandes entgegen, neuerdings, dass die Verordnung König Karl's vom Jahre 1732 in Kraft bleiben müsse. So übernahm diese Frage der Reichstag 1825, welcher endlich dazu drängte, dass sie unter den präferentialen Reichsbeschwerden ihrem Ende zugeführt werde. Allein wie damals, blieb auch auf dem folgenden Reichstage 1830 die hierauf bezügliche Vorlage ohne allen Erfolg, und die Angelegenheit überkam der gegenwärtige Reichstag 1832 als Erbschaft.

Nach solchen Vorausgängen, welche darauf hinwiesen, dass die Regierung, der es eher möglich, in Siebenbürgen willkürlich zu regieren als in Ungarn, die Wiedereinverleibung der Partes unzweifelhaftem Recht und klaren Gesetzen entgegen zu verzögern suche, durften sich Wesselényi und Kölcsey keineswegs schmeicheln, dass sie ihre Idee in der Unionssache mit leichter Mühe würden verwirklichen können. Wenn nun aber schon bezüglich der Wiedervereinigung der Landestheile von seiten der Regierung so viele Schwierigkeiten auftauchten — denn es waltete schon kein Zweifel mehr ob, dass die Angelegenheit bisher nur aus Mangel an Willen seitens der Regierung gescheitert war, und der Widerstand der Siebenbürger im vorigen Jahrhundert nur als Vorwand benutzt wurde, um den Mangel

1833. an Willen zu bemänteln —: eine um wie vieles grössere Opposition, wie
viel mehr Hindernisse konnten sie jetzt sowol von der Regierung als
von seiten der Siebenbürger selbst in Bezug auf die Union des ganzen
Siebenbürgens mit Ungarn erwarten! Aber eben in der Frage der
Partes sahen die erwähnten Freunde eine solche Kraft verborgen,
welche ganz dazu geeignet war, der Unionsidee bedeutenden Vorschub
zu leisten; sie bemächtigten sich derselben daher nun mit aller Energie.
Infolge ihrer Thätigkeit kam die Majorität der Stände überein, dass
die Frage der Union und der Partes, von der Reihenfolge der präferentialen Reichsbeschwerden abgesondert, für sich der Regierung unterbreitet werden sollte. Kölcsey's meisterhaft geschriebener Adressenvorschlag, welchen er auf Grund der von Wesselényi mit grosser
Sorgfalt gesammelten diplomatischen Daten verfasst und schon. am
8. Jan. in einer Circularsitzung vorgelesen hatte, war von grosser
Wirkung auf die Stände; die Versammlung nahm ihn nicht nur an,
sondern votirte dem Verfasser auch ihren Dank dafür. Kölcsey bewies darin siegreich, dass man die Wiedereinverleibung der Landestheile von der vorhergehenden Einvernehmung Siebenbürgens nicht
abhängig machen könne, sondern dieselbe den schon gegebenen Gesetzen gemäss ohne Säumniss vollziehen müsse; hinsichtlich der Wiederherstellung der einstmaligen Vereinigung Ungarns und Siebenbürgens
aber wünschte er zwischen den beiden Ländern eine gegenseitige Verhandlung eröffnet zu sehen, zu welchem Zweck der Landtag auch
in Siebenbürgen sofort einzuberufen sei.

     Da die Angelegenheit auf diese Art in Gang gebracht war, rich-
tete Wesselényi nun verschiedene Aufrufe an die Siebenbürger, dass
sie dieselbe comitatweise in Verhandlung nehmen und sich auch au
den ungarischen Reichstag mit Dringlichkeitsadressen wenden mögen.
Diese Schreiben Wesselényi's setzten ganz Siebenbürgen in Bewegung,
besonders nachdem man in den Comitatsversammlungen der Partes
vom Wiederanschluss an Ungarn zu sprechen begann. Die Siebenbürger sahen selbst ein, dass es besser sei, sich ganz dem Mutterlande anzuschliessen, als einen beträchtlichen Theil zu verlieren und
auch ferner abgesondert zu verbleiben; sie sahen auch ein, dass es
gegen die auf Siebenbürgen lastende Willkür ausser der Union keine
andere Hülfe gebe, und dass dieser Union auch bisher blos jene entgegen waren, die infolge ihrer Aemter sich im Zustand der Absonderung beider Länder viel zu wohl fühlten, als dass ihnen die
Wunden ihres kleinen Vaterlandes Schmerz verursacht hätten. Und
in der That erschien Graf Dominik Teleki schon zu Anfang des Frühlings in Presburg als Abgeordneter der vier Partescomitate, deren
Adressen er dem Reichstage überbrachte. Wesselényi beschloss hierauf mit seinen Freunden, dass diese Adressen dem Palatin, als dem
gesetzlichen Präsidenten des Reichstags, überreicht werden sollten, zu

welchem Zweck er für sich und Teleki eine Privataudienz auswirkte.
Dem Palatin gefiel indess die Sache nicht und er erklärte, dass er die
siebenbürgischen Adressen der reichstäglichen Berathung nicht unterziehen lassen werde; nachdem er jedoch vom Abgeordneten der
siebenbürgischen Comitate die Antwort erhalten hatte, dass sich dieser
demnach bemüssigt sehen würde, die Adressen dem Vorsitzenden der
ständischen Circularsitzungen zu übergeben, so änderte er seine Ansicht und ertheilte den Rath, dass die Adressen ihm übergeben würden, er würde sie sodann seinem königlichen Bruder zur Einsicht vorlegen, und biete er die Hoffnung, dass die Angelegenheit auf diese
Weise eher gefördert würde. Und nachdem er noch sein Wort gegeben hatte, dass er die Adressen nicht als Bruder des Königs, sondern als Reichstagspräsident übernehme, wurden ihm dieselben auch
überreicht.

Die Magnaten hatten unterdessen den Versuch gemacht, den
ihnen zugesandten Gegenstand fallen zu machen; aber Wesselényi's
Redekunst und das aus der Feder Kölcsey's geflossene Nuntium
hatten eine unwiderstehliche Wirkung. Die Adresse wurde nach
Wien hinaufgeschickt und man hoffte allgemein, dass der Hofkanzler
Reviczky, schon um nur seine stets abnehmende Popularität aufzu-
frischen, es durchsetzen würde, dass wenigstens das die Wiedereinverleibung der Partes anordnende Gesetz nicht nur neue Sanction erhalte, sondern endlich einmal auch in Vollzug gesetzt werde. Und
diese Hoffnung wurde jetzt auch nicht vereitelt: die königliche Sanction langte später wirklich herab, und die Vollziehung wurde, wie
wir sehen werden, angeordnet.

Es ist jedoch Zeit, dass wir endlich auf jenen Gegenstand über- Das Urba-
rialoperat.
gehen, welcher eigentlich den ersten Punkt der reichstäglichen Berathungen bildete, nämlich auf das Urbarialoperat, an welchem die
Stände während der Debatten über die vorerwähnten Fragen seit
Beginn des Jahres mit grossem Fleisse arbeiteten. Als zu Anfang
des Reichstags, den königlichen Vorlagen gemäss, der Antrag der
Regierung zum Beschluss wurde, dass von den systematischen Elaboraten das die Urbarialsache betreffende zuerst in Verhandlung genommen werde, hatte dies die freisinnige Majorität mit dem festen
Entschluss gethan, dass sie auf den Trümmern der bestehenden Lehens-
verhältnisse der Unterthanenklasse ein gesetzlich bestehendes bürgerliches Sein verleihen wolle. „Ich freue mich sehr", sagte Kölcsey,
„dass die Initiative auf seiten der Regierung ist, weil wir beim Beschlusse wetteifern können. Möge das Volk einmal seine Freunde
und Feinde wahrhaft erkennen. . Die Regierung will durch das Urbarium das Urbarium; wir müssen durch das Urbarium Eine Nation
wollen; das heisst: unsere Aufgabe ist, die Gegenstände des Urbariums
so zu ordnen, dass das Volk endlich Eigenthums- und Bürgerrechte

1833. erlange, und hierdurch die bürgerliche Verfassung statt siebenhundert-
tausend durch Verweichlichung und Armuth herabgekommener Seelen
zehn Millionen andere erhalte, welche sie emporheben können."
Das Schicksal der Unterthanenklasse war bis zu dieser Zeit noch
immer in jenem Zustande, in welchen dieselbe durch die von Maria
Theresia 1768 ins Leben gerufene, an sich selbst schon sehr mangelhafte, dazu noch von der Klasse der Herren vielfach umgangene und
verletzte Urbarialordnung versetzt wurde. Die Colonicalgründe, deren
Ausdehnung nach den verschiedenen Gegenden des Landes zwischen
16 — 40 (1200 Quadratklaftern enthaltenden) Joch Acker - und
6 — 22 Joch Wiesengrund abwechselte, waren nicht Eigenthum des
Bauers; er genoss nur die Nutzniessung davon und zahlte selbst die
allgemeine Steuer, zwar nach der Grösse seiner Aecker, aber nicht
für dieselbe, sondern für seine Person: der Grund war Eigenthum
des Edelmanns und als solches der Steuer nicht unterworfen.
Diese Grundstücke war der Unterthan verpflichtet sorgfältig zu bearbeiten, widrigenfalls der Grundherr berechtigt war, ihm dieselben
mit Intervention des betreffenden Comitatsbeamten wegzunehmen und
einem andern zu übergeben. Wenn der Unterthan sein Grundstück
verlassen und anderswohin übersiedeln wollte, konnte er die Erlaubniss
dazu erst nach Abtragung sämmtlicher Schulden erlangen; sein be-
wegliches Vermögen konnte er mit sich nehmen, sein Haus und andere Immobilien zum Schätzungspreise verkaufen; die Grundstücke
aber fielen an den Herrn zurück, jedoch mit der Verbindlichkeit,
dieselben einem andern Unterthanen zur Benutzung umsonst zu übergeben. Ausser der Nutzniessung der Felder hatte der Unterthan
noch folgende Beneficien: gemeinsame Weide mit der Grundherrschaft;
in welchem Hotter Waldungen bestanden, konnte er sich das nöthige
Brenn- und Bauholz umsonst verschaffen, ausserdem besass die Unter-
thanengemeinde in Gegenden, wo Weingärten oder Weinberge bestanden, das Recht sechsmonatlichen Weinschanks. Seine Lasten waren
hingegen die folgenden: in Geld zahlte er seinem Herrn als Haus-
abgabe den sogenannten Rauchzoll (füstpénz) von 24 Kreuzern; in
Producten zahlte ein ganzer Unterthan: jährlich zwei Hühner, zwei
Kapaune, zwölf Eier, eine halbe Butter, ihrer dreissig zusammen ein
Kalb; den neunten Theil der Bodenerzeugnisse — und da die Grundherren grösstentheils auch das der Geistlichkeit gebührende Zehntel in
Pacht hielten, oder erblich besassen — eigentlich deren fünften Theil;
von den Weingärten, zumeist nach einem besondern Vertrage, eine
verschiedene Steuer; jedes neunte Lamm, jeden neunten Bienenstock, oder als Ablösung für jedes Lamm 4, für jeden Bienenstock
6 Kreuzer. Als persönliche Arbeit hatte jeder ganze Unterthan jährlich
mit Wagen 52, ohne dieselben 104 Arbeitstage. Ein keinen Grund be-
sitzender Häusler schuldete 18 Robottage. Ein Viertel dieser Robot-

tage musste auf die Wintermonate fallen. Ausserdem waren noch
zwei ganze Unterthanen zusammen verbindlich, eine lange Fuhre zu
leisten, welche aus einem zweitägigen Wege bestand; endlich war
wegen der Ausrottung schädlicher Thiere jeder Unterthan verpflichtet,
auf den Jagden seines Grundherrn einen dreitägigen Jagddienst zu
versehen.

Der Richter des Unterthanen war dessen eigener Grundherr, der
in den sogenannten Herrenstühlen nicht nur in den privatrechtlichen
Processen der Unterthanen, sondern auch in den Urbarialvergehen urtheilte, und in Fällen von Ungehorsam oder anderer Ausschreitungen
wegen seine Unterthanen selbst körperlich abstrafen lassen durfte.
Der Präsident des Herrenstuhls war der Grundherr selbst, oder sein
Vertreter, dem noch zwei Gesetzkundige beigezogen wurden; zugegen
musste ausserdem noch der Stuhlrichter des Bezirks mit seinem Ge-
schworenen sein, und nur durch die Unterschrift der letztern wurde
das Urtheil rechtsgültig. Appellationsbehörde war das Comitatsgericht,
eine weitere der Statthaltereirath. Zufolge seiner patrimonialen Jurisdiction übte der Grundherr auch auf die Verwaltung der Gemeinde-
angelegenheiten einen grossen Einfluss aus: zur Wahl des Richters
und Notars war seine Einwilligung nothwendig; man musste ihm
Einblick gestatten in die Gemeinderechnungen, in die Manupulation
mit den Waisengeldern u. s. w. Das Vermögen und die Nutzniessung
der Grundstücke des verstorbenen Unterthanen ging auf dessen Kinder
erblich über; waren keine vorhanden, so war die Grundherrschaft
Erbe; jedoch konnte der Unterthan über zwei Drittheile seines Vermögens frei verfügen. Bürgerliche und politische Rechte besass der
Unterthan nicht.

Dies war in seinen Hauptzügen der gesetzliche Rechtszustand des
gemeinen Volks im Lande. Obgleich man den Ungar im allgemeinen
einen grausamen und despotischen Herrn nicht nennen kann, ist es
dennoch unleugbar, dass hier die Grundherren selbst, dort wieder die
Wirthschaftsbeamten derselben ihre Gewalt nicht selten misbrauchten,
und das Schicksal der Unterthanen ungesetzlicherweise erschwerten,
welche sodann bei dem gleichfalls aus Grundherren bestehenden Comi-
tatsgerichten nicht immer Unterstützung und Genugthuung erhielten.
Und ebendeshalb war unter den Bauern auch der Glaube so allgemein, dass der Herr sein Feind, der König aber sein Beschützer
sei, weil der Statthaltereirath in den appellirten Urbarialprocessen
oft die Partei des widerrechtlich unterdrückten Bauers ergriff. Diese
Entfremdung, diesen in sich zurückgedrängten Hass des Bauers gegen
die Herren durch eine in jeder Beziehung vorzunehmende Verbesserung
seines Schicksals aufhören zu machen, war daher die Hauptaufgabe
des neuen Urbarialcodex.

Wiewol der von der freisinnigen Majorität der Ständetafel an-

1833. genommene, die Urbarialverhältnisse regelnde Gesetzvorschlag das
Landvolk in jenen Zustand auch nicht versetzte, welchen die Lehren
der Demokratie oder die der Nationalökonomie von einer modernen
Constitution mit Recht fordern, so gereicht derselbe, als erster Reform-
schritt, unserer Aristokratie zweifelsohne zur Ehre. Das Werk, welches
auf Grund des von der Reichscommission ausgearbeiteten Operats angefertigt wurde, war kein leichtes, besonders bei der Organisation des
Reichstags, und der Art, wie die Berathungen gepflogen wurden. „Unsere Schwierigkeiten sind sehr gross“, sagt Kölcsey in seinem Tagebuch. „Die Theile des Reichs sind in so ungeheuer vielen Beziehungen
verschieden voneinander! Eine andere Lage, ein anders gearbeiteter
Boden, ein anderes Verhältniss der Ausdehnung, eine andere Bevölkerung, eine andere Lebensweise und mehr dergleichen; und die
aus alledem entstehenden andern Rücksichten, andere Denkungsart,
anderes Verständniss, andere Instructionen. Könnt ihr euch denken,
dass aus alledem ein vernünftiges Ganzes, ein Anknüpfungspunkt für
die Gesetzgebung gebildet werden könne? Deshalb sprechen wir soviel,
kämpfen und versuchen wir soviel, bis zuletzt sich entweder etwas
zufällig entwickeln, das heisst eher unversehens entstehen wird, oder
das Elaborat der Landescommission stehen bleibt.“ Es gehörte jedoch
noch zu den günstigen Fällen, wenn die einmal zu Stande gekommene Uebereinkunft auch beständig aufrechterhalten wurde, denn wie
sich Kölcsey an einer andern Stelle beschwert: „pflegten die Urbarial-
fragen in unsern Circularsitzungen Gelegenheit zu grossen und gewöhnlich langen Kämpfen zu bieten. Es vergehen Tage, oft aber
Wochen, bis von den entgegengesetzten Meinungen irgendwelche durch
die Kraft der Stimmenmehrheit siegreich hervorgeht. Zu solchen Zeiten würde man glauben, wir seien schon in Ordnung; aber der
Schriftführer schreibt zu Hause das Resultat der heissen Tage, und
liest dasselbe, wenn die Reihe daran kommt, vor; die Herren von
der Circularsitzung hören zu; und da sich keiner mehr erinnert, was
beschlossen wurde, jeder aber daran denkt, was er gewünscht und
verfochten hat, so wird wieder alles umgestossen. Ein Theil kommt
in Verwirrung, ein anderer will im Trüben fischen, und kaum kann
man das, was man einmal mit grosser Mühe hergestellt, wieder-
finden.“

Sehr hinderlich war in Bezug auf den Erfolg der Verhandlungen
auch der Umstand, dass das Operat der Reichscommission nicht in
ein richtiges System gefasst war, unter anderm fehlten am Anfang
des Elaborats die Grundprincipien, nach welchen die Freiheit und
die Rechte der Unterthanen hinsichtlich ihrer Personen- und Vermögensverhältnisse bestimmt werden konnten. Einige bemerkten
diesen Mangel sogleich beim Beginn der Verhandlung, und denselben
ersetzt zu sehen wünschend, betrieben sie vor allem die Feststellung

der Grundprincipien. Ihr Antrag wurde jedoch zum grossen Nachtheil des Operats abgelehnt: sie wurden mit der Aufstellung dieser
Principien auf das Ende des Elaborats verwiesen. Dies ist die
hauptsächliche Ursache dessen, worüber sich Kölcsey schon am 8.
Juni beklagt, indem er sagt: „Die Regelung des Urbariums ist einer jener
Gegenstände, in welchen wir soviel gesprochen, soviel gewollt, soviel gestritten und unterhandelt haben, dass wir schlieslich in ein un-
lösliches Wirrwarr geriethen." Indess wurde endlich Mitte Juni die
Revision des Operats der Reichscommission beendigt, und die neue
Urbarialnorm stand fertig da, wie sie von der Majorität des Stände-
hauses zuerst festgestellt worden war, wie wir bereits sagten, nicht
ohne Ruhm für unsern Adel. In derselben werden dem Volke sowol
in politischer als materieller Hinsicht Zugeständnisse gemacht. Und
diese Zugeständnisse nehmen die würdigende Anerkennung der Geschichte für die freisinnige Partei unsers Adels um so mehr in Anspruch, da er dieselben inmitten des tiefsten Friedens, von niemand
dazu gezwungen, ohne den Druck des Volks, einzig vom Gefühl der
Gerechtigkeit und dem Wunsche, das Aufblühen des Vaterlandes zu
befördern, angetrieben, eben zu jener Zeit gemacht hatte, als der für
seine Unabhängigkeit kämpfende polnische Adel, in der Begeisterung
und dem Bedrängniss der Revolution, für das Volk gar nichts that,
obwol es in einem noch mehr unterdrückten Zustande hinsiechte
als das ungarische. Als einige Jahre früher auf dem polnischen Landtag einige, durchdrungen von dem Gefühl, dass die Revolution nur
auf demokratischer Grundlage basirt siegen könne, eine Verbesserung
des Schicksals der Bauern in Antrag brachten, lehnte die selbstsüchtige Mehrheit diesen menschlichen und klugen Antrag damit ab, dass,
da die Bauern gegen das Vaterland und ihre Grundherren ohne-
'hin voll warmer Anhänglichkeit seien, eine Reform in den Zuständen
der Unterthanen in politischer Beziehung unnöthig erscheine.

Der ungarische Adel verstand besser die gebieterischen Ansprüche
der Zeit und war uneigennützig genug, ihnen Raum zu geben. Der
Gesetzantrag indess, obgleich er die demokratisch Gesinnten keineswegs befriedigte, ging schon bei der Ständetafel nur nach langen und
heftigen Kämpfen durch; denn noch immer war die Zahl jener Anbeter der Ausnahmsrechte gross genug, denen die Adelsfreiheit nur
deshalb lieb war, weil sie ein Privilegium, welches sie folglich von
der Menge unterschied. [1] Am hartnäckigsten war die Opposition derselben jenen Artikeln gegenüber, welche dem Unterthan das Recht
verleihen, im Fall seiner Uebersiedelung mit seinem Hause zugleich
auch die Nutzniessung seiner Grundstücke verkaufen, die Robot aber
und das Neuntel mit Geld ablösen zu dürfen; ferner die auf die Ab-

---

[1] Vgl. Kölcsey's Tagebuch. Sämmtliche Werke, VII, 189.

1833. sonderung der Weide und die persönliche Freiheit der Unterthanen bezüglichen Punkte. Von diesen wurde die Ablösung des Neuntels, welches schon Széchenyi in seinem „Hitel" anempfohlen hatte, wie sehr die Freisinnigen auch dafür kämpften, mit einigen Stimmen dennoch verworfen. Jnfolge dessen sann die geschlagene Partei über ein Mittel nach, welches die Abnahme des Neuntels in natura so sehr erschwerte, dass die Opponirenden später selbst geneigt gemacht würden, die Ablösung anzunehmen. Zu diesem Zweck geschah es, dass der Einforderung des Neuntels ein sehr kurzer Termin gestellt wurde. Glücklicher waren die Freunde der radicalen Reformen hinsichtlich der Ablösung der Robot. Schon im voraus ahnend, dass dieser Punkt gleichfalls zahlreiche Opponenten finden würde, stellten sie die Frage gleich anfangs auf eine sehr ausgedehnte Grundlage, indem sie den Antrag stellten: dass der Unterthan die seine Grundstücke betreffenden Lasten für ewige Zeiten ablösen und dieselben zu seinem freien Besitzthum machen dürfe; ferner, dass er für sein Geld auch Adelsgüter mit vollem Eigenthumsrecht ankaufen könne. Sie befürchteten zwar, die Unbefangenheit und die Lehren richtiger Nationalökonomie seien unter dem Adel noch nicht zu der Herrschaft gelangt, dass sie hätten hoffen dürfen, mit ihrem Antrage schon jetzt durchzudringen; allein sie hegten die richtige Meinung, dass man diese Idee schon jetzt in Anregung bringen müsse, wenn man den Sieg derselben in der nahen Zukunft zu erblicken wünsche, und dass, wenn auch diese Idee jetzt nicht durchdränge, es ihnen doch gelingen müsse, wenigstens die Robotablösung durchzusetzen. Diese Kriegslist erzielte einen weit grössern Erfolg, als sie hofften: das Recht des Ankaufs von Adelsgütern fiel zwar durch, aber es wurde zum Beschluss, dass der Unterthan mit Einwilligung seines Grundherrn berechtigt sei, seine Lasten für ewige Zeiten abzulösen.

Eine ähnliche Taktik beobachteten die Anhänger der radicalen Reformen auch hinsichtlich des die persönliche Freiheit der Unterthanen betreffenden Artikels. Sie hatten zwar anfangs Lust gehabt, den neunten Titel des ersten Theils des Tripartitums, welche die persönliche Unverletzlichkeit der Adelichen sichert, einfach auch auf die Bauern auszudehnen; denn die Idee, dass man in die Grenzen der Verfassung auch die Millionen des steuerzahlenden Volks hineinbeziehen sollte, hatte im gesetzgebenden Körper schon grosse Verbreitung gewonnen; allein sie sahen dies selbst als mehr an, als die Aufklärung und Freisinnigkeit der Mehrzahl schon vertragen könnte, und begnügten sich, um nicht, zu viel wollend, alles zu verlieren, damit, dass zwei Artikel geschaffen würden, in deren einem ausgesprochen werde, dass man den Unterthan künftighin ohne richterliches Urtheil weder an seiner Person noch an seinem Vermögen strafen dürfe; im zweiten aber ausgedrückt sei, dass die Bauern künftig

Processe gegen Adelspersonen auch in ihrem eigenen Namen führen 1833.
dürften. Aber Mitte Juni mussten sie auch für diese Punkte mit Anstrengung all ihrer Kräfte kämpfen. „Es entstand ein fürchterlicher
Streit", sagt Kölcsey in seinem Tagebuche, „ob der fragliche Gegenstand annehmbar sei. Balogh, Bezerédy, Nikolaus Somsich, Graf Georg
Andrássy, Deák, Asztalos und Dókus unterstützten den Antrag; Aczél,
Rohonczy, Hertelendy, Busán und der Abgeordnete von Heves sprachen
finstere Worte gegen denselben. Indess verfloss die Zeit; jeder Umstand deutete darauf hin, dass dieser Gegenstand für sich Tage in
Anspruch nehmen werde." In den folgenden Tagen wurde der Kampf
mit noch grösserer Heftigkeit fortgesetzt. „Die Männer des Verbőczy-
Geschlechts entsetzten sich vor der Clausel, dass man den Bauer ohne
Verhör und Urtheil nicht verhaften dürfe, und wünschten die Verhaftung auszulassen." Zum Glück nahm Kölcsey den Präsidentensitz
ein, und obgleich die Apostel der Privilegien mehrmals aufkreischten,
sie mögen nun den ganzen Gesetzvorschlag nicht mehr: so gab er
nicht nach, und von seinen Principiengenossen unterstützt, überliess
er die Frage der Abstimmung. Marczibányi, La Motte, Vitéz und ihre
Freunde suchten auch dies zu verhindern, indem sie erwähnten, dass
die Verfassung in Gefahr schwebe, und behaupteten, dass, wenn dies
zum Gesetz würde, die Grundherrschaft von ihren Unterthanen nie
mehr Nutzen schöpfen könne. Die Abstimmung ging jedoch trotz
aller Widerspenstigkeit vor sich, und der Antrag siegte: der die
Person und das Vermögen des Bauers vor allen Angriffen willkürlicher Machthaber beschützende Gesetzvorschlag wurde zum Beschluss
erhoben.

Nachdem das Urbarialoperat in den Circularsitzungen auf diese Die Ver-
Weise beendigt worden, schmeichelten sich die Freunde der radicalen der Partei-
Reform eine Zeit lang damit, dass sie in den allgemeinen Sitzungen hinsichtlich
am Urbarium einige Verbesserungen würden durchsetzen können, im riums.
schlimmsten Fall aber mindestens, von dem schon errungenen wenigen
Guten nichts verlieren würden. Und diese Hoffnung war auch nicht
ganz grundlos. Während des Verlaufs der Urbarialarbeiten nahm die
Freisinnigkeit in den Circularsitzungen augenscheinlich zu. Mehrere,
die nicht mit den günstigsten Instructionen versehen auf dem Reichstag erschienen waren, begannen trotzdem sehr gemässigt und be-
schwichtigend zu reden. Die Hoffnung wuchs, seit Pankraz Somsich
zum Personal und Präsidenten der Ständetafel ernannt worden. Ihm
hatte, wie wir bereits erwähnten, vor allem die freisinnige Partei, die
ihn für einen hellen Kopf und Patrioten hielt, zu dieser Würde ver-
holfen; sie durfte daher erwarten, dass sie durch ihn in der Durchführung der Reformen auch unterstützt werden würde.

„Allein, eitler Gedanke!" ruft Kölcsey am Schlusse seines Tagebuchs aus: „Somsich hat sich entweder verleugnet, oder er war nie

1833. das, für was man ihn hielt; seinen Lippen entfiel, seit er Personal
wurde, nicht ein Wort mehr, welches den Liberalismus herausfühlen
liess oder herausfühlen lassen wollte. Dies war ein Zeichen; und
auch jene, welche die winzigen Segel ihrer Schifflein nach den von
der Regierung herwehenden Lüftchen zu richten pflegen, begannen
aus vollen Kräften alles zu bekämpfen, was im Urbarium für den
Steuerzahlenden zu einer Concession werden könnte."

Dazu kam noch, dass der Personenwechsel, welcher bezüglich der
Stelle des Personals eintrat, die zu Anfang des Reichstags einander
gegenüberstehenden Parteien durcheinanderbrachte: mehrere, die weniger
aus Ueberzeugung als aus Hass gegen Mérey, oder aus Freundschaft für die Person Somsich's sich der freisinnigen Partei angeschlossen hatten, wurden jetzt den Fahnen derselben untreu; ja sogar
auch einige jener, welche der radicalen Partei aus Princip angehörten, wie z. B. Siskovics, der Schwager des neuen Personals, einer
derjenigen, die von den Vorurtheilen der Aristokratie für am meisten
befreit betrachtet wurden, oder der ungvárer Deputirte Bernát und
einige andere, die dem neuen Personal zu Liebe in der Opposition,
und den Debatten über die radicalen Reformen nachliessen. „Es gibt
welche", sagt Kölcsey, „die sich beim Anfang eines jeden Antrags der
Opposition anschliessen und nur darauf lauern, wie sich die Regierung
verhalten werde, damit sie ihren Zwecken gemäss die Opposition eben
in der besten Stunde und zum besten Preise verlassen können." Diesen
bot die Ansichtsveränderung des neuen Personals genügende Ursache,
nun auch ihre Richtung zu wechseln. Ein grosser Verlust für die
freisinnige Partei war es auch, dass Wesselényi, welcher der die Opposition zusammenhaltende Geist war, dessen Ansehen dieselbe in einiger
Disciplin halten konnte, die sich immer mehr verwirrenden Angelegenheiten Siebenbürgens schon im Monat Mai dahin abgerufen hatten.
Der noch junge und erst unlängst angekommene Franz Deák war viel
zu bescheiden, als dass er sich unter seinen ältern Collegen zu einem
so grossen Ansehen hätte erheben können, dass sein Wort in dem
ohnehin keine Disciplin duldenden, von verschiedenen kleinen Ambitionen geleiteten Oppositionskörper sogleich zu einem massgebenden
werden konnte. Ein grosses Uebel endlich war, dass seit der Ab-
wesenheit Wesselényi's die führerlose Partei keine Privatberathungen
mehr abhielt. „Von Privatzusammenkünften ist keine Rede mehr",
sagt Kölcsey; „kein Einverständniss, kein Zusammendrängen auf einen
Punkt, keine Vergleichung und Nivellirung der verschiedenen Ansichten. . . . Unsere Aussichten verdunkeln sich, unsere Hoffnungen sind
vernichtet und in unserm Busen alle Sorgen, alle Befürchtungen wegen
der Zukunft des Landes aufgestört!"

Zu diesem Ausbruch der Verzweiflung bewog eben die Angelegenheit des Urbarialgesetzvorschlags den demokratisch gesinnten Depu-

tirten des szathmárer Comitats, der, wenn es angegangen wäre, den 1833. Bauern schon jetzt alle politischen Rechte verliehen hätte, um auf diese Weise die nur 700000 Seelen zählende legale Nation auf zehn Millionen zu erheben. Denn der in den Circularsitzungen festgestellte Gesetzvorschlag erlitt in der Generalsitzung mehrfache Beschränkungen. Die Regierung glaubte in der materiellen und politischen Hebung der Bauernklasse die drohende Erscheinung des Umsichgreifens der Demokratie zu erblicken, und wirkte an der Ständetafel dem Gesetzvorschlage durch ihre Organe entgegen. Dies war auch die Ursache, dass auch Somsich eine so grosse Aenderung seiner Ansichten an den Tag legte, da er, seit er Personal geworden, genöthigt war, die Zwecke der Regierung zu befördern. Die Regierungspartei und jene, die sich aus den Reihen der Opposition ihr angeschlossen, Siskovics, Bernát und andere, stellten das Princip auf, dass man die Eigenthumsrechte heilig halten müsse, und daher, wenn man den untern Klassen des Volks auch moralische Zugeständnisse mache, man sich doch vor solchen materiellen Concessionen hüten müsse, welche dem grundherrschaftlichen Besitz zum Abbruch gereichen würden. Hieraus erflossen sodann alle jene Abänderungen, welche im Wortlaute des ursprünglichen Gesetzvorschlags zum Nachtheil der Unterthanen vorgenommen wurden, und nach welchen denselben auch manches entzogen wurde, welches (wie z. B. das Recht, Branntwein zu brennen) ihnen das Theresianische Urbarium verliehen hatte. Und in dieser Bestrebung verletzte das Verfahren des Personals manchmal selbst die Billigkeit. „Wir kämpfen", sagt Kölcsey, „wir häufen vergebens Gründe auf Gründe, während der von uns zu seiner Würde emporgehobene Vorsitzende von seiner Höhe spöttisch auf uns herabsieht, und wenn er uns und unsere misverstandenen Aussprüche verächtlich bekämpft hat, dann wendet er sich seinen Anhängern siegreich zu, lauscht den für das ganze Reich gültigen Wortlaut ihren Lippen getreu ab und spricht oft als den Beschluss der Mehrheit aus, was unsere Notate nicht als solchen erscheinen lassen."

Und dieser schon so sehr abgeänderte Gesetzvorschlag musste, noch ehe er dem König unterbreitet werden konnte, auch bei der Magnatentafel mehreremal schwere Angriffe bestehen. Während die Regierungspartei früher, an der Ständetafel, gegen die das Besitzrecht der Grundherren möglicherweise beeinträchtigenden materiellen Concessionen kämpfte, wandten hinwieder jetzt die Magnaten ihre Angriffe gegen die moralischen Zugeständnisse, welche den Unterthanen einige bürgerliche, persönliche Rechte sicherten. Indess blieb auch die freisinnige Reformpartei nicht unthätig. Jene unabhängigen Magnaten, die früher Presburg verlassen hatten, waren zu diesem bedeutungsvollen Kampf grösstentheils zurückgekehrt, und stritten begeistert für das Gutachten der Stände. Einer derselben verglich die

Herrenrechte unter anderm mit den Sibyllinischen Büchern, von welchen um so mehr verloren gehen werde, je mehr sich die Herren ferner weigern würden, die gerechten Ansprüche des Volks zu erfüllen.

Auch fühlten die der conservativen Partei angehörigen Magnaten selbst, dass sie auf einem Terrain ständen, auf welchem sie von der Reformpartei den Sieg nicht erzwingen könnten, ohne die öffentliche Meinung des Reichs gegen sich aufzureizen. Die Reformpartei und mit ihr die Gerechtigkeit siegte daher schliesslich dennoch: der Urbarialgesetzvorschlag wurde nach mehrmaligem Nuntienwechsel mit dem Unterhause zur königlichen Sanction nach Wien hinaufgeschickt. Der Gesetzvorschlag, obgleich er während dieser letzten Verhandlungen einigermassen zugestutzt worden war, erhielt noch immer bedeutende Zugeständnisse in materieller sowol als moralischer Beziehung in sich. Bezüglich jener, um nur einige derselben namentlich zu erwähnen: wurde der sogenannte kleine Zehnt, wonach der Unterthan seinem Herrn alljährlich ein Kalb, Lämmer, Geflügel u. s. w. zu geben verpflichtet war, ganz und ohne alle Entschädigung aufgehoben; die Robot wurde theils vermindert, theils auf eine Weise geregelt, dass es dem Unterthan nun möglich wurde, dieselbe leichter und ohne Nachtheil für seine eigenen Arbeiten leisten zu können u. s. w. Noch wichtiger als diese waren die moralischen Zugeständnisse, die die Person und das Vermögen der Unterthanen sicherstellenden bürgerlichen Rechte, unter welchen die nachfolgenden als die bedeutendsten vorzüglich hervorgehoben zu werden verdienen.

1) Die Erbablösung, nach welcher die Unterthanen infolge einer mit der Grundherrschaft gepflogenen gegenseitigen Uebereinkunft sich für eine bestimmte Summe einzeln oder zusammen von allen herrschaftlichen Steuern und Dienstbarkeiten für ewige Zeiten befreien und ihre Grundstücke fortan als freies Eigenthum besitzen konnten.

2) Die Beschränkung der Herrenstühle, inwiefern dieselben nämlich fortan nur in den bürgerlichen Processen der Unterthanen untereinander Urtheil fällen dürften; die Urbarialprocesse hingegen, in welchen der Grundherr dem Unterthan als streitende Partei gegenübersteht, schon in der ersten Instanz, nach den vom Gesetz eigens dazu bestimmten Normen, den Comitatsgerichtsstühlen zugewiesen wurden.

3) Die Sicherstellung der Person und des Vermögens der Unterthanen, welche im Gesetzvorschlage mit folgenden Worten angeführt wurde: „Nachdem die Urbarialverhältnisse der Unterthanen nach dem Obigen festgestellt wurden; damit das Schicksal derselben auch in ihren übrigen bürgerlichen Verhältnissen sichergestellt werde, wird verordnet: a) dass es die Unterthanen erst nachdem sie von ihren gesetzlichen Richtern vernommen und im Sinne der Gesetze verurtheilt wurden, erlaubt sei, in ihrer Person oder in ihrem Besitzthum anzu-

greifen; um so weniger ist es erlaubt, dieselben ohne vorhergegangene 1833. Untersuchung und Urtheil in Verhaft nehmen oder körperlich abstrafen zu lassen; b) das Recht persönlicher Processführung wird auf alle Angelegenheiten der Unterthanen ausgedehnt und denselben erlaubt, ihre Forderungen und Klagen gegen wen immer in ihrem eigenen Namen dem Gerichte vorzulegen."

Der Zweck des ersten Punkts des dritten Artikels war: das Volk von der willkürlichen körperlichen Strafe, vorzüglich von den in kurzem Wege verhängten Stockstreichen, welche zahlreiche Comitats- und Wirthschaftsbeamte, oder auch der Grundherr selbst, so heldenmässig, dessen Haiducke aber als eingelernte Operation in Anwendung brachten, zu erlösen, und auch den Bauer unter den Schutz desselben Gesetzes zu stellen, welches die Person des Adelichen beschirmte. Bezüglich des zweiten Punkts müssen wir bemerken, dass jener bisher in Ausübung gewesene Gebrauch, welchem nach der Bauer gegen den Edelmann Gerechtigkeit nicht in seinem, sondern nur im Namen seines Grundherrn suchen konnte, zwar nur eine Formalität war, indem der Grundherr gesetzlich verpflichtet, seinen Namen zu diesem Zweck herzuleihen; indess machten diesen Ueberrest des feudalen Systems, welcher ausser dem, dass er mit dem Naturrecht im Widerspruch steht, auch oftmals zu Misbräuchen Gelegenheit bieten konnte, die in unserm Jahrhundert verbreiteten Begriffe von menschlicher Rechtsgleichheit schlechterdings unhaltbar.

Dass die Regierung jene Theile des Gesetzvorschlags, in welchen die materiellen Zugeständnisse enthalten waren, ohne jede Schwierigkeit annehmen werde, konnte die Reformpartei nicht bezweifeln, obgleich einige Punkte desselben von den Conservativen bekämpft wurden. Die Regierung liebte, wie in jedem aristokratisch construirten Staate der Neuzeit, auch bei uns von jeher die Rolle des Beschützers der untern Volksklassen gegen den Adel zu spielen. Diese Zugeständnisse vergrösserten ferner die Wohlhabenheit und dadurch die Steuerfähigkeit des Volks, die Grundlage der Steuer aber sicherten sie. Ganz anders gestaltete sich die Sache hinsichtlich der moralischen und bürgerlichen Zugeständnisse. Die Regierung glaubte in denselben das drohende Gespenst der Demokratie im Reiche auftauchen zu sehen, vor welchem sie ihren willkürherrschaftlichen Neigungen nach so sehr zurückschrak. Schon während der Verhandlungen der Magnatentafel ergriff die freisinnigen Anhänger der Reformpartei eine nicht ungegründete Besorgniss, als sie sahen, dass die directen Organe der Regierung, wie früher bei den Ständen der königliche Personal, die der königlichen Tafel und der Regierungspartei angehörigen Deputirten, so jetzt im Oberhause die Obergespane, die Reichsbarone, der Erzherzog-Palatin selbst den angeführten Punkten der moralischen

21*

Zugeständnisse entschieden entgegen waren. Ihre Besorgniss wuchs, wenn sie von diesem Gegenstand auf die übrigen Plane gemein- und privatrechtlicher Reformen blickten, welche sie noch im Verlauf dieses Reichstags zu bewerkstelligen beabsichtigten. Welchen Erfolg durften sie in diesen erwarten, wenn sie schon selbst gegen jene Verbesserungen eine Opposition sich erheben sahen, welche weder mit den aristokratischen noch mit den monarchischen Principien in Conflict kamen, noch das Recht der einen oder der andern verletzten, von der Billigkeit, der ewigen Wahrheit, der brennenden Nothwendigkeit aber gleich unvermeidlich gefordert wurden; und welche die Regierung vermöge ihrer beanspruchten Rolle als Beschützerin des Volks früher oder später anzunehmen genöthigt sein würde, wenn sie nicht das Vertrauen des Volks und den Nimbus ihres natürlichen Wohlwollens aufs Spiel setzen, ja sogar verlieren wolle?

Es war ein schlimmes Zeichen in Betreff der Antwort von seiten der Regierung, dass sie dieselbe in der Hoffnung, die angestrebte Abänderung der Deputirteninstructionen würde eintreten, stets auf später verschob. Der Urbarialgesetzvorschlag wurde aus der am 19. Nov. 1833 abgehaltenen gemischten Sitzung dem Könige vorgelegt, und die Antwort hierauf gelangte zu den Reichständen erst nach neun Monaten herab.

Der Gesetzvorschlag wird von der Regierung zurückgewiesen. Und die Ahnungen dieser Besorgniss wurden leider zur Wirklichkeit! Die Regierung wies die obenerwähnten, die bürgerlichen Zugeständnisse enthaltenden Punkte des Gesetzvorschlags zurück und motivirte ihr Verfahren mit dem Grunde, dass diese Reformen nicht in die Urbarialregulirung gehörten und, weil sie in verschiedenartige Rechtsverhältnisse eingriffen, zu einer andern Zeit, in einem andern systematischen Operate zu verhandeln seien.

Diese königliche Antwort und der in derselben angeführte Grund war derartig, dass jedermann daraus klar ersehen konnte, die Regierung werde der Befestigung keiner wahrhaft freisinnigen oder gar radicalen Reform zugeneigt sein. Es entstand daher in den Mitgliedern der Opposition ein um so festerer Entschluss, zur Durchführung dieser ersten Reform alle ihre Kräfte anzuspannen, je weniger sie in andern Dingen auf Erfolg hoffen durften, wenn sie schon auch in dieser Angelegenheit Energielosigkeit und Schwanken verrathen würden. Ihre Ausdauer wurde auch dadurch befestigt, dass sie zum Kampf mit der Regierung kein edleres Feld finden konnten, als dieses war. Hier handelte es sich nicht um Vorrechte und Privilegien, nicht um den Nutzen ihrer Klasse, und auch nicht um eine Schwächung der Regierungsgewalt, sondern um die menschlichen und bürgerlichen Rechte der Millionen des Volks; mit Einem Wort, es handelte sich um einen Gegenstand, dessen Unterstützung ihnen nur Ruhm einbringen und dessen Verhinderung die Regierung nur in Schatten stellen musste; sie konnten daher kühn fordernd und ausdauernd auftreten, 1834. ja sogar hartnäckig sein in ihren Forderungen. Die Debatten wurden sonach von beiden Seiten abermals mit grosser Hitze aufgenommen, und es wurde Deák, Kölcsey, Bezerédy, Beöthy, Balogh und mehrern andern erwünschte Gelegenheit geboten, die heilige Angelegenheit der bürgerlichen Berechtigung der Millionen des Volks mit der siegreichen Kraft ihrer Beredsamkeit ins rechte Licht zu stellen und jedermann von der unabwendbaren Nothwendigkeit derselben zur Hebung des allgemeinen Wohlstands des Reichs zu überzeugen. Und das ganze Reich wurde Zeuge jener in der Weltgeschichte ohne Beispiel dastehenden Erscheinung, dass einerseits die Mehrheit des privilegirten ungarischen Adels — denn da die Abgeordneten nur im Sinn ihrer Instructionen sprechen durften, war ihre Stimme nur das Echo der Majorität-des ganzen Comitatsadels —, dass, sage ich, die Mehrheit des privilegirten ungarischen Adels gegen die Privilegien und das Interesse ihrer eigenen Klasse, für die Interessen und die Berechtigung der unterdrückten untern Volksklassen, andererseits die aus ihrer väterlichen Rolle gefallene Regierung für die Privilegien gegen die Befreiung des Volks, gegen die Sicherstellung des Personal- und Eigenthumsrechts den Kampfplatz betrat. Der Adel wurde, wenigstens theilweise gegen sein eigenes Interesse, zum Vorkämpfer und Fürsprecher des Unterthanenvolks; die Regierung aber betrachtete die Beschützer der Bauern als ihre Feinde. Die Aristokratie ist nicht im Stande, in ihrer ganzen Geschichte eine herrlichere Erscheinung aufzuweisen. Das Gefühl der Gerechtigkeit hat einen schönern Sieg als diesen noch nie gefeiert. Und vergeblich setzte die Regierung alle Mittel ihrer Macht in Bewegung; vergeblich versuchte sie selbst verschiedene Gattungen von Bestechung: die freisinnige oppositionelle Majorität blieb um so unerschütterlicher, da sie nicht für eigennützige Zwecke kämpfte, sondern dem von ihren eigenen Ahnen unterdrückten, vernachlässigten, alle Lasten des Staats allein tragenden Volke, gegen ihr, freilich nur scheinbares Interesse, gerecht zu werden wünschte. In dieser Beziehung sind selbst diejenigen, die sonst keine Freunde der Aristokratie sind, gezwungen, vom ungarischen Adel mit Achtung zu sprechen, und wir würden gegen denselben ungerecht sein, wenn wir aus der Verhandlung dieser schon an sich grossen Frage nicht einige Reden, welche ebenso viele glänzende Denkmale der freisinnigen und menschenfreundlichen Geistesrichtung der Opposition sind, mittheilten. Für die Länge dieser Reden wird der Leser ebenso in der Schönheit derselben volle Entschädigung finden — weshalb sie als Meisterwerke der ungarischen Rednerkunst damaliger Zeit gelten können —, als in jenen Kenntnissen, welche er aus denselben in Bezug auf zahlreiche Einzelheiten und Eigenthümlichkeiten des Zustandes unserer Heimat schöpfen kann.

Es war am 10. Nov., als die königliche Antwort, und insbesondere deren die Erbablösung der Unterthanen für nicht zulässig er-
klärender Punkt vorkam. Kölcsey, Deák, Beöthy, Klauzál, Bezerédy,
Balogh, Palóczy und andere Mitglieder der Opposition kämpften voll
edeln Wetteifers für die erste nothwendige Bedingung der Befreiung
der Unterthanen, für die Erbablösung. Wir führen von den vielen
schönen Reden die lehrreichsten hier an.

„So oft ich über das bezüglich der Erbablösung abschlägig ant-
wortende königliche Rescript nachdenke", sagte Kölcsey, „ebenso oft
fühle ich mich genöthigt, in meiner Erinnerung die Geschichte der
letztverflossenen drei Jahrhunderte zu durcheilen, und im Verlauf
derselben den Weg, welchen die ungarische Regierung hinsichtlich des
steuerzahlenden Volks beständig verfolgte oder zu verfolgen schien,
einer Untersuchung zu unterziehen.

„Es gibt niemand, löbliche Stände, der es nicht wüsste, dass, als
Wladislaw II. — den Gott in seinem Zorn der Nation gab — regierte, die
Unterthanen sich insgesammt empörten und fürchterliche Verwüstungen
verübten. Sie wurden zwar erdrückt, empfingen ihre Strafe und die
Ruhe ward wiederhergestellt; allein es ist schwer zu bestimmen, was
eine grössere Sünde war: ob dasjenige, was die empörten Unterthanen
mit ihren scheusslichen Thaten verübten, oder dasjenige, was der
Adel durch die über diese Thaten verhängte Strafe vollbrachte? Ich
verstehe hierunter nicht die unmenschlichen Folterungen, welche
Zápolya's erfinderischer Kopf ausdachte; sondern ich verstehe jenen
reichstäglichen Beschluss, welcher nicht nur die damals lebenden Unterthanen, sondern auch die damals noch nicht einmal geborenen, und
mithin an dem Verbrechen unbetheiligten Nachkommen derselben zu
ewiger Dienstbarkeit verurtheilte." Er trug sodann vor, was die Regierung während dreier Jahrhunderte in der Sache des Volks gethan
hatte; auf welche Art sie den Schein als Unterstützerin, den Namen
einer Beschützerin des Volks gewann; wie sich im Volk das Vertrauen zur Regierung mit der Entfremdung gegenüber dem Adel vereinigte, welche nach und nach so sehr wuchs, dass, obgleich die Regierung im dritten Zehnt dieses Jahrhunderts in Betreff der Steuer
und der Rekrutenstellung mit ihren ungesetzlichen Verordnungen gerade das Volk belastete, der Adel aber zum Schutz desselben mit
kühner Entschlossenheit auftrat: man die Unterthanen dennoch zu dem
Glauben nicht bewegen konnte, dass sie von der Regierung gedrückt,
vom Adel aber beschirmt würden. Er setzt ferner seine Rede fort:

„Allgemein war die Hoffnung, welche die Annahme der Erbablösung durch die Regierung für bestimmt betrachtete. Denn wem
ziemt es mehr als dem Unterstützer des Volks, die Art, wodurch
demselben zur Erwerbung eigenen Besitzes Gelegenheit geboten wird,
mit beiden Händen zu ergreifen? Und was geschah? Wir unter-

breiteten die Urbarialgesetze, und erhielten auf den von der Erbablösung 1831.
handelnden Abschnitt eine abschlägige Antwort! Und weshalb? Weil,
wie die Antwort besagt, dieser Gegenstand nicht zum Urbarium gehört.

„Unbewandert wäre derjenige in unsern Angelegenheiten, dem
es unbekannt sein würde, dass seit 1790, als nämlich die systematischen Arbeiten angeordnet und angefertigt wurden, so oft ein der
Regierung misliebiger Gegenstand zur Verhandlung kam, die alltägliche Methode zur Verwerfung desselben die Provocation auf die
systematischen Arbeiten war. Hier ist endlich der Reichstag, auf
welchem begonnen wurde, diese Arbeiten einer Prüfung zu unterziehen; und jetzt wurde die Ablehnungsmethode so verändert, dass
der misliebige Gegenstand von dem schon unter der Hand befindlichen Operat auf dasjenige gewiesen wurde, welches noch nicht vorgenommen worden war. Eine solche Schlichtung ist ohne Zweifel
nichts anderes als eine in Worte gehüllte, aber durch Gründe nicht
unterstützte Verweigerung, und ist schon so sehr abgenutzt, dass sich
durch dieselbe täuschen zu lassen eine Einfältigkeit wäre. Und ich
kann in der That den Ausdruck meines Unwillens nicht unterdrücken,
dass, nachdem der vorliegende Gegenstand von seiten der Repräsen-
tantentafel gegen die Magnaten mit so grossem Eifer und so vielen
wichtigen Gründen ausgefertigt wurde, die Männer der Regierung
uns nicht einmal für würdig genug erachteten, dass sie ihren Kopf
mit der Ausfindigmachung irgendeines andern Grundes angestrengt
hätten. Da ich also den angegebenen Grund für keinen Grund halte,
so finde ich es nicht einmal für nöthig, darauf zu antworten. Was
jedoch die vom Präsidenten aus der Rücksichtsnahme auf die Monarchie und Aristokratie geschöpften Einwürfe anlangt, will ich
im allgemeinen untersuchen: in welchen Verhältnissen das Recht der
Erbablösung mit den Principien der Monarchie und Aristokratie,
und denjenigen des Volkswohls stehe? Es dürfte sodann von selbst
klar werden, was Gerechtigkeit sei. Ob dasjenige, was die königliche Antwort in sich enthält; oder was im Operat der Circularsitzung steht?

„Betrachten wir die Antwort in ihrer ganzen Ausdehnung; und
wenn wir sehen werden, wie sie materielle Zugeständnisse zwar in
reichlichem Masse spendet, die moralischen aber im allgemeinen verweigert: so wird der ganze Geist derselben klar zu Tage treten. Und
dieser Geist ist nur, die Grundlage der Steuer nach Möglichkeit ins
Reine zu stellen und zugleich zu vergrössern. Gegen diesen Geist,
allein für sich betrachtet, sage ich nichts; da jedoch die königliche
Antwort nur dies und nur soviel will, so wünschte ich die Frage
zu stellen: was sie hierdurch für das steuerzahlende Volk gethan hat?
Ich glaube, für den Steuerzahlenden allein nichts, sondern alles für
den Staatsschatz, das heisst für sich selbst.

„War also ausser all jenem, was Maria Theresia und Kaiser

1834. Joseph thaten, nichts mehr, was die Regierung für das steuerzahlende Volk hätte vornehmen sollen? Leider ist noch sehr viel zu thun! Der Repräsentantenkörper fühlte dies, und deshalb bestrebte er sich, dem Volke in der Gesellschaft eine bestimmte Stellung zu geben, und demselben die Möglichkeit zur Erwerbung eines freien Besitzthums bietend, zugleich den Weg zur Befreiung von der Knechtschaft zu eröffnen. Die Regierung will dies nicht; und die seit drei Jahrhunderten scheinbar verfolgte Laufbahn des Fortschritts auf diese Weise plötzlich schliessend, bietet sie dem Adel, gegen welchen sie das Volk bisher zu vertheidigen schien, während zehn Jahren nun zum zweiten mal Gelegenheit, dasselbe gegen seinen ehemaligen Protector in Schutz zu nehmen.

„Der Unterthan gewinnt in der That das Recht der freien Uebersiedelung; kann man ihn aber darum schon frei nennen? Lassen wir uns nicht von dem Worte frei betrügen. Dieses Beiwort bezieht sich hier auf die Uebersiedelung, nicht aber auf den Unterthan. Er kann frei übersiedeln; er wird aber durch seine Uebersiedelung nicht frei. Dem Inhalt der königlichen Antwort nach behaupte ich kühn, dass der Unterthan in ebendemselben Zustand verbleibt, in welchem er sich vor den Zeiten Kaiser Joseph's abmühte. Wurde das immerwährende Unterthanenthum aufgehoben? Auf welche Art? Der Steuerpflichtige darf seinen Herrn verlassen. Dies ist wahr; allein wohin kann er gehen? Zu einem andern Herrn! Und unter welcher Bedingung? Der Unterschied ist nur der: bisjetzt war er fortwährend einem Herrn dienstbar; fortan kann er mehrern nacheinander dienen. Allein dienen muss er fortwährend, das heisst ewig. Er hörte daher, wenn die königliche Antwort bestehen bleibt, bisher nicht auf, ewiger Unterthan zu sein, und wird sicherlich erst dann aufhören es zu sein, wenn ihm durch die Erbablösung die Möglichkeit zum Erwerb freien Eigenthums gegeben wird, und er sich aus der Knechtschaft zur Freiheit aus eigener Kraft wird erheben können.

„Es standen ihm zu seiner Befreiung bisher drei Wege offen: die sogenannte Manumission, die bürgerliche Grundbesitzerwerbung und die Acquisition eines Adelsgutes.

„Was die Manumissionen anlangt, so waren diese in unserm Vaterland von Anfang an im Gebrauch, und befreiten sich durch dieselben nicht nur einzelne, sondern selbst ganze Gemeinden. Ich würde erzählen, dass die königlichen Freistädte auf diesem Weg zu Stande kamen; allein ich hoffe, dass es Abgeordnete geben werde, welche diese Seite des vorliegenden Gegenstandes reichlicher aufklären werden. Zu meinem Zweck bemerke ich nur, dass, nachdem die königliche Antwort diese Manumissionen nun abzuschaffen beabsichtigt, nur noch die andern zwei Zweige zur Befreiung übrigbleiben können.

„Möge der Unterthan sich daher ein bürgerliches Besitzthum

erwerben! Allein den wievielsten wird das Glück so sehr begünstigen, 1834. dass er, sein Dorf, wo er nicht das geringste steuerzahlende Grundstück erwerben konnte, verlassend, in die Stadt ziehen könnte, um dort im Preise von vielen Tausenden stehende Besitzthümer zu kaufen? Und wenn so unter tausend Unterthanen einer ein bürgerliches Besitzthum erwirbt: wird sich bestimmt unter Hunderttausenden kein einziger finden, der im Stande wäre, ein Adelsgut zu erwerben. Denn wenn ihm beim bürgerlichen Besitzthum die Armuth ein Hinderniss ist, so wird er dagegen beim adelichen mit zwei mächtigen Feinden kämpfen müssen: der eine wird Incapacität genannt; der andere trägt den Namen Aviticität. Die Incapacität verbietet ihm, als Unadelichen, ein Adelsgut zu kaufen, die Aviticität verbietet dem Adelichen seine eigenen Güter einem andern zu verkaufen. Zwischen diesen zwei Verboten gibt es keine andere Möglichkeit, als ein Gut von der Regierung anzukaufen, welche das Recht besitzt, einerseits ihre Güter zu verkaufen, andererseits auch dem Nichtadelichen die Fähigkeit zur Erwerbung eines Gutes zu verleihen. Ist es nicht klar, dass zwischen den Principien der Incapacität und Aviticität die Aufhebung des Princips der Manumission auf nichts anderes abzielen kann, als das Güterveräusserungsrecht zum Monopol der Regierung zu machen, damit auf diese Weise der Adel bei seiner eigenen Aviticität verkümmere, jeder Käufer aber genöthigt werde, aus den Händen des alleinigen Verkäufers zu den höchstmöglich hinaufgeschraubten Preisen zu kaufen? Mit Einem Worte, löbliche Stände, es ist deutlich, dass bei dieser Verfahrungsweise es dem grössten Theil der Volksmasse unmöglich sein wird, vom Herrendienste sich ein freies Besitzthum zu verschaffen, und ausser jenen Günstlingen des Glücks, die entweder ein bürgerliches Besitzthum oder eine königliche Donation erwerben können, den übrigen Millionen zur Befreiung kein anderer Weg offen steht, als wenn sie ihre Unterthanengründe verlassen und sich unter Gottes freien Himmel hinstellen, um zu betteln. Denn bei dieser königlichen Antwort sind wir dort angelangt, dass es in Ungarn, ausser dem Bürger der königlichen Freistädte, nur noch zwei freie Menschenklassen geben wird: den Grundherrn, welcher die Ortschaft besitzt, und den Bettler, der in den Gassen derselben, unbedeckten Hauptes und barfüssig, nach Erbarmen und Brot schreit!

„Es möge mir doch jemand sagen, weshalb, zufolge welchen Princips die Regierung dies thut? Etwa aus monarchischen Grundsätzen? Wie sehr ich auch darüber nachdenken mag, ich finde dieses Vorgehen dem monarchischen Princip gänzlich entgegengesetzt. Eine Monarchie kann man sich ohne Volk nicht denken, und eine mächtige Monarchie ohne ein vermögliches Volk gleichfalls nicht.

„Ob es sich um die Aufrechthaltung der innern Ruhe oder um die Vertheidigung gegen einen äussern Feind handle, oder die Bedürfnisse des Staats in Frage kommen, in jedem dieser Fälle kann nur ein wohlhabendes Volk Hülfe gewähren. Die Monarchie soll sich folglich vor einem wohlhabenden Volk nicht fürchten. Zwei Dinge sind es, vor welchen sie zurückschrecken darf: ein armes Volk und die Oligarchie. · Jenes ist zu Ruhestörungen geneigt, denn sein Zustand ist ein peinlich beunruhigender; zu verlieren hat es aber nichts. Diese ist mächtig und stolz, und zu regieren wünschend, strebt sie gern danach, die Rechte der Monarchie auf sich selbst zu übertragen. Den Thron Ludwig's XVI. stürzte das besitzlose Volk von Paris um; die kaiserliche Macht Napoleon's untergruben die Besitzer der Paläste des Stadttheils St.-Germain. Ist es nöthig, ausser diesen auch noch andere Beispiele anzuführen?

„Gehen wir nicht so weit. Ich frage nur: Ist so, wie die königliche Antwort steht, das Ziel erreicht, welches sie sich so deutlich vorgesteckt hatte? Wird die Grundlage der Steuer nun rein dastehen? Sicherlich nicht! Dort ist ja noch der 1^{ne} 40 mus; dort ist noch der gezwungene Tausch, die Ausschätzungen und andere dergleichen: alles ebenso viele Schlupfwinkel, in deren Dunkel sich die grundherrschaftliche Willkür verbergen, und aus diesem ebenso zur Verwirrung des Steuerfundus als zur Verringerung desselben ihren Zwecken gemäss hinarbeiten kann. Wenn die Regierung den Steuerfundus in gänzliche Reinheit zu bringen wünscht, bleibt ihr kein anderes Mittel übrig als die Erbablösung. Nur das abgelöste Eigenthum des Steuertragenden ist es, was wir einen unantastbaren Steuerfundus nennen dürfen; wenn nun diese Unantastbarkeit der Regierung wünschenwerth erscheint, warum sucht sie die Möglichkeit derselben zu verhindern?

„Ich frage ferner: Wird durch das, was die königliche Antwort annimmt und wünscht, dem Steuerzahlenden mehr gegeben, als er bisher in Händen hatte? Man kann getrost sagen: Nein! Und sind wir nicht gezwungen zu sehen, dass er aus dem, was er jetzt in Händen hat, die im Verhältniss zur Volkszahl von 9 Millionen geringe Steuer von 3—4 Millionen Fl. nicht zu bezahlen vermag? Bei jeder Gerichtsbehörde liegen eine Menge Steuerrückstände, und jede ist gezwungen, die Steuersumme nicht selten mittels Execution einzutreiben. Geschieht es da nicht, dass der ausgeschickte Steuerbeamte kommt und dem Steuersäumigen das Bett wegnimmt oder ihm die Thür aushängt? Und wenn auf diese Weise die kranken Kinder des Elenden sich auf dem Boden wälzen; wenn der Nordwind durch seine Hütte pfeift, dann entreisst er mit der Erbitterung der Verzweiflung seiner Familie das letzte Stückchen Brot, um mit dem Erlös desselben seine Schuld abzutragen. Und in diesem Zustand wünschte die Regierung das Volk zu belassen? Will sie ihm die Freiheit nicht gewähren, dass, nachdem es Land und Kirche, Comitat und Grundherrn,

Dorf und Vorgesetzten und der Himmel weiss wem noch allen zu zahlen 1834.
verpflichtet ist, es ihm möglich sein solle, sich von den herrschaftlichen Schuldigkeiten, sicherlich den grössten seiner Lasten, zu befreien, damit hierdurch im Vaterland nach und nach eine glücklichere
und ihren übrigbleibenden Lasten leicht gerecht werdende Volksklasse
erstehe? Und ist an dem auch nur das Geringste, was das Aufblühen der Monarchie nicht befördern würde?

„Ist es etwa das Princip der Aristokratie, welches den Eigenthumsrechten des Volks entgegen ist? Ich würde es glauben, löbliche Stände, wenn die ungarische Aristokratie nur aus einigen wenigen
und im allgemeinen reichen und mächtigen Geschlechtern bestände;
aber unsere Aristokratie besteht aus vielen tausend Familien, und der
unvergleichlich grössere Theil dieser Familien steht seiner Armuth
und geringen Bildung wegen dem Volk sehr nahe, und ein grosser
Theil derselben ist, auf Unterthanengründe beschränkt, dem neuge-
schaffenen Gesetze gemäss zur Steuerzahlung verpflichtet und hat
sich schon mit dem Volke vermischt. Die Principien einer solchen
Aristokratie können den Eigenthumsrechten des Volks, welche ihre
segensreiche Wirkung auch auf einen grossen Theil der Mitglieder
desselben ausüben, unmöglich entgegen sein. Neiderin des Volkswohls
kann nur die von Gott und Menschen verfluchte Oligarchie sein; und
es ist ein Glück, dass unsere bürgerliche Verfassung keine Oligarchie
kennt. Dort, wo eine Oligarchie besteht, pflegt diese allerdings gegen
die Wohlhabenheit der untern Volksklassen mächtig anzukämpfen.
Denn ein wohlhabendes Volk macht, wie ich bereits früher berührte,
die Monarchie mächtig;· und zwischen diesen beiden verlieren die
Oligarchen, dem Gesetze unterworfen, ihre ungezügelte Macht. In
einem solchen Reiche haben sie keine Gelegenheit, den Thron gleich
einer dichten Wolkengruppe zu umdrängen, damit die Strahlen desselben nicht zum Volk, die Blicke dieses dagegen nicht zum Thron gelangen können. Dort haben sie keine Kraft, einen gefährlichen Nepo-
tismus auszuüben und alle Zweige der Verwaltung mit Verwandten
und Creaturen zu besetzen, um nach Willkür herrschen zu können.
Dort können sie sich nicht zu einer heiligen ägyptischen Kaste ausbilden, deren Mitglieder Gesetz und Gerechtigkeit verletzen und die
nicht zu ihnen Gehörigen unterdrücken dürfen. Dass mit den Principien einer solchen Oligarchie die Beförderung des Aufblühens des
Volks im Widerspruch steht, glaube ich; ich wiederhole aber: der
bürgerlichen Verfassung Ungarns ist die Oligarchie fremd.

„Bedenken wir es wohl: bei uns leben die Mitglieder der Aristokratie grösstentheils auf den Dörfern zerstreut, mitten unter dem
steuerzahlenden Volke. Nun, löbliche Stände, damit einige Hundert-
tausende unter Millionen in Ruhe leben können, dies hängt sicherlich
von dem Wohlwollen der Millionen ab. Und dass dieses Wohlwollen

1834. nur das gegenseitige Vertrauen hervorzubringen vermag, bemerkte der geehrte Deputirte von Csongrád sehr richtig. Allein kann wol Vertrauen, beständiges, aufrichtiges Vertrauen zwischen Menschen bestehen, die im Verhältniss von Herr und Diener zueinander stehen; von welchen einige Privilegien und eigene Güter besitzen, der grössere Theil sich aber davon ausgeschlossen sieht? Soll ich mit Beispielen beweisen, wie der Diener mit seinem Herrn verfährt, so oft er dazu Gelegenheit bekommt? Ich habe nicht nöthig, in den allgemeinen Geschichten der Welt eine Umschau zu halten; ich brauche nicht aus dem alten Rom die Sklavenhorden des Spartacus, oder den deutschen Bauernkrieg, oder die mörderische Scene von St.-Domingo anzuführen. Auch die Geschichte unsers Vaterlandes hat Beispiele dafür, und fürchterlichere als anderswo. Ich erinnere an die blutigen Thaten Dózsa's; die löblichen Stände kennen die unter der Regierung Kaiser Joseph's in Siebenbürgen vorgefallenen Ereignisse; und wen gibt es, der nicht schaudernd zurückblicken würde auf das Jahr der Cholera, in welchem aus manchen Comitaten die Kunde der schrecklichsten Thaten das ganze Reich erschütterte? Ich frage die Regierung: auf welche Weise sie uns in ähnlichen Fällen beschützen wird? Etwa durch das Schwert und den Strick des Nachrichters, welche sie den Verbrechern gegenüber in Anwendung bringt? Elende Mittel! Denn diese können zwar ein einzelnes Leben vernichten; hier ist jedoch nicht von einzelnen die Rede, hier handelt es sich um jenen unsterblichen, unbezwingbaren Geist, welcher seit Jahrhunderten jetzt in Flammen auflodert, jetzt wieder unter der Asche glüht. Und diesen zügelt keine Furcht, bezwingt keine Macht; man kann ihn nur besänftigen. Allein mit nichts anderm, nur mit einem solchen gemeinsamen Interesse, welches die Glieder der Gesellschaft ans Vaterland gleichmässig bindet, und dieses Interesse sind einfach zwei Worte: Freiheit und Eigenthum.

„Sodann wundere ich mich, dass die Regierung nicht zu verstehen scheint, was ihr schon die Erfahrung zweier Jahrhunderte hätte lehren können: dass Volk sei so wichtig im Staate, dass man darauf eine aussergewöhnliche Aufmerksamkeit verwenden müsse. Die Zeiten sind vergangen, in welchen die Aristokratie in Waffen stand, bald für den Thron, bald wieder gegen denselben; jetzt kommen Staatsschatz und Soldaten vom Volke her. Und weiss sie es nicht, dass der Steuertragende den Armen seiner Aeltern, Gatten und Kinder gewaltsam entrissen wird; dass er, nachdem er in langjährigem Soldatenstande aus allen Verhältnissen des bürgerlichen Lebens herausgetreten gelebt hatte, schliesslich, in den meisten Fällen ohne Ernährung, nach Hause geschickt wird, die gewaltsam getrennten Verhältnisse nicht mehr zu verbinden versteht und entweder gezwungen ist, verbotene Wege zu betreten, oder von Haus zu Haus bettelnd herumirrt und

nach den von der Tafel der Reichen heruntergefallenen Brosamen 1834.
hascht? Ist es gerathen, sich auf ein in solcher Lage befindliches
Volk zu stützen? Und indem ich dies sage, zwingt sich meinem
Gedächtniss unwiderstehlich der Vorwurf auf, welchen der bestochene
Schriftsteller, Gustermann, an den ungarischen Adel richtete: «Denn
wir», sagt er, «bürden dem Volk alle Lasten auf, lassen das Vaterland durch dasselbe vertheidigen; allein dieses hat kein Vaterland,
kein Interesse verbindet es mit dem Lande und dessen Boden, denn
wir erlauben ihm nicht, ein Eigenthum zu haben.» Ich wünschte, dass
dieser Mensch jetzt hier sein könnte und mit seinen Augen sähe, mit
seinen eigenen Ohren hörte, mit welch peinlichem Schmerz wir mit
der Regierung kämpfen, welche dieses Eigenthum dem Volk zu geben
nicht gestatten will. Wahrlich, er würde genöthigt sein zu erröthen;
er würde gezwungen sein, sich an die Räthe der Regierung wendend,
ihnen ins Angesicht zu sagen, was der einstmalige Minister Napoleon's
bei einer Gelegenheit gesagt hatte: «Meine Herren, was ihr thut,
ist mehr als Sünde, es ist ein Fehler!»

„Indess finde ich auch inmitten meiner schmerzlichen Gefühle eine
gewisse Seelenruhe darin, dass die Regierung jetzt die Lasten des
auf dem Adel liegenden hundertjährigen Vorwurfs gegen sich selbst
wendete, und durch diese That fühle ich mich ermächtigt auszurufen —
und dieser Ruf wird früher oder später das ganze Vaterland durch-
schallen, dieser Ruf wird früher oder später die Herzen von neun
Millionen Menschen klopfen machen —: denn siehe, im Jahre 1834
hatte der ungarische Adel auf dem gesetzverbessernden Reichstage
der ungarischen Nation die Absicht, dem steuertragenden Volke endlich den Weg zur Erwerbung freien Eigenthums zu bahnen, und derjenige, der sich dieser wohlwollenden Absicht entgegenstellte, war die
Regierung selbst! Ja, es war die Regierung! Was uns betrifft, sind
wir in dieser Beziehung unserer Pflicht gegen das Volk bisher treu
geblieben, und es bleibt nichts anderes übrig, als in der Erfüllung
derselben auch ferner mit heiliger Standhaftigkeit auszuharren."

Nichts ist jedoch im Stande, jenes edle Feuer, jene erhabenen Die Rede
menschlichen Gefühle, womit die Opposition für die Verbesserung des Franz
Zustandes der Unterthanen kämpfte, mit grösserer Treue abzuspiegeln Deák's.
als die Rede Franz Deák's, welche auch ausserdem als eins der
Meisterwerke ungarischer Redekunst aus den Protokollen des Reichstags nicht wenigstens zum Theil herauszuschreiben unsererseits ein
Fehler wäre. „Mit schmerzlichem Gefühle ersehe ich aus dem Inhalt
der königlichen Antwort", sagt der Redner, dass, nachdem Se. Majestät die im zweiten Abschnitt des 5. Urbarialgesetzartikels enthaltene,
von uns anempfohlene Erbablösung in diesem Gesetz nicht zum Ausdruck bringen wollte, unsere heissesten Wünsche zunichte geworden
sind. Nach den Hoffnungen und Bemühungen beinahe eines halben

1834. Jahrhunderts rief unser Monarch die Vertreter der Nation endlich dennoch zusammen, damit wir, die Mängel unserer innern Organisation behebend, beglückende Gesetze schaffen mögen. Mit beruhigendem Vertrauen wandten sich uns alle Klassen der Nation zu; in unsere Hände legten sie das Schicksal jenes Volks, welchem es nicht gestattet ist, hier zu sprechen, welches aber, die schweren öffentlichen Lasten des Vaterlandes tragend, von uns zumeist sein Glück erwartet. Wir brachten mit uns die allgemeinen Wünsche der Nation; und wenn wir dieselben nicht auf dem Papier, sondern auch in unserm Busen mitbrachten: müssen wir tief fühlen, welch süsse Pflicht es sei, dem Vertrauen der Nation entsprechend, die Hoffnungen derselben zu erfüllen. Damals, als wir zu Anfang dieses Reichstags uns über die Reihenfolge der laufenden Arbeiten beriethen, und nicht nur die Mehrheit der Reichsstände, sondern auch unser Monarch, selbst stets das Volk und wieder nur das Volk erwähnend, betrieben hatte, das Urbarialoperat an erster Stelle aufzunehmen: damals glaubte auch der Redner, dass es vielleicht nicht schwer sein werde, der allgemeinen Erwartung der Nation mit einem wirklichen Erfolg zu entsprechen, und unsere auf das beständige Wohl des steuertragenden Volks gerichteten Bestrebungen ihrem Ziel zuzuführen; jetzt indess kann ich, Vergangenheit und Gegenwart in Betracht nehmend, meine Besorgniss über die zweifelhafte Zukunft nicht verbergen.

„Doppelt war in diesem Urbarialoperat den Unterthanen gegenüber unsere Pflicht als Gesetzgeber: nämlich durch Zugeständnisse den Bedürfnissen der Unterthanen sofort abzuhelfen; aber auch die Zukunft beachtend, zugleich ihr Selbstgefühl zu menschlicher Würde zu erheben, und die in ihren Busen schlummernde mächtige Kraft zu erwecken: die Zauberkraft der Bestrebung, welche hauptsächlich durch Freiheit und Eigenthum vergrössert werden kann.

„Auf diese doppelte Pflicht gründete sich das Urbarialoperat der Reichsstände; und die Erfüllung dieser doppelten Pflicht erwarteten wir auch vom andern Theil der Gesetzgebung — der Regierung. Leider jedoch entspricht die gegenwärtige königliche Antwort unsern Erwartungen keineswegs: Denn indem sie von uns einerseits neue und immer wieder neue Zugeständnisse verlangt, verweigert sie andererseits selbst jene geringe, das Volk erhebende und beglückende Freiheit, welche wir ihm zu geben bereit waren, oder mindestens nimmt sie dieselbe nicht an; und so sind alle Zugeständnisse, welche die Stände, in der süssen Hoffnung unserer nationalen Entwickelung, aus edlern Zwecken verliehen, durch dieselbe zu einem armseligen Almosen herabgewürdigt. Dieselbe Regierung, die das Schicksal des steuerzahlenden Volks so oft zu erwähnen liebte, demselben aber mit Aufopferung seines eigenen Nutzens nur selten half; dieselbe Regierung, welche in der gegenwärtigen königlichen Antwort uns zu neuen Opfern drängt, allein die blutenden Wunden unsers Vaterlandes trotz unserer mehrfachen bittern Klagen nicht heilt, will, wie es scheint, auch jetzt nur, dass die Unterthanen durch unsere Zugeständnisse die die königliche Schatzkammer vermehrenden öffentlichen Lasten leichter tragen mögen; ist jedoch nicht geneigt, dass dieses Volk, auf eine höhere Stufe des Strebens und der Bildung erhoben, in seiner eigenen Brust das reichlichen Ertrag abwerfende Kapital eigener Kraft und eigenen Fleisses auffinde. Wenn wir aber stets nur Almosen reichen und nicht zugleich den Fleiss des Volks durch zweckdienliche Gesetze erwecken, erfüllen wir unsere Pflicht nur halb, ja nicht einmal halb.

„Denn wenn wir auf die Reihenfolge unserer im Verlauf der Jahrhunderte geschaffenen Gesetze zurückblicken, werden wir die Erfahrung machen, dass selbst wiederholte Zugeständnisse der Gesetze nicht im Stande waren, das Volk vor Noth zu bewahren. Es ist daher vorauszusehen, dass wir die Grenze der Zugeständnisse noch immer nicht erreichten; es ist vorauszusehen, dass das Schicksal des armen Volks auch in der Zukunft Opfer fordern werde, wenn wir demselben nicht durch ein Gesetz Gelegenheit bieten, dass es sich im Sinne des in Frage stehenden Abschnitts, ohne Schädigung der Grundherren, ja mit der freiwilligen Uebereinstimmung derselben, ein wenig mehr Freiheit und ein mehr gesichertes Eigenthum verschaffen könne.

„Allein diese Verwehrung der Erbablösung würde nicht nur das Schicksal der Unterthanen verschlimmern, würde nicht nur die Freiheit derselben einschränken, sondern auch die Eigenthumsrechte der Grundherren bedeutend schädigen. Denn im vierten Abschnitt dieses Urbarialoperats behaupten, dass das Eigenthum des Bodens unmittelbar dem Grundherrn zukomme; sagen, dass alle Steuern von seiten der Unterthanen das nicht zu bezweifelnde Eigenthum des Grundherrn seien, demselben aber hier das Recht verweigern, dieses sein Eigenthum seinen eigenen Unterthanen nach gegenseitigem Uebereinkommen frei und vertragsmässig übergeben zu können: das wäre in der That soviel als jede vernünftige Bedeutung des wirklichen Eigenthums bitter zu verspotten, und die Freiheit des Eigenthümers unnöthigerweise, ja zum Schaden des allgemeinen Wohls zu vernichten. Wir haben uns aber hier nicht versammelt, um eine nützliche Freiheit zu beschränken, sondern deshalb, um, die Freiheit verbreitend, beschützend und befestigend, das Glück unserer Mitbürger zu befördern."

Sodann beweisend, dass die Einrichtung, welche die Stände forderten, weder neu noch ungewöhnlich sei, dass die Erbablösungen in einzelnen Fällen, auch in der Vorzeit gebräuchlich waren; wie dies das Bestehen unserer zahlreichen freien Marktflecken und für ewige Zeiten abgelösten Gemeinden beweise; ferner nachweisend, wie viel

1834. der Grundherr durch diese Erbablösungen gewonnen habe, der sein
Eigenthum auf diese Weise zu einem Preise verkaufte, welchen er
sonst dafür nicht bekommen hätte; und, was noch wichtiger, wie viel
die Unterthanen gewannen, die seither durch verdoppelte Bestrebungen
vermöglich, frei und glücklich geworden sind; und wie viel endlich
das allgemeine Wohl gewann, da jene Grundstücke seit der Ablösung
viel zahlreichere, vermöglichere, gebildetere und zufriedenere Bürger
ernähren, in ihrem Werthe aber selbst die von den öffentlichen Lasten
befreiten Adelsgüter bei weitem übertreffen, — setzte er seine Rede
also fort:

„Bei ihnen — in den abgelösten Gemeinden — steigt die Bevölkerung, die Grösse und Verschönerung der Dörfer und die Vermöglichkeit der Einwohner fortwährend; bei ihnen sieht man überall
nur sorgfältige Bestrebung und das angenehm überraschende Bild des
aus derselben stammenden Wohlstands. Mit Einem Worte: wer diese
Gemeinden näher kennt, muss, wenn anders in seinem Busen nicht
alles Gefühl für die Entwickelung der Nation ausgestorben ist, wünschen, dass in unserm Vaterland mehr und mehr dergleichen schöne und
glückliche Ortschaften entstehen mögen. Fragen wir doch die ärmern
Bewohner der benachbarten Gegenden: wodurch diese abgelösten Gemeinden so blühend wurden? Sie werden seufzend zur Antwort
geben: Weil sie frei, und durch die Freiheit glücklich sind! Im
Herzen des Volks lebt ein Trieb, der, wenn er auch Jahrhunderte
hindurch schlummerte, nie für ewig erlöschen wird; und dieser Trieb
ist das Gefühl und die Sehnsucht nach gesetzlicher Freiheit. Man
kann diesen Trieb durch hindernde Gesetze nicht ersticken; denn sein
ungezügeltes Hervorbrechen könnte, die Schranken durchbrechend,
endlich gefährlich werden. Aber es steht in unserer Macht, ihn durch
nützliche Gesetze zum edelsten der Zwecke, zur Hebung der Grösse
unsers Vaterlandes und zur Entwickelung des Nationalfleisses, der
nationalen Kraft zu lenken.

„Ein so nützliches und zweckdienliches Gesetz ist der in Frage
stehende zweite Abschnitt des erwähnten 5. Gesetzartikels. Denselben
daher beiseitezulegen würde ich meinerseits für eine Sünde gegen
die Nation halten, die von uns die erfolgreiche Bewerkstelligung des
Vaterlandswohls erwartet. Aber was könnten auch unsere Gründe
sein, dass wir diese Einrichtung, welche der eigene Nutzen der Grundherren anräth, das Wohl des Volks dringend fordert, unsere Gesetze
aber nicht verbieten, eine Einrichtung, aus welcher auch bisher nur
Segen und Glück entsprang, jetzt plötzlich zurückwiesen?" Er widerlegte sodann die vom königlichen Personal vom Gesichtspunkt der
Incapacität dagegen angeführten Gründe, und nachweisend, dass der
Gesetzvorschlag nicht einmal mit dieser im Widerspruch stehe, setzte
er seine Rede folgendermassen fort:

„Oder wollen wir vielleicht auch hier dem Wohl der Nation aus 1834. der gezwungenen Deutung der Aviticitätsgesetze neue Hindernisse schaffen? Arme Nation! Der Fluch des Schicksals scheint es dennoch gewollt zu haben, dass der Ungar nie blühend, nie wahrhaft glücklich werden solle. Denn jahrhundertelang kämpfte die Nation mit der alle Freiheit zertretenden Macht ihrer äussern und innern Feinde, Blut und Leben verschwendend für die Freiheit, um die sie jahrhundertelang kämpfte; und als die Kämpfe aufgehört hatten, jetzt, da im Schose des Friedens aus dem Wohl der einzelnen Bürger die Grösse der Nation sich entwickeln sollte, jetzt richten wir selbst zwischen den verschiedenen Klassen der Nation gleich einer alles gegenseitige Vertrauen absperrenden Mauer ein grausiges Schreckbild auf; behängen es mit den einstens schillernden Lappen des zusammengestürzten Feudalismus, isoliren dadurch unser Vaterland von der europäischen Bildung, verwerfen seinetwegen auch noch dasjenige, was unsere eigene Erfahrung als beglückend erwiesen hatte: und wir, die wir stolz zu verkünden lieben, dass wir frei seien, wir sind die armseligen Sklaven dieses Schreckbildes, welches die Entwickelung der nationalen Grösse in ihrer ersten Knospe erstickt — und dieses Schreckbild ist die schlecht verstandene, schlecht erklärte Aviticität. Ungerecht wären wir gegen unsere Vorfahren, wenn wir auch noch behaupteten, dass sie durch die Aviticitätsgesetze das Volk von sich und der Freiheit gänzlich isoliren wollten; wir würden fehlen, wenn wir etwa glaubten, dass es den Unterthanen vordem nicht möglich gewesen sei, sich mit Einwilligung ihrer Grundherrschaft abzulösen. Unsere Vorfahren liebten es, diejenigen frei zu machen, die unter dem Volk sich durch Vermöglichkeit und Bildung auszeichneten; viele Grundherren befreiten auch in der Vorzeit ihre Unterthanen, viele Gemeinden lösten sich für immerwährende Zeiten von allen Unterthanenservituten ab; und auf diese Weise entstanden die freien Gemeinden. . . ." Nachdem er schliesslich die übrigen, meistens sehr schwachen und kleinlichen Einwendungen der Regierungspartei, z. B. dass die Erbablösung dem Hange zur Verschwendung in manchen Familien Vorschub leisten und dieselben zu Grunde richten würde, dass die Frage der Erbablösung nicht zum Urbarialoperat gehöre u. s. w., widerlegt hatte, schloss er seine schöne Rede folgendermassen:

„Ein sündhaftes Versäumniss ist es, ein Gesetz nicht zu schaffen, welches die Zahl freier und glücklicher Bürger vermehrt; aber ein solches Gesetz zu schaffen, welches die bisherige Zahl derselben gar noch vermindert, — ein solches Gesetz zu schaffen, welches selbst diejenigen, die durch Begünstigung des Schicksals mit der Erlaubniss oder mindestens Nachsicht der Gesetze sich eine bessere Stellung verschafften, abermals in das einstmalige Joch unterthanlicher Dienstbar-

1834. keiten zurückstösst, ist kein Versäumniss, sondern eine That, welche das
Wohl des Vaterlandes unmöglich fordern kann. Wenn jedoch unser
Vorschlag verworfen wird; wenn wir die Freiheit der Erbablösung
nicht durch ein klares, Vergangenheit und Zukunft sicherndes Gesetz
aussprechen: so haben wir nicht nur dem Emporblühen des Vaterlandes für die Zukunft eine Schranke entgegengeworfen, sondern auch
das Schicksal der bisher glücklichen und blühenden freien Gemeinden
aufs Spiel gesetzt. Wenn unser Vorschlag zum Gesetz werden kann,
wird in einem halben Jahrhundert der Ungar in anderm Glanz, in
anderer Kraft dastehen; wenn wir dagegen dem Inhalt der unsere
Wünsche abschlägig bescheidenden königlichen Antwort beitreten, ist
auch die gegenwärtige Freiheit der vielen tausend Einwohner der bisher abgelösten Gemeinden zerstört, und der Fluch, die bittern Thränen derselben werden das Andenken der gegenwärtigen Gesetzgebung
begleiten. Der uns zugewandte, sehnsüchtige Blick des armen steuerzahlenden Volks erbat von uns Linderung und Freiheit: wir warfen
ihm indess nur Almosen zu; wir schicken uns jedoch an, die Freiheit
auch denjenigen zu entziehen, welche dieselbe bisjetzt besessen hatten;
das Vaterland ist aber nur dort wahrhaft glücklich und blühend, wo
freie Hände den Boden bearbeiten; die Nation dort stark, wo Eigenthum und Unabhängigkeit von freien Händen vertheidigt wird."

Die glänzenden Reden, welche die Anhänger der Regierungs-
und conservativen Partei hinsichtlich des Princips nicht angreifen,
höchstens nur mit dem sehr schwachen Grund bekämpfen konnten,
dass die Frage der Erbablösung im Sinn der königlichen Antwort
vertagt werde, setzten noch an diesem Tage den vollständigsten Sieg
durch. Mit einer ähnlichen Festigkeit stritt die oppositionelle Mehrheit in den folgenden Sitzungen auch für die zwei andern der Unterthanenklasse zu machenden Zugeständnisse, inwiefern nämlich verlangt
wurde, dass die Jurisdiction der Herrenstühle in den Urbarialprocessen
aufgehoben und den Unterthanen die Sicherheit der Person und des
Eigenthums verliehen werde. Diesem nach wurde der Gesetzvorschlag
in seiner vollen Unversehrtheit den Magnaten abermals zur Bewirkung
des Beitritts derselben zugesandt. Aber bei der Mehrheit derselben,
welche den Gesetzvorschlag früher, obgleich erst nach langem Kampf,
angenommen hatte, besiegte die abschlägige königliche Antwort den
lauten Ruf der ewigen Wahrheit und des Gewissens, und das Gutachten wurde im Sinn der königlichen Antwort verworfen.

Die Wirk-
samkeit der
Regierung
zu Abän-
derung der
Instruc-
tionen.

In der Zwischenzeit war aber auch die Regierung nicht unthätig
geblieben. Da sie einsah, dass sie die Majorität der Stände mit den
in ihrer Antwort enthaltenen schwachen Gegengründen nicht besiegen
könne, und auch der von der Hofkanzlei zu diesem Zweck damit betraute, fortwährend in Presburg thätig gewesene Hofsecretär Wirkner
mit seinen Intriguen, womit er einzelne von den Deputirten der Oppo-

sition zu umspinnen suchte, nicht reussire: nahm sie ihre Zuflucht zu 1834. einem andern, wirksamern Mittel, um die oppositionelle Majorität zu sprengen. Es war offenbar, dass diese Mehrheit entschlossen sei, eher ohne Gesetz auseinanderzugehen, als die wesentlichsten Punkte des Urbarialgesetzvorschlags aufzuopfern. Damit sie daher das Gewicht der Verantwortlichkeit entweder infolge der Auflösung des Reichstags oder durch die wiederholte Verwerfung des Antrags nicht belaste, und nachdem sich die öffentliche Meinung gegen sie ausgesprochen, das Volk sich von ihr nicht abwende, wollte sie die Frage im Hause der Stände selbst zum Fall bringen, und die Verdammung durch die öffentliche Meinung, welche der Fall dieser Frage nach sich ziehen würde, ihnen aufbürden. Dies konnte man nur dadurch ins Werk setzen, wenn der Adel in einigen Comitaten zur Abänderung der Deputirteninstruction veranlasst würde. Deshalb verschwanden daher plötzlich von Presburg die Obergespane und Administratoren der in den Reihen der Opposition stehenden Comitate, und in denselben allgemeine Versammlungen ausschreibend, liessen sie die fraglichen Punkte des Urbarialvorschlags einer neuen Berathung unterziehen. Dies geschah indess nur der Form wegen; denn ihre Absichten suchten sie vor den Versammlungen beim niedern Adel durch Verlockungen und Bestechungen zu erreichen. Ihre Agenten, die sogenannten Cortesanführer, schlugen, von ihnen angeleitet, in den Comitaten grossen Lärm, die freisinnigen Abgeordneten geradezu beschuldigend, dass sie gefährliche demokratische Principien verkündeten, die Reformen auf dem Reichstage zum Nachtheil der Adelsvorrechte im republikanischen Sinn durchzuführen trachteten, demzufolge die achthundertjährige aristokratische Verfassung des Reichs dem Verderben nahe sei. Es war keine schwere Aufgabe, die unwissende und befangene Masse des niedern Adels durch dergleichen Agitationen auf Abwege zu leiten; was zur Folge hatte, dass die Instructionen in einigen Comitaten in der That so modificirt wurden, dass die Abgeordneten den Auftrag erhielten, im Sinne der königlichen Antwort zu stimmen.

Es wurden auf diese Art zwar nur einige Comitate der Fahne der freisinnigen Reform untreu; allein der Meinungswechsel selbst dieser wenigen genügte, die freisinnige Reformpartei, wenigstens in den obschwebenden Fragen, auf dem Reichstag zur Minorität zusammenschmelzen zu machen. Die Abgeordneten, deren Instructionen so abgeändert wurden, bestrebten sich auf jede Weise, ihre Comitate dazu zu vermögen, dass sie ihre spätern Beschlüsse zurücknähmen. Einer derselben, Kölcsey, der zu den eifrigsten und energischsten Anhängern der radicalen Reform im allgemeinen wie der bürgerlichen Berechtigung des Volks gehörte, verband sogar die Beibehaltung seiner Stellung als Deputirter mit dieser Bedingung, ja er erschien auf das Drängen seines Comitats gegen Ende des Jahres persönlich in einer

1834. allgemeinen Versammlung desselben.   Mit ihm ging auch Wesselényi
dahin, um seinen Freund und in demselben die Sache zu unterstützen.
Die Sitzung war ausserordentlich lebhaft, ja sogar stürmisch.   Wesselényi griff das Vorgehen der Regierung mit heftigen Worten an; weswegen er später, wie wir sehen werden, wegen Hochverraths in Untersuchung gezogen wurde.   Alles vergebens: Szathmár, so auch die übrigen
abtrünnigen Comitate, behielten ihre spätern Instructionen bei, und
Kölcsey ging mit seinem Genossen nach Presburg nur zurück, um
Abschied zu nehmen.   Die Trauer und der Zorn wegen des Verlustes dieses hochsinnigen Mannes war hier allgemein, so unter der
freisinnigen Partei des Abgeordnetenkörpers als auch unter dem
Reichstagspublikum.   Kossuth verschickte die Blätter seiner geschriebenen Reichstagszeitung mit Trauerrändern versehen.   Die Jugend,
welche sogleich nach Ankunft der Nachricht von seiner Abdicirung
Trauerflore anlegte, empfing und entliess den gefeierten Redner und
unerschütterlichen Patrioten nach seiner Abschiedsrede mit grosser
politischer Demonstration in seine Heimat.   „Bei unserer Hierherkunft",
sagte er in dieser Rede, „herrschten unter anderm zwei starke Wünsche
in unsern Seelen: das steuerzahlende Volk emporzuheben, und den
Grundbesitz auf eine dauerhaftere und sichere Grundlage zu stellen.
Wir glaubten, dass nun die höchste Zeit, die schönste Gelegenheit da
sei, beides zu vollbringen; im Wege der Gesetzgebung, durch friedliche Berathung zwischen Fürst und Nation ins Werk zu setzen, wofür anderswo Ströme von Blut flossen und die Noth ganze Länder
überzog.   Von diesem Glauben geleitet, schritten wir auf unserer
reichstäglichen Laufbahn vor; und . . . fanden unser Glück darin,
dass wir unsere eigene Ueberzeugung mit den Wünschen unserer
Committenten vereinigen konnten. . . . Unser Comitat fand für gut,
der königlichen Antwort beizutreten; . . . wir verlassen daher unsere
Stellung. . . . Unser Wahlspruch war: Vaterland und Fortschritt.
Diejenigen, die statt des Fortschritts das Verbleiben wollen, mögen
bedenken: dass . . . ein zeitgemässer Fortschritt eben das Verbleiben mit sich bringe, die Folge des Stillstands aber Siechthum
sei.   Gott möge diese Nation vor allem Uebel bewahren; Gott möge
den schönen Tag des vollständigen Aufblühens der Nation heraufdämmern lassen!"
  Der Erbablösung und den übrigen im Gesetzvorschlag zu Gunsten
der Unterthanen gemachten Rechtsconcessionen war damals das Todten-
glöcklein schon erklungen; denn es war vor dem Schluss der Verhandlung schon gewiss, dass diese wichtige Reformfrage fallen werde.
Die freisinnigen Abgeordneten gaben indess selbst bei Gelegenheit der
letzten Debatten nur nach hartnäckiger Gegenwehr 'die mit so vieler
Begeisterung unterstützte Sache auf.   Die Gereiztheit der Gemüther,
welche sodann, da auch mehrere andere Ursachen hinzukamen, sich

durch den ganzen Reichstag fortpflanzte, ist nichts im Stande lebhafter zu zeichnen als die letzten über den Gesetzvorschlag gehaltenen Reden. Allgemein war die Ueberzeugung, dass die zu Gunsten
der Unterthanenklasse zu geben beabsichtigten moralischen Zugeständnisse zumeist durch den Einfluss der sich vor dem Gespenst der
Demokratie fürchtenden conservativen Partei der Magnaten gestürzt
wurden; gegen diese ergossen daher die oppositionellen Deputirten
die ganze Hitze ihrer Aufregung. Und darin hielt es sogar Paul
Nagy mit ihnen, der übrigens als Anhänger der aristokratischen Verfassung schon in vielem andern hinter der die Majorität der Opposition bildenden radicalen Reformpartei so sehr zurückgeblieben war,
dass er in manchen Fragen schon beinahe als zur conservativen Partei
gehörend betrachtet wurde.

„Dass man aus den Principien der zwischen den verschiedenen
Volksklassen zu ziehenden scharfen Scheidungslinien", sagte er unter
anderm, „keineswegs auf die Demokratie folgern könne, wird jedermann einsehen, der nur halbwegs einen richtigen Begriff von der
Demokratie hat; weshalb ich auch denjenigen, die mich selbst nach
wiederholter Kundgebung meiner Principien fortwährend der Demokratie beschuldigen, nichts dringender empfehlen kann, als sobald
als möglich sich um einen Arzt umzusehen. — Dass aber selbst unter
jenen, welche die fraglichen drei Punkte mit mir zugleich unterstützten,
niemand von Demokratie auch nur geträumt hat, dies wissen selbst
jene Oligarchen, die dergleichen Gerüchte verbreiten und der Regierung selbst unsere reinsten Absichten als schreckende Gespenster
darstellen. Denn obgleich die Oligarchen im ausschliesslichen Besitz
der Weisheit zu sein glauben, so haben doch auch wir ein klein wenig
Verstand, kraft dessen wir behaupten dürfen, dass Ungarn unter
allen Ländern der Welt zur Republik am wenigsten geeignet sei; da
die an Rang und Sprache verschiedenen Einwohner desselben einander sicherlich sogleich in den ersten Jahren der Republik aufzehren
würden. . . . Der Adel liebt seine Verfassung und seine Adelsfreiheit;
aber der vernünftig denkende Theil desselben liebt auch das den
Boden bebauende Volk als Menschen; er liebt das Volk, welches ihn
nährt, vertheidigt, welches die Lasten des Reichs trägt. Mit Einem
Worte, die ganze Nation liebt ihren König, ihr altes Herrscherhaus,
ihre Freiheit und das Volk; und, mit einigen rühmlichen Ausnahmen,
liebt sie nur jene Oligarchie nicht, welche, durch Unterdrückung unserer aristokratischen Constitution Volk und Adel gleich verachtend,
die Absicht hat, sich stolz über die ganze Nation zu erheben. Die
Nation liebt jene Oligarchie nicht sehr, welche das Volk, obgleich
dessen grösster Theil ihr dient, nicht vertheidigt; welche auch auf
dem Reichstag des Jahres 1825 dem Nachlasse der Steuerrückstände
und der Einrechnung der ungesetzlich erhobenen Steuer entgegen

1834. war. Jene Oligarchie, welche auf ebendemselben Reichstag die
Worte: «dass die Defraudanten öffentlicher Kassen und die Unter-
drücker des steuerzahlenden Volks ohne Unterschied des Ranges und
der Würde hart bestraft werden sollen», aus dem Gesetze wegliess.
Jene Oligarchie, welche die Steuersumme stets zu vergrössern trachtet.
Jene Oligarchie, welche, um ihren eigenen Luxus, ihre Verschwendung
fortsetzen zu können, durch die Werthherabsetzung des Papiergeldes
einen grossen Theil des Vermögens ihrer Mitbürger schon verschlang
und, was denselben noch übrigblieb, ebenfalls zu verschlingen sich bestrebt. Jene Oligarchie, welche auch der Freund des Adels nicht ist,
und deren Hauptzweck ist, sich zu arrondiren, was ungarisch beiläufig die Ausrottung des Adels bedeutet, und welche dieses Ziel so
eifrig anstrebt, dass einzig im benachbarten wieselburger Comitat,
wo zu Anfang des vorigen Jahrhunderts mehr als 300 Adelsfamilien
wohnten, gegenwärtig kaum drei bestehen. Diese Oligarchie, in dem
Irrwahn, dass das Glück des Vaterlandes einzig in ihrer Wohlfahrt liege, ist nicht einmal im Stande, sich ein Land als glücklich
zu denken, in welchem die Millionen von Familien, unter dem Schutz
gesetzlicher Freiheit, ihrem Stand nach zufrieden leben und sich
bürgerlichen Wohls erfreuen. Diese Oligarchie findet das Wohl des
Vaterlandes nur darin, damit, wenn sie zu den Fenstern ihres Schlosses
hinausblickt, sie infolge der Verwerfung des einen Punktes dieses
Gesetzvorschlags alles, was in ihren Gesichtskreis fällt, ihr Eigenthum
nenne könne; damit infolge der Verwerfung des andern Punktes desselben vor ihrem Stock alles zittere, alles ihr die Hände lecke; und
wenn sie mit etwa 30 englischen Pferden und 300 Jagdhunden auf
der Fuchsjagd die Saaten der armen steuerzahlenden Bauern zer-
stampft, sich kein den Acker bebauender Grundbesitzer finde, der
kühn genug wäre, den Zügel des Rosses des jungen Herrn zu ergreifen und mit Bürger zu sprechen: «Du wärest Obrigkeit von
Gott? Die Gottheit spendet Segen; nein, nicht von Gott bist du
Tyrann!»

„Die Erbablösung will dieser Oligarchie jetzt nicht in den
Kopf hinein. Sie war es, die in ihrer Wuth das Wort Demokratie
erfand, was nur des Bedauerns werth ist; denn obgleich die Erbablösung mit den verschiedenen Regierungsformen nichts zu schaffen
hat, sondern einzig die Forderung jener Wahrheit ist, welche bei
allen Arten der Regierungsformen die erste Aufgabe der bürgerlichen
Gesellschaft bildet, — dennoch, wenn wir ein zu ihrer Richtung passendes Epitheton suchen wollten, müssten wir sie durchaus als nicht
demokratisch, sondern als rein monarchisch bezeichnen. Hiervon kommt
es, dass bei der vornehmlich monarchischen Einführung des Urbariums
die Erbablösungen vorzugsweise unterstützt wurden; dass die Regierung dieselben auch seither in zahlreichen Fällen willkürlich und

gewaltsam aufrecht hielt; dass die Erbablösung im benachbarten Oesterreich, welches rein monarchisch regiert wird, schon seit 1772 ohne
alle demokratischen Folgen in Ausübung ist; . . . ja es sind im
monarchisch regierten Oesterreich auch solche bäuerliche Gemeinden zu
finden, welche nicht nur ihre Dienstbarkeiten für ewige Zeiten abgelöst
haben, sondern von ihrem Grundherrn auch dessen Allodium sammt
allen übrigen Rechten kauften, sodass jetzt die Gemeinde selbst
ihr eigener Grundherr ist.

„Ich muss gestehen, dass ich nicht begreifen kann, weshalb die
Regierung ihren Beitritt versagt, und darum bin ich vollständig überzeugt, dass sie das Versäumniss dieser günstigen Gelegenheit einstens
bitter bereuen werde. Denn was kann in einem Lande, wo vom
grössten Theil des Besitzes keine Steuer gezahlt wird, für die Regierung günstiger und zweckmässiger sein, als dass wenigstens jener
Grundbesitz, auf welchem die regelmässige Steuerlast liegt, die Zahlung
derselben garantire? Jetzt theilt sich in den Besitz des steuerzahlenden Grundes die Regierung mit diesem Adel, der, nachdem er zunächst
seinen Theil eingetrieben, den Unterthan sehr oft unfähig macht, die
Steuer der Krone zu bezahlen; während, wenn der unterthanliche
Grund durch die Erbablösung von den Herrenlasten frei wird, auch
der Unterthan eine grössere Fähigkeit erlangt, seine Steuer zu entrichten. . . .

„Ich sehe jedoch voraus, dass alles dies auf jene Oligarchie, welche
die Regierung mit ihren Aufhetzungen umgibt und einzelne Comitate
verführt, keine Wirkung ausüben wird. Die Oligarchie wird daher
abermals siegen über die Masse der Nation, deren Interessen sie fortwährend den ihrigen aufzuopfern wünscht, indem sie behauptet, dass
sie die wahre Stütze des Throns sei. Es ist darum nothwendig, diese
Behauptung ein wenig näher zu beleuchten." . . . Er weist sodann
des breitern nach, dass der hohe Adel auch in der Zeit der französischen Kriege der Regierung von keinem Nutzen, ja sowol hinsichtlich der Rekrutenaushebung als auch der Finanzen von entschiedenem
Nachtheil war, — und schliesst seine Rede folgendermassen: „Dass
die Regierung solchen Stützen zu Liebe die heiligsten Interessen der
ganzen Masse der Nation aufopfern werde, ist unglaublich; und daher
hoffe ich mit aller Zuversicht, dass, sobald dieser Gegenstand der
Gesetzgebung noch einmal vorgelegt wird, Se. Majestät der König
seinem treuen Volk die schönsten Hoffnungen desselben nicht entziehen
werde."

Vergeblich wurden jedoch dort alle Vernunftgründe angewendet,
wo die Majorität künstlich hergestellt war. Die drei hochwichtigen
Reformfragen fielen in den im Laufe des December abgehaltenen
aussergewöhnlich heftigen Sitzungen; die Erbablösung wurde mit
den Stimmen von 26 Comitaten gegen 22; die Beschränkung der

1834. Herrenstühle mit 25 Stimmen gegen 23; die Sicherstellung der Person und des Vermögens der Unterthanen mit 27 Stimmen gegen 21 im Sinne der königlichen Antwort abgeändert. In der am 30. Dec. abgehaltenen Generalsitzung, als der die Person und das Vermögen der Unterthanen sichernde 8. Gesetzartikelvorschlag zum letzten mal an die Tagesordnung kam, versuchten Deák, Paul Nagy, Klauzál, Palóczy, Beöthy, Balogh und mehrere andere freisinnige Abgeordnete noch einen Angriff gegen die Regierungspartei, und schienen an Begeisterung und Redekunst sich selbst zu übertreffen, um den hochwichtigen Gesetzartikel zu retten. Die Gründe, mit welchen der Kampf auf beiden Seiten fortgeführt wurde, läst am treuesten die Rede Deák's zum Vorschein kommen, in welcher der streng logische Redner die Hauptmotive der Anhänger der Regierungspartei der Reihe nach widerlegte.

„Als ich", sagte er, „diesen 8. Urbarialgesetzartikel zum ersten mal las, hätte ich nicht gedacht, dass es jemals nöthig sein würde, die klare und einfache Wahrheit desselben vertheidigen zu müssen. Der erste Abschnitt ordnet ja nur soviel an, dass es nicht erlaubt sei, den Unterthan in seiner Person oder in seinem Eigenthum ohne gesetzliche Vernehmung, ohne richterliche Verurtheilung zu stören. Und dies ist eine so klare Fundamentalwahrheit, [dass sie vom richtigen Begriff der bürgerlichen Gesellschaft nicht einmal gesondert werden kann, denn ohne dieselbe kann man den gemeinschaftlichen Zweck der Gesellschaft nicht erreichen. Der zweite Abschnitt gibt der beeinträchtigten Partei die Macht, die Behebung ihrer Beschwerde vor der normalen Behörde auf gesetzlichem Weg zu fordern; und derselbe ist eine so directe und natürliche Folge des frühern, dass ohne ihn der Schutz des Gesetzes nur eine leere und erfolglose Einbildung ist. In der That, wenn mir zahlreiche Fälle die Verwunderung über dergleichen Dinge nicht abgewöhnt hätten, so würde ich wenigstens darüber erstaunen, dass es einstens nothwendig werden konnte, jene Fundamentalwahrheiten, welche auch ohne Gesetz in dem Herzen eines jeden Menschen leben sollten, durch ein Gesetz auszusprechen. Allein bei uns ist noch vieles möglich und vieles nothwendig.

„Der königliche Personal und einige Abgeordnete führten gegen den ersten Abschnitt dieses Gesetzartikels an, dass er schon an sich selbst mangelhaft und ungenügend sei und leicht zu Verwirrungen Anlass geben könne. Denn es wird zwar auch erwähnt, dass in vom Gesetz bestimmten Fällen auch vor der richterlichen Verurtheilung die Arrestirung gestattet sei. Da jedoch diese bestimmten Fälle nirgends erklärt und aufgezählt sind, können leicht falsche Deutungen und Misverständnisse eintreten; und so lange, als diese Fälle in dem betreffenden systematischen Operat nicht einzeln der Berathung und Beschlussfassung unterzogen werden, ist auch die Anordnung des

8. Gesetzartikels nicht nur erfolglos, sondern auch schädlich. — Wenn 1834. wir jetzt erst zum ersten mal zu einer bürgerlichen Gesellschaft zusammentreten; wenn wir jetzt erst unsere ersten Gesetze, welche unsere innere Einrichtung und die öffentliche Sicherheit betreffen, schaffen würden, dann könnte dieser Einwurf in der That wichtig sein; dann würde ich selbst verlangen, dass, wo die Sicherheit der Bürger ausgesprochen wird, sogleich auch alle jene Fälle hergezählt würden, in welchen die gemeinschaftliche Gesellschaft eben wegen der Aufrechthaltung der öffentlichen Sicherheit zu ausserordentlichen Massregeln greifen könne und zu greifen genöthigt sei. Aber wir bilden schon seit Jahrhunderten eine bürgerliche Gesellschaft; wir sind im Besitz von Gesetzen innerer Ordnung, welche die öffentliche Sicherheit garantiren; denn wir besitzen den gemeinsamen Schatz der Gesellschaft, die Sicherheit der Person und des Eigenthums auch als Privilegium, ausschliesslich wir selbst. Der gesegnete „Primae Nonus" hat dafür gesorgt, dass der Edelmann gegen Willkür und Gewalt sichergestellt sei; und unsere Absender würden es übel vermerken, wenn wir diesen „Primae Nonus" aufheben würden. Die ungarische Gesetzgebung hat von Zeit zu Zeit alle jene Fälle bezeichnet, in welchen die sofortige Arrestation des Edelmanns nothwendig war; und so besitzt ein Theil der Einwohner unsers Vaterlandes schon das Recht, welches wir im 8. Gesetzartikel auch unsern armen Steuerträgern zu ertheilen wünschten. Dies soll man daher mit allen seinen Ausnahmen und Beschränkungen auch auf die übrigen Klassen der Nation ausdehnen: die öffentliche Sicherheit wird darunter nicht leiden, sie wird vielmehr für jeden Bürger gesichert sein. Denn wenn diese Freiheit mit dem Zweck des Staats übereinstimmt; wenn hinsichtlich des Adels jene Ausnahmen genügen, welche unsere Gesetze in dieser Beziehung machten, werden diese auch hinsichtlich der Unterthanen genügend sein; wenn sie aber auch dort nicht hinreichen, dann ist auch dort eine Abänderung und Beschränkung nothwendig. Wenn mich aber jemand, trotz zahlreicher Beispiele und der allgemeinen Erfahrung entgegen, davon überzeugen kann, dass das Privilegium jedem Edelmann und dessen Nachkommen mehr Bildung und Tugend verleiht, als unsere nichtadelichen Mitbürger gebrauchen und besitzen können; wenn es bewiesen sein wird, dass das Privilegium unsere öffentliche Sicherheit assecurirt: dann neige ich mein Haupt und werde bereit sein anzuerkennen, dass solch eine privilegirte, gutgesittete, gebildete Klasse einer besondern Begünstigung würdig sei, und den Schutz der Sicherheitsgesetze, mehr wie andere, allein nur verdiene.

„Der verdienstvolle Abgeordnete Gömörs hat als Beispiel die Gesetze Frankreichs und Englands angeführt, und behauptet: dass auch dort derjenige, dem der Constabler einmal den Kopf mit seinem Stäbchen berührt, oder den der Polizeimann gefangen nimmt, sich zu

1834. widersetzen nicht getraue, wenn er auch der erste Pair wäre. ·Aber in ebendieser Darstellung hat sich der verdienstvolle Abgeordnete die Antwort selbst gegeben; denn dort steht die Heiligkeit der Gesetze in einer solchen Achtung, dass der mächtigste Pair ebenso wie der ärmste Bürger dem ihn arretirenden Constabler nachgibt und auch verpflichtet ist ihm nachzugeben. Bei uns aber lastet die Wucht des Gesetzes nur auf dem armen Steuerzahlenden. Begründen wir, dass der Schutz der die öffentliche Sicherheit assecurirenden Gesetze auch bei uns sich auf jeden Bürger gleichförmig ausdehne, dann wird der im Namen des Gesetzes einschreitende Constabler auch bei uns ein solches Ansehen haben, wie er es jetzt, besonders in Bezug auf die ungarischen Pairs, nicht besitzt. — Der verdiente Deputirte von Eisenburg stellte die Behauptung auf, dass der Unterthan auch bei uns vor jeder Verletzung sichergestellt sei, denn der Grundherr räche im Wege des Violenz-Processes jede Schädigung seines Unterthans. Ich will mich nicht in eine Untersuchung einlassen, dass es eine widernatürliche Sache sei, wenn in einer bürgerlichen Gesellschaft der beschädigte Theil für seine Person nicht einmal Genugthuung fordern darf, sondern selbst den Anruf des gesetzlichen Schutzes von' der Gnade seines Herrn erwarten muss. Nur soviel bemerke ich in praktischer Hinsicht: dass dergleichen Violenz-Processe zwischen den in gegenseitigem Hader befindlichen Nachbarn und Compossessoren zwar oft Mittel der Rache waren; es aber denn doch nur wenige Beispiele gibt, dass in gegenseitiger Freundschaft lebende Grundherren einander wegen der Benachtheiligung ihrer Unterthanen vor die Schranken des Gerichts gefordert hätten. In solchen Fällen pflegten gewöhnlich die Grundherren die ganze Sache bei Pfeife und Kartenspiel, oft auf Rechnung des Unterthans, zu beendigen; und gar oft sagte der Grundherr des Klägers: ich werde eines armseligen Bauers wegen mit meinem Nachbar, meinem Gevatter oder mit meinen Verwandten mich in keine Streitigkeiten oder Processe einlassen. Dies ist die so sehr gelobte Protection der Grundherren! — Auch erwähnten einige, dass dieser 8. Gesetzartikel auch deshalb schon mangelhaft sei, weil er nicht die ganzen acht Millionen Nichtadelichen, sondern nur einen Theil derselben, die Unterthanen, in sich begreift. Es ist in der That sonderbar, diese Einwendung eben von jenen zu vernehmen, die in dem Falle, wenn das Gesetz alle Einwohner des Reichs erwähnt hätte, die ersten demselben entgegen gewesen wären und sicherlich gesagt haben würden, dass dieses Gesetz nicht in das Urbarium gehöre, da es nicht von den Unterthanen allein, sondern von allen Reichsbewohnern spreche. Ich wünsche die Wohlthat dieses Gesetzes auf jeden Bürger ausgedehnt zu wissen; da wir im Urbarium jedoch nur über die Unterthanen zu verfügen haben, müssen wir vor allem andern diese unter den Schutz des Gesetzes stellen. — Der verdienstliche

Abgeordnete von Árva sagte, dass wenn unsere Steuerzahlenden sich 1834. ohne dies Gesetz acht Jahrhunderte lang behelfen konnten, würden sie dies auch noch einige Jahre hindurch zu thun vermögen. Dies ist indess ein eigenthümlicher Vernunftschluss, aus welchem wir sehr sonderbare Folgerungen ziehen könnten. Die Welt konnte sich ja jahrhundertelang ohne die christliche Religion behelfen, sie konnte sie daher auch fernerhin entbehren. Unsere Vorfahren waren Jahrhunderte hindurch keine Christen, und dennoch nimmt man es ihnen nicht übel, dass sie es wurden. Die Unterthanen konnten sich acht Jahrhunderte lang ohne Urbarium behelfen: und dennoch war es sehr nützlich, dasselbe in der zweiten Hälfte des vorigen Jahrhunderts auch in unserm Vaterland einzuführen. Der freie Verkauf der Nutzniessung war jahrhundertelang nicht zulässig, und dennoch begründete ihn die gegenwärtige Gesetzgebung.

„Ich spreche es wiederholt aus: wenn der Gesetzvorschlag gut ist, möge man ihn ohne Versäumen sofort annehmen; denn jede ähnliche Verzögerung ist ein wahrer Diebstahl an dem allgemeinen Nationalwohl. — Ich kann", fuhr der Redner mit bitterer Ironie fort, „die Meinung des Abgeordneten von Somogy in dem einen Punkt nicht theilen: dass mit diesem Gegenstand weder die Besitzfähigkeit noch die Aviticität in Verbindung gebracht werden könne. Denn siehe, die löblichen Stände waren nicht geneigt, den Unterthanen ihre Fähigkeit zum Besitz zu verleihen; allein sie wünschten denselben die Fähigkeit zum Stock zu belassen. Die Aviticität drückt uns schwer, weil sie allen nationalen Fleiss, jede nationale Entwickelung unterdrückt; allein es scheint, dass die löblichen Stände dieselbe noch immer nicht aufheben, ja sogar auch den Unterthanen die achthundertjährige Aviticität des Stocks belassen wollen, dass sie dieselbe nämlich « prout a majoribus suis acceperant » auch fernerhin besitzen mögen; denn es ist ein sehr schönes, sehr wohlthätiges und nützliches Princip, das Alte aufrecht zu erhalten, blos deshalb, weil es alt ist. Der verdienstvolle Deputirte des tolnaer Comitats stellte eine Frage wegen der Erfüllung der im königlichen Einberufungsschreiben vorkommenden « arcta necessitudo ». Ich gestehe, dass ich geneigt bin, diese Worte für einen Druckfehler zu halten; denn wenn ich den Inhalt des ganzen Urbariums in Betracht ziehe, so sehe ich, dass den Unterthan mit seinem Grundherrn nicht eben das Vertrauen, sondern die Noth verbindet, — weil er auf eine andere Art nicht ausleben kann; denn er ist ja vom Erbe des vaterländischen Bodens für ewige Zeiten ausgeschlossen, und es steht ihm zwar frei zu übersiedeln, allein er hat nicht wohin; denn er kann sich einen andern als einen Unterthanengrund kaum verschaffen. Es sollte daher statt «necessitudo» besser «necessitas» stehen. Indess nimmt es mich überaus wunder, dass der geehrte Deputirte auch in Betracht dessen die Frage stellen

1834. konnte: wodurch die Verbindung zwischen Grundherr und Unterthan
enger geknüpft wurde? Wir haben ja im 5. Artikel diese Verbindung
so enge geknüpft, dass diese selbst der vereinigte Wille des Grundherrn und des Unterthans nicht aufzulösen vermag, nachdem es nicht
einmal in Wege gegenseitiger Uebereinkunft erlaubt ist, die Urbarial-
servituten für ewige Zeiten abzulösen. Gebe Gott, dass diese eng
geknüpfte Verbindung die Nationalwohlfahrt nicht erdrücke! Gebe
Gott, dass der gegenwärtige Stand der von mir erwähnten Aviticität
und Capacität auf unser Haupt nicht Fluch statt Segen bringe!"
    Eine ähnliche bittere Ironie oder Niedergeschlagenheit charakteri-
sirt auch die Reden unserer andern ausgezeichneten Redner. „Der
Deputirte Gömörs hat recht", sagte Klauzál, „dass es kein grösseres
Unglück gibt, als wenn unter dem Volk der Same der Unruhe ausgestreut wird. Im Innern seiner Seele ist er aber überzeugt, dass
die Schaffung dieses Gesetzartikels derlei Samen nicht nur nicht aus-
streuen, sondern dies gerade die Nichtschaffung desselben thun und
den Samen zum Wachsthum bringen werde, welcher durch die Verweigerung der nach göttlicher und menschlicher Gerechtigkeit dem
Volk gebührenden Rechte schon ausgestreut wurde. In allem, sogar
in der gesellschaftlichen Wohlthat der persönlichen Freiheit scheiden
den Ungar vom Ungar die Schranken der Privilegien. Diese rufen
das Misvergnügen hervor; diese sind Ursache, dass das kraftvolle
Ungarn fortwährend in colonialen Zuständen hinsiecht, und sich auch
nicht sobald zu jener Stufe wird erheben können, welche es in seiner
Eigenschaft als constitutionelle Nation einnehmen könnte. Leider gibt
es, und zwar sehr viele unter uns, die allen nützlichen Einrichtungen
entgegenstellen, dass unser Volk dazu noch nicht reif genug sei. Gott
gebe, dass die Regierung die Vorschläge solcher Rathgeber nie zu
bereuen haben möge." Indess glaubt der Redner, dass es zur Widerlegung dieser irrigen Ansicht genügend sei, sich auf jene den Sklaven
Jamaikas ertheilte Freiheit zu berufen, dass sie vom gesetzlichen
Richter abhängig seien, sowie auf jene Rechte, welche der russische
Zar den bessarabischen Unterthanen 1834 verliehen hat; — er zieht
sodann eine Parallele zwischen dem Zustand jener und dem des Volks
unserer Heimat, eine Parallele, welche den Zustand des ungarischen
Volks in einer fürchterlichen Gestalt erscheinen lässt.
    Noch schärfer war, schärfer als gewöhnlich, auch Paul Nagy, der
von der Ablehnung des in Vorschlag gebrachten Gesetzes um so
schmerzlicher berührt werden mochte, als er schon 1807 der erste
unserer Gesetzgeber war, der eine Verbesserung der Zustände des
Volks befürwortete. „Ich vernehme", sagte er, „dass einige das hinsichtlich der persönlichen Sicherheit in diesem 8. Artikel ausgesprochene
Princip deshalb anstössig finden, weil sie in demselben eine gewisse
Makel und die Beschuldigung zu sehen glauben, als ob bei uns bis-

her die Person der Unterthanen durch das Gesetz gar nicht gesichert   1834.
gewesen wäre.   Ich gestehe, dass wir dergleichen Gesetze haben;
diese gleichen aber jenen Gesetzen, von welchen Horaz sagt: „Malis
vetita legibus alea." Das Würfelspiel ist gesetzlich verboten; und
man würfelt allerorten.   Man verbietet durch das Gesetz die die
Person friedlicher Bürger verletzenden Uebergriffe; allein man kann
von denselben sagen: «Malis vetita legibus in omnes grassandi licen-
tia.» Was beginnen an vielen Orten die Grundherren und ihre groben
Beamten mit den Unterthanen?   Ich brauche es nicht zu erwähnen.
Wir wissen auch, dass der Stuhlrichter, der Geschworene, der Commissar die armen Leute oft nur so «ex abrupto» durchprügeln lässt,
und leider oft straflos; auch die Offiziere bis herunter zum Corporal
thun dies.   Diese, denen es in Oesterreich unter Strafe der Cassation
untersagt ist, den Bauer auch nur mit einem Finger zu berühren,
lassen den ehrlichen Dorfrichter, wenn sie auf den Ball gehen und
der Vorspann nicht gleich kommt, tüchtig durchbläuen.   Man sieht
daher, in welcher Sicherheit die Person des Unterthans bei unsern
bisherigen Gesetzen ist.   Wir könnten hundert und aber hundert
fürchterliche Fälle zum Beweis des eben Gesagten erwähnen. . . .
Diese Misbräuche, diese himmelschreiende Licenz muss man endlich
einmal zügeln." Er glaubt es nicht einmal, dass Se. Majestät dem
entgegen wäre, der in Oesterreich, wo er mit willkürlicher Macht . . .
Gesetze schafft, nicht einmal das zugibt, dass jemand seine eigenen
Dienstboten straflos verletze. . . . Allein er ist anderer Meinung von
der Regierung.   Wenn hier die Minister Sr. Majestät zugegen wären,
wie sie auch in einem constitutionellen Lande zugegen sein sollten,
würde er sie fragen: ob unter dieser Aufschiebung nicht etwa die
Verwerfung verborgen sei?   Und ob sie denn diesen Gesetzartikel
beim Juridicum unterstützen werden?   Wenn ja, würde ihm der Verzögerung wegen nicht sehr bangen.   Allein mehrere Zeichen deuten
auf das Entgegengesetzte.   Wenn die Regierung denselben blos aufschieben und nicht verwerfen wollte, so hätte sie gegen ihn nicht
jeden Stein in Bewegung gesetzt; hätte sie die Obergespane nicht nach
allen Richtungen hin geschickt, und hätte zum Sturz desselben nicht
so viele Kräfte aufgewendet.   Er muss mithin glauben, dass die Regierung diesen Gesetzartikel nicht nur hier nicht möge, sondern platter-
dings nirgends wolle.   „Nun aber heisst etwas nicht wollen soviel als
das Entgegengesetzte wollen; oder diesen Gesetzartikel nicht annehmen,
heisst soviel, als wollen, dass mit dem, was in demselben enthalten
ist, das Entgegengesetzte geschehe.   Wenden wir daher diesen Gesetzartikel um, und wir werden sehen, was die Absicht der Regierung
ist, und was wir zugeben, wenn wir diesen Gesetzartikel fallen lassen.
Der in Rede stehende 8. Gesetzartikel würde, umgekehrt, so stehen:
«Die Unterthanen dürfen nicht nur von ihren gesetzlichen Richtern,

1834. sondern auch von wem immer, und nicht nur nach ordnungsmässigem
Verhör und Urtheil, sondern auch ohne Vernehmung und Verurtheilung
in ihrer Person und ihrem Vermögen verletzt, gefangen genommen
und einer körperlichen Strafe unterworfen werden.» Wäre ein solches
Gesetz nicht eine furchtbare Ungerechtigkeit selbst dann, wenn wir
einer aus deportirten Räubern bestehenden Colonie Gesetze zu bringen
hätten? . . .‟

Alles blieb jedoch vergeblich; vergebens sprachen die standhaften
Mitglieder der freisinnigen Partei zum Verstand und zum Herzen,
vergebens widerlegten sie die schwachen Gegengründe und gossen das
Scheidewasser beissender Ironie aus, dort, wo die Regierung mit einer
künstlichen, durch Intriguen und Verführung hergestellten Majorität
auftrat. Die numerische Macht siegte. Johann Balogh indess erhob
vor der letzten Abstimmung, deren Ausgang übrigens schon unzweifelhaft war, noch einmal sein Wort; nicht mehr, damit er um den schon
unmöglichen Sieg kämpfe, sondern um die Lage der öffentlichen Angelegenheiten und Gesetzgebung zu zeichnen. Sein Vortrag erscheint
gleichsam als Leichenrede über dem Grabe jener glänzenden Hoffnungen, mit welchen sich die freisinnige Reformpartei zu Anfang des
Reichstags in Hinsicht auf die Wiedergeburt des Vaterlandes ge-
schmeichelt hatte.

„Der von uns in Vorschlag gebrachte zweite Abschnitt des 5. Urbarialgesetzes (die Erbablösung) ist schon verloren", sagte er, „welcher, wenn er angenommen worden wäre, eine neue glorreiche Epoche
in unserm Vaterland geschaffen haben würde; mit seiner Verwerfung
ist der ungarische Unterthan nun aber ein ewiger Knecht und er
steht im 19. Jahrhundert auch nur dort, wohin ihn die Streitkolben
unserer Vorfahren stiessen. Dahin ist auch der 7. Abschnitt (die
Beschränkung der Herrenstühle) und mit dessen Verlust bleibt die
Gerichtsbarkeit der zahlreichsten Klasse in unserm Vaterland das
Sinnbild parteiischer Gerechtigkeit. Verloren wird nun gehen, wie
man schon sehen kann, bald auch der 8. Gesetzartikel, welcher die
Person des Unterthanen sicherstellen sollte; und mit dessen Fall wird
der Stock des grausamen Grundherrn derjenigen spotten, die ihn
zerbrechen wollten. Nach einem so grossen, so fürchterlichen Verlust, da aus meinem Busen drei Lieblinge meines Herzens ohne Erbarmen ausgerissen wurden, mögen mir die löblichen Stände erlauben,
dass ich über das ganze Urbarium meinen Schwanengesang aus-
spreche.

„Als zu Anfang dieses Reichstags von der Reihenfolge der Berathungen die Rede war, habe auch ich mit der Mehrheit dafür gestimmt,
dass dem Urbarialoperate der Vorrang gelassen werde; denn als ich
den bedauernswerthen, kümmerlichen Zustand mehrerer Millionen Mitbürger in unserm Vaterlande sah; als ich von der während der kurz

vor dem Reichstage wüthenden Seuche in einigen Comitaten zu Tage 1634. getretenen Erbitterung des steuerzahlenden Volks hörte, und die furchtbaren Folgen, die aus derselben entstehen konnten, befürchtete: wünschte ich den Grund zum künftigen Wohl dieser Millionen so bald als möglich zu legen, und auf diese Art die Ursachen der zwischen Grundherrn und Unterthan zwar nur noch verborgenen, aber möglicherweise vielleicht bald ausbrechenden Feindseligkeiten mit der Wurzel auszurotten. Und wir durften die Verwirklichung dessen um so eher hoffen, da ja die Regierung selbst in den königlichen Vorlagen mit ihren Vertröstungen auf in schöne Worte gehüllte Versprechen dasselbe zu wünschen schien. Von der Nation durften wir um so mehr erwarten, als ein ausgezeichneter Sohn unsers Vaterlandes durch seine Schriften voll Genie und patriotischer Begeisterung die Fackel der Aufklärung eine geraume Zeit vor dem Reichstage angezündet hatte. Für jeden denkenden Menschen, für jede Gesellschaft wurden die den Unterthanen zu verleihenden Zugeständnisse Lieblingsgegenstand; ja es schien, dass die Comitate und deren Insassen einander an Freisinnigkeit und Grossmuth nicht nur zu erreichen, sondern auch zu übertreffen wetteiferten. Ich selbst kam, von meinen hochsinnigen Absendern mit den schönsten Instructionen versehen, auf den gegenwärtigen Reichstag.

„Und die löblichen Reichsstände entsprachen auch der Erwartung unserer Nation; denn obgleich wir mit den Magnaten viel zu kämpfen hatten, wurden schliesslich dennoch, nachdem auch ihre Zustimmung erlangt war, der Sanction Sr. Majestät solche Urbarialartikel unterbreitet, welche die Producte des milden Geistes des gegenwärtigen Jahrhunderts, der Hochherzigkeit der ungarischen Nation und der reiflichen Ueberlegung des gesetzgebenden Körpers waren. Und nachdem alles dies geschah, hing das Wohl der Nation nun noch einzig von der Gnade der königlichen Antwort ab, zu welcher die Reichsstände eine so gute Gelegenheit gaben.

„Gross war die Hoffnung, gespannt die Erwartung. Und was geschieht? Am 28. Aug. dieses Jahres eilte jeder Patriot mit klopfendem Herzen dem Parlamentshause des Reichs zu, wo die königliche Antwort unter furchtbarem Blitzen und Donnern vorgelesen wurde — als ob dem Inhalt derselben der Himmel selbst zürnte! Doch leider wurden die schönsten Hoffnungen der Nation, und vor allem die des steuerzahlenden Volks auf einmal vernichtet, und das Heraufdämmern des schönen neuen Lichts verdeckten wieder dunkle Wolken. Denn nachdem die königliche Antwort bezüglich der drei interessantesten Gesetze eine verneinende war, so wussten, obgleich die königlichen Antworten keine bindende Kraft haben, die erfahrenen Patrioten wohl, dass diese Antwort geeignet sei, selbst das am stärksten scheinende Institut der Nation aus dem Grunde umzustürzen; sie wussten, dass

1834. die königliche Antwort eine solche Zauberkraft besitze, dass sie im
Stande ist, nicht selten selbst den standhaftesten Patrioten wankend
zu machen; sie wussten, dass die königliche Antwort für viele ein
solcher Leitstern sei, nach dessen Weisung sie alle ihre Schritte zu
thun gewohnt sind. Ihre gerechte Befürchtung wurde auch gerechtfertigt; denn infolge der königlichen Antwort. wurden hier und in der
ganzen Heimat alle Netze ausgespannt, um in denselben den 5., 7.
und 8. Gesetzartikel zu fangen, und es fingen überall die Agenten
der Regierung zu wirken an; die Obergespane liefen hin und her, und
die Creaturen derselben sprachen überall davon, wie gefährlich die
Richtung dieses Reichstags sei; uns, die wir einfach Menschenfreunde
sind, nannten sie Demagogen, Ultras, Jakobiner und Gott weiss was
alles noch. Mit Einem Worte, der eine Theil bot zur Vollziehung
des Wunsches der Regierung alles auf; während der zweite, den künftigen Verlust nicht ahnend, sich einzig auf die Heiligkeit seiner Sache
stützte. Und siehe da, wir stehen vor solchen Urbarialgesetzen, von
welchen ich dreist sagen kann, dass sie nicht so sehr vom Reichstag
als vom wiener Cabinet und dessen Einfluss geschaffen wurden.

„So geht in unserm Vaterlande jede nationale Angelegenheit zu
Grunde, und wird so lange verloren gehen, als der Reichstag so zusammengestellt bleibt, wie er jetzt besteht; solange nämlich die Regierung und die Magnaten ein unbeschränktes Veto haben werden;
solange die Comitate nicht selbständiger, die königlichen Freistädte
nicht unabhängiger sein werden; solange der Priesterstand an der
weltlichen Gesetzgebung theilnehmen wird, solange die Verleihung .
sämmtlicher Aemter in den Händen der Regierung bleibt, und die
Nation durch diese verhindert wird, ihre aufkeimende Kraft nach
Möglichkeit zu entwickeln. Für welche Zeit kann man jedoch hoffen,
dass diese Entwickelung zu Stande komme in einem Reiche, wo man
selbst nach zwei Jahre dauernden Berathungen die. Knechtschaft des
Unterthanen, das Selbstrichterthum des Grundherrn nicht aufheben,
die Person der Bauern nicht sicherstellen konnte? Die Freunde des
Stillstandes, die jeden nationalen Fortschritt für gefährlich halten,
können sich wahrlich dieser der Willkür entstammenden Antwort
freuen; es können sich die freuen, deren Götze der Eigennutz ist, und
die bereit sind, demselben selbst die heiligsten Rechte der Nation aufzuopfern, die die Milliarden Thränen der Millionen nur für gewöhn-
liches Wasser halten.

„Wie überall in Europa, entbrannte auch in unserm Vaterlande
der Kampf um Principien; ich wünsche von Herzen, dass derselbe
ohne Bajonnete und Barrikaden zu Ende geführt werde. Die Liebhaber politischer Alterthümer mögen jedoch bedenken, dass in jeder
Nation ihnen die grosse Mehrzahl gegenübersteht, deren Geduld zu
misbrauchen weiter führen würde, als wohin die Anhänger der

Reformpartei, den sanften Mahnungen ihres Jahrhunderts gehorsam, 1834. gelangen wollen. Und so wäre es für sie vielleicht räthlicher, solange es noch an der Zeit, über eine vernünftige Capitulation nachzudenken, als, dem Sturmangriff, welchen sie nicht lange aufhalten können, Widerstand leistend, alles aufs Spiel zu setzen.

„Ich hörte während des gegenwärtigen Reichstags mehrmals erwähnen, dass, wenn sich in uns das demokratische Princip nicht so sehr ausgebildet haben würde, die Regierung und auch die Magnatentafel geneigter gewesen wäre, die von uns vorgeschlagenen moralischen Concessionen anzunehmen; nachdem wir aber die demokratischen Grundsätze sehr klar ausgesprochen, hätten sie diese Zugeständnisse ohne Erschütterung unserer achthundertjährigen Verfassung nicht annehmen können. Also auf solch schwachen Füssen steht schon die ungarische Aristokratie, dass drei Urbarialgesetze sie zu erschüttern vermögen? Oder sind etwa die ewige Knechtschaft des Unterthanen, die Gerichtsbarkeit des Grundherrn und die Willkür des Stockes jene Grundlagen, auf welchen die ungarische Verfassung ruht? Wäre dies wahr, so müsste man die ungarische Verfassung nicht eine aristokratische, sondern einen aristokratischen Despotismus, eine oligarchische Tyrannei oder für ein dergleichen Ungeheuer halten, dessen Begriff auszudrücken es im Wörterbuche des Constitutionalismus kein Wort gibt. In der That, diese Bemerkung ist nichts als leerer Vorwand und ein so dünner Schleier, dass, um durch denselben zu blicken, eben keine grosse Geschicklichkeit gehört. Uebrigens kann man die Nationen und das grosse Publikum jetzt schon nicht mehr so leicht hintergehen. Die wahre Ursache, weshalb sich die Regierung, die Magnatentafel und der geistliche Stand weigert, die moralischen Zugeständnisse anzunehmen, ist keine andere, als dass die Regierung vom Wachsthum der nationalen Kraft eine Beschränkung ihrer weiten Gewalt befürchtet; die Magnaten davor Furcht hegen, dass die von ihnen vergötterten aristokratischen Principien durch die Principien unsers Jahrhunderts gefährdet, und diese ihren oligarchischen Stolz und Ehrgeiz beschränken würden; der geistliche Stand aber den Fall jenes Felsens befürchtet, auf welchem Petrus die Kirche erbaute. Und auf diese Weise strebt diese Triplcallianz im kleinen nach ebendenselben Zwecken, welchen sich die europäische Allianz im grossen vorgesteckt hat.

„Mein Ziel aber als Mitglied der Opposition, welcher ich bis zu meinem Sarge Treue verspreche, ist, dass ich, vom gegenwärtigen Verlust nicht abgeschreckt, mich um die leidende Menschheit so lange abmühe, bis im Kampf der erwähnten Principien wenigstens das Morgenroth jener Hoffnung anbricht, dass auch in unserm Lager endlich die Siegesfahne flattern wird, bei deren Anblick die Augen der jetzt leidenden Millionen den für sie schon seit lange her trockenen ungarischen Boden mit Freudenthränen benetzen werden."

Horváth. I. 23

1834.   Die Streiter der freisinnigen Reform liessen sich indess selbst dadurch noch nicht gänzlich aus dem Felde drängen, . dass, nachdem das königliche Rescript von der Mehrheit angenommen worden war, der 8. Gesetzartikel thatsächlich fiel: sie suchten eine andere Art, um, was das Wesen des verworfenen Gesetzartikels bildete, die Person der Unterthanen gegen die Willkür einigermassen zu schützen. Am Schluss der Sitzung verlangte Deák über diesen Gegenstand noch eine Circularberathung; denn, sagte er, der Inhalt des königlichen Rescripts izt viel wichtiger, als dass die Verwerfung des 8. Gesetzartikels nur so einfach und trocken ausgesprochen werden könnte. Auch wäre es eine wichtige Sache, was bezüglich dieses Gesetzartikels in der Adresse gesagt werden solle, und was die Stände etwa noch sonst für nothwendig erachten würden.

1835.   In dieser Circularberathung, welche am 2. Jan. stattfand, trug daher Deák vor: dass Se. Majestät der König, obwol er den 8. Gesetzartikel nicht annehme, in seiner Antwort nichtsdestoweniger ein Princip ausgesprochen habe, welches hinsichtlich der Sicherstellung der Unterthanen gegen Willkür mit dem Wesen der Adresse der Stände übereinstimmt. Der betreffende Punkt der königlichen Antwort lautet nämlich folgendermassen: Se. Majestät wünscht, dass jeder der Unterthanen Allerhöchstdesselben, daher auch die zahlreiche Klasse der Bauern, zusammen wie einzeln, nicht nur in ihren Verhältnissen zu den Grundherren, sondern auch von jeder andern Seite vor aller Willkür geschützt, in ihrer Person und ihrem Vermögen in gehöriger Sicherheit lebe. In den ungarischen Gesetzen, sagte er, gibt es keinen Grundsatz, welcher schöner und glorreicher wäre als dieser; mögen daher die löblichen Stände nicht versäumen, denselben von Wort zu Wort dem fünften Abschnitt des 8. Gesetzartikels einzuverleiben, welcher ohnehin eine Beschränkung der Uebergriffe in Urbarialangelegenheiten ins Auge fasst. Gegen diesen Antrag wurden zwar von seiten der Regierungspartei dergleichen Einwendungen erhoben, als ob dies mit jenem Beschluss, durch welchen der 8. Gesetzartikel verworfen wurde, im Widerspruch stände; die Majorität nahm ihn indess trotzdem an, und beschloss der Adresse anzufügen: dass sie dieses allgemeine Princip von der Sicherstellung der Unterthanen gegen die Willkür für ein gemeinsames Uebereinkommen der gesetzgebenden Gewalt betrachte; wie sie also, dasselbe beharrlich aufrechthaltend, es hier auf die Urbarialverhältnisse thatsächlich angewendet habe, so werden sie es auch in allen übrigen Verhältnissen an den betreffenden Orten speciell anwenden. Die Magnaten weigerten sich indess noch eine Zeit lang, dieses Princip anzunehmen, und schon konnte man befürchten, die Sicherstellung der Unterthanen gegen die Willkür würde aus den Urbarialgesetzen gänzlich wegbleiben und bis zu den die gerichtliche Procedur betreffenden Arbeiten aufgeschoben werden. Nachdem sie jedoch darin den Widerstand endlich aufgegeben, erhoben sie gegen die 1835. freisinnigen Anträge der Ständetafel hinsichtlich anderer Punkte stets neue und neue Schwierigkeiten. „Das Urbarium ist in der letzten Verhandlung", so schreibt in einem Briefe vom 21. Jan. Kölcsey; „allein unsere Niederlage in dieser Frage ist eine unaussprechliche. Wer und was wird sie ersetzen? Ich habe keine Hoffnung!"

Der hochsinnige Streiter für die Freiheit nahm, seit die veränderte Instruction seines Comitats mit seinen Ueberzeugungen in Gegensatz gekommen war, an diesen Schlussberathungen keinen Antheil mehr; und er blieb auf dem Reichstag nur deshalb noch eine Zeit lang zugegen, weil er sich mit der Hoffnung schmeichelte, dass die nächste Generalversammlung des Comitats den frühern bedauernswerthen Beschluss zurückziehen werde. Aber die übrigen noch nicht bezwungenen Vorkämpfer der freisinnigen Reform blieben standhaft auf ihren Plätzen, um die zu Gunsten der Unterthanen in Antrag gebrachten Zugeständnisse gegen die Magnaten unermüdet zu vertheidigen. An ebendemselben Tage, an welchem Kölcsey verzagend die angeführten Worte schrieb, gab Paul Nagy, die Geduld verlierend, dem Mismuth der freisinnigen Partei über das Hin- und Herziehen und die kleinlichen Kritteleien der Magnaten abermals in scharfen Worten Ausdruck. „Ich nahm schon an vielen Reichstagen theil", rief er unter anderm aus, „aber eine solche Verhandlung der Angelegenheiten hätte ich nicht einmal im Traume für möglich gehalten. Wir thun in Wochen soviel, was wir in einem Tage vollbringen sollten. Man kann dies ohne Langeweile kaum ansehen und anhören. Und die alleinige Ursache dieser traurigen Situation ist die Magnatentafel. Weshalb schmücken die hohen Stände die Sache so aus? Warum sagen sie nicht geradeheraus, was man aus ihrem Nuntium ohnehin mit Händen greifen kann: dass sie die Herrenstühle und in denselben die grundherrschaftliche despotische Gewalt in Bezug auf alles auf dem alten Fuss zu erhalten wünschen? Und sie getrauen sich noch, sich auf die königliche Resolution zu berufen! Wenn aber dies der Wille Sr. Majestät gewesen wäre: würde jener Rath das Brot nicht verdienen, der den Unterthanen diesen Willen mit so deutlich günstigen Worten ausgedrückt haben würde, wie sie die Resolution gebraucht. Es ist ein unwürdiges, ein unerhörtes Vorgehen, welches die Magnaten in Anwendung bringen. Wollen sie etwa die Nation dazu zwingen, dass wegen der Auflösung dieses ihretwegen zu keinem Resultat gelangenden Reichstags jedes Comitat repräsentire? Dass unserer Arbeiten König und Nation gleichmässig überdrüssig werden? Wollen sie, dass in allem der ihnen günstige alte Wirrwarr bestehen bleibe, und dass wir auf diesem Reichstage nicht einmal die Mängel der Rechtspflege zu beheben im Stande seien? Ich glaube dies in der That. Das langsame Processiren kommt ihnen wohl zu statten, denn sie sind im

1835. Besitz der Rechte des verarmten Adels. Was es Schlechtes gibt in unserm Institutionen, in unserm richterlichen und Verwaltungssystem: aus allem schöpfen sie Nutzen, und deshalb stemmen sie sich jeder Verbesserung entgegen. Wenn wir dem armen Volk ein materielles Zugeständniss geben wollen: erwähnen sie der Unverletzlichkeit des grundherrschaftlichen Eigenthums, und wollen auch noch aus dem ein Regale machen, was nie ein solches war, wie das Gewölbsrecht. Wenn wir moralische Concessionen in Vorschlag bringen, schreien sie auf, dass dies zur Revolution führe; und das Ende der Sache ist nur das: das alte Uebel bestehe fort! Se. Majestät will den Beschwerden des Volks abhelfen; Allerhöchstdieselbe sagte es in den königlichen Vorlagen, sagte es zu zu Anfang dieses Reichstags den mit Allerhöchstdemselben persönlich sprechenden Deputirten; wir wollen helfen, wir wollen verbessern, und alles ist vergebliche Absicht, vergebliches Beginnen! Und wo finden wir die Ursache davon? In den Magnaten, in der mangelhaften Organisation ihrer Tafel" u. s. w.

Die neuen Urbarial-gesetze.   Die lebhaften, gereizten Debatten hatten schliesslich dennoch einen einigermassen guten Erfolg. Zum Urbarialgesetz wurden durch die später erfolgte königliche Sanction nicht nur jene materiellen Zugeständnisse, welche, wie wir oben aufzählten, sich auf die Aufhebung einiger Lasten der Unterthanen und auf die Regelung der übrigen beschränken; allein auch ausserdem gewannen die Unterthanen als Ersatz für die von den Ständen vorgeschlagenen, jedoch verworfenen moralischen Zugeständnisse einige Vortheile. Statt der Erbablösung erhielten sie in zwei Punkten einige Entschädigung: der eine ist, dass, wenn der Unterthan übersiedeln will, es ihm freistehe, nicht nur sein Haus und alle ins Werk gesetzten Verbesserungen, sondern auch das Recht der Benutzung zu verkaufen; der zweite ist, dass er das Recht habe, mit seinem Grundherrn einen zeitlichen oder auch ewigen Vertrag abzuschliessen, um seine Steuern und Servituten mit einer jährlich zu zahlenden Summe abzulösen, ohne sich jedoch seiner unterthanlichen Verhältnisse gänzlich entledigen zu können. Endlich wurde als landwirthschaftliche Verbesserung erlaubt, dass die bisher mit der Grundherrschaft gemeinsam benutzte Weide auf Verlangen des Grundherrn oder der Mehrzahl der Unterthanen abgesondert werde; entweder so, dass der der Gemeinde zukommende Theil von den Unterthanen auch fernerhin gemeinsam benutzt werde, oder dass jeder Unterthan seinen Antheil an Weide, besonders ausgeschnitten, mit seinem Grundstücke vereint erhalte. Dieser Antheil kann, nach Verschiedenheit der Gegend, zwischen vier und zweiundzwanzig Morgen abwechseln. Auch die Herrenstühle wurden auf diese Art neu geregelt, dass der Grundherr oder dessen Beamter in Urbarialprocessen fortan weder Präsident, noch Beisitzer des urtheilenden Gerichtsstuhls sein dürfe; sondern es müssten unter dem Vorsitz eines Comitatstafel-Beisitzers zwei gesetzkundige Personen darüber Urtheil· fällen, die vor ihrer Function zur 1835. Ablegung des richterlichen Eides verpflichtet wären. Und endlich wurde statt der vorgeschlagenen vollkommenen Sicherstellung der Person des Unterthans ein solcher Artikel in das Gesetzbuch aufgenommen, welcher, jenes Sicherheitsprincip aussprechend, den Grundherren das Recht der Ertheilung von Stockprügeln entzog, und dieses im Falle polizeilicher Ausschreitungen oder urbarialer Vergehen mit einem Arrest von einem bis zu drei Tagen substituirte; schwerere Fälle wurden den Herrenstühlen zugewiesen.

Obwol nun die Reformpartei auf diese Weise ihre Zwecke hinsichtlich der gesicherten Freiheit des Bodens und der Person der Unterthanen auch nicht vollständig erreicht hatte: so kann man doch unmöglich in Abrede stellen, dass das neue Urbarialgesetz, selbst mit den erlittenen Abänderungen, noch im Zustande der Unterthanen eine bedeutende Verbesserung bewerkstelligt hatte. Wenn der Bauer auch kein freies Personal- und Besitzrecht erlangte, so erhielt er doch das Recht zum Verkauf der Nutzniessung, zur Commassirung seiner Gründe, zur Absonderung der Weide; seine Steuern und Dienstbarkeiten wurden ansehnlich vermindert und geregelt; und was das Wichtigste, es wurde sowol seine Person als auch sein Vermögen gegen die Willkür der Grundherrschaft, wenigstens einigermassen sichergestellt.

Indessen befriedigte dies alles die Reformpartei nicht; weshalb sie auch nach Beendigung des Urbarialoperats ihre Bestrebungen darauf richtete, zur Entschädigung für die nicht durchgesetzten bürgerlichen Rechte ausser den urbarialen auch noch andere materielle Lasten der Unterthanen nach Möglichkeit zu erleichtern. Zu diesem Zweck brachte sie drei, zum Theil sehr wichtige, schon während der Urbarialoperate angebahnte Gegenstände abermals zur Sprache, nämlich: den geistlichen Zehnt, die Besteuerung der auf Unterthansgründen wohnhaften Edelleute, endlich die Herstellung der Reichstagsunkosten ausschliesslich durch die mit politischen Rechten versehenen und auch in der Gesetzgebung vertretenen Klassen.

Den geistlichen Zehnt, da er schon gegenwärtig, seiner ursprüng- Die Frage
des geist- lichen Bestimmung nach, weder zum Volksunterricht noch zur Er- lichen
Zehnts. haltung der in früherer Zeit zur Vertheidigung des Reichs im Gebrauch gewesenen geistlichen Banderien angewendet wurde, sondern grösstentheils nur die Einkünfte der ohnehin reich dotirten hohen Geistlichkeit vermehrte, wünschten nun nicht nur die protestantischen Abgeordneten, sondern auch zahlreiche von den katholischen aufgehoben zu sehen. Zwar ist es der Wahrheit gemäss, dass, nachdem die hohe Geistlichkeit den grössten Theil des Zehnts der Gemeinden noch im vorigen Jahrhundert mittels eines auf ewige Zeiten lautenden Vertrags zumeist zu sehr geringem Preis dem Grundherren pachtweise überliess, zahlreiche grosse Familien aber das Recht des Zehnts auf

1835. ihren Gütern direct als königliche Schenkung besassen, der Zehnt im allgemeinen genommen eher den Grundherren als der Priesterschaft zum Nutzen gereichte. Aber in Bezug auf den Unterthan war es vollkommen gleichgültig, wem eigentlich der Zehnt gehöre; er musste ihn leisten, wessen Börse auch durch diese Steuer gefüllt wurde. Mehrere Comitate wünschten demnach, durch ihre Deputirten die einfache Aufhebung des Zehnts zu betreiben. Ein in diesem Sinne zu stellender Antrag hatte indess keine Aussicht auf Erfolg; nicht nur, weil in mehrern Gegenden auch die untere Geistlichkeit am Zehnt Antheil hatte, welcher, da sie ohnehin nicht reich dotirt war, dieses Einkommen ohne Entschädigung zu entziehen nicht billig schien; sondern, weil vorauszusehen war, dass die Abgeordneten jener Comitate, in welchen der Zehnt unter dem Titel der Pachtung grösstentheils von der Grundherrschaft eingesammelt wurde, diesen Antrag nicht 1834. unterstützen würden. Kölcsey stellte indess noch am 19. Aug. 1834 den Antrag zur vollständigen Abschaffung desselben. Aber schon in der Circularsitzung unterstützten den Antrag nur 16 Comitate und die Districte. „Eine Majorität zur Abschaffung ist", sagt er in einem seiner Briefe, nicht zu hoffen; „wohl aber, dass die Zehntablösung, und in der Pachtung die Priorität des zehnttragenden Volks bestimmt werden wird." Seine Hoffnung ging jedoch auch darin nicht in Erfüllung, und am 22. Aug. wurde nur die gezwungene Ablösung, deren Schlüssel der Reichstag später ausarbeiten sollte, mit den Stimmen von 34 Comitaten und denen der Districte zum Beschluss. Die Reformpartei hielt es daher als ersten Schritt für genügend, den Zehnt wenigstens in jenem Theil abzuschaffen, in welchem sie denselben mit der Billigkeit in keiner Hinsicht vereinbaren zu können glaubte. Zu diesem Zweck wurden vier verschiedene Anträge gestellt. Der Abgeordnete des pesther Comitats forderte, dass man die Puszten, der Deputirte von Somogy aber, dass man die künftighin zu bevölkernden Ortschaften vom Zehnt ausnehme. Weit heftigere Debatten als diese zwei Anträge, welche nur wenige Widersacher fanden, verursachten die zwei von den Abgeordneten der Stadt Oedenburg und des Comitats Neograd gestellten Anträge, deren erster die königlichen Freistädte, deren zweiter die Protestanten von der Entrichtung des Zehnts befreien sollte.

Beide Anträge wurden von starken Gründen unterstützt. Was die königlichen Freistädte anlangt, so trugen diese, ausserdem dass sie mit dem Volke zusammen die Steuern zahlten, auch diejenigen Lasten, welche dem Adel zuzukommen pflegten, nämlich die Subsidien, die Insurrectionskosten und andere derlei Auslagen mit dem Adel gemeinsam. Der Adel, der ehemals mit den übrigen Klassen des Volks zusammen die Zehntsteuer entrichtete, hatte sich davon schon seit mehrern Jahrhunderten befreit, die Folgerichtigkeit verlangte daher, dass nun auch die Städte von dieser Steuer befreit würden, da diese von 1834. unsern Gesetzen als unzweifelhafte Edelleute betrachtet wurden, und als solche auch an den Lasten des Adels theilnahmen. Der grösste Theil der freisinnigen Abgeordneten unterstützte diesen Antrag, weil man die Hoffnung auf eine glücklichere Zukunft der Nation hauptsächlich auf die Städte gründete; in diesen erblickte man den Kern, aus welchem sich einstens die nationale Industrie und Bildung entwickeln würde; in ihnen die Grundlage, auf welcher man das Gebäude einer volksthümlichen, im Schutze sicherer Garantien ruhenden bürgerlichen Verfassung würde aufführen können; in ihnen die Stufe, durch welche unser Adel mit der Masse des Volks in Verbindung treten könnte; und daher suchte man schon jetzt sich die Städte näher zu bringen und sie von den die Annäherung hindernden Lasten zu befreien. Der Antrag wurde jedoch, da er nur von 18 Comitaten unterstützt wurde, verworfen.

Eine allgemeinere Unterstützung fand die Befreiung der Protestanten vom geistlichen Zehnt. Die Ursache nämlich, welche eine allgemeine Abschaffung des Zehnts als noch nicht möglich erscheinen liess, lag darin, dass er zur Erhaltung der Geistlichkeit bestimmt war, wozu man gegenwärtig keinen andern Fonds ausweisen könne. Aus diesem Grunde floss aber mit vollkommener Folgerichtigkeit auch jener Satz: dass man somit jene Confession, welche die Priester ihrer Kirche aus Eigenem erhält, mit der Erhaltung der Geistlichkeit einer andern Religion verschonen möge. Und in der That diente dieser Grund zum Motiv jener unserer Gesetze [1], welche die altgläubigen „Schismatiker" vom Zehnt befreiten, ebenso des 26. Gesetzartikels 1791, welcher den Protestanten die den katholischen Geistlichen zu zahlende Stola und Lectica nachliess. Man konnte daher aus diesem Gesichtspunkte keinen wie immer gearteten Grund anführen, welcher den Fortbestand der grössern Last des Zehnts bei den Protestanten rechtfertigen mochte. Die Ständetafel nahm daher den Antrag mit 27 gegen 19 Stimmen an. Man konnte übrigens voraussehen, dass die Magnatentafel, an welcher beiläufig dreissig höhere geistliche Würdenträger und viele Mitglieder solcher Familien sassen, welche das Recht des Zehnts als königliche Schenkung besassen, dem Gesetzvorschlage nicht zustimmen würde, was auch wirklich geschah. Die Aufmerksamkeit der Stände zogen sodann wichtigere Gegenstände auf sich, demzufolge gleich andern angebahnten Reformfragen auch diese unter den Acten des Reichstags begraben blieb.

Glücklicher war die Reformpartei in Bezug auf die beiden andern Die Be- bereits erwähnten Gegenstände. Die Besteuerung der auf Unterthanon- der auf Un- gründen wohnhaften Edelleute, der sogenannten Armalisten, bildete terthanen-

Die Be-
steuerung
der auf Un-
terthanen-
gründen
wohnhaften
Edelleute.

---

[1] Uladislai Decret. II, art. 45; Decret. IV, art. 29. Ferner 1569: 28, 1574: 4 u. a.

1834. schon auf dem Reichstag des Jahres 1825 den Gegenstand hitziger und langer Debatten. Der avitischen Verfassung gemäss besass jeder Edelmann, ob er nun Grundbesitz hatte oder nicht, ob er in einem Palast oder in einer Hütte wohnte, gleiche Privilegien — „una eademque nobilitas", sagt das Tripartitum. Als zu Anfang des vorigen Jahrhunderts (1715) das stehende Heer und zu dessen Erhaltung die Kriegssteuer der Unterthanen gegründet wurde, hatte der Adel auch dafür gesorgt, dass diese Steuer von der Regierung im Verlauf der Zeiten nicht auf ihn ausgedehnt werden könne. Zu diesem Zweck wurde im 8. Gesetzartikel 1741 das Princip ausgesprochen, dass die Steuerlast nicht auf dem Boden, sondern auf der Person des Unterthans ruhe. Der Adel hütete sein Privilegium in dieser Angelegenheit so eifersüchtig, dass er in diesem Gesetz auch das noch aussprach, eine Veränderung dieses Princips dürfe niemals, nicht einmal den Gegenstand reichstäglicher Berathungen bilden. Noch entschiedener waren hierauf bezüglich einige spätere Gesetze, welche klar aussprachen, dass der auf einem Urbarialgrunde ansässige Edelmann hinsichtlich dieses Grundes ebenso von jeder Steuer befreit sei wie in Bezug auf seine Person. Allein anders dachten hierüber schon die Stände des Reichstags von 1825. Damit infolge dieses Vorrechts die Grundlage der Kriegssteuer durch eine übergrosse Vermehrung des besitzlosen Adels auf Unterthanengründen nicht immer mehr und mehr schwinde, die Last der nichtadelichen Unterthanen aber bis ins Unerträgliche anwachse: sah die Mehrzahl der Stände damals die Besteuerung der auf Unterthanengründen ansässigen Edelleute für um so gerechter an, da in einigen der nördlichen Comitate, trotz der erwähnten Gesetze, zahlreiche dergleichen Armalisten von ihren Gründen die Kriegssteuer mit den übrigen Unterthanen zusammen schon seit langer Zeit zahlten. Die Theiss-Deputirten jedoch, in deren Comitaten ein solches Gesetz den grössten Theil des Adels der Steuer unterworfen hätte, waren der Schaffung desselben heftig entgegen und erklärten: dass sie eher bereit seien ein Gesetz zu bringen, welches den gesammten Adel zur Steuer verpflichte, als inmitten des Adels selbst eine Spaltung hervorzurufen. Die Stände kamen schliesslich darin überein, dass am Schluss des Reichstags eine Commission alle jene Unterthanengründe zusammenschreiben solle, deren Nutzniessung in den Händen des Adels ist; und da diese Edelleute jene Gründe nur in dem Glauben eingenommen hätten, dass sie von denselben keine Steuern zahlen würden, solle jedem derselben ein dreijähriger Termin gegeben werden, um sich zu entschliessen, ob er unter dieser Bedingung auch fernerhin auf diesen Unterthanengründen verbleiben wollte; denn nach Verlauf dieser Frist wäre jeder die Nutzniessung von Unterthanengründen besitzende Bewohner des Reichs verpflichtet, Steuern zu zahlen. Diese Uebereinkunft wurde indess damals nur als Beschluss ausgesprochen:

die Schaffung des Gesetzes wurde auf den künftigen Reichstag aufge- 1834. schoben. Jetzt wurde daher der Antrag gestellt, den obigen Beschluss zum Gesetz zu erheben. Wie 1825, waren auch jetzt die Abgeordneten einiger Comitate allen in die Vorrechte des Adels eingreifenden Reformen entgegen. Denn zu jener Zeit waren selbst von den Gebildetern noch viele, die auf Unterthanengründen wohnenden Adelichen aber, man kann sagen ohne Ausnahme, von der irrigen Meinung befangen, als ob die Steuerzahlung ein Attribut der Knechtschaft und mithin beschämend sei. Die Majorität blieb jedoch dem erwähnten Beschluss getreu; und nachdem demselben weder die Magnaten noch die Regierung entgegen waren, wurde die Besteuerung der auf Unterthanengründen wohnhaften Edelleute zum Gesetz.

Wenn wir bedenken, dass die Regierung einerseits der Erbablösung und der persönlichen Sicherstellung der Unterthanen so heftig entgegen war; andererseits aber die Schaffung eines Gesetzes, welches eine bedeutende Fraction des Adels der Steuer unterwarf, nicht im geringsten verhinderte: so können wir dieses Vorgehen schlechterdings nicht erklären, und sind gezwungen, dasselbe für ein grundsatzloses Hinundhergreifen zu bezeichnen. Es wurde schon gesagt, dass die Regierung in ihrer Furcht vor der Ausbreitung der Demokratie die Erbablösung verhindert hatte. Es ist wol unzweifelhaft, dass durch jene freien Bürger, die infolge der Erbablösung von ihren unterthanlichen Verpflichtungen befreit worden wären, die Kraft des Reichs bedeutend zugenommen hätte; denn es ist nicht zu bezweifeln, dass diese freigewordenen kleinen Besitzer, wenn auch nicht sofort nach der Ablösung, aber bestimmt bald darauf „in die Schanzen der Verfassung" aufgenommen worden wären. Der Demokratie hätte dies jedoch sicherlich im Reich keinen Anstoss gegeben. Weit eher musste dies durch eine Besteuerung des auf Urbarialgründen sesshaften Adels geschehen. Denn, um von andern zweifelsohne heilsamen Folgen dieses Gesetzes abzusehen, musste die Besteuerung der auf Urbarialgründen ansässigen Edelleute früher oder später, aber unausbleiblich und nach kurzer Zeit die Besteuerung des ganzen Adels und mithin die völlige Aufhebung der Pivilegien und das Verschmelzen sämmtlicher Klassen der Nation nach sich ziehen. Der zahlreiche Urbarialadel, nachdem er nunmehr mit den Unterthanen gleiche Interessen hatte, und auch vom Wunsche nach Vergeltung angetrieben wurde, musste auf den die Deputirteninstruction zum Gegenstand habenden Comitatsversammlungen, wo seine Stimme ebenso viel wog wie die welches immer Grossgrundbesitzers, fernerhin natürlicherweise danach streben, dass die Besteuerung auch auf den übrigen Adel ausgedehnt werde. In der theilweisen Aufhebung des von der Steuer befreiten Privilegiums wurde auch das Princip des einen und desselben Adels vernichtet, und konnte man dasselbe nur durch eine allgemeine Besteuerung wieder-

1834. herstellen. Wer wird es aber in Zweifel ziehen, dass zum Terrain,
auf welchem inmitten des alten Adels das Princip der mit dem Volke
gemeinsamen Besteuerung begründet werden konnte, die Demokratie
allein dienen könne? Und sicher hätte dieser Umstand auch ohne die
Ereignisse des Jahres 1848 dem Grundsatze allgemeiner Besteuerung
den Sieg verschafft, als sodann die innerhalb des Adels hergestellte
Gleichheit auch zugleich die gesammte Bevölkerung des Reichs unausbleiblich verschmolzen haben würde. Diese Verkettung der Folgen
schien bald darauf die wiener Regierung selbst zu bemerken; denn
was sie ohne Widerstand schaffen liess, das die Besteuerung des Ur-
barialadels anordnende Gesetz, dessen Ausführung hinderte sie später
in ungesetzlicher Weise, oder unterstützte mindestens auf eine nicht
zu entschuldigende Art jene Theiss-Comitate, welche dieses Gesetz trotz
der Bestrebungen mehrerer späterer Reichstage gegen ihren zahlreichen
Urbarialadel nicht in Anwendung brachten. Da nach der Schaffung
des Gesetzes die Durchführung desselben einzig von der vollziehenden
Macht abhing, so erleidet es keinen Zweifel, dass man das Versäumniss der Durchführung hauptsächlich der Regierung anrechnen müsse.
Uebrigens werden uns auf diese Verhältnisse die Ereignisse selbst
noch zurückführen; es genüge hier soviel zu bemerken, das die Regierung zu nicht geringer Vergrösserung der Lasten des steuerzahlenden Volks die versäumte Durchführung dieses neuen Gesetzes in den
Theiss-Comitaten hauptsächlich deshalb duldete, damit sie den zahlreichen Urbarialadel derselben sich verbindlich machen und gegen die
Bestrebungen der Reformpartei wenden könne.

Die Zahlung der Reichs-tagskosten durch den Adel. Die im politischen Theil der Urbarialgesetze überstimmten, der
Reformpartei angehörigen Abgeordneten wünschten zum Ersatz dafür
von den Schultern des Volks noch eine materielle Last herabzuneh-
men. Unter unsern zahlreichen anomalen Verhältnissen war es vorzüglich ein Umstand, an welchen der Adel ohne Erröthen nicht denken
konnte. Die steuerzahlende Volksklasse war auf dem Reichstage durch
eigene Abgeordnete nicht repräsentirt; unsere Reichstage aber hatten
bis zu dieser Zeit für die Verbesserung der Lage des Volks wenig
genug gethan: und dennoch wurde ausschliesslich das steuerzahlende
Volk gezwungen, die Taggelder der edlen Herren Abgeordneten, die
Druck- und andern Kosten zu bezahlen. Paul Nagy stellte dies,
nachdem er es schon auf dem vergangenen Reichstag „eine niedrige
Schmuzigkeit“ genannt hatte, so sehr an den Pranger, dass es zum
Beschluss wurde: jeder Deputirte habe zum künftigen Reichstage über
diesen Gegenstand Instructionen mitzubringen. Nun entfernte endlich
der Adel auch diesen Schmuzflecken von sich. Der Gegenstand wurde
noch am 23. April des vorigen Jahres zur Sprache gebracht, und obgleich einige denselben bis zu den politischen Arbeiten aufschieben
wollten, fasste die Majorität bei alledem sofort den Beschluss: dass

die Reichstagsauslagen schon von dieser Versammlung an vom Adel 1834.
und der mit Adelsvorrechten ausgestatteten Geistlichkeit zu tragen
seien. Zwar wünschten einige, dass einen kleinen Theil derselben auch
das steuertragende Volk zahlen möge, indem sie die ganz richtige
Meinung hegten: dass die gewünschte Vereinigung aller Klassen der
Nation nicht so sehr das befördern werde, wenn auch der Edelmann
Lasten trägt, sondern, wenn der Edelmann mit dem Steuerzahlenden
gemeinsame Lasten hat; eine gesonderte Last, sagten sie, ist demnach
nur eine Scheidewand, und eine besondere Last bezüglich der Zahlung
der Diurnen für die Abgeordneten ist um so mehr trennend, als sie
ihre Grundlage in der Beschränkung des Repräsentationsrechts auf
den Adel allein findet; die Mehrheit indess wies diese Last ausschliesslich dem Adel zu. Der Gesetzvorschlag, welcher diesfalls mit
Gutheissung der Magnatentafel dem Thron unterbreitet wurde, erhielt
ohne jede Bemerkung die königliche Sanction.

Dieser mit so vielem edeln Eifer, mit so vielen schönen Meisterwerken der Redekunst und so lange fortgesetzte Kampf, welchen die
Reformpartei bei Gelegenheit der Verhandlungen des Urbarialgesetzes
für die politischen Rechte der Unterthanenklasse führte — obgleich sie
dieselben noch nicht durchzuführen vermochte, und obgleich man auch
aus der Verwerfung derselben die Ueberzeugung schöpfen könnte,
dass auch zur Durchführung der übrigen Reformplane in radicalem
Sinne die passende Zeit noch nicht gekommen sei —, hatte dennoch
zwei bedeutende, der Reformsache günstige Folgen zum Ergebniss.

Da vor allem jene zahlreichen schönen Reden und Nuntien der Die mittel-
Stände theils durch das Reichstagstagebuch, theils durch das geschrie- baren Folgen der Ur-
bene Blatt Kossuth's und mehrere andere Kanäle in die Comitate barialver-
handlungen.
kamen und mit grosser Begeisterung gelesen wurden, so wuchs die
Reformpartei sowol an Zahl als an moralischer Kraft, Kühnheit und
Selbstvertrauen fortwährend im Reiche. Obwol diese Partei im Abgeordnetenkörper durch die infolge der erwähnten Bestrebungen der
Regierung und der Magnaten abgeänderten Instructionen hinsichtlich
gewisser Fragen in der Minorität geblieben war, so konnte man
dennoch an einem einstigen Siege derselben schon nicht mehr zweifeln.
Die jüngere Generation, welche jene freisinnigen, radicalen Reden mit
hoher Begeisterung erfüllten, schwur, man kann sagen beinahe ohne
Ausnahme, zu den Fahnen der Reformpartei, weshalb man hoffen
durfte, dass die von der Regierung und den Magnaten jetzt der
Durchführung der Reform entgegengestellten Hindernisse in naher
Zukunft würden überwunden werden.

Als Folge der über den politischen Theil des Urbarialgesetzes
stattgefundenen Debatten darf man ferner auch noch ansehen, dass
die Magnatentafel, welche sich diesen so volksthümlichen, hinsichtlich
der Entwickelung und des Fortschritts des Reichs für unausweichlich

1834. erkannten Reformen entgegenstellte, ihr Ansehen, ihre Popularität auf dem Reichstag sowol wie überall im Reiche immer mehr und mehr verlor. An der Ständetafel wurden, wie wir dies aus der angeführten Rede Paul Nagy's, der zudem jetzt zu den Gemässigten gehörte, sehen konnten, nicht selten die stärksten Ausbrüche gegen die Magnaten laut; Ausbrüche, wie sie dieselben seit den rákoser und batvaner Reichstagen nicht gehört hatten. Dergleichen harter Tadel und Rügen wurden zwar auch schon auf dem Reichstag von 1790 und in neuerer Zeit auf dem Reichstag von 1825 gegen einzelne Herren und hochgestellte Beamte, welche der Willkürherrschaft hülfreiche Hand geboten hatten, ausgesprochen; jetzt aber war der Angriff nicht gegen einzelne, sondern gegen die ganze Klasse und gegen die Magnatentafel als Institut gerichtet. Am stärksten äusserte sich in diesem Sinne bei Gelegenheit eines Nuntiums der Magnaten der barser Deputirte Tarnóczy, der offen erklärte, dass er die Magnatentafel als unentbehrliches Element der Gesetzgebung nicht ansehe; denn weder seien die Magnaten selbst die Erwählten der Nation, noch aber finde ihre Tafel in den Gesetzen ihre Begründung. Die Vorzeit wusste nicht von einer Magnatentafel, und es sei kaum anderthalb Jahrhunderte, dass diese, ohne jede gesetzliche Verfügung, auf einem ödenburger Reichstag aus dem zufälligen Umstande entstand, weil der Saal zu klein gewesen, um alle Stände aufzunehmen. Auch später gewann sie ihren Bestand nicht durch das Gesetz, sondern nur durch die Gnade des Königs. Tarnóczy hegte daher die Meinung, dass man dieselbe ohne die geringste Verletzung der Constitution mit Einem Federzuge vernichten könne.

Einige der Magnaten suchten unter der Hand bei der Regierung Schutz gegen diese Angriffe: dass, wenn dieselbe der Nation dasjenige, was diese als Lohn für Patriotismus und bürgerliche Tugenden freiwillig auszutheilen pflegt, allgemeine Achtung, auch nicht anzubefehlen vermag, sie doch mindestens mit dergleichen Ausbrüchen verschont bleiben mögen, deren bei jeder Gelegenheit unter dem Beifall des zuhörenden Publikums geschehende Wiederholung ihr Ansehen bald gänzlich untergraben müsste. Und die Regierung versäumte auch nicht, der Magnatentafel, welche sie ihrer conservativen Richtung wegen für ihren Bundesgenossen betrachten durfte, ihren Schutz angedeihen zu lassen. Unsere Geschichte hatte bisher noch kein Beispiel aufzuweisen, dass die Regierung, um einen einzelnen Deputirten seiner Rede wegen zu bestrafen, ein königliches Rescript an den Reichstag gerichtet hätte; denn nur dem ohnehin von der Regierung ernannten Präsidenten des Hauses stand das Recht zu, jeden Abgeordneten, der etwa des Anstandes vergass oder die Geschäftsnormen verletzte, zur Ordnung zu rufen, oder in wichtigern Fällen in Process nehmen zu lassen; jetzt indess wurde auch gegen die Rede Tarnóczy's in einem eigenen königlichen Rescript strenger Tadel und Misbilligung ausgesprochen.

Die Oppositionspartei betrachtete dies jedoch als unberechtigte 1834. Einmischung und ungesetzliche Beschränkung der Redefreiheit von seiten der Regierung, und hatte die Absicht, gegen dieses die Gesetze verletzende Vorgehen in einer energischen Adresse Verwahrung einzulegen. Obwol jedermann überzeugt war, dass die Magnaten eine solche Adresse vor den Thron nicht gelangen lassen würden: so wurde der Antrag dennoch gestellt, damit man wenigstens durch die während der Debatten zu haltenden Reden mittelbar der Unzufriedenheit mit diesem Verfahren der Regierung Ausdruck geben könne. Und in der That, nachdem sie mit der Magnatentafel einige erfolglose Nuntien gewechselt hatten, und für die Zukunft gegen jede ähnliche Einmischung der Regierung Protest eingelegt hatten, wurden diese unfruchtbaren Debatten geschlossen.

Es ist hier am Platz, noch eines Gegenstandes, wenn auch nur Partei-flüchtig, zu erwähnen, welcher, obwol er auf den ersten Blick mit der umtriebe in politischen Verhandlung des Urbarialgesetzes nicht in Verbindung zu stehen Fragen. scheint, mit derselben nichtsdestoweniger mittels seines ursächlichen Verhältnisses, obgleich nur mittelbar, im Zusammenhange ist: wir meinen die politischen Werbungen, das sogenannte Corteschiren. Die Regierung und die Magnaten konnten nach zweijährigen Erfahrungen genugsam überzeugt sein, dass dem Fortschritte der Reformsache die individuelle Festigkeit der Abgeordneten zu einer weit stärkern Stütze und Garantie diene als die Instruction der Comitate. Besonders während der Verhandlung des Urbarialoperats machten sie zu ihrer Zufriedenheit die Erfahrung, dass, obgleich die Reformpartei, im allgemeinen genommen, sowol an äusserer als innerer Ausdehnung, an Zahl wie an moralischer Kraft, unleugbar zunehme: es dennoch nicht unmöglich sei, die Comitate durch geschickte Intriguen, Ränke und zweckmässig angewandte Bestechung dahin zu vermögen, dass sie ihre ursprünglich freisinnigen Instructionen den Ansichten der Regierung und der Magnatentafel gemäss abänderten, um auf diese Weise die freisinnige Majorität der Ständetafel, wenigstens in einigen Fragen, zur Minorität herabzudrücken. Durch diese Erfahrung fühlten sie sich angetrieben, das in der Urbarialangelegenheit begonnene Verfahren auch bei andern Fragen eifrig fortzusetzen.

Ein Theil der Obergespane verschwand seither öfter von Pressburg, erschien in den betreffenden Comitaten, und liess bezüglich des einen oder andern Gegenstandes die ursprüngliche Instruction einer neuen Untersuchung unterziehen. Sie überzeugten sich indess bald, dass der gebildetere, verständigere Theil des Comitatsadels schon grösstentheils unter den Fahnen der Reformpartei stehe, und dass sie sich vergebens bemühten, denselben mit den Waffen des Verstandes in eine andere Richtung hinüberzuziehen. Allein die Reformpartei selbst hatte ihnen eine neue und mächtige Waffe in jenem Gesetze in

1834. die Hand gegeben, welches die auf Urbarialgründen wohnenden Edelleute mit den Unterthanen derselben Steuer unterwarf. Dieser kleine
Adel, der dies Gesetz für eine Beschimpfung seiner Klasse betrachtete,
begann in seiner Befangenheit die Neuerer zu hassen, und wurde ein
schmiegsames Werkzeug in den Händen der Agenten der conservativen
Partei. Und seit dieser Zeit war es keine grosse Aufgabe, zu den
allgemeinen Versammlungen die aus dem niedern Adel erkaufte oder
verführte rohe Kraft zu vereinigen, und die einzelnen Fragen mit der
numerischen Mehrheit der unwissenden Masse zu entscheiden. Bisher
hatte die Regierung und deren Partei erst seit dem Ende des zweiten
Zehnts dieses Jahrhunderts höchstens bei Gelegenheit der Beamten-
und Abgeordnetenwahlen dergleichen Stimmenwerbungen in Anwendung
gebracht; jetzt aber begann sie in Verbindung mit der conservativen
Partei auch die rein politischen Fragen durch derlei bestochene oder
verführte rohe Massen entscheiden zu lassen. Die Reformpartei war
bald gezwungen, die Erfahrung zu machen, dass, während sie selbst
nur mit Vernunft und Gründen, höchstens mit Ueberredung kämpfte, .
die wichtigsten Fragen des nationalen Fortschritts von der rohen
Masse der Cortesch einzeln mit Knütteln niedergeschlagen wurden; sie
folgte daher diesem Beispiel leider selbst, und begann sich des unrühmlichen Mittels gleichfalls zu bedienen, welches indess nach den
obschwebenden Umständen allein zum Siege führen konnte. Der niedere Adel theilte sich in zwei entgegengesetzte Lager, und weil der
Principienkampf stets heftiger und gereizter wurde, wuchsen auch die
Ränke und die Gewalt in den einander gegenüberstehenden Lagern,
welche seither mit verschiedenen Angriffs- und Vertheidigungswaffen,
Stöcken und Csákánys in den Comitatsversammlungen zu erscheinen
anfingen. Die Anführer der einen Partei suchten von der andern immer
mehr stimmfähige Individuen wegzulocken, und bestrebten sich einander
im Seelenkaufe, in Bestechungen und Anordnung von Trinkgelagen
zu übertreffen; demzufolge es nicht selten geschah, dass die vom Wein
erhitzten feindlichen Parteien aneinandergeriethen und sich selbst mit
blutigen Prügeleien brandmarkten, die Ausübung ihrer Verfassungsrechte befleckten. Da auf diese Weise immer mehr niedrige Leidenschaften sich in die politische Meinungsverschiedenheit mischten, entwickelte sich eine wahrhafte Parteiwuth unter den Parteien. Die
Parteien versammelten sich unter besondern Losungsworten und andern äusserlichen Zeichen: weissen, schwarzen oder rothen Federn,
unter besondern Fahnen an ihren Vereinigungspunkten; und die von
ihren Anführern geschürte Gereiztheit wurde später manchmal zu
einer solchen Erbitterung erhöht, dass sie schon nicht mehr durch
Abstimmung allein, sondern auch durch die Waffen ihrer Partei den
Sieg zu sichern trachteten, und auf dem Schlachtfelde nicht nur einmal
Blut floss und Todte zum Opfer fielen.

Diese blutigen Scenen tauchten indess, wie wir am geeigneten Ort erzählen werden, erst im Verlauf der spätern Jahre in den immer wüthender gewordenen Parteikämpfen auf. Jetzt im Anfang, weil die freisinnige Partei dergleichen Waffen noch nicht ergriff, war es der Regierung und der conservativen Partei leichter, zum Sieg zu gelangen; demzufolge seit dem Ende des Jahres 1834 die besondere Erscheinung hervortrat, dass, obwol die Reformpartei unter dem verständigen, gebildeten Theil des Adels immerwährend zunahm, die freisinnigen Punkte der Deputirteninstructionen dennoch in mehrern Comitaten grösstentheils nach dem Wunsche der Regierung und der conservativen Partei abgeändert wurden; und weil Kölcsey's Beispiel nicht viele folgten, so schwand doch, obgleich die Mehrheit des Abgeordnetenkörpers der Ueberzeugung nach noch immer freisinnig blieb, die Stimmenanzahl der freisinnigen Reformpartei immer mehr, bis sie endlich in manchen Fragen bis auf siebzehn herabschmolz; da die übrigen, ihren Ueberzeugungen entgegen, genöthigt waren, im Sinn der nachträglichen Instructionen abzustimmen.

Unter diesen Umständen wurden stets mehrere der früher so sanguinische Hoffnungen hegenden Abgeordneten der Reformpartei so sehr misgestimmt, dass sie in Privatberathungen schon mehrmals die Frage zur Sprache gebracht hatten: ob es nicht gerathener wäre, alle insgesammt abzutreten, da sie in dieser unangenehmen und kraftlosen Lage ohnehin nicht im Stande seien, etwas Gutes, eine wahrhaft zweckmässige Reform durchzuführen? Und vielleicht hätten sie diesen verzweifelten Schritt auch gethan, wenn ihm nicht Franz Deák, der sich stets mehr und mehr zum Ansehen eines anerkannten Parteiführers erhob, entgegen gewesen wäre, indem er seinen verzagenden Genossen die Nothwendigkeit der Ausdauer nachdrücklich entwickelte, auf eine wie geringe Anzahl die Opposition auch zusammenschmelzen würde. Sie entschlossen sich daher zu dulden und zu kämpfen. Und die Folge bewies, dass sie richtig daran gethan, als sie ihre Absicht aufgaben, deren Verwirklichung den Stand der Gegenpartei nur erleichtert, ihren Sieg vergrössert haben würde. Die der Opposition angehörenden Abgeordneten waren, auch vermindert, der Sache des Fortschritts von grossem Nutzen. Wenn sie auch nicht im Stande waren, in allen vorkommenden Gegenständen solche Gesetze zu erkämpfen, wie sie den Anforderungen der Zeit entsprachen, so setzten sie doch manches Princip durch, welches sodann nur infolge dieser Kämpfe zur Geltung, zum Sieg gelangen konnte. Uebrigens hatten sich die Stände auch schon überzeugt, dass man die Neugestaltung weder systematisch durchführen könne, noch dass es räthlich sei, dies auf einmal vorzunehmen; sie überzeugten sich, dass schon die Befreiung von den Fesseln des Systems an sich ein bedeutender Fortschritt sei, besonders bei uns, wo die Regierung unter dem Vorwand der Ver-

1834. schiebung auf die systematischen Verhandlungen seit so vielen Jahren jeder zeitgemässen Reform entgegen war. Und endlich überzeugten sich im weitern Verlauf der Verhandlungen die schon verzagenden Anhänger der Opposition selbst, dass, wenn sie auch nicht im Stande seien, das eine oder das andere in ihrem Sinn durchzuführen, sie durch ihren energischen Widerstand doch mindestens den Sieg der Regierung und der conservativen Partei mässigten, und durch freisinnige Besprechung der Reformen den nur aufgeschobenen endlichen Sieg derselben zur Reife brächten. Denn das gute Princip, die Wahrheit, hat, um unwiderstehlich zu werden und zu allgemeiner Geltung zu gelangen, nichts anderes nöthig, als in ein richtiges Licht gestellt und von allen falschen und trügerischen Gründen, mit welchen sie Eigennutz oder Vorurtheil und irrige Meinung umgibt, befreit zu werden. Und wenn sich die Wirksamkeit der oppositionellen Abgeordneten auch nur allein hierauf beschränkt hätte, so wäre schon ihre Gegenwart für die Reformsache und den Fortschritt von unberechenbarem Nutzen gewesen.

Aber auch ausserdem war der Erfolg gross, welcher die unermüdeten Kämpfer der Reformpartei belohnte; wenn wir vielleicht auch die Spuren desselben in dem vom König später sanctionirten Gesetzbuch nicht finden sollten. Die freisinnige Opposition blieb nämlich an der Ständetafel keineswegs stets in der Minorität in allen zur Verhandlung gekommenen Gegenständen; denn wiewol mancher eifrige oppositionelle Abgeordnete gezwungen war, · zufolge seiner nachträglichen Instruction in manchem Gegenstand gegen seine Ueberzeugung zu stimmen: so stimmte er doch in andern Gegenständen, hinsichtlich welcher entweder seine ursprüngliche Instruction in Kraft blieb, oder er durch eine solche nicht gebunden war, auch fernerhin mit der Reformpartei. Und obwol es entweder des Nichtbeitritts der Magnaten wegen, oder wegen Mangels an Zustimmung von seiten der Regierung, vielleicht auch nicht immer möglich war, selbst in diesen Gegenständen ein Gesetz in ihrem Sinne zu schaffen: so war in dieser Zeit schon der Beschluss der Ständetafel an sich ein grosser Gewinn für die Sache der Reform. Die Erfahrung hatte den Beweis geliefert, dass das an der Ständetafel ausgesprochene Princip, die dort anempfohlene Verbesserung später in der Regel eine so grosse moralische Kraft gewann, dass denselben die Magnatentafel und die Regierung selbst ihre Zustimmung nicht lange vorenthalten konnte. Der Umstand jedoch, dass mancher Gegenstand, an welchem die Stände viele Monate lang mit grossem Eifer arbeiteten, auf diesem Reichstag noch nicht zum Gesetz wurde, da sie die Sanction desselben ohnehin nur mit grosser Beschränkung und Abänderung hätten erlangen können, war der Sache der radicalen Reform und Umgestaltung eher nützlich als schädlich: durch die Verzögerung reinigten sich die Absichten, entwickelte sich das Verständniss, erstarrte die 1834. Ueberzeugnung, bis sich endlich die Reformfrage zu einer unwiderstehlichen Kraft erhob.

Unter diesen Umständen entwickelte sich auch jene sonderbare Eigenthümlichkeit dieses Reichstags, dass mancher Abgeordnete im entgegengesetzten Sinn zu einer gesprochenen Rede abstimmte, und in den Fragen der Umgestaltung, selbst dann, wenn diese in der Minderheit blieben, weit mehr Redner im Interesse des Fortschritts als in dem des alten Systems auftraten. Die Circularsitzungen nämlich — von welchen Kölcsey schon zu Anfang der Sitzungen bemerkte, sie bildeten den eigentlichen Reichstag — führten dámals den Gebrauch ein, dass die während der Debatten gesprochenen Reden nicht sogleich als Stimmabgaben betrachtet wurden, sondern jede Frage, nach den Debatten, noch mittels eines besondern einfachen Abstimmens entschieden wurde. Die Ursache davon lag darin, dass jene Deputirten, deren Instruction mit ihrer persönlichen Meinung in der obschwebenden Frage nicht übereinstimmte, ebenso wegen des Interesses der Reformsache als zu ihrer eigenen Rechtfertigung vor der öffentlichen Meinung, es für nothwendig betrachteten, ihre freisinnige Ueberzeugung noch vor ihrer entgegengesetzten Abstimmung offen darzulegen. Die Freunde des Fortschritts durften demnach während der Debatten meistentheils fröhliche Hoffnungen nähren; denn für die Principien, zu welchen sie sich sympathisch hingezogen fühlten, traten ganze Legionen von Ursachen und Gründen in die Schranken. Es folgte indess die Abstimmung, und die in das Geheimniss nicht eingeweihte Zuhörerschaft konnte nicht nur Einmal mit Erstaunen sehen, dass den Händen der mit siegreichen Gründen kämpfenden Schar die kurze sich auf die bindende Kraft der Instructionen berufende Abstimmung den Sieg entwand.

Ein ähnliches Los, dass nämlich die Reform nach Reden von grosser Schönheit und entscheidender Kraft schon bei der Ständetafel in Stockung gerieth, oder später an der Tafel der hohen Stände auf unüberwindlichen Widerstand traf, hatten während dieses Reichstags auch mehrere andere hochwichtige Reformfragen. Eine solche war gleich der zweite Hauptgegenstand, dass das bürgerliche Gesetzbuch und die Regelung der Gerichte betreffende Operat, welches nach der in den königlichen Vorlagen bezeichneten Reihenfolge sofort nach der ersten Feststellung des Gesetzvorschlags noch zu Ende des vergangenen Jahres in den Circularsitzungen in Verhandlung genommen wurde.

Mit diesem hochwichtigen Gegenstand beschäftigten sich die Deputirten beinahe ein ganzes Jahr lang. Allein trotz aller Bestrebungen von seiten der Führer der Reformpartei konnten alle Theile desselben nicht einmal bis zu dem Punkt zur Reife gebracht werden, dass sie an der Ständetafel die Majorität gewonnen hätten; einzelne Theile

Das die bürgerlichen Gesetze betreffende Operat.

1834. aber fanden, nachdem sie von den Ständen angenommen worden waren, bei den Magnaten keine Unterstützung. Unter jene gehörte z. B. die Regelung der Gerichtshöfe, welche, nachdem sie von den Magnaten verworfen wurde, zurückzulegen und auf günstigere Zeiten zu verschieben von den Unterstützern derselben aus den Reihen der Stände selbst für am räthlichsten gehalten wurde. Das bürgerliche Gesetzbuch selbst gerieth in seinen allerwichtigsten Theilen schon an der Ständetafel so sehr in Stockung, dass es in die Generalsitzungen nicht einmal übertragen wurde; weshalb, da in den Circularsitzungen damals weder ein Tagebuch noch ein Protokoll geführt wurde, von diesem so wichtigen Gegenstand in den Protokollen des Reichstags gar keine Spur zu finden ist. „Wir mühen uns mit dem bürgerlichen Gesetzbuch ab", schrieb am 6. Juli Kölcsey, „und tappen im vollsten Sinn des Worts im Finstern herum." Obwol indess die Debatten ohne Erfolg fortgeführt wurden, können wir dennoch nicht unterlassen, zwei dieser Fragen ausführlicher zu erwähnen; denn ausser dem, dass sich bei der Verhandlung derselben der Zeitgeist auf eine prägnantere Art offenbarte, macht die eine dieser Fragen ein nach dem Reichstag erfolgtes Ereigniss, die andere aber jener Umstand ausnehmend wichtig, dass sie in den Umgestaltungsplanen Stephan Széchenyi's eine der Hauptgrundlagen der Reform bildet: jene ist das Verbrechen des Hochverraths; diese die Frage der Aviticität mit allen ihren Nebenverzweigungen.

Unter den Umständen, in welchen sich das Reich befand, beabsichtigten die Stände nicht, die Frage des Majestätsverbrechens ihrem Wesen nach in Verhandlung zu nehmen; denn jenem Einfluss zufolge, welchen die Regierung und die conservative Partei mit Hülfe der Stimmenwerbung auf die Nachtragsinstructionen gegenwärtig auszuüben begann, durfte man ein freisinniges Gesetz kaum hoffen. Die Feststellung des Hochverraths, dessen verschiedene Arten und Fälle wurden nach dem Sinn der ältern Gesetze belassen, und nur die Gerichtsbarkeit und ein Accessorium der Strafe, den Verlust des Vermögens, wünschte man abzuändern. Die Ereignisse des Jahres 1795, in der Angelegenheit der sogenannten ungarischen Jakobiner, hatten die Stände überzeugt, dass die königliche Tafel, deren Zuständigkeit in dergleichen Processen die Gesetze selbst bestimmten, weil ihre Richter von der königlichen Ernennung abhängen und unabsetzbar sind, gegen die Anklagen des Directors der königlichen Angelegenheiten keineswegs genügende Sicherheit gewähre. Man durfte befürchten, dass jetzt, in der Epoche der Umgestaltung, leicht Fälle eintreten könnten, in welchen einerseits die Regierung, wie dies im erwähnten Jahr geschah, auf die Fällung des Urtheils einen ungesetzlichen Druck ausüben konnte; andererseits furchtsame oder selbstsüchtige und gewissenlose Richter ihrem Schwur entgegen dem höhern Einfluss nachgäben —

und wie damals, so auch jetzt, wegen einfacher Meinungen unschul- 1834. diges Bürgerblut fliessen könnte. Die Stände wünschten daher, für diese Fälle ein vollständiges unabhängiges Gericht zu schaffen, und wollten eine gewisse Art von Geschworenengerichten ins Leben treten lassen, dessen Mitglieder von einem Reichstage zum andern vom gesetzgebenden Körper selbst aus Personen beider Tafeln gewählt werden sollten. Die Zahl dieser Geschworenenrichter wurde auf fünfundzwanzig festgestellt, jedoch so, dass es dem Angeklagten freistünde, zwölf davon zurückzuweisen. Den Verlust des Vermögens, welcher in Hochverrathsfällen den ältern Gesetzen nach im Gebrauch war, der aber, weil er die unschuldigen Kinder des Verurtheilten trifft, mit dem Zeitgeist unvereinbar, wünschte ein Theil der Stände einfach aufgehoben zu sehen. „Nichts erniedrigt so sehr die königliche Würde", sagte unter anderm in Bezug hierauf Paul Nagy, „als dass, indem der Rock des Gerichteten und alles, was bei ihm zu finden, der Henker, das unbewegliche Vermögen aber der König sich aneignet: der Fürst und der Henker zu theilenden Verwandten werden." Allein weder der eine noch der andere Punkt gewann im gesetzgebenden Körper die Majorität, und die ganze Frage des Hochverraths wurde mit den übrigen Theilen des bürgerlichen Gesetzbuchs auf günstigere Zeiten verschoben.

Jene Agitation, welche Széchenyi in seinen bisher herausgegebenen Die Aviticitätsfrage. Werken gegen das Institut der Aviticität fortsetzte, trug bald ihre Früchte. Die Anhänger der Reformpartei hatten sich vollständig überzeugt, dass solange der Adeliche seinen Grundbesitz nicht so verkaufen könne, dass denselben die Erben des Verkäufers, wie es jetzt geschehen durfte, nach Bezahlung der Kaufsumme vom Käufer nicht mehr zurücknehmen könnten; mit Einem Worte, solange die Aviticität nicht aufgehoben würde, es auch solange bei dem Mangel an Credit und Investitionskapital unmöglich sein werde, denselben zu einer höhern Stufe materiellen Wohls zu entwickeln. Die Idee des freien Bodens, welche die Befreiung des urbarialen und adelichen Grundbesitzes gleichsam in sich begriff, wurde seit dieser Zeit einer der Hauptzwecke, welchen die radicale Reformpartei anzustreben suchte. Die Befreiung des Urbarialgrundbesitzes durch die Erbablösung erlangte, wie wir oben sahen, eine so grosse Volksthümlichkeit, dass die Regierung und die conservative Partei, auch miteinander verbunden, dieselbe nur durch die rohe materielle Kraft der Kortesmassen zu besiegen im Stande war.

Andere Verhältnisse walteten hinsichtlich der Befreiung des adelichen Grundbesitzes ob. Die Aviticität war im Verlauf der Jahrhunderte mit allen privatrechtlichen Verhältnissen so sehr verflochten, dass es eben keiner grossen Einsicht bedurfte, um zu der Ueberzeugung zu gelangen, dass man dieselbe nur im Verein mit der Begründung

1834. eines neuen bürgerlichen Gesetzbuchs, und auch da nur mit grösster Behutsamkeit, ohne schädliche Folgen abschaffen könne. Denn es gab kaum Eine Familie im Reiche, welche nicht unter diesem Titel einen Process führte, oder gegen welche nicht ein solcher Process im Laufe gewesen wäre. Die Güter der Familien, von grösserm Grundbesitz standen meistens in ähnlichen Processen. Hierzu kam noch, dass im Reiche ausser der einfachen Aviticität auch noch andere Abzweigungen derselben, sogenannte Fideicommisse, Majorate und Seniorate, bestanden; ja sogar das Erbrecht des königlichen Schatzes stand mit der Aviticität in Verbindung: und alles dies erschwerte überaus die Abschaffung der übrigens schon von vielen verurtheilten Aviticität.

Wenn nicht von ihren sonstigen Studien, so konnten sich die Stände doch aus den Schriften Széchenyi's die Ueberzeugung verschaffen, dass man der über alles Mass hinausgehenden Verschuldung des Adels einen Damm entgegenstellen, dem adelichen Grundbesitz seinen vollen Werth zurückgeben, den Credit begründen, die Landwirthschaft vervollkommnen und auf diese Weise das Reich materiell zur Blüte bringen so lange nicht könne, als die Aviticität in ihrer alten Gestalt verbliebe. Sie begannen daher trotz aller Schwierigkeiten die Berathungen über diese verwickelte Frage. Man muss indess gestehen, dass zur glücklichen Lösung derselben kaum fünf oder sechs Abgeordnete die nothwendigen politischen und nationalökonomischen Kenntnisse [besassen. „Wir tappen in der vollsten Bedeutung des Worts im Finstern herum", schrieb Kölcsey. „Die mit der Aviticität verbundenen hundertjährigen Vorurtheile durchwehen unsere Arbeit, und nicht nur entfernen wir uns nicht von den alten Principien, sondern übertreffen dieselben noch. . . . Unsere Reden sind Stimmen in der Wüste. . . ."

Aber bei alledem bot die allgemeine Verhandlung dieser Frage, in welcher die Nothwendigkeit der Abschaffung der Aviticität und der Fideicommisse motivirt wurde, sehr grosses Interesse. Ausgezeichnet war unter andern die Rede Kölcsey's über die Majorate, welche eins der schönsten Muster ungarischer Redekunst ist. Nachdem er das Recht der Gesetzgebung zur Regelung der Erbverhältnisse nachgewiesen und die in jeder Beziehung schädliche Beschaffenheit der nach der Erstgeburt erblichen Majoratsgüter dargestellt hatte, sprach er unter anderm wie folgt: „Können wir es dulden, dass es einen Bürger geben könne, der als Besitzer ungeheurer Güter Schulden auf Schulden häufen dürfe und dennoch nicht verpflichtet sei, zur Bezahlung derselben seine Güter überlassen zu müssen? Denn dass dies bisher geschehen konnte, ist als Quelle des beinahe tiefsten Sinkens unsers Reichs zu betrachten. Die Erstgeborenen stürzten sich in Schulden, machten in- und ausländische Kapitalisten zu Tausenden unglücklich; gaben Gelegenheit zu Sequestrirungen, welche sodann auch auf andere

Grundbesitzer angewendet wurden, beschimpften unsern Namen und 1834. unsern Credit vor ganz Europa. . . . Auch gibt es gar keinen Grund, welchen wir für diese Institutionen anführen könnten, ausser der Aufrechthaltung grosser Familiennamen. Wenn die Wohlfahrt des Reichs nur im geringsten Theil an Namen gebunden wäre, dann würde dieser Grund einigen Werth besitzen. Aber wer sagt es, ob das Wohl des Reichs der vor Einführung des Instituts der Erstgeburt verschwundenen grossen Familiennamen wegen gelitten hat? Werfen wir einen Blick in die vergangenen Zeiten. Wir sehen in denselben zahlreiche grosse Namen glänzen, welche jetzt nicht mehr bestehen. Wer erinnert sich nicht des Namens Gara? Die Männer dieses Namens führen jetzt der Himmel weiss in welchem Winkel des Reichs die Pflugschar und säen den Samen in die Erde. Wo ist die Kluft, welche mit dem Untergang jener Mächtigen entstand? Diese konnten einstens Gutes wirken, sie konnten auch Böses genug thun und thaten es auch; und nach ihrem Untergang fühlte sich die Nation gerade so wie früher. Diese gegenwärtigen Landbebauer aber verschwanden zwar aus den Namensverzeichnissen des Adels; allein sie bevölkern das Vaterland, bebauen den Boden, tragen die allgemeinen Lasten, und so kann es sein, dass sie im Dunkeln mehr Gutes, und jedenfalls weniger Schlimmes thun, als die alten grossen Garas oder andere Aehnliche. Oder erglänzten etwa seit dieser Zeit solche Namen, welcher wegen, wenn sie untergehen würden, die Nation der äussersten Gefahr preisgegeben wäre? Wehe dem Vaterlande, dessen Bestehen nur an gewisse Namen gebunden wäre! Ein Geschlecht dieses oder jenes Namens für ewige Zeiten aufrecht halten wollen, ist ein chimärisches, unnützes, gefährliches Vorurtheil. Gute Patrioten, nützliche, für das Gemeinwohl wirkende Bürger finden sich auch unter den kleinen Namen; und das Gemeinwohl erfordert nur gute Bürger, aber so viele wie möglich, unter die sich der Grundbesitz theile. In wessen Händen dieser nun sei, ist gleichgültig; aber nicht gleichviel ist's, in wie vielen Händen er sei? Denn Grundbesitz erhält den Bürger, und viele Bürger, die Grundbesitz haben, erhalten das Vaterland. . . . Weil daher die Zwecke der Gesellschaft, die allgemeine Betriebsamkeit, das allgemeine Emporblühen, und das Wehrsystem es so erfordern; weil die natürlichen Rechte der Gläubiger und der Nationalcredit Befreiung erwarten; weil uns an das Ganze des Vaterlandes, von der Nation selbst, nicht aber an einzelne Namen zu denken geziemt; weil unsere Gesetze endlich einmal von der alten Schmach gereinigt werden müssen, verlange ich, dass alle diese jetzt bestehenden Institutionen abgeschafft werden, und wünsche, dass sie auch in der Zukunft verboten werden mögen."

Die siegreiche Kraft dieser und anderer ähnlicher Reden stürzte die Fideicommisse im Princip. Die Aufhebung derselben wurde in

1831. der Circularsitzung vom 15. Juli mit 27 gegen 22 Stimmen als Beschluss ausgesprochen. Mit nicht geringerer Kraft, mit nicht weniger Eifer kämpften einige Führer der Reformpartei für die Abschaffung jeder Art von Aviticität im allgemeinen. Allein obgleich zahlreiche Abgeordnete in die Schranken traten, so verlangte doch in Bezug hierauf nur die Instruction von sechs Comitaten, nämlich: Somogy, Zala, Szatmár, Tolna, Temes und Csanád, das Gesetz zu schaffen. „Ein sehr geringer Sauerteig für eine so ungeheuere Masse", sagt Kölcsey. „Wir mühen uns täglich mit dem Ungethüm der Aviticität ab; aber unser Geschrei ist vergebens. Dem Ungeheuer widersprach ausser Franz Deák, Bezerédy, Somsich und mir selbst vielleicht niemand mit voller Entschiedenheit. Dieses Volk leidet für die Sünden seiner Väter; denn die herrschende Finsterniss verbreitet sich durch die Geburt wie die Erbsünde." Von der Art der Abschaffung stammte die grösste Schwierigkeit her. Weil die Zahl jener Familien, welche in den Aviticitätsprocessen als Geklagte standen, grösser war, konnten die Vertheidiger des Grundsatzes „uti possidetis", die allen Anforderungen auf einmal ein Ende machen wollten, keine Majorität bilden; und nach langen Debatten wurde der Gordiusknoten durch eine Eintheilung in Klassen gelöst. Hinsichtlich der Fideicommisse vereinigte sich die Majorität dahin, dass die privilegirte Natur derselben mit dem Tod der jetzigen Besitzer aufhören solle; für unbezahlt bleibende Schulden jedoch konnten auch die Güter dieser mit gerichtlicher Sperre belegt werden. Und so wurde ein grosses, und in seinen Resultaten erfolgreiches Princip reichstäglich ausgesprochen, welches den wirklichen Werth des Grundbesitzes, den Wohlstand der Familien, die Sicherheit der Gläubiger, und vor allem den Nationalcredit bedeutend emporheben sollte. Obgleich indess jedermann die Nothwendigkeit der Schaffung dieses Gesetzes fühlte, der sich über die kleinlichen Interessen der Selbsucht oder des Klassengeistes emporzuheben und die Zukunft des Vaterlandes aus höherm politischen und volkswirthschaftlichen Gesichtspunkte aufzufassen vermochte: so gelang es bei alledem nicht, mehr als den erwähnten Beschluss durchzusetzen; und es war die Zeitigung von vierzehn Jahren und das Zusammentreffen aussergewöhnlicher Umstände nothwendig, dass jene hohen Interessen über Selbsucht und Vorurtheile einen vollständigen Sieg erkämpfen sollten und das ausgesprochene Princip zur Kraft des Gesetzes erhoben werde.

Das provisorische Creditgesetz. Als die Stände gezwungen waren, das Operat des bürgerlichen Gesetzbuchs beiseitezulegen, und dasselbe auf günstigere Zeiten aufzuschieben, fühlten sie zugleich, dass, obwol man bis zur Abschaffung der Aviticität den Nationalcredit nicht gründlich verbessern könne, es dennoch unmöglich sei, jene materiellen Nachtheile, welche die Gläubiger der Langsamkeit unsers Processystems und der zahlreichen dem Nichtzahlenwollen Vorschub leistenden Seitenthürchen ,wegen 1834. leiden, ohne öffentliches Aergerniss und ein noch tieferes Sinken des Credits noch weiter unbehoben zu lassen. Insolange daher, bis nicht der hundertjährige Baum der Aviticität umgehauen, und infolge dessen die Gesetzgebung ein zeitgemässes Wechselgesetz eingeführt haben würde, wünschten die Stände des Reichs ein Provisorium aufzustellen. Das hierauf bezügliche Gesetz, welches sodann auch die königliche Sanction erhielt, ersetzte den Mangel eines Wechselgesetzes durch eine mündliche Processführung mit kurzen Terminen, indem es anordnete, dass hierfür jede klare, den Betrag von 200 Fl. nicht überschreitende Forderung ohne Ausnahme durch die Comitatsgerichte in kurzem Wege mündlich abzuurtheilen sei. Damit aber die Wohlthat dieses Gesetzes sich auch auf einen weitern Umkreis ausdehne, wurde zugleich erlaubt, dass auch alle übrigen eine wie immer grosse Summe zum Gegenstand habenden Forderungen auf ähnliche Art abzuurtheilen seien, wenn sich der Schuldner in seiner Obligation einem solchen mündlichen kurzen Verfahren unterworfen hatte.

Während die Stände des Reichs auf solche Weise in Presburg Der siebenfür die Reformen stritten, verwickelten sich auch die Angelegenheiten bürgische Landtag. Siebenbürgens immer mehr und zogen die allgemeine Aufmerksamkeit in immer höherm Grade auf sich. Wir erwähnten schon oben, dass die öffentlichen Angelegenheiten dort in den ersten Zehnten dieses Jahrhunderts einem noch traurigern Siechthum anheimfielen als in Ungarn selbst. Da die Einberufung des Landtags seit 1811 unterlassen worden war, gelangten die Beamten des Dicasteriums, welche verfassungsgemäss von den landtäglich versammelten Ständen hätten gewählt werden sollen, sämmtlich im Wege königlicher Ernennung zu ihren Stellen; mit dem Einverständniss dieser ungesetzlichen höhern Beamten aber griff die Macht in der öffentlichen Verwaltung immer weiter um sich, und verletzte und beeinträchtigte die Verfassungsrechte immer mehr. In den Comitaten wurden die gesetzlichen Wahlversammlungen ausser Gebrauch gesetzt, und die Stellen gleichfalls durch vom Dicasterium ernannte Beamte eingenommen. Die Bureaukratie, die Beamtenherrschaft, die auf diese Weise beim Dicasterium und den Comitaten allgemein wurde, duldete nicht nur, sondern unterstützte auch die Gewalt in ihrer die Gesetze verletzenden Willkür, welche die Verfassung nach und nach aller ihrer Rechte entkleidete. Und was das Traurigste war: es schien unter der langen Beamtenherrschaft selbst das Gefühl des drückenden Zustandes in der in Thorheiten versunkenen, dem öffentlichen Leben entfremdeten, leidenschaftlos gewordenen Generation ausgestorben. Auch erwähnten wir, dass das Erwachen Ungarns, besonders seit dem Reichstag 1825, auch in den Ständen Siebenbürgens eine heilsame Wendung hervorbrachte. Infolge der agitirenden, patriotischen Einwirkung Wesselényi's — in

1834. welcher von den Magnaten der durch seine staatsmännische Weisheit
ausgezeichnete, gemässigte Graf Johann Bethlen und der streng recht-
liche und die Ungesetzlichkeit, kam sie wo immer her, leidenschaftlich hassende, doctrinäre Graf Dionys Kemény und ein anspruchsloser,
aber mit einer glühenden Seele und einer grossen rednerischen Fähigkeit begabter Professor, Karl Szász, seine ausgezeichnetsten Gefährten
wurden — war auch hier der öffentliche Geist, das Interesse für die
öffentlichen Angelegenheiten in stets grösserm Masstabe erwacht. Die
allgemeinen Comitatsversammlungen begannen immer mehr besucht zu
werden.   Mehrere hochsinnige Patrioten, durch die Thätigkeit und
das Beispiel der erwähnten Führer begeistert, begnügten sich nicht
damit, die allgemeinen Versammlungen ihres eigenen Comitats fleissig
zu besuchen; sie gingen auch in die Versammlungen der Nachbar-
comitate und suchten, die Zeitfragen analysirend, die ungesetzliche und
drückende Beschaffenheit der öffentlichen Zustände nachweisend, die
verfassungsmässige Opposition sowol ihrer äussern als innern Ausdehnung nach zu befördern.   Die öffentliche Meinung behrte sie mit
dem Namen „wandernde Patrioten". Die pariser Revolution und der
polnische Aufstand des Jahres 1830 dienten auch in Siebenbürgen
sehr zur Erstarkung der Opposition, potenzirten ihren Muth und ihre
Energie, kräftigten ihre Ausdauer.   Die Opposition forderte seit dieser
Zeit immer lauter die Vollziehung der Gesetze, die Wiederherstellung
der verfassungsmässigen Behörden, die Einberufung des Landtags.
Wo die Anwendung des Gesetzes von seiten der Regierung und der
Bureaukratie auf unüberwindliche Hindernisse traf, wurde der passive
Widerstand, die Hemmung des Wirkens der ungesetzlichen Beamten
zum leitenden Princip gemacht. Im Jahre 1831, als die Regierung
die Rekrutirung willkürlich angeordnet hatte, widersetzte sich Wesselényi auf seinen Gütern thatsächlich dem gewaltsamen Rekrutenpressen.
Einige Comitate folgten sofort dem Beispiel; die Mehrzahl der Behörden aber erklärte, dass sie ohne eine Einberufung des Landtags
und nach der bisher im Gebrauch gewesenen gewaltsamen Weise keine
Rekruten geben würden.

Wie in allem, so ist auch auf dem Felde des öffentlichen Lebens
der Anfang das Schwierigste, und der energisch gemachte erste Schritt
ermuthigt auch zum Uebrigen; den auf einem Abhang ins Rollen gekommenen Felsen lässt das Gesetz der Schwere erst im Thal stillstehen. Dem Beispiel des unteralbanser Comitats nach, welches, von
dem enyeder Professor Karl Szász und Dionys Kemény geführt, in
den meisten Fragen die Rolle des Führers übernahm, hielt die Mehrzahl der Comitate Wahlversammlungen ab und unterbreitete zur
höhern Bestätigung nur diejenigen, welche für die vom Gesetz bezeichneten Aemter gewählt wurden; jene Beamten aber, über deren
Wahl das Gesetz zu keiner Anzeige verpflichtete, wurden in ihre

Aemter thatsächlich eingesetzt. Als die Regierung, welche von diesem 1831. nach und nach als Norm eingeführten Gebrauch nicht abstehen wollte, die Wahlen cassirte, wiederholte manches Comitat, wo die Opposition schon das Uebergewicht erlangt hatte, ebenso oft dieses sein erfolgloses, aber gesetzliches Verfahren; andere Comitate, wo die Mässigung siegte, verwahrten sich wenigstens mit einem Proteste gegen diese Beeinträchtigung ihrer Rechte, und unterliessen es lieber, die Wahlversammlung abzuhalten, als dass sie sich dem ungesetzlichen Gebrauch angeschmiegt hätten. Da ihre Hauptbeschwerde war, dass die Mitglieder des Dicasteriums nicht kraft landtäglicher Wahl, sondern zufolge höherer Ernennung ihre Aemter einnahmen, erklärte die Mehrzahl der Comitate die Regierungsbehörde für ungesetzlich und forderte die Mitglieder derselben zur Niederlegung ihrer Stellen auf; einige Comitate aber machten einige Schritte weiter und erklärten, dass, wenn der Landtag in bestimmter Zeit nicht einberufen würde, sie dem ungesetzlichen Dicasterium fortan nicht mehr Gehorsam leisten würden. Der ungarische Reichstag erweckte auch in Siebenbürgen aufs neue die Sehnsucht nach der Einberufung seines gesetzgebenden Körpers; es riefen zahlreiche Comitate zur Vermittelung derselben auch die Comitate des Mutterlandes auf, den Palatin aber baten sie darum durch Adressen und eine feierliche Deputation, und fassten den Beschluss, die Verordnungen der ungesetzlichen Regierungsbehörde, solange der Landtag nicht einberufen würde, uneröffnet beiseitezulegen.

In Siebenbürgen herrschte demnach vollständige Anarchie. Die Regierung, deren Wirkung beinahe gänzlich aufhörte, konnte daher diese Zustände ferner nicht dulden, und beschloss, denselben endlich ein Ende zu machen. Allein anstatt dass sie, den gesetzmässigen Bitten nachgebend, durch eine Einberufung des Landtags dem Misvergnügen gesteuert hätte, verletzte sie die nationalen Rechte aufs neue. Da sie das ungesetzlich eingenommene Terrain keineswegs mehr aufgeben wollte, suspendirte sie die Verfassung und schickte den Ban von Kroatien, Feldmarschall-Lieutenant Wlasich, als königlichen mit unbeschränkter Vollmacht versehenen Commissar in diese Provinz. Die Comitate jedoch hörten, auf ihre verfassungsmässigen Rechte gestützt, auch fernerhin nicht auf, die Einberufung des Landtags energisch zu betreiben. Ihre Ausdauer wurde nicht wenig durch den Umstand gekräftigt, dass der ungarische Reichstag, seitdem Graf Dominik Teleki als Abgeordneter von vier siebenbürgischen Comitaten, wie wir oben erwähnten, in Presburg erschienen war, sich mit Siebenbürgen einigermassen in Solidarität setzte und das gesetzliche Verlangen desselben gleichfalls unterstützte. Bald verliess auch Wesselényi Presburg und eilte zum möglichen Schutz seines schon so oft vertheidigten Vaterlandes herbei. Seinem und dem Wirken Graf

1834. Johann Bethlen's und seiner Genossen ist es grösstentheils zuzuschreiben, dass der königliche Commissar selbst sich am Platz gar bald
überzeugte, dass man die Ursachen des Misvergnügens nur durch Erfüllung der gesetzmässigen Bitte beseitigen könne, und in einem Berichte rieth er gleichfalls zu einer Einberufung des Landtags. Die
Regierung gab endlich nach, und verkündigte den mit so grosser
Sehnsucht erwarteten Landtag auf den 26. Mai 1834, indem sie zugleich
als königlichen Commissar zu demselben den Erzherzog Ferdinand
von Este ernannte.

Das vom 18. März datirte königliche Rescript, welches dies den
Ständen Siebenbürgens zu wissen that, enthielt zugleich die königlichen Vorlagen in sich. Diesen gemäss wurde die gesetzmässige Besetzung der obersten Regierungsämter sowie auch die Untersuchung
der von den Landescommissionen im Jahre 1791 ausgearbeiteten
Reformplane, und die Anpassung derselben an die veränderten
Umstände, vor allem aber die Verhandlung des Urbarialstatuts zu
Gegenständen des Wirkens der Legislative bezeichnet; demnach jedermann dem Landtage mit gespannter Erwartung entgegensah.

Der siebenbürgische Landtag unterschied sich wesentlich vom
Reichstag Ungarns. Der siebenbürgische Landtag bestand nur aus
einem Hause, dessen Mitglieder dem 11. Gesetzartikel 1791 gemäss das
königliche Dicasterium, die königliche Gerichtstafel, die Obergespane, die
Vorstände der Szekler und sächsischen Behörden, die Deputirten der
Comitate, der Szekler- und sächsischen Stühle, der königlichen und
einiger andern Städte, und endlich die vom König Einberufenen, die
sogenannten Regalisten bildeten, die man aus den Reihen des hohen
und sonstigen vermöglichen, mit dieser Fähigkeit versehenen Adels
durch besondere königliche Schreiben zur Theilnahme an der Gesetzgebung einzuberufen pflegte. In diesen Elementen waren alle drei
gesetzlichen Nationen enthalten: die Ungarn, die Szekler und die
Sachsen. Die Szeklermitglieder betrugen kaum die Hälfte der Ungarn,
die Sachsen kaum den vierten Theil; die Ursache dieses Verhältnisses
lag darin, dass die grossen Güter sich grösstentheils in den Händen
der Ungarn befanden; die Regalisten aber, welche aus der Mitte der
Grossgrundbesitzer gewählt werden mussten, der Zahl nach die übrigen
Mitglieder des Landtags weitaus überboten. Als grosses Gebrechen
ist auch zu betrachten, dass das Volk der Walachen, welches die
Mehrzahl im Lande bildete, weil es von den Gesetzen als besondere Nation nicht anerkannt war, keine eigentliche Vertretung auf
dem Landtag besass; obwol es übrigens sowol unter den Regalisten
als auch unter den Comitatsabgeordneten viele walachischer Abstammung gab. Die drei gesetzlichen Nationen pflegten zur Vorbereitung
der Verhandlungen besondere Nationalversammlungen abzuhalten, zu
welchen nicht selten auch eine vierte, die Berathung der Regalisten

hinzukam. Beschlüsse konnte indess nur die gemeinsame Landesver- 1831.
sammlung fassen, deren Präsident stets derjenige war, der beim
Dicasterium den Vorsitz hatte. Jene traurige Erfahrung, dass die Landtage seit 1791 zu nichts
anderm zu dienen schienen, als um die von der Regierung auf dem
Feld der Verwaltung begangenen Ungesetzlichkeiten zu sanctioniren
und vom Kapital der Nationalrechte einen Theil nach dem andern zu
vernichten, machte jetzt die Stände des Landes vorsichtig und
energisch. Niemand hegte den Glauben, dass die Regierung in reiner
und guter Absicht auf den gesetzlichen Pfad zurückgekehrt sei; vielmehr war jedermann schon von vornherein überzeugt, dass sie trotz
der Gewährung des Landtags entschlossen sei, die an sich gerissene
Gewalt zu behaupten. Wenn darüber andere Anzeichen auch gefehlt
haben würden, so hätte daran schon der eine Umstand keinen Zweifel
entstehen lassen, dass in die Reihen der Regalisten zahlreiche Dicaste-
rialbeamte und viele solche Individuen aufgenommen wurden, welche
die von den Gesetzen bezeichneten Erfordernisse nicht besassen, jedoch
als zur Regierungspartei gehörig bekannt waren; andere hingegen,
die auf eine Berufung gesetzliche Ansprüche hatten, weil sie zur Opposition gehörten, übergangen wurden; weshalb der Landtag später
dagegen energische Einsprache erhob. Dieser Umstand liess den Comitaten und den übrigen Mitgliedern der Opposition deutlich sehen,
dass die Regierung sich um jeden Preis eine Majorität zu schaffen
suche, und dies kaum zu einem andern Zweck, als um auch jetzt die
begangenen Gesetzverletzungen sanctioniren zu lassen. Die Regierung
war, wie wir sehen werden, zwar auch auf diesem Weg nicht im
Stande, sich eine Majorität zu verschaffen; weil man jedoch befürchten konnte, dass sie versuchen würde, ihren Willen auch ohne die
Unterstützung des Talents, des Grundbesitzes und der Majorität, ja trotz
derselben, wenn es nicht anders anginge, selbst mit Gewalt durchzusetzen, so verdoppelte auch die Opposition ihre Wachsamkeit.

Sie wandte vor allem ihre Sorgfalt der Bereitung der Instructionen und der Wahl der Abgeordneten zu. Graf Dominik Teleki,
selbst einer der ausgezeichnetsten Führer dieses Landtags, sagt in
einer über Nikolaus Wesselényi gehaltenen Gedächtnissrede: „Die
Opposition in Siebenbürgen war eine compactere und geordnetere, und
unterschied sich von derjenigen Ungarns insofern, dass, während diese
ihre Initiative von den einzelnen Comitaten bekam und auf breiterer
Grundlage ruhte, jene Siebenbürgens vom Mittelpunkt ausging und
bis zum Ende mehr concentrirt und disciplinirt war. Dies erleichterte
nicht nur der geringe Umfang des Landes, die geringe Anzahl und
das beschränktere Rechtsverhältniss der Comitate, sondern liess es
auch als wünschenswerth erscheinen. So geschah es alsdann, dass
überall, wo die Opposition mit unverändertem Eifer platzgreifen konnte,

1834. die aus dem Centralpunkt erflossenen Instructionen zur Richtschnur dienten." Und dies war auch jetzt der Fall, als die Comitate ihre Instructionen anfertigten. Die Centralführer der Opposition hielten es für nothwendig, dass auf dem Landtag vor allem die Berathungen geregelt und mit den nöthigen Erfordernissen versehen würden. „In dieser Beziehung war", nach dem Zeugniss des Grafen Dominik Teleki, „der an den alten Landtagen eingeführte Gebrauch äusserst mangelhaft. Die Oeffentlichkeit vermittelten die spät, oft nach dem Landtag erschienenen Protokolle. Die den allgemeinen Landesbesitzungen vorangehenden Berathungen bestanden aus den besondern Versammlungen der drei Nationen, zu welchen nicht selten auch noch eine vierte, die Berathung der Regalisten, hinzukam, weshalb sodann diese vier Berathungen nicht so sehr zur Vereinigung der Meinungen als zur Erweckung des Parteigeistes dienten. Ferner war die Verpflichtung der gewählten Abgeordneten ihren Absendern gegenüber auch auf den jüngstverflossenen Landtagen eine überaus lockere, was in den meisten Fällen weniger zur Unabhängigkeit der Deputirten, wohl aber dazu Anlass gab, dieselben andern schädlichern Einflüssen zu unterwerfen. In Bezug hierauf ertheilten die Comitate im allgemeinen stets die Weisung, dass ein Tagebuch geführt werde, und die wortgetreue Drucklegung desselben sowie auch anderer landtäglicher Schriften besorgt werde. Anstatt der Nationalversammlungen mögen sämmtliche Mitglieder des Landtags eine vorläufige Berathung schaffen; die Abgeordneten mögen von Zeit zu Zeit genaue Berichte über den Lauf der Angelegenheiten erstatten, und für jeden unvorhergesehenen Fall von ihren Absendern Instructionen erwarten; was endlich das Verfahren hinsichtlich der zur Sprache kommenden Gegenstände betrifft, mögen die von den Comitaten in den letzten Zeiten befolgten Grundsätze auch für den Landtag zur Richtschnur dienen, welche in kurzem so lauteten: in allem nach den bestehenden Gesetzen vorzugehen, dieselben um keinen Preis der Ungewissheit einer neuen Gesetzgebung auszusetzen und lieber nichts zu thun, als durch ein ungesetzliches Verfahren schädlichen Gebräuchen den Weg zu eröffnen."

Was die Wahlen betrifft, so wählten die ungarischen und szekler Behörden, ja, trotz ihrer Abhängigkeit von der Regierung, auch mehrere Städte, ihre Vertreter mit wenigen Ausnahmen aus den Reihen der Opposition. Die Führer der Opposition selbst liessen sich grösstentheils zu Deputirten der Behörden wählen. In den Reihen derselben finden wir aus dem udvarhelyer Stuhl Baron Nikolaus Wesselényi, aus dem unteralbenser Comitat Baron Dionys Kemény, aus Salzburg (Vizakna) Karl Szász, aus dem küküllőer Comitat Graf Dominik Teleki, aus Inner-Szolnok Wolfgang Weér und viele andere, die sich in den Kämpfen der vergangenen Jahre zumeist ausgezeichnet und in der Vertheidigung der Verfassung sich die meisten Verdienste erworben hatten. Von den Regalisten thaten sich am meisten Graf 1834. Johann Bethlen, der später so berühmt gewordene Romanschriftsteller Baron Nikolaus Jósika, Stephan Horváth u. a. in den Reihen der Opposition hervor. Die Fahne des Führers befand sich allgemeiner Anerkennung nach in den Händen Wesselényi's, obgleich in einigen der Genannten sich grössere Eigenschaften zu einem Parteiführer vereinigten. Sein Freund Dominik Teleki selbst gesteht, dass ihn Karl Szász an Vielseitigkeit der Bildung und Genie, Dionys Kemény an gründlicherer Kenntniss der vaterländischen Angelegenheiten, beide an Rednertalent übertrafen; Johann Bethlen aber durch seinen weitern Gesichtskreis, seine grössere Besonnenheit und Klugheit, seine sanftere, taktvollere Verfahrungsweise, welchen zufolge er nie etwas zu erzwingen suchte, nie etwas übertrieb, und in jedem Vorgehen klug, in seinen Mitteln glatt, fein, gewinnend zu sein sich bestrebte, weit mehr Eigenschaften zum Parteiführer in sich vereinigte. „Aber", sagt er, „mit dem Namen Wesselényi war das lebendige Andenken des Erwachens zweier Länder verbunden. Er nahm an der Entwickelung Siebenbürgens von Anfang her nicht nur bis zur Einberufung des Landtags, sondern auch während desselben den thätigsten Antheil, und liess bei ihm seine warme Gemüthlichkeit, seine ritterliche Offenheit viel anderes vergessen", was aus seinem Hang zur Uebertreibung, aus seinem schnell auflodernden Temperament herstammte: Wesselényi stand in Siebenbürgen während dieses Landtags auf der Höhe seiner moralischen Macht; obgleich, als derselbe später resultatlos auseinanderging, viele selbst von den Anhängern seiner Partei deshalb seine mauerbrechende Politik, die Uebertreibung seiner Opposition beschuldigten, und neben der Johann Bethlen's seine staatsmännische Fähigkeit oder doch mindestens die als Parteiführer in Zweifel zogen.

Sogleich zu Anfang des Landtags tauchten grosse Schwierigkeiten auf; denn was anderswo Debatten einzig über die Statuten des Hauses oder die Beglaubigung der Abgeordneten hervorgerufen hätte, wurde hier der eigenthümlichen Beschaffenheit der Sachlage wegen zu einer Wesentlichkeit. Eine solche war gleich die Präsidenten-, Protokoll- und Tagebuchfrage. Die Stände sprachen nämlich, in Betracht des Umstandes, dass die Regierungsbehörde kaum ein gesetzliches Mitglied hatte, welches durch Wahl und nicht durch Substituirung zu seinem Amte gelangte, gleich anfangs als Princip aus: „dass alles das, was ungesetzlich besteht, dem gesetzgebenden Körper gegenüber als nicht vorhanden betrachtet werden und ohne gesetzliche Wirksamkeit sein solle; und dass in Bezug darauf weder eine sträfliche Nachsicht, noch eine Bitte, dass dergleichen nicht mehr vorkommen solle, noch eine Verweisung in die Antiquitätensammlung der Beschwerden, sondern jene mit der Logik und der Idee der Gesetzmässigkeit gleich-

zeitige und sehr einfache Wahrheit stattzufinden habe, dass, was nicht
gesetzlich ist, nicht besteht und aus nichts nichts folge." Und demnach das Dicasterium als nicht vorhanden betrachtend, warteten sie
nicht einmal, bis dieses ihnen einen Vorsitzenden schicke, sondern
wollten bis zur Erwählung des gesetzlichen Präsidenten in ihrer allgemeinen Nationalversammlung zur Wahl des Vorsitzenden schreiten.
Allein dies war nicht nach dem Geschmack des königlichen Commissars
und des Dicasteriums. Der Berathungssaal wurde daher geschlossen,
und der Landeskanzler liess den im Hofe Versammelten sagen, der
Landessitzungssaal würde infolge höherer Befehle einer Versammlung,
welche als eine diplomatische nicht betrachtet werden könne, nicht
geöffnet werden. Die gereizten Stände hielten daher ihre Sitzung in
der Kirche der Reformirten ab und riefen den Grafen Adam Nemes
zum einstweiligen Präsidenten aus. Nemes säumte zwar nicht, den
Vorsitz einzunehmen, aber er that dies mit der Erklärung, dass, nachdem Se. Majestät im Wege des königlichen Commissars dem Dicasterium anbefohlen habe, dass dasselbe bis zur Erwählung des gesetzlichen Präsidenten den einstweiligen Vorsitzenden aus seiner Mitte
ernenne; damit aber das Dicasterium ihn beehrt habe, so folge er
dem jetzt an ihn ergangenen Rufe mit um so grösserer Freude, als
er auch das Vertrauen der Stände in sich vereinigt sehe. Die Stände
wollten indess das Recht des ungesetzlichen und mithin als nicht bestehend betrachteten Dicasteriums, ihnen einen Vorsitzenden zu schicken,
nicht anerkennen, und dagegen Protest erhebend, ruhten sie solange
nicht, bis endlich Nemes erklärte, dass er im Sinne der Stände, einzig
kraft seiner Erwählung den einstweiligen Vorsitz einnehme.

Noch grössere Schwierigkeiten entstanden, als der Landtag durch
den königlichen Commissar mit der Ueberreichung der königlichen
Vorlagen feierlich eröffnet wurde, und nach dem ersten Punkt derselben
zur Wahl der Dicasterial- und anderer hoher Beamten schreiten sollte.
Die Stände wollten, diesem entgegen, ihre Berathungen mit staatsrechtlichen Zurückforderungen beginnen, und fassten in der vierten
Sitzung den Beschluss: dass vor allem der in seinen Grundlagen erschütterte constitutionelle Zustand wiederhergestellt werden müsse,
weswegen man die Beschwerden Sr. Majestät auch schon unterbreitet
hätte und man bis zur Behebung derselben die königlichen Propositionen nicht in Verhandlung nehmen dürfe; man solle einzig bezüglich der Aemter des Landtagspräsidenten und des Landesrichters, mit
welchen auch das Notariat des Landtags in Verbindung, die Wahlen
vornehmen. Und als sodann auch die Namen der Candidaten unterbreitet wurden, machten sie diesen ihren Beschluss auch Sr. Majestät
bekannt. „Wir wissen zwar", sagt unter anderm die Adresse, „dass
der 11. Gesetzartikel 1791 die Landtagsverhandlungen mit den königlichen Vorlagen zu eröffnen anordnet, und wir wünschten auch selbst

unsere Angelegenheiten in einer solchen Lage zu sehen, dass wir 1831. jene wichtigen Gegenstände, deren Verwirklichung das öffentliche Wohl schon seit lange erfordert, sogleich in Angriff nehmen könnten. Allein unsere Herzen hält unser trauriges Schicksal befangen; und indem wir unsere Verfassung aus ihren Angeln gedreht, die Grundgesetze des Landes erschüttert und bei dem vollständigen Mangel gesetzlicher Mitglieder des Dicasteriums unsern Landtag selbst seiner wesentlichsten Grundlage entkleidet sehen: sind wir in die Nothwendigkeit versetzt, ehe wir zur Verhandlung der königlichen Vorlagen schreiten können, zuvor alle unsere Sorgfalt der Wiederherstellung der Grundgesetze und der Verfassung unsers Vaterlandes, der Befestigung unsers constitutionellen Zustandes zuzuwenden." Indess erfüllte die königliche Antwort, welche die Bestätigung der gewählten Beamten brachte, die Herzen der Stände mit neuer Bitterkeit: nicht nur, weil sie die Behebung der Beschwerden nicht einmal erwähnte, sondern auch deshalb, weil sie unter den zur Präsidentenwürde Vorgeschlagenen keineswegs die vom öffentlichen Vertrauen mit der grössten Stimmenzahl bezeichnete Persönlichkeit, sondern Alexius Nopcsa, der nur mit wenig Stimmen als Lückenbüsser auf den dritten Platz gesetzt wurde, zum Vorsitzenden ernannte.

Die Stände sprachen daher in einer neuen Adresse ihren Schmerz 7. Aug. aus, dass, obwol sie seit dreiundzwanzig Jahren zum ersten mal Gelegenheit gehabt, ihre Klagen zu unterbreiten, ihre Bitten dennoch ohne Antwort gelassen wurden. Sie unterliessen auch nicht, die Bemerkung beizufügen, dass sie in der Ernennung des durch die geringste Stimmenanzahl bezeichneten Alexius Nopcsa zum Präsidenten des Landtags eine Beeinträchtigung ihres Wahlrechts beklagten. Da man jedoch die Sache nicht mehr ändern konnte, so wollten sie sich des verfassungsmässigen Vorgehens ihres neuen Präsidenten dadurch versichern, dass sie bei der Einsetzung sowol ihm als auch den gewählten Landesrichtern eine neue Eidesformel vorschrieben. Der Fall war nicht ungewöhnlich: die Geschichte bot aus den vergangenen Zeiten mehrere Beispiele dar, dass die Stände ihren Erwählten durch eine neue Eidesformel verpflichteten; so geschah es unter anderm auch nach der zu so vielen Beschwerden Anlass bietenden Regierung Joseph's II. auf dem Landtag 1791. Der königliche Commissar verbot indess den Gewählten, ihre Aemter unter Ablegung der neuen Eidesformel einzunehmen.

Da die Stände aus alledem mit Schmerz erfuhren, dass sich die Masse ihrer Beschwerden nicht nur nicht vermindere, ja während des Landtags selbst augenscheinlich mit neuen anwachse; andererseits aber auch sahen, dass der königliche Commissar während dieser Versammlung die Fortsetzung der Arbeiten durch feindselige Einwirkung erschwere und ihnen unmöglich mache, den Erwartungen des Vater-

1834. landes ihrer Pflicht gemäss zu entsprechen: ernannten sie zu Anfang
September, ohne den königlichen Commissar hiervon zu verständigen
und seine Einwilligung zu erbitten, eine Abordnung an den König,
welche Sr. Majestät ihre Beschwerden in einer neuen Adresse unter-
breite und mit kindlichem Vertrauen persönlich entdecke: wie schwankend in ihrem Vaterlande die Sicherheit der Person und des Eigenthums geworden sei, indem sie nach der auf ungesetzliche Verordnungen gegründeten Processnorm beim Gubernium und der Hofkanzlei
(welche sich ungesetzlicherweise zum Appellationsgericht gemacht hatte)
von der Willkür einiger Menschen abhänge, indem jede Art der Entwickelung der moralischen und materiellen Kräfte willkürlich unterdrückt sei.   Die hervorstechendern Beispiele dessen seien: das Verbot
zur Reise ins Ausland; die Beschränkung des Schulunterrichts bei den
Kindern der in den Soldatenstand hineingezwungenen Szekler; die
Nichteinhaltung der religiösen Gleichheit in der Besetzung der Aemter,
ja sogar die abschreckende Ausübung der Intoleranz durch die Machthaber, vorzüglich unter den Bekennern des griechischen Glaubens-
bekenntnisses; die beinahe vollständige Unterdrückung des Rechts
der Beamtenwahl innerhalb der Behörden; die unerträgliche Unter-
jochung der in den Soldatenstand hineingezwungenen Szekler; die zu
halbem Preis beizustellende Verpflegung der Soldaten; der unerschwing-
lich hohe Preis des bei all seiner unerschöpflichen Menge theuern
Salzes, und zahlreiche andere materielle Beschwerden.   Die Abgeordneten mögen vortragen, dass alle diese Beschwerden nur von ungesetzlichen Verordnungen und von schlechtgesinnten Rathgebern her-
stammen, die unter dem Vorwand einer Erweiterung der fürstlichen
Rechte nur die eigene Macht vermehren, ihren eigenen Nutzen befördern.   Sie mögen Sr. Majestät mit kindlichem Vertrauen unterbreiten, wie die Erbitterung und das Mistrauen, der jetzigen Richtung
der Regierung wegen, unter allen Parteien so allgemein geworden sei,
dass ohne gründliche Abschaffung aller Beschwerden jede landtägliche,
so sehr beschränkte Verhandlung, jede Verbesserung in den einzelnen
Details erfolglos sei.
     Allein selbst dieser vertrauungsvolle Schritt der Stände trug die
gewünschten Früchte nicht.   Der wegen seiner Uebergehung erzürnte
königliche Commissar verstellte ihnen auch beim Monarchen den Weg.
Der König empfing die Abgeordneten am 3. Oct. in Brünn, aber nicht
als Deputation des Landtags, welcher als noch nicht gesetzlich constituirt vorgegeben wurde, sondern nur als treue Unterthanen; und
nachdem er ihnen dies bedeutet und die Adresse entgegengenommen
hatte, entliess er sie ohne ferneres Gehör mit der Erklärung, dass er
nicht säumen werde, auf die Adresse seine Antwort herabgelangen zu
lassen.
     Bald nach der aller Hoffnung baren Rückkehr der Abordnung

gelangte ein königliches Rescript an die Stände herab, welches die 1834. zur Beeidigung der neuen Oberbeamten entworfene Schwurformel verwarf und dieselben nach der alten Form zu beeidigen anordnete. Das Rescript rief Anfang November bei den Ständen aussergewöhnlich heftige Debatten hervor; denn da sie in demselben der Aufwiegelung, der Aufstachelung der Leidenschaften, der Neuerungssucht und der Unthätigkeit beschuldigt wurden, glaubten sie diese Anklagen nicht mit Schweigen dulden zu sollen. Damit indess das Land nicht ferner ohne gesetzliche Oberbeamte bleibe, vereidigten sie endlich den Präsidenten und die Landesrichter nach der vom Landtage von 1791 angefertigten Eidesformel. Die Debatte wandte sich sodann den Regalisten zu; denn ausserdem, dass über die Authenticität des Verzeichnisses derselben einiger Zweifel entstand, fanden sich unter denselben auch solche Individuen, von welchen die Opposition glaubte, sie wären nicht im Besitz der hierzu vom Gesetz vorgeschriebenen · Eigenschaften. Noch während die Debatten über diesen Gegenstand fortgesetzt wurden, gelangte an die Stände ein neues königliches Rescript herab, in welchem sie neuerdings gedrängt wurden, die noch übrigen Wahlen vorzunehmen und die übrigen Punkte der Vorlagen zu verhandeln. Aber auch dieses Rescript war durchaus nicht in einem Ton gehalten, welcher geeignet gewesen wäre, die gereizten und betrübten Gemüther zu beruhigen und zu versöhnen. Sie sehnten sich nach einer Behebung ihrer constitutionellen Beschwerden; das Rescript aber bürdete ihnen unter anderm die schwere Beschuldigung auf: „dass sie unter dem usurpirten Titel gesetzlicher Freiheit" nach einer Befleckung derselben und nach dem Umsturz aller guten Ordnung auf Nebenwegen strebten.

„Wenn, wie die Regierung behauptet, es wirklich so gefährliche 1835. Menschen gibt", sagte auf diese Beschuldigung Wesselényi in seiner am 17. Jan. gehaltenen Rede, „so ist es doch weder anständig noch passend, dieselben mit einer so weibischen Verleumdung anzugreifen. Es ist eine Pflicht der Regierung, eine solche Pflicht, von welcher sie nichts lossprechen kann, solche Menschen mit dem Flammenschwerte des Gesetzes zu verfolgen, zu treffen. Verleumdung ist das Zeichen der Schwäche; die Pfeile derselben prallen von der vom Gefühl der Unschuld und der Pflicht gestählten Brust ab. Ich, als Mitglied der Majorität des Landtags, getraue mich die Regierung in meinem und im Namen meiner politischen Gesinnungsgenossen aufzufordern: sie möge mit ihren gesetzlichen Beweisen vortreten, und wenn es auch nur einen einzigen unter uns gibt, den selbst die geringste jener schwarzen Anklagen mit Recht trifft, sind wir alle bereit, für ihn zu büssen. Allein diese Anklage trifft nicht einige, sondern die ganze Majorität, den Landtag selbst; denn ein Antrag, welchen die Mehrheit annimmt, gehört nicht mehr einem oder einigen, sondern dem

1835. Landtag an. Somit trifft unsern Landtag jene Beschuldigung, dass er, „unter dem Titel gesetzlicher Freiheit jede gute Ordnung umstürzen wolle". Löbliche Stände! Einen Landtag der Absicht eines Umsturzes der guten Ordnung, das heisst der Absicht der Auflehnung, der Revolution anklagen, ist eine ebenso grosse Ungereimtheit als es beleidigend und unerlaubt ist. Nur Landesversammlungen und Monarchen sind es, von welchen keine Revolution ausgehen kann. Die verheerende Flamme des Aufstandes kann von einem unbedeutend scheinenden Funken entstehen. Strafbare Bestrebungen einzelner oder weniger Personen haben schon ganze Länder in Flammen auflodern lassen; der verheerende Zorn eines verführten oder erbitterten Volks kann den Fluch der Verwüstung über ganze Reiche ausbreiten; wie viele bürgerliche Verfassungen hat nicht schon eine ungezügelte Soldateska umgestürzt und wie viele Throne mit dem vergossenen Blut der Herrscher befleckt? Eine vom Fett des Volks gemästete Aristokratie und übermüthige Oligarchen waren schon unzähligemal Ursache verheerender innerer Kriege, und durch die Fehler und Vergehen schlechter Rathgeber der Fürsten wurde unter die Nationen gewisslich soviel Verwirrung gebracht und stürzten so viele Throne in Trümmer, als auf die übrigen erwähnten Arten zusammengenommen. Einzig der Landtag und der Monarch, wenn er mit jenem zusammen besteht, sind es, von welchen keine Ruhestörung ausgehen kann; denn all das ist Ordnung, was das Gesetz aufstellt; all das aber, was Fürst und Land zusammen thut, ist Gesetz. Den Landtag, die Quelle des Gesetzes, der Absicht der Revolution anklagen, heisst soviel, als von der Sonne, dem Quell des Lichts, behaupten, dass die Gespenster der Finsterniss ihr entstammen. Aber wo ist auch auf Erden die Macht, welche sich zu jener in menschlichen Verhältnissen nicht vorhandenen Höhe erheben könnte, dass sie über den Landtag einer freien Nation eine solche Beschuldigung, ein solches Urtheil aussprechen dürfte, und welche ermächtigt wäre, denselben zu bedrohen? Die Regierung droht in diesem königlichen Rescript dem Landtag mit ihrer allerhöchsten Macht. Die gesetzliche Macht des Monarchen ist heilig und ich achte und erkenne auch die im Sinne der Gesetze geführte Wirkung derselben auf alle einzelnen Personen, und auf alle besonders bestehenden Corporationen des Landes huldigend an; aber, ich spreche es offen aus: auf den Landtag nicht. Der Monarch steht nicht über, sondern neben dem Landtag; nicht der Monarch gab der Nation und dem Landtag das Dasein, sondern diese ihm. Einem Landtag, welcher Gesetze schuf und schafft; welcher mit Fürsten Bündnisse, die ihnen das Dasein gaben, schloss; welcher unser allerhöchstes Kaiserhaus zuerst auf seinen ruhmreichen Thron erhob und später die Erbfolge desselben feststellte, befiehlt nur das Gesetz, und auch dieses nur so lange, als es ihm im Verein mit dem Monarchen beliebt, dasselbe umzuändern; aber den Befehlen der Regierung untersteht der 1835. Landtag keinesfalls. Und diese grosse Wahrheit möge allen jenen zur Antwort dienen, und ein Masstab zur Würdigung sein, die es nach den heute verlesenen Schriftstücken, hinsichtlich der Fortsetzungsweise unsers Landtags, der Zeit unserer Berathungen, in welche sie sich befehlend einmischten, angeht."

Mit ähnlicher Energie und gleichem Muth, in übereinstimmendem Sinn sprachen noch Karl Szász, Dominik Teleki, Dionys Kemény, Nikolaus Jósika und Graf Joseph Lázár, indem sie die Beschuldigungen des königlichen Rescripts widerlegten. Worauf sodann die Stände — obgleich der königliche Commissar schon einen Termin gestellt hatte, bis zu welchem sie die Verhandlung der Vorlagen beginnen sollten, sonst damit drohend, dass er ihr Säumen dem Monarchen anzeigen würde, „damit Se. Majestät für eine andere Art der Beförderung des allgemeinen Wohles Sorge tragen könne" — einen solchen Beschluss fassten, dass sie „mit huldigender Achtung bäten . . . und mit kindlichem Vertrauen erwarteten, auch Se. Majestät möge im Landtag den Theilhaber der ihnen nur zwar entzogenen gesetzgebenden Gewalt und hierdurch 'sich selbst ehrend, durch eine gnädige Verschonung desselben mit den auf ihn gänzlich unpassend angewendeten Beschuldigungen die eigene Würde aufrecht zu erhalten und zu vermehren die Gnade haben". Sie bitten den Fürsten zugleich in der zufolge dieses Beschlusses verfassten Adresse, Se. Majestät möge die nur auf ihren eigenen Nutzen bedachten schlechten Rathgeber von sich weisen, und die Vertreter seines treuen Volks mit väterlichem Vertrauen beglücken.

Uebrigens fühlten die Stände schon selbst, dass sie im Opponiren, in ihrer Forderung der Behebung aller Beschwerden und der Wiederherstellung des Staatsrechts beläufig jene Grenze erreicht hatten, welche sie ohne Nachtheil für das Gemeinwesen nicht überschreiten dürften. Ja, da man befürchten konnte, dass die Regierung den Landtag auflösen werde, so beschlossen sie endlich, um für diesen Fall das Land nicht ferner unter der Verwaltung des ungesetzlichen Guberniums zu belassen, die Wahlen vorzunehmen; und es blieb nun nur jene Frage noch zu entscheiden übrig: welche die Wähler sein sollen? Diese Frage tauchte darum auf, weil man, wie wir schon erwähnten, in der Ernennung der Regalisten einige Unstatthaftigkeiten bemerkt hatte; unter anderm wurde angeführt, dass, nachdem die zu Berufenden das Dicasterium zur königlichen Ernennung zu empfehlen pflegte: dieses, da es ungesetzlich, die Empfehlung gesetzlich nicht machen konnte; ein zweiter Einwurf war, dass die Regierung, die sich auf dem Landtag eine Majorität zu verschaffen suchte, die Mitglieder des ungesetzlichen Guberniums zum grössten Theil und auch andere Individuen zur Theilnahme an der Gesetzgebung berufen hatte,

1825. welche die den Gesetzen nach erforderlichen Eigenschaften nicht besassen. Es wurde daher der Antrag gestellt, dass vor der Wahl der
Beamten das Namensverzeichniss der Regalisten einer Durchsicht
unterworfen werden solle. Einige wollten jetzt nur jene alten Regalisten als Wähler anerkennen, welche noch bei Gelegenheit des Landtags 1811 das noch gesetzliche Gubernium vorgeschlagen hatte. Dies
war unter anderm auch die Meinung Karl Szász', der am 23. Jan. in
einer classischen Rede, welche wir mit Recht zu den ausgezeichnetsten
Meisterwerken der ungarischen Redekunst zählen dürfen, des weitern
entwickelte, dass das Recht der Regierung in der Ernennung der
Regalisten nicht unbegrenzt sein könne. „Denn, wenn dem so wäre",
sagte er unter anderm, „kann der heilige Name der Verfassung etwas
anderes sein als eine Lächerlichkeit? Und hat wol die Nation Einfluss
in die Gesetzgebung dort, wo der Landtag nur eine Kammer besitzt
und die Regierung mit entscheidenden Stimmen versehene Mitglieder
in beliebiger Anzahl ernennen kann, während andererseits die Anzahl
der von der Nation gewählten Vertreter eine bestimmte ist? Wenn
daher die Verfassung kein leerer Schall, keine Einbildung ist, muss
auch die Anzahl der Regalisten eine Grenze haben." Der ausgezeichnete Redner sprach indess diese und ähnliche Gründe nur aus dem
Gesichtspunkte der Gerechtigkeit aus; denn mit der Mehrheit sah
auch er ein, dass die Zusammensetzung des Landtags jetzt einer
Purification zu unterwerfen es weder an der Zeit sei, noch aber von
den zahlreichen andern Hindernissen erlaubt werde. Die Majorität
brachte endlich, auf Grund der Meinung Karl Szász', einen solchen
Beschluss zu Stande, dass alle Deputirten und Regalisten auf die
Wahl der Beamten Einfluss nehmen könnten, und nur die mit Einberufungsschreiben nicht versehenen Obergespane, königlichen Räthe,
die Beisitzer der königlichen Tafel, als solche, und die Kapitel, welche
noch kein Repräsentationsrecht besitzen, ausgeschlossen werden sollten.
Allein dieser Beschluss wurde von der den Landtag auflösenden königlichen Verordnung bald darauf ausser Wirksamkeit gesetzt.

Wir erwähnten weiter oben, dass die Deputirten der Gerichts-
behörden in Bezug auf die Anfertigung und Herausgabe eines Landtagstagebuchs bestimmte Instructionen mitgebracht hatten. Die Majorität sprach dies sogleich zu Anfang des Landtags als Beschluss aus,
und ordnete auch sogleich die Drucklegung desselben an. Allein die
Regierung untersagte dies einfach als etwas, was bisher noch nicht
im Gebrauch gewesen war. Wesselényi liess sich indess, darauf gestützt, dass die Gesetze keinerlei Censur kennen, von dem willkürlichen Verbot nicht abschrecken: er kaufte eine Lithographie, stellte
sie in seiner eigenen Wohnung auf, und begann das Tagebuch selbst
drucken zu lassen; in der Sitzung vom 29. Jan. legte er den Ständen den ersten Bogen desselben vor, und schenkte mit ihm auch seine

ganze Druckerei dem Landtag. Die Stände nahmen das Anerbieten 1835. mit Dank an, und wiesen die Fortsetzung der Herausgabe des Tagebuchs der Prüfungscommission zu.

Die Gemässigten in den Reihen der Opposition waren jedoch mit diesem Ereigniss, welches den Landtag noch mehr compromittiren konnte, unzufrieden; denn sie sahen wohl ein, dass es nicht gelingen werde, die Pressfreiheit auf diese Weise, durch die Tagebuchfrage, durchzusetzen, und die Censur in dieser kleinen Provinz so nebenbei, ohne Schaffung eines Pressgesetzes, zu stürzen, die Censur, welche obwol gleichfalls ungesetzlicherweise, aber thatsächlich auch in Ungarn bestand, — und prophezeiten Uebles. Auch säumte dieses nicht, zu kommen. Obgleich die Lithographie Eigenthum des Landes geworden war, erschienen doch Beamte in den Werkstätten derselben und nahmen die Druckerei in Beschlag. Das Gerücht dieser That brachte im Publikum grosse Gereiztheit hervor; Wesselényi selbst bestürmte den Landtagspräsidenten Nopcsa wegen Abhaltung einer Sitzung. Allein Nopcsa schob diese nach dem Auftrag des Erzherzogs immer weiter hinaus. Der Erzherzog nämlich machte, sobald der zur Vornahme der Wahlen bestimmte Termin ohne Resultat verflossen war und er sich überzeugt hatte, dass er mit der in der Majorität befindlichen Opposition auf diesem Landtag nichts erzielen werde, ja jede neue Sitzung die Leidenschaften nur noch steigere, in Wien die Anzeige, und bat um die sofortige Auflösung des Landtags; vor Ankunft der Antwort aber liess er, nach diesem herausfordernden Vorfall, keine Sitzung mehr abhalten.

Am 6. Febr. endlich verkündigten Maueranschläge die Abhaltung einer Generalversammlung. Die Stände nicht minder wie auch die übrigen Bewohner Klausenburgs sahen der Sitzung, welcher so ungewöhnliche, etwas Ausserordentliches vermuthen lassende Ereignisse vorhergingen, mit grosser Spannung entgegen. Vor dem Palast des Erzherzogs standen nämlich schon früh am Tage Kutschen; die ihm beigegebenen Civilbeamten und Flügeladjutanten gingen mit geheimnissvoller Eilfertigkeit ab und zu; der Hauptplatz und die bedeutendern Gassen durchzogen Militärabtheilungen, und wie man sprach, wurden der Mannschaft Patronen ausgetheilt. Das Volk drängte sich im Hof des Gubernialgebäudes, neugierig, den Erfolg der Sitzung zu vernehmen.

Die Versammlung wurde endlich eröffnet, und nachdem Wesselényi um das Wort gebeten, schilderte er die Schliessung der Lithographie und die hierdurch der Nation neuerdings erwachsene Beschwerde, die Demüthigung des Landtags, die Willkürherrschaft der Regierung, die schädlichen Folgen der unterdrückten Pressfreiheit mit seiner gewohnten Redekunst. Er wurde jedoch in seiner Rede von dem Erscheinen des Erzherzogs unterbrochen, der in Begleitung der

1835. Gubernialbeamten und seiner Adjutanten in den Saal eintrat. Es wurde sodann ein königliches Rescript verlesen, in welchem den Ständen eine strenge Rüge ertheilt, ihr Vorgehen mit harten Worten getadelt, ihre Beschlüsse cassirt, und ihnen bekannt gegeben wurde, dass der Landtag hiermit aufgelöst und jedermann ernsthaft aufgefordert werde, nach Hause zurückzukehren und den zu erlassenden Verordnungen zu gehorchen. Durch diese Verordnungen wurde später die Verfassung suspendirt und alle politische und militärische Gewalt in die Hände des Erzherzogs, der zugleich zum königlichen Commissar ernannt war, gegeben. Und so war der siebenbürgische Landtag zu Ende, der, wenn er auch als unmittelbares Resultat keine neuen Gesetze aufweisen konnte, dennoch nicht ohne heilsamen Erfolg blieb; denn was in Siebenbürgen Hauptbedürfniss war, er beförderte den constitutionellen Geist. Die Opposition hatte durchaus keine Ursache zu trauern, dass der Landtag ein solches Ende genommen. Von demselben konnte man von vornherein nicht mehr erwarten als eine Neuwahl des Guberniums; diese aber konnte man bei dem Verhalten der Regierung kaum so zu Ende führen, dass die Nation damit zufrieden sei, und die Verfassungsmässigkeit gewinne. Wenn die Wahlen hätten vor sich gehen können, würden sie wahrscheinlich nur die Bestätigung der schon vorhandenen Mitglieder zum Erfolg gehabt haben. Unter solchen Umständen war es erspriesslicher, dass sie ausblieben, um sodann im folgenden Landtag in einem mehr constitutionellen Geist vorgenommen werden zu können.

Die Angelegenheit der Lithographie Wesselényi's war zwar von keinem Einfluss auf die Auflösung des Landtags; denn das dieselbe anordnende königliche Rescript war an dem Tag schon erlassen, an welchem Wesselényi den ersten Bogen des Tagebuchs dem Landtag überreicht und seine Druckerei geschenkt hatte. Früher aber hatte die Regierung davon keine Kunde, denn er wusste seine Vorbereitungen so sehr im geheimen zu treffen, dass der Landtag selbst von dem ihm vorgelegten Tagebuch überrascht war. Die Regierung freute sich indess dieses Vorfalls sehr: dieser gab ihr einen neuen Grund in die Hand, den Landtag der Ausschreitung zu beschuldigen und Wesselényi treffen zu können, der ohne Zweifel derjenige war, der den im Verlauf des Landtags entwickelten starren Oppositionsgeist nährte, in seinen Reden aber das Verfahren der Regierung am schonungslosesten geiselte. Die Regierung wollte schon 1831, als er sich dem Rekrutenpressen widersetzte, gegen ihn auftreten, und wie uns Kölcsey in seinem Tagebuch berichtet, hatte das Militärgouvernement schon damals einen Befehl zu seiner Verhaftung erhalten, wovon er in einem anonymen freundschaftlichen Brief verständigt wurde, und bei den Comitaten Siebenbürgens, ebenso in Szatmár und Borsod ein versiegeltes Schriftstück deponirte, welches bestimmt war, seinen Fall

Die Gefahren Wesselényi's.

den Patrioten aufzuklären, und ein Denkmal der an ihm begangenen 1835. Ungerechtigkeit zu sein. Das Ungewitter hatte sich damals über seinem Haupt verzogen, weil gegen das Soldatenpressen auch von mehreren Comitaten Einsprache erhoben wurde. Jetzt indess schien es, dass ihn das Unglück ereilen würde. Und in der That kam sogleich nach der Auflösung der Stände das Gerücht in Umlauf, dass der Erzherzog-Commissar die Absicht habe, ihn mit einigen ·andern festnehmen zu lassen. Wesselényi suchte bei alledem der Gefahr nicht zu entgehen; ja sogar abwartend, ob gegen seine Person irgendeine Gewaltthat unternommen werden würde, erging er sich nachmittags in den Strassen, nahm Abschied von seinen Freunden, und reiste erst abends von Klausenburg nach Presburg ab, um dort als Mitglied des Oberhauses seine Thätigkeit fortzusetzen.

Allein der unerschrockene Kämpfer für nationale Rechte und die Ansprüche des Volks kam so aus dem Regen in die Traufe. Die Regierung hatte auch in Ungarn schon lange gegen ihn geheime Erhebungen aufnehmen lassen. Kölcsey benachrichtigt uns schon unterm 28. Febr. 1833, dass geheime Untersuchungen gegen ihn im Zug seien. „Baron Vécsey und der gewesene Vicegespan von Szatmár Göcze, waren mehrmals gezwungen, über ihn Anzeige zu erstatten; weil die aus dem szatmárer Comitat während der verflossenen Jahre hinaufgeschickten Adressen in Wien Aufmerksamkeit erregt hatten, und diese geradezu Wesselényi zugeschrieben wurden; und nicht ohne Grund. . . . Setzen wir hinzu, dass er es war, der das ungesetzliche Soldatenpressen in Siebenbürgen auf seinen Gütern verhindernd, dadurch dem ganzen kleinen Lande ein kühnes und folgenschweres Beispiel gegeben hatte; und wir werden uns vorstellen können, dass die Wiener ihn vielleicht für einen Parteigänger, vielleicht für einen auf einen Angriff sinnenden unruhigen Kopf, oder für das Oberhaupt irgendeiner geheimen Verschwörung hielten oder dies gar glaubten. Was ist der Bosheit unmöglich? Ich hörte, dass in Wien über die Anschläge Wesselényi's schriftliche Beweise vorlägen. Wer weiss, ob es nicht auch bei uns hier und da Menschen genug gibt, die Facsimiles ohne besondere Mühe anfertigen können? Uebrigens wer kennt die geheime Polizei nicht, und die authentische Beschaffenheit der dahin geschickten Denunciationen? . . . Und was erfuhr schliesslich die Regierung auf so glaubwürdigen und löblichen Wegen? Eine Geringfügigkeit, etwa, denkt ihr? Nein! Die Sache ist gross, die Sache ist wichtig, die Sache ist folgenschwer. Denn, frommer Leser, es handelt sich um nichts Geringeres, als Ungarn von Oesterreich für ewige Zeiten loszureissen; den Palatin zum König von Ungarn zu krönen; Wesselényi, der natürlich die Haupttriebfeder dieser Angelegenheit, zum Palatin zu wählen. . . . Und, wie man spricht, gibt es Einen, der etwas glaubt, so gibt es viele, die es auch glauben!

1835.   Allein alle Intriguen der geheimen Polizei konnten es nicht dazu
bringen, dass man eine solche Anklage gegen ihn hätte formuliren können, worauf sich eine Action begründen liess. Eine solche Thatsache
gab ihnen zu Ende 1834 Wesselényi selbst zur Hand. Wir erwähnten schon, dass, als auf dem presburger Reichstag der die Erbablösung
und die politischen Rechte der Unterthanen zum Gegenstand habende
Gesetzvorschlag in Verhandlung war und die Regierungspartei, um
denselben zu stürzen, die Abänderung der Comitatsinstructionen thätig
verfolgte, dies auch im szatmárer Comitat angebahnt wurde. Auch
erwähnten wir, dass Wesselényi damals von Klausenburg nach Gross-
Károly herübergekommen war und, für die Erbablösung der Unterthanen und seine persönlichen Rechte kämpfend, in seiner Rede gegen
die Regierung und deren Partei, welche diese so heilsame und so
dringend nothwendige Reform, diese erste Bedingung nationaler Entwickelung und nationalen Fortschritts zu hintertreiben trachtete, heftig
auftrat. Die Rede wurde von keinem Schnellschreiber festgehalten,
und kam auch, nachdem sie gesprochen wurde, nicht mehr ans Tageslicht, sie gelangte aber dennoch, und zwar überaus verstümmelt, zur
Kenntniss der Regierung. „Am 9. Dec. 1834“, so benachrichtigt
uns Kölcsey, „war in der Generalversammlung des szatmárer Comitats
unter andern auch Ladislaus Pécsy, Gerichtstafelbeisitzer von Bihar,
zugegen, der (am 11. Dec.) nach Álmosd ging und dort im
Hause des Oberstuhlrichters Franz Csanády vor mehrern seine Neuig-
keiten mittheilte. Der Oberstuhlrichter selbst war nicht zu Hause,
sondern machte dem Obergespan des Comitats, Grafen Zichy, in
Diószeg seine Aufwartung. Damit er daher nicht ohne diese Neuig-
keiten bleibe, brachte sein Sohn, Stephan Csanády, das von Pécsy
Vernommene, so wie er es wusste, zu Papier und schickte es seinem
Vater nach Diószeg brieflich zu. In Diószeg ging der Brief als
Neuigkeit des Tages von Hand zu Hand, bis er endlich auch dem
Grafen Zichy zukam, der denselben (unter den obwaltenden Verhält-
nissen in Siebenbürgen) für wichtig genug hielt, um abgeschrieben
und nach Wien geschickt zu werden.“

Der Regierung, die Wesselényi des siebenbürger Landtags wegen
gram war, war diese Gelegenheit höchst willkommen, da sie ihr
möglich machte, den ebenso thätigen als kühnen Parteiführer verstummen zu machen und vom Feld der Handlung zu verdrängen:
sie verfügte daher der szatmárer Rede wegen sogleich eine Untersuchung gegen ihn. Diese Untersuchung erreichte eben ihr Ende,
als Wesselényi unter dem Schutz des presburger „salvus conductus“
Zuflucht suchte. Die Untersuchung brachte zwar nur soviel zu Tage,
dass der Parteiführer, von der Erbablösung der Unterthanen sprechend,
einige harte Worte gegen die Regierung gebraucht habe, welche letztere, auch dergleichen Reformen hindernd, die Sache leicht dazu füh-

reu könnte, dass „das 9 Mill. Seelen zählende ackerbauende Volk 1835. sich gegen den Adel empörte. Dann würde die Regierung den Adel zwar in Schutz nehmen; aber dann wehe diesem, denn sie würden von freien Menschen zu Knechten erniedrigt". Indess war dem Director der königlichen Angelegenheiten auch soviel genug, um hierauf einen Process gegen ihn zu begründen. Es wurde daher nicht lange darauf gegen Wesselényi der Process von zwei Seiten eröffnet: in Ungarn, der aus seiner szatmárer Rede herausgerissenen und als Aufwiegelung ausgelegten Worte wegen, unter dem Titel des Misbrauchs der Redefreiheit; in Siebenbürgen, wegen der Lithographie, unter dem Titel des Misbrauchs der Oeffentlichkeit. Die ungarische königliche Tafel berief ihn auf den 5. Mai vor sich; er wurde sodann auch vor die siebenbürgische königliche Tafel nach Marosvásárhely geladen. Die Regierung verrieth einen so fürchterlichen Zorn gegen ihn, dass seine Verurtheilung beinahe schon von vornherein für gewiss gehalten wurde; der Process dauerte indess lange, und werden wir auf sein Resultat weiter unten zu sprechen kommen.

Die Auflösung des Landtags und Suspension der Verfassung in Siebenbürgen, die Verhinderung der Erbablösung der Unterthanen und der Befreiung des ackerbauenden Volks in Ungarn bezeichnen die letzte Regierungsperiode des Königs Franz. Anfangs März verbreitete sich die zwar nicht unerwartete, aber die Gemüther in grosse Spannung versetzende Nachricht im Lande, dass der Kaiser und König Franz I., der schon seit längerer Zeit kränklich war, am zweiten Tage dieses Monats zu leben aufgehört habe. Der Tod Franz' I.

Als er vor dreiundvierzig Jahren die Regierung seines weiten Reichs übernommen hatte, hatte der fieberhafte Freiheitstaumel der Französischen Revolution ganz Europa in Flammen versetzt und gegen die legitimen Throne und die feudalen Ideen und Einrichtungen der Alten Welt einen Kampf auf Leben und Tod begonnen. Dieser Kampf währte fünfundzwanzig Jahre, hatte zahlreiche Throne umgestürzt und die Landkarte von Europa verändert. Aber er brachte eine nicht geringere Umwandlung auch in der geistigen und sittlichen Welt hervor: er veränderte die Weltansichten gänzlich und stellte an die Stelle tausendjähriger Meinungen, Principien und Einrichtungen neue auf.

Kaiser Franz nahm an diesem Kampf von Anfang bis zu Ende fortwährend theil und fühlte in seinem an Widerwärtigkeiten reichen Leben mehrmals die Schwere desselben; sein Thron wankte einigemal unter seinen Füssen, und aus seiner Residenz selbst war er zweimal genöthigt, vor dem siegreichen Feinde zu fliehen.

Diese Widerwärtigkeiten übten auf sein Gemüth und auf den Charakter seiner Regierung einen entscheidenden Einfluss aus. Seine ohnehin von Natur aus mistrauische und der Willkür sich zuneigende

1835. Gemüthslage begann sich mit Hass zu erfüllen gegen jene Ideen und Principien, gegen jene Richtung, welche die Grundursachen solch fürchterlicher Umwälzungen geworden waren und die europäische Menschheit durch eine so fürchterliche Bluttaufe hindurchgeführt hatten. Die Anhänglichkeit an das Alte, die Aufrechthaltung der traditionellen Ansichten und Einrichtungen, die Nährung und Befestigung des Ansehens; dagegen wieder die Unterdrückung des Neuerungsgeistes, die Verfolgung und Vernichtung der freisinnigen neuen Lehren, Ideen und Institutionen wurden seither die Haupteigenschaft, der Charakter seiner Geistesrichtung.

Wie sich Joseph II. sogar gewaltsam zu neuern, aufzuklären und umzugestalten bestrebte, um seine Völker zu beglücken, so wollte Kaiser Franz, trotzdem er einige Jahre seiner Jugend an der Seite Joseph's II. zubrachte, um jeden Preis conserviren, und der als Quelle der Gefahren und des Umsturzes betrachteten Aufklärung den Weg verstellen, damit er seine Völker im innern Frieden und in Ruhe erhalte, da er dies für den einzigen Born des Volkswohls hielt.

Während seine Regimenter im Auslande gegen die Armeen der Revolution im Feld standen, kämpfte er selbst mit Hülfe sorgfältig ausgewählter Regierungsmänner durch die geheime Polizei, durch Unterdrückung der geistigen Bewegung und Nährung der Religiosität unermüdet für die Aufrechthaltung der alten Meinungen und Weltansichten, der alten Principien und Pietät gegen die neue Richtung, die neuen Freiheitsansprüche.

Seine Armeen, von den alliirten Mächten unterstützt, besiegten endlich die Scharen der Revolution; der auswärtige Friede und mit demselben die legitime Herrschaft der Macht wurde hergestellt. Allein er war nicht im Stande, die neue Geistesrichtung zu verhindern und der sittlichen Welt in ihrer Fortentwickelung Halt zu gebieten. Die Ruhe, welche der Pariser Friedensschluss und der Wiener Congress hergestellt hatte, dauerte nur so lange, bis die im Kampf gegen die neue Tyrannei ermüdeten Völker ein wenig ausgeruht und neue Kraft gesammelt hatten; nicht mehr zu dem Zweck, um Feinden gleich gegeneinander loszustürzen, sondern um von der über ihre Grenze hinausgetretenen Fürstenmacht die Freiheit, den Einfluss auf die Leitung ihrer öffentlichen Angelegenheiten, mit Einem Worte, jene Volksrechte zurückzufordern, welche die nicht zu unterdrückende neue Geistesrichtung und Aufklärung als unveräusserliche natürliche Rechte verkündigte.

Kaiser Franz erblickte in diesem neuen Zeitgeiste stets einen Feind des Weltfriedens wie des Staats, dessen Schwerpunkt er in die Vollständigkeit der fürstlichen Gewalt, in die Herrschaft der Autorität setzte; er hörte daher bis zu seinem Ende nicht auf, gegen die neue Richtung zu kämpfen, obgleich er sie immer mehr zwischen

jenen Schranken hinausschlüpfen sah, in welche er sie zu drän- 1835.
gen versuchte. Darin blieb er sich getreu bis zu seinem letzten
Athemzug.

Da diese Seelenrichtung der Grundzug und die Quelle der Eigenthümlichkeiten seines Charakters war, so fanden die meisten Tugenden
und Fehler seines Regentenlebens in derselben ihren Ursprung; und
nach der verschiedenen Würdigung derselben lautet auch das Urtheil
über ihn verschieden aus der Mitte der einander gegenüberstehenden
politischen Parteien.

Die Freunde der neuen Richtung, der constitutionellen Freiheit —
wenn man in Betracht nimmt, dass er, gerade die von ihnen unterstützten Principien verfolgend, die geheime Polizei, die Censur, die
Beschränkung der geistigen Bewegung und die Verhinderung der Aufklärung als Hauptmittel des Regierens gebrauchte —, wenn sie auch
nicht in Zweifel ziehen, dass er diese Mittel jener Eigenthümlichkeit
seines Charakters zufolge, welcher gemäss sein sanftes Gemüth im
allgemeinen kein Freund der grausamen, gewaltsamen Unterdrückung
war, und allem, was mit seiner Geistesrichtung im Widerspruch stand,
lieber zuvorzukommen und es zu verhindern als wuchtig zu treffen
wünschte, in Anwendung brachte; weil indess diese Regierungsmittel
nothwendigerweise das Resultat hervorbrachten, dass die naturgemässe
Entwickelung, der naturgemässe Fortschritt unterbrochen wurde, der
materielle Wohlstand, Gewerbe, Handel und die geistigen und sittlichen Interessen, die Aufklärung, die Freiheit in Stockung geriethen, —
die Freunde der neuen Richtung sind durchaus nicht geneigt, ihn günstig
zu beurtheilen: und wenn das ägyptische Todtengericht noch Mode wäre,
würden sie keineswegs für eine glänzende Bestattung gestimmt haben.

Dagegen erblicken und preisen jene, deren geistige Richtung der
seinigen verwandt ist, die Feinde der neuen Ideen und Freunde der
Vorrechte und der Autorität sind, und sich dem Conservatismus zu-
neigen, in alledem, was jene für einen Regierungsfehler, für einen
Schatten halten, lauter Regierungsweisheit, Tugend und väterliche
Vorsorge.

Welche Partei hat recht? Dies ist abermals die Sache sub-
jectiver Meinung; und das Urtheil fällt danach, ob jemand einzig
in der äussern Ruhe und Ordnung, im geräuschlosen Gange der
Staatsmaschine auf dem gewohnten ebenen Wege, in der bescheidenen
einfältigen Zufriedenheit des Volks, oder in der Entwickelung der
Kräfte, in höherer geistiger Bildung, im Aufblühen von Handel und
Gewerbe, in einem wenn auch etwas lärmenden, aber lebensfreudigen
Fortschritt den Hauptzweck des Staats sucht.

Darin stimmen beide Parteien überein, dass ausdauernde Zähigkeit und Thätigkeit, Einfachheit und eine gewisse volksthümliche Gemüthlichkeit, welche es jedermann in allen Angelegenheiten leicht er-

1835. möglichte, sich ihm nahen zu können, und eine gewisse Art von
Gerechtigkeitsliebe, welche in allen einzelnen nicht politischen Angelegenheiten, besonders bei Gelegenheit der Privataudienzen, vieles Misgeschick, welches aus dem in Anwendung {gebrachten Regierungssystem herstammte, gut machte, — zu den Haupteigenschaften seines
Charakters gehören. Alledem ist auch noch beizuzählen, dass, obwol
er kein Freund der Volksfreiheit war, er dennoch wünschte seinen
Völkern stets im Lichte eines wohlmeinenden, in allem nur das allgemeine Wohl beabsichtigenden, providentiellen Landesvaters zu erscheinen, und dahin strebte, dass seine Regierung, obgleich er sich einer
jede freiere Bewegung einengenden Willkür zuneigte, den Anschein eines
gewissen patriarchalischen Charakters habe. Zeugnisse der Liebe des
Volks beanspruchte er so sehr, dass dies gewissermassen zu seinen
moralischen Nothwendigkeiten gehörte; andererseits bestrebte auch er
sich auf jede Weise glauben zu machen, dass er seine Völker liebe.
Die Kunde davon wollte er daher auch mit dem Andenken seines
Namens verbinden, indem er in seinem Testament seinen Völkern
seine Liebe vermachte. Und es blieb auch jene ungezwungene, volksthümliche Weise, womit er sich zum Volk herabzulassen wusste, nicht
ohne Wirkung: das Volk, unter welchem er lebte und mit welchem
er vielfach verkehrte, das Volk Wiens, war ihm mit grosser Anhänglichkeit zugethan.

In Ungarn empfing das Volk, welches ihn kaum gesehen, seinen
persönlichen Einfluss kaum erfahren hatte, die Nachricht seines Todes
mit Gleichgültigkeit. Die letzten Vorfälle in Siebenbürgen und auf
dem presburger Reichstag, besonders in der Frage der Erbablösung
und der persönlichen Freiheit der Unterthanen, verminderten sehr
seine seit 1825 wachsende Popularität. Da sein Nachfolger, Ferdinand,
schon gekrönt war, so brachte der Thronwechsel im Gang der öffentlichen Angelegenheiten keine Aenderung hervor; die Stände setzten
ihre legislatorischen Arbeiten ohne Unterbrechung fort, welchen die
Hoffnung, dass sie unter dem neuen Herrscher, welcher in einem
grössern Ruf von Freisinnigkeit stand, als sein Vater, ein grosser
Erfolg belohnen werde, einen neuen Anstoss und grössere Lebhaftigkeit verlieh. Diejenigen jedoch, die in das Spiel der bewegenden
Kräfte tiefere Einblicke machten, erwarteten vom Thronwechsel keine
neue Wendung in der Regierungspolitik; denn das Personal hatte
sich, ausser dem Monarchen, den seine Kränklichkeit der Schärfe der
Einsicht und der Energie des Willens beraubt hatte, nicht geändert:
nach dem letzten Wunsche des Kaisers Franz blieben die frühern
Lenker der öffentlichen Angelegenheiten, Erzherzog Ludwig und Fürst
Clemens Metternich, auch fernerhin an der Spitze der Regierung der
Monarchie.

Aber es lebte ein Mann, dem der Thronwechsel nicht gleichgültig sein konnte, der genug Ursache hatte, den verstorbenen Monarchen aufrichtig zu betrauern: dieser Mann war Graf Adam Reviczky, der ungarische Hofkanzler. Dieser, ein Günstling des Kaisers Franz, wurde besonders seit 1826 unzähliger Gnaden theilhaftig: er wurde durch denselben aus niederer, ärmlicher Lebenslage zu hohen Aemtern, schliesslich zur Würde eines Hofkanzlers und in den Grafenstand erhoben, und behielt trotz verschiedenartiger Gegenbestrebungen nicht nur sein Amt, sondern auch seinen Einfluss unverkürzt bis zum Ende beim Monarchen, der ihm, dem verschwenderischen Liebhaber des Luxus, unter anderm auch bedeutende Summen zur Befriedigung seiner Gläubiger übergeben liess. Reviczky hatte viele Feinde sowol unter den ungarischen Herren als auch unter den deutschen Regierungsmännern. Er — das Glückskind, der gut wusste, wie sehr man ihn der Kanzlerwürde wegen, welche bisher stets den Mitgliedern der vornehmsten Adelsfamilien des Landes zuzufallen pflegte, beneidete, wie sehr ihn deshalb die stolzen ungarischen Herren in den Privat-Gesellschaftskreisen verachteten, schmähten und verspotteten — liess sie in der Regel die ganze Schwere seiner hohen Stellung, seines hochwichtigen Amts und seines Einflusses beim Monarchen fühlen. Gegen Landsleute niedern Standes freundlich, ungezwungen, höflich, ja von gemüthlicher ungarischer Herzlichkeit, war er gegen Magnaten, mit wenigen Ausnahmen, kalt, gezwungen, stolz, und legte denselben gegenüber nicht selten ein Benehmen voll Verachtung an den Tag. Seinen Einfluss beim Monarchen liess 'er manchmal selbst den Palatin empfindlich fühlen. Und während ihn deshalb der ungarische hohe Adel, beinahe ohne Ausnahme, hasste, konnte auch die deutsche Hofpartei der vielen Gnadenbezeigungen des Monarchen wegen ihre Antipathie gegen ihn nicht unterdrücken. Reviczky ärgerte nebstdem die deutschen Herren auch in anderer Weise. Weder die persönliche Zuneigung des Kaisers und Königs, noch die ausserordentlichen Begünstigungen des Glücks, noch der Geist des deutschen Hofes waren im Stande, in ihm das lebhafte Gefühl seiner Nationalität zu ersticken, oder auch nur zu schwächen. Dieses legte er bei jeder Gelegenheit unter allen Verhältnissen offen und gleichsam an der Stirn aufgedrückt an den Tag. Er war stolz darauf, Ungar zu sein; und wo es sich um die Würde seiner Nation, ihre Ehre und das Gewicht derselben im Staatencomplex der Monarchie handelte: dort hätte am deutschen Hof, in der deutschen Hauptstadt niemand der tauglichere, würdevollere Repräsentant, der standhaftere Anwalt derselben sein können, als er es war. Wo er als ungarischer Hofkanzler erschien, ob es nun eine Hof- oder irgendeine andere Festlichkeit war, oder ein Gesellschaftskreis: war sein Auftreten, seine Haltung stets achtunggebietend gegen die Nationalität, welche er

1835. repräsentirte. Schon diese seine Haltung allein erregte gegen ihn in hohem Mass den Hass der deutschen Hofpartei, welche er bei vielen Gelegenheiten durch sein Auftreten verdunkelte. Noch mehr wurde er aber gehasst jener ausnehmenden Gunst wegen, mit welcher ihn der Monarch überhäufte, und des Einflusses wegen, welchen er sich selbst, zufolge dieser persönlichen Zuneigung des Kaisers Franz, auch in den Regierungsangelegenheiten zu verschaffen wusste. Denn obgleich er auch nicht vermochte, den ungarischen Interessen im Cabinet ein Uebergewicht zu verschaffen, wie dies viele ungarische Patrioten in den auf dem Reichstag von 1825 folgenden Jahren gehofft hatten: so setzte er doch zu Gunsten der ungarischen Angelegenheiten unzähligemal den einen oder den andern Vortheil durch, und wandte manchen Schlag, manche Zurücksetzung von denselben ab. Auch war es schon viel, dass er nach der Willkürherrschaft, welche von 1811—25 bestand, die constitutionellen Lebensfunctionen wieder in einen so regelmässigen Gang brachte, und die Angelegenheit der nationalen Reform und Umgestaltung in so hoffnungsvoller Weise angebahnt hatte. Wie viel Grund zu Neid und Hass von seiten der deutschen Hofpartei! Viele schrieben · es auch hauptsächlich ihm zu, dass Ferdinand der Erstgeborene nicht, wie dies ein Theil der deutschen Hofpartei verlangte, übergangen, und nicht dessen jüngerer Bruder Franz Karl zum Thronfolger designirt wurde.

Man kann wol denken, mit welchem Grimm nun all dieser gedemüthigte Stolz, all diese verletzte Selbstsucht und Eitelkeit, all diese vereitelten oder in den Hintergrund zurückgedrängten Parteibestrebungen den Krieg gegen den im verstorbenen Monarchen seiner einzigen Stütze beraubten, allein gelassenen Reviczky eröffneten! Wahrhaft Anstoss erregend war es, diejenigen, die es einige Tage zuvor für eine grosse Auszeichnung, für ein unendliches Glück hielten, in seinen Vorzimmern aufzuwarten und den Augenblick abzupassen, in welchem sie vorgelassen werden und ihm schmeichlerisch Weihrauch streuen könnten, nun auf allen Wegen und Stegen zu hören, wie sie ihn verleumdeten und beschimpften, wie sie seinen heute oder morgen erfolgenden Sturz ausposaunten. Den eingetretenen Umständen nach wäre der Wille des Erzherzog-Palatins allein genügend gewesen, um ihn von seinem Amt zu entfernen. Jedermann wusste dies, und viele erwarteten es, ja sie versäumten sogar nicht auf diesen Zweck hinzuwirken. Der Palatin jedoch, den Reviczky am meisten fürchten durfte, legte ihm gegenüber jetzt eine seltene Mässigung an den Tag. Seiner persönlichen Antipathie nach wünschte zwar auch er seine Entfernung; aber er war viel zu wenig von Selbstsucht befangen, als dass er sie sogleich hätte in Vollzug setzen lassen, da er erwog, dass ein Personenwechsel in diesem

hochwichtigen Amt, besonders wenn der neue Hofkanzler die Sym- 1835.
pathie der Nation nicht erhielte, auch auf den weitern Verlauf des
Reichstags von schädlichem Einfluss sein könnte. Er wirkte daher
dahin, dass eine Veränderung nach dieser Richtung hin während des Reichstags bei Hofe nicht einmal in Anregung gebracht
werde.

Viertes Buch.

Die Gegenwirkung der Regierung gegen die freisinnige Nationalrichtung in den ersten Regierungsjahren Ferdinand's V.

Erstes Kapitel.

Die zweite Hälfte des Reichstags 1832—36.

Die Reichsstände sandten, nachdem sie vom Tod des Kaisers Franz amtlich benachrichtigt worden waren, eine aus fünfundsechzig Mitgliedern bestehende Abordnung nach Wien, um dem neuen Herrscher die Huldigung der Nation zu überbringen. Die glänzende Deputation wurde vom Hof glanzvoll empfangen. Nachdem sie sich im Palast der ungarischen Hofkanzlei versammelt hatte, fuhr sie durch die Strassen Wiens in Hof-Paradewagen zwischen einem Spalier dort garnisonirenden ungarischen Militärs in die Hofburg, wo auf den Stiegen die k. k. Arcieren-Leibgarde, in den Vorsälen aber die königlich ungarische Leibgarde aufgestellt war. König Ferdinand empfing die Abordnung vor dem schwarz überzogenen Thron stehend, barhaupts, in ungarischer Trauerkleidung, rechts von den kaiserlichen Hofwürdenträgern, links vom ungarischen Hofkanzler, Grafen Reviczky, und dem Kapitän der königlich ungarischen Leibgarde, Baron Splényi, umgeben. Der Erzbischof von Erlau, Ladislaus Pyrker, hielt im Namen der Abordnung eine lange Rede, in welcher er dem neuen Herrscher die Huldigung und die Glückwünsche der Nation ausdrückte, wie auch die Hoffnungen, welche man an seine Regierung knüpfte. Nach Beendigung der Rede übergab Ferdinand die Huldigungsadresse der Nation, welche ihm von der Abordnung überreicht worden war, dem Hofkanzler, und sich auf den Thron setzend und das Haupt mit einem Kalpag bedeckend, las er seine kurze Dankesantwort ab. Die Abordnung zog sich sodann unter stummen Bücklingen zurück und begab sich zur Königin Maria Augusta, die, von ihren Hofdamen umgeben, in einem andern Saal der Huldigung harrte. Als sie auf die Begrüssungsrede mit lauter Stimme und sichtlicher Befangenheit antwortete und in ihrer kurzen lateinischen Rede unter anderm erwähnte, dass auch in ihren Adern das Blut der grossen Maria Theresia fliesse, schied die Abordnung unter lauter Éljenrufen von ihr.

26 *

Den Aufwartungen folgte ein glänzendes Gastmahl, bei welchem der erste Staats- und Hausminister, Fürst Clemens Metternich, die Person des Königs repräsentirte. Als die Abordnung zu Ende des Gastmahls von ihm Abschied nahm, wandte sich Metternich während seiner Antwort zu dem Grafen Stephan Zichy, der zur Ueberbringung der Nachricht von dem erfolgten Thronwechsel zum Gesandten an die italienischen Höfe ernannt worden war, und sagte: „Sagen Sie, Herr Graf, den betreffenden Höfen, an welche Ihre Mission lautet, dass das Regierungssystem der Monarchie noch kaum jemals einen schönern Sieg gefeiert hat als seit einigen Tagen in der Residenzstadt. Ein Fürst stirbt nach einer Regierung von dreiundvierzig Jahren; der neue Herrscher nimmt den Thron ein: und alles bleibt beim alten, alles ist ruhig und loyal, wie Sie sehen."

Die Behauptung Metternich's war nur in Einem ihrer Theile wahr. Beim Thronwechsel blieb alles ruhig, alles in der alten Ordnung; allein die Ursache davon war keineswegs in der Vortrefflichkeit und allgemeinen Beliebtheit des Regierungssystems,. sondern trotz desselben in der beinahe übertriebenen Loyalität der Völker zu suchen. Diese Loyalität verdient um so mehr Anerkennung, als die Nation nicht die geringste Aussicht hatte, dass mit der Thronbesteigung Ferdinand's hinsichtlich der Verfassungsmässigkeit ein lebhafteres Rechtsgefühl, für die Sache der Wiedergeburt eine grössere Billigkeit, und mehr Neigung für die Volksfreiheit in der Regierung des Reichs platzgreifen würde.

Diese Hoffnungslosigkeit entstand ebendaher, dass unter dem neuen Herrscher sich nichts änderte; das System, das Personal, die Politik der Regierung, alles blieb beim alten. Ferdinand hatte von der Natur ein so gutes, sanftes Herz erhalten, dass er mit demselben der Beglücker seiner Unterthanen hätte werden können. Aber zum Schmerz derselben war in seinem Nervensystem eine hartnäckige Krankheit, die Keime der Epilepsie, verborgen, welche in dem Kinde, das seine Mutter früh verloren hatte, die gänzlich verkehrte, rohe, ja nicht selten unmenschliche Behandlungsweise seines Erziehers, des Grafen Tige, und die Vernachlässigung der gehörigen Pflege des kranken Organismus schnell entwickelten. In der Periode des Ueberganges zur Männlichkeit gaben zwar einige Jahre Hoffnung, dass der sich entwickelnde Körper die Krankheit bezwingen werde. Vom Aufschwung, von der Selbständigkeit seines Geistes, von der Energie seines Willens, ja sogar von seiner freisinnigen Richtung, welcher wegen er mit seinem Vater eine Zeit lang in einem gewissen Zerwürfniss lebte, verbreiteten sich immer mehr Gerüchte im Reiche. „Ich halte es mit dem Grafen Illésházy", schreibt unterm 3. April 1826 Graf Josef Dessewffy an Franz Kazinczy, „der es noch besser weiss wie ich, dass der Thronfolger ein energischer Mensch wird, und dass er mehr Verstand besitzt, als man erzählt, und als er von sich selbst glauben machen 1835. will. Seine Stellung ist sehr delicat und erklärt alles." Die allgemeine Erwartung ging jedoch nicht ganz in Erfüllung; das Nervenleiden verminderte sich zwar, hörte aber nicht gänzlich auf. Wegen dieses Zustandes Ferdinand's hatte dessen Vater in der letzten, von öfterer und langwieriger Kränklichkeit unterbrochenen Zeit seines Lebens seinen Bruder, den Erzherzog Ludwig, an die Spitze des Cabinets gestellt. Mit Einwilligung der kaiserlichen Familie blieb dieser Erzherzog auch nach dem Tode des Kaisers Franz der Repräsentant des Monarchen in den Regierungsangelegenheiten; die Politik der Monarchie aber leitete, sowol im aus- als auch im inländischen Ressort, auch fernerhin Fürst Metternich mit noch weit grösserer Macht als früher. Die Königin Maria Augusta, deren religiöses Gemüth keine Herrschsucht zuliess, nahm in ihrer Zurückgezogenheit keinen Antheil an der Politik. Einen um so grössern Einfluss suchte sich die Erzherzogin Sophie, die lebhafte und herrschsüchtige Gemahlin des Erzherzogs Franz Karl, des Thronfolgers und jüngern Bruders des kinderlosen Ferdinand, zu verschaffen.

Das politische System des Cabinets, die Principien der Regierung *Die Regierungs-* blieben die frühern. Metternich, der die Ruhe, in welcher die Mon- *politik.* archie verblieb, und die Loyalität der Völker beim Tode des Kaisers Franz für einen Sieg des Regierungssystems hielt, sah keinen Grund zu einer Veränderung des von ihm selbst vor zwanzig Jahren begründeten Systems. Indess sind die später nachgefolgten Ereignisse unwiderlegliche Zeugnisse dafür, dass er die eigenthümlichen Principien dieses Systems, welche Kaiser Franz seit 1825 aus eigenem Antrieb einigermassen gemildert hatte, jetzt, im Willen des Monarchen kein Hinderniss findend, mit grösserer Strenge in Anwendung bringen wollte. Auf die Loyalität der Nation zählend, beabsichtigte er in diesem ungetrübten Zustand des Weltfriedens, welche die Festwurzelung der Dynastie der Orleans auf mehrere Generationen hinaus zu sichern schien, theils durch geheime Wirksamkeit, theils durch Einführung strengerer Massregeln noch einmal den Versuch zu machen, um den nach und nach sich entwickelnden Nationalgeist nach einer mehr radicalen Richtung hin zu unterdrücken. Unzweifelhafte Anzeichen davon zeigten sich schon in den letzten Regierungsjahren des Kaisers Franz in jenem Verfahren, welches die Regierung hinsichtlich des siebenbürgischen Landtags, auf dem ungarischen Reichstag aber in der in Bezug auf das Reich so nothwendigen, hinsichtlich des monarchischen Princips aber so unschuldigen, ja sogar nur nützlich wirkenden Angelegenheit der Erbablösungs- und anderer Urbarialgesetzvorschläge befolgte. Diesen Versuch setzte Metternich, der nach dem Tod des Kaisers Franz, man kann sagen, allmächtiger Minister war, einige Jahre mit beharrlicher Ausdauer fort, bis er endlich, durch die Macht der consolidirten öffentlichen Meinung der Nation gezwungen, denselben einigermassen abänderte und mit Versuchen nach anderer Richtung hin vertauschte.

Wer über diese willkürherrschaftliche Reaction der Regierung auch nach dem Schicksal des Urbarialgesetzvorschlags und nach den aussergewöhnlichen Regierungsmassregeln in Siebenbürgen noch einigen Zweifel hegen mochte, der hätte sich davon sogleich nach der Thronbesteigung Ferdinand's genugsam aus jener Absicht überzeugen können, welche sich in Bezug auf den königlichen Titel offenbarte, sowie auch aus eigenen Vorfällen, welche sich in der Sache der Redefreiheit entwickelten.

Die Debatten über den königlichen Titel. Zum Geburtsfeste des Königs, welches auf den 19. April fiel, fertigten die Stände, nach alter Gewohnheit, eine Beglückwünschungsadresse an, in welcher Ferdinand als der Fünfte dieses Namens benannt wurde. Dass das Reich in frühern Zeiten schon vier gekrönte Könige dieses Namens hatte, lehrte jedes Schulbuch, unsere Gesetzversammlung aber, das „Corpus Juris", bewies diesen Umstand mit einer Klarheit, die gar keiner Frage unterworfen war. Dass ferner in der Titel- und Namenreihenfolge der Könige Ungarns damals, als Franz 1804 den Titel eines Kaisers von Oesterreich annahm, und sich, obgleich er selbst als deutscher Kaiser der zweite dieses Namens war, Franz I. nennen liess, nicht die geringste Veränderung geschah, erhellt aus jenem Diplom selbst, welches er im genannten Jahr in der Angelegenheit des neuen österreichischen Kaiserreichs erlassen hatte. Wie wir es an der diesbezüglichen Stelle schon erzählten, erklärte Kaiser Franz in dieser Urkunde klar und deutlich selbst, dass er weder seine bisherigen Verhältnisse Ungarn gegenüber, welche auf dem unter dem Namen der Pragmatischen Sanction bekannten gegenseitigen und daher ohne Einwilligung der Nation nicht zu modificirenden Staatsvertrage fussen, abzuändern, noch Ungarn zu einer Provinz des österreichischen Kaiserthums zu machen und auf diese Weise in seiner Selbständigkeit zu schädigen beabsichtige. Da er in Ungarn unter dem Namen Franz I. König war, so kam jene Veränderung des Titels, welcher gemäss er sich sodann auch als Kaiser den Ersten nennen liess, mit dem ungarischen Königstitel in keine Collision. Anders stand die Sache in Bezug auf Ferdinand, dem, nach dem Gesagten, obgleich er als Kaiser von Oesterreich der Erste war, als König von Ungarn der Titel Ferdinand V. gebührte. Diesen Titel abzuändern und Ferdinand auch als König von Ungarn den Ersten dieses Namens zu benennen, wäre von seiten Ungarns soviel gewesen als anzuerkennen, dass auch Ungarn in das neue österreichische Kaiserreich einverleibt wurde, dessen Provinz geworden sei, und seine Unabhängigkeit und Selbständigkeit verloren habe.

Je klarer aus den Prämissen diese Schlussfolgerung floss, je

unzweifelhafter das Recht der nationalen Unabhängigkeit und in dieser
Beziehung auch der Sinn der das österreichische Kaiserthum begründenden Urkunde war, um so auffälliger war es, dass die Majorität
der Magnatentafel am Titel „Ferdinand V." dennoch Anstoss nahm
und zweifelsohne einer von Wien empfangenen Weisung gemäss hartnäckig darauf bestand, dass auch die Stände dem König einfach den
Titel „Ferdinand I." geben mögen. Man könnte sich dies auch kaum
erklären, wenn wir nicht wüssten, dass die hohen Stände, in der
Furcht vor der Demokratie und den ihre Privilegien bedrohenden
Reformen, zur Verhinderung derselben sich der Regierung enger angeschlossen hatten, bereit, dieselbe in allem zu unterstützen, um andererseits von ihr in der Bewahrung der aristokratischen Vorrechte
und der Verhinderung der Reformen Unterstützung zu erlangen. Der
grösste Theil unsers hohen Adels war noch so selbstsüchtig und befangen, dass er keinen Anstand nahm, für die Aufrechthaltung seiner
feudalen Rechte und Privilegien und die Vereitelung demokratischer
Reformen die nationale Unabhängigkeit selbst in den Kauf zu geben.
Die Ständetafel wusste wohl, dass, wenn sie im Titel des Königs
das Unabhängigkeitsrecht des Reichs auf diese Art verstümmeln liesse:
die Regierung, deren Hauptbestreben ohnehin stets auf Rechtsusurpationen und Willkür gerichtet war, nicht säumen werde, die Folgerungen dieses anscheinend geringen Zugeständnisses zu ihren Gunsten ziehen
zu lassen, und in kurzer Zeit laut verkündigen würde, dass die Gesetzgebung selbst der Unabhängigkeit des Reichs freiwillig entsagt
habe. Im Hause der Stände entstand daher deshalb eine grosse
Gereiztheit gegen die Magnatentafel, welche an diesem ihr erst im
Privatwege mitgetheilten Wunsche der Regierung mit Zähigkeit
festhielt, und sich lange Zeit sträubte, dem gesetzlichen, weder geschichtlich noch diplomatisch in Zweifel zu ziehenden Titel des Königs
beizutreten. Die Debatten zwischen den beiden Tafeln dauerten mehrere Monate lang; die Magnaten wiesen das von unwiderleglichen
Gründen unterstützte Nuntium der Ständetafel siebzehnmal zurück;
die Aufregung der Gemüther wuchs zusehends, denn jede Hoffnung auf
eine Vereinbarung schwand.

Die Regierung überzeugte sich endlich, dass die Stände nicht nachgeben würden und dass es unmöglich sei, die Unabhängigkeit des Reichs
unter dem Deckmantel dieser nebensächlichen Frage zu erschüttern:
sie wollte daher die Sache nicht weiter forciren, und trat selbst
zwischen die streitenden Parteien, indem sie den verwickelten Knoten
durch den König selbst entzweischneiden liess. Ferdinand erklärte in
einem Rescript, dass er sich für den gesetzlichen König von Ungarn
halte, und es gegen sein directes Erbrecht verstossen würde, wenn
er in welch immer mit seiner Königswürde in Beziehung stehenden
Frage einen Zweifel entstehen liesse. Er erklärte daher, dass er sich

als König von Ungarn Ferdinand V. nennen und nennen lassen werde. Wer der Vermittler dieses königlichen Rescripts gewesen, wissen wir nicht zu sagen; soviel ist indess gewiss, dass die Magnaten dadurch in einem noch gehässigern Licht erschienen, als wenn sie der Ständetafel aus eigenem Antrieb nachgegeben hätten. Man konnte fernerhin von ihnen sagen — womit sie das Publikum auch nicht verschonte —, dass sie königlicher gesinnt als der König selbst, dass sie übertriebene Royalisten seien. Die Magnatenklasse verlor durch ihre so hartnäckige Bekämpfung dieser Frage sehr viel in der öffentlichen Meinung: das Publikum verfiel in das entgegengesetzte Extrem, begann ihren Patriotismus, ihr Nationalgefühl in Zweifel zu ziehen, und entzog ihr sein Vertrauen ganz.

Die Unzufriedenheit und Gereiztheit, welche während dieser Debatten von den Gemüthern Besitz ergriffen hatte, verschwand seither im Verlauf des ganzen Reichstags nicht mehr; denn es tauchten immer neue Vorfälle auf, aus welchen die allgemeine Unzufriedenheit reiche Nahrung gewann. Sogleich zu Anfang der Debatten über den königlichen Titel wurde die Einklagung Wesselényi's wegen seiner im vorigen Jahr in einer Generalversammlung des szatmárer Comitats in der Angelegenheit der Erbablösung der Unterthanen gesprochenen Rede, und seine auf den 4. Mai anberaumte Vorladung vor die königliche Tafel allgemein bekannt. Das dem gefeierten, volksthümlichen Mann von zwei Seiten drohende Ungemach erregte im freisinnigen Theil der Nation einen um so tiefern Schmerz, eine um so grössere Besorgniss, als in ihm nicht nur die Sache der Reform, sondern das wichtigste constitutionelle Princip, die Redefreiheit, von der Regierung angegriffen wurde. Beinahe jedes Comitat machte diesen die Gesetze verletzenden Fall zu seiner eigenen Angelegenheit und schickte seinen Abgeordneten die Weisung zu: sich zu bestreben, dass diese Sache einem guten Ende zugeführt werde. Infolge dessen erhob der Abgeordnete von Bihar, Edmund Beöthy, zuerst Klage gegen das Verfahren der Regierung. Er bewies in einer wirkungsvollen Rede, dass man eine in einer allgemeinen Sitzung gesprochene Rede, deren einzelne eben den Gegenstand der Anklage bildende Ausdrücke, nebenbei gesagt, nicht einmal gegen den König, sondern gegen die Regierung gerichtet waren, kein Gegenstand späterer Untersuchung oder eines Processes sein könne. Wenn der Redner das Gesetz verletzt, müsse man es an demselben sofort, noch im Verlauf der Sitzung, als Verletzung des Gerichtsstuhls ahnden. Hieraus stamme auch jene gesetzliche Gepflogenheit, dass in einem solchen Fall die Thüren sofort geschlossen und die Anklage erhoben werde; denn wenn das Individuum, welches die Verletzung begangen hatte, den Saal verliess, könnte eine nachträgliche Anklage späterhin nicht mehr stattfinden. Da dies die Stände des szatmárer Comitats nicht gethan hätten, obgleich unter denselben auch der Obergespan als 1835. Repräsentant der Regierung zugegen war: müsse man folgern, dass Wesselényi sich nicht einmal eine Verletzung des Gerichtsstuhls zu Schulden kommen lassen, und um so weniger etwas begangen hätte, was zum Gegenstand eines Nota processes dienen könnte. Er bewies, dass man nach unsern Gesetzen 'das Verbrechen der Majestätsbeleidigung und des Hochverraths mit blossen Worten nicht einmal begehen könne, dass ferner die Redefreiheit einer der Cardinalpunkte der Verfassung sei. Er berief sich auf den Erzherzog-Palatin selbst, der sich erst unlängst in einer Sitzung der Magnatentafel geäussert habe, dass „die Redefreiheit das Palladium der Constitution" sei. Aus diesen und andern ähnlichen Gründen brachte er eine energische Adresse in Antrag, in welcher Se. Majestät zu bitten wäre, dass er die hinsichtlich der Redefreiheit entstandene Beschwerde sofort aufhebe und den gegen Nikolaus Wesselényi erhobenen Process niederschlage.

Den Antrag erhob die grosse Mehrheit der Stände zum Beschluss, die Adresse stiess indess auch in diesem Gegenstand auf Hindernisse bei der Magnatentafel, die, seitdem sie sich wegen der Verhinderung der freisinnigen Reformen ganz der Regierung angeschlossen hatte, in allem, was dieser nicht gefiel, ein hartnäckiges Veto auszuüben begann. Die beiden Tafeln wechselten über diesen Gegenstand bis zum Schluss des Reichstags gegenseitige Nuntien aus, jedoch ohne allen Erfolg. Die hohen Stände, obwol sie von unwiderleglichen für die Redefreiheit sprechenden Gründen gleichsam überflutet wurden, weigerten sich verstockt, die Adresse durchzulassen. Die Stände gewannen zwar bald die Ueberzeugung, dass sie vergebens kämpften; denn die Regierung hatte auf mehrfache Weise verrathen, dass sie Wesselényi um jeden Preis verurtheilen und vom Kampfplatz entfernen wolle; die so sehr wichtige Frage der Redefreiheit, von deren günstiger Erledigung die Sache der nationalen Umgestaltung grösstentheils abhing, waren sie indess um so weniger geneigt fallen zu lassen, weil sich die Beschwerden der Redefreiheit auch in andern Dingen vermehrten. In der Frage der Erbablösung, als die Regierung dieselbe zu Ende des vorigen Jahres durch die Umänderung der Deputirteninstructionen zum Sturz zu bringen beabsichtigte, wurden in den Comitaten Zemplén und Békes ähnliche freisinnige Aeusserungen gemacht, wie die Wesselényi's in Szatmár waren. Die Regierung sandte zur Ahndung derselben königliche Commissare in diese zwei Comitate, Szirmay nach Békes, Tajnay nach Zemplén. Beide behelligten Comitate legten ihre Beschwerde durch ihre Abgeordneten dem Reichstage vor; demzufolge die Frage der Redefreiheit in verschiedenen Gestalten unaufhörlich an die Tagesordnung kam. Die Stände kämpften daher in dieser wichtigen Angelegenheit unermüdlich bis zum Schluss der

1835. Versammlung; ja, wie wir sehen werden, nahmen sie auf dem folgenden Reichstag des Jahres 1839 den abgerissenen Faden der jetzt ohne Erfolg gebliebenen Debatte zu Gunsten dieses auch seither schon mehrfach verletzten Rechts sofort und mit doppelter Energie wieder auf.

Allein obwol es auf diesem Reichstag auch noch nicht gelang, die Freiheit des Gedankens und der Rede principiell durchzusetzen, in einem besondern Falle siegte dennoch die Opposition. Es geschah einmal, dass der barser Abgeordnete Johann Balogh, als in einer grossen Sitzung der Ständetafel die in der Angelegenheit Wesselényi's an den König zu richtende Adresse an der Tagesordnung war, das Wort für Wesselényi mit grosser Wärme ergreifend, jene in der Comitatsversammlung zu Szatmár gesprochenen Sätze der Rede desselben, welcher wegen jener gerichtlich belangt wurde, Wort für Wort wiederholte und sich zu eigen machte. Die Regierung, consequent zu bleiben wünschend, liess auch Balogh sofort in Anklagezustand versetzen; seinem Comitat aber befahl sie an, dass, nachdem der Abgeordnete seinen Posten auf dem Reichstag seines begangenen Verbrechens des Hochverraths wegen nicht behalten könne, dasselbe an seine Stelle einen andern Deputirten wählen möge.

Die gegen Johann Balogh eingeleitete Criminal-action. Das barser Comitat war seit 1822 eins jener Comitate, welche die Fahne der Opposition allen übrigen zuvor und am energischsten hoch hielten; die Regierung wusste daher schon in voraus, dass es ihr nicht leicht sein würde, den damals auf der grössten Höhe seiner Popularität stehenden Abgeordneten zu stürzen. Sie setzte daher jeden Stein in Bewegung, um die Zurückberufung Balogh's durchzusetzen. Der Obergespan, Graf Johann Keglevich, selbst einer der starrsinnigsten Conservativen, liess in seinem Comitat keine Art der Intrigue und der Bestechung unversucht, um sein Ziel zu erreichen. Die Wahl des neuen Abgeordneten war auf den 25. Juli anberaumt. Die Kameral- und andere Regierungsbeamten und Agenten gingen sogleich nach Verkündigung der Generalversammlung von Gemeinde zu Gemeinde und vertheilten namhafte Summen unter den niedern Adel, um die Stimmen desselben für die Regierungspartei zu sichern. Der niedere Adel, hierzu von den sogenannten Cortesführern angeleitet, weigerte sich auch nicht, das ausgetheilte Geld anzunehmen, was die Anhänger der Regierungspartei in die sichere Hoffnung des Sieges einlullte. Der Tag der Versammlung brach an; der Adel erschien in grosser Anzahl. Das königliche Rescript, welches die neue Deputirtenwahl anordnete, wurde verlesen, der Obergespan machte die Candidirung bekannt und forderte den Adel zur Stimmenabgabe auf. Jetzt indess erhob sich Martin Dombi, Gutsbesitzer und Advocat der königlichen Tafel: „Unser Reichstagsabgeordneter, Johann Balogh“, sprach er, „wird des Verbrechens der Majestätsbeleidigung

angeklagt. Der 9. Gesetzartikel 1723 klassificirt das Verbrechen der
Majestätsbeleidigung und des Hochverraths ausführlich; sehen wir
daher, welche Klasse dieser Verbrechen auf unsern Abgeordneten angewendet werden kann." Er nannte sodann der Reihe nach jene
Fälle, welche das Gesetz anführt, und forderte die Stände des Comitats bei jedem Punkt auf, zu erklären, ob sie Balogh für dessen
schuldig fänden. Der wählende Adel antwortete auf jeden einzelnen
Punkt mit einem lauten „Nein". „Nun ist noch ein Punkt übrig",
so setzte Dombi seine Rede fort, „wir wollen sehen, vielleicht hat er
sich gegen diesen vergangen?" Dieser Punkt, welchen der Redner
absichtlich bis zuletzt gelassen hatte, handelte von den Falschmünzern
des Gold- und Silbergeldes. Das Publikum, dem es wohlbekannt war,
dass eben Balogh einer derjenigen war, die 1823, als die Regierung
die Steuer vom Betrag des Papiergeldes, welches infolge der Finanzoperationen derselben im Werth bedeutend herabgesetzt wurde, willkürlich auf den gleichen Betrag in Silber erhoben hatte, dagegen am
heftigsten opponirten, unterbrach die Worte des Redners mit lautem
Gelächter, zwischen welchem hindurch sodann von allen Seiten Ausrufe: „Éljen Balogh János!" erschollen. Nachdem wieder Stille eingetreten, schloss Dombi seine Rede folgendermassen: „Da die Stände
des Comitats Balogh für einen Majestätsverbrecher oder Hochverräther
nicht anzuerkennen vermögen, stelle ich den Antrag: er möge alsogleich nach Presburg zurückkehren und seinen Sitz als Abgeordneter
einnehmen. Der Comitatsfiscal sei jedoch auszusenden, um bei der
Vorladung zu erscheinen und unsern Deputirten zu vertheidigen."
Der Antrag wurde mit grossem Beifall aufgenommen und Balogh in
seiner Stellung als Abgeordneter bestätigt. Die sehr schwache Regierungspartei wagte es nicht einmal, der unvergleichlich grossen
Mehrheit gegenüber Einsprache zu erheben; Balogh kehrte daher nach
Presburg zurück, um seine Wirksamkeit als Abgeordneter fortzusetzen.
Das Verfahren des Comitats wurde sowol in Presburg als auch
überall im Lande mit grosser Lobeserhebung gutgeheissen, und die
Regierung fühlte sich von der Macht der öffentlichen Meinung endlich
gezwungen, die Untersuchung gegen Balogh einzustellen. Es war
dies ein Vorläufer jenes vollkommenen Sieges, welchen die Stände des
Reichstags 1839 in der Angelegenheit der Redefreiheit endlich erkämpfen sollten.

  Aus dem Schicksal des die Erbablösung und die persönliche Freiheit der Unterthanen betreffenden Gesetzvorschlags überzeugten sich
die der Opposition angehörigen Stände, dass die Umstände auf diesem
Reichstag keine solchen seien, unter welchen sie hoffen dürften, die
übrigen systematischen Reformarbeiten in ihrem Sinn durchzuführen;
sie hielten es daher für räthlicher, dieselben auf eine günstigere Zeit
zu verschieben, als Gesetze zu schaffen, welche weder den constitu-

1835. tionellen Principien noch den Anforderungen der Zeit entsprächen.
So geschah es, dass sie das Gesetzbuch des bürgerlichen Privatrechts,
welches nach dem Urbarium vorgenommen wurde, nachdem sie von
demselben in den Circularsitzungen siebenunddreissig Gesetzvorschläge
angefertigt hatten, unvollbeendet beiseitelegten. Zu diesem Schritt
wurde die freisinnige Partei nicht nur aus dem Grund bewogen, dass
in der jetzigen Stimmung der Regierung die Schaffung freisinniger
Gesetze unmöglich geworden war; sondern weil sie mit einem mit
Schmerz gemischten Zorn auch die Bemerkung machten, dass, wie wir
sogleich erzählen werden, infolge der Ränke der Regierungspartei
ihre eigenen Reihen immer lichter wurden. Uebrigens hatten sie sich
schon davon überzeugt, dass unter unsern Umständen eine systematische Codification nicht immer der beste und leichteste Weg zur
Durchführung der Reformen sei. Sie machten sich daher jetzt vielmehr die Entscheidung solcher im Umlauf der Ereignisse auftauchenden einzelnen wichtigern Fragen, die Klärung und Begründung von
Principien zur Aufgabe, welche die Reformbestrebungen der künftigen
Reichstage vorbereiten sollten. Diese Ansicht leitete sie in den für
die Redefreiheit geführten Debatten; dadurch wurden sie auch zur
Unterstützung eines Planes Stephan Széchenyi's und zur Verhandlung
der Beschwerden bewogen.

Die pesth-
ofener
Ketten-
brücke.

Was den Plan Széchenyi's anbelangt, so sagten wir schon früher,
dass er vor allem die materiellen Interessen des Reichs anrieth und,
inwiefern es die Kraft eines einzelnen Patrioten erlaubte, dieselben
auch zur Entwickelung zu bringen sich bestrebte; damit man sodann
mit Hülfe und unter der moralischen Einwirkung derselben die allgemeine Wiedergeburt der Nation zweckmässiger und leichter ins
Werk zu setzen vermöge. Diesem Ziel strebten auch jene seiner
Reformvorschläge zu, welche er in seinem letzten Werk, im „Stadium“,
welches wegen der demselben von der Censur in den Weg gelegten
Hindernisse erst während des Verlaufs des jetzigen Reichstags erscheinen konnte, in Antrag brachte. Er stellte in seinem „logischen
Nacheinander“ die Schaffung der Herstellungskräfte an die Spitze
desjenigen, was vor allem vorzunehmen wäre. Er verkündigte aber
als das Nothwendigste zu diesem Zweck, nebst der Begründung eines
freien Bodens und des Credits, die Umwandlung Pesth-Ofens zu einem
materiellen Mittelpunkt des Reichs, zu einem schönen, bequemen und
reichen Aufenthaltsort, und die Besteuerung des privilegirten Adels
zu allgemeinen Zwecken. Wir erwähnten schon weiter oben, dass er
diese zwei Haupttheile seiner Reformplane, zum Anfang des in dieser
Beziehung zu Vollbringenden, in seiner Idee einer zwischen Pesth und
Ofen auf Action zu erbauenden stehenden Brücke vereinigte; durch
die Brücke beabsichtigte er zwar unmittelbar die materielle Hebung
Pesths und die Gestaltung desselben zu einem Mittelpunkt; aber

mittelbar erwartete er keinen geringern Erfolg davon, als dass, wenn 1835. die Brücke von der Actiengesellschaft erbaut, und demnach die von den Hinübergehenden zu entrichtende Mauth den Zauber des Princips der Steuerfreiheit des Adels zerbrechen würde, es ihm gelingen werde, den Adel zur Steuerzahlung für allgemeine Zwecke zu gewöhnen. Die Verwirklichung der Idee, in deren Interesse er schon vor dem Reichstag nach England gereist war und eine besondere Flugschrift veröffentlichte, konnte nur die Gesetzgebung möglich machen; denn ehe sich noch die Actiengesellschaft constituirte, musste ein Gesetz geschaffen werden, welches der Mauthentrichtung jedermann, daher auch den privilegirten Edelmann unterwarf. .Mit der Eröffnung des Reichstags war daher die Gelegenheit gekommen, die fruchtbare Idee ins Werk zu setzen.

Irgendwelche Idee durch Agitation beliebt und volksthümlich zu machen, für dieselbe die einflussreichern Persönlichkeiten zu gewinnen, besass niemand soviel Geschicklichkeit und Ausdauer als Széchenyi. Es verdross ihn nicht, bei wem immer, wenn er dessen Einfluss auf die im Plan befindliche Sache für nützlich hielt, wiederholt vorzusprechen, und wenn es nothwendig war, stundenlang in den Vorzimmern die geeignetste Zeit abzupassen; und wenn er dann mit seinem Mann zusammentraf, alle Eigenheiten und Neigungen desselben auszubeuten, auf ihn mit Gründen und Witzen, Spott und Schmeichelei einzuwirken, um ihn zur Unterstützung seines Plans zu gewinnen. So ging er auch in der Angelegenheit der pesth-ofener stehenden Brücke vor. Bei den Anhängern der Reformpartei, die ohnehin seine Ideen ohne Ausnahme angenommen hatten und ihn selbst, obgleich er eigentlich ausserhalb der Parteien stand und an ihren Kämpfen selten theilnahm, als ihren Führer verehrten, war es nicht nothwendig, viele Worte zu verlieren. Um so schwieriger war seine Aufgabe bei den Männern des alten Systems, welche die Besteuerung des Adels nicht nur für eine Verletzung der Privilegien, sondern der Verfassung selbst betrachteten. Unter den Magnaten waren zahlreiche Mitglieder von grossem Einfluss, z. B. der Landesrichter Graf Anton Cziráky selbst, dem Plan heftig entgegen, welchen sie nicht ohne Grund für den ersten Schritt zur Aufhebung der gesammten Adelsvorrechte und zur Begründung der Gleichheit betrachteten. Allein der unermüdliche Széchenyi liess nicht nach, bis er sich mit der sichern Hoffnung des Sieges schmeicheln konnte. So weit gekommen, nahm er den Plan zur Herstellung einer Actiengesellschaft in Angriff, und nachdem es ihm gelungen war, zu diesem Zweck den Bankier Sina zu gewinnen, berief er den berühmten englischen Wasserbauingenieur Clark zur Anfertigung des Plans von London nach Pesth. Den Antrag zur Schaffung des Mauthentrichtungs-Gesetzes liess er an der Ständetafel noch im Sommer 1833 stellen, welchem zufolge die allgemeine Sitzung vom 28. Juli eine Commission zur Ausarbeitung der mit der Brücken-angelegenheit in Verbindung stehenden Fragen ernannte.

Die öffentliche Meinung war zu dieser Zeit dem Plan Széchenyi's sehr günstig. Das erste Dampfschiff war unlängst erst auf unserer Donau erschienen; und das Publikum begrüsste dasselbe mit Bewunderung und Begeisterung, gleichsam als einen sichern Vorboten unsers materiellen Fortschritts. Die Idee und die Verwirklichung des Dampfschiffahrts-Unternehmens war zwar nicht das Werk Széchenyi's; allein er schloss sich demselben sogleich anfangs an, und er war in der Befestigung, Verbreitung und dem rasch zunehmenden Erfolg desselben so viel und so unermüdet thätig, dass man ihn mit Recht für den zweiten Begründer desselben ansehen kann. So betrachtete es wenigstens das grosse Publikum, welches den glänzenden Erfolg des Unternehmens ganz ihm zuschrieb und jeden Nutzen, welcher daraus hinsichtlich unserer materiellen Interessen, der Belebung 'der Communication und unsers Handels entstand, mit seinem Namen in Verbindung brachte. Sobald er die Idee der stehenden Brücke unter den Mitgliedern des Reichstags so populär gemacht hatte, dass er die Schaffung des zur Verwirklichung derselben nothwendigen Gesetzes als gesichert betrachten durfte, opferte er seine Zeit und seine Thätigkeit den Interessen der Dampfschiffahrt auf. Er verliess den Reichstag, wo er die Verfahrungsweise der von Wesselényi geführten Opposition nicht gutheissen konnte, eine Spaltung aber in dieser Partei, deren Principien die seinigen waren, nicht hervorrufen wollte, und eilte als Regierungscommissar zur untern Donau, um die Arbeiten am Eisernen Thor persönlich zu leiten, deren Zweck war, das Flussbett der Donau von den Felsen zu reinigen und schiffbar zu machen, am Ufer aber an der steilen, felsigen Berglehne einen Weg zu eröffnen. Auch diese seine über die Elemente errungenen Siege liessen ihn vor dem Publikum als den Mann des .Erfolgs erscheinen, der, möge er seine Thätigkeit welcher Sache immer zuwenden, den beabsichtigten Erfolg stets und in allem hervorzuzaubern versteht. Sein Einfluss bewog auch sodann Anfang 1835 die Gesetzgebung, in Bezug auf die Regulirung der Donau eine Adresse an die Regierung zu richten. Bei dieser Gelegenheit sprachen ihm der Palatin und der Landesrichter unter Glückwünschen ihre volle Anerkennung für seine Verdienste aus.

Nach solchen Vorausgängen zweifelte niemand, dass auch die Kettenbrücke von ungeheuerer Grösse — denn die Errichtung einer solchen sah der Baumeister Clark für am zweckdienlichsten an, welche Széchenyi mit so grossem Eifer anempfahl — vollkommen gelingen werde, sobald von der Gesetzgebung die nothwendigen Anstalten getroffen würden. Széchenyi schloss mit dem Baron Sina, welcher an der Spitze der finanziellen Seite des Unternehmens stand, die Ueber-

einkunft, dass die Actiengesellschaft die Brücke nach einer Benutzung 1835.
von 90 Jahren der Nation sammt einem Reservefonds umsonst überlassen werde. Da unter den Bedingungen auch ein Punkt vorkam,
dass auch alle übrigen Mittel zur Communication zwischen den zwei
Städten im ausschliesslichen Besitz der Gesellschaft sein müssten,
musste man auch mit Pesth-Ofen wegen Ablösung des bisher gemein-
schaftlich besessenen Mauthrechts der Schiffbrücke Uebereinkunft
schliessen.

Nachdem alle diese Vorarbeiten beendigt waren, wurde der Gesetzvorschlag durch die damit betraute Commission vorgelegt. Bei der
Ständetafel unterstützten fünfunddreissig Comitate die Idee der Mauthzahlung, demzufolge der Gesetzvorschlag durch die Mehrheit votirt
wurde. Unter den Magnaten fehlte es auch jetzt nicht an solchen,
die demselben wegen der Verletzung der Privilegien entgegen waren;
der unermüdliche Széchenyi schuf indess auch dort die Majorität zur
Unterstützung seines Plans. Das Gesetz, welches sodann auch die
königliche Sanction gewann, ordnete ausser andern Verfügungen an,
dass auf der Brücke jeder Hinübergehende ohne Unterschied der Person, des Ranges und Standes Mauth zu zahlen verpflichtet sei. Zur
Bestimmung dieser Mauthgebühr und zum Abschluss des Contracts
mit der Actiengesellschaft wurde unter dem Vorsitz des Palatins eine
beständige Landescommission ernannt, welcher die Pflicht auferlegt
wurde, über ihr Vorgehen dem künftigen Reichstag Rechenschaft abzulegen. Diese Commission stellte die contractlichen Jahre, nach deren
Verlauf die Brückenmauth gänzlich aufhört und die Brücke National-
eigenthum wird, auf 87 fest. — Die Achillesferse des Adels wurde
daher auf diese Weise entwaffnet; die Urkunde hundertjähriger Vorrechte wurde an einem Punkt durchlöchert: auf der neuen Kettenbrücke wurde jeder Edelmann mit dem Nichtadelichen gleichmässig
zur Mauthzahlung verpflichtet. Man konnte nicht mehr zweifeln, dass
das Princip der gemeinsamen Tragung der allgemeinen Lasten in der
nahen Zukunft auch auf den Adel würde ausgedehnt werden; das
Gesetz der Brückenmauth war dessen untrüglicher Vorbote.

Nachdem einmal der Zauber der Adelsprivilegien gebrochen war, Das Gesetz
beeilte sich die Reformpartei, dieselben auch hinsichtlich anderer über Privat-
Privatunternehmungen, welche auf die Beförderung materieller Inter- nehmungen.
essen und hauptsächlich der Communication Bezug haben, einzuschränken. Es wurde auch noch ein zweites Gesetz geschaffen, welches dem
die Brücke betreffenden würdig zur Seite stand, welchem gemäss „bis
zum nächsten Reichstag, auf welchem die Gesetzgebung hinsichtlich
der das allgemeine Wohl des Vaterlandes befördernden Privatunternehmungen erschöpfend verfügen werde, einstweilen angeordnet wurde:
dass alle Privatpersonen oder gesellschaftlichen Vereine, die von Pesth
nach Wien, oder bis zum ungarischen Littorale, oder bis Semlin, oder

bis an die Grenze Mährens, Schlesiens und Galiziens, oder gegen Klausenburg und Hermannstadt nach Siebenbürgen; ferner die von Wien durch Ungarn hindurch in die Türkei oder bis Krakau, von Tyrnau bis Kaschau, von Miskolcz gegen Galizien zu, und endlich von Sissek bis zum ungarischen Hafen eine Eisenbahn oder einen Kanal zu bauen unternähmen, — unter den ausschliesslichen Schutz des Gesetzes genommen unh mehrfacher Begünstigungen theilhaftig gemacht würden".

Die Verhandlung der Beschwerden und Wünsche.

Die Reformpartei war zwar principiell schon kein grosser Freund der Beschwerdenpolitik, die ehedem unsere Reichstage beinahe ausschliesslich beschäftigte; denn sie war überzeugt, dass, wie diese bisher nicht zum Ziel geführt hatten, in der Zukunft die den vormaligen ähnlichen Gesetz- und Verfassungsverletzungen von selbst sich vermindern würden, sobald die Umgestaltung durchgeführt sein werde. Allein jetzt, da sie die Erfahrung machte, dass sie unter den gegenwärtigen misgünstigen Umständen in dieser Hinsicht so wenig thun konnte, sah sie bis zur Wiederkehr besserer Verhältnisse es für um so zweckmässiger an, sich auch mit den Beschwerden zu beschäftigen, als die Regierung statt des Fortschritts abermals nach Rechtsübergriffen strebte, und weil die Comitatsstände, der grösste Theil ihrer Absender, noch immer viel darauf hielten, dass jede Gesetzgebung von den alten Beschwerden einige abschaffe. Obgleich die jetzige Stimmung der Regierung und der Magnatentafel keine grosse Hoffnung bot, dass ihr Vorgehen ein Erfolg belohnen werde, ging sie, damit man ihr zu Hause nicht den Vorwurf machen könne, dass dieser lange Reichstag auch in dieser Beziehung unfruchtbar geblieben war, sogleich nach Beendigung der neuen Urbarialnorm an das grosse Werk, und hielt zur Verhandlung der Beschwerden besondere Abendversammlungen ab, welche sodann den grössten Theil des Jahres hindurch währten. In der grossen Anzahl der alten Beschwerden und Postulate legte sie indess nur auf jene das grösste Gewicht, welche schon in sich selbst einige Reformen enthielten, und als Ausgangspunkte des Fortschritts dienen konnten. Unter diesen nehmen vorzugsweise drei Gegenstände: die Militärakademie Ludovicäum, die Nationalsprache und die Angelegenheit des öffentlichen Unterrichts, unsere Aufmerksamkeit in Anspruch.

Das Ludovicäum.

Im ersten Zehnt dieses Jahrhunderts, als der fortwährende Krieg die Berathungen unserer Reichstage unablässig militärischen Dingen zuwandte, hörten die Reichsstände nicht auf zu betreiben, dass in den ungarischen Regimentern zu Offizieren ausschliesslich Angehörige des Vaterlandes verwendet werden mögen, und damit es der Regierung unmöglich sei, diesen gerechten Wunsch aus Mangel an ausgebildeten ungarischen Jünglingen zu übergehen, wurden 1808 durch Privatbeiträge zur Errichtung einer Militärakademie mehr als 1 Mill. Gulden eingesammelt. Die Regierung, mit der militärischen Hülfe der 1835. Stände vollkommen zufrieden, schien damals die Angelegenheit zu unterstützen und bezeichnete für das Institut in Waitzen ein Gebäude, welches dort Maria Theresia als Pensionat für adeliche Jünglinge erbauen liess, das aber jetzt, seitdem zu diesem Zweck das wiener Theresianum gegründet wurde, leer- und in baufälligem Zustand war. Seit dem genannten Jahr flossen der Stiftung zahlreiche neue Beiträge zu. Nicht nur ersetzten die ursprünglichen Stifter jenen Ausfall, welchen der Fonds infolge der zweimaligen Werthherabsetzung des Papiergeldes erlitten hatte; sondern, wie wir oben erwähnten, es vermehrten den Fonds 1830 auch die Comitate und Städte mit bedeutenden Summen, seither aber zahlreiche Private mit etwa 300000 Gulden, besonders Graf Johann Buttler allein zur Erziehung von zwanzig Jünglingen mit 126000 Gulden. Der Erzherzog-Palatin, der mit der Angelegenheit betraut war, nahm endlich, auf das Drängen der letzten Reichstage, die Inswerksetzung dieses Nationalwunsches in die Hand; und statt des hierzu nicht geeigneten Gebäudes in Waitzen liess er in einer Vorstadt von Pesth einen grossartigen Palast erbauen, welcher etwa zweihundert Jünglinge in sich aufnehmen kann.

Das Haus wurde fertig, aber zur Bevölkerung desselben wurden noch immer keine Anstalten getroffen. Als die Stände deshalb eine Anfrage stellten, erhielten sie die kurze Antwort, dass der Fonds ungenügend sei. Sie erklärten daher, dass sie bereit seien, das Institut als Reichsanstalt zu begründen; sie forderten indess, dass man ihnen über die bisherige Gebarung mit dem durch Beiträge zusammengeschossenen Kapital Rechnung ablege. Die Regierung gab nach langer Weigerung endlich nach. Aus dieser Rechnung sahen die Stände mit grosser Verwunderung unter anderm, dass, obgleich das Institut noch nicht eröffnet war, dennoch der Oberdirector Feldmarschallieutenant Petrics, der Vicedirector, mehrere Fecht- und Tanzmeister und einige Hausdiener schon 1808 ernannt waren und fortwährend so namhafte Gehalte bezogen hatten, dass in der Rechnung die bezogene Gage des Oberdirectors allein mit 162000 Gulden beziffert stand. Dieses Verfahren stellte es ausser allen Zweifel, dass die Regierung die Errichtung eines solchen Instituts durch die Nation schlechterdings nicht wolle und eher bereit sei, den Fonds zu verschwenden, als die Anstalt ihren Zweck erreichen zu lassen. Die Ursache hiervon war theils in jenem Mistrauen enthalten, demzufolge sie es nicht gern gesehen hätte, dass zahlreiche ungarische Jünglinge für die militärische Laufbahn ausgebildet würden; theils ist sie darin zu suchen, dass die Regierung, welche im voraus wusste, dass die Nation dieses Institut in einem in jeder Beziehung nationalen Geist, dem sie aber entgegen war, einrichten wolle, die Errichtung desselben unter einem andern Vorwand zu verhindern beabsichtigte. Dass die Regierung wirklich

1835. danach trachtete, bewies die Folge. Als nämlich die Reichsstände erklärt hatten, dass sie bereit seien, das Institut als Reichsanstalt zu begründen, natürlich unter der Bedingung, dass die Statuten desselben von der Gesetzgebung angefertigt würden oder wenigstens den Ansprüchen der Nationalität gemäss modificirt werden könnten, antwortete die Regierung, dass sie den Antrag unter dieser Bedingung nicht annehme, und das Institut mit ihren eigenen Mitteln errichten werde. Diese Antwort der Regierung überzeugte jedermann, dass die Nation abermals vergebliche Opfer gebracht habe, und das Institut niemals oder mindestens nicht nach dem Wunsch der Nation zu Stande kommen werde. Und in der That stand der grossartige Palast, welcher beinahe $1\frac{1}{2}$ Mill. Gulden C.-M. gekostet hatte, noch 1848 leer da, als Zeuge dessen, mit welchen Schwierigkeiten die Nation in welcher Frage des Fortschritts immer kämpfen musste.

Der amtliche Gebrauch der Nationalsprache. Eine der Hauptursachen dieses Verfahrens der Regierung lag in der Nationalsprache, welche die Stände zum Medium des Unterrichts und Lehrens zu machen wünschten. Und hier, bezüglich dieses Instituts, vermochte sie noch einige von ihrem Standpunkt aus einigermassen gewichtige Gründe gegen den Gebrauch der ungarischen Sprache anzuführen, indem sie unter anderm behauptete, dass dadurch die Auflösung der Heereseinheit angebahnt würde. Es ist nicht nöthig zu sagen, dass dieser Grund den Repräsentanten der selbständigen Nation gegenüber keine Wichtigkeit gewinnen konnte. Allein nicht einmal soviel wiegende Gründe war die Regierung im Stande jenem alten, seit 1790 schon öfter zur Sprache gebrachten Wunsch der Nation, dass die Nationalsprache endlich einmal im Bereich der gesammten öffentlichen Verwaltung in ihre natürlichen Rechte eingesetzt werde, entgegenzustellen. Bei alledem gab sie auch jetzt nur in sehr engem Masstabe zur Verbreitung des amtlichen Gebrauchs dieser Sprache ihre Zustimmung. Die neuen Errungenschaften in dieser Beziehung bestanden zusammen in Folgendem: 1) Das Gesetz wird fernerhin neben dem lateinischen Text auch in ungarischer Sprache verfasst; im Fall einer zweifelhaften Auslegung ist der ungarische Text als ursprünglich und entscheidend zu betrachten. 2) Die Processe darf man vor der königlichen Tafel in ungarischer Sprache führen, und ist in derselben auch das Urtheil zu fällen. 3) Alle amtlichen Ausfertigungen kann man ungarisch verfassen. 4) In welcher Gemeinde ungarisch gepredigt wird, dort muss auch die Matrikel in ungarischer Sprache geführt werden. 5) Im walachischen Seminar und in der Lehrerbildungsanstalt zu Alt-Arad werde auch die ungarische Sprache zum obligaten Lehrgegenstand gemacht. — Man kann der Gesetzgebung in der That nicht den Vorwurf machen, dass sie den im Reich wohnenden Völkern anderer Sprache die ungarische aufgezwungen habe; es war aber schon ein halbes Jahrhundert vergangen, seitdem die Nation ihre lebende und in den letzten Jahrzehnten auf eine hohe Stufe der Bildung gebrachte Sprache anstatt der todten lateinischen als Organ der öffentlichen Verwaltung und des Unterrichts zu sehen wünschte. Man kann den Ständen daher anstatt des Uebereifers hinsichtlich der Nationalsprache eher Lauheit vorwerfen, was indess genügende Erklärung darin findet, dass mit dieser Sache auch eine Geldfrage in Verbindung kam. Während des Reichstags begann eine Privatgesellschaft in Pesth ein ungarisches Theater zu bauen. Die Gesetzgebung anerkannte zwar, dass ein gut organisirtes Theater „auf die Nationalentwickelung die Beförderung der Sprachbildung und die auch auf diese Art mehr auszubildende Sittlichkeit eine wohlthätige Wirkung ausübe"; aber anstatt, dass sie zu diesem Zweck die nothwendigen Auslagen votirt hätte, beschloss sie nur, dass die in der Angelegenheit der pesth-ofener Brücke ausgesandte Reichscommission zugleich den Plan zu einem schönen Nationaltheater ausarbeiten und dasselbe, wenn sie dazu das genügende im behördlichen Weg durch Gaben einzelner zusammenzubringende Geld beschaffen könne, auf einem vom Erzherzog-Palatin bezeichneten pesther Grund auch aufbauen lassen möge; wenn sie aber zu keinem Erfolg gelangen könne, habe sie über die Art und Weise, wie dieser Nationalwunsch ins Werk zu setzen sei, dem künftigen Reichstag ihr Gutachten vorzulegen.

Im Lauf dieser Verhandlungen gelangte gegen das Ende des Jahres an die Stände des Reichs ein königliches Rescript herab, welches den Reichstag zu schliessen anordnete. Zahlreiche Arbeiten und Gesetzvorschläge befanden sich noch in den Händen der Stände, welche wegen der Tadelsucht der Magnatentafel oder wegen des Entgegenseins der Regierung unvollendet waren. Einige davon, wie z. B. das bürgerliche Gesetzbuch, wurden, wie wir erzählten, von den Ständen selbst für günstigere Zeiten zurückgelegt. Es waren indess einige Gegenstände, welche man ohne augenfälligen Nachtheil nicht ferner verschieben konnte; oder in welchen man auch ohne grössere Hindernisse das zur Vermehrung des allgemeinen Wohls gereichende Gesetz schaffen zu können hoffte. Zur Beendigung und Vorlage derselben wünschten sie daher den Reichstag noch auf kurze Zeit verlängert zu sehen. Zum Glück war die Steuer bisher noch nicht zur Verhandlung gekommen, die Regierung willigte daher ein, dass die Sitzungen bis zum Mai des künftigen Jahres erstreckt würden.

Von den Gegenständen, welche von jetzt an zur Sprache gebracht wurden, verdienen zumeist jene unsere Aufmerksamkeit, welche auf eine Hebung der materiellen Interessen abzielten. Eine Belebung des Handels und der Gewerbe gehörte zu den brennendsten Nothwendigkeiten. Dies war die Ursache, dass der grösste Theil der Stände, wie wir oben sahen, beim Beginn des Reichstags die Verhandlung des volkswirthschaftlichen Operats in erster Reihe vornehmen wollte und, nur der noch dringendern Nothwendigkeit nachgebend, dem Wunsch der Regierung gemäss das Urbarialoperat zuerst in Angriff nahm. Jetzt aber, zumal nach jener Erfahrung, wie schwer es sei, irgendwelche Concession bei der Regierung durchzusetzen, und in der Voraussicht dessen, wie lange sie bald für eine gerechtere, mit den Interessen des Reichs mehr übereinstimmende Zollregulirung würden kämpfen müssen, wünschten sie bis dahin wenigstens in einigem der auf die materiellen Interessen Bezug habenden allgemeinen Erwartung zu entsprechen. In dieser Hinsicht wurde hauptsächlich die Befestigung des allgemeinen Credits und die Fachbildung der gewerblichen Klasse für die schreiendste Nothwendigkeit befunden.

Creditgesetz. Der Mangel an Credit stammte hauptsächlich von unsern privatrechtlichen und jurisdictionellen Verhältnissen her. Schon aus den Schriften Széchenyi's konnte sich jedermann überzeugen, dass, insolange in unsern besitzrechtlichen Gesetzen keine gründliche Reform vorgenommen werde, die Aviticität, Fiscalität, die Fideicommisse nicht abgeschafft, und die der Nachlässigkeit, dem Leichtsinn, der Gewissenlosigkeit des Schuldners in der Zahlung Vorschub leistenden alten Gesetze nicht abgeändert werden, und nicht ein ebenso strenges als vorsichtiges Wechselgesetz zu Stande gebracht werde: wir uns auch keinen festern Credit und mithin auch keine Investitionskapitale, keinen lebhaftern Umsatz, keinen blühendern Aufschwung von Handel und Gewerben verschaffen können. Daran konnten aber jetzt, nachdem sie der ungünstigen Umstände wegen genöthigt waren, das privatrechtliche Gesetzbuch beiseitezulegen, und die Kürze der Zeit die Schaffung eines Wechselgesetzcodex nicht zuliess, selbst die Sanguinischsten nicht mehr denken. Es konnte daher nur von einigen Ersatzgesetzen die Rede sein. Solche waren die von den Gerichten Fiumes, von den marktrichterlichen und von den in kleinern, klaren Streitigkeiten im mündlichen Weg schnell urtheilenden Behörden geschaffenen Gesetze, die nachher auch die königliche Sanction erhielten.

Die Angelegenheit der Gewerbeschulen und des Politechnikums. Zu einem weit grössern Fortschritt als dies hätte unsern materiellen Interessen dienen können, was die Stände hinsichtlich der Fachbildung der Gewerbsklasse vorzunehmen beabsichtigten. Wir erwähnten schon öfter des traurigen Zustandes unsers öffentlichen Unterrichts; die grösste Mangelhaftigkeit und Verkehrtheit desselben bestand darin, dass der zweckmässigen Ausbildung der gewerblichen Klasse bisher nicht die geringste Sorgfalt zugewendet worden. Demnach lag die Ursache jener grossen Stockung, welche die Kräfte in allen Zweigen der materiellen Interessen des mit allen Segnungen der Natur reich versehenen Landes niederhielt, hauptsächlich darin, dass neben den humanistischen lateinischen Schulen, den philosophischen

Lyceen, den Rechtsakademien und der Universität nicht eine einzige 1836. Real- und Gewerbeschule bestand, welche die sich dem Gewerbestand widmende Jugend zu ihrem künftigen Fach ausgebildet und mit den ungeheuern Fortschritten in der gewerblichen Welt bekannt gemacht hätte. Die Stände wünschten daher, von dieser brennenden Noth-wendigkeit bewogen, in den grössern Städten des Reichs nach dem Bedarfe eine Gewerbe- oder Realschule, in Pesth-Ofen aber eine politech-nische Schule für sämmtliche Wissenschaften zu errichten. Sie arbeiteten daher einen Gesetzvorschlag aus, in welchem sie sowol die nothwen-digen Kosten herzustellen versprachen, als auch den Plan und die Statuten der Institute bestimmten.

Wenn man bedenkt, dass es schon zufolge der eigenen Interessen eine der Hauptaufgaben einer jeden auch noch so absolutistisch gesinnten Regierung ist, alle nur immer möglichen Mittel zur Beförderung der Wohlhabenheit und Steuerfähigkeit der Bürger herzustellen und die Hindernisse der Entwickelung des allgemeinen Wohls hinwegzuräumen: so hätte man mit Recht erwarten dürfen, dass, nachdem auch die Deckung der Kosten nachgewiesen war, die Regierung den ihr vorge-legten Gesetzvorschlag mit Freuden annehmen und höchstens im Plan und den Statuten dieser Anstalten einige Aenderungen vornehmen werde. Allein es geschah, was unglaublich schiene, wenn es nicht wirklich vorgefallen wäre: die Regierung verwarf den so heilsamen, so sehr nothwendigen Gesetzvorschlag, weil sie der Gesetzgebung in die bisher ausschliesslich von ihr selbst geleitete Angelegenheit der Schulen und des öffentlichen Unterrichts keinen Einfluss gewähren wollte. „Se. Majestät", sagt unter anderm die königliche Antwort, „werden kraft Allerhöchstihres königlichen Amtes dafür sorgen, dass die genannten Anstalten, soweit es die Umstände erlauben, er-richtet würden; es ist mithin unnöthig, über diesen Gegenstand ein Gesetz zu schaffen."

Diese königliche Antwort erfüllte die Brust der Stände mit tiefem Schmerz. Stephan Bezerédy, dieser eifrige Verfechter menschheitlicher Interessen, ergriff nach der Verlesung der königlichen Antwort das Wort und bat seine Zuhörer mit trauriger Stimme um Verzeihung, wenn er vielleicht nicht verständlich genug spreche; „denn", sagte er, „beim Vernehmen der königlichen Antwort ersticken ihm Schmerz und Gereiztheit die Stimme". — „Die Regierung sündigt gegen ihr eigenes Gewissen, indem sie uns die zur Erziehung unserer Kinder und Mit-bürger nöthigen Mittel versagt. Aber alles hat seine Grenze, und auch die Geduld hat die ihrige. Die Regierung möge auf ihre Hand-lungen Acht geben! Ihr Verfahren zwingt die Nation nothwendiger-weise dazu, dass diese, nachdem sie von ihr weder eine moralische, noch eine materielle Entwickelung erwarten darf, in sich selbst Hülfe suche. Möchte doch die Nation aus dieser Quelle schöpfen; sie findet

1836. dort sicherlich, was sie sucht! Wiederholen wir, wie es einige wünschen, unsere Adresse; aber thun wir zugleich unsererseits, was unsere eigene Kraft zulässt. Wir selbst besitzen auch Kraft und Fähigkeit; wir haben das Recht, für das Glück unsers Vaterlandes zu wirken. Ich rufe daher Ihnen, ich rufe es der ganzen Nation zu, und gebe Gott, jedermann hörte meine Worte: Patrioten, Körperschaften, vereinigen wir uns, damit wir unserm Vaterland unsere heiligste Schuld abzahlen; damit wir unsere höchste, heiligste, göttliche Aufgabe vollbringen, damit wir das Volk erziehen können!"

Selbst der so gemässigte, nicht leicht gereizt werdende Franz Deák nahm das Wort. „Obgleich ich nur sehr wenig Optimist bin", sagte er unter anderm, „so glaube ich doch, dass dieses gehässige Rescript auch einigen Nutzen hervorbringen wird. Zahlreiche unserer Mitbürger, wenn sie vielleicht auch kein sehr grosses Vertrauen in die Regierung setzten, so glaubten sie doch auch-nicht, dass diese dem Wohl unsers Vaterlandes feindselig gesinnt sei; allein jede Antwort der Regierung ist eine solche, dass sie uns nur enttäuschen kann. Und deshalb sind wir der Regierung zu Dank verpflichtet, denn Täuschung ist die schlimmste aller Krankheiten.

„Wir verlangen von der Regierung weder Kosten noch Hülfe noch Rath, wir wollen die Rechte des Königs in nichts beschränken; wir wünschen kein neues bisher unbekanntes Recht für uns, wir wollen nichts anderes als ein Gesetz schaffen, welches das Volk moralisch und materiell zu entwickeln im Stande sei. Und die Regierung tritt dazwischen, um uns daran zu hindern! Was wird aber die Folge davon sein? Dies, dass in zahlreichen Herzen jenes bittere Gefühl erwachen wird, dass die österreichische Regierung, Ungarns Entwickelung fürchtend, dieselbe in ihrem Fortschritt zu unterdrücken trachtet. Eine unglückliche Politik! Eine trügerische und armselige Berechnung! Denn kann es wol eine unzweckmässigere Berechnung geben, als in unsern Herzen in jenem Augenblick bittere Gefühle zu erwecken, in welchem sich der Reichstag auflöst, damit jene Gefühle sich auch auf unsere Absender ausdehnen mögen? Man braucht kein Prophet zu sein, um vorherzusagen, dass ¦die Politik der Regierung die nationale Oppositionskraft besser zur Entwickelung bringen werde als alle gesammtwissenschaftlichen Institute. Ich stimme dafür, dass wir die Adresse wiederholen; aber ich rathe der Nation, nur sich selbst zu vertrauen."

Unter andern sprach auch der feurige Deputirte von Bihar, Edmund Beöthy, über die königliche Antwort. „Indem wir die Entwickelung des Volks, welches eine hundertjährige Politik in Unwissenheit versunken hält, befördern wollten, verlangten wir etwa, dass die Regierung uns aus ihrem verschuldeten Staatsschatz subventionire? Nein; wir sprachen es aus, dass wir bereit seien, jedes nöthige Opfer selbst zu, bringen. Und welche Antwort erhielten wir? «Wartet», 1836. sagte sie, «auf meine Verfügungen!» Guter Gott! Was haben wir von jener Regierung zu erwarten, von welcher uns nie etwas Gutes geworden? Regiert sie uns etwa seit gestern? Und wenn das Wohl unsers Vaterlandes ihr so sehr am Herzen liegt, war denn seit drei Jahrhunderten nicht Zeit genug, zum Wohl desselben wenn auch nur etwas zu thun? Als der Held unsers Jahrhunderts, Napoleon, der gewiss kein grosser Freund der Freiheit war, siegreich in Italien einzog, eilte er sogleich die Universität zu Padua eröffnen zu lassen. Siehe, das that ein Tyrann. Und die Regierung, die sich eine milde und väterliche zu nennen liebt, die jene schönen Worte: «Justitia fundamentum regnorum» und «Recta tueri» zu Wahlsprüchen wählte, diese Regierung that während dreihundert Jahren nichts zur Entwickelung des Volks. Und als wir dies versuchen wollen, sagt sie uns allergnädigst: wir mögen uns darüber die Köpfe nicht zerbrechen, sie würde schon selbst dafür sorgen. . . . Eben morgen, als wir uns zum letzten mal auf diesem Reichstag versammeln werden, steht in dem auf diesen Tag fallenden Evangelium: «Ich gehe zu demjenigen, der mich gesandt hat; und ihr geht und verkündigt das Wort Gottes vom Aufgang bis zum Niedergang der Sonnen!» Gehen daher auch wir, das Wort zu verkündigen mit jenen bittern Gefühlen, welche wir in unsern Herzen mit forttragen."

Diese Verbitterung der Stände in den letzten Tagen des Reichs- Die übrigen tags hatte aber auch noch andere Ursachen, ausser der Verwerfung Ursachen der allge- des auf den Volksunterricht Bezug habenden Gesetzvorschlags. Die meinen Ver- Regierung, welche nach ihrer Gewohnheit ihre Antworten hinsichtlich bitterung. der meisten Gegenstände erst nach der Votirung der Steuer ertheilte, hatte nicht' einmal den billigsten Wünschen der Nation entsprochen. In den letzten Tagen langte ein Rescript nach dem andern herab, deren jedes nicht nur auf die meisten Beschwerden und Postulate, sondern auch auf zahlreiche andere Gegenstände und zweckmässige Gesetzvorschläge abschlägige Antworten enthielt. Als diese königlichen Rescripte vorgelesen wurden, riefen die Gegenstände derselben, Gegenstände zugleich schon seit so langer Zeit der Sehnsucht und der Hoffnungen der Nation, einzeln in der Seele der Stände das Andenken an jene vierthalb arbeit-, mühe und ausdauervolle Jahre hervor, in deren Anfang zur Beförderung des Vaterlandswohles ihre Herzen ein so heiliger Eifer erglühen gemacht, so viele Hoffnungen erfüllt hatten. Und jetzt mussten sie auf den Trümmern ihrer Werke mit der Niedergeschlagenheit vereitelter Hoffnungen die Erfahrung machen, wie äusserst wenige Früchte der Mühen so langer Jahre die Regierung für die Nation zur Reife kommen liess! Und was die Besorgnisse vermehrte, war der Geist, welchen die Regierung besonders in der zweiten Hälfte des Reichstags kundgab, ein solcher, welcher die Reformpartei selbst für die Zukunft nichts Besseres hoffen liess. Diese sah einen endlosen, zweifelhaften Kampf, ein fortwährendes Ringen vor sich; und wenn sie auch an ihrem einstigen Sieg nicht zweifelte, so konnte dieser doch nur in ferner Zukunft in sehr unbestimmter Gestalt ihrem geistigen Auge vorschweben.

Allein wenn dies patriotischen Schmerz, ja sogar Besorgnisse erweckte, so musste ein anderer Umstand im Herzen der freisinnigen Opposition mit Recht Aerger hervorbringen. Wenn Kölcsey schon im Sommer 1833 genügende Ursache fand, über das Verhalten eines Theils der Stände zu trauern und zu sagen: „Unsere Aussichten sind verdunkelt, unsere Hoffnungen zerstört und in unserer Brust alle Sorgen, alle Befürchtungen wegen der Zukunft des Reichs aufgestört"; denn „diejenigen, die ihre Wimplein gern nach den Lüftchen der Regierung richten, begannen aus allen Kräften alles zu bekämpfen": was mussten die standhaften Patrioten fühlen, als sie gegen das Ende des Reichstags in den Reihen der Opposition die der Selbstsucht entstammende Untreue immer häufiger auftauchen sahen! Während der Verhandlung der Steuer erbitterten in dieser Beziehung mehrere anstössige Scenen die Oppositionspartei. Die Abgeordneten von elf Comitaten geriethen in Widerspruch miteinander, und es war betrübend zu sehen, dass, obgleich beide Deputirte des Comitats von einer und derselben Instruction gebunden waren, sich dennoch so viele fanden, die, ihre Instruction verletztend, gegen ihren Genossen stimmten. Das Vergehen wurde zwar infolge von Verlockungen begangen; denn die Regierungsagenten stellten unter den Abgeordneten durch Versprechen von Aemtern förmliche Werbungen an; die standhaften Patrioten jedoch nahmen diesen Parteiwechsel mit um so schmerzlichern Gefühlen wahr, je mehr sie überzeugt waren, dass die ohnehin von feindseligen Absichten erschwerte Fortschrittssache der Nation nur unbestechliche patriotische Treue und unermüdete Ausdauer dem ersehnten Ziel zuführen könne. Früher, als die Regierung, die unter den Abgeordneten keine Majorität zum Sturz der Erbablösung sich verschaffen konnte, die Comitate dazu zu vermögen suchte, dass sie die Instructionen ihrer Deputirten abänderten, fand die Oppositionspartei darin einigen Trost, dass, wenn auch die Massen hier und da zu verführen seien, die standhafte, patriotische Persönlichkeit der Abgeordneten hinwieder genug Sicherheit darbiete zum einstigen Sieg der nationalen Wiedergeburt. Jetzt indess wurde, nach so vieler Untreue, auch diese Hoffnung erschüttert; und nur die Heiligkeit der Sache und die unzweifelhaft freisinnige, demokratische Richtung der weltgeschichtlichen Entwickelungen war noch im Stande, den Glauben aufrecht zu erhalten, dass die nationale Umgestaltung, wiewol den Umständen nach wahrscheinlich erst nach langer Zeit, aber dennoch glücklich vor sich gehen werde. Damit jedoch in der

Zukunft ein derlei anstössiger Wechsel der Farbe die Nationalsache nicht mehr gefährden möge, fassten die hochsinnigern Patrioten den Beschluss, die Quelle einer solchen Abtrünnigkeit zu verstopfen und dahin zu wirken, dass die Deputirten zum künftigen Reichstag mit der Verbindlichkeit gewählt werden mögen, dass sie während der folgenden sechs Jahre kein Regierungsamt annehmen würden.

Nach alledem traf die Stände noch ein Aergerniss, zu welchem, nach alter Gewohnheit, bei der Feststellung des Textes der Gesetze die ungarische Hofkanzlei Anlass bot; obwol jetzt die Umstände von den frühern · verschieden waren. Solange die Gesetze aus den von Gründen des weitern unterstützten Adressen und aus den hierauf als Antwort erflossenen königlichen Rescripten zusammengestellt wurden, war es in der Ordnung, dass die Reichsstände den Text derselben im Wege einer Vereinbarung mit der Hofkanzlei bestimmten. Jetzt aber, da die Stände der Regierung die fertigen Gesetzvorschläge vorlegten, und diese die einzelnen Punkte derselben beantwortete, konnte eine solche Vereinbarung nicht mehr stattfinden. Und dies war Ursache, dass, als der Kanzler mit einigen Hofräthen Ende April zu diesem Zweck nach Presburg kam, und die Stände zur Aussendung einer Commission aufgefordert wurden, viele, die sogenannte „Concertation" für überflüssig haltend, der Aussendung der Commission entgegen waren. Die Majorität wählte zwar diese Commission, versah sie aber mit einer solchen Instruction, dass sie ohne Befragung der Stände im Text der vom König schon angenommenen Gesetzvorschläge kein einziges Wort abzuändern erlauben durfte; weshalb die Versammlung auch für eine permanente erklärt wurde.

Und dieser Verdacht der Stände war auch kein überflüssiger. Der die Wiedereinverleibung der siebenbürgischen Landestheile betreffende Gesetzvorschlag wurde früher auch vom König so angenommen, dass die alsogleich wiedereinzuverleibenden Comitate am künftigen Reichstag, schon mit dem Abstimmungsrechte versehen, erscheinen mögen; jetzt aber weigerte sich die Hofkanzlei dies anzunehmen, indem sie erklärte, dass sie zur Verfassung eines solchen Gesetzes nicht ermächtigt sei. Dieses Verfahren, demgemäss das einmal bedingungslos gegebene Wort zurückgezogen wurde, war mit der Würde der Regierung so wenig zu vereinbaren, dass dagegen selbst viele von den Magnaten Einsprache erhoben; der Landesrichter, Graf Anton Cziráky selbst erklärte, dass worein der König einmal eingewilligt habe, dies nicht mehr zurückgezogen werden könne. Die Regierung war demnach gezwungen, das einmal angenommene Gesetz zu bestätigen.

Der Reichstag wurde am 2. Mai geschlossen, und die Stände kehrten, wie dies die in den letzten Tagen geführten Debatten genügend beweisen, gereizt, mit bittern Gefühlen und alles Vertrauen zur Regierung verlierend, zu ihren Absendern zurück. Für wie sehr

Der Schluss des Reichstags und die Erfolge desselben.

1836. gerechtfertigt auch übrigens die Mitglieder der Reformpartei ihren Aerger und ihre Gereiztheit gegen die Regierung und die Magnaten jenes dem Anschein nach geringen Erfolgs wegen halten mochten, welche sie ihren Absendern als Früchte einer vierthalbjährigen mühevollen Thätigkeit aufweisen konnten: so leidet es dennoch keinen Zweifel, dass die Tragweite dieses Reichstags viel weiter reichte, als es den Anschein hatte; dass der Erfolg desselben auch über die verkündigten Gesetze hinaus ein unberechenbar grosser war. Da es kaum eine staats- oder privatrechtliche Frage gab, welche auf diesem Reichstag nicht reichlich, und zwar nicht mehr nach der Beschwerdenpolitik des alten Systems, sondern aus den Gesichtspunkten der neuern europäischen Rechts- und Staatswissenschaft erörtert worden wäre: so nahm die Intelligenz der Nation durch diese bei all ihrer Heftigkeit grösstentheils gründlichen Debatten in ungeheuerm Masse zu; die alterthümliche Feste der Privilegien wurde in ihrer Grundlage erschüttert, und die Sache der Reform erhob sich sowol ihrer innern als äussern Ausdehnung noch zu einer so grossen Kraft, dass ihr Sieg in der nahen Zukunft, trotz aller Hindernisse, unzweifelhaft wurde. Und wir müssen auch die Resultate dieses Reichstags eher aus diesem Gesichtspunkt, als nach den geschaffenen Gesetzen abwägen, wenn wir die Wirkung desselben auf das innere Leben der Nation würdigen wollen. Diese Zeitperiode war das Morgenroth jener bald nachher aufgegangenen Sonne, welche im Frühling 1848 ihren Zenith erreichte, um ein neues, potenzirtes Leben im Vaterland zu verbreiten, wenn dieses den errungenen Sieg klug ausgebeutet und jene verhängnissvolle Fehler vermieden hätte, welche es gefährdeten.

Als ein bedeutendes Resultat ist schon zu erwähnen, dass dieser Reichstag die Nation endlich von dem unpraktischen, starren Mechanismus des Systems befreite. Die Nation hatte seit 1791, als die Anfertigung der systematischen Reformarbeiten angeordnet wurde, bis zu diesem Reichstag alle Details zeitgemässer Verbesserung, alle Ansprüche des Fortschritts an ein System gebunden. Dieser Reichstag sah vor sich ein Feld von beinahe unabsehbarer Ausdehnung, neun systematische Codexe als Aufgabe hingestellt. Und die Nation bedurfte der Erfahrung dreier Jahre, um einzusehen, dass es schlechterdings unmöglich sei, ihre veralteten Zustände systematisch umzuformen, und um sich zu überzeugen, dass alle Details der Reform, der Wiedergeburt ganz an ein systematisches 'Operat binden soviel heisse, als den Ansprüchen des fortschreitenden Zeitalters ein grosses Grab zu graben; dass das starre System, weil es so ungeheuer viel Zeit und Mühe, soviel edle Begeisterung und ehrliches Bestreben verschlingt, das nationale Aufblühen — wo die Reform von so vielen innern und äussern Hindernissen erschwert wird — beinahe unmöglich macht, wenigstens so sehr verspätet, dass es mit den Anforderungen der Zeit niemals Schritt halten kann. Von der Krankheit dieses Systemwesens, an welcher die Nation ein halbes Jahrhundert lang hinsiechte, wurde sie endlich durch die Erfahrungen dieses Reichstags geheilt, und schon das Zerbrechen dieser Fesseln ist als ein wirklicher Fortschritt zu betrachten. Die wachsende Intelligenz, bei deren Licht sich die Stände der Bande dieses Systemwesens entledigten, leitete sie in der zweiten Hälfte dieses Reichstags, damit sie sich lieber mit den aus den Zeitereignissen und den Umständen aufgetauchten Fragen als mit den in starrer Reihenfolge bestimmten systematischen Operaten beschäftigen sollten. Denn sie sahen deutlich ein, dass es ein schädlicher Verlust wäre, die Gelegenheit des Augenblicks, in welchem sie das eine oder das andere verfassungsmässige Recht der Nation weiter entwickeln und befestigen, eine oder die andere zeitgemässe Frage entscheiden, manche einzelne Reform durchführen können, dem System zu Liebe aufzuopfern. So entstanden die auf die pesth-ofener Kettenbrücke und andere materielle Unternehmungen, so die auf den Credit Bezug habenden Gesetze, auf welche man sonst in der Reihenfolge der systematischen Arbeiten, zum grossen Schaden des Reichs, noch viele Jahre lang hätte warten müssen.

Zweites Kapitel.

Versuche der Regierung zur Unterdrückung und Paralysirung der nationalen Richtung.

Nach dem Schluss des Reichstags ging die Nation abermals einer neuen Prüfung entgegen. Der freie Geist und die unerschütterliche Zurückforderung der verfassungsmässigen Rechte, welche sich sowol auf dem Landtage in Siebenbürgen als auf dem Reichstage in Presburg in einem so kühnen Ton äusserte, reizte die Regierung auch neuerdings zu reactionären Versuchen an. Die Regierung verspürte jetzt eine um so grössere Lust dazu, weil sie jetzt schon nicht mehr so isolirt stand, wie es vor dem Jahr 1825 der Fall war: der grössere Theil der Magnaten, der, im Gegensatz zu der grossen Mehrheit der Nation, von den die Privilegien bedrohenden Reformen zurückschrak, hatte sich ihr als treuer Verbündeter angeschlossen. Die Regierung, an deren Spitze Erzherzog Ludwig und der Staatskanzler Metternich standen, die die Politik der Monarchie unter dem kränklichen Ferdinand nach eigenem Belieben leiteten, hatte abermals die Absicht, durch Anwendung strenger Massregeln die Nation einzuschüchtern und deren stets allgemeiner werdenden freien Geist zu unterdrücken. Allein, erwähnen wir es auch schon von vornherein, dieser Geist war schon so sehr erstarkt; das Interesse für die öffentlichen Angelegenheiten, die Sehnsucht nach einer gründlichen Umgestaltung hatte die grosse Masse der Nation schon so sehr durchdrungen, dass die schonungslosen Massregeln wol die Zahl der Opfer vermehren konnten, aber nicht mehr im Stande waren, das einmal angezündete Licht auszulöschen, das erwachte Bestreben zu unterdrücken; dass sie vielmehr, da sie die Leidenschaften schürten und die Opposition stärkten, den endlichen Sieg der nationalen Umgestaltung beschleunigten.

Der Sturz des Hofkanzlers Reviczky. Die erwähnten Leiter des Cabinets entschlossen sich vor allem, das Amt des Hofkanzlers in andere Hände zu geben, worin sie auch mit dem Willen des Erzherzog-Palatins zusammentrafen. Das Cabinet hielt Reviczky bei all seinen Fehlern und Schwächen mit Recht für einen festern und patriotischern Charakter, als dass es hoffen durfte, ihn zur Durchführung seiner Absichten als Werkzeug zu gewinnen. Allein die Beziehungen dieses Staatsmannes zum Palatin waren, wie wir erwähnten, auch schon so widerwärtig geworden, dass er seit dem Tode des Kaisers Franz sein Amt bisjetzt nur wegen des stillern Verlaufs des Reichstags hatte behalten können. Dass diese Würde mit dem Schluss desselben in andere Hände kommen werde, wusste jedermann im voraus; viele verriethen dies auch durch ihr Verhalten gegenüber dem noch unlängst mit Huldigungen überhäuften Günstling des Königs. Allein nicht nur diese Wetterfahnen wandten sich von dem noch vor kurzem so mächtigen Regierungsmann ab; nicht allein die Partei des Palatins stiess in die Siegestrompete: auch in der öffentlichen Meinung anderer eifriger Patrioten fand Reviczky keine bedeutendere Stütze, obgleich übrigens niemand leugnen konnte, dass das Reich schon lange keinen so energischen, patriotisch gesinnten Hofkanzler gehabt hatte. Es ist eine gewöhnliche Erscheinung in der Geschichte der Regierungen, dass, weil sich an die Amtsführung bedeutenderer Männer die überschwenglichsten Hoffnungen anknüpfen, wenn diese nicht in Erfüllung gehen, die öffentliche Meinung sich von ihnen um so leichter abwendet, ja geneigt ist, sie mit noch schwerern Anklagen zu belasten als die schwächern Persönlichkeiten, die ähnliche Erwartungen nicht erweckt hatten: die öffentliche Meinung ist stets gegen jene am strengsten, die der allgemeinen Erwartung nicht entsprechen. Der Eintritt Reviczky's in die Regierung hatte, wie wir wissen, selbst in der Opposition sanguinische Hoffnungen erweckt. Von seinem entschiedenen patriotischen Charakter, seinen freisinnigen, wenigstens constitutionellen Neigungen und der ihm gegenüber bei jeder Gelegenheit an den Tag gelegten Gunst des Kaisers Franz erwarteten viele, dass er den ungarischen Interessen in der Cabinetspolitik wenn auch nicht eben das Uebergewicht, doch mindestens eine solche Würdigung verschaffen werde, wie sie ihnen im Verbande der Monarchie gebühren würde, deren sie sich aber seit Jahrhunderten selten genug zu rühmen hatten. Diese schönen Hoffnungen und frommen Wünsche verschwanden im Verlauf des vorigen Reichstags gänzlich. Und wie diese, obschon meistens ohne Reviczky's Verschulden, schwanden, so sank auch sein Credit in der öffentlichen Meinung, welche ihn, wol mit übertriebener Strenge, auch dafür verantwortlich machte, dass er nicht im Stand gewesen, selbst unter übrigens günstigen Umständen, die Tendenz der seit Jahrhunderten traditionellen Cabinetspolitik umzuändern. Er würde den strengen Tadel weit eher verdienen, wenn es sich als wahr erwiese, dass er, wie ihn einige anklagen, besonders in den letzten Jahren seiner Amtirung den Reizen der Bestechung nicht immer widerstehen konnte;

dass er wegen der Befriedigung seiner Neigung zum Luxus — welche ihn in grosse, übrigens vom Kaiser einigemal bezahlte Schulden stürzte — mit seiner Macht, seinem Einfluss Handel trieb, und von ihm, oder durch ihn Titel, Würden, Aemter, zuletzt zu jedem geringen Preis zu verschaffen waren. Wie viel an dieser Beschuldigung Wahres sei, wissen wir nicht zu sagen; soviel ist indess sicher, dass er von Wien an den Hof zu Florenz, an welchen er zum kaiserlichen Gesandten ernannt war, arm, ja mit einigen Schulden belastet, fortzog.

Jene Stimmung der Regierung, welche sich am Schluss des Reichstags offenbarte, konnte zwar keine sanguinischen Hoffnungen erwecken, dass die erledigte Hofkanzlerwürde mit einer freisinnigen, im Land populären Persönlichkeit würde ersetzt werden; allein die Ernennung des Grafen Fidel Pálffy zum Hofkanzler überraschte dennoch jedermann. Das Publikum wusste von ihm bisher nicht viel, und kaum mehr, als dass er als königlicher Rath und seit 1828 Tavernikus ein öffentliches Amt bekleidete, und auf dem vergangenen Reichstag einer der übertriebensten Parteigänger des alten Systems war. Was über ihn ausserdem zur öffentlichen Kenntniss gelangte, war auch nicht dazu angethan, dass seine Ernennung Zufriedenheit hätte erwecken können. Er war weder mit ausgezeichnetern Talenten begabt, noch vermochte er solche Verdienste um das Vaterland aufzuweisen, womit man seine Beförderung zu dem hochwichtigen Amt hätte motiviren können. Seine Ernennung wurde von vielen für das Werk des Palatins gehalten, jedoch irrthümlich: sie geschah zwar mit Wissen und Einwilligung des Palatins; allein sie ist der Initiative oder besondern Protection des Erzherzogs Joseph so wenig zuzuschreiben, dass der Palatin, der auf ausgezeichnetere Fähigkeiten in dieser hohen Stellung mit Recht grosse Stücke hielt, keinen Anstand nahm, sich bei mehrern Anlässen über diese Ernennung mit feinem Spott auszusprechen. Aber auch jene, die in der Besetzung dieser hohen Würde den Einfluss des Palatins zu erblicken wähnten, nahmen die Kunde dieser Ernennung, obwol sie mit Befriedigung daran dachten, dass der constitutionell gesinnte Erzherzog seinen Einfluss als Palatin im wiener Cabinet von nun an mit grösserm Erfolg werde zur Geltung bringen können, anfangs mit einiger Besorgniss auf; sie befürchteten, dass einerseits vielleicht auch der Palatin selbst sich mit der Politik des Cabinets enger verbinden werde, als es unter Kaiser Franz geschah, der ihn, wie es allgemein bekannt war, nicht recht leiden mochte; und dass andererseits jene Unselbständigkeit, jene nach Gunst jagenden und viel zu höfischen Neigungen, womit sich Pálffy die Gunst und die Protection des Palatins trotz seiner geringen Fähigkeiten sicherte, auch den wiener Machthabern zur Disposition stehen würden; demzufolge der neue Kanzler zu einem gefährlichen Werkzeug der Reaction und dem nach Umgestaltung und Entwickelung 1836. ringenden Vaterland zu grossem Nachtheil gereichen könne.

Und in der That gewährte seine Persönlichkeit gegen eine solche Besorgniss keine Sicherstellung. Auf dem vergangenen Reichstag hatte er sich, ohne ein Zeichen von Wissenschaft, Rednerkunst oder irgendeiner andern Fähigkeit zu geben, lediglich dadurch ausgezeichnet, dass er stets für die übertriebenste Meinung des Hofs und die allerconservativsten aristokratischen Ansichten stimmte. Auf dem Reichstag von 1830, so wie auf dem letzten Reichstag war er der hochmüthigste, starrsinnigste „Aulicus", und desshalb der von der Jugend am meisten gehasste Magnat. Selbst der Landesrichter Graf Anton Cziráky sah sich mehrmals genöthigt, seine Vorträge zu widerlegen, damit die unpatriotischen Aeusserungen des hochgestellten Beamten nicht etwa für die Ansichten der ganzen conservativen Partei betrachtet werden mögen. Aus diesen seinen Reden urtheilend, konnte man bei ihm patriotische Pietät, ein seiner Nation anhängliches Gemüth durchaus nicht voraussetzen; besonders wenn man noch hinzudenkt, dass er nicht einmal die Nationalsprache verstand, und auf diese Weise bei ihm auch noch jenes allererste, allgemeinste Band fehlte, welches den Patrioten an sein Vaterland, an seine Nation knüpft. Was kann man vom Patriotismus und vom Pflichtgefühl eines Mannes halten, der, obgleich er an der Gesetzgebung seiner Nation seit Jahren theilnahm, in seinem Vaterland hohe Regierungsämter bekleidete, in dessen Bureau auch bisher schon zahlreiche Schriftstücke in der Nationalsprache vorkamen, nach dem letzten Gesetze aber nicht mehr zu bezweifeln war, dass ein grosser Theil der Geschäftsführung in dieser Sprache zu besorgen sein werde; der, sagen wir, dieselbe zu erlernen dennoch weder für verpflichtend noch der Mühe werth hielt? Mit Einem Wort, alles, was über ihn zur allgemeinen Kenntniss gelangte, wies darauf hin, dass er ein passendes und bereitwilliges Werkzeug jener Reaction sein werde, von welcher die Regierung in der letzten Periode des Reichstags die deutlichsten Zeichen gab, und dass bei der Besetzung der Kanzlerwürde die Wahl auf ihn nur desshalb gefallen sei.

Die allgemeine Besorgniss blieb in dieser Beziehung auch nicht lange in der Schwebe: die Regierung liess durch Pálffy sogleich nach Beendigung des Reichstags ihre Einschüchterungsversuche in Angriff nehmen. Die ersten Regierungsthaten des neuen Hofkanzlers bezeichnet die Gefangennehmung einiger junger Leute, die unlängst Mitglieder der Reichstagsjugend und gewissermassen Führer derselben waren.

Arretirungen unter der Reichstagsjugend.

Wir erwähnten schon oben, dass die Comitate auf den verflossenen Reichstag, theils wegen Verbreitung der Oeffentlichkeit, theils wegen der politischen Ausbildung der jungen Generation, an der

Seite ihrer Abgeordneten eine grössere Zahl Jünglinge nach Presburg
hinaufgeschickt hatten, als es bisher im Gebrauch stand. Ihre Anzahl wurde auch dadurch vermehrt, dass nachdem die königliche
Tafel vierthalb Jahre hindurch in Presburg residirte, alle jene Jünglinge, die ihre Advocatendiplome von diesem obersten Gerichtshof
auf gewohnte Weise zu erlangen wünschten, als beeidigte Notare bei
den Berathungen desselben mindestens ein Jahr lang gegenwärtig zu
sein verpflichtet waren. Allein die Jugend dieses Reichstags unterschied sich von der aller frühern und spätern Reichstage nicht nur
durch ihre Anzahl, sondern auch durch ihr Betragen bedeutend. Die
Rolle der Jünglinge bestand auf den Reichstagen bisher blos daraus,
dass sie die Reden der freisinnigen Abgeordneten mit Éljens auszeichneten, jene der Regierungspartei aber mit ungeduldigem Murren
empfingen. Ausserhalb des Sitzungssaales nahm ihre freie Zeit zumeist Spiel, eitler Zeitvertreib und Schwelgerei in Anspruch. Der
Jugend des verflossenen Reichstags gaben indess eine von der bisherigen gänzlich verschiedene und im allgemeinen ernste Richtung
jene Ideen, welche aus der Einwirkung der Julirevolution in Frankreich und des polnischen Aufstandes entstanden; und welche von unsern eigenen innern Zuständen, dem stets grössere Ausdehnung gewinnenden Verlangen nach Umgestaltung, den wachsenden Reformbewegungen und den radicalen Tendenzen derselben, endlich von der
ernsten politischen Färbung unserer Comitatsversammlungen nicht
wenig genährt wurden. Diese Jugend war im allgemeinen sehr ernst,
von patriotischen Gefühlen beinahe überströmend, für Freiheit und
Demokratie glühend, begeistert, beinahe fanatisch. Die neue politische
Richtung, welche in unserer Nation zu so lebhafter Aeusserung kam,
spiegelte sich, mit all ihrer edeln Sehnsucht, mit all ihren Tugenden
und Ueberschwenglichkeiten potenzirt, in dem empfänglichen, glühenden
Gemüthe der Jugend wider. Ihre Lieblingslektüre bildeten jene
Bücher, welche die demokratischen Tendenzen und Principien zu dieser
Zeit in Europa mit so grossem Erfolg verbreiteten. Die berühmten
„Pariser Briefe" Börne's, und Lamennais' „Worte eines Gläubigen"
gingen unter ihnen von einer Hand zur andern. Zahlreiche machten
sich nur diesen zur Liebe die französische Sprache zu eigen, und
machten das Werk, da die Drucklegung desselben verboten war,
ihren Genossen in ungarischer Uebersetzung im Manuscript bekannt.
An die Stelle des früher gebräuchlichen leichtsinnigen Zeitvertreibes,
der eiteln oder gar ausschweifenden Unterhaltungen, trat bei ihnen
im allgemeinen sorgfältige Lektüre, Sammlung von Kenntnissen, das
Studium auswärtiger Ereignisse und Zustände. Diejenigen unter ihnen,
die ihre Zeit nach alter Gewohnheit in Kaffeehäusern verschwendeten,
wurden von den übrigen verachtet, genossen keine Achtung und wurden aus der Gesellschaft der Bessern ausgeschlossen. Diese Jünglinge

waren im Reichstagssaal nicht mehr das applaudirende Echo der freisinnigen Redner, sondern sie hatten schon selbst eine Meinung und
ein politisches Glaubensbekenntniss, welches sich nicht selten mit
überraschender Kühnheit äusserte. Das Vorgehen der 'Abgeordneten,
die Reden derselben begleiteten sie als ernstes Zuhörerpublikum nicht
nur mit lebhafter Aufmerksamkeit, sondern beurtheilten sie auch mit
grosser Strenge. Ein kleines Schwanken genügte, und der sonst gefeierte Deputirte verlor vor ihnen seine Popularität. So verlor z. B.
Thomas Ragályi durch sie seinen Credit und jenen Nimbus, dessen
er sich während und nach den frühern Reichstagen rühmen konnte,
als er in einigen Fragen mit der Regierungspartei zu liebäugeln begann, obgleich zu Anfang dieses Reichstags sein Name unter der
Jugend so populär war, dass diese ihn, als er von seinem Comitat
übergangen und in Torna gewählt worden war, bei seiner Ankunft
in Presburg mit einer Siegesfeier zu empfangen beabsichtigte. Auch
Paul Nagy, der veterane Kämpe, musste mehr als einmal ein strenges
Gericht von seiten der Jugend über sich ergehen lassen, wenn er,
seinen Grundsätzen getreu, die Demokratie bekämpfte oder sich nur
in einem von derselben abweichenden Geist aussprach; wiewol er sich
übrigens durch seine geniale Rednerkunst die Anhänglichkeit der
Jugend ebenso oft wiedergewann, so oft er im Interesse der Freiheit und der constitutionellen Principien seine Stimme erhob.

Die hervorragendsten Mitglieder dieser Reichstagsjugend waren:
der schon damals behutsame, umsichtige, mit künstlerischer Feder
und Rednergabe versehene Bartholomäus Szemere; der heftige, leicht
in Flammen zu setzende, aber geradsinnige, offenherzige und charakter-
feste Sabbas Vukovics; der schon damals sehr belesene, und ein umfassendes encyklopädisches Wissen besitzende Franz Pulszky; der er-
finderische, mit einem listig feinen Verstand begabte Dionys Pázmándy
der Jüngere, Andreas Bojtor, Ladislaus Décsey, und, den wir vor
allen hätten nennen sollen, der geniale, feurige, thätige und kühne
Ladislaus Lovassy — die später beinahe alle bedeutende Männer
wurden und in der Geschichte unsers Vaterlandes ausgezeichnete Rollen spielten. Diese Jünglinge bildeten, im Verein mit andern Gefährten, im Jahr 1834 eine mit einem bestimmten Programm versehene Gesellschaft, zu welcher die infolge der Verfolgungen der
französischen Regierung damals so grosse Aufmerksamkeit auf sich
ziehende „Société des droits de l'homme" als Muster und Anregung
diente. Der Verein hatte zwar den bescheidenen Titel „Társalkodási
egyesület" (Gesellschaftsverein) angenommen; allein er setzte sich „die
Verbreitung der Menschenrechte" zum Ziel und machte das Streben
danach jedem Mitglied zur Pflicht. Uebrigens beschränkte sich das
Programm des Vereins, welches einem hervorragenden Abgeordneten
mitgetheilt und mit dessen Gutheissen festgestellt wurde, auf lauter

1836. theoretische Principien und enthielt unmittelbar gegen die Regierung nichts Feindliches in sich; der Geist des Vereins war indess entschieden demokratisch und republikanisch, ohne dass diese Benennung jemals gebraucht oder diese Tendenz offen ausgesprochen worden wäre. Der Verein wählte sich alle Monate einen Präsidenten, einen Schriftführer und einen Kassirer; ausscheidenden Mitgliedern wurden Diplome ertheilt. Die Versammlungen, welche auch einige freisinnige Abgeordnete, namentlich Stephan Bezerédy, Johann Balogh und andere sehr oft besuchten, wurden öffentlich abgehalten. In den Versammlungen wurden regelmässig politische Abhandlungen, Reden und andere ähnliche Arbeiten vorgelesen und gesprochen. Der Verein bestand während des ganzen Reichstags; gegen das Ende desselben aber, als zudem die meisten der ausgezeichnetern Mitglieder Presburg verliessen, verlor er viel von seiner ernsten Richtung, und es nisteten sich später auch Kartenspiel und Schwelgereien ein.

Aus der Mitte dieses Vereins gingen besonders anfangs mehrere bedeutende politische Demonstrationen hervor. Solche waren jene Huldigungen, welche man den ausgezeichnetern Deputirten von der Oppositionspartei, Deák, Beöthy, Bezerédy, Balogh und vor allen Kölcsey darbrachte; solche waren besonders jene, deren Gegenstände Wesselényi und der siebenbürgische Landtag war, mit welch letzterm verglichen, der presburger Reichstag von der Jugend für lau und energielos gehalten wurde. Siebenbürgen wurde für sie das Vorbild der Freiheit und der Standhaftigkeit verfassungsmässigen Kampfes gegen Willkürherrschaft; Wesselényi, der sie durch seine feurigen Reden mit Begeisterung, Kraft und Ausdauer erfüllte, war der gefeierte Held des Patriotismus und der Nationalfreiheit. Der Verein beschloss, Wesselényi eine lobpreisende Adresse, mit der Unterschrift sämmtlicher ihrer Mitglieder versehen, zuzusenden. Als jedoch die Unterschriften gesammelt wurden, liess der Palatin, der hiervon Kunde erhalten hatte, durch die Abgeordneten der Regierungspartei den an der Seite derselben befindlichen Jünglingen dies untersagen. Die Adresse wurde somit nur von 107 Jünglingen unterzeichnet und Wesselényi im geheimen zugeschickt. Die begrüssende Antwort desselben wünschte die Jugend im Archiv des zalaer Comitats zum ewigen Andenken aufbewahrt zu wissen; da jedoch das Comitat dieselbe, infolge der Verwahrung von seiten des Obergespans, nicht annahm, liess sie dieselbe durch Kölcsey im Archiv irgendeiner reformirten Kirche niederlegen. Zu derselben Zeit mit der Adresse an Wesselényi richtete der Verein auch an die Jugend des siebenbürgischen Landtags eine Aufforderung, dass sie nach den Beispielen Bocskay's, Gabriel Bethlen's und Franz Rakóczy's II. die Verbreitung der Principien der Freiheit für ihre Pflicht erachten möge. Als der siebenbürgische Landtag nach Wien Abgeordnete schickte, empfing der

Verein die in Presburg angelangte Deputation mit einer Fackelmusik 1836. und begrüssenden Reden. Eine weit bedeutungsvollere und gerade gegen die Regierung gerichtete Demonstration war es noch von seiten des Vereins, dass, als Kölcsey infolge der obenerwähnten Ränke seine Würde als Abgeordneter niederlegte, der Verein seine Mitglieder aufforderte, öffentliche Trauer anzulegen, was sodann beinahe von der ganzen presburger Jugend nachgeahmt wurde.

Wir erwähnten, dass die Oppositionsdeputirten gegen die Regierung sehr heftig eiferten, als diese am Schluss des Reichstags auf die Adresse in der Angelegenheit des öffentlichen Unterrichts ablehnend antwortete. Man konnte zu dieser Zeit von mehrern Mitgliedern der Jugend, den feurigen Gefühlen ihres Alters gemäss, noch heftigere Auslassungen gegen die Regierung hören, und zwar so offen und ohne Schonung, dass Ragályi, der sich damals schon entschieden der Regierungspartei zuneigte, sich mehrmals äusserte, dass solche Reden auf das Schaffot führen können. Diese Gereiztheit brach zuletzt noch einmal aus der heissen Brust der Jugend hervor, als ein Theil derselben den vom Reichstag heimkehrenden Wesselényi in Pesth mit einer Fackelmusik begrüsste. Die Rede, welche Ladislaus Lovassy bei dieser Gelegenheit sprach, riss die Zuhörer nicht weniger durch ihre rednerische Schönheit hin, als sie dieselben durch ihre Kühnheit betroffen machte.

Die Regierung griff während des Reichstags zur Einschränkung dieses von Feuereifer zuweilen überströmenden Vereins der Jugend zu keinen polizeilichen Massregeln und legte ihren Aerger wegen des Geschehenen nur dadurch an den Tag, dass sie zu Ende des Jahres 1834 durch einen an die königliche Tafel gerichteten Hofbefehl sechs Jünglinge von der Advocatenprüfung gänzlich ausschloss. Anstatt dass sie das, an sich selbst genommen, eher lobenswerthe, und nur durch seine Uebertreibung zu misbilligende Betragen der Jugend durch passende Massregeln gemässigt und eingeschränkt hätte, griff sie sogleich zur Strafe, welche, da sie sich über das ganze Leben der Betreffenden erstreckte, in keinem Verhältniss stand zu dem des Jugendalters feurigerm Blut entstammenden und daher leicht zu entschuldigenden Vergehen.

Allein es vergingen kaum ein paar Wochen nach dem Schlusse des Reichstags und der Ernennung des neuen Hofkanzlers, als die Regierung beschloss, ihren ganzen Zorn an den durch ihre Freisinnigkeit und ihren patriotischen Eifer sich meistens auszeichnenden Jünglingen auszulassen. Der königliche Anwalt Hollósy wurde beauftragt, zahlreiche Jünglinge, soweit es anging ohne alles Aufsehen, festzunehmen. Ladislaus Lovassy und sein Neffe Franz, Johann Tormásy und Lapsánszky geriethen bald in die Falle; sie wurden mit Uebergehung der bürgerlichen Behörde unter militärischer Assistenz festgenommen und zu Ofen ins Gefängniss geworfen. Ausser diesen waren noch die schon erwähnten Bartholomäus Szemere, Sabbas Vukovics, Dionys Pázmándy der Jüngere, Andreas Bojtor und Franz Pulszky namentlich zur Gefangennehmung bezeichnet; der Erzherzog-Palatin aber wurde ermächtigt, den Umständen nach auch noch mehrere andere festnehmen zu lassen. Die bezeichneten Jünglinge waren zum Glück nicht zu Hause, als man sie suchte; später aber intervenirten theils die Obergespane, theils die Aeltern der Betreffenden, wie z. B. Dionys Pázmándy, der Vater, beim Palatin, und ihre Festnehmung unterblieb.

Unter den vier gefangenen Jünglingen war es Ladislaus Lovassy, durch dessen Bestrafung die Regierung die demokratische Partei am passendsten einzuschüchtern und den revolutionären Geist derselben zu unterdrücken glaubte; er war derjenige, gegen welchen man unter allen Bezeichneten die meisten Beschuldigungen erheben konnte. Er war nicht nur einer der ersten Begründer, sondern auch die belebende Seele des Vereins. Er war der Verfasser der an die siebenbürgische Jugend gerichteten kühnen Aufforderung. Seine Reden waren die heftigsten bei jeder Gelegenheit. Er nahm nicht nur durch diese Reden, sondern auch thatsächlich den meisten Antheil an den politischen Demonstrationen und Agitationen. Als Johann Balogh wegen seines Hochverrathsprocesses vom Reichstage durch die Regierung nach Hause geschickt wurde, und im barser Comitat eine neue Deputirtenwahl angeordnet worden war, war Ladislaus Lovassy einer derjenigen, welche die Wähler am wirkungsvollsten zu beeinflussen verstanden, damit Balogh, wie wir bereits erzählten, neu gewählt und die Absicht der Regierung vereitelt werde. Mit ähnlicher Energie war er auch in jenen Versammlungen des biharer Comitats thätig, in welchen die Notaprocesse Wesselényi's und Balogh's verhandelt wurden. Die hinreissenden Reden des genialen Jünglings hatten einen bedeutenden Einfluss auf die vom Comitat gebrachten Beschlüsse.

Dagegen konnte man für die Gefangennehmung Franz Lovassy's keinen andern Grund angeben, als dass er der Bluts- und Namensverwandte Ladislaus' war und an dessen Agitation im biharer Comitat einigen Antheil genommen hatte; übrigens war er nicht einmal Mitglied des gedachten Vereins. Tormásy, ein sehr schweigsamer Jüngling, hatte sich einzig dadurch ausgezeichnet, dass er im Verein, dessen Mitglied er war, eine seiner Arbeiten: „Das Andenken der Polen", vorgelesen hatte. Lapsánszky wurde infolge der spätern Ereignisse von vielen für einen Spion und Angeber gehalten; seine Festnehmung wurde nur damit begründet, dass er der letzte Schriftführer des Vereins gewesen.

Das Gerücht dieser Verhaftungen erregte im ganzen Lande allgemeine Betroffenheit, und selbst jene, welche einige der Jünglinge einer polizeilichen Bestrafung schuldig erachteten, hielten die Anklage, die gegen sie erhoben wurde, die Behandlungsweise, welcher sie während der Untersuchung unterworfen wurden, und endlich das Urtheil, welches hauptsächlich gegen Ladislaus Lovassy gefällt wurde, für durchaus nicht gerechtfertigt. Ueber diese Angelegenheit äusserte sich die öffentliche Meinung allgemein, dass, gleichwie das ganze Verfahren ungesetzlich, so auch die Tragweite desselben über die Person der Jünglinge hinaus auf die Einschüchterung der ganzen freisinnigen Oppositionspartei berechnet gewesen sei.

Der königliche Causarum-Director erhob gegen die Gefangenen vor der königlichen Tafel einen auf Verschwörung begründeten Hochverrathsprocess und bat um die Strafe der Köpfung und des Güterverlustes. Die Punkte der Anklage waren die folgenden: 1) Dass die Gefangenen Mitglieder des Gesellschaftsvereins der presburger Jugend gewesen. 2) Dass sie drei polnische Flüchtlinge bei sich aufgenommen und verpflegt hatten. 3) Dass insbesondere Ladislaus Lovassy einem dieser Polen, als sie von Presburg abreisten, ins Stammbuch neben seinen Namen „Republikaner" einschrieb. 4) Dass ebenderselbe einige gravirte Persönlichkeiten, insbesondere Wesselényi, durch Fackelmusiken gefeiert und bei dieser Gelegenheit aufreizende Reden hielt. 5) Dass er aus Grosswardein an seine presburger Freunde und Gesellschaftsmitglieder ein Schreiben gerichtet habe, in welchem er ihnen berichtet, dass die Principien der Volkssouveränetät sich schon auch in dieser Gegend zu verbreiten begännen. Beim Verhör wurde bezüglich dieses Punktes besonders hervorgehoben, dass er durch das Geständniss dieser Volkssouveränetätsprincipien das Verbrechen der Majestätsbeleidigung begangen habe. 6) Dass er bei Gelegenheit der barser Deputirtenwahl gegen die Regierung agitirt habe.

Im Verlauf des Processes, welcher einen grossen Lärm schlug, wurden die Gesetze und die gesetzlichen Formalitäten, welche den Angeklagten hätten zum Vortheil dienen können, mehrfach verletzt. In der Anklageschrift war der Angeber nicht namhaft gemacht, obwol dies der 26. Gesetzartikel 1741 anordnet. Den Angeklagten wurde die freie Vertheidigung versagt; denn als sie den Advocaten Johann Perger zu ihrem gesetzlichen Vertheidiger wählten, verlangte die königliche Tafel, gestützt auf eine in der Martinovics'schen Sache 1795 gebrachte, aber mit unsern Gesetzen nicht im Einklang stehende Cabinetsordre, von Perger den Verschwiegenheitseid. Perger wollte indess den ungesetzlichen Eid durchaus nicht ablegen; ja die Angeklagten selbst machten es ihm zur Pflicht, sich demselben nicht zu unterwerfen, um sich die gesetzlichen Mittel der freien Vertheidigung nicht zu entziehen. Da Perger demnach zur Vertheidigung nicht zugelassen wurde, so blieben die Angeklagten ohne Anwalt; denn den Armen-

1836. Advocaten Andreas Spány, den der Gerichtshof bei Ablegung des Verschwiegenheitseides mit der Vertheidigung betraut hatte, erkannten sie als ihren Rechtsfreund nicht an und protestirten gegen denselben. Im vierten Monat der Haft kam daher Stephan Lovassy, der Vater Ladislaus', zu Gunsten seines Sohnes und Neffen bei der königlichen Tafel bittlich ein. Allein auch er protestirte vergebens gegen die bei dem gerichtlichen Verfahren befolgte gesetzwidrige Willkür; vergebens forderte er die gesetzlich garantirte freie Vertheidigung und die Einhaltung der gesetzlichen Processordnung. Die königliche Tafel, die seinem Gesuch keine Beachtung schenkte, befolgte auch in andern Formalitäten fortwährend ein äusserst willkürliches Verfahren. Sie verhandelte diese Angelegenheit, den Gesetzen entgegen, so sehr im geheimen, dass sie in den Berathungssaal nicht einmal die beeideten Notare zuliess; und anstatt dass sie die Angeklagten vor sich geladen und den Zeugen gegenübergestellt hätte, sandte sie aus ihrer eigenen Mitte einige Mitglieder in das Gefängniss der Angeklagten zur Vernehmung derselben. Von den Richtern waren zwei, Franz Földváry und Alexander Császár, diesem weder von den Gesetzen noch von der Nothwendigkeit zu rechtfertigenden Ausnahmsverfahren standhaft, jedoch vergeblich entgegen; sie sind beide würdig, gleichwie sie damals von ihren Zeitgenossen hochgeachtet und von der öffentlichen Meinung gepriesen wurden, auch von der Geschichte mit Anerkennung genannt zu werden.

Der verbitterte Vater indess und sein Sohn Ladislaus wetteiferten miteinander in standhafter Bürgertugend. Jener, überzeugt, dass man seinen Sohn, wenn auch dieser vielleicht eine polizeiliche Bestrafung verdiene, mit dem Verbrechen der Majestätsbeleidigung auf Grund der erwähnten Anklagepunkte ohne die Gerechtigkeit zu verletzen unmöglich belasten könne, bat nicht um Gnade, sondern forderte Gerechtigkeit und Gesetzlichkeit. Da der Advocat Perger wegen seiner Weigerung, den Verschwiegenheitseid zu leisten, die Vertheidigung nicht führen konnte, unternahm es der Vater selbst, seinen schutzlosen Sohn von den gegen ihn erhobenen Anklagen zu reinigen. Seine dem Gerichtshof eingereichten Schriften bewiesen nicht nur klar, dass die Jünglinge, die zwar freisinnige, demokratische Ansichten nährten, aber zur Verbreitung derselben keinerlei ungesetzliche Mittel und geheime Agitationen ergriffen, keine durch das Gesetz verbotene Handlung begangen hätten, ohne willkürliche Auslegung der Gesetze einer Anklage wegen Majestätsbeleidigung nicht unterzogen werden könnten; sondern sie entwickelten auch zugleich mit unwiderleglichen Gründen die constitutionelle Freiheit und die Verpflichtung des gesetzlichen Vorgehens der Richter. Diese Schriften, die nicht nur hochberedte Vertheidigungsschriften der angeklagten Jünglinge, sondern zugleich auch Schutzschriften unserer heimatlichen constitutionellen Gesetze, und insbesondere der durch die Verfassung garantirten freien Ver- 1536. theidigung waren, erwecken im Munde des für die Freiheit seines Sohnes sprechenden Vaters in der Erinnerung des Lesers echt römische Beispiele der Selbstverleugnung. Wie jene römischen Helden, opferte auch Stephan Lovassy in sich selbst den Vater dem freiheitsliebenden, constitutionellen Bürger auf. Und in dieser Beziehung wetteiferte mit ihm auch sein Sohn in jenen zwei Aeusserungen, welche er auf die ihm mitgetheilte Anklageschrift seinen Richtern als Antwort über- reichte, indem er mit dem Rechtsgefühl des freien Bürgers und mit demokratischem Stolz die Punkte der Anklage zergliederte.

Obgleich der königliche Causarum-Director mit aller Kraft dahin strebte, gegen Ladislaus Lovassy das Verbrechen der Majestätsbelei- digung zu beweisen, und deswegen zur Beibringung der Zeugen — wie dies der Vater in einer seiner Eingaben an den Gerichtshof nicht nur behauptet, sondern auch mit Zeugenbelegen unterstützt — auch Bestechung und Seelenkauf in Anwendung brachte: vermochte er dennoch auch auf diese Weise nur zwei, und zudem die zur Glaubwürdigkeit erforderlichen moralischen Eigenschaften nicht be- sitzende Zeugen beizubringen; die Anklage aber zu beweisen, gelang ihm nicht, da hierzu die Thatsachen völlig mangelten: demzufolge die Anklage wegen Majestätsbeleidigung durch den Gerichtshof ver- worfen wurde. Da indess die ganze Untersuchung auf eine Einschüch- terung der Anhänger demokratischer Principien, besonders auf eine Abschreckung der Jugend berechnet war, so liess die Ungesetzmässig- keit des Verfahrens an einer Verurtheilung schon von vornherein nicht zweifeln. Das Urtheil condemnirte daher Ladislaus Lovassy, obgleich Földváry und Császár für gänzliche Freisprechung stimmten, und der letztere mit dem königlichen Personal in einen heftigen Wortstreit kam [1], zu zehnjähriger Festungsstrafe. Da man eine strafbare That oder die Vorbereitung zu einer gesetzwidrigen Hand- lung zu beweisen nicht vermochte, wird die Verurtheilung einzig da- durch begründet, dass der Angeklagte ein Mensch mit verdorbenem, jeder gesetzlichen Ordnung feindlichem Gemüth sei [2], und Principien und Ansichten hege, welche jeder gesellschaftlichen Ordnung entgegen- stehen. [3] Wenn uns indess schon dies mit Recht überrascht, dass ein Landesobergericht eine schwere Strafe einfacher Principien und Meinungen wegen verhängt, so hat unsere Verwunderung keine Grenzen, wenn als Zeugniss dieser gefährlichen Principien und An- sichten hauptsächlich die zur Begrüssung Wesselényi's gesprochene

---

[1] Er legte bald darauf, wir wissen nicht, ob freiwillig oder gezwungen, sein Amt nieder.

[2] „Indoles perversa, omnique legali ordini infensa."

[3] „Principia omni legali ordini adversa."

1836. Rede angeführt wird. Diese Rede durchwcht zwar im allgemeinen, wie dies nicht zu bestreiten ist, demokratischer Geist und die hochfliegenden Gefühle eines von der Liebe zur constitutionellen Freibeit begeisterten jungen Gemüths; allein von ungesetzlichen Bestrebungen ist darin kein Wort enthalten; zur Verwirklichung der Reformen, zur Durchführung der nationalen Umgestaltung werden nur gesetzliche Mittel anempfohlen. „Wir wissen", sagt der Verurtheilte an einer Stelle dieser Rede, „dass es Pflicht des constitutionellen Bürgers sei, gegen das Ziel hin auf friedlichem Wege fortzuschreiten; und wir begrüssen Sie, Herr Baron, als den Grossmeister des Fortschritts auf friedlichem Weg, und legen in Ihre Hände das Ehrenwort nieder, welches heiliger ist als das Leben, dass wir Ihnen, Herr Baron, auf Ihrem heiligen Pfade mit unerschütterlicher Treue folgen werden." Diese wenigen Worte genügen zur Würdigung der Principien und der Denkungsart des Verurtheilten. Seine Principien, sein Feuergeist machten ihn zu einem Gesinnungsverwandten des 1795 gleichfalls nur seiner demokratischen Ansichten und Principien wegen hingerichteten Paul Öz; allein sein Verhängniss hatte ihm ein weit schwereres Schicksal, viel mehr Leiden, als jenem, zugemessen. Nachdem sein Urtheil von der Septemviraltafel bestätigt worden war, wurde

1837—39. er auf den Spielberg nach Mähren gefangen gesetzt. Die Schwärmerei seiner lebhaften und über alle seine andern Fähigkeiten zur Herrschaft gelangten Einbildungskraft untergrub hier nach kurzer Zeit die Gesundheit seines überaus empfindlichen Gemüths, und die vom Reichstag von 1840 ausgewirkte Amnestie brachte den hoffnungsvollen Jüngling wahnsinnig zurück in die Arme seiner Verwandten und Freunde. [1]

Was die übrigen Gefangenen betrifft, wurde Tormásy, dem, wie das Urtheil sagt, das „Geständniss" als Milderungsgrund angerechnet wurde, zu einjähriger, Franz Lovassy, mit Einrechnung seiner bisherigen Haft, zu dreimonatlicher Kerkerstrafe verurtheilt. Jedermann überraschte es indess, dass auch das Urtheil Lapsánszky's auf zehn Jahre lautete, denn die öffentliche Meinung hielt ihn für den Angeber,

---

[1] Schön besingt ihn Alexander Vachott in seinem Gedicht „A külföld rabja" (Der Gefangene des Auslandes):

Dich hat ergriffen frühe und getreu
Des siechen Heimatlandes flehender Schrei.
Ein kindlich Trauern und die Hoffnung licht,
Dass noch ein Tag dem Waisenvolk aubricht;
Sie hiessen dich ans ernste Wirken gehn,
Indess dein Geist, ein Aar, gesucht die Höh'n.
Erhaben war dein Seelentraum und hehr,
Der kühnen Stirne Sorgenlast so schwer.
Wo deine junge Lipp' sprach, selbstbewusst,
Dort schwieg das Alter auch voll stiller Lust.
Nenn' ich noch mehr was schuldig dich gemacht?
Dies ist's, was dich gestürzt in Kerkernacht.

was auch der Umstand zu rechtfertigen schien, dass sein Geständniss 1837—39. als Belastungsbeweis gegen Ladislaus Lovassy in dessen Urtheil angeführt wurde. Später aber, als seit der Verkündigung des Urtheils jede Spur von ihm so sehr verschwand, dass man selbst nach der 1840 erfolgten Amnestie von ihm nichts mehr zu hören bekam, wurde die Ueberzeugung allgemein, dass er nur dem Schein nach verurtheilt worden war, und nicht in den Kerker, sondern · unter verändertem Namen nach Galizien geschickt wurde, um dort in irgendeiner Kameralanstellung den Lohn seines Verraths zu empfangen.

Dieses auf keine Weise zu entschuldigende, augenfällig ungesetzliche Verfahren der vaterländischen Gerichtshöfe erweckte überall im Reiche eine grosse Gereiztheit. Es war kaum Ein Comitat, welches nicht, wie es früher zu Gunsten der angeklagten Jünglinge einschritt, jetzt in seinen Versammlungen den schärfsten Tadel gegen die obersten Gerichtshöfe ausgesprochen hätte. Uebrigens verdammte die öffentliche Meinung laut das Verfahren derselben, welches der Heiligkeit der Rechtspflege und dem Ansehen der Gerichtshöfe nicht wenig schadete, und den Glauben an die Unabhängigkeit und Gewissenhaftigkeit der Richter, das allgemeine Vertrauen in den Gemüthern in nicht geringem Mass erschütterte. Allgemein wurde die bittere Klage laut, dass nach einem solchen Vorgehen der obersten Gerichtshöfe über das Leben, das Vermögen, die Freiheit des Bürgers die Willkür allein entscheide, die Gesetze keinen Schutz mehr zu gewähren vermögen, die Rechtspflege selbst und die richterliche Gewalt zu Parteiwerkzeugen herabgewürdigt würden.

Selbst den Erzherzog-Palatin verschonte jetzt das Publikum mit einem solchen Tadel nicht, da es die Meinung hegte, dass es in seiner Pflicht und Macht als oberster constitutioneller Wächter der Gesetze gelegen, die richterliche Unabhängigkeit und das gesetzliche Recht der freien Vertheidigung in ihrer vollen Unversehrtheit aufrecht zu erhalten. In der Versäumniss dessen glaubte jetzt das Publikum ein unzweifelhaftes Zeichen davon zu erblicken, dass auch er sich zum Bundesgenossen der die Einschüchterung der Gemüther anstrebenden Willkürherrschaft gemacht habe; weswegen seine Volksthümlichkeit damals einen grossen Nachtheil erlitt. Schon in der zweiten Hälfte des vergangenen Reichstags hatte man gegen ihn verschiedene Klagen erhoben, und man wusste sich die Veränderung, welche man in seinem Verhalten bemerkte, kaum zu erklären. Unter der Regierung des Kaisers Franz wurde er für keinen Theilnehmer an jener Cabinetspolitik, welche so viele Beschwerden im Lande hervorbrachte, gehalten; denn es war allgemein bekannt, dass er die Sympathie seines kaiserlichen Bruders nicht besitze. Jene Erfahrung, dass, wenn er auch nicht jede Gesetzverletzung verhindere, was er nicht einmal beim besten Willen stets zu bewerkstelligen vermöge, er doch der Nation

Der Palatin vor der öffentlichen Meinung.

viele nützliche Dienste erweise, die constitutionellen Rechte, soweit es von ihm abhinge, auf dem Reichstag wie ausserhalb desselben in Schutz nehme, — hatte ihm eine grosse Popularität im Vaterland verschafft. Und wenn es vielleicht auch bekannt war, dass ihn in mehrern Fällen hauptsächlich das Interesse seiner Stellung und Rechte als Palatin zur Unterstützung und Vertheidigung der verfassungsmässigen Rechte antreibe, so war darum die Thatsache für das Vaterland nicht minder nützlich, und die Nation belohnte dies mehrmals durch Aeusserungen der Dankbarkeit. Einer solchen Dankbarkeit hatte er sich unter anderm dadurch werth gemacht, dass er 1831 der Sache der Reform einen bedeutenden Dienst erwies, indem er, wie wir bereits erwähnten, den Reformarbeiten, den Absichten des Hofes entgegen, eine so grosse Oeffentlichkeit verschaffte. Nach diesem Verfahren durfte man mit Recht erwarten, dass auch er auf dem Reichstag ein warmer Freund und Vertheidiger dieser Reformen sein werde. Im Verlauf desselben überzeugten sich aber die Anhänger der Reformpartei mit Erstaunen, dass sie sich in ihren Hoffnungen getäuscht hatten. Als sie sahen, wie starrsinnig der grössere Theil der Magnatentafel den von den Ständen in Vorschlag gebrachten Reformen entgegen sei, waren sie der Meinung, dass dies, wenigstens in diesem Masstab, nicht geschehen könnte, wenn er im vorsitzenden Palatin keine Stütze fände, aus dessen Ansehen keine Kraft schöpfe. Bei Lebzeiten des Kaisers Franz fiel dies nicht so sehr auf; denn da seine Abgeneigtheit vor Reformen, besonders wenn diese demokratischer Natur waren, bekannt war, so konnte man glauben, dass er sein Verhalten nur nach dem ausgesprochenen Willen des Hofes richte. Als man indess bemerkte, dass er auch nach dem Tod des Kaisers Franz, obwol seine Hände freier wurden und sein Einfluss im Cabinet ein grösseres Gewicht erlangte, bei den frühern Principien verbleibe und die Politik des Cabinets unterstütze, konnte man kaum etwas anderes glauben, als dass auch er vor den Reformen, wahrscheinlich ihrer entschieden demokratischen Tendenz wegen, zurückschrecke; und weil man die letzten Grenzen derselben ebenso nicht übersehen konnte wie die letzten Kreise eines ins Wasser geworfenen Steins, auch er der Bundesgenosse jener reactionären Politik wurde, wodurch das Cabinet jene Reformen einschränken und in eine andere Richtung hineindrängen wollte.

Die Verhaftung Ludwig Kossuth's. Die Theilnahme des Palatins an dieser Einschüchterungspolitik, welche mit der Auflösung des siebenbürger Landtags und mit der gerichtlichen Verfolgung Wesselényi's und Balogh's begann, in dem gegen Ladislaus Lovassy befolgten Verfahren aber sich bis zur Verletzung des Gesetzes entwickelt hatte, trat nirgends deutlicher zu Tage, als bei dem Gewaltstreiche, welcher gegen die Oeffentlichkeit und Gedankenfreiheit und mit höchlicher Verletzung der Adelsprivi-

legien und der persönlichen Freiheit an Ludwig Kossuth begangen 1837—39.
wurde.

Wir erwähnten schon, welch ungeheuere Einwirkung Kossuth's „Reichstagsnachrichten" im Vaterland machten; wie diese geschickt redigirten, zwar nur in wenigen, kaum hundert Exemplaren, aber durch die Casinos und die Lesevereine in tausend Hände kommenden Blätter den Gedankenaustausch und die Bewegung der Geister belebten, das Verlangen nach Umgestaltung schürten und die öffentliche Meinung entwickelten; wie sie, dem politischen Leben der Nation durch lebhafte Mittheilung der reichstäglichen Verhandlungen fortwährend neue Nahrung und Anregung bietend, die Lichtstrahlen der reichstäglichen Intelligenz in die gesellschaftlichen Kreise der Comitate und Städte gelangen liessen und unter der Einwirkung derselben das Dunkel zerstreuten, die Begriffe erweiterten und die Ideen reinigten. Grossentheils ist es auch diesen Blättern zuzuschreiben, dass eine Zeit lang selbst die nachträglichen Instructionen der Abgeordneten einen immer mehr und mehr freisinnigen Anstrich erhielten. Nach dem Schluss des Reichstags ging das öffentliche Leben der Nation auf die Versammlungen der Behörden über, welche, da sie ebenso wie der Reichstag der Verfassung nach öffentlich waren, durch die öffentliche Verbreitung ihrer Verhandlungen Kossuth ein gesetzliches Feld eröffneten zur Fortsetzung jenes seines Werkes der Erweckung des öffentlichen Geistes, welches er durch die „Reichstagsnachrichten" mit so grossem Erfolg begonnen hatte, und hinsichtlich welches er nicht mehr zweifelte, dass es zuerst zu einer Lockerung der Fesseln der Presse, später aber zur Pressfreiheit führen werde. Nicht aber er selbst, der sich durch sein Blatt schon eine nicht geringe Bedeutung im Vaterland verschafft hatte, war daher entschlossen, sein geschriebenes Blatt auch nach Auflösung des Reichstags fortzusetzen; sondern er wurde dazu auch von seinen gleichgesinnten Freunden aufgemuntert. Er verlegte daher seine Wohnung in den Mittelpunkt nach Pesth, verschaffte sich in den Comitaten geschickte Correspondenten, und redigirte aus deren Berichten über das öffentliche Leben der Comitate und Städte unter dem Titel „Törvényhatósági Tudósitások" (Behörd- Die „Behördlichen Nachrichten".
liche Nachrichten) ein geschriebenes Blatt ähnlicher Richtung, wie das frühere über den Verlauf des Reichstags gewesen war.

Die Regierung wollte schon von jener Zeit an, als sie ihren Feldzug gegen die Rede- und Denkfreiheit eröffnet hatte, auch den Reichstagsnachrichten Hindernisse in den Weg legen. Kossuth machte einmal den Versuch, die Exemplare seines Blattes in lithographischem Abdruck zu versenden; allein die Regierung verhinderte dies alsogleich. Bald liess sie auch die mit der Post verschickten Exemplare mit Beschlag belegen. Allein diese Massregel führte nicht zum Ziele; denn die Comitate, hiervon verständigt, schickten von da an das Blatt durch ihre Haiducken an den Ort ihrer Bestimmung; und die Regierung war genöthigt, während des Reichstags, da sie das Dazwischentreten der Stände vorhersehen konnte, das Forterscheinen des Blattes zu dulden.

Jetzt wurde die Wirkung der „Behördlichen Nachrichten", da diese sich von seiten der Comitate einer ähnlichen Unterstützung zu erfreuen hatten, eine noch grössere, auf jeden Fall noch mehr ausgebreitete als die der „Reichstagsnachrichten". . Die Verhandlungen in den Generalversammlungen, die in denselben gehaltenen ausgezeichnetern Reden, aufgetauchten neuen Ideen und die Kenntniss aller andern interessanten Momente des behördlichen Lebens zum allgemeinen Eigenthum machend, hielt das Blatt die geistige Verbindung unter den Mitgliedern der Reformpartei aufrecht; und indem es die Tendenzeinheit einerseits im freisinnigen Fortschritt, andererseits in der Vertheidigung der Verfassung sicherte, diente es auch zur naturgemässen Beförderung der Reformbewegungen. Jene Uebereinstimmung z. B., welche die Comitate in der Vertheidigung der verhafteten Jünglinge an den Tag legten, jene Gereiztheit, welche diese Angelegenheit im Lande hervorrief, hatten grösstentheils diese geschriebenen Blätter durch ihre über den Verlauf des Processes gemachten Mittheilungen erweckt.

Die Regierung entschloss sich daher, das gefährliche Blatt, welchem sie durch die Censur nicht zu Leibe gehen konnte, auf welche Art immer zu unterdrücken. Der Erzherzog-Palatin Joseph erliess nach dem Beschluss des Cabinets ein Verbot gegen dasselbe, und verständigte hiervon als Obergespan des pesther Comitats im Präsidialwege den ersten Vicegespan Simon Dubraviczky, der hinwieder Kossuth das Verbot durch den Oberstuhlrichter Zlinszky mittheilen liess.

Eine der wichtigsten jener Garantien, welche die Verfassung unsers Vaterlandes dem Comitatssystem zu verdanken hatte, bestand darin, dass die Comitatsbeamten, wie sie von der Gemeinschaft des Comitats frei gewählt wurden, auch nur infolge eines Comitatsbeschlusses sich in ein amtliches Vorgehen einlassen, und eine Verordnung nicht unmittelbar von der Regierung, sondern einzig und allein im Wege des Comitats annehmen durften. Jede Regierungsverordnung musste ans Comitat gerichtet werden, welches dieselbe sodann, wenn es sie für gesetzlich befand, dem betreffenden Beamten zum Vollzug überwies; wenn es sie aber für ungesetzlich hielt, nicht herausgab, sondern dagegen zu jenen Abhülfsmitteln griff, welche ihm die Verfassung an die Hand gab. Das die „Behördlichen Nachrichten" betreffende Verbot des Palatins wurde, wie wir wissen, dem Redacteur nur im Präsidialwege mitgetheilt, ehe dasselbe beim Comitat vorgekommen war. Kossuth daher, sehend, dass der Oberstuhlrichter sein Verfahren mit einer

Betrauung von seiten des Comitats nicht rechtfertigen könne, fügte 1837—39. sich dem übrigens auch mit unserm Gesetze nicht zu vereinbarenden Verbote nicht, sondern brachte diese Angelegenheit klageweise vor die Generalversammlung des Comitats. Die Sache rief unter den Parteien heftige Debatten hervor; schliesslich wurde indess der Beschluss der Mehrheit in dem Sinne ausgesprochen: dass die Gemeinschaft des Comitats das Verbot nicht nur nicht gutheisse, sondern jene Handlung des Vicegespans Dubraviczky und des Oberstuhlrichters Zlinszky, dass sie eine Regierungsverordnung ohne Wissen und Auftrag des Comitats in Vollzug zu setzen sich erkühnten, misbillige und für ungültig erkläre. Dieser Beschluss wurde mit folgenden Gründen motivirt: Da die Verhandlungen der Behörden öffentlich seien, so besitze zur Veröffentlichung derselben jedermann das Recht; das fragliche Verbot komme daher mit dem Rechte der Oeffentlichkeit in Conflict. Da die „Behördlichen Nachrichten" ferner geschrieben und nicht gedruckt seien, so könnten sie nicht als Zeitschrift, sondern nur als Correspondenz betrachtet werden; das Verbot verletze daher die Correspondenzfreiheit. Allein wenn man dieselben auch als Zeitschrift betrachten könne, so ertheile der Regierung kein Gesetz das Recht, dieselben zu verbieten; denn wir hätten keine Gesetze, welche die Herausgabe von Zeitschriften von der Erlaubniss der Regierung abhängig machten. Und endlich sei das Verbot selbst durch das Recht der obersten Aufsicht nicht zu rechtfertigen; denn dieses Recht könne nur im Sinne der Gesetze und im Wege der Behörden ausgeübt werden. Demnach äusserte das Comitat, dass der Staat ebenso wie Einzelne nur in den gemeinsamen Gesetzen Schutz gegen Misbräuche suchen und in denselben auch ausreichend finden könnten; es erklärte daher Kossuth's Unternehmen als unter dem Schutze des Gesetzes stehend; gegen die ungesetzliche Regierungsverordnung wurde mittels einer Adresse remonstrirt, und der Beschluss sammt der Adresse den übrigen Comitaten zur Unterstützung mitgetheilt.

Infolge dessen beschäftigten die „Behördlichen Nachrichten" und das gegen dieselben erlassene Regierungsverbot die Comitatsversammlungen mehrere Monate hindurch. Die grosse Mehrheit der Comitate richtete, die Ansichten Pesths theilend, Adressen gegen das Verbot; und es gab Comitate, welche zum Zeichen, dass sie das Unternehmen unterstützten, die Blätter für das Archiv bestellten; andere wieder ernannten aus der Mitte ihrer eigenen Beamten auch noch einen Berichterstatter für dieselben.

. Kossuth, von den Comitaten auf diese Weise unterstützt, setzte sein Blatt mit wachsendem Erfolge mehrere Monate lang fort, bis endlich die Regierung, da sie ihr Verbot im Wege des pesther Comitats nicht durchzusetzen vermochte, nach längerm Schwanken sich entschloss, gegen seine Person zur Gewalt zu greifen; was sie auch in einer Nacht im Mai 1837 unter der Führung des königlichen Fiskals Eötvös durch eine Militärabtheilung in den ofener Gebirgen, wohin Kossuth sich zur Herstellung seiner geschwächten Gesundheit begeben hatte, ausführen liess. Eötvös nahm ihn im Namen des Königs gefangen und liess ihn in die Basteikaserne der ofener Festung einsperren. Der ungesetzlichen Verhaftung folgte ein eben solches Verfahren, wie es bei Ladislaus Lovassy in Anwendung gekommen war. Der königliche Causarum-Director erhob gegen ihn die Anklage wegen Hochverraths als gegen einen, der sich dem Befehl des Königs widersetzt hatte. Im ersten Jahre des Processes war seine Haft eine so strenge, dass ohne die Gegenwart des zu seiner Beaufsichtigung commandirten Oberlieutenants Sebes nicht einmal der Gefangenwärter in sein Zimmer, dessen Gitterfenster zu zwei Drittheilen zugemauert war, eintreten durfte. Lektüre und Schreibrequisiten erhielt er nicht, auch durfte er ausser seinem Anwalt, Peter Benyovszky, keine Besuche empfangen; später übergab er jedoch demselben eine selbstverfasste Vertheidigungsschrift, nachdem er zur Verfassung derselben Erlaubniss und Schreibmaterialien erhalten hatte. Der Process dauerte ein ganzes Jahr; das Urtheil der königlichen Tafel lautete auf drei Jahre Kerker ausser dem schon während des Processes in Gefangenschaft zugebrachten Jahre; die Septemviraltafel indess verschärfte das Urtheil mit noch einem Jahre.

Obgleich das Urtheil ein schweres war, so gereichte es dem Gefangenen dennoch zur wahren Linderung, denn man gab ihm fernerhin auch Lektüre und Schreibmaterialien. „Ich musste manchmal meine ganze Seelenkraft zusammenraffen", so äusserte er sich später über das erste Jahr seiner Haft, „um in der beschäftigungslosen, ewigen Einsamkeit den Schwärmereien meiner Phantasie ein «Halt!» zu gebieten. Ich kann begreifen, dass die mit weniger Seelenkraft begabten Gefangenen in einsamer Haft dem Wahnsinn verfallen. Gegen die Ueberherrschaft der Einbildungskraft nahm ich zum Nachdenken über praktische Gegenstände meine Zuflucht. Ich legte mir Rechenschaft ab über die Mängel der Zustände und Institutionen unsers Vaterlandes; ich zog daraus die Lehren meiner Erfahrungen und Kenntnisse; ich durchdachte jede einzelne Frage und bildete mir eine Meinung von der Lösung derselben. Aus diesen Meditationen schöpfte ich auf meiner spätern Laufbahn grossen Nutzen. . . . Während ich gefangen war, beängstigte mich oft der Gedanke, wie sehr ich mich hinter der fortschreitenden Welt zurückgeblieben sehen würde. Ich blieb nicht zurück. In der Einsamkeit meiner Haft lernte ich durch Nachdenken, was das Leben lehrte." Als er nach seiner Verurtheilung Bücher und Schreibmaterialien erhalten durfte, liess er sich eine englische Sprachlehre, ein Wörterbuch und die Werke Shakspeare's geben und begann mit eisernem Fleiss englisch zu lernen, von welcher

Sprache er früher nur soviel wusste, um im Stande zu sein zu ahnen, welcher Schatzquell des Guten und Schönen in der englischen Literatur enthalten sei. Hier machte er sich sodann diese Sprache so sehr zu eigen, dass er sich später in derselben mit ebenso grosser Leichtigkeit ausdrücken, in flammender Beredsamkeit ebenso überströmen konnte, wie in seiner Muttersprache.

Zu derselben Zeit und unter ähnlichen Verhältnissen wie bei Kossuth wurde auch der Process Nikolaus Wesselényi's verhandelt, den einzigen Umstand ausgenommen, dass gegen ihn keine vorläufige Verhaftung vorgenommen wurde. Wir erwähnten schon, dass er wegen seiner auf dem siebenbürgischen Landtage an den Tag gelegten Opposition und hauptsächlich wegen seiner zur Herausgabe des Landtagstagebuchs gebrauchten Lithographie bei der siebenbürgischen königlichen Tafel; wegen seiner 1834 in Angelegenheit der Erbablösung im szatmárer Comitat gesprochenen Rede aber von der königlichen Tafel in Ungarn als Aufwiegler in einen Hochverrathsprocess verwickelt wurde. Da er wegen seines Processes in Ungarn vor dem siebenbürgischen Gerichtshof nicht erscheinen konnte, so wurde er von demselben „in contumaciam" verurtheilt. Weil ihn indess der königliche Anwalt zu einer „exemplarischen Körperstrafe" verurtheilt zu sehen wünschte und die Vollziehung des Urtheils des ungarischen Processes wegen nicht vorgenommen werden konnte, blieb es lange in der Schwebe, wie man dasselbe an ihm vollziehen werde.

Sein Process in Ungarn dauerte von seiner Vorladung im Mai 1835 gerechnet drei Jahre lang. Die Grundlage der Anklage bildeten, wie wir schon oben erwähnten, einige aus seiner Rede für die Erbablösung der Unterthanen herausgerissene, in der aussergewöhnlich lärmenden Versammlung von einigen, wenig Glaubwürdigkeit verdienenden Zuhörern falsch aufgefasste und später vom königlichen Anwalt willkürlich ausgelegte Sätze, durch welche der Redner die Regierung beschuldigt haben sollte, dass sie die Erbablösung der Unterthanen nur deshalb verhindere, damit es zwischen dem Volk und dem Adel zum Kampf komme, und sie sodann Anlass erhalte, die Reformbewegungen zu unterdrücken. Die Hauptvertheidigungsschrift floss aus der meisterhaften Feder Franz Kölcsey's, der, ohnehin auch in der Versammlung zugegen, nicht nur den Verlauf derselben am besten kennen, sondern auch die Worte Wesselényi's, vermöge seines eigenen Interesses an dem Gegenstande, am treuesten auffassen konnte. Die Vertheidigungsschrift, welche zu den Meisterwerken unserer gerichtlichen Redekunst gehört, widerlegt siegreich sowol die einander widersprechenden, theilweise ungereimten und verworrenen Behauptungen der mit der gehörigen Glaubwürdigkeit nicht versehenen Zeugen, welche denselben nur Parteihass in den Mund legte, als auch die hierauf gebauten Folgerungen des königlichen Causarum-

Directors; und reinigt Wesselényi vollständig von der Anklage der Majestätsbeleidigung, in Bezug auf welche selbst der glaubwürdigste der beigezogenen Zeugen, der übrigens zur andern Partei gehörige Vicegespan Kende, eidlich aussagte: „dass der Angeklagte von Sr. Majestät dem König wie immer, so auch in der fraglichen Sitzung mit huldigender Hochachtung gesprochen habe; und dass jede seiner Reden fern von allen aufreizenden oder andern strafbaren Zwecken, einzig auf die Aufrechthaltung der öffentlichen Ruhe gerichtet war".

Allein die Regierung verfolgte auch durch die Einleitung dieses Processes dieselben politischen Zwecke, welche sie durch die Anklage Kossuth's und der presburger Jünglinge zu erreichen strebte: der königliche Causarum-Director klagte Wesselényi daher ausser der fraglichen Rede auch der Verbindung mit geheimen Gesellschaften an. Bei der Regierungspartei war es zum Gebrauch geworden, weil sie die demokratischen Ansichten, die radicalen Reformideen nicht zum Verbrechen stempeln konnte, die auf die Durchführung derselben abzielenden Parteibewegungen, wie öffentlich und daher unschädlich dieselben auch gewesen sein mochten, des Umsturzes der Ordnung, der Aufreizung des Landes, der Revolution anzuklagen. Unter der Last einer solchen Anklage wurden Ladislaus Lovassy und Ludwig Kossuth verurtheilt; dies war die Absicht auch bezüglich Wesselényi's, als auch ihn der königliche Anwalt der Verbindung mit geheimen Gesellschaften, namentlich mit dem Casino der presburger Jugend und Kossuth anklagte. Der königliche Causarum-Director wollte, ohne Zweifel höherer Anweisung gemäss, die jetzigen freisinnigen, auf eine radicale Reform bezüglichen Bestrebungen beiläufig in einem solchen Licht und in solchen Verhältnissen erscheinen lassen als zu Ende des vorigen Jahrhunderts der königliche Causarum-Director Johann Németh von Nyék die Angelegenheit der „ungarischen Jakobiner". Im Verlauf des Processes begann er nicht nur Wesselényi, sondern auch alle jene Männer der Opposition zu beschuldigen, die mit Kossuth im Briefwechsel standen; denn er liess Kossuth's Papiere in Beschlag nehmen und hoffte in denselben neue Beweise für den Bestand geheimer Gesellschaften zu finden; ja er legte diese Briefe sogar den Processacten bei.

Der königliche Causarum-Director war jedoch auch mit der Begründung dieser neuen Anklagen nicht glücklicher als mit der Anklage wegen Majestätsbeleidigung durch die szatmárer Rede. In der Vertheidigungsschrift wurde bewiesen, dass Wesselényi, der von Anfang Mai 1833 bis März 1835 in Siebenbürgen fern war, und kaum in Presburg angekommen, von der königlichen Tafel vorgeladen wurde, mit dem Casino der presburger Jugend in keiner Verbindung

stand und auch nicht stehen konnte, dessen Wesen als geheime 1837—39.
Gesellschaft der Ankläger ohnehin nur einfach behaupte, ohne dass es
ihm gelungen sei, es auch zu beweisen.

Noch schwächere Beweise lieferten die an Kossuth geschriebenen
Briefe; denn einige derselben bewiesen eben das Entgegengesetzte,
was die Anklage durch sie beweisen wollte: sie bewiesen, dass die
geheimen Gesellschaften, der Umsturz der öffentlichen Ordnung, die
Absicht der Aufreizung des Landes nur Traum und Einbildung sei,
durch welche die im Besitz der Macht befindliche Klasse, in ihrer
Furcht vor der Ausbreitung der Demokratie, die Männer der Reform
einzig deshalb verdächtigte, um den verfassungsmässigen Bestrebungen
derselben den Weg zu verstellen. In einem solchen Sinne schrieb
unter andern auch Franz Deák an Kossuth in einem vom Ankläger
unter die Processacten aufgenommenen Briefe. „Wo Oeffentlichkeit
herrscht", sagt er, „ist das Verbrechen unmöglich; dass es aber in unserm Vaterlande keine geheimen Verbindungen gibt, wie sie die Regierung in jeder geringfügigen Sache vermuthet, ist mein heiliger
Glaube." — „Es ist in der That spasshaft, die lächerliche Furcht
der Regierung und ihrer Anhänger zu sehen und zu hören", sagt er
in einem andern Briefe; „auch die Kleinern erschaffen sich Schreck-
bilder, und schrecken sich selbst und andere damit; sie kehren der
aufgehenden Sonne hartnäckig den Rücken zu, und sehen ihren eigenen
Schatten für ein fürchterliches Gespenst an; wenn sie aber das Vaterland kennen würden und den Menschen und die Menschen, wüssten
sie es ebenso wie wir, dass es kaum ein Land gibt in Europa, wo
man von der Revolution so wenig zu fürchten hat wie gegenwärtig
bei uns; nur mögen sie in ihrer Furcht keine so unklugen Schritte
thun, welche wol keinen Aufstand, aber Unruhen hervorbringen können. Allein sie fürchten sich, und halten selbst das sich im Gebüsch
regende Häslein für einen Räuber; aber «est genus unum stultitiae:
nihilum metuenda timere», sagt Horaz."

Aber all diese zur Vertheidigung und Entkräftung vorgebrachten
Gründe nützten einer Sache nichts, in welcher, wie der Schlusssatz
der Vertheidigung sagt, es genügte, eine grosse Anzahl von Gründen
und Documenten, wenn diese auch nichts bewiesen, anzuführen, damit
sie durch richterlichen Spruch für schwer belastend anerkannt und
zwar früher anerkannt würden, ehe der Angeklagte seine Antwort
auf diese Gründe und Documente auch nur eingereicht hatte; sie
konnten nichts nützen in einer Sache, mit welcher andere politische
Zwecke verbunden wurden, deren Erreichen die Verurtheilung des
Angeklagten nothwendig machte. Das Urtheil lautete demnach belastend für den Angeklagten, und verurtheilte denselben zu einer in
Ofen zu verbüssenden dreijährigen Festungshaft.

Wesse-
lényi's
Verhalten
während
der Ueber-
schwem-
mung.

Ehe jedoch dieses Urtheil verkündigt wurde, suchte die Hauptstadt Pesth ein aussergewöhnlicher Unglücksfall heim, bei welcher
Gelegenheit Wesselényi eine solche Rolle spielte, dass sie ihn auf den
Höhepunkt seiner Popularität brachte, und er allgemein der „Schutz-
geist" der Stadt genannt wurde. Als das Eis der im strengen Winter
des Jahres 1838 eingefrorenen Donau im März sich in Bewegung
setzte, blieb der Eisstoss bei der Insel Csepel stecken und der Strom
trat, in seinem Abflusse gehindert, aus seinem Bette und überflutete
die ganze Stadt. Das Wasser stieg zu einer solchen Höhe, dass es
in den Häusern einiger Gassen sogar zum ersten Stockwerk hinein-
drang. Die Verheerungen des entfesselten Elements dauerten drei
Tage, während welcher allerwärts, besonders in den schlecht gebauten
Vorstädten, unzählige Häuser einstürzten und die verzweifelnden Einwohner theils unter den Ruinen begruben, theils, wenn keine schnelle
Hülfe nahen sollte, mit dem sichern Tode bedrohten. In andern
Häusern, wo die Festigkeit des Gebäudes dem verheerenden Element trotzte, drängten sich die Bewohner derselben in den obern
Stockwerken, mit dem Hungertode kämpfend, zusammen. Inmitten
der fürchterlichen Gefahr, welche das dumpfe Krachen der einstürzenden Häuser und das Schreck- und Hülfegeschrei der gesammten Be-
wohnerschaft einer volkreichen Stadt noch schreckhafter machte, ver-
richtete unter den zahlreichen menschenfreundlichen, entschlossenen
Männern, die hülfreich beistanden, Wesselényi durch seine Opferwilligkeit, durch unerschütterlichen Muth, ja Verwegenheit, durch seine nie
in Verwirrung gerathende Geistesgegenwart und herculische Kraft,
man kann mit Recht sagen, Wunder. Mit einer alle menschliche
Kraft zu überbieten scheinenden Schnelligkeit und Ausdauer flog er
auf seinem Boote Tag und Nacht überall hin, wo die Gefahr am
grössten, die Hülfe am dringendsten war; er trug die von dem stets
wachsenden Wasser, von den einstürzenden Häusern schon beinahe
erreichten Einwohner auf sichere Orte und vertheilte die auf eigene
Kosten angeschafften Lebensmittel unter sie. Und als die drei langen
Tage der Gefahr und des Schreckens vorüber waren, belohnte das
gerettete Leben von Tausenden das Bewusstsein des Mannes der
herrlichen That; die Dankesthränen von Tausenden, die Lobeserhebungen einer volkreichen Stadt, bald die der ganzen Nation priesen
seine Tugenden als Mensch und Bürger.

Unsere ganze Geschichte hatte bisher keine Persönlichkeit aufzuweisen, mit deren Namen soviel Begeisterung, eine solche Volksthümlichkeit verbunden gewesen wäre als mit dem Wesselényi's zu jener
Zeit, als er nach Verkündigung des obergerichtlichen Urtheils in die
Festung Ofen gefangen gesetzt wurde. Der grössere Theil der Nation
verherrlichte in seiner Person den Märtyrer seiner verfassungsmässigen
Rechte, der wegen der entschlossenen Vertheidigung dieser Rechte

und der Erbablösung der in feudaler Knechtschaft befindlich gewesenen Bauernklasse und im allgemeinen wegen seiner Thätigkeit und
seiner Betreibung der nationalen Wiedergeburt Verfolgungen erleide.
Diese Volksthümlichkeit brach sich zur Zeit der Einkerkerung des
Barons mit solcher Begeisterung überall im Lande Bahn, dass es für
die Regierung unmöglich war, sich nicht zu überzeugen, dass, wenn sie
ihre Strenge gegen Wesselényi's Person auch noch ferner fortsetzen
werde, sie hierdurch nur das Lager der Opposition verstärke und den
Erfolg ihrer Absichten in der allgemeinen Gereiztheit gänzlich aufs
Spiel setze. Es gab kaum Ein Comitat, in dessen Sitzungen man
nicht die heftigsten Ausbrüche gegen die willkürherrschaftlichen Regierungsmassregeln vernommen hätte, und aus welchen nicht ebenso
energische Adressen an den König gerichtet worden wären. Die Angelegenheit Wesselényi's, Kossuth's und Lovassy's erhoben die mit
ihren Personen verbundenen nationalen Verfassungsfragen, die Fragen
der Freiheit, der Rede und der Schrift, der persönlichen Sicherheit,
der gesetzlichen, friedlichen Reform zu einer Nationalsache, und die
Aufhebung der begangenen Gesetzverletzungen wurde von der Regierung energisch gefordert.

Das Cabinet glaubte indess trotz alledem durch consequente
Strenge nicht nur die Stimme dieser sich laut äussernden öffentlichen Meinung überwinden zu können, sondern es hoffte auch
hinsichtlich der Unterdrückung oder wenigstens Mässigung der Reformbewegungen seinen Zweck zu erreichen. Und obgleich dasselbe
auch zur Besänftigung dieser Gereiztheit für gerathen hielt, Wesselényi gegenüber einige Nachsicht an den Tag zu legen und demzufolge dem körperlich schwer Leidenden und von Blindheit bedrohten
Manne nach kurzer Zeit erlaubte, die Zeit seiner Gefangenschaft zu
seiner Heilung in Gräfenberg zuzubringen: so hielt es doch seine
Politik hartnäckig fest, und setzte sein Einschüchterungssystem auch
fernerhin fort.

Als diese willkürherrschaftlichen Verordnungen und gewaltsamen Andere
Massregeln der Regierung in den öffentlichen Sitzungen der Comitate politische
verhandelt wurden, erhoben, wie wir erwähnten, viele heftig ihre Processe.
Verdammungsstimme gegen jene Politik, welche aller Oeffentlichkeit,
Rede- und Schreibfreiheit, jeder freiern Reformbewegung den Krieg
erklärte. Von diesen Rednern liess die Regierung mehrere theils in
Hochverraths-, theils in Ehrlosigkeitsprocesse verwickeln. Johann
Balogh erwähnten wir schon weiter oben. Ausser ihm betrug die
Anzahl der im Zuge befindlichen Processe noch etwa zwanzig, von
welchen wir als die namhaftesten den Process Graf Gedeon Ráday's,
Ágoston's, Patay's und Farkas' in Pesth, Franz Kubinyi's in Neográd,
Stephan Borsiczky's in Trencsény, Ladislaus Ujházy's in Sáros erwäh-
nen. Da wir jedoch auf diese Processe, welche auf den Verlauf und

1837—39. die Richtung des künftigen Reichstags einen entscheidenden Einfluss ausübten, bei der Erzählung desselben zurückkehren müssen, machen wir hier nur die Bemerkung, dass die Regierung dadurch ihren Zweck keineswegs erreichte. Das Gefühl für Freiheit und Recht war in der Nation einerseits schon viel zu lebhaft, und andererseits das instinctive Verlangen nach Fortschritt und Neugestaltung viel zu stark, als dass es gelingen konnte, dieselben durch Einschüchterung zu ersticken. Jede neuere gewaltsame Regierungsmassregel vermehrte nur die Reihen der Opposition, vergrösserte die Gereiztheit und befestigte die Ausdauer in der Nation, was schliesslich während des folgenden Reichstags zu einer solchen Höhe stieg, dass die Regierung sich genöthigt sah, die Verurtheilten aus ihrem Kerker freizulassen, die noch im Zuge befindlichen Processe niederzuschlagen und ihre Politik zu modificiren.

Die Schürung der Nationalstreitigkeiten. Und es hat den Anschein, als hätte die Regierung schon gleich anfangs gefühlt, dass ihre auf Einschüchterung berechneten Massregeln allein nicht zum Ziele führen und nicht wirksam genug sein würden, die von den gesündesten Kräften der Nation unterstützten und eifrig gepflegten demokratischen Reformbewegungen zu unterdrücken oder doch wenigstens in eine andere Richtung hineinzudrängen. Sie begann daher ihre Gedanken auf andere Mittel zu richten, durch welche sie die allgemeine Aufmerksamkeit von diesen politischen Bestrebungen anderswohin lenken, die Vereinigung nach Einem Ziele verhindern, und die Einigkeit und Uebereinstimmung der Bewohner des Reichs in den hervorzurufenden Streitigkeiten begraben könnte. Zur Anwendung dieses Princips hätte sie kaum ein zweckmässigeres Mittel finden können, als die Schürung der Eifersucht der erwachenden slawischen Nationalität gegen die Magyaren war.

Das Erwachen der slawischen Nationalität. Es gibt einige, die da sagen, dass das Erwachen der slawischen Nationalität im Gebiet der ungarischen Krone geradezu dem künstlichen Schüren der Regierung zuzuschreiben sei. Allein dies ist eine irrthümliche Meinung. Nicht die Regierung hatte die slawische Nationalität innerhalb der Grenzen der Monarchie erweckt, sie hatte nur das, was das Resultat anderer Ursachen war, zeitlich in die Hand genommen und als Regierungsmittel ausgenützt. Das Erwachen der slawischen Nationalität ist grösstentheils der Einwirkung jener allgemeinen politischen Zustände und Ereignisse zuzuschreiben, welche auch unter andern Völkern in den durch die Französische Revolution hervorgerufenen europäischen Verwirrungen das gleiche Resultat erzielten; und nebstbei hatte auch die russische Propaganda grossen Antheil daran, so in der süd- als auch in der nordslawischen Völkerfamilie. Und wir werden kaum irren, wenn wir insbesondere jene Nationalitätsbewegungen, welche an den Grenzen der Monarchie hervortraten, hauptsächlich als Werk dieser Propaganda bezeichnen.

Die Wahrheit dieser von den Panslawen oft mit grosser Hitze 1837—39. bekämpften Behauptung kann man unmöglich mehr bestreiten, seitdem Admiral Tschitschakow in seinem Werke „Mémoires d'un homme d'État" selbst jene Instruction veröffentlichte, welche er vom Zar Alexander I. am 19. April 1812 erhalten hatte. „Die schlaue Haltung Oesterreichs", so lautet das überaus interessante Document, „welches sich unlängst mit Frankreich alliirte, zwingt Russland dazu, alle in seiner Gewalt befindlichen Mittel zur Bekämpfung der zwei feindlichen Mächte anzuwenden. Von diesen Mitteln ist das allerwichtigste: den kriegerischen Geist der slawischen Völker in Serbien, Bosnien, Dalmatien, Kroatien und Illyrien zu unsern Gunsten auszubeuten. Diese können uns, wenn sie einmal bewaffnet und militärisch organisirt sind, in unsern kriegerischen Operationen mächtig unterstützen. Selbst die Ungarn, die gegenwärtig mit dem Verfahren ihrer Regierung unzufrieden sind, können gleichfalls als passendes Werkzeug dienen, um Oesterreich zu beunruhigen, gegen dasselbe mit den Waffen in der Hand aufzustehen und seine Hülfsquellen zu schwächen. Alle diese Völker werden, mit unserer regulären Armee vereinigt, eine genügende Macht bilden, um nicht nur den feindlichen Absichten Oesterreichs zuvorzukommen, sondern zugleich auch auf dem rechten Flügel der französischen Besitzungen eine namhafte Diversion zu bewerkstelligen und uns eine sichere Gelegenheit zu bieten, unsere Scharen über Nissa und Sophia zu dirigiren. . . .

„Es ist nothwendig, dass Sie jedes mögliche Mittel zur Begeisterung dieser slawischen Völker benutzen, um dieselben unsern Zwecken geneigt zu machen. Versprechen Sie ihnen z. B. Unabhängigkeit, die Errichtung eines slawischen Reichs, die Belohnung ihrer einflussreichern Männer mit Geld; den Armeen und ihren Anführern versprechen Sie Orden und Titel. Fügen Sie schliesslich zu all diesen Mitteln auch noch jene hinzu, welche Sie für die passendsten zur Gewinnung dieser Völker und für die zweckmässigsten unter den gegenwärtigen Umständen erachten."

Mit welchem Erfolge Tschitschakow infolge dieser Instruction unter jenen slawischen Völkern agitirte, dies eingehend darzustellen gehört nicht zu unserer Aufgabe. Es sei genug zu bemerken, dass der einige Jahre später erfolgte Aufstand in Serbien grösstentheils als Resultat dieser russischen Agitationen sich erweist. Nach der Wiederherstellung des allgemeinen Friedens scheinen diese russischen Aufreizungen in den Ländern der ungarischen Krone aufgehört zu haben; mindestens wurden sie so im geheimen und nur durch einige Mitglieder der altgläubigen Priesterschaft fortgesetzt, dass man von denselben kaum in etwas anderm eine Spur finden kann als in jener grossen und stets lebhaften Sympathie, welche diese altgläubigen slawischen Völker für die Russen und deren Zar fühlten. Sie betrachteten den Zar als das Oberhaupt ihrer Kirche; für ihn beteten sie in ihrer Liturgie, und fand sich kaum ein noch so ärmliches Haus, dessen Wände mit dem Porträt des Zars nicht geschmückt gewesen wären.

Diese selbst in den untern Schichten der slawischen Völker zu Tage tretende Sympathie ist unstreitig das Werk der russischen panslawischen Propaganda. Die panslawischen Ideen selbst zeigten sich jedoch früher unter den mehr entwickelten Nord- als unter den Südslawen, obgleich zwischen den letztern und den Russen schon die Gleichheit der Kirche ein engeres Band zu knüpfen schien. Die russische Propaganda setzte sich über die Verschiedenheit der Religion so sehr hinaus, dass einer ihrer Dichter es für vollkommen gleichgültig verkündete, ob der Slawe das Kreuz von der Rechten oder der Linken schlage, d. h., ob er Mitglied der katholischen oder der orientalischen Kirche sei. Von den Ländern der Monarchie war Böhmen dasjenige, wo sich die Idee des Panslawismus am frühesten selbstbewusst festgesetzt hatte. Zum Felde und zugleich zum Deckmantel diente die Literatur, in welcher unter einigen für ihre unterdrückte Nationalität begeisterten edlen Charakteren zahlreiche im russischen Solde stehende Schriftsteller wirkten. Die aufrichtige oder erkaufte Begeisterung, mit welcher diese schriftstellerischen Werke der Böhmen sich der slawischen Sprache bemächtigten und die Idee der literarischen Vereinigung sämmtlicher politisch getrennter slawischen Völkerstämme verkündigten, drang auf diesem Wege nach und nach auch unter die in Ungarn wohnenden Slawen der Karpatengegend, oder, wie diese bei uns benannt werden, unter die Slowaken immer mehr und mehr ein. Die böhmischen Zeitschriften und andere schriftstellerische Werke begannen auch bei uns Leser zu finden.

Das Eindringen panslawistischer Ideen in Ungarn.

Indess beschränkte sich die Begeisterung für die slawische literarische Vereinigung unter den Slowaken im allgemeinen auf einen sehr engen Kreis. Die Adelichen slawischen Ursprungs, deren verständigerer Theil beinahe ohne Ausnahme auch ungarisch sprach, war durch die Lebhaftigkeit des in den Comitaten ausgebildeten politischen Lebens durchwegs so ungarisch gesinnt geworden, dass sie nicht im Stande waren, sich für die Idee des Panslawismus zu begeistern. Die in den Städten wohnenden slawischen Bürger, die sich ihre Bildung grösstentheils durch die deutsche Sprache verschafft hatten, und ihr Gewerbe in dieser Sprache betrieben, suchten gleichfalls keinen Ruhm darin, sich zu Vorkämpfern des Slawismus aufzudrängen. Unter der katholischen slawischen Geistlichkeit, einige wenige ausgenommen, fand die Idee der Vereinigung der slawischen Nationalitäten ebenfalls keine grössere Sympathie. Das Volk aber, dessen Dialekt übrigens, besonders in einigen Comitaten, von der böhmischen Sprache sehr verschieden ist, stand auf einer viel zu tiefen Stufe der Bildung, als

dass es sie zu begreifen vermocht hätte, und liess, vom Nützlichkeitsprincip ausgehend, wenn ihm seine Lage dies erlaubte, seine Kinder
lieber ungarisch unterrichten, zu Ungarn ausbilden. Es gab indess
eine Klasse, welche die eine Vereinigung der einzelnen Bruchstücke
des slawischen Stammes verkündigenden Ideen mit ebenso grosser
Begeisterung ergriff, als sie dieselben mit ausdauernder Zähigkeit
pflegte; diese Klasse bildete ein Theil der slawischen Priester evangelischer Confession.

Der erste und ausgezeichnetste unter ihnen war Johann Kollar,
Pfarrer der slawischen evangelischen Gemeinde zu Pesth, der mit
einem „Slávy dcera" betitelten lyrischen Epos als Vorkämpfer des
Panslawismus nicht nur in unserm Vaterlande, sondern auch unter
den Slawen im allgemeinen auftrat. Dieses Gedicht wurde zuerst 1827
veröffentlicht, erschien aber vollständig erst 1832 in Pesth. Kollar
tritt in diesem Gedicht, dessen Zweck eine Verherrlichung des slawischen
Stammes ist, als Prophet des Panslawismus (Vsesláwia) auf. „Was
werden die Slawen", sagt er an einer Stelle, „in hundert Jahren sein?
Was ganz Europa? Der Slawismus breitet sich fortwährend aus
und überströmt gleich der Sündflut mit fortwährender Steigung den
Welttheil. Die Sprache, welche die Deutschen verächtlich die Sprache
der Sklaven höhnen, wird in den Sälen ihrer Paläste, an den Mün-
dungen ihrer Flüsse erschallen. Die Wissenschaften werden bald in
slawischen Kanälen fliessen, slawische Gebräuche und Sitten, slawische
Lieder und Trachten werden herrschen an den Ufern der Elbe und
der Seine." Den Cardinalpunkt des ganzen Gedichts bildet dieser
Panslawismus, d. h. jenes ausgedehnte slawische Reich, welches
sämmtliche ihren Dialekten nach voneinander wie immer verschiedene
slawische Stämme vom Athos bis Terklau und Pommern, von Serbien
bis Breslau, von Konstantinopel bis St.-Petersburg, vom Ladoga bis
Astrachan, vom Lande der Kosacken bis Ragusa, vom Plattensee bis
zum Baltischen und Asowschen Meere, von Prag bis Moskau, von
Kamtschatka bis Japan unter einem slawischen Oberhaupte mit allmächtiger Gewalt und Herrlichkeit vereinigen soll. Es fordert die
slawischen Brudervölker auf, sie mögen sich in gegenseitiger Liebe
vereinigen und Panslawien als ihr Vaterland anerkennen, damit der
Name der Slawen am Sternenhimmel dieser Welt neben dem der
Briten und Griechen erglänze. Gross ist — sagt dasselbe — die Aufgabe,
die Hindernisse sind zahlreich, jedoch nicht unüberwindlich, denn die
slawische Nation ist die zahlreichste auf Erden; wenn sie sich vereinigt und zusammenhält, vermag sie jedes Hinderniss zu besiegen,
jeden Damm zu durchbrechen. Ein Kampf und Streit wird nothwendig werden; allein das Ziel dieses Kampfes ist so ruhmvoll und gross-
artig, dass es kein Opfer gibt, welches es nicht verdiente; aber es
gibt auch keine Sünde, welche grösser wäre als die Untreue an diesem

heiligen Ziele. Der Verfasser ertheilt in der Vereinigung sämmtlicher Völker slawischen Ursprungs natürlich Russland die Hauptrolle; seine Sympathie und Begeisterung für dasselbe ist so ausserordentlich gross, dass, wenn man diese grenzenlosen Lobeserhebungen liest, diese Vergötterung, wie man sie füglich nennen kann, womit er das russische Kaiserhaus überhäuft, sich uns unwillkürlich der Gedanke aufdrängt: dem Verfasser habe entweder das edelste der Gefühle, welches das Herz des Mannes zu schnellerm Pochen bringt, das Gefühl für Freiheit, gefehlt, oder er habe dasselbe gleich einer elenden Waare vor die Füsse jener Macht geworfen, deren geheime Ränke die Ideen und Bestrebungen des Panslawismus fortwährend schürten.

Dieses Gedicht, während es auf diese Weise die Slawen verherrlicht, greift nicht nur die Deutschen wegen Unterdrückung des slawischen Stammes an, sondern athmet aus derselben Ursache auch gegen die Ungarn Hass und Rache. Die Klage gegen die Deutschen wird von der Geschichte selbst mit unzähligen Daten gerechtfertigt; allein bezüglich der Ungarn ist dieselbe, besonders in jenen Jahren, vollkommen grundlos. Im Verlauf jenes Sprach- und Nationalitätskampfs, welchen die Slawen gegen die Ungarn mit soviel Galle und Unbilligkeit führten, wurde oft auch in andern Schriften ihrerseits behauptet [1], dass ihr Hass und ihre heftigen Diatriben gegen die Ungarn von Anfang an nichts anderes gewesen wären als eine Rückwirkung gegen das Uebergreifen der ungarischen Sprache und Nationalität, welche die slawische Sprache und Nationalität im Lande mit Unterdrückung bedroht habe. Dies ist jedoch eine offenbare Entstellung der Thatsachen. Wenn die Slawen später vielleicht auch wirklich einigen Grund zur Beschwerde haben mochten, dass sie von den Ungarn auf gesellschaftlichem Gebiete hier und da des Uebereifers einzelner wegen einen Druck erlitten: so ist doch bezüglich dieser Jahre die Behauptung sicherlich grundlos, dass die slawischen Agitationen aus der von den Ungarn hervorgerufenen Rückwirkung herstammten; denn die Zeit des Erscheinens der „Slávy dcera" selbst sowie der Geist dieses Gedichts zeugen unzweifelhaft dafür, dass jene slawischen Agitationen im Gebiet der ungarischen Krone geradezu die Resultate jener panslawistischen Bestrebungen waren, welche sich bei uns unter den verschiedenen slawischen Stämmen auf eine wahrhaft bedenkliche Weise äusserten. Wir sagten, dass das erwähnte Gedicht im Jahre

---

[1] Aehnliches behauptete neuestens auch Graf Johann Majláth in seinem Werke: „Neue Geschichte der Magyaren" (S. 254), welches eine ebenso schlecht gesinnte als oberflächliche, die Thatsachen unzähligemal ignorirende, noch öfter entstellende Marktarbeit ist. So, wie dieses Werk geschrieben ist, ist es Sünde, eine Geschichte zu verfassen; der völlige Mangel ist weit besser, als eine so grundlose, einem Theil schmeichelnde, gegen den andern ungerechte, gegen Vaterland und Nation sündigende Pfuscherei.

1827 und 1832 erschien. Nun aber hatte bis zu jenen Jahren weder 1837—39.
die ungarische Gesetzgebung in Betreff der ungarischen Sprache solche
Gesetze gebracht, aus welchen selbst der übereifrigste Slawe im Stande
gewesen wäre, die Unterdrückung seiner Sprache und Nationalität zu
beweisen; noch traten im gesellschaftlichen Gebiete hinsichtlich der
Uebergriffe des Ungarthums solche Erscheinungen zu Tage, welcher
wegen später einzelne übereifrige Patrioten nicht ohne allen Grund
beschuldigt wurden, und welche z. B. Széchenyi selbst im Jahre 1842
tadelte. Und wir würden kaum übertriebener Sympathie für unsere
Nationalität beschuldigt werden können, wenn wir behaupteten, dass
jene beklagenswerthen Ereiferungen, wegen welcher später die Slawen
gegen die Ungarn sich beschweren konnten, eher aus jenen unsinnigen
und in Anbetracht der Nationalität und Geschichte des Staats, man
kann mit Recht sagen, strafbaren panslawistischen Bestrebungen herstammten, als umgekehrt. Wie wir oben sahen, war selbst noch das
Sprachgesetz von 1836 so bescheiden, dass dasselbe nicht nur keine
Besorgnisse unter den Slawen erwecken, sondern eher der ungarischen
Nation Anlass zu gerechter Beschwerde geben konnte, dass ihre
Sprache im Staate in der Verwaltung ebenso wie im öffentlichen Unterricht ihrer natürlichen Rechte beraubt sei, welche noch immer von
der todten lateinischen Sprache usurpirt würden. Mit Einem Worte,
im Jahre 1827, ja selbst 1832 konnte der Slawe noch keine Beschwerde führen, dass seine Sprache und Nationalität unterdrückt
werde, und die „Slawy deera" bürdet dem Ungarthum dennoch die
grössten Unwürdigkeiten auf. Herabsteigend von jener Höhe, zu
welcher er sich in seiner Rolle als Prophet erhoben hatte, und auf
welcher es sich einem nationalen Dichter zu stehen ziemt, ist er in
den gemeinsten Schmähungen unerschöpflich. Vom blinden Eifer hingerissen, fasst er auch das Edelste mit schmuzigen Händen an, und
bewirft mit Koth, was mit Recht auf Achtung Anspruch machen darf;
er spritzt bald den Geifer des Hasses und der Verleumdung um sich,
bricht in Drohungen aus und reizt zu unedler Rache auf; bald wieder
giesst er seinen Aerger in lächerlichen Lästerungen aus und verdammt
zu den Qualen der Hölle alle jene ungarischen Patrioten, die für die
Ausbildung ihrer Sprache, die Kräftigung ihrer Nationalität mit einem
so löblichen Eifer erglüht waren.[1]

---

[1] Der fünfte Gesang, welcher den Titel „Acheron" führt, besteht ganz
aus dergleichen Gemeinheiten. Den ungarischen Piaristen und Schriftsteller
Dugonics z. B., der nie daran dachte, die Slawen zu unterdrücken, stellt er
als Cerberus mit menschlichem Kopfe dar, der, in der Hölle von Fliegen,
Wanzen, Wespen, Kröten und anderm Gewürm gepeinigt, um sich beisst und
in fremder, d. h. ungarischer Sprache, bellt und schimpft. Andere, z. B. den
sanften Glatz, schildert er mit einer langen Nase versehen, von welcher
zähnefletschende Teufel ganze Stücke abschneiden u. s. w.

Dieses Gedicht, welches im allgemeinen die Thaten der Slawen verherrlicht, die numerische Grösse und Ausdehnung ihres Stammes preist, wurde von einem Theil der slawischen Jugend, besonders evangelischer Confession, auch bei uns mit grosser Begeisterung aufgenom-

men. Hingerissen von den oft nur halbverstandenen poetischen Ergüssen, berauscht von dem Weihrauch, welchen man den Phantasiegebilden eingebildeter Grösse und Machtherrlichkeit streute, eingewiegt in die stolzen Träume künftiger slawischer Grösse, bildeten sie nach und nach auf Aneiferung ihrer Lehrer und Priester eine panslawistisch gesinnte Schar, aus welcher sodann den berechtigten ungarischen Nationalinteressen zahlreiche hitzige Feinde erstanden. In ihren Schulen bildeten sie unter der Leitung ihrer Lehrer Gesellschaften, welchen sie, als scheinbaren Zweck, die Pflege der slawischen Sprache und Literatur und nebstbei auch die Verbreitung panslawistischer Ideen und zugleich des Hasses gegen die Ungarn, die der Damm gegen dieselben waren, bestimmt hatten. Panslawistische Ideen und der Geist wüthenden Hasses gegen die Ungarn durchweht ihre ersten dichterischen Versuche, deren einige, wie die „Gitrenka" und „Nitra" auch gedruckt erschienen.

Den Ungarn, von welchen nur wenige der slawischen Sprache mächtig waren, während die böhmische Mundart, in welcher diese Arbeiten verfasst sind, nicht einmal den Slowaken selbst verständlich war, blieben diese Bestrebungen lange Zeit Geheimniss; denn jene Panslawen verbargen ihre vaterlandsfeindlichen Bestrebungen eine Zeit lang sorgfältig. Von ihren Gesellschaften wurden irgendwelche unschuldige homiletische und andere literarische Uebungen als Schild ausgehängt. Selbst den Begriff des Panslawismus bestrebten sie sich so zu bestimmen, dass er nichts anderes sei als eine literarische Vereinigung der slawischen Stämme. „Unio in literatura inter omnes slavos", sagt Herkel in seiner noch 1826 in Ofen erschienenen slawischen Grammatik. Diese Bestrebungen zogen demnach lange Zeit die Aufmerksamkeit nicht auf sich. Kollar, der seit der Erscheinung seiner „Slávy dcera" der anerkannte Führer des Panslawismus unter den Slowaken in Ungarn war, gab zwar schon 1837 eine Flugschrift heraus, welche den Ungarn hätte die Augen öffnen können; allein selbst diese wurde trotz der deutschen Sprache, in welcher sie verfasst ist, nur von wenigen verdientermassen gewürdigt. Den Titel dieses Werks: „Ueber die literarische Wechselseitigkeit zwischen den verschiedenen Stämmen und Mundarten der Slawen", straft der Inhalt handgreiflich Lügen; denn man kann denselben einigermassen als das Programm des Panslawismus betrachten. Wie sehr diese Flugschrift über die literarische Vereinigung hinaus, welche zur Mystificirung der Welt als Deckmantel gebraucht wird, sich auch über andere Verhältnisse ausdehnt, wird die Anführung einiger Stellen ins rechte Licht

setzen. „Zum ersten mal wieder nach vielen Jahrhunderten", sagt 1837—39.
Kollar auf der dritten Seite [1], „betrachten sich die zerstreuten slawischen Stämme als Ein grosses Volk, und ihre verschiedenen Mundarten
als Eine Sprache, erwachen zum Nationalgefühl und sehnen sich nach
einem engern Aneinanderschliessen." — „Die Slawen", sagt er an
einem andern Orte (S. 18), „haben sich gezählt, und dadurch gefunden, dass sie in Europa die zahlreichsten sind; diese Berechnung hat
sie von ihrer Kraft in Kenntniss gesetzt, und diese hat in ihnen das
dem Menschen angeborene Gefühl wieder erweckt, das den Stärkern
mit geheimer Beschämung davon benachrichtigt, es sei Widerspruch
mit der Natur, wenn er dem Schwächern nachstehe oder nachfolge,
und das ihn auffordert, sich einer Niedrigkeit zu entziehen, welche
für ihn schmachvoll, für die Menschheit nachtheilig ist." — Seiner
Meinung nach haben „alle Slawen nur Ein Vaterland" (S. 29), und
„so wie die vielen verschiedenen Staaten in Amerika nur Einen Staat
ausmachen und untereinander alle gleich sind, so mögen die vielen
Stämme und Mundarten der Slawen nur Einen literarischen Frei-
staat bilden." Wer sieht nicht, dass das Wort „literarischen" nur
eine mystificirende Hülle ist? Ist ja seiner Meinung nach der Beruf
der Slawen kein geringerer, als „sie sollen für die neue oder sich
verjüngende Cultur der Menschheit den neuen lebendigen Mittelpunkt
bilden" (S. 52). Welcher aber von den zahlreichen, voneinander
so sehr verschiedenen slawischen Stämmen derjenige sein solle, der
die grösste Fähigkeit zur Lösung dieser Aufgabe besitze, und welchem
sich die Sympathien des Verfassers am meisten zuneigen, sagt derselbe deutlich im Folgenden: „Besonders hat sich in Russland die
Sprache und Literatur in dieser letzten Zeit und namentlich unter
der väterlichen Regierung des jetzigen Regenten ungemein und mit
frischer Jugendkraft gehoben und hervorgethan, sodass dieselbe, von
einer weisen und thätigen Regierung kräftig unterstützt, sich gegenwärtig im glücklichsten, viel versprechenden Fortschritt befindet."
Endlich stellt er die Mittel, durch welche die Wiedergeburt des
menschlichen Geschlechts durchgeführt werden sollte, folgendermassen
dar in jenen Versen, mit welchen er, sich in den weniger Verdacht
erweckenden Schleier der Poesie verhüllend, seine Flugschrift beschliesst:

> Mein Volk ist das Vaterland mir zugleich,
> Dessen Grenzen unermesslich gross sind!
> Hunderte zählt's nicht, nur Millionen;
> Ueber meinem lieben ausgedehnten
> Vaterlande geht die Sonne nie unter;
> Will's Gott und das Heldenglück uns geben,
> Soll auch seine Ehre nicht untergehen.

[1] Der Uebersetzter benutzte die 1844 bei O. Wigand erschienene zweite
Auflage.

Nach diesen Mittheilungen aus den Werken Kollar's, den wir mit Recht als den Repräsentanten des Panslawismus und den Proselyten machenden Agenten desselben in Ungarn betrachten können, ist es unnöthig, des weitern zu erklären, dass die literarische Vereinigung nur zur Mystificirung des Publikums als Aushängeschild und Deckmantel gebraucht wurde, unter welchem gefährliche politische Zwecke verborgen waren, welche diesen Agenten der panslawistischen Propaganda direct von Russland zur Aufgabe gestellt wurden. Die ungarische Nation begann nicht lange darauf — wie wir weiter unten erzählen werden — dies deutlich zu erkennen, und that auch einiges dagegen; indess war sie jetzt mit den Ideen ihrer eigenen politischen Umgestaltung noch viel zu sehr beschäftigt, als dass sie diesen ohnehin noch verborgen gehaltenen Bestrebungen hätte lebhaftere Aufmerksamkeit zuwenden können. Da sich diese Bewegungen innerhalb der Grenzen des eigentlichen Ungarn noch einzig auf den Kreis der evangelischen Kirche und Schule beschränkten, und somit ohnehin dem Wirkungskreise der Comitate fern lagen, beschäftigten sich diese damit noch nicht, und nahmen kaum Notiz davon, bis dieselben, später über die Schranken der Kirche und Schule hinausreichend, sich auch in das öffentliche Leben hineindrängten. Die Regierung würdigte diese panslawistischen Bestrebungen und den Slawen der Karpatengegend gleichfalls ihrer Aufmerksamkeit nicht, obgleich es unmöglich war, nicht einzusehen, dass dieselben in einem Reiche, in welchem die Hälfte der Bewohner dem slawischen Stamme angehörte, in ihrem Endresultat nur dem natürlichen Feind, Russland, zugute kommen können; zwar nährte sie diese Bewegungen nicht thatsächlich, allein sie duldete dieselben, was darauf hinzuweisen schien, dass sie es nicht ungern sähe, wenn gegen das freisinnige, demokratische Ungarthum auch von dieser Seite her eine Opposition erstände.

Die Nationalitätsfrage in Kroatien. Ganz anders stand die Sache sowol hinsichtlich der Nation als der Regierung in Kroatien. Die Kroaten, trotzdem ihre Provinz vom Mutterland durch besondere Grenzen geschieden war und eigene Municipalrechte besass, erfreuten sich mit den Ungarn zusammen derselben Verfassung, standen unter der Leitung derselben 'obersten Gerichts- und Regierungsbehörden, hatten in den Comitaten ähnliche municipale Behörden; zum ungarischen Reichstag 'sandten auch sie Abgeordnete, und ausser diesen sass ihr Banus unter den Reichsbaronen auf dem dritten Platz, ihre Bischöfe, Obergespane und Magnaten nahmen ihre Sitze an der Magnatentafel ein und hatten gleichen Antheil an der gemeinsamen Gesetzgebung.

Diese Provinz lebte mit dem Mutterland bisher Jahrhunderte hindurch in bester, man kann sagen in geschwisterlicher Eintracht. Seit Jahrhunderten kämpften unter dem Schutz der gemeinsamen Verfassung Ungarn und Kroaten zusammen für ihren nationalen und verfassungsmässigen Bestand gegen innere und äussere Feinde, gegen türkische Eroberungssucht und österreichischen Absolutismus. Miteinander freuten sie sich des Wohlseins und des Glücks, miteinander litten sie die Schläge des Schicksals; gemeinsam war ihre Geschichte. Selbst in der Sache der Nationalität, und was sich von derselben nur der Form nach unterscheidet, im Patriotismus, waren ihre Gefühle gemeinsam. Das ungarische Vaterland, die ungarische Nationalität liebten sie als die Quelle der gemeinschaftlichen constitutionellen Freiheit aufrichtig und herzlich. Ohne dass sie ihre slawische Sprache von sich geworfen und vergessen hätten, waren sie grösstentheils auch der ungarischen mächtig. Ihre ausgezeichnetern Männer wurden in Ungarn ebenso verherrlicht, als wenn sie ungarischen Stammes gewesen wären. Die Zrinyi werden zu den ausgezeichnetsten Männern der ungarischen Geschichte gezählt; und Nikolaus Zrinyi der Jüngere war zu seiner Zeit der gefeierteste ungarische Dichter.

Seitdem die Ungarn, infolge der Germanisirungsversuche Joseph's II., zu einem lebhaftern Gefühl ihrer Nationalität erwacht waren, unterstützten vom Reichstag von 1790 an auch die kroatischen Magnaten und Abgeordneten die ungarische Sprache und die in der Angelegenheit derselben gebrachten Gesetze eifrig. Das warasdiner Comitat gab seinen Vertretern noch auf dem Reichstag von 1830 eine solche Instruction mit, dass sie die Erhebung der ungarischen Sprache zur diplomatischen und den Unterricht in derselben in den Schulen, selbst in denen Kroatiens befürworten mögen. In demselben Jahr fassten die Studirenden an der agramer Akademie, von der Nützlichkeit der ungarischen Sprache überzeugt, den Beschluss, zur grössern Ausbildung ihrer selbst in der ungarischen Sprache, welche sie übrigens grösstentheils verstanden, einen eigenen Sprachlehrer zu halten, dessen Gehalt durch freiwillige Beiträge aufgebracht werden sollte. Noch auf den dem Reichstag des Jahres 1832 vorausgehenden kroatischen Landtag brachten die Abgeordneten der Comitate Kroatiens in Bezug auf die ungarische Sprache grösstentheils günstige Instructionen mit, und erst gegen das Ende dieses langen Reichstags begannen sich die Ansichten der kroatischen Deputirten über diesen Gegenstand zu ändern.

Die Entstehung der Ideen der Nationalität, das Erwachen des Gefühls derselben kann man in Kroatien nur aus der Zusammenwirkung mehrerer theils innerer, theils äusserer Ursachen richtig ableiten. Es gehört zu den eigenthümlichen Merkmalen unserer Zeit, dass die Idee der Nationalität, welche mit den meisten sie belebenden Ursachen zusammen schon für immer erstorben schien, abermals und mit grösserer Lebhaftigkeit erwachte als je. Diese Idee gewann ohne Zweifel auch in Kroatien aus sich selbst den ersten belebenden Funken, schöpfte aus sich selbst die erste Nahrung. Von grosser Einwirkung auf die Erweckung derselben waren auch die schon seit einigen Jahrzehnten lebhafter gewordenen Bewegungen der ungarischen Nationalität. Was in den Gemüthern durch die Bewegung des Geistes dieses Jahrhunderts von selbst entstand, aber gleichsam unbewusst schlummerte, erwachte, durch das Beispiel der sich schon lebendig regenden ungarischen Nationalität gezeitigt, plötzlich, und seine ersten Kundgebungen fanden in den Herzen der Kroaten schnellen Widerhall.

In das Gefühl der kroatischen Nationalität hatte sich in dieser ihrer ersten Periode ihrer Kindheit, möchte ich sagen, natürlich kein gehässiges, kein feindliches Element dem gemeinsamen Vaterland, dem ungarischen Reich gegenüber hineinmischen können. Die Nationalität und was mit derselben seiner Wesenheit nach Eins ist und sich nur durch die Form unterscheidet, der Patriotismus, ist die Quelle der schönsten, heiligsten Gefühle, der herrlichsten, erhabensten Thaten, und die Grundlage jenes edeln Wetteifers der Völker miteinander, welcher zu den mächtigsten Triebfedern des Fortschritts und der Vervollkommnung der Menschheit gehört. Neid, Hass und andere feindliche Leidenschaften können darin ursprünglich ebenso wenig platzgreifen als in dem unverdorbenen Gemüth der Zöglinge desselben Instituts. Und wie überall, wo die ursprünglich guten und edeln Gefühle ausarten, müssen wir auch hier in der guten und reinen Aussaat die Spuren des Unkrautsäers auffinden; es mussten auch hier fremdartige Ursachen wirken, dass das Nationalitätsgefühl der Kroaten sich gleich anfangs mit jenen Gefühlen des Neides und Hasses vermischte, in deren Begleitung dasselbe sogleich nach seinem Erwachen zur Aeusserung kam. Und in der That, die Geschichte weist mit Fingern auf den Aussäer des Unkrauts, und bezeichnet deutlich die Einwirkung dieser fremdartigen Ursachen.

Der Panslawismus in Kroatien. Die russische panslawistische Propaganda begann zu Ende des dritten Zehnts dieses Jahrhunderts auch in Kroatien ihre geheime Wirksamkeit. Die Entwickelungen der politischen Ereignisse Europas lassen es seit 1825 zweifellos erscheinen, dass der hochstrebende Zar Nikolaus nach dem türkischen Krieg im Jahr 1828, in welchem ihn Frankreich und England in der Schwächung des türkischen Reichs so unklug unterstützt hatten, an die Verwirklichung jenes kühnen Planes ernstlich zu denken begann, welchen Zar Peter I. seinen Nachfolgern testamentarisch hinterliess: die Wiederherstellung des orientalischen Kaiserreichs. Der Zar nahm deshalb, um sich in den südslawischen Völkern einen Stützpunkt zu verschaffen, den Faden der von Alexander I. im Jahr 1812 begonnenen und nach dem Pariser Friedensschlusse unterbrochenen oder vernachlässigten Agitationen der panslawistischen Propaganda sorfältig auf. Die Umstände und Zeitverhältnisse zeigten sich hierzu jetzt noch tauglicher als 1812. Die auch unter den Slawen allenthalben erwachende Idee der Nationalität und das Gefühl dafür bereitete jetzt den Boden zum Samenanbau gehörig vor, und bot zugleich ein solches Mittel dar, wie es passender 1837—39. nicht geschaffen werden konnte. Dazu kam noch, dass es auch jene Scheidewand beseitigen konnte, welche unter den südslawischen Völkern die Verschiedenheit der Religion bildete. Man musste nur danach greifen, und es öffnete sich Russland von selbst. So entstand die südslawische russische Propaganda der neuern Zeit.

Seitdem der polnische Aufstand ausgebrochen war, und in der Unterstützung desselben auch die Hand des wiener Cabinets als thätig erkannt wurde, fühlte auch Zar Nikolaus denselben Trieb, Oesterreich durch innere Verwickelungen zu schaden, als sein Vorfahr im Jahr 1812. Und ausserdem fand der hochstrebende Geist des Zar Nikolaus auch nach der Unterdrückung des polnischen Aufstandes und der Wiederherstellung des guten Einvernehmens mit dem wiener Cabinet in jenem traditionellen Plan Peter's I. einen mächtigen Antrieb, seine panslawistischen Agitationen auch in den Gruppen jener südslawischen Völker fortzusetzen, welche der Dynastie Habsburg unterthan waren.

Mit der Oberleitung dieser Agitationen in Kroatien wurde Ludwig Gaj betraut, der, ehe er in seinem Vaterland zu wirken begann, sich längere Zeit in Russland, mehrentheils in Petersburg aufgehalten hatte. Wir wissen nicht zu sagen, ob er es war — bald nach seiner Zurückkunft — oder, wie einige wissen wollen, Kollar, der Agent des Panslawismus unter den Slowaken der Karpatengegenden, der nach Beginn des Reichstags von 1832 unter dem Titel „Sollen wir Magyaren werden?" in Karlstadt in Kroatien eine Flugschrift herausgab, welche durch die Leidenschaftlichkeit ihrer Polemik gegen das Ungarthum eine solche Aufmerksamkeit erregte, dass innerhalb eines Jahres drei Auflagen davon erschienen. Zu derselben Zeit liess Gaj auch einige Verse und andere kleine Schriften nationalen Charakters drucken, welche denselben Zweck verfolgten. Bald darauf wurde jedoch sein Wirkungskreis ein ausgedehnterer.

Im Jahr 1835 weilte unter dem Vorwand des Studiums der Die Entstehung des Illyrismus. kroatischen Sprache ein russischer Agent mehrere Monate lang in Agram, der mit Ludwig Gaj und dem Grafen Johann Draskovics in häufigem Verkehr stand. Wahrscheinlich hatten diese Conferenzen jenes gemischte politisch-belletristische Blatt zum Resultat, welches Gaj in diesem Jahr herauszugeben begann. Das Hauptblatt trug den Titel „Illyrske Narodne Novine", das heisst „Illyrische National-Zeitung"; das Nebenblatt hiess „Danica". Es wurden nämlich, wie von Kollar unter den Slowaken der Karpatengegend, so auch hier von Gaj anfangs literarische Bestrebungen als Schild ausgehängt; aber mit dem Unterschied, dass, während dort Kollar und seine panslawistischen Genossen die böhmische Sprache zum Vermittelungsorgan und stammvereinigenden Band ihrer Bestrebungen machten, in Kroatien eine neue dem grössten Theil der Südslawen so ziemlich verständliche literarische Sprache zur Vereinigung derselben in Gebrauch genommen wurde. Diese Sprache nannte man die illyrische, und die durch dieselbe zu vereinigenden Stämme zusammengenommen belegte man mit dem Namen „illyrische Nation".

In diesem Doppelblatt bestrebte sich Ludwig Gaj, die südslawischen Stämme nicht minder durch politische Artikel als auch durch Gedichte, welche auf die Nationalität Bezug hatten, aufzureizen. In den politischen Artikeln führte er seinen Landsleuten die verwandten Stämme, welche in [Ungarn, in den österreichischen Provinzen, im türkischen und russischen Reiche wohnen, vor; und wenn er auch in seinen Behauptungen nicht so weit ging als Kollar, der angab, der zehnte Theil des menschlichen Geschlechts bestehe aus Slawen, so führte er doch seine Agitationen direct zu Gunsten dieses Stammes. Auch er behauptete, dass sich die Slawen nur zu vereinigen brauchten, damit die Weltherrschaft in ihre Hände käme. Und diese Vereinigung war das Hauptziel, auf welches er alle Arten der Agitation richtete. Dies war auch grösstentheils der Inhalt und der Zweck jener Gedichte, welche er in der „Danica" veröffentlichte. Ein Theil derselben war geradezu auf die Aufreizung zum Hass gegen die Ungarn und auf die Erweckung des Verlangens nach Losreissung von denselben gerichtet.

Da diese illyrisch-panslawistische Bewegung mit grosser Entschiedenheit und heftiger Leidenschaftlichkeit auftrat, verschmolz sie in kurzer Zeit mit sich die obgleich früher als sie selbst entstandenen, allein noch schüchternen, bescheidenen, weniger thatkräftigen, reinen und edeln kroatischen Nationalgefühle, oder drängte sie in den Hintergrund. Mit ihren hochstrebenden Planen verblendete sie die Augen, erfüllte die Gemüther mit Leidenschaft, indem sie gegen jene Hass erweckte, die jenen Planen einen Damm hätten entgegenstellen können. Die aufgestachelten Leidenschaften überströmten mit ihren Wellen bald auch all das, was in den Nationalitätsgefühlen Edles und nach Freiheit Strebendes war. Das eigenthümliche Merkmal der illyrischen Bewegung ist, dass sie nicht freisinnig war, wie das reine Nationalitätsgefühl sonst überall und jederzeit zu sein pflegt. Der Illyrismus strebte nur nach Stammvereinigung und Selbständigkeit; die Volksfreiheit achtete er gar nicht und war bereit, selbst jene constitutionelle Freiheit von sich zu werfen, welche der Ungar mit ihm brüderlich theilte, wenn er vermocht hätte, um diesen Preis die Stammvereinigung zu erkaufen. Dieser Umstand stellt ausser allen Zweifel, dass die kroatische Nationalitätsbewegung durch den Illyrismus an das Leitseil der russischen panslawistischen Propaganda gelangt war. Insbesondere von Gaj sprach die öffentliche Meinung ganz offen aus, dass er geradezu im Sold der russischen Propaganda stehe und dahin wirke, in den im Gebiet der ungarischen Krone und in den österreichischen und türkischen Provinzen wohnenden 1837-39. slawischen Stämmen die Idee der Vereinigung zu erwecken und zu nähren. Und in der That wurde seine Zeitschrift ein Magazin der phantastischsten panslawistischen Ideen, das Organ der Interessen sämmtlicher südslawischer Stämme. Den Geist ihrer Richtung ist nichts im Stande treuer abzuspiegeln als ein Gedicht der „Danica", dessen Inhalt der folgende ist: „Auf der einen Hälfte Europas ruht ein unermesslich grosser Riese. Seine ungeheuern Füsse strecken sich entlang des Schnees im Norden bis an das Eismeer und die Chinesische Mauer aus. In seiner starken Rechten, welche nach dem Herzen der Türkei zugeneigt ist, hält er das Schwarze Meer, — in seiner nach dem Herzen Deutschlands greifenden Linken aber das Baltische Meer. Sein in den Wellen der Adria sich badendes Haupt ist Mittel-Illyrien, bekränzt mit den Blumen und Weinreben des milden Südwindes. Seine Brust ist Ungarn; sein Herz schlägt unter der uralten Tátra; seinen Magen bilden die Flächen Polens; sein Bauch und seine Schenkel strecken sich auf den unermesslichen Blumengefilden Russlands aus. Und dieser Riese ist unsere Nation, die grösste Nation Europas, die slawische Nation; denn das Fleisch und die Knochen sind die verbrüderte slawische Nation; und das Blut, welches diesen Riesenleib belebt, ist ein und dasselbe Blut unserer Mutter Slawia."[1]

Indess stellten sich Gaj und dessen Genossen trotz ihrer panslawistischen Richtung nicht ein Aufgehen in Grossrussland zum Endziel ihrer Agitationen, was auch unter den gegebenen politischen Verhältnissen ein abgeschmackter Traum gewesen wäre; sondern die Idee eines unter günstigen Umständen je eher ins Leben zu rufenden südslawischen Reichs. Ausser allen Zweifel stellt dies unter anderm jene Landkarte, welche Gaj einer Nummer seines Blattes als Beilage beigab. Diese Landkarte stellte das zu errichtende „Neue Illyrien" dar, und schloss in die Grenzen desselben ausser Kroatien, Slawonien und Dalmatien das ganze südliche Ungarn, Istrien, Krain, Kärnten und Steiermark; jenseit der Save aber Bosnien, Serbien, Bulgarien, Montenegro und die Herzegowina. Die Kühnheit politischer Combinationen fehlte, wie es scheint, den Führern der illyrischen Partei keineswegs. Zur Bewerkstelligung dieses Plans, welcher nichts Geringeres in sich enthielt als eine Umgestaltung des Staatensystems von 1815 und eine Veränderung der Karte Europas, war es, wie es den Anschein hat, abermals Russland, auf welches man zählte und welches die Triebfeder dieser Bewegung gewesen.

Da dieses südslawische Reich grösstentheils aus den Besitzthümern der ungarischen Krone hergestellt werden sollte, ist es leicht erklärlich, dass in der Seele dieser schwärmerischen Panslawen ein gewisser

---

[1] In Nr. 34 des Jahrgangs 1838.

Hass gegen Ungarn und die ungarische Nation entstand, ohne dass diese ihnen dazu eine andere Ursache gegeben hätten als diese, dass sie schon von vornherein die lebhafteste Opposition gegen einen solchen Plan, welcher auf eine Verletzung der Integrität des Reichs abzielte, ahnen könnten. Jene Glut und Energie, mit welcher die ungarische Nation ihrer constitutionellen Nationalität anhing, diese zu entwickeln und zu befestigen strebte, und zu diesem Zweck auch ihre Sprache eifrig bildete und innerhalb der Landesgrenzen zu dem von der todten und fremden lateinischen usurpirten Range erheben und zur amtlichen Sprache machen wollte, liess die Panslawen schon im voraus fühlen, dass ihr Streben vor allem andern an der Lebenskraft der ungarischen Nation Schiffbruch erleiden werde. Sie hassten daher jene, denen sie im eigenen Staatsleben Abbruch thun wollten. Aus dem allein kann man sich jedoch diesen Hass nicht befriedigend erklären. Denn obgleich sie denselben zuerst, wie die Slowaken der Karpatengegend, unter der Maske der Literatur verborgen hielten, so nahm ausser den literarischen Bestrebungen die nationale oder richtiger illyrische Bewegung in Kroatien nach kurzer Zeit auch noch eine besondere, rein politische, Ungarn gegenüber stets feindseligere Richtung an. Und dies charakterisirt die Wirkung jener zweiten fremdartigen Ursache, jenes äussern Einflusses, welche die reine und edle kroatische Nationalitätsbewegung, inwiefern diese von dem durch die panslawistische russische Propaganda geschürten Illyrismus noch befreit blieb, zum grössten Theil auf Abwege leiteten. Hier beginnt der directe Einfluss der wiener Regierung auf die illyrische Bewegung; das Resultat derselben wurde jene politische Richtung, welche wir seither in Kroatien bemerken.

Kroatien, welches seit vielen Jahrhunderten unter dem Schutz der ungarischen Krone sich befand, hatte vom Mutterland nie einen Druck, nie eine Ungerechtigkeit erlitten. Die Kroaten nahmen an der ungarischen Gesetzgebung Antheil und genossen alle Wohlthaten der ungarischen Verfassung ohne jede Einschränkung. Ja, was ohne Beispiel in der Weltgeschichte dasteht, diese Provinz hatte sogar gewisse Vortheile über das Mutterland: die ungarische Gesetzgebung liess Kroatien Jahrhunderte hindurch im Genuss mehrerer Vorrechte. Zur gemeinsamen Steuer trug Kroatien verhältnissmässig stets nur die Hälfte desselben bei, was Ungarn zahlte. Ausser seiner Theilnahme an der ungarischen Gesetzgebung besass es auch noch einen besondern Provinziallandtag und dem Mutterland gegenüber gewisse municipale Rechte. Und demnach hatte es weder im Privat- noch im öffentlichen Leben Ursache zu jener aussergewöhnlich feindseligen Leidenschaft, zu jenem Hass Ungarn gegenüber, welchen es dennoch mit solcher Ostentation an den Tag legte. Selbst aus den obenerwähnten Absonderungsgelüsten der illyrischen Partei allein kann man sich nicht erklären, wie es geschehen konnte, dass sie einzig 1837—39. gegen die Ungarn und nicht zugleich auch gegen Oesterreich und dessen Dynastie einen so glühenden Hass nährten, da sie doch keinen einzigen Augenblick zweifeln konnten, dass der Hof eine solche Losreissung von der Monarchie zu dulden, noch weniger geneigt sein würde, wie Ungarn selbst. Die nothwendige Bedingung der Einrichtung des südslawischen Reichs wäre der Zerfall der österreichischen Monarchie gewesen; während Ungarn dadurch nur eine zu seinem Bestand allerdings überaus nützliche, aber wesentlich nicht nothwendige Provinz verloren hätte. Wenn wir daher einzig die Idee der Nationalität und des südslawischen Reichs bezüglich dieser Verhältnisse in Betracht nehmen, so müssen wir uns überzeugen: dass, wie die Illyrier der Verwirklichung ihres Verlangens weit grössere Hindernisse von seiten der wiener Regierung als seitens der ungarischen Nation entgegenzustehen sehen mussten, sie auch gegen jene weit mehr Anlass zum Hass gehabt hätten. Und dieser Grund kann um so weniger widerlegt werden, als, wenn sie in ihrem bürgerlichen Leben auch thatsächliche Beschwerden hatten, diese nicht von der ungarischen Nation, sondern von der wiener Regierung herstammten, welche die Entwickelung der Freiheit und des constitutionellen Lebens in Kroatien wie in Ungarn gleich verhinderte, die Zunahme der materiellen Interessen und des nationalen Wohlstandes hier wie dort fortwährend lähmte.

Diesen hervorstechenden und stets grössere Dimensionen annehmenden Hass der Illyrier gegen Ungarn kann man sich auch daraus allein nicht erklären, dass sie hinsichtlich der Verwaltung Kroatiens nur durch die gemeinsamen obersten Regierungsbehörden, hinsichtlich seiner Gesetze aber nur durch den gemeinsamen Reichstag mit der österreichischen Regierung in Verbindung standen. In seiner politischen Lage, als gleichberechtigter Gefährte des constitutionellen Ungarn, musste sich Kroatien unvergleichlich besser befinden als die von seinen Stammesgenossen bewohnten österreichischen Provinzen, z. B. Krain, Istrien, Böhmen u. s. w., welche sowol ihren Gesetzen als auch der Verwaltung nach der Willkürherrschaft des absolut regierten Oesterreich unterworfen und genöthigt waren, die Sprache desselben, die deutsche, zum grossen Nachtheil ihrer Nationalität, sowol in der öffentlichen Verwaltung als auch in den Schulen zu dulden. Wenn die in den österreichischen Provinzen wohnenden Slawen deswegen gegen das Deutschthum feindselig gesinnt waren, so kann man sich darüber nicht wundern. Aber die Kroaten hatten keinen ähnlichen Grund zum Hass gegen die Ungarn. Die ungarische Sprache wurde Kroatien weder als amtliche noch als Unterrichtssprache aufgedrungen; selbst später, als die Gesetzgebung die ungarische Sprache in allem zur amtlichen und Unterrichtssprache machte, wurde dieses

Gesetz einzig auf das eigentlich genommene Ungarn beschränkt und die alte Amtssprache Kroatiens in ihrem Rechte belassen. Kroatien konnte es doch verständigerweise unmöglich als Beschwerde aufnehmen, dass die gemeinsame ungarische Gesetzgebung zu ihrer Sprache anstatt der lateinischen die ungarische angenommen hatte; dass somit auch die kroatischen Abgeordneten, wenn sie an der Gesetzgebung theilnehmen wollten, ungarisch und nicht, wie ehedem, lateinisch sprechen mussten. Denn es hatte ja die ungarische Sprache nicht die kroatische, sondern die todte lateinische aus den Sälen der Gesetzgebung verdrängt, jene ungarische Sprache, welche in Kroatien selbst von mehrern und besser verstanden wurde als die lateinische. Und indem es den Kroaten nie beikam zu fordern, dass es ihnen erlaubt sein möge, auf dem ungarischen Reichstag kroatisch zu sprechen, so war der Umstand, dass sie nur die lateinische Sprache mit der ungarischen vertauschen mussten, in Bezug auf sie ebenso wenig eine Beschwerde, wie er naturgemäss in ihnen keinen Nationalhass erwecken konnte. Ja, weil die an Zahl geringe kroatische Nation einen besondern Staat nicht bilden konnte und demnach der Willkür Oesterreichs in ebendemselben Augenblick zum Opfer fallen musste, in welchem sie sich von Ungarn losriss: so musste man folgerichtig voraussetzen, dass sie sich vielmehr der Zunahme der hinsichtlich der Freiheit und Verfassungsmässigkeit auch ihr zum Schutzwall dienenden ungarischen Nationalität freuen, und sich eher dem mit ihr sein gutes und schlimmes Schicksal brüderlich theilenden Ungar anschliessen werde, an dessen Seite sie ihre eigene Sprache und Nationalität unbeirrt fortentwickeln konnte, als der österreichischen Regierung, welche sonst auch sie mit demselben Schicksal bedrohen würde, welchem die übrigen ihrer Freiheit und Nationalität beraubten slawischen Stämme anheimfielen.

Und wenn all diesen Ursachen und natürlichen Verhältnissen zum Trotz die Geschichte dennoch beweist, dass ein Theil der kroatischen Nation seit 1836, als die kroatischen Deputirten gegen das auf den amtlichen Gebrauch der ungarischen Sprache Bezug habende, aber ihre Provinz nicht im geringsten berührende Gesetz stimmten, von Jahr zur Jahr eine stets feindseligere Stimmung Ungarn gegenüber an den Tag legte, ohne dass es geschienen hätte, als ob sich dieser Hass auch auf die österreichische Regierung ausgedehnt hätte: so wäre die Geschichte auch ohne klare und thatsächliche Daten genöthigt zu folgern, dass hier die Einwirkung irgendwelcher fremdartiger Ursachen stattfinden müsse. Die Daten indess, welche diesen fremden Einfluss bezeugen, sind klar.

Aus dem bisherigen Verlauf unserer Geschichte ist deutlich zu sehen, dass die ungarische Nationalität und constitutionelle Freiheit während des letzten Jahrzehnts zu einer ausserordentlichen, bisher

nicht gekannten Entwickelung gelangt war. Die erwachte Nationalkraft eroberte seit 1825 immer mehr constitutionelle Principien vom
wiener Cabinet zurück, welches sein willkürherrschaftliches Regierungssystem in der Vergangenheit auch auf uns auszudehnen strebte. Mit
immer unwiderstehlicherer Macht betrieb sie die Aufhebung jener in
früherer Zeit in Bezug auf ihre verfassungsmässigen Rechte entstandenen Beschwerden und die Einhaltung jener alten, im Jahre 1790
abermals zur vollen Geltung gebrachten Gesetze, welche den Ländern
der ungarischen Krone sowol hinsichtlich der Formen als der Principien eine von den österreichischen Provinzen abgesonderte, unabhängige Regierung sichern. Und überdies setzte sie, trotz aller Intriguen und Verlockungen, bei der wiener Regierung stets mehr
Reformen im Geist ihrer Verfassung durch.

Die wiener Regierung hatte dies mit nicht zu unterdrückender
Besorgniss wahrgenommen. Sie sorgte daher für Mittel, durch welche
sie diese erwachte Nationalkraft mindestens schwächen, den freisinnigen
Geist, welcher dem an Willkür gewöhnten Cabinet immer unbequemer
und widerstandskräftiger wurde, unterdrücken könnte. Sie versuchte,
wie wir sahen, vor allem die Bestechung im Schose der Comitate
selbst und unter den Mitgliedern der Gesetzgebung; aber hierdurch
gelang es ihr, hier nur einige wenige zu ihrer Partei hinüberzuziehen,
dort nur den unwissenden niedern Adel einiger Comitate zeitweilig
auf Abwege zu leiten: die grosse Masse der nationalen Intelligenz
blieb der Sache der Freiheit um so treuer und anhänglicher. Sie
suchte einige der kühnern Verfechter und Bannerträger der constitutionellen Freiheit und Reform einzuschüchtern, indem sie mehrere derselben zu Kerkerstrafen verurtheilen liess, mehrere hinwieder in einen
Process verwickelte. Allein diese Massregel hatte nur Erbitterung
zum Resultat, und die Nation, die jene Patrioten nur wegen der
Vertheidigung ihrer eigenen Sache leiden sah, kämpfte mit noch grösserer
Glut, mit noch ausdauernderer Energie für ihre Rechte: und die
Regierung hielt für räthlich, auch diese aufzulassen. Schliesslich
suchte sie das Gegengift in der unlängst erst aufgetauchten kroatisch-
illyrischen Nationalbewegung; diese bestrebte sie sich auszubeuten,
um durch dieselbe dem constitutionellen Fortschritt der freisinnigen
ungarischen Nationalität einen Damm entgegenzuwerfen, und diese,
wenn es schon nicht möglich wäre, ihn gänzlich zu unterdrücken,
mindestens durch Erweckung und Pflege feindseliger Elemente zu
lähmen und für die Cabinetspolitik unschädlich zu machen.

In Ungarn stand die constitutionelle, aber in radicalem Sinne Die Ein-
angestrebte Reformbewegung in engster Verbindung mit der Entwicke- mischung
lung und Befestigung der Nationalität. Als daher die Regierung die rung in die
Nationalität nicht mehr direct angreifen konnte, noch auch in ihrer tätsstreitig-
Entwickelung zum Stillstand zu bringen vermochte, ja, gezwungen keiten.

war, ihr, selbst gegen ihren Willen, Zugeständnisse zu machen, stellte sie ihr im Illyrismus einen Feind entgegen, um mit diesem vereint den freisinnigen, radicalen Geist und die constitutionellen Reformbestrebungen abzuschwächen.

„Es ist gewiss", sagt ein wiener Blatt vom Jahre 1862 [1] selbst, „dass die Regierung Metternich's diese Gelegenheit (die Nationalitätsbestrebungen der Ungarn) mit Freuden ergriff, um die Völker nichtungarischer Sprache, insbesondere die Kroaten, durch geheime Unterstützung oder mindestens durch Versprechungen von etwas dergleichen zu ihrer Partei hinüberzuziehen und die Aussöhnung der zwischen ihnen und den Ungarn an den Tag getretenen Gegensätze zu verhindern. ... Man kann nicht in Abrede stellen, dass diese Plane mit grosser Geschicklichkeit in Angriff genommen wurden, sodass von jenen, welchen die Regierung in diesem Parteikampfe eine handelnde Rolle bestimmte, nur wenige die Zwecke einsahen, für welche sie den Kampfplatz betraten; und dass diese vermeinten, dass sie einzig und allein für ihre Nationalität stritten, während sie nur Werkzeuge waren zu Zwecken, welche mit ihrer Nationalität in keinem Zusammenhange standen." Das Blatt erzählt sodann, welch heftigen Widerspruch die oben erwähnte Flugschrift: „Sollen wir Magyaren werden?" bei den Ständen des Reichstags von 1832—36 fand, und fährt in seiner Erzählung fort: „Die aussergewöhnliche Wirkung dieser Schrift überzeugte die Regierung, dass sie den wahren Weg gefunden habe, auf welche Art sie die Ungarn und Kroaten voneinander fern halten könne; und sie ging auf diesem Wege weiter fort. Nachdem die Verhältnisse in Ungarn selbst dies nicht gestatteten, wurde vorläufig Kroatien zum literarischen Kampfplatz gegen das Ungarthum auserlesen. ... Die Regierung ertheilte Doctor Gaj die Concession zu seinem Blatte." [2]

Nach dem Reichstage indess duldete nicht nur die Regierung die kroatisch-illyrischen Nationalitätsbestrebungen; sondern sie begann dieselben sogar geradezu zu pflegen. Baron Bedekovics, der Vicepräsident der ungarischen königlichen Kammer in Ofen, einer der Vorkämpfer der kroatischen Nationalität, wurde zum zweiten Hofkanzler des ungarischen Staats, der Rath der königlichen Kammer Zdencsay, einer der eifrigsten Unterstützer der illyrischen Bestrebungen Ludwig Gaj's, wurde zum Obergespan-Stellvertreter des agramer

---

[1] Das die slawischen Interessen vertretende „Ost und West" in einer Märznummer des Jahrgangs 1862.

[2] Da der betreffende Jahrgang von „Ost und West" trotz aller Bemühung nicht mehr zu erlangen war, musste die oben angeführte Stelle aus dem Ungarischen übersetzt werden, was ich hiermit ausdrücklich solchen gegenüber bemerke, denen etwa der ursprüngliche Wortlaut zur Hand ist.

Der Uebersetzer.

Comitats ernannt. Andere Regierungsämter bei der Banaltafel wurden 1837—39. fernerhin ausschliesslich mit Anhängern der illyrischen Partei besetzt und sowol denselben als auch dem höhern Klerus zur Aufgabe gestellt, ihren Einfluss in der Provinz zur Befestigung der Anhänglichkeit an die Regierung und zur Nährung der Antipathie gegen das Ungarthum anzuwenden. Damals wurde für die kroatisch-illyrische Sache unter andern auch Baron Kulmer gewonnen, der früher ein Anhänger der ungarischen Nationalität und der constitutionellen Freiheit zu sein schien.

Was von da an in Kroatien geschah, liefert alles den Beweis, dass im geheimen die Regierung selbst an der Spitze des Illyrismus stand. Die illyrische Partei schmolz mit der Regierungspartei so sehr in eins zusammen, dass man unter dem Banner des Illyrismus von da ab keinen einzigen freisinnigen und demokratischen Freund der Reform mehr finden konnte. Die Schranken der Censur wurden für alles, was gegen das Ungarthum geschrieben wurde, erweitert; was um so auffälliger war, weil die Censur den ungarischen Zeitschriften gegenüber gerade damals mit unerbittlichster Strenge gehandhabt wurde. Graf Johann Draskovics und Doctor Ludwig Gaj, die eingestandenermassen die Führer der illyrischen Partei waren, wurden aussergewöhnlicher Auszeichnungen theilhaftig; jener, dem die Partei im Comitatsleben als Anführer folgte, wurde, ohne andere Verdienste aufweisen zu können, mit einem Orden geschmückt; dieser aber, der auf literarischem Felde als Führer voranging, der in seinem Blatte für die Vereinigung der slawischen Stämme und die Schaffung eines südslawischen Reichs offen im Sinne der russischen panslawistischen Propaganda, und mithin gegen die Interessen der Monarchie des österreichischen Kaiserhauses agitirte, erhielt vom Hofe einen Brillantring zum Geschenk, wie das die Gabe begleitende allerhöchste Handschreiben besagte, zur würdigenden Anerkennung und Aneiferung „seiner im Gebiet der slawischen Literatur erworbenen Verdienste". Um die Tragweite dieser Thatsache zu beweisen, genügt es zu bemerken, dass dieselbe unter der Regierung Metternich's die einzige in ihrer Art ist; es wurde wegen seiner Verdienste um die Nationalliteratur nie weder ein deutscher noch ein ungarischer Schriftsteller einer solchen Kundgebung der fürstlichen Gnade für würdig erachtet; obgleich sowol die österreichische als die ungarische Literatur Schriftsteller aufzuweisen hatte, die unvergleichlich grössere Verdienste hatten als Gaj.

Ausser der Regierung und deren Partei gewann der Illyrismus, Der Illyrismus gewinnt dem Klerus eine Stütze. seitdem er Regierungszwecken als Mittel diente, auch in der römisch-katholischen Geistlichkeit eine seiner Hauptstützen. Die freisinnige Reformpartei, welche eine specifisch ungarische Färbung besass, unterstützte auch in Religionsangelegenheiten die freisinnigsten Principien.

Namentlich wünschte sie das gegenseitige Verhältniss der verschiedenen Religionen auf die Grundlage vollkommener Gleichheit und Gleichberechtigung zu stellen. In den im Verlauf der vergangenen Reichstage aufgetauchten Debatten in der Religionsangelegenheit war es hinsichtlich Kroatiens die Bestrebung der Reformpartei, dass jenes engherzige unduldsame Provinzialstatut, welches den Protestanten die Niederlassung und den Besitzerwerb in Kroatien verbot, aufgehoben werde, und die religiösen Verhältnisse der in Ungarn bestehenden in allem gleich seien. Diese Bestrebung traf natürlich beim kroatischen Klerus auf die heftigste Opposition, welcher sodann, weil er in der Aufrechthaltung dieses Provinzialstatuts von der Regierung unterstützt wurde, seinen Dank nicht nur dadurch äusserte, dass er sich noch inniger an sie anschloss, sondern auch dadurch, dass er dem Wunsch derselben gemäss dem Illyrismus, welcher ohnehin der Gegensatz des freisinnigen und nach Reformen strebenden Ungarthums war, als eifrigster Anhänger beitrat. Da Gaj's illyrische Bestrebungen auf diese Weise von der hohen Geistlichkeit unterstützt wurden, so fanden sie im Schos des gesammten Klerus, ja selbst in den Seminarien grosse Sympathie und eifrige Mitwirkung.

Infolge dieser Einflüsse gewann der Illyrismus eine Ungarn stets feindseligere Tendenz, und was sich früher nur auf das literarische Feld beschränkte, schlug nun entschieden sowol auf das gesellschaftliche als auch auf das Feld des öffentlichen Lebens und der Politik hinüber. Die Jugend der agramer Akademie, welche, wie wir erwähnten, einige Jahre zuvor das Jahrgehalt für einen Lehrer der ungarischen Sprache durch freiwillige Beiträge aufbrachte, verbrannte im Jahre 1840 die ungarischen Sprachbücher mit öffentlicher Demonstration. Liszt, den weltberühmten Musikheros, bedrohten sie in Agram mit Erschiessen, wenn er wagen würde, ungarische Nationalstücke zu spielen. Die „Illyrske Narodne Novine" füllten ihre Spalten mit immer galligern Ausbrüchen, Spöttereien und Schmähungen gegen Ungarn. Und die Organe der Regierung, insbesondere die Censur, setzten diesem Vorgehen der illyrischen Partei nicht im geringsten Schranken; während andererseits die Censoren in Ungarn bezüglich dieser Verhältnisse so strenge Instructionen erhielten, dass kraft derselben in den ungarischen periodischen Schriften alles ausgestrichen und verboten werden musste, was sich auf die Aufdeckung oder Zurückweisung derartiger Zügellosigkeiten der illyrischen Partei bezog. Es geschah wiederholt, dass die ungerechtesten Angriffe, die unbegründetsten Verleumdungen in den kroatischen Zeitschriften gegen Ungarn gehäuft wurden, und die ungarischen Blätter nicht einmal im gemässigtesten Tone geschriebene Widerlegungen in ihren Spalten abdrucken lassen durften: den Anhängern der illyrischen Partei war jede Verdächtigung, jede Beschimpfung erlaubt, den Ungarn war auch

die Selbstvertheidigung verboten. Die Parteilichkeit der Regierung in
der Handhabung der Presse ging in Bezug auf diese Verhältnisse soweit, dass man endlich selbst gegen die russische Regierung und die
russische panslawistische Propaganda nichts veröffentlichen durfte.
Die Censur strich ohne Ausnahme unbarmherzig jeden Artikel, welcher
auf die Aufdeckung oder Zurückweisung der Ränke der stets gefähr-
licher agitirenden russischen Propaganda Bezug hatte. Die Regierung
Metternich's duldete nicht nur, sondern unterstützte auch, mit grosser
Gefährdung der Monarchie, diesen unritterlichen Kampf, jene geheimen
Intriguen, damit sie nur die auf ihre gesetzliche Selbständigkeit und
freisinnigen Reformen gerichteten Bestrebungen der ungarischen Nationalität verhindere und erfolglos mache.

Es war für die Führer der illyrischen Bewegung unmöglich, Die Bestre-
bungen der
nicht sogleich anfangs einzusehen, dass ihre Bestrebungen, wenn diese illyrischen
sich einzig auf den an Zahl schwachen Stamm der Kroaten beschrän- Partei zur
Vereinigung
ken würden, mochten sie die Idee und das Gefühl der Nationalität in mit den
Serben.
demselben wie immer in Flammen setzen, in Bezug auf den vorge-
steckten geheimen Zweck von keinem grossen Erfolg sein könnten.
Sie verkündigten daher allenthalben, dass ihre Angelegenheit im gemeinsamen Interesse der Südslawen liege; und die Vereinigung mit
denselben, vorzüglich mit dem sie an Zahl übertreffenden Stamme der
Serben, wurde eine ihrer Hauptbestrebungen. Deshalb nahmen sie
also auch die bei den Serben beliebte Benennung „Illyrien" an; deshalb formten sie ihre Schriftsprache so sehr um, dass diese mehr dem
Serbischen als dem Kroatischen nahe stand; deshalb richteten sie so
zahlreiche schmeichelnde, begeisternde, aufreizende Gedichte und Zeitungsartikel an das Volk der Serben.

Diese Agitationen blieben indess bei den Serben lange Zeit ohne
Erfolg. Bei den gebildetern Theilen derselben bildeten bisher blos
die zwei Fragen den Hauptgegenstand der Debatten: ob man auch
für die Zukunft der alten slawischen Sprache, wie sie in den russischen und serbischen Kirchenschriften im Gebrauche stand, den Vorrang lassen, oder anstatt derselben die eigentliche serbische Sprache,
die lebende Sprache des Volks zur kirchlichen und literarischen erheben solle? Diese Debatten zeugen deutlich dafür, dass die Nationalitätsbewegung auch schon bei den Serben begonnen hatte. Allein
eine dritte, die sogenannte illyrische Sprache, als Vereinigungsmittel
der verschiedenen slawischen Stämme, war für sie eine ganz neue
Idee. Diese Vereinigung wünschten sie damals noch nicht; und bezüglich der Annahme der illyrischen Sprache, was übrigens auch mit
den religiösen Verhältnissen nicht vereinbar schien, zeigte sich auch
geraume Zeit, wie wir später sehen werden, bis 1842, unter ihnen
nicht die geringste Sympathie. Es gehört zu den charakteristischen
Eigenthümlichkeiten des serbischen Volks, dass es die Idee seiner

Nationalität mit seiner Religion auf das engste verbindet. Die der Religion nach katholische illyrische Partei, welche zumeist deshalb, weil sie den ganzen katholischen Klerus in Kroatien in sich aufgenommen hatte, eine hervorstechend katholische Färbung bekam, durfte daher um so weniger auf Sympathie rechnen, da die Serben, wie wir weiter unten sehen werden, wegen des gewaltsamen Aufdringens der kirchlichen Vereinigung auch gegen den katholischen Klerus viele Klagen erheben konnten. Ihre Wünsche und Bestrebungen richteten sich in dieser Zeit noch keineswegs auf einen Kampf gegen die Ungarn, sondern einzig und allein dahin, dass im Sinne des 27. Gesetzartikels 1791 ihre Bischöfe mit dem hohen Klerus der Katholiken in gleiche Stellung kommen mögen, der Ausbildung der niedern Geistlichkeit mehr Sorgfalt zugewendet, bei der Anstellung der zu Aemtern tauglichen Individuen mehr Unparteilichkeit herrschen solle, endlich, dass die Rechtsgleichheit zwischen den verschiedenen Religionssekten vollständig ins Leben eingeführt und dadurch den Unionsagitationen der katholischen Geistlichkeit vorgebeugt werde. Ueber diese Wünsche und Bestrebungen hinaus war bei ihnen noch keine Bewegung zu bemerken, welche auf eine Sehnsucht nach Vereinigung mit den südslawischen Stämmen hätte schliessen lassen. Sztratimirovics, der Erzbischof von Karlovicz, der seine Diöcese schon seit beinahe einem halben Jahrhundert regierte, und, wie es bei alten Leuten gewöhnlich, vor jeder Reform zurückschrak, wollte nicht einmal die serbische Mundart an die Stelle der altslawischen in Kirche und Schule erheben, und war demnach dem von den kroatischen Agitationen eingeführten Gebrauch der illyrischen Mundart noch mehr entgegen. Unter seinem Nachfolger Stephan Sztankovics, der nach dem 1836 erfolgten Tode desselben den Erzbischofsitz einnahm, trat zwar in diesen Verhältnissen einige Veränderung ein, inwiefern nämlich der neue Erzbischof in der Sprachenfrage die grösste Indifferenz beobachtete; indess fand der Illyrismus auch zu seiner Zeit unter den Serben noch keine zahlreichern und bedeutendern Anhänger. Erst seit 1842 geschah in dieser Hinsicht eine Wendung, als nach dem Tode Sztankovics' Joseph Rajacsics Erzbischof von Karlovicz wurde.

Die illyrische Bewegung blieb demnach mehrere Jahre hindurch innerhalb der Grenzen Kroatiens und Slawoniens beschränkt. Hier aber gewann sie, besonders in den drei kroatischen Comitaten, sowol hinsichtlich ihrer innern als äussern Ausdehnung eine um so grössere Zunahme, je deutlicher die Protection des wiener Cabinets zu Tage trat. Eine bedeutende Stütze erhielt sie auch in Johann Haulik, der in dieser Zeit vom neusohler zum agramer Bisthum versetzt wurde. Kroatien, dessen bedeutendere Gutsbesitzer beinahe ohne Ausnahme, und der grössere Theil der Adelsklasse noch treue und freundschaftliche Gefühle gegen Ungarn hegten, spaltete sich von da ab immer mehr in zwei Parteien, deren eine die andere als Feind hasste. Die 1837—39. General- und Wahlversammlungen der Comitate wurden das Schlachtfeld dieser Parteien, auf welchem dieselben unter verschiedenen Fahnen und Abzeichen das Bild zweier feindlicher Lager boten und sich nicht selten bis zu blutigen Zusammenstössen vergassen. Den schliesslichen Sieg konnte man indess, der Protection von seiten der Regierung wegen, schon in vorhinein der illyrischen Partei prophezeien. Allein diese anstössigen Scenen werden wir erst später, in der dem Reichstag von 1840 folgenden Zeitperiode, umständlicher erzählen, als die Bewegung schon in entschiedener Richtung und mit deutlich ausgesprochenen Losungsworten zu Tage trat. Hier bemerken wir nur soviel, dass die kroatischen Abgeordneten auf den genannten Reichstag schon Instructionen mitgebracht hatten, welche ihnen zur Pflicht machten, die Verbreitung des amtlichen Gebrauchs der ungarischen Sprache und die Lösung der von der freisinnigen Reformpartei in Angriff genommenen Fortschrittsfragen auf jede Weise zu verhindern. Die Regierung Metternich's erreichte daher durch Aufreizung und Nährung der Nationalitätseifersucht ihr Ziel in Kroatien vollständig: die illyrische Partei, welche panslawistische Tendenzen verfolgte, verband sich auf das engste mit der Regierungspartei und wurde das Werkzeug der letztern zur Unterdrückung der freisinnigen ungarischen Reformbewegung. Die eifrigen Anhänger der illyrischen Partei wähnten der Sache ihrer eigenen Nationalität zu dienen, während sie nur am Seile der Metternich'schen Regierungspolitik mitzogen.

Allein solche Regierungsmittel waren schon ungenügend, den Der Fort-
schritt der Geist des Jahrhunderts zu besiegen. Während das Cabinet beflissen Reform- war, einerseits durch Strenge und Einschüchterung, andererseits durch sache wäh-
rend dieser Schürung nationaler Eifersüchteleien und Streitigkeiten den aufstre- Zeit. benden Nationalgeist zu unterdrücken oder mindestens zu beschränken oder in eine andere Richtung zu zwingen, nahm die Sache der Reform und Freiheit, allen Gegenbestrebungen zum Trotz, an Kraft stets zu, und machte immerfort grössere Eroberungen um sich. Während des Kampfes, welchen die Comitate, hauptsächlich in der Frage der verletzten Redefreiheit, durch ihre Verhandlungen und Adressen fortführten, verrieth die dicasteriale Regierung immer mehr ihre Kraftlosigkeit und ihr Unvermögen; die Selbstregierung der Comitate hingegen nahm an Lebhaftigkeit, an Energie und Einfluss auf die Gestaltung der Zukunft der Nation unwiderstehlich zu. Jede Aeusserung des öffentlichen nationalen Lebens vereinigte sich um so mehr in den Comitaten, weil die Presse fortwährend in Banden lag; und obgleich in diesen Jahren einige neue Blätter entstanden, so konnte doch die öffentliche Meinung in denselben, da die Besprechung politischer Fragen untersagt war, nicht zur Aeusserung kommen. Diesen Mangel vermochten theilweise nur die öffentlichen Versammlungen der Comitate zu ersetzen. Ihre hierdurch erlangte Wichtigkeit wurde dadurch bedeutend erhöht, dass, wie wir sogleich erzählen werden, sich die Parteien während dieser Zeit schärfer entwickelt hatten und bei dieser Gelegenheit einer jeden Generalversammlung sich mit grosser Lebhaftigkeit miteinander massen. Die Ideen, Principien und Reformfragen, welche während des vergangenen langen Reichstags in Angriff genommen oder mindestens angebahnt wurden, riefen immerfort lebhafte, nicht selten heftige Debatten hervor; und wie sehr sie auch von der Regierungspartei verfolgt und von den Conservativen angegriffen wurden, dehnten sie sich nicht nur immer weiter aus, sondern gewannen stets eine mehr demokratische und radicale Richtung; ja es wurden einige Fortschrittsfragen, soweit es die gesellschaftlichen Schranken zuliessen, auch schon ins Leben eingeführt.

Unter allen von der freisinnigen Partei beantragten Reformen war es die Erbablösung der Unterthanen, welcher die Regierung am heftigsten entgegen war, weil sie darin das Schreckbild der Demokratie zu erblicken wähnte. Die Erbablösung wurde daher jetzt von der freisinnigen Partei auch am eifrigsten aufgegriffen, da sie gleichsam hoffte, durch dieselbe die Rinde des stationären Princips am erfolgreichsten durchbrechen und den Weg für die übrigen Reformen bahnen zu können. Als daher die Verhältnisse der herrschaftlichen und unterthanlichen Gründe im Sinne der neuen Gesetze geordnet wurden, wurde in mehrern Comitaten auch die Erbablösungsfrage der Debatte unterworfen, ja in einzelnen Fällen auch glücklich gelöst. Der Ruhm der Initiative gebührt in dieser Hinsicht Stephan Bezerédy, der, wie er diese Reform auf dem Reichstage mit der grössten Begeisterung theoretisch verfocht, so jetzt auch in ihrer Ausführung der erste war; er schloss mit seinen Unterthanen den ersten Erbablösungsvertrag ab. Das gute Beispiel fand bald darauf auch mehrere Nachahmer; und in den Segenswünschen der abgelösten Unterthanen, mit welchen diese ihre menschenfreundlichen Grundherren überhäuften, konnte die Regierung die deutlichste Verdammung ihrer Politik hören, welcher gemäss sie dieser heilsamen Reform so sehr entgegen war. Und Nikolaus Wesselényi, der seiner für die Erbablösungsfrage gesprochenen Rede wegen verurtheilt wurde, feierte infolge dieser Erbablösungsfälle den glänzendsten Sieg in der öffentlichen Meinung. Die Reformfrage selbst erhob sich aber zu einer so grossen moralischen Kraft, dass kein Zweifel mehr obwalten konnte, sie würde auf dem nächsten Reichstage zum Gesetz werden.

Und wie es darin durch kein mit willkürherrschaftlicher List und auf Einschüchterung berechnetes Verfahren gelang, den aufstrebenden Nationalgeist zu unterdrücken, so schritt derselbe, obgleich er mit unzähligen Hindernissen kämpfen musste, unaufhaltsam auch in allen übrigen Fragen der nationalen Umgestaltung vorwärts. Nächst jenem heftigen Kampfe, welcher von seiten der Comitate wegen der gesetzwidrigen politischen Processe, Verhaftungen und Verurtheilungen gegen die Regierung geführt ward, wurden auch die Fragen der sonst noch gewünschten Reformen immer häufiger in Verhandlung genommen. Die Basirung der wechselseitigen Verhältnisse zwischen den verschiedenen Religionssekten auf vollständiger Rechtsgleichheit, die Befreiung des Grundbesitzes von den feudalen Banden, von der Aviticität und Fiscalität, die Begründung der Gleichheit vor dem Gesetze und der gemeinsamen Tragung der Lasten unter den verschiedenen Klassen des Volks, die Verbesserung des Strafgesetzbuchs und des Gefängnisswesens und mehrere andere Fragen der Reform wurden immer mehr entwickelt und zur Reife gebracht; wodurch die Aufgabe der künftigen Gesetzgebung so sehr erleichtert wurde, dass man nur den Text des Gesetzes anzufertigen brauchte.

Neben diesen wichtigern wurden aber in den Generalversammlungen auch solche Reformfragen aufs Tapet gebracht, in welchen die Comitate nicht für nöthig hielten, die Anordnung der Gesetzgebung abzuwarten; sondern kraft ihres eigenen jurisdictionellen statutarischen Rechts sich für befähigt glaubten, Verfügungen zu treffen. In solchen Angelegenheiten führten einige Comitate die Reform auch sofort aus. So erfuhr z. B. das Gefängnisswesen in zahlreichen Comitaten bedeutende Verbesserungen. Ebenso wurde auch im gesellschaftlichen Gebiete der Grund zu mehrfachem Fortschritt gelegt. Es wurde z. B. zur Verbesserung des Volksunterrichts, bezüglich welches die Regierung auf dem verflossenen Reichstage den ihr vorgelegten Gesetzvorschlag verworfen hatte, aus eigenem Antriebe jedoch nichts that, in Tolna im Subscriptionswege eine Lehrerbildungsanstalt für Kleinkinderbewahrungs-Institute und neben derselben auch eine Muster-Kleinkinderbewahranstalt gegründet, nach deren Vorbild später diese so sehr nützlichen Institute im Lande immer mehr zunahmen. In der Angelegenheit der Nationalsprache ging gleichfalls ein grosser Fortschritt vor sich, sowol hinsichtlich ihrer innern Ausbildung als ihrer äussern Ausdehnung nach. Die Literatur, welche, wie wir später erzählen werden, von der Nationalakademie eifrig gepflegt wurde, ging einer immer schönern Blüte entgegen. Ein nicht geringer Factor zur Verbreitung der Nationalsprache im gesellschaftlichen Leben wurde auch das nationale Schauspiel, welches, nachdem es sich schon in Ofen für beständig eingebürgert hatte, bald darauf auch in Pesth ein eigenes Schauspielhaus erhielt. Die Meinungen waren in dieser Beziehung zwischen zwei Parteien getheilt. Einige, darunter Stephan Széchenyi, Aurel Dessewffy und mehrere andere, glaubten erst die reichstägliche Begründung des Nationalschauspiels abwarten zu sollen, wonach sodann auf einem von der Stadt Pesth hierzu am Donauufer angewiesenen

1837—39. Platze ein der Würde der Nation entsprechendes, schönes Theatergebäude aufgeführt werden sollte. Andere hingegen, nnter ihnen auch der Beamtenkörper des Comitats, meinten in ihrem ungeduldigen Eifer, die Angelegenheit, nach deren Zustandekommen auch das Publikum sich sehnte, nicht ferner aufschieben zu können; und eine Actiengesellschaft erbaute unter der Protection der pesther Comitatsbehörde auf einem vom Fürsten Grassalkovics geschenkten Grunde ein einstweiliges Schauspielhaus, welches die Bestimmung hatte, später zu einem Conservatorium zu dienen. Das jugendliche Institut, welches die ausgezeichnetsten Mitglieder der im Vaterlande bestehenden Schauspielgesellschaften in seinen Schos aufnahm, überflügelte bald weitaus hinsichtlich der Vollkommenheit der dramatischen Kunst die von der städtischen Behörde unterstützte, in einem grossartigen Hause wirkende deutsche Schauspielergesellschaft. Zur Beförderung der bildenden Künste begann ein Kunstverein jährlich Kunstausstellungen zu veranstalten, u. s. w.

Eines noch grössern Fortschritts erfreuten sich die Landwirthschaft, die Gewerbe und der Handel, deren Entwickelung zu erzählen wir indess weiter unten passendere Gelegenheit finden werden. Mit einem Worte, die zum Bewusstsein ihrer Kraft gelangte Nation, die ihre Mängel und ihr Zurückbleiben immer mehr einzusehen gelernt hatte, betrat sowol hinsichtlich ihrer materiellen als geistigen Interessen thatsächlich die Bahn des Fortschritts, trotz der unzähligen Hindernisse, welche ihr einerseits die Willkür der Regierung, oder der jedem Fortschritt entgegenstehende Mangel an Willen derselben, andererseits aber die Mangelhaftigkeit der veralteten, und wegen der Opposition der Regierung bisher noch nicht verbesserten nationalen Institutionen, und alle daraus zusammengenommen entstandenen ungünstigen Verhältnisse und Zustände, der Mangel an Geld, Credit, Fachbildung, Communicationsmitteln u. s. w. ihren Bestrebungen entgegengestellt hatte. Und wenn sie vielleicht auch während dieser Jahre nicht so weit vorwärts kam, wie sie dies unter günstigern Umständen hätte thun können, so ist dies sicherlich der Reformpartei, die ihrerseits alles Mögliche that, weder als Fehler noch als Versäumniss zuzuschreiben.

Unter allen diesen Fragen des nationalen Fortschritts nahmen indess die Gemüther zumeist jene Nationalbeschwerden ein, welche die Redefreiheit und die Sicherheit der Person in letzterer Zeit erlitten hatten. Jedermann sah und fühlte, dass, solange das freie Wort in der Sache der nationalen Umgestaltung von der Regierung mit einem Ehrlosigkeits- oder mit einem Majestätsbeleidigungsprocesse bedroht wird; solange die Besprechung der öffentlichen Angelegenheiten, wenn sie die Schranken der Gesetze auch nicht überschreitet, gewaltthätige Verhaftung und willkürliche Einkerkerung nach sich ziehen kann, auch

von einem den Bedürfnissen entsprechenden Fortschritt, von einer ge- 1837—39.
hörigen Entwickelung der nationalen Interessen keine Rede sein könne.
Es war daher natürlich, dass die Patrioten vor allem eine schnelle
Behebung dieser nationalen Beschwerden beschäftigte. Die Erfahrung
lehrte, dass einzelne Comitate, sie mochten noch so energische Adressen
an die Regierung richten, diesem Uebelstande abzuhelfen nicht im
Stande waren; ja dass eben wegen der bei Gelegenheit der Bestimmung des Inhalts der Adressen über diese Gewaltstreiche gesprochenen
Reden mehrere in Processe wegen Majestätsbeleidigung verwickelt
wurden; auf die Adressen aber von der Regierung entweder gar keine,
oder entschieden misbilligende und drohende Antworten herabgelangten.

Das pesther Comitat versuchte daher einen Schritt ganz neuer Die Abord-
Art. Die Stände des Comitats ernannten, in der Ueberzeugung, dass pesther Co-
dieses ganze beschwerdenvolle Vorgehen der Regierung nur von eini- den König.
gen feindselig gesinnten kaiserlichen Ministern und einigen zu Werkzeugen derselben sich hergebenden ungarischen Regierungsbeamten
ausgehe, der sanftmüthige König aber entweder hiervon nichts wisse,
oder schlecht unterrichtet sei, — eine Abordnung aus ihrer Mitte,
welche den König persönlich von dem Zustande der Landesangelegenheiten unterrichten sollte. Es gab mehrere, die, die Verhältnisse des
Hofs und der Regierung näher kennend, schon in der Versammlung,
in welcher die Deputation ernannt wurde, ihre Ueberzeugung aussprachen, die Abgeordneten würden nicht vorgelassen werden. Die
Stände indess sandten, entweder weil sie nicht glauben konnten, dass
der mildgesinnte König, der seine ungarischen Unterthanen ohnehin
so selten sieht, die unterthänigen Bitten der Abgesandten einer volkreichen Jurisdiction nicht anhören wolle; oder weil sie, wenn sie hierauf auch vorbereitet waren, die infolge des verweigerten Empfangs
wachsende allgemeine Gereiztheit als nützliches Mittel zu einer Wendung in den Angelegenheiten betrachteten, — die Stände sandten, sagen
wir, die aus zahlreichen ansehnlichen Patrioten bestehende Abordnung
dennoch ab. Diese erhielt, nachdem sie in Wien angekommen und
sich beim Hofkanzler Pálffy angemeldet hatte, von demselben die
Antwort, dass Se. Majestät die Deputation nicht empfangen könne und
derselben anbefehle, sobald als möglich nach Hause zu gehen; das
Comitat aber möge sich ruhig verhalten.

Als sich die Kunde von der Zurückweisung der Deputation im
Lande verbreitete, stieg in der That die Gereiztheit im freisinnigen
Theil der Nation auf eine um so höhere Stufe, je allgemeiner die
Ueberzeugung war, dass die Ankunft der Abordnung dem Könige nicht
einmal mitgetheilt worden war, und die Häupter der Regierung, Erz-
herzog Ludwig, die Minister Metternich und Kolowrat, durch den
Hofkanzler Pálffy auch in dieser Angelegenheit willkürlich verfuhren.

In den Comitaten wurden laute Klagen erhoben, dass, den Gesetzen entgegen, in den Landesangelegenheiten von den deutschen Räthen verfügt werde, und diese, wie es einstens unter Rudolf und Leopold I. geschah, die Thür des Königs den gerechten Klagen, den rechtmässigen Bitten der Nation verschlössen.

Unter diesen Umständen wurde in der Nation die Ueberzeugung allgemein, dass die jede freiere Lebensthätigkeit hindernde, jeden Fortschritt tödtende Regierungspolitik nur eine reichstägliche Opposition von unerschütterlicher Energie abzuändern und eine Behebung der Nationalbeschwerden herbeizuführen im Stande sein könne. Da die grosse Masse des Adels zur freisinnigen Reformpartei schon gehörte, konnte darüber kein Zweifel obwalten, dass im Ständehause die Opposition zahlreicher und stärker sein werde als je bisher. Die Geschichte des vergangenen Reichstags konnte jedermann überzeugen, dass die Wirkung der Ständetafel insolange gelähmt bleiben werde, bis das Haus der Magnaten, von der Regierung unterstützt, ein unbegrenztes Veto ausübe und im Schos dieses Hauses selbst eine compactere Opposition sich ausgebildet habe. Da man unter diesen Umständen an eine Reform der Magnatentafel und an die Organisation des Reichstags im allgemeinen nicht denken konnte, so sahen die Patrioten ein, dass es keine andere Art gebe, dem Uebel abzuhelfen, als dahin zu streben, dass auf dem künftigen Reichstage an der Magnatentafel selbst die Opposition so stark als möglich sei.

Es bestand zwar, wie wir wissen, auch bisher eine kleine Oppositionspartei unter den Magnaten; allein diese war so gering, indisciplinirt und energielos, dass sie neben der grossen Anzahl der königlichen Beamten, Obergespane und Bischöfe kaum einiges Gewicht hatte, besonders nachdem der vorsitzende Palatin die Stimmen, nach einem alten Gebrauche, nicht zählte, sondern abwog, und die Beschlüsse der Tafel stets nach der grösstentheils übereinstimmenden Meinung der das Wort führenden Bannerherren und Obergespane aussprach. Indess verschob man jetzt die Abänderung dieser Misstände auf eine sich auf dem künftigen Reichstage entwickelnde passende Gelegenheit, und strebte mit aller Sorgfalt dahin, dass von den unabhängigen Magnaten, den sogenannten Regalisten, eine möglichst grosse Anzahl für die Opposition gewonnen und bestimmt werde, auf dem Reichstage fortwährend gegenwärtig zu sein; denn die Schwäche der Opposition in der Magnatentafel stammte zum Theil daher, dass die Regalisten, durch die erwähnten Umstände verstimmt, den Reichstag zahlreich verliessen.

Diesen Zweck konnte man jetzt ohne Zweifel viel leichter erreichen als vor einigen Jahren. Die Sache der Reform fand infolge der Agitationen Stephan Széchenyi's und Nikolaus Wesselényi's und der Verhandlungen des verflossenen langen Reichstags auch schon unter den Magnaten zahlreiche eifrige Unterstützung, und das Verfahren der 1837—39. Regierung erweckte während der letzten Jahre auch in vielen von ihnen Besorgniss und Verbitterung. Sie hatten nur einen geschickten Führer nöthig, der die noch unzusammenhängende Masse mit dem Bande des Parteigeistes zu verbinden und die Disciplin aufrecht zu halten im Stande wäre. Die angesehensten und volksthümlichsten Männer der Opposition an der Magnatentafel waren bisher Széchenyi und Wesselényi, der letztere auch ihr Führer, weil Széchenyi, wie wir oben gesehen haben, die mauerbrechende Politik Wesselényi's nicht billigend, sich mit demselben entzweite, und wiewol er stets mit der Opposition abstimmte, die Rolle eines Führers nicht übernehmen wollte. Gegenwärtig konnte keiner von beiden diesen Platz einnehmen. Széchenyi konnte bei alledem, dass man die freisinnige Reformpartei grösstentheils nach seinen Ideen geschaffen und der ganzen nationalen Opposition danach die Richtung gegeben hatte, die Leitung der heftigen reichstäglichen Debatten wegen seiner Stellung, seiner Verhältnisse im nationalen Leben nicht übernehmen. Er wollte wegen des Gedeihens seiner schon theils angebahnten, theils projectirten materiellen Unternehmungen bei all seinem oppositionellen Geist der conservativen Partei dennoch nicht so entschieden entgegentreten, wie es die Rolle eines Führers erforderte; und da er mit unermüdlichem Eifer vorzüglich in der Entwickelung materieller Interessen thätig war, so wollte er sich, damit man seinen Bestrebungen von obenher keine unüberwindlichen Hindernisse in den Weg lege, auch in Wien nicht unmöglich machen. Dies war auch die Ursache davon, dass er sich von den Bewegungen im Comitat fern hielt und nur sehr selten und vorsichtig an den leidenschaftlichen Debatten der Comitatsversammlungen theilnahm, welche letztern der eigentliche Herd der Opposition waren. Széchenyi war jedoch überdies auch den Eigenthümlichkeiten seines Charakters zufolge zu einem Führer der Opposition untauglich. Das Parteileben hat unstreitig auch seine Schlacken, welche der Staatsmann, besonders aber der Parteiführer, obwol er sich in den Tiefen seines Herzens davon mit Abscheu wegwendet, nicht nur nicht verachten oder gar verfolgen darf, sondern mit welchem er, wenn er Erfolge erzielen will, oft Nachsicht haben, ja welche er scheinbar selbst unterstützen muss. Széchenyi war dessen vollkommen unfähig. Er pflegte alles Schlackenhafte, mit welchem er zusammentraf, jeden Misgriff, welcher um ihn her gemacht wurde, ja alles, was mit seinem Gedankengange, mit seiner geistigen Richtung nicht übereinstimmte, mit dem Stachel seines scharfen Spottes und seinen wie ein Gussregen niederströmenden beissenden Einfällen unbarmherzig zu verfolgen. Er vermochte nicht ein anderes Verfahren zu beobachten, obgleich ihm dasselbe vielleicht auch seine Popularität kostete. In Wesselényi waren zwar jene Eigenschaften, welche für einen Führer der Opposition unerlasslich sind, in hohem Masse vereinigt; und er bekleidete auch diese Rolle vor einigen Jahren, wie wir gesehen haben, sowol in Ungarn als in Siebenbürgen, wenn auch nicht ohne Fehler und Misgriffe, so doch nicht ohne Erfolg. Jetzt aber wurde er durch seine politischen Processe und seine Verurtheilung von dem Schauplatze gewaltsam entfernt, und, wie er sich in einer spätern Flugschrift ausdrückte, zu einem politisch Todten gemacht. Ausser diesen zwei Männern hatte sich unter den freisinnigen Magnaten bisher noch niemand durch solche Eigenschaften ausgezeichnet, niemand konnte sich einer solchen Popularität rühmen, dass er von der öffentlichen Meinung auch nur vorläufig zum Führer der Opposition an der Magnatentafel hätte bezeichnet werden können. Unter den jüngern Herren gab es zwar mehrere, die durch ihre geistige Suprematie und ihre Talente grosse Hoffnungen erweckten; allein eben ihrer Jugend, ihrer parlamentarischen Unerfahrenheit wegen schienen sie zur Rolle des Führers nicht berufen zu sein. Und so geschah es, dass, obgleich in den gesellschaftlichen Kreisen, besonders aber im pesther Nationalcasino, die unerlassliche Nothwendigkeit der Bildung einer Opposition bei der Magnatentafel mehrmals Gegenstand der Debatte war, und es auch an Mitgliedern nicht fehlte, aus welchen diese hätte zusammengestellt werden können, sich doch aus Mangel an einem anerkannten Führer diese Partei vorläufig noch nicht bildete.

Die Bildung einer Partei des bedächtigen Fortschritts. Indess erweckte das Verfahren der Regierung Metternich's, welche den erwachten Fortschrittsgeist mit despotischer Strenge, gesetzverletzenden Verhaftungen und nicht zu rechtfertigenden Verurtheilungen unterdrücken wollte, und jene allgemeine Gereiztheit, welche durch diese Politik im Lande immer mehr in die Höhe geschraubt wurde, tiefe Besorgniss auch in allen jenen Patrioten, die zwar der Regierungspartei angehörten, denen aber bei alledem auch das Wohl ihres Vaterlandes, ihrer Nation am Herzen lag. Die tägliche Erfahrung überzeugte diese, dass das reactionäre und gesetzverletzende Verfahren der Regierung nicht nur nicht mehr im Stande sei, jene demokratische und radicale Richtung, welche von der Reformpartei befolgt wurde, zu unterdrücken oder abzuändern; sondern die Gemüther nur noch störriger mache und infolge der hervorgerufenen Leidenschaften und der herrschenden Verbitterung zu Extremen hinreisse. Diese Ueberzeugung diente vielen zum Antrieb, auf dem künftigen Reichstag dahin zu wirken, dass die Regierung künftighin allen Gewaltstreichen entsagend eine zwar energische, aber streng gesetzliche Politik befolge. Andererseits führte sie theils das so mächtig erwachte, und den grössern Theil der Nation durchdringende Verlangen nach Umgestaltung, theils der weit zurückgebliebene, mangelhafte, stockende Zustand des Landes zu der Ueberzeugung, dass es mit jener negativen Politik, welche bisher von der Regierung und der Mehrheit der Magnaten befolgt wurde, ebenso unmöglich sei, das heisse Verlangen der Nation nach Fortschritt zu befriedigen, als die thatsächlichen Bedürfnisse und Mängel des Landes zu ersetzen, und den Wohlstand desselben zu bewerkstelligen. Sie wünschten daher die Regierung einer solchen Politik entgegenzuführen, welche bei aller Energie und Gesetzlichkeit geneigt wäre, auch die nöthigen Reformen, obgleich in rein monarchischem und aristokratischem Geiste, ins Leben einzuführen und, zwar bedächtig und gemässigt, allein thatsächlich vorwärts zu schreiten. Zu diesem Ziele konnte nur die Bildung einer neuen conservativen, wie sie sich später gern selbst benannte, „Partei des bedächtigen Fortschritts" führen, welche sowol in der Magnatentafel eine Majorität erlangen, als auch von der Regierng unterstützt werden sollte.

Unter den Magnaten bestand bisher keine eigentliche und unabhängige conservative Partei. Die Reichsbarone, Obergespane und Bischöfe folgten in den meisten Fragen der positiven Instruction der Regierung; in andern Dingen, gegen welche Wien Gleichgültigkeit zeigte, wurde ihre Richtung grösstentheils nicht etwa von irgendeinem tiefdurchdachten politischen Princip, auch nicht immer vom Vaterlandswohle, sondern von Eigennutz und von selbstsüchtiger Anhänglichkeit an die feudalen Privilegien bestimmt. Denselben Weg ging mit ihnen die Majorität der übrigens von der Regierung nicht abhängigen freien Magnaten. Damit sie sich vor den ihre Privilegien bedrohenden Reformen retten, und im Besitze ihrer Vorrechte vertheidigt werden könnten, warfen sie sich der Regierung bedingungslos in die Arme, und sanken, nicht selten den Interessen des Vaterlandes entgegen, zu willenlosen Werkzeugen derselben herab. Die Magnatentafel verlor deswegen auf dem Reichstage von 1832—36, wie wir sahen, ihr früheres Ansehen und das Vertrauen der Nation gänzlich. Die von stolzerm und edlerm Selbstgefühl erfüllten Magnaten, in deren Herzen die Selbstsucht die Vaterlandsliebe noch nicht ganz erstickt hatte, begannen sich dieser der Erstgeborenen der Nation unwürdigen Stellung immer mehr zu schämen und die Gefahren des wachsenden Hasses der Nation stets lebhafter zu fühlen. Man konnte demnach nicht bezweifeln, dass, wenn jemand mit dieser Vermittelungspolitik aufträte, er sofort zahlreiche Parteigenossen finden werde. Ja von seiten der Regierung hatte man allen Grund zu erwarten, dass sie die Entstehung einer solchen conservativen Partei, welche in den unabweislichen Reformen die radicale Richtung mässigen, das Schreckbild der Demokratie entfernen würde, gleichfalls mit Freuden begrüssen werde. Auch die Leiter des wiener Cabinets sahen schon selbst die Unhaltbarkeit ihrer bisher befolgten Politik ein, welche immer unangenehmere Verwickelungen und Unruhen hervorbrachte. Sie wollten sich ihrer daher entledigen, besonders nachdem sie von den Anstalten der

Opposition, die Regierungspolitik auf dem herannahenden Reichstage aus aller Kraft anzugreifen, immer kampflustiger lautende Nachrichten erhielten; das Wohlwollen der Gesetzgebung aber der Umstand nothwendig machte, dass man die im Jahre 1830 auf zehn Jahre eingereihten und in kurzem zu entlassenden 48000 Mann mit neuen ersetzen sollte.

Diese günstigen Umstände zur Begründung einer neuen Regierungspolitik und einer starken conservativen Partei, als Stütze der erstern, ergriff ein dreissigjähriger, genialer und mit schönen Kennt- nissen ausgerüsteter Magnat, Graf Aurel Dessewffy. Aurel war der Sohn jenes Grafen Joseph Dessewffy, welcher schon 1802 als sároser, 1805 und 1807 als zempléner, 1811 und 1825 als szabolcser Reichstagsabgeordneter noch in den ersten Reihen der constitutionellen nationalen Opposition· stand, im Jahre 1830 aber, obgleich für seine Person ein Mann des Fortschritts, allein als Anhänger der alt-aristokratischen Verfassung und Gegner der radicalen Reformen, Széchenyi's „Hitel" in seinem Werke „Taglalat", wie wir gesehen haben ohne Erfolg, angriff. Aurel bereitete sich in seiner frühen Jugend für die diplomatische Laufbahn vor; später indess, wie er in seinem Tagebuch selbst bemerkte, veränderten sein Vorhaben „Umstände und reifere Einsicht, welche dem guten Patrioten auf der Laufbahn der Diplomatie wenig Freuden verschaffen können". Auf dem Reichstage des Jahres 1825, auf welchem er als minderjähriger Jüngling mit seinem Vater gegenwärtig war und in dem von Széchenyi gegründeten Club sein Leben verbrachte, besuchte er die Versammlungen sehr fleissig und zeichnete sorgfältig die Aeusserungen des nationalen Erwachens auf. Nebstbei fertigte er für die schwächern Mitglieder der Magnatentafel Reden an, und schrieb für den englischen Gesandten Sir Henry Wellesley (später Lord Cowley) in französischer Sprache ein Tagebuch, weshalb er später viele Unannehmlichkeiten zu erdulden hatte und sich auch die Ungnade des Königs Franz selbst zuzog. „Von Reviczky in der staatsrechtlichen Abtheilung der Hofkanzlei angestellt, lernte er dasjenige kennen", sagt Anton Csengery in seiner Charakterzeichnung, „was man damals für Staatsklugheit hielt. Der lebhafte, bewegliche Jüngling, der in den europäischen Staatswissenschaften schon schöne Kenntnisse besass, wurde der maschinenmässigen Beschäftigung gar bald überdrüssig und suchte im Lärm der Genüsse Wiens Zerstreuung, wo er seiner seltenen gesellschaftlichen Talente, seines leichten feinen Betragens und seiner Heiterkeit wegen auch in den höhern Kreisen der Gegenstand allgemeiner Beliebtheit wurde. Auf dem Reichstage 1830 schrieb er für den König ein Tagebuch in deutscher Sprache. . . . Nachts spielte er Karten mit seinen jungen Gefährten und unterhielt sich, und am Morgen erschien er pünktlich in der Sitzung. Wegen Frauen, deren

besonderer Liebling er war, hatte er nur während dieses Einen Reichstags zwei Duelle zu bestehen. Und nebst alledem fand er nicht nur
Zeit zur pünktlichen Führung des erwähnten Tagebuchs, sondern
schrieb auch noch mehrere politische Artikel in verschiedenen Sprachen.
Unter diesen eine englische Abhandlung für das Edinburgh-Review.
Sein Durst nach Kenntnissen verliess ihn selbst innitten des grössten
Leichtsinns nicht. Er hatte zu allem Zeit, lernte fortwährend, bildete
fortwährend seinen Geist. Nachdem er sehr in Schulden gekommen und
wegen seines Verkehrs mit Fremden viele Unannehmlichkeiten gehabt,
wurde er endlich zum Statthaltersecretär in Ofen ernannt." Er trat
im zempléner Comitat als Candidat zum Reichstag von 1832 auf,
fiel jedoch durch; erschien kurze Zeit darauf in Presburg als Regalist, und stand schon damals an der Spitze einer kleinen Fraction
der Magnaten. Allein obgleich er durch die aussergewöhnliche Leben-
digkeit seines Vortrags, die Schnelligkeit seiner Antworten und seine
im allgemeinen schöne Rednergabe besonders in den Debatten über
die Religionsfrage die Aufmerksamkeit auf sich zog: so war doch seine
Gegenwart, welcher der Palatin entgegen war, viel zu kurz, als dass
seine Einwirkung zu einer bedeutendern hätte werden können. Nachher,
wiewol er den Aeusserungen des nationalen Lebens stets mit Aufmerksamkeit folgte, und daran auch thatsächlich theilnahm, zeichnete
er sich im öffentlichen Leben ein paar Jahre hindurch durch nichts
vornehmlicher aus, als dass er nach der Ueberschwemmung von 1838
in der Hauptstadt im Unterstützungscomité, dessen Mitglied er war,
eine aussergewöhnliche Thätigkeit entwickelte. Nachdem jedoch 1839
der Reichstag ausgeschrieben war, reichte er, von der Unzweckmässigkeit der bisher verfolgten Politik überzeugt, der Regierung aus
eigenem Antriebe eine Denkschrift ein, in welcher er derselben seine
Ansicht über die Aussichten des künftigen Reichstags und die Leitung
desselben unter den gegenwärtigen Verwickelungen, über die Stellung
der Parteien und die Aufgaben der Regierung mittheilte. Diese
Denkschrift machte auf diejenigen, die an der Spitze der Regierung
standen, eine so grosse Wirkung, dass er sofort zum Statthaltereirath
ernannt und seine Meinung auch hinsichtlich der Veränderungen,
welche im Personal der Regierung vorgenommen werden sollten,
beachtet wurde; zugleich wurde er zum Führer der Regierungspartei
an der Ständetafel bestimmt. Zu diesem Zweck trat er höherm
Wunsch zufolge im sároser Comitat als Deputirtencandidat auf; aber
von Ladislaus Piller geschlagen, entsagte er allen Ansprüchen auf
eine Laufbahn als Abgeordneter gänzlich, und erschien auch bald
darauf im Hause der Magnaten als Regalist, um die Führerschaft der
in jüngster Zeit geschaffenen gemässigt conservativen Partei zu übernehmen.

Die Verkündigung des Reichstags rief in den Comitaten ausserordentlich lebhafte Wahlbewegungen hervor. Die Opposition begnügte sich nicht damit, dass die Abgeordneten aus ihrer Mitte gewählt würden, sondern sie wollte schon durch die hinaufzusendenden Persönlichkeiten ihren Protest gegen das Vorgehen der Regierung an den Tag legen. Sie wollte deshalb alle diejenigen wählen, welche von der Regierung in Majestätsbeleidigungs- oder Dehonestationsprocesse verwickelt worden waren: im pesther Comitat den Grafen Gedeon Ráday, in Neograd Franz Kubinyi, in Bars Johann Balogh. Aber auch die Regierung entwickelte eine grosse Thätigkeit. Sie versuchte alle Arten der Verführung und Bestechung, um den Plan der Opposition zu vereiteln. In Bars wirkte sie mit vollem Erfolg. Der Administrator Ladislaus Majthényi umspann Balogh, der übrigens damals seiner Neigung zum Luxus wegen schon in grosse Schulden versunken war und infolge dessen von seiner frühern Popularität vieles verloren hatte, mit geschickten Ränken so sehr, dass derselbe zurücktrat und ein Regierungscandidat zum Abgeordneten gewählt wurde. Auch im neograder Comitat gelang es der Regierung, Kubinyi, freilich nur mit einem andern Oppositionellen, Paul Fráter, zu schlagen. Allein in Pesth siegte die Opposition vollkommen; und obgleich die Regierung auch hier zur Verhinderung dessen alles aufbot und unter andern selbst die Geistlichkeit durch die Bischöfe ermahnen liess, ihre Absichten bei den Wahlen persönlich wie auch durch ihren Einfluss befördern zu helfen, so wurde dennoch der in Untersuchung gewesene Ráday an die Seite Moritz Szentkirályi's zum Abgeordneten gewählt. Allein die Regierung, trotzdem sie damals schon zu einer Modificirung ihrer Politik entschlossen war, glaubte diesen Sieg der Opposition nicht dulden zu sollen, und die Wahl, in einem vom 8. Mai datirten königlichen Rescript für ein gesetzwidriges Attentat erklärend, trug sie dem Comitat auf, an die Stelle Ráday's einen andern Abgeordneten zu wählen. Sie gab zugleich der Comitatsbehörde zu wissen, dass, wenn sie vielleicht diese Verordnung zurücklegen sollte, die nöthigen Verfügungen getroffen seien, das Erscheinen Ráday's auf dem Reichstag selbst mit Gewalt zu verhindern. Diese Beschränkung der freien Wahl hob die Gereiztheit sowol in Pesth als auch anderswo zu einer noch höhern Stufe. Das pesther Comitat beschloss nach hitzigen Debatten, an welchen auch Aurel Dessewffy theilnahm, diese Beschwerde dem Reichstag vorzulegen, und bis dieselbe geordnet worden, sich nur durch Szentkirályi vertreten zu lassen, seine für gesetzmässig angesehene Wahl aber bis dahin aufrecht zu erhalten.

Auch in Tolna war der Zusammenstoss der zwei Parteien sehr heftig, denn beide Theile erschienen in der Versammlung mit bedeutenden Corteschmassen. Der Sieg entschied sich für die oppositionelle

Partei, und wurden zu Abgeordneten Stephan Bezerédy und Nikolaus 1839. Perczel gewählt. Aber die geschlagene Partei erklärte die Wahl für ungesetzlich und kam bei der Regierung um die Cassirung derselben ein. Diese nahm die Sache der Conservativen als ihre eigene auf und sandte einen königlichen Commissar in das Comitat, welcher die Klage untersuchen, und, wenn es nothwendig, eine neue Wahl anordnen sollte. Der königliche Commissar ordnete auch, wie dies schon im voraus zu erwarten stand, die Interessen der conservativen Partei begünstigend, in der That eine neue Wahl an; allein die Majorität bestätigte zu seinem grossen Aerger die Betrauung Bezerédy's und Perczel's neuerdings. Die freisinnige Partei konnte sich aber ihres Sieges dennoch nicht erfreuen; denn der königliche Commissar hörte nicht auf, Ränke zu spinnen, bis er endlich in einer neuen Versammlung der conservativen Partei den Sieg verschaffte. Diesen Wahlkampf machte der Umstand besonders merkwürdig, dass hier der Name „Pecsovics" entstand, womit später die conservative Partei allgemein benannt wurde. Dies war nämlich der Name jenes Individuums, welches den niedern Adel der conservativen Partei, die sogenannten Cortes, in der Wahlversammlung anführte; während andererseits unter den Cortes der freisinnigen Partei ein Edelmann, Namens Kubinszky, diese Rolle hatte. Nach den beiden Anführern wurden sodann auch die zwei Parteien im Comitat Kubinszky und Pecsovics benannt. Weil indess die Sache der Kubinszkys in der öffentlichen Meinung Popularität besass, und ohnehin als Partei schon die Benennung der „oppositionellen", oder „freisinnigen" oder „Reformpartei" hatte, so wurde der Name „Kubinszky" nicht nur nicht landesüblich, sondern fiel bald darauf im Comitat selbst der Vergessenheit anheim. Der Name „Pecsovics" wurde dagegen bald um so allgemeiner, als der Ungar zur Bezeichnung der „conservativen" Partei gar kein Wort besitzt und die Conservativen selbst den neuen Namen stets mit grossem Aerger auf sich anwenden hörten. Spottnamen verbreiten sich in den Parteikämpfen der Völker um so schneller und werden um so mehr verewigt, je unangenehmer sie denjenigen sind, auf welche sie angewendet werden.

Diese heftigen Wahlkämpfe wie auch jene nicht minder heftigen Debatten, welche über die Instruction für die Abgeordneten im Zug waren, überzeugten die wiener Regierung zur Genüge, dass sie auf diesem Reichstag einen heftigen Kampf werde bestehen müssen. Sie konnte deshalb nicht den geringsten Zweifel hegen, dass, wenn jene Staatsmänner, die bisher die Werkzeuge ihrer Politik und ihrer Gewaltstreiche waren, in ihren Aemtern auch fernerhin belassen würden, die Rekrutirung, welche sie wegen Entlassung der ausgedienten Soldaten unausweichlich fordern musste, von der Gesetzgebung verweigert werden würde. Ausserdem hielt es auch der Erzherzog-Palatin selbst

Veränderungen in den höchsten Regierungsämtern.

sowol im Interesse der öffentlichen Angelegenheiten als in dem seiner Person und seiner Familie für nothwendig, durch Personveränderungen in einigen hohen Regierungsämtern die auf eine hohe Stufe gestiegene Gereiztheit zu besänftigen. Sein hinfälliges Alter, seine sinkende Kraft und öfter eintretende Kränklichkeit mahnten ihn immer häufiger an sein Lebensende. Er suchte die Popularität seit einiger Zeit noch mehr als jemals während seiner langen öffentlichen Laufbahn; nicht nur, damit er bei der Nation in gutem Andenken bleibe, sondern auch deshalb, damit er nach seinem Tod die Palatinalwürde seinem Sohn Stephan sichere. Er wirkte demnach auch dahin, dass die in der öffentlichen Meinung am meisten unbeliebten Männer von ihren Aemtern entfernt würden. Von nicht geringem Einfluss auf den diesfälligen Entschluss der Leiter des Cabinets war auch die bereits erwähnte Denkschrift Aurel Dessewffy's, in welcher dieser, die Aufgabe der Regierung unter den gegenwärtigen Verwickelungen lebendig erörternd, gleichfalls eine Veränderung im Personal für unausweichlich erklärte. Die Gereiztheit der Nation äusserte sich eben gegen jene Individuen am entschiedensten, die infolge ihrer Aemter auf dem Reichstag die wichtigste Stellung einnahmen: gegen den Hofkanzler Pálffy, der sich als Hauptwerkzeug und Vollstrecker der Einschüchterungspolitik bezeigt hatte; gegen den Landesrichter Anton Cziráky und den königlichen Personal Pankraz Somsich, unter deren Vorsitz jene politischen Processe bei der königlichen und der Septemviraltafel verhandelt wurden. Damit also ihretwegen die Erfolge des Reichstags nicht aufs Spiel gesetzt würden, wurden alle drei in ihren hohen Aemtern von andern Regierungsmännern abgelöst. Das Amt des Personals nahm anstatt des in den Staatsrath versetzten Somsich

Stephan Szerencsy. Stephan Szerencsy, auf dem Reichstag von 1825 noch oppositioneller Abgeordneter, ein. Zum Landesrichter wurde, nachdem Cziráky zum

Georg Majláth. überzähligen Minister geworden war, Georg Majláth ernannt, derselbe, der 1825 und 1830 als königlicher Personal an der Ständetafel mit so grosser Geschicklichkeit, auch zur Zufriedenheit der Nation präsi-

Graf Anton Majláth. dirte. Zum Hofkanzler endlich wurde Graf Anton Majláth erhoben, welcher bisher an der Seite Pálffy's die Vicekanzlerwürde bekleidete. Alle drei gehörten zu den ausgezeichnetsten der in Regierungsämtern stehenden Fähigkeiten; und, was unter den gegenwärtigen Umständen von grosser Wichtigkeit war, alle drei besassen ihrer besonnenen, gemässigten Denkweise wegen in der öffentlichen Meinung einen guten Namen. Seitdem die in ihren Reformbestrebungen mit so vielen Hindernissen kämpfende Nation in Bezug auf patriotische Treue so bittere Erfahrungen gemacht hatte; seitdem zahlreiche, früher als treugesinnte Patrioten bekannte Persönlichkeiten für die Gunst des Hofs Farbe und Meinung änderten: begann sich jene irrthümliche Ansicht zu verbreiten, dass, wer ein Regierungsamt annehme, seinen

Patriotismus in Kauf gegeben habe. Diese Regierungsmänner bewahr- 1839.
ten sich indess auch in ihren Aemtern das Urtheil der öffentlichen
Meinung, dass die Treue gegen das Vaterland und die aufrichtige
Liebe der Interessen desselben in ihrer Brust nicht erstorben sei.
Alle drei waren Gegenstände allgemeiner Hochachtung. Anton Majláth,
der auf dem verflossenen Reichstag der ausgezeichnetste lateinische
Redner der Regierungspartei war, verband mit einer grossen Bewandertheit in den öffentlichen Angelegenheiten feine Manieren und
einen richtigen Takt. Georg Majláth und Szerencsy besassen eine
wirkungsvolle Rednergabe; der letztere seines offenen Charakters
und ungezwungenen Wesens wegen auch einige Popularität. Mit
Einem Wort, die Ernennung dieser drei Männer allein verständigte
die Nation genügend davon, dass die Regierung ihre Politik zu verändern beabsichtige. Allein die Versöhnung konnte, wie wir sogleich
sehen werden, bei alledem nur langsam und mit grosser Mühe stattfinden.

Kurz vor der Verkündigung des Reichstags kam zu jenen Die Frage
Ursachen, welche die Gemüther in eine so fieberhafte Gereiztheit versetzten, auch noch eine neue hinzu, welche indess nicht der Regierung, Ehen.
sondern dem hohen Klerus ihren Ursprung zu verdanken hatte. Wir
erzählten oben, welch lange und aussergewöhnlich heftige Debatten
zu Anfang des vergangenen Reichstags über die Frage des Verhältnisses zwischen den verschiedenen Religionssekten geführt wurden. Die
Hauptschwierigkeit drehte sich damals um den Uebertritt von einer
Religion zur andern, um die Entscheidung, in welchem Glauben die
aus gemischten Ehen entsprossenen Kinder erzogen werden sollten,
endlich um die von der katholischen Geistlichkeit geforderten ungesetzlichen Reversalien. Dem von den Ständen angefertigten freisinnigen Gesetzvorschlag, welchem gemäss unter den verschiedenen Religionssekten vollständige Rechtsgleichheit und Gegenseitigkeit begründet
werden sollte, wollten die Magnaten selbst nach zahlreichem Nuntienwechsel nicht beitreten, weswegen die fraglichen Punkte von den
Ständen auf eine günstigere Zeit verschoben und beiseitegelegt
wurden.

Allein obgleich man das die vollständige Gewissensfreiheit sichernde
neue Gesetz zu schaffen nicht vermochte, so betrachteten ungeachtet
dessen die Comitate im Sinn des 26. Gesetzartikels 1791, welcher
über die Religion der aus gemischten Ehen entstandenen Kinder deutlich verfügt, die Reverse, als gegen dieses Gesetz verstossend, auch
für die Zukunft als ungültig. Es geschah demnach mehrmals, dass,
als die beim Eingehen der Ehe ausgestellten Reverse von den Aeltern
später nicht eingehalten wurden, und die Bischöfe deswegen die Intervention der Comitatsbehörden ansuchten, diese geradezu versagt, ja
den protestantischen Vätern zu wissen gethan wurde, dass sie ihre

Kinder trotz der Reverse getrost in jenem Glauben erziehen dürften, welchen das Gesetz des Jahres 1791 für dieselben bestimmte. Dieses Verfahren der Comitate war vollkommen gesetzlich, denn die den Gesetzen entgegen abgeschlossenen Verträge und gemachten Versprechungen haben für niemand bindende Kraft. Die Bischöfe hörten daher nicht auf, die Statthalterei mit ihren Klagen zu bestürmen; alles war jedoch vergebens. Die Comitate vermochte nicht einmal diese Regierungsbehörde zur Verletzung des erwähnten Gesetzes zu zwingen. Dieser Umstand hatte sodann zur Folge, dass stets zahlreichere Ehen ohne Reverse geschlossen wurden.

Es war nicht eben lange her, dass die Kunde von der vom Erzbischof von Köln in der Angelegenheit der gemischten Ehen erlassenen Kirchenverordnung auch nach Ungarn drang. Das Beispiel reizte auch einige Bischöfe der ungarischen Kirche zur Nachahmung an, die die katholische Religion in Gefahr glaubten, wenn die gemischten Ehen fernerhin, was übrigens seit funfzig Jahren auch bisher in zahlreichen Fällen geschehen war, ohne jene die Erziehung der Kinder im katholischen Glauben sichernden Reverse abgeschlossen würden, oder wenn gar auch die ausgestellten Reverse ihre Kraft verlören. Das Beispiel des Erzbischofs von Köln fand zuerst in Lajcsák, dem Bischof von Grosswardein, einen Nachahmer, der, nachdem er bei der Behörde des biharer Comitats in einigen Fällen die Einhaltung der Reverse vergeblich betrieben hatte, als Repressalie, in einem im März 1839 erlassenen Hirtenbrief, die Priester seiner Diöcese anwies, dass sie hinfüro keinerlei gemischte Ehen nach kirchlichem Gebrauch einsegnen mögen, bevor sich die Parteien nicht verpflichteten, ihre zu erzielenden Kinder ohne Ausnahme in der katholischen Religion zu erziehen.

Da bei uns die bürgerlichen Ehen noch nicht eingeführt waren, so konnte die Verordnung des Bischofs Lajcsák bei Parteien, welche bei Schliessung der Ehe den Segen für unumgänglich nothwendig hielten, in vielen Fällen ein thatsächliches Hinderniss werden, und war als solche dem Gesetz von 1791 schnurstracks entgegen. Das biharer Comitat, welches zur grosswardeiner Diöcese gehört, unterbreitete daher diese Angelegenheit sofort dem König und betrieb die gehörige Einhaltung des Gesetzes. Dasselbe forderte mittels Rundschreiben auch die übrigen Comitate zur Nachahmung seines Beispiels auf.

Die Verordnung des Bischofs von Grosswardein wurde im Lande, man kann sagen, mit allgemeiner Misbilligung aufgenommen. Nicht nur die Protestanten, welche von derselben direct getroffen wurden, und nicht allein die Freisinnigen katholischen Glaubens im allgemeinen, sondern auch die Majorität der Conservativen verdammte das gesetzverletzende und die im öffentlichen Leben ohnehin schon bestehende grosse Gereiztheit noch vermehrende Verfahren des Bischofs. Die

Comitate betrieben demnach beinahe ohne Ausnahme in, der biharer 1839. ähnlichen, Adressen die sofortige Abschaffung dieser Gesetzverletzung. Selbst unter den Bischöfen fand sich, vor dem Reichstag, nur ein einziger, Scitowszky, der Bischof von Rosenau, der in die Fusstapfen Lajcsák's trat. Unter der niedern Geistlichkeit aber fanden sich auch viele, die diese Massregel nicht weniger misbilligten als die Weltlichen. Unter andern wies der Domherr Ladislaus Csehi, Doctor der Theologie und der Rechte, früher ein seiner ausgebreiteten Wissenschaft wegen berühmter Professor am waizener Seminar, zu dieser Zeit ein Seelsorger voll exemplarischen Eifers, in einer Abhandlung mit aus der Theologie und den Kirchengesetzen geschöpften unwiderleglichen Gründen die Unstatthaftigkeit jener bischöflichen Verordnung nach, und da seine Schrift im Druck nicht erscheinen durfte, so liess er sie unter seinen Genossen handschriftlich circuliren.

Diese laute Aeusserung der öffentlichen Meinung wollte die Regierung um so weniger unbenutzt lassen, als es in ihrem Interesse stand, die Opposition vor dem Reichstag wenigstens einigermassen zu versöhnen. In einer vom 30. April datirten Verordnung machte sie daher den Bischöfen bekannt, „dass, da sie die Absicht habe, die in Bezug auf die kirchlichen Verhältnisse der Protestanten augsburgischen und helvetischen Bekenntnisses geschaffenen ältern Gesetze, und mithin auch den 26. Gesetzartikel 1791 pünktlich einhalten zu lassen: sie alles, was von diesen ohnehin schon auch vom gesetzlichen Gebrauch sanctionirten Normen abweicht, nicht gutheissen könne, und Se. Majestät mit Entschiedenheit verlange, dass gegen jene Gesetze jedermann einen solchen Gehorsam beobachte, wie dies die Heiligkeit derselben verlange. Insbesondere ermahnt Se. Majestät die Bischöfe mit dem Beisatz zur Beobachtung jener Gesetze, dass er ihren Eifer in der Erfüllung seiner allerhöchsten Wünsche nach jener Bereitwilligkeit abwägen werde, womit sie ihren Pflichten nachkommen würden". Diese königliche Verordnung, welche auf eine Gewinnung der günstigen Gefühle der Nation berechnet war, wurde von der öffentlichen Meinung mit Befriedigung aufgenommen; und wiewol sie für sich auch nicht im Stande war, die aus andern Ursachen herstammende ungünstige öffentliche Stimmung umzuändern, so diente sie doch zu einem neuern, unzweifelhaften Zeichen von der Modificirung der Cabinetspolitik.

Drittes Kapitel.

Aussöhnung auf dem Reichstage 1839—40.

1839. Unter den erbitterten Parteikämpfen, welche die Opposition in den Comitatsversammlungen einerseits gegen die Regierung, andererseits gegen die katholische Geistlichkeit führte, erschien endlich der. 2. Juni, der Tag der Eröffnung des Reichstags. Man konnte keinen Augenblick zweifeln, dass dieser Reichstag unter allen seit 1825 abgehaltenen die hitzigsten Debatten hervorbringen werde; wiewol man sich bezüglich seines Erfolgs keine bestimmte Meinung bilden konnte, weil, wenn auch die Opposition im ganzen genommen eine kleine Majorität besass, die Instructionen in Hinsicht auf zahlreiche bedeutende Punkte sehr verschieden oder gar einander widersprechend waren.

Da der grössere Theil der Nation überzeugt war, dass die Lösung der Fragen des Fortschritts und der Umgestaltung wesentlich davon abhänge, ob es gelingen werde, die Regierung zur Abschaffung der von ihr begangenen Gesetzverletzungen zu zwingen; für die Zukunft aber das Recht der freien Wahl, der Oeffentlichkeit und Redefreiheit gegen alle Gewaltstreiche sicherzustellen: so sah man dem nahen Kampf mit gespannter Erwartung entgegen, dessen Ende der Sieg der Fortschrittssache oder die Befestigung des willkürherrschaftlichen Regierungssystems sein musste. Zwar schien die in dem höhern Personal der Regierung geschehene Veränderung und das in der Frage der gemischten Ehen erlassene königliche Rescript darauf hinzudeuten, dass die Regierung sich mit der Nation zu versöhnen wünsche. Allein ob dieser Wunsch aufrichtig sei, oder ob sie sich nur einstweilen nachgiebig stellen wolle, bis sie in der Rekrutenfrage ihren Zweck erreicht; oder, wenn dieser Wunsch auch aufrichtig, ob sie soviel Selbstverleugnung haben werde, um der Nation für die Gesetzverletzungen hinsichtlich der Vergangenheit Genügthung, in Bezug auf die Zukunft aber gegen die Wiederholung ähnlicher Schritte durch zweckmässige

Gesetze Sicherstellung zu gewähren; ob die unausweichlich zu er-
wartenden heftigen Debatten die Leidenschaften nicht so aufstacheln
würden, dass der Reichstag, statt einen guten Erfolg hervorzubringen,
das Zerwürfniss nur noch vergrössern werde; ob die Opposition ausdauernder sein werde, sowol bei den Comitaten hinsichtlich der Instructionen, als im Deputirtenkörper bezüglich der Individuen, als sie
es bei Gelegenheit des verflossenen Reichstags war; und da niemand
bezweifeln konnte, dass die Regierung alle Mittel der Intrigue und Verführung in Bewegung setzen werde, ob die ohnehin geringe oppositionelle
Majorität nicht zur Minderheit zusammenschmelzen werde: das alles
waren Fragen, bei welchen jeder Patriot der Zukunft mit Besorgniss
entgegenblickte.

Es schien, dass die Opposition jetzt eine standhaftere Ausdauer *Die Opposi-*
an den Tag legen werde als je in der Vergangenheit. Es handelte *tionspartei*
sich jetzt um die Rettung solcher Nationalrechte, mit welchen, wenn *Ständetafel.*
die Regierung siegte, auch die wesentlichsten Grundlagen der constitutionellen Freiheit und die nothwendigen Bedingungen der nationalen
Entwickelung verloren gehen würden. Denn wo es keine Oeffentlichkeit, keine Redefreiheit und keine richterliche Unabhängigkeit gibt
und die Gerichtsbarkeiten selbst zu Werkzeugen der Launen der
Macht herabsanken, dort kann von einer freien Entwickelung keine
Rede mehr sein. Der Zahl nach übertraf zwar die Opposition um
ein Geringes die conservative Partei; denn die Regierung hatte bei
den Wahlen alles in Anwendung gebracht, damit die Anhänger der
Opposition beseitigt würden; aber die moralische Kraft, das Gewicht
der Intelligenz, die rednerische Fähigkeit und Begeisterung war in
der oppositionellen Partei überwiegend. In der Ständetafel treffen wir
grösstentheils mit den schon bekannten, ausgezeichnetsten und ge-
feiertsten Individualitäten des Landes zusammen. Führer der Opposition war auch jetzt Franz Deák, der Deputirte von Zala, der durch *Franz Deák.*
seinen Verstand von unvergleichlicher Tiefe und Kraft, seine sich selbst
stets treubleibende Mässigung, die ebenso unerschütterliche Standhaftigkeit als unbefleckte Reinheit seines Charakters das allgemeine
Vertrauen schon in einem so hohen Grad besass, dass, obgleich er die
Rolle des Führers nicht suchte, jedermann sich gern unter seine Fahne
stellte, da man überzeugt war, dass die von ihm bestimmte oder ge-
billigte Richtung stets die beste und zweckdienlichste sei, dass er die
Nationalsache niemals weder auf den Grund fahren, noch durch
Leidenschaft oder Eitelkeit dem Verderben preisgeben werde. Der
Gang dieses Reichstags hing so sehr von seiner Führung ab, dass
man von den Leitern der conservativen Partei, wenn sie über den
Ausgang des Reichstags befragt wurden, mehr als einmal die Antwort zu
hören bekam, dass diese Frage nur Deák beantworten könne. Jenes
Resultat, welches die Nation am Schluss des Reichstags mit so grosser

Zufriedenheit und Freude erfüllte, war nur seiner Weisheit, unbezwinglichen Standhaftigkeit und unvergleichlichen Geschicklichkeit als Führer zu verdanken; denn es ist nur sein Verdienst, dass die Opposition, obgleich sie auf diesem Reichstag keine gesicherte Majorität bildete, schliesslich dennoch einen glänzenden Sieg davontrug.

An der Seite Deák's finden wir von den Verfechtern der Nationalsache Gabriel Klauzál, Dionys Pázmandy, den Aeltern, Ladislaus Palóczy, und den einige Monate später erschienenen Edmund Beöthy und mehrere andere, welche wir von den frühern Reichstagen her genügend kennen. Den ausgezeichneten Franz Kölcsey, der in der ersten Hälfte des letzvergangenen Reichstags so sehr geglänzt hatte, bedeckte schon der Hügel des frühen Grabes. Stephan Bezerédy und Johann Balogh waren im Wahlkampf in der Minorität geblieben. Paul Nagy war

zwar gegenwärtig als Abgeordneter des ödenburger Comitats, allein man konnte ihn, wiewol er oft mit der Opposition abstimmte, schon nicht mehr mit Bestimmtheit irgendwelcher der bestehenden Parteien beizählen. Wenn es sich um Verfassung und Nationalität, um Nationalrechte und die nationale Sprache handelte, stand er zwar stets in den Reihen der Opposition und sprach mit seiner alten, noch immer hinreissenden Kraft; allein wenn radicale Reformen aufs Tapet kamen, welche in den Rahmen der alten Verfassung nicht passten, konnte man seine Abstimmung nicht mehr unter der seiner ehemaligen Gefährten finden. Deshalb warf man ihm — wie der Verfasser seiner Charakterschilderung sagt — politischen Farbenwechsel vor, während nur das Licht, in welchem er erschien, sich um ihn her verändert hatte. Nur das Glas war ein anderes geworden, durch welches hindurch man ihn beurtheilte; er blieb derselbe, der er früher war. Es ist natürlich, dass — nachdem seine politischen Principien und Ziele von den neuern Ideen von allen Seiten überflügelt wurden, und sich sein Geist, welcher ihm nur selten erlaubte, sich aus den engen Grenzen der Privilegien zu erheben, im Kreis dieser Ideen auf keine Weise heimisch fühlen konnte — ihn auch seine frühere Popularität verliess, und sein Verhältniss den übrigen Abgeordneten gegenüber ein stets gespannteres wurde. Indess hat er zu den Conservativen, als diese im Interesse der Regierung oft sogar den Wall der constitutionellen Unabhängigkeit bestürmten, nie gehört, wiewol er zuweilen aus Aerger gegen die Opposition mit der Regierungspartei stimmte.

Ausser diesen ältern Kämpfern der Opposition traten während dieses Reichstags auch neue auf, welche im Stande waren, selbst die in den Reihen der ältern Mitglieder Fehlenden zu ersetzen. Von den zahlreichen neuen ausgezeichnetern Persönlichkeiten werden wir hier nur einige erwähnen, deren Namen auch später im Lärm der Parteikämpfe öfter erklangen.

Die originellste Gestalt unter diesen war der Vicegespan und

Abgeordnete des pesther Comitats Moritz Szentkirályi, der, weil seinem **Moritz Szentkirályi.** Genossen Grafen Gedeon Ráday das Erscheinen auf dem Reichstag verboten wurde, das Centralcomitat längere Zeit hindurch allein vertrat. Er war eine jener ausgezeichneten Individualitäten, die neben schönen Fähigkeiten die grösste gesetzgeberische Vorbereitung auf den Reichstag mitbrachten und die — wie ihn Anton Csengery in seiner Charakterzeichnung so treffend schildert [1] — „anstatt des ganzen Abgeordnetenkörpers arbeiteten. Vormittags hören wir ihn in den Reihen der Donaudeputirten eine Rede halten oder beim Tisch der Schriftführer Gott weiss das wievielte Nuntium an die Magnaten vorlesen. Und nachmittags bricht er sich den Kopf über die Stilisirung irgendeines systematischen Operats in einer der Commissionssitzungen. Sein Vortrag spricht hauptsächlich zum Verstand; er ist untersuchend, kritisirend; er erläutert, umschreibt, unterscheidet, folgert, widerlegt und überzeugt. Er erhebt die Fragen auf einen gewissen höhern Standpunkt, von wo aus sie in allen ihren Verzweigungen, in ihrem ganzen Zusammenhang zu übersehen sind. Im Anfang seiner Rede sucht und stellt er Ideen auf als anerkannte Wahrheiten, und um diese herum stellt er sodann das Lager seiner Vernunftschlüsse auf. Seine ganze Rede ist manchmal nur die Entwickelung einer einzigen Idee, als ob ein starrer Gedanke zu uns spräche. Wenn unser Redner jedoch debattirt und widerlegt, so macht der Gegner, der es wagte, ihn zu verletzen, gar bald die Erfahrung, dass die Idee auch Nerven habe. Die zornsprühenden Augen beweisen, dass die Nerven in diesem hagern Körper zuweilen eine fieberhafte Erregtheit durchläuft. Und zu einer solchen Zeit bemächtigt sich seiner Worte ein kalter, tiefeindringender Spott, eine schneidende Schärfe, ohne dass die vorwärts dringende logische Ordnung seiner Gründe von der Leidenschaft auch nur im geringsten gestört würde. Von der Erläuterung geht er gewöhnlich auf die Eintheilung und Unterscheidung über. Und er vertieft sich zuweilen in geringere Details so sehr, dass er im Labyrinth der Ideen den Hauptfaden verliert. Wenn er seine Rede in mehrere Abschnitte eintheilte, war es kein seltener Fall, dass er während der erschöpfenden Erörterung des ersten Theils der andern Hauptabschnitte vergass; alsdann wandte er sich manchmal an seinen Nachbar mit der Frage: über was er noch zu sprechen habe? Zuweilen schien es, als ob in seinem Gehirn die Ueberzeugung während des Sprechens entstünde, als ob er die Aufgabe hätte, nicht das Publikum, sondern sich selbst zu überzeugen. Deshalb war er an den Abzweigungen der Wege oft unschlüssig, und sein skeptischer Geist schien selbst über die Beweggründe des Sinnes im Schwanken zu sein. Allein das Resultat eines je grössern innern Kampfes bei ihm die Ueberzeugung

---

[1] Magyar Szónokok és Státusférfiak.

war, um so stärker, bis zum Starrsinn hing er an ihr." Szentkirályi
nahm demnach kraft dieser geistigen Eigenschaften, mit welchen sich
ein leichtfliessender, den bezeichnenden Ausdruck auch in seinen Improvisationen findender Vortrag, unerschütterliche Festigkeit und aus
Ueberzeugung entspringende Liebe zur Reformsache verband, seinen
Platz unter den ausgezeichnetsten oppositionellen Abgeordneten ein.
Seinen Charakter vermag nichts treffender zu zeichnen als der Umstand, dass er, als das Jahr 1849 mit all seinen Stürmen vorbei war,
als bereits vierzigjähriger Mann der politischen Laufbahn für immer
entsagte und Arzt wurde, und obschon ihn seine materielle Lage
hierzu in keiner Weise zwang, dieses Fachstudium jahrelang mit
eisernem Fleiss trieb, bis er das Doctordiplom errang.

Franz
Pulszky. Zu den ausgezeichnetern Mitgliedern der Opposition gehörten
noch Zarka, Luka, Karl Szentiványi, Paul Fráter und Franz Pulszky.
Die zwei erstern waren gemässigter, und ebneten sich während ihrer
reichstäglichen Thätigkeit den Weg zu Aemtern, in welche sie auch
bald nach dem Reichstag eintraten. Szentiványi und Fráter zeichneten
sich auf diesem wesentlich den Beschwerden gewidmeten Reichstag
durch geschickte Vorposten-Plänkeleien aus. Pulszky erwähnen wir
unter den oppositionellen Abgeordneten nicht deshalb, als wäre sein
Einfluss während dieses Reichstags auf die Verhandlungen von grösserm
Gewicht gewesen, sondern nur weil dies sein erstes Erscheinen auf
der politischen Laufbahn war, auf welcher er sich später einige Einwirkung errang. Wiewol noch so jung, dass er erst unlängst gross-
jährig geworden war, besass er doch in den verschiedensten Zweigen
der Wissenschaft reiche Kenntnisse. Indess machte ihn seine Bildung,
da sie eine mehr encyklopädische als fachmässige war, eher zum Gelehrten, Schriftsteller, als zu einem Gesetzgeber geeignet; und er verschaffte sich den Ruf, welchen er im Vaterland besass, auch nur
grösstentheils auf jenem Felde. Als Besitzer einer äusserst werthvollen
Antiquitätensammlung, welche er nach seinem Onkel Fehérváry ge-
erbt hatte, erwarb er sich auch in diesem Fach eine seltene Bewandertheit. Auf dem gegenwärtigen Reichstag hob ihn der Umstand in den
Vordergrund, dass er vom sároser Comitat, welches bisher und auch
später meistens auf seiten der conservativen Partei stand, zum Abgeordneten gewählt worden war. Er begann auch in der That anfangs im Sinn seines Comitats und der von demselben erhaltenen
Instructionen als Conservativer zu wirken, und erst als Franz Deák
Einfluss auf ihn auszuüben anfing, schloss er sich der Opposition
an, obgleich er manchmal seiner Instruction gemäss gezwungen war,
mit den Conservativen zu stimmen. Jene Zeitungsartikel, mit denen
er in der deutschen periodischen Presse als Vorfechter der ungarischen
National- und Reformsache auftrat, waren ohne Zweifel von grösserer
Wirkung als seine von wenig Rednertalent zeugenden Reden in den

Sälen der Gesetzgebung. Indess leistete sein scharfer, kerniger 1839. Geist in den Vorbereitungsberathungen der Sache seiner Partei gute Dienste.

Der Opposition gegenüber war jetzt auch die conservative Partei Die Redner der conservativen Partei. im Abgeordnetenhause stärker vertreten als auf den verflossenen Reichstagen. Diese Partei erlangte gegenwärtig nicht allein durch die ausgezeichnete Persönlichkeit einiger ihrer Mitglieder grösseres Gewicht, sondern sie war auch, da die Regierung bei den Wahlen alle Kräfte angestrengt und alle Mittel in Bewegung gesetzt hatte, um sich eine Majorität zu verschaffen, an Zahl so bedeutend gewachsen, dass sie in einigen Fragen, durch einige zwischen den beiden Parteien schwankende Stimmen verstärkt, sogar die Majorität erreichte. Nächst Eduard Zzedényi, der auch auf diesem Reichstag das thätigste Mitglied und der selbst von der Gegenpartei geachtete Führer der Conservativen war, traten jetzt auch mehrere andere ausgezeichnete Redner für die Principien dieser Partei auf den Kampfplatz. Die ausgezeichnetsten davon waren: Joseph Ürményi, Abgeordneter des stuhlweissenburger Comitats, ein stolzer Charakter, geistreich gebildeter Redner, scharfer, untersuchender Geist; Andrássy, Abgeordneter des graner Comitats, ein ebenso geschickter als kühner Redner, dessen verschlagene Dialektik und verhüllte Gründe indess Klauzál und in noch höherm Masse Deák jedesmal zerlegte und entkräftete. Von den städtischen Deputirten nahmen der angesehene, gemässigte, kenntnissreiche Franz Vaghy von Oedenburg, Járy von Pesth und Toperczer von Nagy-Bánya den meisten Antheil an den Debatten, ihrer Lage und dem Verhältniss ihrer Behörde zur Regierung gemäss stets im Interesse derselben und im Sinn der conservativen Principien; die eine Städteangelegenheit ausgenommen, in welcher sie vermöge der Verwickelungen der mit derselben verbundenen Fragen schienen, aber, wenn man die Sache vom constitutionellen Standpunkt aus betrachtet, auch nur schienen, die Principien der Freiheit angesichts der Opposition zu vertreten.

Da es vom Ausgang dieses Reichstags abhing, ob das Willkür- Das Oberhaus. system der Macht auch fernerhin am Ruder bleiben oder mit dem Sieg der constitutionellen Principien und der nationalen Anforderungen den radicalen Reformen sich das Feld eröffnen werde, so finden wir auch im Hause der hohen Stände bedeutende und darunter zahlreiche neue Kräfte bei beiden Parteien versammelt, welche entschlossen waren, den entscheidenden Kampf auszufechten, einerseits für die Interessen der Macht und der Privilegien, andererseits für die der Freiheit und der nationalen Umgestaltung. Nach den vorangehenden Vorbereitungen, welche im Schose der Parteien, wie wir erwähnten, schon vor dem Reichstag gemacht worden waren, erlitt es keinen Zweifel, dass der Kampf ein heftiger sein werde; denn beide Parteien waren mit grossem Eifer bestrebt, ihr Lager zu organisiren. Die Conservativen, die bisher stets von der Negation allein ausgingen und nur Werkzeuge der Regierung waren, strebten nach einer unabhängigern Stellung, und wünschten jetzt unter der Fahne der Principien aufzutreten. Die Freisinnigen wollten jenem unbeschränkt ausgeübten „Veto", womit die der Regierungspartei angehörigen Magnaten durch die Mehrheit ihrer Anzahl jede freisinnige Reformfrage hemmten, ein Ende machen, und bestrebten sich, ihr moralisches Gewicht durch die Organisation ihrer Partei zu vermehren.

Die conser-
vative
Partei bei
den Mag-
naten. An der Spitze jener schuf der geniale Graf Aurel Dessewffy, sich mit Georg Apponyi, Nikolaus Vay und Samuel Jósika verbindend, eine mit der Regierung zwar in Verbindung stehende, aber nach selbständigen Grundsätzen vorgehende, eigentlich conservative Partei unter den Magnaten; welche, obgleich sie den grössern Theil der königlichen Beamten unter ihre Mitglieder zählte, insofern dennoch von der eigentlichen Regierungspartei verschieden war, dass sie hinsichtlich ihrer Haltung in den an der Tagesordnung befindlichen Fragen ihre Weisung nicht, wie diese, direct vom Erzherzog-Palatin oder dem Hofkanzler erhielt, sondern die einzuschlagende Richtung nach angenommenen Principien in Vorberathungen selbst bestimmte. Und diese Richtung stimmte nicht immer mit den Fingerzeigen des Palatins überein, besonders wenn es sich nicht um ein Hofinteresse im strengen Sinn des Worts handelte. Der Palatin verfügte als Vorsitzender des Hauses bisher durch seine Winke über die bereitwillig gehorchende Regierungspartei, man kann sagen, mit unbeschränkter Macht; jetzt erhielt er indess wiederholt Gelegenheit, die Erfahrung zu machen, dass die neue conservative Partei nach ihren eigenen Ansichten und nach in regelmässigen Berathungen festgestellten Beschlüssen vorgehe. Die Seele dieser Partei war Dessewffy; Apponyi und Vay bildeten gleichsam die Vorposten derselben, da beide mit ausgezeichneter rednerischer Fähigkeit ausgestattet waren. Grossen Einfluss auf die Beschlüsse der Partei hatte in den Berathungen derselben auch Graf Albert Sztáray, der Onkel Dessewffy's, der jedoch, da er kein Redner war, an den Debatten in den Generalsitzungen nur selten theilnahm.

Baron
Samuel
Jósika. In diesen Debatten trat mehrmals als Redner auf Baron Samuel Jósika, Rath der siebenbürgischen Hofkanzlei, der schon auf dem letzten Landtag in Siebenbürgen der Führer der Regierungspartei gewesen war, mit welcher vereint er aber gegen die Popularität Wesselényi's und die überwiegende Macht der Opposition ohne Erfolg gekämpft hatte. Er war einer von denjenigen Magnaten, welche die grössten parlamentarischen Talente besassen. Mit tiefem Verstand, scharfer, zerlegender Dialektik, vereinigte er eine grosse Bewandertheit in allen Waffen und Finten der parlamentarischen Redekunst ebenso wie in den öffentlichen Angelegenheiten; übrigens war auch Schlauheit 1839. einer der Hauptbestandtheile seines sonst ritterlichen Charakters. Im allgemeinen Mann der Macht, griff er die Reformen nur dort nicht an, wo er dieselben dem Ausspruch der öffentlichen Meinung gemäss für unabweislich hielt. Aber auch dann suchte er ihnen eine solche Richtung zu geben, dass dadurch, soviel nur möglich, auch die Macht der Regierung vergrössert werde.

Graf Georg Apponyi, einer der jüngsten Magnaten, trat auf die- Graf Georg Apponyi. sem Reichstag zum ersten mal auf, zwar nicht mit so glänzenden Fähigkeiten wie Dessewffy, auch nicht mit einer so schlauen Geschicklichkeit wie Jósika, aber mit einem so durchdringenden Verstand, mit so schönen Kenntnissen, dass er die öffentliche Aufmerksamkeit sogleich mit seinen ersten Reden auf sich zog. Seine Redeweise, welche nach kurzer Uebung leicht fliessend und gerundet wurde, charakterisirte besonnener Verstand und Mässigung, welche es den Zuhörer fühlen liessen, dass, obgleich kein Freund der radicalen Richtung, er aber auch den Reformen, welche das Wohl des Vaterlandes fordert, nicht entgegen sei, wenn dieselben nur so vorgenommen würden, dass sie die Macht der Regierung und die wesentlichen Interessen der Aristokratie nicht verminderten. Seinem Charakter verlieh seine von Jugend an in verschiedenen Regierungsämtern angewöhnte ruhige Haltung, Geradheit und Vaterlandsliebe eine angenehme Färbung.

Baron Nikolaus Vay war sowol hinsichtlich seiner klangreichen Baron Nikolaus Vay. Stimme als der Reize seines Vortrags einer der schönsten und glänzendsten Redner, aus dessen Reden stets ersichtlich war, dass er nicht weniger zu gefallen als eine Wirkung auszuüben bestrebt sei. Seinem Vortrage war deshalb stets Sorgfalt, nicht selten ein gewisser Charakter der Manierirtheit und Gesuchtheit aufgeprägt; aber ebendarum fehlte es ihm oft an Gehalt. Er erweckte in den Zuhörern eher eine augenblickliche Wirkung als Ueberzeugung, was den oppositionellen Rednern oft Gelegenheit bot, diese seine Schwächen auszubeuten. Patriotische Gefühle konute man ihm zwar nicht absprechen; aber seine glatte, sich auf den Diplomaten hinausspielende Haltung liess nicht selten den Zweifel entstehen, ob das Interesse des Vaterlandes oder das der Regierung für ihn von grösserm Gewicht sei.

Dieser Partei schloss sich gleich anfangs auch Graf Johann Graf Johann Majláth. Majláth an. Wir hätten ihn nicht erwähnt, wenn er in seinem Geschichtswerk von sich selbst nicht so oft und mit so unbescheidenem Rühmen gesprochen hätte, als ob sich die Angelegenheiten des Reichs alle um ihn als Mittelpunkt gedreht hätten. Er gehörte keineswegs zu den ausgezeichnetern Persönlichkeiten unserer Gesetzgebung. Er sprach zwar an der Magnatentafel oft und viel, sich seiner literarischen Thätigkeit auch dort rühmend, und mit seinen geschichtlichen Kenntnissen prahlend, welche er nicht selten auf eine nicht zur Sache gehörige Art auftischte; aber seine Reden blieben wirkungslos, da es eine allgemein bekannte Sache war, dass seltener die Ueberzeugung aus ihm spreche, als jenes materielle Interesse, wofür er sein Wort theils der Regierung, theils der Geistlichkeit verpflichtet hatte. Wenige Menschen schrieben so viel wie er, aber auch wenige Schriftsteller kann man so vieler Oberflächlichkeit, Parteilichkeit und schleuderischer Marktarbeit anklagen als ihn in jenen in deutscher Sprache geschriebenen Geschichtswerken über Ungarn, in welchen er, die Gunst der Regierung suchend, so ungerecht gegen sein Vaterland zu sein im Stand ist und so viele Verbrechen begeht gegen seine Nation und die geschichtliche Treue, dass man von denselben mit Recht sagen kann, dass es ein Unglück wäre für die Nationen, wenn ihre Geschichte nur so geschrieben würde!

Ausser diesen zählte die neue conservative Partei noch zahlreiche Mitglieder sowol unter den Obergespanen und andern königlichen Beamten als auch unter den Regalisten. Der Landesrichter gehörte mit den Reichsbaronen und Bischöfen eigentlich nicht zu dieser Partei, obgleich er übrigens in der Regel mit derselben stimmte, — da er an den Berathungen derselben keinen Antheil nahm. Jene blieben auch während dieses Reichstags streng genommen von den Winken des Palatins abhängig. Die Bischöfe, deren natürliches Oberhaupt und Führer der kurz vor dem Reichstag zum Primas ernannte Erzbischof von Gran, Joseph Kopácsy, war, gingen in der Religionsangelegenheit von ihrer eigenen Meinung aus, und kamen, wie wir sehen werden, mit der conservativen Partei in beinahe ebenso grossen Widerstreit als mit der Opposition. Der Primas Kopácsy verabsäumte daher nicht, deshalb während der Verhandlungen über einige andere Fragen den Palatin und die Conservativen seinen Aerger fühlen zu lassen. Zwar trennten sich weder er noch die übrigen Bischöfe von ihren bisherigen Verbündeten; ja der uns schon bekannte junge csanáder Bischof, der geniale, mit immenser Wissenschaft begabte Joseph Lonovics, den selbst die Mitglieder der Opposition den Redner „mit goldenem Munde" nannten, liess in jeder wichtigern Frage im Sinn der Conservativen seine schwer wiegende Rednergaben hören; der Primas indess hüllte sich oft in tiefes Schweigen, selbst dann, wenn das Gewicht seines Ansehens erforderlich war. Obgleich die conservative Partei, deren junge Führer augenscheinlich danach strebten, einstens das Steuer der Regierung mit eigener Hand zu ergreifen, und deswegen auch manchmal „die nach der Regierung strebende Fraction der Magnaten" genannt wurden, in ihrem Vorgehen auch ein wenig selbständiger geworden war, blieb sie doch in fortwährender enger Verbindung mit der Regierung, und erhielt in zahlreichen Fragen die Richtung ihres Verhaltens direct von derselben. Das Verbindungsglied war

Baron Aloys Mednyánszky, Vicepräsident der königlichen ungarischen Kammer, der zu diesem Zweck von der Regierung einen bestimmten Auftrag erhielt. Die Vorberathungen der Partei fanden gewöhnlich bei ihm statt, und die in jeder Frage zu beobachtende Richtung wurde mit seinem Hinzuthun festgestellt. Baron Aloys Mednyánszky war einer unserer wissenschaftlich am meisten gebildeten Magnaten; insbesondere besass er grosse Bewandertheit in der Vaterlandsgeschichte, und die Werke, welche er im Gebiet derselben theils selbständig, theils in Zeitschriften, vorzüglich in Hormayr's „Historischem Taschenbuch", veröffentlichte, sind ebenso werthvoll in Bezug auf die Wissenschaft, welche er bereicherte, als sie eine angenehme Lektüre bieten. In seinen jüngern Jahren weihte er seine Zeit beinahe ausschliesslich der Literatur, und wie er später auch selbst erzählte, machte ihm die Censur, welche ihren Rothstift in seinen Werken unbarmherzig walten liess, sehr viel zu schaffen. Denn seine Principien und Ueberzeugungen, obschon sie stets gemässigt waren, ruhten, besonders in seinen jüngern Jahren, auf freisinniger Grundlage. Er gehörte noch 1825 zur Opposition, und war im „schwarzen Buche" der Geheimpolizei, welches während der ganzen Regierung Metternich's fortwährend grosse Wichtigkeit besass, so schlecht angeschrieben, dass, als er, einen mehr erweiterten und praktischern Wirkungskreis wünschend, einigemal um eine Anstellung auf der wissenschaftlichen Laufbahn ansuchte, seine bescheidene Bitte stets abschläglich zurückgewiesen wurde. Später, als Kaiser Franz, auf den Rath des Hofkanzlers Reviczky, um die Opposition zu entwaffnen, den Mitgliedern derselben Aemter zu verleihen begann, erhielt auch Mednyánszky eine Anstellung. Seine wissenschaftliche Bildung, seine ausgebreiteten Kenntnisse eröffneten ihm rasch den Weg zu höhern Stellen, und er wurde kurz vor Eröffnung des Reichstags zum Vicepräsidenten der königlichen Kammer in Ofen ernannt. Nebstbei wurde er bald darauf auch noch mit dem Vorsitz der Studiencommission, mit der Leitung der Censur und der Ausarbeitung eines neuen Studiensystems betraut. Das hohe Regierungsamt veränderte seither ohne Zweifel vieles in den Ansichten Mednyánszky's, und dem Umstand zufolge, dass er das besonders betraute Organ der Regierung war, gab es auf dem Reichstag kaum eine unpopulärere Persönlichkeit als ihn; diejenigen indess, die ihn näher kannten, wussten sehr gut, dass die Grundlage seiner Ueberzeugungen, seine ganze Geistesrichtung fortwährend eine gemässigt-freisinnige blieb. Wiewol die radicale Richtung der Reform, welche sich auf eine immer grössere Masse der Nation ausdehnte, so wenig nach seinem wie nach dem Geschmack mehrerer anderer war, die ehemals in den Reihen der Opposition standen, so blieb doch sein Patriotismus viel zu standhaft, seine Denkungsart viel zu nüchtern, als dass er neben dem hohen Regierungsamte nicht auch den Fort-

1839. schritt seiner Nation in gemässigten Reformen gewünscht hätte. In dieser Beziehung mit Aurel Dessewffy und Georg Apponyi vollkommen übereinstimmend, wurde seine Persönlichkeit sehr zweckdienlich, auf dem gegenwärtigen Reichstag das Verbindungsglied zwischen der Regierung und der conservativen Partei zu sein. Da er aber keine ausgezeichnetere rednerische Fähigkeit besass, so schien seine Rolle in den Generalsitzungen, wiewol er an den Debatten oft theilnahm, nicht so wichtig zu sein, wie sie es hinsichtlich des Verlaufs und der schliesslichen Entscheidung der Angelegenheiten in der That war. Ihm zum Lob gereichte es, dass die Tagespresse unter seiner Oberaufsicht, und geradezu infolge seiner Einwirkung, einigermassen freier wurde.

Die conservative Partei gewann natürlich auf diese Weise, da sie nicht mehr blos die Schleppträgerin der Regierung war, sondern von bestimmten Principien ausging, welche gleichfalls die nothwendigen Reformen, obwol in gemässigterer Richtung und Ausdehnung, beanspruchten, sehr viel an moralischer Kraft. Sie hörte auf, was sie bisher war, eine blosse Verneinung und das willenlose Werkzeug der Regierung zu sein; und wenn sie auch noch nicht, wie es einige Jahre später geschah, mit einer neuen Reformrichtung auftrat; wenn sie auch den radicalen Reformbestrebungen gegenüber nur erst in vertheidigender Stellung verblieb, begann sie in Bezug auf die letztern auch schon deshalb gefährlich zu werden, weil sie ihre Lehren gleichfalls auf Principien gründete, die Opposition auch mit Principien bekämpfte.

Die Oppositionspartei bei den Magnaten. Es war den Oppositionsmitgliedern im Hause der Magnaten unmöglich, nicht einzusehen, dass es ihr dieser compacten Partei gegenüber, ihrer numerischen Minderheit gemäss, nicht gelingen würde, auch nur Einen solchen Vortheil durchzusetzen, wie auf den frühern Reichstagen, wenn sie nicht selbst ihre Partei fester constituirten. Wir erwähnten, dass dies schon vor dem Reichstage oftmals Gegenstand von Privatberathungen gewesen; wir sagten auch, dass diese Organisirung der Partei damals, obschon sie allgemein für nothwendig anerkannt war, aus Mangel an einem Führer nicht zu Stande kommen konnte und auf die Zeit des Reichstags aufgeschoben wurde, nachdem Wesselényi, der bisherige Führer der Opposition an der Magnatentafel, wie er sich selbst nannte, zu den politisch Todten gehörte; Széchenyi aber die Rolle eines Parteiführers nicht annehmen wollte, und in seiner Stellung auch nicht annehmen konnte. Indess erschienen aus Rücksicht für die grosse Wichtigkeit, welche jedermann diesem Reichstag schon in vorhinein zuschrieb, die Regalisten, die entweder schon seit längern Zeiten oder infolge des in den vergangenen Jahren von der Regierung befolgten gesetzverletzenden Verfahrens sich der Opposition zuneigten, in so grosser Anzahl wie bisher noch niemals.

Unter diesen fanden sich zahlreiche junge Magnaten, die zum ersten 1839. mal berufen wurden, und erschienen waren, um das ihnen durch Geburt schon zukommende Recht der Gesetzgebung auszuüben. Gegenwärtig waren unter andern: Ludwig und Kasimir Batthyányi, Ladislaus Teleky, Joseph Pálffy, Joseph und Michael Eszterházy, Karl Andrássy, Alexander Erdödy, Georg Károlyi, Augustin Odescalchi, Joseph Eötvös, Otto Zichy und viele andere.

Hinsichtlich seiner Individualität war der ausgezeichnetste unter allen Ludwig Batthyányi, der mit der bestimmten Absicht auf dem Reichstag erschienen war, seine Principiengenossen im Oberhause zu einer standhaften Opposition zu vereinigen und diese Partei zu organisiren. Zur Lösung dieser Aufgabe hätte sich kaum eine tauglichere Persönlichkeit anheischig machen können: er war mit allen jenen Eigenschaften reich versehen, welche für einen Parteiführer erforderlich sind. Wir werden mit diesem bedeutenden Staatsmann später, als er berufen war, auf die Geschichte des Vaterlandes einen so grossen Einfluss auszuüben, noch viel öfter zusammentreffen, als dass es schon hier nothwendig wäre, die Eigenschaften seines Charakters erschöpfender zu zeichnen. Die verschiedenen Lagen, in welchen er wirkte, die abwechselnde Rolle, welche er spielte, werden später in den von ihm selbst durchgeführten Handlungen bessere Gelegenheit bieten, uns mit den verschiedenen Seiten seines reichen Charakters vollständiger bekannt zu machen. Beschränken wir uns daher jetzt auf die Umrisse seiner Individualität und auf jene Eigenschaften, welche in ihm als dem Mitgliede der Magnatenopposition und als Parteiführer zur Erscheinung kommen.

Ludwig Batthyányi ist der Sprosse jenes uralten ungarischen Geschlechts, welches seinen Ursprung von einem der sieben Anführer, von Oers, herleitet, und im Verlauf der Jahrhunderte dem Vaterlande zahlreiche ausgezeichnete Staatsmänner, Palatine, Bane, Kanzler, Bischöfe und andere Beamte hohen Ranges, Feldmarschälle und Generale und dem königlichen Hause treue Unterthanen gab. Schon ehe das Haus Habsburg auf den Thron Ungarns gelangte, zeichneten sich mehrere hochverdiente Patrioten aus diesem Geschlechte aus, und damit wir nur einige erwähnen, führte Franz Batthyányi, Ban von Kroatien, in der Schlacht bei Mohacs den rechten Flügel des ungarischen Heeres an; ein zweites Mitglied dieser Familie, Johann, wurde zu ebendieser Zeit unter den auf dem Schlachtfelde gefallenen Herren gefunden; ein drittes, Urban, war Rath des Königs Johann. Die Mitglieder dieses Geschlechts waren in dem von so vielen Widerwärtigkeiten getroffenen Lande bei all ihrem Patriotismus beinahe ohne Ausnahme treue Stützen des Throns, wovon zweifelsohne die eine Ursache ist, dass ihre ausgedehnten Güter grösstentheils an den Grenzen von Oesterreich und Steiermark, ja theilweise in diesen

Graf Ludwig Batthyányi.

1839. Provinzen selbst lagen. Von Franz Batthyányi angefangen, der einer der eifrigsten Beförderer der Erhebung Ferdinand's I. und in demselben der des Geschlechts Habsburg war, bis Adam Batthyányi, der unter Leopold I. und Karl III. den Marschallstab führte, und ein vertrauter Freund des Prinzen Eugen von Savoyen war; bis Ludwig, Karl und Joseph Batthyányi, die alle drei unter Maria Theresia, der erste als Hofkanzler und später Palatin, der zweite als General und Erzieher Joseph's II., der dritte als Primas-Erzbischof von Gran und Cardinal, glänzten; bis herab zu den in neuerer Zeit lebenden Mitgliedern dieses Geschlechts — erwiesen alle dem königlichen Hause wenn nicht mehr, so doch gewiss nicht weniger Dienste als ihrem Vaterlande. Und diese Verdienste hatten das Herrscherhaus dazu bewogen, den ältern Zweig dieses Geschlechts in den Fürstenrang zu erheben.

Ludwig wurde im gräflichen Zweige 1809 geboren. Da sein Vater früh starb, vernachlässigte die sorglose Mutter die Erziehung des Kindes und Jünglings sehr, den sie, um ihren Launen leben zu können, in eine Privaterziehungsanstalt nach Wien gab. Der schlecht geleitete, heissblütige Jüngling wurde der trockenen Studien bald überdrüssig, und ehe er dieselben hätte beendigen können, betrat er in seinem 18. Lebensjahre die militärische Laufbahn. Das österreichische Offiziercorps war damals, in der langen Friedenszeit, kein solcher Körper, welcher den in denselben eintretenden Jünglingen in welcher Art immer eine ernstere Richtung zu geben vermocht hätte. Ein muthwilliger, eitler, genusssüchtiger Geist, welchen Schwelgereien, Liebesabenteuer, mit Verachtung und thatsächlicher Verletzung der bürgerlichen Ordnung verbundene Ausschreitungen, Eitelkeit, Glanzsucht, Spiel und beinahe alle andern Fehler eines müssigen Lebens kennzeichneten, war die hervorstechende Eigenschaft dieses Körpers. Jene Söhne reicherer Familien, welche in dieses Offiziercorps mit heissem Blute weniger geistige Kraft und Lebensweisheit und mehr Leichtsinn mitbrachten, kamen in kurzer Zeit grösstentheils sowol in pecuniärer als sittlicher Beziehung, zahlreiche auch hinsichtlich ihrer Gesundheit, gänzlich herab. Eine Zeit schwamm auch Batthyányi mit dem Strome; er spielte, trieb Luxus, verschwendete. Allein seine sittliche Natur war zum Glück viel zu gehaltreich und die Richtung seines kraftvollen Geistes, bei aller Vernachlässigung viel zu ernst, als dass ihm dieses wüste Leben auf längere Zeit Befriedigung hätte bieten können. Nach nicht ganz drei Jahren, während welcher er — wie er beim Uebertritt in den Soldatenstand seiner Mutter versprochen hatte — sich auch aus dem im Privatstudium absolvirten juridischen Lehrcurse einer Prüfung unterwarf, verliess er die militärische Laufbahn und zog sich auf seine Güter zurück. Da er fühlte, dass er die Triebe seiner Seele nur mit einer ernstern und edlern Beschäftigung befriedigen könne, weihte er mehrere Jahre lang seine Zeit und seine

nicht gewöhnlichen Fähigkeiten theils der Ordnung seines erschütter- 1839.
ten Vermögens, theils der Ausbildung seines unbebaut gelassenen
Geistes.

Da der ungarische Magnat schon seiner Geburt nach das Recht
der Theilnahme an der Gesetzgebung besitzt, war es sehr natürlich,
dass er seine Studien insbesondere auf die politische Laufbahn richtete, welche ihm von selbst offen stand. Seine natürliche Neigung
zog ihn dahin, auf dieselbe trieb ihn der Patriotismus, welcher mit
der ernstern Lebensrichtung in seiner unverdorbenen Seele stets lebhafter wurde. Seine Studien setzte er jedoch nicht allein aus Büchern
fort, er trat auch in die Schule des Lebens ein und bereiste wiederholt die Schweiz, Deutschland, Italien, Frankreich und England, und
besuchte auch den Orient; sein lebhafter, forschender Geist sammelte
sich überall Schätze von Erfahrungen. Die Principien des neuern europäischen Constitutionalismus, welche in seiner Seele theils infolge seiner
Studien, theils infolge seiner in der westlichen Welt gewonnenen Erfahrungen starke Wurzeln schlugen, erweckten zugleich eine tiefe Antipathie
in ihm gegen jene halb eingestandene, halb sorgfältig verborgene, nach
Willkürherrschaft strebende, verfängliche, jede fröhlichere Lebensent-
wickelung hindernde, oder aber erstickende, verkehrte Politik, welche die
Macht in seinem Vaterlande befolgte. Jenes starke nationale und hoch entwickelte politische Leben, jener hohe Grad von Bildung und Wohlstand, welche er unter den von ihm bereisten westlichen Völkern
antraf, brachten in seiner Seele auch hinsichtlich seines Vaterlandes Ideale zur Entwickelung, · welche sein von Vaterlandsliebe
durchdrungener, durch einfache Schwärmerei nicht zu befriedigender,
nach praktischer Richtung strebender, kraftvoller Geist auch immer
mehr zu verwirklichen sich sehnte. Es reizte ihn die öffentliche Laufbahn zu betreten auch das Beispiel, welches die Wirksamkeit Széchenyi's und Wesselényi's darbot. Er sah daraus, in welch hohem Grade
auch der einzelne Patriot auf die politische und sociale Entwickelung
einer Nation einwirken kann, wenn seine Absichten rein und seine
Bestrebungen unermüdet sind. Allein eben das Beispiel Széchenyi's
bewies ihm auch, dass, welche Wendung immer in der Denkungsart,
den Wünschen und der Richtung einer Nation die eifrige und ver-
ständige patriotische Bestrebung hervorzubringen vermag, der einzelne
Patriot einen raschern Erfolg hinsichtlich der Verwirklichung dieser
Richtung und dieser Wünsche nur dann einernten könne, wenn er gegen
die eine solche Entwickelung hindernde Regierung in der engern Vereinigung gleichgesinnter Patrioten ein Gegengewicht suche. Er ver-
übelte es Széchenyi, dass dieser bisher noch keine streng zusammenhaltende Partei gebildet habe zur Verwirklichung jener Zwecke, deren
Verlangen er durch seine Initiative und seine Agitationen in der Nation erweckt und so weit vorbereitet hatte. Aber er theilte auch

1839. seine politischen Grundsätze nicht ganz. Széchenyi richtete, wie wir wissen, seine Reformbestrebungen in seinem „logischen Nacheinander" vor allem auf materielle Verbesserungen, da er auf denselben die politische Umgestaltung zu begründen wünschte; er hatte vorläufig nicht den Muth, die staatsrechtlichen Verhältnisse der Nation, obgleich auch er mit denselben nicht zufrieden war, anzutasten, und betrieb selbst im Gebiet des Privatrechts blos jene Umgestaltung, welche der materiellen Entwickelung den Weg bahnte. Er erwartete nur von dem moralischen Gewichte dieser materiellen und gesellschaftlichen Entwickelung und Kraft, und vom nationalen Reichthum die stufenweise Entwickelung und Sicherstellung der Principien des Constitutionalismus und der unabhängigen Nationalität. Batthyányi schloss sich zwar sämmtlichen Reformplanen Széchenyi's an, und auch er wünschte den materiellen und gesellschaftlichen Fortschritt nicht weniger; aber ausserdem wollte er auch die verfassungsmässige Freiheit und nationale Unabhängigkeit, welche bisher nur in unsern Gesetzen enthalten waren, allein durch das feindselige österreichische Regierungssystem in der Ausübung auf einen so engen Kreis beschränkt wurden, zu einer wirklichen Thatsache entwickeln; er war keineswegs geneigt, das Aufblühen der materiellen Interessen um den Preis der politischen Rechte, der gesetzlichen Freiheit zu erkaufen, und aus dieser Rücksicht schloss er sich vielmehr den Principien Wesselényi's an. Wie vieles er von den Grundsätzen der Demokratie schon zu dieser Zeit in sich aufgenommen hatte, ist ungewiss; wir werden in den spätern Jahren Gelegenheit haben, in dieser Beziehung uns mit seinen Ansichten bekannt zu machen. Soviel ist unzweifelhaft, dass er in der ersten Periode seiner politischen Laufbahn den freien Boden und den freien Bürger zu seinen Hauptprincipien zählte, jedoch vielleicht ohne dass er gewünscht hätte, die Rangstufe der verschiedenen Stände zu verändern, wozu vorläufig ohnehin keine Aussicht vorhanden war. Seine aristokratische Geburt, seine aristokratischen Gewohnheiten und Gesellschaftskreise erlaubten ihm zwar kaum, sich schon damals so hoch zu erheben, dass er die vollständige politische Gleichheit von Anfang an in sein Glaubensbekenntniss aufgenommen hätte; die Gleichheit vor dem Gesetze indess wünschte er, bei einer gewissen politischen Rangordnung, sobald als es möglich sei, verwirklicht zu sehen. Wenn übrigens seine Grundsätze und Ansichten mit der Zeit sich in irgendetwas änderten, so geschah es gewiss in dieser Beziehung. Zur Zeit seines ersten Auftretens noch jung und kaum dreissig Jahre alt, war er nicht nur selbst noch nicht jener vollständig entwickelte Staatsmann, als welchen wir ihn 1848 kennen lernen werden; sondern auch in der Nation waren die politischen Richtungen noch nicht zur vollständigen Entwickelung gekommen, was vorzüglich in Bezug auf die demokratischen Principien unzweifelhaft ist. Zwar

schien jener Anspruch der Zeit schon unabweislich, dass die aus- 1839.
schliesslichen Vorrechte der Aristokratie aufhören, und noch mehr,
dass die politischen Rechte derselben auch auf die übrigen Klassen
ausgedehnt werden müssten, demzufolge sämmtliche Klassen in die
Schanzen der Verfassung aufgenommen werden sollten, und, da unter
denselben auf diese Weise Interesseneinheit hervorgebracht würde, die
Nation zu einem compacten Körper zu vereinigen sei.   Allein über
eine mehr erweiterte Entwickelung und eine auf gerechtere Grundsätze
basirte Begründung des Ständewesens hinaus waren zu dieser Zeit, in
welcher die Reformen noch einzig vom Adel geschaffen werden konnten, und die Bürgerschaft der Städte keinen gehörigen Einfluss in der
Gesetzgebung besass, die Gedanken von nur sehr wenigen auf eine
demokratische Rechtsgleichheit gerichtet, Daher kann man es auch
bei Batthyányi nicht als subjective Engherzigkeit betrachten, wenn
seine Grundsätze von politischer Freiheit zu dieser Zeit mit der Demokratie nach französischem Muster nicht übereinstimmten.

Mit solchen Grundsätzen und mit der entschiedenen Absicht
erschien er auf dem Reichstage, um die Sache des nationalen Fortschritts durch die Bildung einer starken Oppositionspartei an der
Magnatentafel zu befördern. Mit seinen Freunden, insbesondere mit
dem Grafen Alexander Szapáry, hatte er diesfalls schon vor dem
Reichstage zahlreiche Berathungen gepflogen ; und obgleich der
übrigens grosse Fähigkeiten besitzende, aber selbstsüchtige Szapáry, als die Sache in Angriff genommen werden sollte, seinem
gegebenen Worte nicht treu blieb, war die Organisirung dieser
Partei in der Versammlung seiner Standesgenossen dennoch die erste
Sorge Batthyányi's. Er hielt diesfalls sogleich nach seiner Ankunft
mit seinen Principiengenossen mehrere Conferenzen ab, und ausser Die Organi-
jenen allgemeinen Grundsätzen, auf welchen die ganze übrige Oppo- Opposition
sition gegründet war, anempfahl er der Magnatenopposition in einer natentafel.
Rede insbesondere die folgenden Ausgangspunkte:

„In unserm Plane", sagte er, „kommen drei Hauptfragen
vor, nämlich: Was ist unser Ziel? Weshalb haben wir uns dasselbe
vorgesteckt? Und auf welche Art können wir es erreichen?

„Wenn man in Betrachtung zieht, dass in unserm Vaterlande
alles mögliche Gute nur so zu befördern ist, dass auch die politische
Macht dort vereinigt wird, wo das grösste Gewicht des Vermögens
und der Intelligenz concentrirt ist; man aber als diesen Mittelpunkt
den Magnatenstand betrachtet, haben wir uns das parlamentarische
und ausserparlamentarische Uebergewicht dieses Standes als Endziel
vorgesteckt. Zur Erreichung dieses Uebergewichts halte ich die folgenden Mittel für die wirksamsten:

„1) Dass wir, die Nothwendigkeit einer verdienten Popularität
anerkennend, diese pflegen.

„2) Dass wir, unsere geringe Anzahl einsehend, dieselbe durch Aufforderung so zahlreicher wie möglich und unabhängiger Magnaten zu vergrössern trachten.

„3) Da wir dieses Ziel nur durch vereinte Bestrebungen in gleichem Sinne und nach Einer Richtung hin erreichen können, müssen wir dahin streben, gewisse Fragen auch ausserhalb des Reichstags in den Comitatsversammlungen in einem schon in vorhinein zu bestimmenden Geiste zu entscheiden.

„4) Anerkennend, dass die Nützlichkeit die stärkste Stütze eines jeden dauernden Einflusses ist, müssen wir nach Möglichkeit und aus allen Kräften dahin trachten, dass das Publikum in unsern Comitaten das Zustandekommen oder die Leitung verschiedener nützlicher Anstalten uns zu verdanken habe.

„5) Anerkennend, dass wir nur von einer fortwährenden Thätigkeit und Eintracht unsererseits einen Erfolg hoffen dürfen, werden wir die auf dem Reichstage durchzuführenden Hauptfragen im voraus ausarbeiten; zur Sicherstellung derselben werden wir aber sowol das Namensverzeichniss der zu wählenden Abgeordneten als auch den Vorschlag zu den denselben zu ertheilenden Instructionen in voraus verfassen.

„6) Von dem Grundsatze ausgehend, dass jedermann verpflichtet ist, seine persönlichen Interessen dem öffentlichen Wohle unterzuordnen, versprechen wir andererseits, dass wir der Aufrechthaltung dieses jenes Wohl beabsichtigenden Vereins zu Liebe auch in unsern Privatverhältnissen die möglichst grösste Nachsicht gegeneinander beobachten werden."

Bezüglich der Wirksamkeit der Partei stellte er den Antrag, die folgenden Punkte als massgebende Grundsätze anzunehmen.

„1) Das zu wünschende Uebergewicht des Magnatenstandes werden wir nicht als das Endziel unserer Bestrebungen betrachten, sondern nur für ein nothwendiges Mittel zur Befreiung eines jeden Standes, jeder Religion, jeder Meinung.

„2) Die politischen Rechte müssen fortan, bei nach und nach zu geschehender Aufhebung aller persönlichen Vorrechte, nach dem Verhältniss eines gewissen Census ausgeübt werden.

„3) Bei Aufrechthaltung einer strengen Achtung des Eigenthums und Vermögens ist die zweckmässigste Eintheilung der Einkünfte der bürgerlichen Gesellschaft Aufgabe der Gesetzgebung.

„4) Jene irrige Meinung leugnend, dass die Wissenschaft nicht für jeden Menschen passe, wollen wir das Licht selbst in die Hütte des Zigeuners hineintragen.

„5) Da wir die vollständige Freiheit des Handels unterstützen, so wünschen wir unser Vaterland von jeder Zwischenzollgrenze zu befreien, wenn wir dieselbe auch durch eine gewisse Entschädigungs- 1839. steuer ablösen müssten.

„6) Im Interesse des Credits werden wir die Abschaffung sowol der Aviticität als auch der Fiscalität und der Fideicommisse betreiben.

„7) Unsere Nationalität kann dem Auslande gegenüber nur durch eine möglichst breite Grundlage gestärkt werden; weil aber diese Grundlage nicht durch eine erzwungene Verschmelzung der Sprachen, Religionen oder politischen Meinungen, sondern nur durch die Anhänglichkeit an eine alle gleichmässig schützende und beglückende Verfassung zunehmen kann, werden wir dahin trachten, dass jeder Stand und Glaube in den Reichs- und Comitatsversammlungen in gerechtem Verhältnisse vertreten werde.

„8) Die Bestechung ist der Krebsschaden des Patriotismus; wir werden daher, damit die Preise derselben weniger verlockend seien, unsere Bestrebungen darauf richten, dass die Apostasie, der Eidbruch auch im Privatleben bestraft werden.

„9) Zur Belebung der Vaterlandsliebe wurde bei allen gefährdeten Völkern die Aneiferung des Frauengeschlechts für ein wirksames Mittel befunden; wir werden uns daher bestreben, dass auch unsere Frauen diese herrliche Mission so bald wie möglich übernehmen. [1]

[1] Mit welch sicherm Takte Batthyányi dieses Mittel gewählt hatte, wurde durch seine eigene Gattin, geborene Gräfin Antonia Zichy, und deren Schwester Karolina, verehelichte Gräfin Georg Károlyi, glänzend gerechtfertigt. Wie dieses seelenvolle Schwesternpaar, körperlich und geistig Zierden ihres Geschlechts, während der letztern bewegungsvollen Jahre mit grosser Popularität beehrt und sein Name Gegenstand allgemeiner Huldigung und Hochachtung wurde, so machte es sich auch in der Geschichte der Nation einer dankbaren Erinnerung würdig. Im Damenkreise unserer Aristokratie — welchen unser berühmter Nationaldichter Michael Vörösmarty in seinem Gedicht „Az elhagyott anya" (Die verlassene Mutter) mit so herzerschütterndem Schmerz anklagt, dass seiner Verdeutschung und des Mangels an Nationalgefühl wegen „der Fluch der Marmorbrust auf ihm laste" — brach das hochsinnige Beispiel dieses Schwesternpaares Bahn, dass auch die Frauen unserer Heimat aus ihrer kalten Gleichgültigkeit zu einem warmen Interesse für die öffentlichen Angelegenheiten, zu nationalen Gefühlen und Tugenden erwachten. Sie fassten ihren Beruf, welcher ihnen als Gattinnen so ausgezeichneter Männer vorgesteckt war, hochherzig auf, und überzeugt, dass das Nationalgefühl in unserm hohen Adel keine tiefern Wurzeln schlagen könne, solange in der Conversation fremde Sprache und fremder Geist, gegen alles Heimatliche aber Gleichgültigkeit herrsche, waren sie die ersten, die in ihren Salons die Nationalsprache, in ihrer Conversation den nationalen Geist heimisch machten. Sie stellten sich an die Spitze mehrerer Unternehmungen vaterländischer Richtung, und im Patriotismus mit ihren Gatten und mit einander wetteifernd, waren sie eifrig bemüht, die öffentlichen Interessen zu pflegen. Und dies schöne Beispiel fand in kurzem allgemeine Nachahmung. Die aus den aristokratischen Salons beinahe seit einem Jahrhundert verbannte Nationalsprache begann von schönen Lippen süss zu ertönen; die Conversation gewann einen nationalen Anstrich; in den öffentlichen Unterhaltungen

„10) Die bessere Erziehung der Kinder ist die Bedingung eines jeden anzuhoffenden grössern Wohlstandes; wir müssen daher bestrebt sein, dass diese so erzogen werden, dass sie vor allem ihrer politischen Aufgabe zu entsprechen sowol im Stande als auch geneigt sein mögen."

Diese Grundsätze legte Ludwig Batthyányi seinen Principiengenossen als ersten Vorschlag vor, und beiläufig auf Grundlage derselben constituirte sich sodann die Magnatenopposition. Batthyányi betrieb eigentlich nur den Zweck, die Constituirung der Partei, mit jenem Feuer und jener standhaften Ausdauer, welche zu den Eigenschaften seines Charakters gehörten, ohne dass er in derselben auf die Rolle des Führers Anspruch gemacht hätte. Die Sache selbst, deren unabweisliche Nothwendigkeit er fühlte, und nicht persönliches Interesse, Ruhmsucht oder Eitelkeit trieb ihn zu solchen Kraftanstrengungen an. Seine Persönlichkeit indess war solcher Art, dass ihn, sobald er auftrat, jeder Principiengenosse von selbst als Führer anerkannte, wiewol er sich bisher noch in keiner Gattung der Oeffentlichkeit ausgezeichnet hatte und der Nation gänzlich unbekannt war. Es gab ohne Zweifel unter den freisinnigen Magnaten manche Persönlichkeit, welche ein glänzenderes Rednertalent, eine erschöpfendere Kenntniss der vaterländischen Angelegenheiten besass als er; allein es gab niemand, der ihm in jenen Eigenschaften, welche zu einem Parteiführer erforderlich sind, auch nur annäherungsweise an die Seite gestellt werden konnte. In jenen Vorbereitungsberathungen, welche seine Principiengenossen theils wegen der Organisation der Partei, theils wegen der Bestimmung der auf dem Reichstage zu befolgenden Richtung mit den hervorragendern Mitgliedern der Ständeopposition zusammen abhielten, zog sofort jener richtig urtheilende, mächtige Geist, jene consequente Denkungsart, und hauptsächlich jene kein Wanken kennende Entschiedenheit, jener kraftvolle, feste, ausdauernde Charakter, welche sich später in seiner Individualität so oft und so glänzend äusserten und ihn zur Parteiführung so vorzüglich befähigten, jedermanns Aufmerksamkeit auf sich. Er gehörte nicht zu jener Gattung des Genies, welches mit dem Spiele und den überraschenden Bildern der Phantasie hinreisst, mit sprühenden Einfällen des Verstandes die Augen blendet; bei ihm bekundete sich der Genius insbesondere durch schnelle Auffassung, durchdringende scharfe Vernunft, tiefes Verständniss, deren combinirende Kraft, jeden Gegenstand in seiner Tiefe, jede Frage in ihrer Wesenheit erfassend, die grösste Verwickelung mit ebenso grosser Leichtigkeit löste und die Scheingründe

wurde die nationale Musik und Kleidung, der Nationaltanz schon im Verlauf dieses Reichstags allgemein vorherrschend. Und bei der Betrachtung alles dessen flehte das Herz des Patrioten, in die Träume einer schönern Zukunft versunken, Segen herab auf den Namen des hochsinnigen Schwesternpaares.

der Dialektik nachwies, als sie ihre eigenen Ansichten und Plane 1839. mit Sicherheit aufstellte und die zweckdienlichen Mittel bezeichnete. In seinen Principien wankte er niemals. Seine klare Auffassung liess ihn an den Scheidewegen keinen Augenblick schwanken, er entschloss sich schnell zu dem Schritt, welcher gemacht werden musste, in dessen Wahl ihn ein seltener staatsmännischer Takt leitete. Was aber sein durchdringender Verstand einmal für richtig und wahr anerkannte, an das schloss sich sein eisenfester Charakter mit unerschütterlicher Standhaftigkeit an. Er war einer jener tiefen, kraftvollen, gestählten Naturen, die alles, was sie beginnen, mit der ganzen Leidenschaft ihrer Seele umfassen und mit hartnäckiger Ausdauer zu Ende führen, vor nichts zurückschreckend, solange ihre Vernunft, ihre Ueberzeugung die Handlung gutheisst.

Dieser politische Muth, dieser ausdauernde, starke Wille, zu welchen auch noch jene Eigenschaft hinzukam, dass er in der Disciplinirung seiner Partei eine seltene Geschicklichkeit und Thätigkeit entwickelte, machten ihn insbesondere zur Führerschaft tauglich. Solange er im Oberhaus die Fahne der Opposition schwang, gab die Magnatenopposition kaum Ein Beispiel, dass irgendein Parteimitglied von dem vorangehenden Beschluss abweichend gestimmt hätte. Nur Einmal versuchte dies Joseph Eötvös in der Religionsfrage, und hatte Unannehmlichkeiten genug deswegen. Allein er wusste diese so äusserst schwer zu disciplinirende Partei nicht nur zusammenzuhalten; sein Eifer war auch unermüdlich sowol in der Vergrösserung seiner Partei als auch in der Durchführung dessen, was das Interesse derselben sonst noch erfordern mochte. Es ist grossentheils sein Verdienst, dass die Magnatenopposition gleich anfangs eine so ansehnliche Stellung einnahm und an Zahl und moralischer Kraft fortwährend wuchs. Batthyányi gehörte übrigens nicht zu jenen schönen und hinreissenden Rednern, welche die Saiten des Herzens erzittern und wogen machen, Leidenschaften wecken und ihre Zuhörer in den Taumel der Begeisterung versetzen; hierzu fehlte es sowol seinem Geist an Phantasie, und seinem Organ an Anmuth und Kraft, als es ihm im aligemeinen auch an Leichtigkeit im Gebrauch der Sprache mangelte. Aber sein Charakter war auch viel zu stolz, als dass in ihm jemals die Sehnsucht entstanden wäre, dem Beifall nachzujagen. Er achtete zwar die Volksthümlichkeit als das Mittel zum Sieg der von ihm vertretenen und unterstützten Sache, aber als Ziel und aus persönlichen Rücksichten vergötterte er sie nie; und er bewies in der spätern Periode seiner politischen Laufbahn wiederholt, dass er genug an moralischer Kraft, an moralischem Muth besass, um sowol nach obenhin die unangenehmste Wahrheit auszusprechen, als auch nach untenherab der Meinung zu trotzen, welche, obwol sie volksthümlich war, doch mit seiner Ueberzeugung nicht übereinstimmte. Diesem

1839. Götzen opferte er nie mit seinen Principien, mit den bessern Ueberzeugungen seines Busens.

Die Magnatenopposition bestand beinahe ausschliesslich aus unabhängigen Regalisten, da die königlichen Beamten und die Bischöfe amtlich unter die Banner der Regierungs- und conservativen Partei eingereiht waren. Selbst von den Obergespanen kann man streng genommen nur einen einzigen zur Opposition zählen, Sigmund Perényi, den Obergespan von Ugocsa, welcher, nachdem er auf einigen frühern Reichstagen seinen Platz unter den freisinnigen Abgeordneten der untern Tafel eingenommen hatte, jetzt bei den Magnaten als eine in den öffentlichen Angelegenheiten bewanderte, besonnene, erwägende Intelligenz und als anmuthiger Redner zu den ausgezeichnetsten und ansehnlichsten Persönlichkeiten seiner Partei gehörte. In der ersten Reihe der Opposition stand auf diesem Reichstag auch Stephan Széchenyi, der mächtig wirkende Anreger der Reformen. Er begann indess schon zu zeiten mit Besorgniss wahrzunehmen, dass die Opposition heute oder morgen auch ihm über den Kopf wachsen werde. Von einem Meinungswechsel war aber an ihm noch nichts zu bemerken. Von den jüngern Magnaten, die gegenwärtig zum ersten mal an der Gesetzgebung theilnahmen und mit Batthyányi an der Bildung der Partei mitwirkten, zogen besonders Joseph Eötvös und Ladislaus Teleky, die auch später wichtige Rollen spielen sollten, die öffentliche Aufmerksamkeit auf sich.

Barou Joseph Eötvös.

Beide gehören, obgleich hinsichtlich des Charakters voneinander sehr verschieden, zu jenen glänzenden Individualitäten, welchen der Genius seinen Stempel unverkennbar aufgedrückt hat. Eötvös, der schon in früher Jugend auf literarischem Feld aufgetreten war, erkannte und feierte die Nation jetzt, bei Eröffnung dieses Reichstags, wiewol er das 26. Lebensjahr kaum überschritten hatte, als einen ihrer genialsten Schriftsteller. Sein „Vélemény a fogházjavítás ügyében" (Gutachten über die Verbesserung des Gefängnisswesens) und seine romantische Dichtung „A Carthausi" (Der Kartäuser), deren ersteres als Flugschrift, das zweite im „Budapesti Árvízkönyv" (Pesth-Ofener Ueberschwemmungsbuch) erschien, sind Producte eines glänzenden Genies. Der „Kartäuser", welcher auch im Ausland lebhafte Aufmerksamkeit erregte und ihm viel Lobeserhebungen eintrug, bekundet Byron'schen Geist. Bei einem ausserordentlichen Reichthum der Phantasie entwickelt er eine so erhabene Weltansicht, ist er so reich an überraschenden und stets richtigen, stets wahren Reflexionen, dass es gleichsam schwer ist, zu entscheiden, was in diesem Schriftsteller grösser: der Dichter oder der Philosoph?[1] Der gegenwärtige

_____

[1] Dieses Meisterwerk vermag die Kunstkritik kaum treffender zu charakterisiren als die folgenden Verse Andreas Pap's, welche wir nur darum

Reichstag liess ihn von einer neuen Seite, als tief zergliedernden, an 1839.
überraschenden Wendungen und treffenden Gleichnissen reichen, nicht
so sehr durch die Glut der Leidenschaft hinreissenden, als durch
Schönheit des Vortrags, den dichterischen Reiz seiner Bilder bezaubernden Redner erscheinen.   Allein wir werden noch öfter Gelegenheit haben, mit dieser ausgezeichneten Persönlichkeit zusammenzutreffen.

Auch mit Ladislaus Teleky's Charakter werden wir weiter unten   Graf
bessere Gelegenheit finden im Augenblick der Ereignisse genauer be-   Ladislaus
Teleky.
kannt zu werden.   Hier erwähnen wir seiner nur kurzweg als eines
der muthigsten und entschiedensten Vorkämpfer der Magnatenopposition, den sein reizbares, heftiges Blut aus den Parteikämpfen nie
ausbleiben liess.   Seine Reden, welche improvisirt grösstentheils weit
besser gelangen, als wenn er sich dazu vorbereitete, charakterisirte
im allgemeinen tiefe Auffassung, schnelle Vernunft und scharfe Logik.
Unter den Magnaten hatte niemand eine stärkere Dialektik als er.
Ein wesentlich polemischer Geist, mischte er sich in die Debatte nur
dann ein, wenn die Meinung der Opposition von den Conservativen
angegriffen ward, und alsdann gehörte es insbesondere zu seinen
Eigenthümlichkeiten, dass, wenn er die Behauptungen und Gründe
seines Gegners, wie es seine Gewohnheit war, einer scharfen Zer-
gliederung unterwarf, er dessen Meinung so geschickt auf die Spitze
zu stellen, zum Extrem zu führen wusste, dass diese unter seinem
Secirmesser in der Regel zu einer Ungereimtheit wurde.   Der scharfe,
beissende Wortkampf verwickelte ihn zu verschiedenen malen in
blutige Duelle; er stellte indess auch dort muthig seinen Mann, was
sodann zur Folge hatte, dass seine Gegner sich sehr hüteten, mit ihm,
der von Ritterlichkeit, Beleidigung und Ehre so delicate Begriffe
hatte, anzubinden.

Die schnelle Begründung, den engen Zusammenhalt der Mag-   Parteiver-
natenopposition, welche gleich anfangs aus etwa fünfunddreissig Mit-   hältnisse.
gliedern bestand, beförderte in hohem Grad das „Casino der Opposition", welches Batthyányi mit einigen andern zu ebendiesem Zweck
gestiftet hatte.   Dieser gesellschaftliche Verein nahm jeden Principiengenossen in seine Mitte auf, ob er nun dem Abgeordneten- oder dem
Magnatenkreis angehörte, weshalb derselbe die Opposition der beiden
Häuser miteinander enger verband und auch als Berathungsort zur

mittheilen, weil sie zugleich die Individualität des Schriftstellers getreu
schildern:

> Ein Buch des Wehs und dennoch kein Roman,
> Ein Bild ist's unsrer Zeit, so wahr und treu,
> Der heutigen Gesellschaft Weheschrei
> Und unsres Bildungsgangs Verzweiflungskrampf.
> Hier ist der ganze wilde Leidenskampf
> Der neuern Zeit, der sich kein Glück gesellt,
> Denn endlos schmerzt uns die bestehnde Welt.

Vermittelung des Verständnisses diente. Aus dem Schos dieses Vereins gingen die politischen Sympathien und Antipathien immer mehr in das ganze gesellschaftliche Leben des Reichstagspublikums über; selbst die Damenwelt theilte sich in zwei Lager, welche die politische Färbung auch in ihre Salons und Unterhaltungen hinübertrugen. Die Einmischung der Frauen in die Fragen des politischen Lebens vermehrte natürlich nicht wenig die Leidenschaftlichkeit des Kampfes. Die Damen, die den Sitzungen auf einer für sie besonders bereit gehaltenen Galerie fleissig beiwohnten, waren in der Controlirung der Abstimmungen nicht weniger eifrig als die Führer der Parteien selbst. Aber wenn man demzufolge der Oppositionspartei auch zuweilen den Vorwurf machen konnte, dass sie manche der gewonnenen Stimmen den bezaubernden Augen ihrer Frauen zu verdanken hätten, so konnte man mit ebendemselben Recht die Regierungspartei beschuldigen, dass sie sich manche Stimmen durch Seelenkauf mit Geld verschafft habe. Es kam nämlich im Verlauf dieses Reichstags in Gebrauch, was später in noch grösserm Masstab in Ausübung kam, dass die Regierung in mancher Frage, wenn sie die sehr grosse oppositionelle Majorität der Ständetafel durch die Grösse der conservativen Majorität des Hauses der Magnaten paralysiren wollte, oder befürchten musste, dass, wenn etwa die unabhängigere und deshalb zwischen den beiden Parteien schwankende Fraction der Obergespane mit der Opposition stimmte, die Majorität der Regierungspartei zweifelhaft sein würde, — dass die Regierung, sage ich, für die Zeit der Debatten mehrere in der Provinz wohnende arme Regalisten, die ihrer Vermögenslosigkeit wegen im Sitz der Gesetzgebung nicht beständig sich aufhalten konnten, herbeirief und mit Taggeldern versah. Das erboste Publikum nannte dieselben „Fünfguldenmagnaten".

Die königlichen Vorlagen.

Während dieser Organisationsvorbereitungen der Parteien kam der 6. Juni heran, der Tag der feierlichen Eröffnung des Reichstags, welcher von König Ferdinand V. in Person vollzogen wurde. Die königlichen Vorlagen enthielten drei Gegenstände: Rekrutenstellung zur Ergänzung der in kurzem zu entlassenden ausgedienten Soldaten der ungarischen Regimenter; eine zweckmässigere Organisation der Verproviantirung und Einquartierung des Militärs; und die Regulirung der Donau, welche die verheerende Ueberschwemmung des vergangenen Jahres zu einer brennenden Nothwendigkeit machte.

Gegen diese Anträge der Krone hatte niemand eine Einwendung und konnte auch keine erheben; die zwei letzten Punkte wünschte die Nation selbst durchgeführt zu sehen. Während der vergangenen Jahre hatte indessen die Nation viel zu schmerzliche Gesetzverletzungen erduldet, als dass die Opposition, dieselben jetzt mit Schweigen übergehend, sofort geneigt gewesen wäre, die königlichen Vorlagen in Verhandlung zu nehmen. Der grösste Theil der Instructionen selbst

machte es den Abgeordneten zur Pflicht, die Behebung dieser Beschwer- 1839.
den vor allem andern zu betreiben. Die schmerzlichste dieser Beschwerden war jene, welche durch die des freien Worts wegen geschehenen Verurtheilungen der Redefreiheit zugefügt wurde, und daher
stammte, dass man die Durchführung des auf den frühern Reichstag
gebrachten, die Wiedereinverleibung der siebenbürgischen Landestheile
verfügenden 21. Gesetzartikels verabsäumt hatte. Moritz Szentkirályi, Die Ráday-
Angelegen-
Deputirter des pesther Comitats, brachte aber schon in der Circular- heit; Be-
sitzung vom 8. Juni den Ständen eine neue hochwichtige Beschwerde schwerde
des pesther
zur Anzeige, welche an der Freiheit der Deputirtenwahl und an der Comitats.
Unabhängigkeit der Vertreter dadurch begangen wurde, dass dem
zweiten Deputirten seines Comitats, Grafen Gedeon Ráday, als einer
in gerichtlicher Untersuchung befindlichen Person, durch die Regierung
das Erscheinen auf dem Reichstag untersagt wurde. Er bat die
Stände, ihre Aufmerksamkeit vor allem der Frage der Ergänzung des
Reichstags zuzuwenden; denn in einem solchen Fall, wenn der vom
Comitat freigewählte Abgeordnete von der Regierung am Erscheinen
gehindert werde, sei der Reichstag unvollständig und könne dem Gesetz
nach keine Verhandlungen vornehmen. Die Stände fühlten die Wichtigkeit dieses Gravamens, welches das Recht der freien Deputirtenwahl und ·die Unabhängigkeit der Vertreter gefährdete, in ihrer
ganzen Schwere, und sprachen sofort als Beschluss aus, dass, solange
diese Beschwerde von der Regierung nicht thatsächlich behoben würde,
und solange auf die auf dem frühern Reichstag unterbreiteten vorläufigen Beschwerden, wie auch auf jene, welche die Oeffentlichkeit
und Redefreiheit betreffen, von seiten der Regierung keine befriedi-
gende Antwort herabgelange, sie bis dahin weder über die königlichen
Vorlagen noch über irgendeinen andern Gegenstand eine Repräsen-
tation unterbreiten würden. Mit diesem Beschluss wurde die Richtung
des Reichstags entschieden.

Der königliche Personal, Stephan Szerencsy, der den Vorsitz im
Hause hatte, strengte in der nächsten Generalsitzung alle Kräfte an,
damit dieser Beschluss aufgehoben und die königliche Vorlage als
erster Berathungsgegenstand aufgenommen werde. Er entwickelte die
grosse Wichtigkeit derselben und den daraus der Nation erwachsenden Nutzen; er erwähnte des Vertrauens, welches die Regierung von
der Nation mit Recht fordern dürfe; er trug vor, dass man die Freilassung der politischen Gefangenen nur durch Nachgiebigkeit, Mässigung und Erfüllung der Wünsche der Regierung hoffen könne. Solche
Gründe besänftigten indess das Feuer nicht, ja sie waren vielmehr
angethan, dasselbe noch mehr anzuschüren. Bittere Auslassungen
gegen die Regierung wurden laut, dass, nachdem im Interesse der
Willkürherrschaft mehrere Patrioten ungesetzlicherweise verurtheilt,
andere wieder ohne jeden Grund in Untersuchung gezogen wurden,

dieselbe nun auch die Unabhängigkeit der Vertreter bedrohe. Deák aber erklärte feierlich in einer mächtig wirkenden Rede: dass, „obgleich niemandes Herz mehr bluten könne als das seinige, wenn er auf die letzten Ereignisse zurückblicke, er es doch für seine Pflicht erachte, den Schmerz seines Herzens dem öffentlichen Interesse, dem Wohl des Vaterlandes aufzuopfern und seinen Absendern und dem Vaterland Garantie für die Unabhängigkeit der Vertretung zu verschaffen. Er erklärte daher mit Aufopferung der freundschaftlichen Gefühle, dass, solange dieses Nationalgravamen nicht behoben sei, die Opposition sich auf keinen andern Gegenstand einlassen könne“.

Zwei Tage lang dauerte der hitzige Kampf über die Frage, ob im Sinn der Circularsitzung vor allem die pesther Beschwerde unterbreitet oder ob die Berathung mit den königlichen Vorlagen eröffnet werden solle. Der königliche Personal ergriff unzähligemal das Wort, bald jenen Beschluss der Circularsitzung bekämpfend, bald die Nothwendigkeit der Verhandlung der königlichen Vorlagen entwickelnd. In seinen Bestrebungen wurde er auch von den Abgeordneten der conservativen Partei auf jede Weise unterstützt; allein alles war vergebens. Der Vorsitzende war schliesslich gezwungen als Beschluss auszusprechen: dass vor allem in der Angelegenheit der pesther Beschwerde eine Adresse an die Regierung zu richten sei; sodann aber die Beschwerden hinsichtlich der verletzten Redefreiheit, ferner das aus der versäumten Wiedereinverleibung der siebenbürgischen Landestheile entstandene Gravamen, und endlich die präferentialen Beschwerden vom Jahr 1836 dem König unterbreitet werden müssten; und bis diese nicht behoben seien, würden die Stände keinen andern Gegenstand der Regierung vorlegen.

Die Antwort der Magnatentafel. Der Adressenvorschlag, welcher sodann in der Sache der pesther Beschwerde den Magnaten überschickt wurde, erweckte auch dort nicht minder heftige Debatten. Die Opposition eröffnete muthig den Kampf; allein die grosse Majorität der conservativen Partei, durch eine glänzende Rede Aurel Dessewffy's bewogen, erlaubte nicht die Adresse einer Berathung zu unterziehen, und sandte dieselbe mit der Antwort zurück, dass, nachdem laut Anordnung des 13. Gesetzartikels 1790 vor allem die königlichen Vorlagen in Verhandlung zu nehmen seien, die hohen Stände wünschten, dieselben unverzüglich aufgenommen zu sehen.

Die Auslegung, welche die Magnatentafel dem Sinn des erwähnten Gesetzes gab, erweckte in der Opposition nicht weniger Gereiztheit als Besorgniss; denn die Schwierigkeit, welche die hohen Stände durch diese Auslegung in Bezug der Reihenfolge der Verhandlungen herbeizogen, schien in ihren Folgen ebenso gefährlich zu sein als die durch die Regierung hervorgerufene Beschwerde selbst. Dieser Auslegung nach hätte es stets in der Macht der Regierung gestanden, 1839. den Reichstag nach der Verhandlung der königlichen Vorlagen sogleich zu schliessen, ohne der Nation auch nur Zeit zu gewähren, ihre Beschwerden und Wünsche vorzulegen. So würde auch der zweite Theil jenes Gesetzes, welchem nach auch die Beschwerden auf jedem Reichstag zu beheben seien, thatsächlich vernichtet und die Gesetzgebung zu einem solchen Körper werden, welcher nur deshalb einberufen werde, damit er die Befehle des Monarchen übernehme und daraus ein Gesetz schaffe, nicht aber um in freier Berathung und sich mit dem Monarchen in die Gesetzgebung theilend das Wohl des Vaterlandes zu befördern.

Die Opposition der Ständetafel, strenge von jenem constitutionellen Princip ausgehend, drängte daher in einem den Gegenstand eingehend auseinandersetzenden energischen Nuntium die Magnaten, dass die die pesther Beschwerde betreffende Adresse dem König vor allem unterbreitet werde. Die Majorität der Magnatentafel indess setzte jener Schlussclausel des Beschlusses der Ständetafel, dass sie sich vor der Behebung dieser Beschwerde in keinen andern Gegenstand einlassen werde, einen unbezwinglichen Trotz entgegen, weshalb sie den Adressenentwurf auch dieses zweite mal nicht in Verhandlung nehmen wollte.

Auf diese Weise wechselten die zwei Tafeln, mit immer gleicher Das königliche Re-Erfolglosigkeit, aber zugleich mit stets wachsender Gereiztheit, mit- script vom einander sechs Wochen lang Nuntien, als während der stets bitterer 28. Juli. werdenden Debatten ein königliches Rescript vom 28. Juli an die Stände herablangte, in welchem Se. Majestät, der Adresse zuvorkommend, erklärte, dass er die Comitate in der Unabhängigkeit ihrer Vertretung einzuschränken und das Recht der freien Deputirtenwahl zu verletzen durchaus nicht beabsichtige.

Diese Erklärung des Monarchen verminderte zwar durch ihr beruhigendes Versprechen die Besorgnisse der Stände; da sie aber die das Erscheinen des pesther Abgeordneten verbindende Verordnung nicht zurückzog, behob sie die Beschwerde dennoch nicht. Die Majorität der Stände hörte daher, die Rechte der Nation durch jenes in allgemeinen Ausdrücken verfasste königliche Versprechen für nicht genug gesichert betrachtend, auch nachher nicht auf, in die Magnaten zu dringen, dass sie den Adressenvorschlag in Verhandlung nehmen, und die Unterbreitung der grössten Beschwerden der Nation vor dem König nicht ferner behindern mögen. Damit sie aber den Magnaten in der Nachgiebigkeit ein gutes Beispiel gäben, beschlossen sie, Se. Majestät in derselben Adresse zu bitten: dem Reichstag jene Daten, welche die Nachweisung von der Nothwendigkeit der Rekrutenstellung betreffen, mitzutheilen, desgleichen jene Plane und Vorarbeiten, welche sich auf die Regulirung der Donau bezogen.

1839.   Diese kluge Abänderung verschaffte der Standhaftigkeit der
Stände endlich einigen Sieg. Die Majorität der Magnatentafel, welche
bisher so starrsinnig verlangt hatte, dass vor allem andern die
königlichen Vorlagen in Verhandlung zu nehmen seien, begann jetzt
selbst zu fühlen, dass, wenn sie von der aufgestellten Auslegung des
erwähnten 13. Gesetzartikels 1790 nicht abstände, ihr Verfahren
das das Wesen jeder constitutionellen Regierungsform bildendes
Princip angreife, gemäss welchem die Macht der Gesetzgebung zwischen
Fürst und Volk getheilt ist. Die Magnaten begannen zu fühlen, dass
die von ihnen bisher verfochtene Auslegung des erwähnten Gesetzes
die Folgerung nach sich ziehe: „dass", wie Ludwig Batthyányi in
einer seiner Reden sagte, „die Reichsstände auf jedem Reichstag unerlasslich verpflichtet wären, die königlichen Vorlagen in Verhandlung
zu nehmen, selbst dann, wenn die Hälfte der Abgeordneten am Erscheinen auf dem Reichstag gewaltsam verhindert würde; selbst dann,
wenn der grössere Theil der Regalisten gar nicht einmal einberufen
würde; selbst dann, wenn das freie Wort nur das Zeichen moralischer
Kraft, nicht aber gesetzlicher Freiheit wäre; selbst dann, wenn unsere
hundertjährigen Beschwerden stets vergebens auf ihren Messias warteten; selbst dann, wenn der Reichstag nach Beendigung der königlichen Vorlagen von den Räthen des Königs sofort aufgelöst würde".
Indem sie daher von einer solchen Auslegung jenes Gesetzes Abstand
nahmen, waren sie der vorläufigen Unterbreitung jener Beschwerden
und Wünsche, über welche die beiden Tafeln übereinkommen würden,
principiell nicht mehr entgegen; die die pesther Beschwerde betreffende
Adresse nahmen sie indess auch jetzt noch nicht an. Die langen
hitzigen Debatten hatten daher nur das übrigens nicht bedeutungs-
lose Resultat, dass jenes doch so viele Reichstage hindurch so hartnäckig verfochtene verfassungswidrige Princip, gemäss welchem „auf
jedem Reichstag vor allem die königlichen Vorlagen in Verhandlung
zu nehmen seien", endlich umgestossen wurde. Die Magnaten erkannten an, dass es, in richtiger Auslegung des 13. Gesetzartikels
1790, dem Princip der Reciprocität und Berathungsfreiheit der Nation
gesetzlich zustehe, ihre eigenen Beschwerden selbst vor den königlichen Propositionen zu verhandeln und vorzulegen.

Die Opposition nützte den errungenen Vortheil auch sogleich in
ihrem eigenen Interesse aus, und unterbreitete vor allem andern die
schon seit lange betriebenen, aber noch nie behobenen Verfassungs-
beschwerden in einer Adresse dem Könige. Es waren dies alles dieselben Gegenstände, welche wir schon in der Geschichte der frühern
Reichstage als präferentiale Beschwerden erwähnt hatten, und deren
hauptsächlichste die folgenden sind: die Wiedereinverleibung Siebenbürgens und Galiziens; die gerechte Regelung der finanziellen Verhältnisse der Privaten, inwiefern dieselben durch den Staatsbankrott

im Jahre 1811 in Verwirrung gerathen waren; die Wiederherstellung des 1839.
nationalen Rechts; die Feststellung der Salzpreise als indirecter
Steuer; die constitutionelle Regelung der bürgerlichen Verhältnisse in
der Militärgrenze u. s. w. Allein — erwähnen wir es gleich jetzt —
die Unterbreitung wurde auch bei dieser Gelegenheit von keinem Erfolge gekrönt. Die Regierung antwortete hierauf erst in den letzten
Tagen des Reichstags; ihre Antwort war auch jetzt keine befriedi-
gende, indem sie eine Aufhebung der Beschwerden unter den verschiedensten Vorwänden auch jetzt ablehnte.

Die pesther Beschwerde begann indess selbst für die Opposi- Die Aufhe-
bung der
pesther Be-
schwerde.
tion immer drückender zu werden. Sie war zu einer Sackgasse
geworden, aus welcher kein Ausgang hinausführt, wo man nothwendigerweise umkehren muss. Einerseits machte jener Beschluss
der Stände, dass sie, solange diese Beschwerde nicht behoben
sei, sich in die Berathung eines andern Gegenstandes nicht einlassen könnten, andererseits die Entschlossenheit der Magnaten,
die Adresse über diesen Gegenstand nicht durchzulassen, jede
Lösung vollkommen unmöglich. Damit die Stände den Reichstag nicht
ohne jeden Erfolg sähen, wählten sie einen Mittelweg, indem sie
Ráday bewogen, die ihm übertragene Deputirtenstelle niederzulegen,
und dadurch die Beschwerde thatsächlich aufhoben. Als indess die
oppositionelle Majorität die fernern Debatten über die Freiheit der
Deputirtenwahl aufgab, erhob sie zugleich einen feierlichen Protest
für die Zukunft gegen eine jede den Gesetzen widersprechende Einschränkung dieses constitutionellen Rechts, und erklärte bestimmt, dass
sie sich bezüglich dieses heiligen und unverletzlichen Nationalrechts
streng den Gesetzen und dem gesetzlichen Gebrauche anschliesse, und
insbesondere jenem von niemand in Zweifel gezogenen Beispiele des
Reichstags von 1832—36, welchem nach Johann Balogh, obgleich er
in einen Hochverrathsprocess verwickelt wurde, dennoch Abgeordneter
von Bars verblieb, Rechnung trage.

Während die pesther Beschwerde auf der Tagesordnung war, be- Reichstags-
zeitung.
schäftigte auch die Frage der gesetzgeberischen Oeffentlichkeit lebhaft
die Mitglieder beider Häuser. Schon während des vorigen Reichstags
hatten die Stände ihr Recht zur Herausgabe einer Reichstagszeitung
ohne präventive Censur lange, aber erfolglos betrieben. Gegenwärtig
theilten sie in diesem Gegenstande den Magnaten abermals einen Gesetzvorschlag mit, welchen diese jedoch höhern Orts zu unterbreiten
sich auch jetzt weigerten, als Ursache angebend, dass es erst dann
möglich sein würde, diesen Gegenstand zu ordnen, wenn die Frage
der Presse in ihrer ganzen Ausdehnung zur Verhandlung käme. Die
Stände waren zwar auch dieser eingehenden Verhandlung geneigt,
allein bis dies geschehen könnte, wünschten sie auch die Reichstagszeitung begründet zu sehen. Um daher in dieser Angelegenheit mit

leichterer Mühe zum Zwecke zu gelangen, begnügten sie sich, nach einem von Ludwig Batthyányi im Hause der Magnaten gestellten Antrage, vorläufig auch mit einer solchen Zeitung, welche mit Ausschliessung aller die Debatten näher beleuchtenden Artikel sich einzig und allein auf die treue Wiedergabe der öffentlich gesprochenen Reden beschränken sollte.

Die Majorität der Ständetafel bereitete auch in diesem Sinne das Nuntium an die Magnaten. Als dasselbe jedoch in der Generalsitzung vom 21. Juni an die Tagesordnung kam, und der königliche Personal Szerencsy, dasselbe bekämpfend, unter anderm sagte, dass er es schon deshalb abgelehnt zu sehen wünsche, weil dasselbe der von zahlreichen Gesetzen gekannten präventiven Censur widerstreite, entstand ein grosser Sturm im Ständehause. Unter andern wies Gabriel Klauzál, Abgeordneter von Csongrád, in einer ebenso heftigen als gründlichen Improvisation nach, dass die jetzt im Gebrauch stehende Censur in den Gesetzen nirgends eine Spur habe, demnach sich dieses Recht die Nation selbst vorbehielt; gegen jene Behauptung des Vorsitzenden, als wäre die Censur gesetzlich, feierlich protestirte und seinen Protest ins Protokoll aufgenommen zu sehen wünschte. Hierauf erhebt sich die ganze oppositionelle Majorität, und mit dem lauten Ausruf: „Wir alle!" macht sie den Protest Klauzál's zum Beschluss des Hauses. Der Vorsitzende macht sodann vergebliche Anstrengungen, seiner Behauptung Geltung zu verschaffen; vergebens eifert er die Anhänger der conservativen Partei an, ihn zu unterstützen, vergebens entzieht er schliesslich selbst Deák das Wort: es sprechen in allem nur zwei Abgeordnete zu Gunsten der Censur, die übrigen unterstützen sammt und sonders den Protest und beschliessen, dass auch das Nuntium an die Magnaten abgesendet werde.

Die hohen Stände indess, der Oeffentlichkeit stets feindlich gesinnt, waren auch dem bescheidenen, im Nuntium enthaltenen Wunsche entgegen. Es gab auch unter ihnen mehrere, die, nach dem Beispiel des Personals, keinen Anstand nahmen, zu behaupten, dass die Regierung, obgleich das Gesetz in dieser Beziehung nichts verfüge, die präventive Censur mit vollem Recht ausübe; ja sie griffen sogar das Princip der freien Presse im allgemeinen an. Infolge dessen entwickelten sich, wiewol nur nebenbei, in beiden Häusern heftige Debatten in der Frage der allgemeinen Pressfreiheit. Bei den Magnaten stellte Ludwig Batthyányi jenen gegenüber, die sich nicht gescheut hatten, die Censur als rechtlich bestehend hinzustellen — indem er gründlich nachwies, dass alle jene Rechte, welche der Regierung nicht durch ein Gesetz zugestanden wurden, in constitutionellem Sinne Eigenthum der Nation verbleiben, in deren Ausübung man dieselbe daher rechtlich auch nicht beschränken könne —, jene Frage an die Verfechter der Censur: „ob sie sich denn nicht schämten, beschirmt vom Schilde

der Censur, ihre Zuflucht zu einem solchen Asyl zu nehmen, welches 1839.
dem grössten Theil ihrer eigenen Mitbürger jeden Schutz einseitig
versage, sie selbst aber nur mit jenem Schilde beschirmen könne,
hinter welchem hervor die Schar feiger Scribler aus einem sichern
Verstecke ihre bezahlten Pfeile auf die Wehrlosen nach allen Richtungen abschiesst?"

Alles blieb jedoch vergebens; die vor der Oeffentlichkeit zurückschreckende Majorität der Magnaten vereitelte auch jenen bescheidenen
Wunsch der Opposition, und so vermochte man, weil die eingehendere Verhandlung der Pressfrage neben so vielen andern wichtigen
Gegenständen im Laufe dieses Reichstags aus Mangel an Zeit nicht
mehr auf die Tagesordnung kommen konnte, auch die Angelegenheit
der freien Reichstagszeitung nicht mehr durchzusetzen. So vielen
Nutzen hatten diese Debatten über Pressfreiheit indess dennoch, dass
die Regierung für räthlich hielt, die Schranken der von der öffentlichen Meinung so laut verdammten Censur einigermassen zu erweitern. Sie erlaubte den Zeitschriften, dass dieselben sowol aus den
Circular- als auch aus den Generalsitzungen erschöpfendere Berichte
bringen, ja sogar auch ganze Reden mittheilen durften; aber, was
diese Concession der Regierung in einem sonderbaren Lichte erscheinen
liess, ohne Benennung der Redner. Allein auch mit dieser kleinlichen
Beschränkung gereichte dieses von der Opposition erkämpfte Zugeständniss der öffentlichen Sache zum grossen Nutzen; denn infolge
dessen wurden die bisher in die Oeffentlichkeit entweder gar nicht,
oder nur, wie auf dem vorigen Reichstage, durch Kossuth's geschriebenes Blatt nur in sehr enge Kreise gedrungenen Verhandlungen der Circularsitzungen, welche aber, da die Fragen in
denselben eingehender behandelt und entschieden wurden, eben
die wichtigsten waren, der Nation fortan in immer reichlicherm
Masse bekannt.

Diese Wichtigkeit der Circularsitzungen bewog die Stände so- *Die Ange-
gleich zu Anfang der Session dazu, über die Verhandlungen nicht nur legenheit
der General- sondern auch dieser Circularsitzungen ein regelmässiges *des Cir-
Tagebuch zu führen. Infolge dieses Beschlusses wurden sowol bezüg- *culartage-*
lich der Schnellschreiber als auch hinsichtlich der Drucklegung geeig- *buchs.*
nete Vorkehrungen getroffen. Die Regierung beanstandete indess auch
dieses, indem sie die Drucklegung den zwar ungesetzlich, aber thatsächlich bestehenden Censurvorschriften gemäss und kraft des Gebrauchs verhinderte. Die Stände bemühten sich vergebens, auch diese
neuere Verletzung der Pressfreiheit dem Könige zu unterbreiten.
Die Magnaten traten selbst nach zahlreichem Nuntienwechsel
dem Adressenvorschlage der Stände nicht bei; und so kam das Circular-
tagebuch während dieses Reichstags auch nicht zu Stande.

Glücklicher waren' die Stände in ihrer Forderung, dass auch über die allgemeinen Verhandlungen der Magnatentafel ein öffentliches Tagebuch geführt werde. Die Aufforderung, welche sie in dieser Beziehung an die Magnaten richteten, wurde ausser den Mitgliedern der Opposition auch noch von Aurel Dessewffy, Bischof Joseph Lonovics, und mehrern andern Conservativen unterstützt. Die jüngern Mitglieder der conservativen Partei wünschten im Bewusstsein ihrer Intelligenz und Rednergabe durchgehends, dass die Spuren ihrer geistigen Fähigkeiten zu einer möglichst grossen Oeffentlichkeit gelangen möchten. Indess war der Erzherzog-Palatin dem Tagebuch, welches sein Verfahren als Vorsitzender bedeutend erschweren und beschränken musste, durchaus nicht geneigt. Nach dem bisherigen Gebrauche, von welchem er, wie wir weiter oben bemerkten, während des vergangenen Reichstags nur zweimal, in der Religionsfrage und in der Angelegenheit der pesther stehenden Brücke, abgewichen war, zählte er nicht die Stimmen, sondern er wog dieselben nach den Aeusserungen der Reichsbarone und der Obergespane. Weil er aber diesen Gebrauch bei der durch das Tagebuch hervorzurufenden Oeffentlichkeit ferner nicht mehr fortsetzen konnte und sich bemüssigt gesehen haben würde, wollte er anders seine bisher so eifersüchtig bewachte Volksthümlichkeit nicht aufs Spiel setzen, die Stimmen fernerhin zu zählen, so war er im geheimen auf jede Art bestrebt, das Zustandekommen des Tagebuchs zu verhindern. Aber endlich kam dasselbe, infolge einer kraftvollen Ansprache Ludwig Batthyányi's, gegen das Ende des Reichstags dennoch zu Stande.

In der Ausgleichung der pesther Beschwerde war die Ständeopposition nur deshalb nachgiebig, um in der Redefreiheit und in der Angelegenheit der deswegen Verurtheilten oder Angeklagten ihr Ziel um so sicherer zu erreichen. Zur vollständigen Erkämpfung des Rechts der Redefreiheit trieb die Opposition jene Ueberzeugung an, dass die freie Ausübung dieses Rechts die unerlassliche Bedingung sowol der constitutionellen Freiheit als auch der nationalen Entwickelung, des nationalen Fortschritts sei; es erscheine daher insolange weder die politische Unabhängigkeit der Nation, noch die Freiheit der Person gesichert, solange jenes Verfahren, welches unsere Gerichtshöfe in den gegen Lovassy, Kossuth, Wesselényi u. a. geführten Processen befolgten, und jene Principien, welche sie in den gefällten Urtheilen aufstellten, von der Regierung nicht zurückgezogen würden.

„Schon auf dem vergangenen Reichstage, am 22. Juni 1835, erscholl eine trübe Ansprache in diesem Saale, um die weiten Flächen des Vaterlandes zu durchzittern", so eröffnete die Debatte in der Sitzung vom 24. Juni ein Abgeordneter der Opposition. „Diese Ansprache erscholl über die bisher in Ausübung gewesene Redefreiheit wuchtig und zugleich tief ins Leben einschneidend; denn es wurde das freie Wort, welches am 4. Dec. 1834 in der Generalversammlung 1839. des szatmárer Comitats, bei Gelegenheit der den Abgeordneten zu ertheilenden Instruction, von einem unserer hochverdienten Mitbürger, Baron Nikolaus Wesselényi, in der Angelegenheit unserer untern Volksklassen erhoben wurde, zum ersten mal verdammt. Das zweite Trauerwort erscholl gleichfalls in diesem Saale über die Redefreiheit, als der Abgeordnete des barser Comitats, Johann Balogh, seiner in offener Sitzung gesprochenen Worte wegen, mit Wesselényi zusammen in einen Hochverrathsprocess verwickelt wurde. Zu derselben Zeit geschah auch, dass ein Comitat darum, weil es seine in einem Gegenstande von allgemeinem Interesse erlassene Instruction seinen andern Brüdern mittheilte, einem königlichen Commissar unterworfen wurde. Und die damals reichstäglich versammelten Stände, die Redefreiheit für den schützenden Schild der Verfassung betrachtend, erhoben ihre Stimmen und wollten Se. Majestät in einer Adresse um die Heilung dieser schweren Wunden und die Aufrechthaltung der Unabhängigkeit der Verfassung bitten; allein diese Adresse konnte des Widerstandes der Magnaten wegen selbst nach einem siebzehnmaligen Nuntienwechsel über diesen Gegenstand nicht vor den Monarchen gelangen. Die Stände hatten den Grund zur Abschaffung der Redefreiheitsbeschwerde auf dem vergangenen Reichstage gelegt, wir müssen daher jetzt dort beginnen, wo sie damals aufhörten."

Drei lange Tage dauerte bei Gelegenheit dieser ersten Verhandlung die interessante Debatte, reich an schmerzpressten scharfen Aeusserungen und bittern Angriffen gegen die Regierung und hauptsächlich gegen die obersten Gerichte, welche sich zu bereitwilligen Werkzeugen der Willkürherrschaft gebrauchen liessen. Viele wünschten nicht nur die ungesetzlichen Urtheile umgestossen, sondern auch die ihr Amt missbrauchenden Richter zur Verantwortung gezogen zu sehen. Zwar stellten die Conservativen selbst, damit die Leidenschaften etwa nicht nur noch mehr erhöht würden, nicht in Abrede, dass ein Fehler begangen worden sei; allein sie betrachteten es als mit der richterlichen Unabhängigkeit unvereinbar, die Richter zur Verantwortung zu ziehen, und riethen nur an, dass zur baldmöglichen Trocknung der Thränen und Befreiung der Gefangenen eine Adresse an den König zu richten sei; um aber die Zukunft vor dergleichen Ereignissen sicherzustellen, mögen neue die alten an Klarheit überbietende Gesetze geschaffen werden. Die Opposition indess wollte weder um Gnade bitten, wo sie ein Recht fordern zu können glaubte; noch war sie geneigt, ein neues Gesetz zu schaffen in einem Gegenstande, wo sie die alten, wenn sie pünktlich eingehalten würden, für ausreichend hielt. Aber auch die Versetzung der Richter in den Anklagestand und die Umstossung der Urtheile verlangte nicht die Majorität, und diese kam endlich über eine solche Adresse überein, in welcher alles

1839. das, was bezüglich der Redefreiheit eine Beschwerde, vorgetragen und mit aufrichtiger Offenheit erklärt werden solle, dass die angeführten Fälle überaus beschwerdevoll und die richterlichen Urtheile ungesetzlich seien; dem 12. Gesetzartikel von 1791 nach sei die vollziehende Gewalt nur im Sinne der Gesetze auszuüben, und die Gerichte dürften nur nach dem Gesetze, und nicht demselben entgegen ihre Urtheile fällen. Se. Majestät sei demnach vertrauensvoll zu bitten, die angeführten Beschwerden abschaffen, deren Folgen vollständig aufheben und die Nation vor Willkür allseitig schützen zu wollen. Damit jedoch die Magnaten, die auf dem vergangenen Reichstage die Beschwerde der Redefreiheit selbst nach siebzehnmaligem Nuntienwechsel nicht vor den Thron gelangen liessen, überzeugt würden, dass die Stände jetzt von der Erledigung dieses Gegenstandes das Resultat des Reichstags abhängig machten, beschlossen sie: dass in ihrem an die Magnatentafel zu richtenden Nuntium jene Clausel auch auf diese Frage auszudehnen sei, dass nämlich, solange diese Beschwerde nicht abgeschafft, die Processe nicht aufgehoben, die Verurtheilten nicht freigelassen würden, sie sich bis dahin in keine andere Verhandlung einlassen würden.

Die Opposition musste indess in den stürmischen Reichstagssitzungen vom 3. und 4. Juli noch einen schweren Kampf bestehen, um diesen Beschluss der Circularsitzung aufrecht zu erhalten. Da der präsidirende königliche Personal, vereinigt mit den Mitgliedern der Regierungspartei, alle Kräfte anstrengte, um das Verfahren der königlichen Tafel in den in Frage stehenden Processen zu rechtfertigen, wurden von seiten der Oppositon noch weit heftigere Ausfälle und bitterere Anklagen gegen dieses Obergericht laut als in der Circularsitzung. Der königliche Personal war am zweiten Tage zwar gezwungen, im Sinne der Majorität die Aufrechthaltung des frühern Beschlusses auszusprechen; aber er verabsäumte die Generalsitzung, in welcher die Berathung über diesen Gegenstand fortgesetzt und die betreffende Adresse und das Nuntium hätten festgestellt werden sollen, am 5. Juli abzuhalten; und als ihn deswegen die Stände befragten, gab er als Grund der Vertagung der Sitzung an, dass der Palatin, der gesetzliche Präsident des Reichstags, einige gestern gesprochene Reden beachtend, zuvor eine erschöpfende Auskunft über dieselben wünsche und sich berathen wolle.

Dieser Umstand brachte die Gemüther neuerdings in Aufregung. Karl Hertelendy, Abgeordneter von Zala, leugnete in einer heftigen Rede, dass dem Vorsitzenden das Recht zustehe, die schwebenden Verhandlungen zu unterbrechen; er bittet seinen Protest dagegen in das Tagebuch aufzunehmen, und da die Sitzung nur deshalb aufgeschoben wurde, weil die gesprochenen Reden nicht gefielen, wünscht er den Fall, als eine neue Verletzung der Redefreiheit, durch eine

besondere Adresse vor den Thron gebracht zu sehen.   Die Majorität 1839.
erhebt dies sofort zum Beschluss; ehe derselbe aber in Ausführung
gebracht wird, werden, nach einem Antrage Paul Nagy's, die Vorsitzenden der Circularsitzungen an den Palatin abgesandt, um ihm die
Nachricht zu überbringen, dass die Stände, obgleich sie die Rechte
des Präsidenten in voller Achtung hielten, eine Unterbrechung der in
der Schwebe befindlichen Berathungen jedoch ihm als Recht nicht zu-
erkennen könnten: sie bäten ihn daher, die Generalsitzung abhalten
zu wollen.   Die Abordnung kehrte mit einer verweigernden Antwort
zurück.   „Was die Form der Sache betrifft", sagte der Palatin, „gehöre die Abhaltung, Vertagung und Unterbrechung der Generalsitzungen zu seinen unzweifelhaften Rechten als Präsident; was aber das
Wesen der Sache anbelangt, so sei es, weil die königliche Tafel durch
einige Reden beleidigt wurde, und diese Tafel ein ergänzender Theil
des gesetzgebenden Körpers ist, seine Pflicht als Präsident, Acht zu
haben, dass niemand in seinen Rechten beeinträchtigt werde; er wolle
daher, ehe er die Sitzung fortsetzen könne, über das Gesprochene
Berathungen pflegen."

.   Erst am 12. Juli trat die Ursache der Vertagung der Generalsitzungen vollständig zu Tage.   In einer unter dem Vorsitz des Palatins abgehaltenen gemischten Sitzung wurde ein königliches Rescript
verlesen, in welchem Se. Majestät erklärt, dass er sich, im Sinn des
12. Gesetzartikels 1790, durch sein königliches Amt aufgefordert
fühle, alle jene Ausdrücke zu misbilligen, durch welche im Verlauf
der Sitzungen vom 3. und 4. Juli die der königlichen Tafel gebührende Achtung verletzt wurde; er ermahnt zugleich die Stände, dass
sie nach der festgestellten Geschäftsordnung möglichst schnell berathen
mögen.   Allein die Worte der Rüge waren kaum verklungen, als
Dionys Pázmándy, Abgeordneter von Komorn, um das Wort bittet,
und gegen das Rescript und im Sinn der auf die Geschäftsordnung
des Reichstags Bezug habenden Gesetze (62. Gesetzartikel 1625 und
7. Gesetzartikel 1723) Protest erhebt, welchen die Stände mit allgemeiner Acclamation sich zu eigen machten und zugleich beschlossen,
denselben unter den Schriftstücken aufzubewahren.

Nach diesen Vorgängen durfte zwar niemand hoffen, dass die Magnaten den an sie in der Frage der Redefreiheit überschickten Adressenvorschlag ohne jeden Einwurf annehmen würden; aber das erwarteten
die Stände dennoch nicht, dass die Majorität der Magnaten jene Regierungsverordnungen, jenes Verfahren der Gerichte, welche eben jene
Beschwerden verursacht hatten, billigen, in ihrer Antwort aber solche
Principien von den Rechten der Regierung und der richterlichen Macht
aufstellen würde, in deren Richtung, weil sie zu einer doppelten,
Regierungs- und Richterwillkür führen würden, eine Verständigung
zwischen den beiden Tafeln weder gehofft noch gewünscht werden

konnte. In dieser Antwort forderten übrigens die Magnaten das Unterhaus dazu auf, dass dasselbe, jede Erörterung von Principien beiseite lassend, anstatt einer klageführenden Adresse Sc. Majestät einfach um die Freilassung der Verurtheilten bitten, wegen Behebung der Besorgnisse aber über die obschwebenden Fragen ein neues Gesetz schaffen möge.

Diese der Willkürherrschaft das Wort redende Antwort der Magnatenmajorität erweckte eine grosse Gereiztheit in der oppositionellen Majorität der Stände. Sie hätten zwar mit Freuden neue Gesetze geschaffen, welche die heiligsten Verfassungsrechte der Nation und die Bedingungen einer jeden schönern Entwickelung, Redefreiheit, Oeffentlichkeit und Sicherheit der Person gesichert haben würden; allein zur Schaffung solcher Gesetze konnte, solange die Regierung ihr begonnenes beschwerdenvolles System fortsetzte, solange die Magnaten von der richterlichen und Regierungsgewalt solch absolute, willkürherrschaftliche Principien hegten, keine Hoffnung vorwalten. Und in dieser Hinsicht, unter solchen Umständen enthielt das Nuntium der Magnaten beinahe Hohn in sich. Aber wenn dies alles auch ganz anders gewesen wäre, hätten die Stände die Schaffung eines neuen Gesetzes — was an sich selbst noch lange nicht die an den bestehenden Gesetzen begangene Verletzung gut gemacht hätte — durchaus für ungenügend gehalten. Sie waren überzeugt, dass die Nation nicht eine Anhäufung neuer und neuer Gesetze, sondern allein die moralische Kraft, welche der Heiligkeit ihrer bestehenden Gesetze Achtung zu verschaffen weiss, vor Willkür sicherstellen könne. Sie hegten mithin die Meinung, dass sie selbst ihre Achtung vor den Gesetzen vermindern würden, wenn sie, anstatt die Abschaffung der Beschwerden schon bestehender Gesetze zu betreiben, nur ein neues, ebenso leicht zu verletzendes Gesetz schaffen würden. Indem sie daher vor allem andern eine Wiederherstellung des Ansehens der verletzten Gesetze und eine vollständige Behebung aller Folgen der Beschwerde für nothwendig betrachteten, entwickelten sie ihre Ansichten in einem energischen und erschöpfenden Nuntium in Bezug auf alles dasjenige, was den Gegenstand im allgemeinen, und was insbesondere jene Principien betraf, welche die Majorität der Magnaten von der richterlichen Gewalt und den Rechten der Regierung aufgestellt hatte. Sie führten in diesem Nuntium jeden Grund, jede Beweiskraft an, welche hinsichtlich dieses Gegenstandes der Buchstabe des Gesetzes und der Geist der Verfassung in sich enthielt. Sie wiesen insbesondere nach, dass man mit dem blossen Worte, wie frei dasselbe immerhin sein möge, wol eine einer polizeilichen Bestrafung würdige Unehrerbietigkeit, einen Hochverrath jedoch schlechterdings nicht begehen könne. Denn, da nach unsern ältern Gesetzen und dem Geiste unserer Verfassung nach, die Räthe des Königs verantwortlich sind; König und Regierung dem-

nach besondere politische Begriffe, trifft alles, was mit Worten gegen
die Regierung gesagt wird, nicht den König, sondern diejenigen, durch
welche er regiert, seine Räthe. Und weil das Ueberwachungs-
recht der Nation über das Regierungsvorgehen der Räthe nicht in
Zweifel zu ziehen ist, kann man zwar das durch das freie Wort begangene Vergehen mit einer Geldbusse bestrafen — wie dies unsere
Gesetze auch in der That mit vierundzwanzig Silbermarken zu bestrafen anordnen —; allein der Anklage des Hochverraths kann ein
solches Vorgehen nie unterliegen, es kann in keinem Fall einen
„Notaprocess" nach sich ziehen.

In einem solchen Sinn sprach die Opposition auch im Oberhause,
als dort dieses Nuntium der Stände verhandelt wurde. „In unsern
Händen", sagte unter andern Ludwig Batthyányi, „das Gesetz,
in unsern Herzen aber das Bewusstsein der Richtigkeit unsers
Rechts tragend, bitten wir von unserm allergnädigsten Herrn
und Könige Gerechtigkeit gegen jene seiner Diener, die es zu hoffen
wagen, dass sie sich das Wohlgefallen des Monarchen erringen würden, wenn sie gegen den getreuen Ungar alles begehen, was eine
Nation herabwürdigt, ihr Vertrauen erstickt, ihre Anhänglichkeit ab-
schwächt, ja sogar die Ruhe des Reichs selbst stört. . . . Wenn
ihnen der Ruhm ihres Herrn mehr am Herzen liegt als ihr eigener
«Status quo», mögen sie kühn vor den Thron hintreten, wenn es
einer Rechtfertigung bedarf, und sich nicht hinter den Thron ver-
stecken; um so weniger aber mögen sie sich mit der heiligen Person
des Königs identificiren und ihn jener Unvolksthümlichkeit aussetzen,
welche allein sie verdienen" u. s. w. Mit ähnlicher Energie erhob seine
Stimme auch Stephan Széchenyi, den übrigens einer oppositionellen
Ueberschwenglichkeit anzuklagen niemand beifallen konnte. „Die
Ursache unserer Misstände", sagte er, „finde ich nicht so sehr in den
Menschen, als vielmehr in unserer heterogenen Verbindung, nämlich,
dass wir eine Verfassung besitzen, Oesterreich aber nicht. Allein
ebendeshalb, weil es sich so verhält, so wäre es, gleichwie es unsere
Pflicht ist, unsere Verfassung in ihrer unbefleckten Unversehrtheit aufrecht zu erhalten, auch das Amt der Regierung und stände auch in
ihrem Interesse, wenn sie mit uns in Uebereinstimmung leben wollte,
unsere constitutionelle Entwickelung aufrichtig zu befördern. Dies
thut sie indess nicht; was wir auch schon daraus mit Bedauern erfahren, dass sie seit Anfang dieses Reichstags so viele Verleumdungen
zu verbreiten erlaubt, ja sogar durch ihre bezahlten Anhänger gegen
uns zu schreiben anbefiehlt; woraus uns auch ihre Absicht deutlich
erkenntlich ist, dass sie sich nämlich bestrebe, die öffentliche Meinung
des Auslandes gegen uns einzunehmen. Wenn ich auf alle jene Unwürdigkeiten zurückblicke, welche ich während dieses Reichstags in
den ausländischen Blättern mit jenem Gefühl zu lesen gezwungen

war, dass man hierauf in seiner ganzen Ausdehnung und vollständig entkräftend nicht antworten könne, nicht dürfe, dann, gestehe ich, schwoll das Blut in meinen Adern. So war unter anderm der Gegenstand einer ganzen Reihe solcher aufreizender Artikel, dass es nur nothwendig wäre, gewisse Schleusen aufzuziehen, und dies das Ende des ganzen privilegirten aristokratischen Theils des Reichs herbeiführen würde. In der That, eine reizende Methode zur Aussöhnung, besonders dort, wo die Heiligkeit der Legitimität so oft erwähnt wird! Wenn wir auf einen gewissen Augenblick der Zeit Maria Theresia's zurückblicken, welcher eine Folge des nicht entarteten alten ungarischen Geistes war; oder wenn wir die Ereignisse der neuesten Zeit uns in der Erinnerung wach rufen wollen, als der riesige Bezwinger Europas die ihrem Monarchen anhängliche Treue unserer Nation in Versuchung führen wollte, dann hätten vielleicht auch wir sagen können: man sollte gewisse Schleusen aufziehen, und — — die hochgeborenen Magnatenstände verstehen, was ich sagen will. Aber in unserm Vaterland fand sich kein Frevler, der auf einen solchen Gedanken verfallen wäre, was ich mit nationalem Stolz erwähnen darf; zu gleicher Zeit erklärend, dass wir Ungarn des Rathes oder der Ermahnung weder abgenutzter bezahlter Poeten [1] noch reisender Fürsten [2] bedürfen, um unsere Pflicht gegen Fürst und Vaterland zu erfüllen. . . . Gleichwie die Regierung ihre Germanisirungsideen aufgab, möge sie auch alle ihre Einverleibungsabsichten aufgeben; denn diese kann sie fortan nicht mehr verwirklichen. Wir können vielleicht ermordet werden; aber mit den übrigen österreichischen Provinzen werden wir niemals verschmelzen; ja es ist sogar noch eine Frage, ob wir ermordet werden können. Ich glaube es nicht. Unsere Nation hat eine Zukunft; eine solche aber, wenn sie eine Nation betrifft, können Einzelne oder einzelne Combinationen nicht vernichten" u. s. w.

Allein die Magnatentafel gab nicht einmal diesen unwiderleglichen Vernunftschlüssen ihrer eigenen Opposition und jener der Stände nach. Die Regierung wollte die Ungesetzlichkeit ihres befolgten Systems nicht eingestehen; die Majorität der hohen Stände, welche mit der Regierung in enger Verbindung stand, verhinderte daher die Aufhebung der Beschwerde schon beim ersten Schritt. Und auf diese

[1] Er versteht hierunter den deutschen Dichter Zedlitz, der zu dieser Zeit, im Auftrage der wiener Regierung, in die augsburger „Allgemeine Zeitung" unter dem Titel: „Pia desideria" eine Reihe wol in den Schleier des Wohlwollens gehüllter, aber in sehr feindseligem Geist gehaltener Artikel gegen die ungarische Nation schrieb.

[2] Hier wieder trifft er den Fürsten Pückler-Muskau, der, nachdem er Ungarn innerhalb weniger Tage durchreist, sich für berufen fühlte, unzweifelhaft infolge in Wien erhaltener Winke, in mehrern Zeitungsartikeln „Recepte" zur Heilung des Reichs zu verfassen.

Weise wurden die Debatten monatelang fortgesetzt. Jeder Patriot 1839. sah mit bedrückender Besorgniss der Entwickelung der zweifelhaften Zukunft entgegen; denn die Sache war nach und nach bis zu jenem Grade gestiegen, wo man nicht mehr stehen bleiben konnte, und es musste entweder das willkürherrschaftliche System der Regierung, welches das Gesetz verletzte, umgeändert und das Ansehen des Gesetzes durch Aufhebung der Processe und Freilasssung der Gefangenen wiederhergestellt werden, oder das willkürherrschaftliche System musste siegen, — dessen Folgen man vorläufig nicht berechnen konnte. Die Stände betrieben daher standhaft die Absendung der die Aufhebung der Beschwerden fordernden Adresse. Allein auch die Verstocktheit der Magnaten war keine geringere, und die Debatte wurde mit immer mehr und mehr verschwindender Hoffnung von der Opposition, man kann sagen, von der Nation fortgesetzt, indem der an sich selbst geringen Anzahl der conservativen Magnatenpartei die öffentliche Meinung und der Wunsch der ganzen Nation gegenüberstand.

Die Regierung war zwar nicht abgeneigt, die Processe niederzuschlagen und die Gefangenen freizulassen; sie wollte dies jedoch nur in Form einer Amnestie oder im Wege der Gnade thun, ohne dass sie bemüssigt gewesen wäre, den begangenen Fehler einzugestehen. Die hiervon verständigten conservativen Magnaten erklärten daher in einem Nuntium, sie wären bereit einzustimmen, dass der Reichstag, seine Klagen der Beschwerden wegen und die Verhandlung der Principien der Redefreiheit auflassend, zu Gunsten der Leidenden, Gefangenen und Eingeklagten bittlich einschreite. „Und das warme Gefühl eifrigster Theilnahme, die süssen Pflichten der Freundschaft und Liebe galten auch den Ständen zum Antrieb", sagt Franz Deák in seinem schönen Deputirtenberichte, „um sich auf jede Weise zu bestreben, das Schicksal der Leidenden zu lindern, ihnen die verlorene Freiheit zurückzuverschaffen und sie dem Vaterland wiederzugeben. Allein es stand eine heiligere und grössere Pflicht vor ihnen, bei deren mächtiger Stimme alle ihre übrigen Gefühle verstummen mussten, und diese Pflicht war die Pflicht gegen das Vaterland. . . . Der Linderung des Schicksals einzelner Bürger konnten sie die Rechte der Nation nicht aufopfern; und sie hielten eine Verschweigung der Beschwerden der bürgerlichen Freiheit für eine Sünde selbst dann, wenn zur Aufrechthaltung derselben auch der letzte Funke von Hoffnung erloschen war; denn sie waren der Meinung, dass dasjenige, was durch die Macht vernichtet wird, wieder aufleben könne; was aber der Leichtsinn der Nation freiwillig hinwirft oder die Feigherzigkeit derselben vernachlässigt, nur selten wiedergewonnen werden könne. . . . Anstatt die Beschwerden der Nation vorzubringen, um Gnade flehen, wäre soviel gewesen als, das Geschehene thatsächlich gutheissend, den Leidenden den Stempel des Verbrechens aufzudrücken und ihnen um

1839. den Preis der Nationalrechte die Freiheit zu verschaffen. Um solchen Preis befreit zu werden wäre ihnen selbst schmerzlicher gewesen als das Leiden."

Diese Meinung der Stände wurde auch von den Rednern der Magnatenopposition im Oberhaus energisch unterstützt. „Jeden Märtyrern der Wahrheit und Vaterlandsliebe", sagt Ludwig Batthyányi in einer langen Rede unter anderm, „die ihre eigene Freiheit den Rechten ihres Vaterlandes so glorreich aufgeopfert haben, sind wir verpflichtet, auch darauf Bedacht zu nehmen, ob sie sich der Freiheit auch erfreuen würden, wenn sie dieselben um einen solchen Preis erkaufen müssten, wie man ihn jetzt von uns verlangt? Würde ihnen nicht die süsse Freiheit zum bittern Schmerz werden, wenn sie sich davon überzeugen müssten, dass diese damit erkauft wird, dass die Nation jene Principien verleugnet, deren Durchsetzung sie ihre kostbare Zeit geweiht, ihren Wohlstand aufgeopfert und ihr Leben aufs Spiel gesetzt hatten? Er möge vor uns hertreten, unser verbannter Regulus (er versteht darunter Wesselényi, welchem, wie wir wissen, die Regierung die Erlaubniss ertheilt hatte, seine Haftzeit, seines schweren Augenübels wegen, in Gräfenberg zubringen zu dürfen), und fragen wir ihn selbst! Allein gibt es auch nur einen Einzigen unter uns, der nicht überzeugt wäre, dass dieser «Vaterlandsverräther» eher bereit wäre das Schicksal seines erwähnten geistigen Vorfahren zu erdulden, als dass er das erhaltende Element seines Lebens, die Freiheit, mit der Freiheit seiner Nation erkaufen sollte?" Es blieb jedoch alles vergebens; die Majorität der Magnaten wollte, weil die Regierung über eine Amnestie hinaus zu nichts anderm geneigt war, durchaus nicht weichen.

Wie die Gründe, Betreibungen und Bitten der Stände und der Magnatenopposition, so erfolglos blieben auch die Schritte des Erzherzog-Palatins, welche er zur Lösung dieser schwierigen Frage that. Ueberzeugt, dass die Unterstützung des allgemeinen Nationalwunsches seine Volksthümlichkeit, auf welcher er, je mehr er an Alter zunahm, um so eifersüchtiger wurde, sehr heben werde, war er, um die unfruchtbaren Debatten endlich dem ersehnten Ziel zuzuführen, bemüht, die Mitglieder der conservativen Partei einzeln zur Nachgiebigkeit zu bewegen. Allein diese hatten eine bestimmte Instruction von Wien, sich in keine Unterhandlungen einzulassen, weil man hoffen könne, dass die Standhaftigkeit der Stände, wie es auch während des verflossenen Reichstags in der Angelegenheit der Erbablösung geschah, endlich ermüden werde. Die Regierung verabsäumte auch nicht alle Arten der Verführung, Kabale und Bestechung in Bewegung zu setzen, um die oppositionelle Majorität an der Ständetafel zu vermindern. Regierungsagenten bestrebten sich, jene Deputirten, deren Instruction eine laxe Deutung zuliess, zu umstricken und zur Aenderung ihrer

Abstimmung zu vermögen. In jenen Comitaten, welche ihre Abgeordneten in dieser Angelegenheit mit bestimmten, keine Unterhandlung zulassenden Instructionen versehen hatten, boten die Obergespane und andere Anhänger der Regierung alles auf, um das Comitat zur Abänderung dieses Punktes der Instruction geneigt zu machen. Auch blieben die Ränke nicht überall erfolglos. Mehrere Comitate, befürchtend, dass der Reichstag sonst gänzlich ohne Erfolg bleiben werde, änderten ihre ursprüngliche Instruction mehr oder minder ab. Und so geschah es, dass jener Vorbehalt der Ständetafel, welcher bei Beginn des Reichstags so aufgestellt wurde, dass die Stände bis zur thatsächlichen Aufhebung dieser Beschwerde über einen andern Gegenstand nicht einmal berathen würden, im Verlauf der Zeit mehrfache Abänderungen erlitt, und durch die nachträglichen Instructionen in immer engere Schranken gedrängt wurde. Anfangs wichen die Stände von dieser Clausel nur bei solchen Gegenständen ab, von welcher sie wussten, dass die Beendigung derselben noch während dieses Reichstags mit dem allgemeinen Wunsche der Nation zusammentreffe. Bald jedoch liessen sie sich auch in die königlichen Vorlagen ein, aber nicht in der Ordnung, wie sie vorgelegt worden waren; sondern sie nahmen den dritten, die Donauregulirung betreffenden Punkt in Verhandlung, jedoch so, dass auch dieses Operat vor Aufhebung der Beschwerde den Magnaten nicht zugesendet werden solle. Später wurde die Clausel noch mehr eingeschränkt, und sie beschlossen, dass die beendigten Gegenstände den Magnaten behufs der Berathung zwar überschickt werden, aber dem König nicht unterbreitet werden sollten. Je länger der Streit zwischen den beiden Tafeln dauerte, eine je grössere Hoffnung entstand auf solche Art für die Regierung, dass die Majorität endlich auch bei den Ständen unterliegen werde. Dies erwartete, auf dies rechnete die conservative Partei auch bei den Magnaten. Vergebens rief Ludwig Batthyányi in einer seiner Reden aus: „Ich bitte und fordere die hohen Stände bei der Ehre unserer Namen auf, speculiren wir nicht auf die endlich möglicherweise eintretende Erschlaffung des einen Theils der Gesetzgebung, jenes Theils, welcher in dieser Frage schon zwei Reichstage hindurch unsern diplomatischen Selbstmord, die Schande der jetzigen Generation und den Fluch der Zukunft zurückhält. Freuen wir uns vielmehr dieser Widersetzlichkeit: denn dieser gelang es, jene Schläge solange hintanzuhalten, zu welchen unsere Verblendung führte. . . . Sehnen wir uns nicht ferner nach einem solchen Sieg, welchen uns zu diesem Gegenstand, wie die hohen Stände dies wohl wissen, jetzt nur noch ein sehr hässliches Wort verschaffen kann, und wiederholen wir nicht jenes böse Gebet, welches der Gott der Ungarn nur in seinem Zorn erhören könnte.“

Die Majorität der Magnatentafel hörte jedoch nicht auf, auf die

1840. Ermattung der Stände zu zählen. Und in der That konnten die
Patrioten eine stets grössere Besorgniss hegen, dass, wie Franz Deák
sagte, — „der Fluch der Unstandhaftigkeit das Vaterland auch mit
noch schwerern Schlägen treffen könne, der im erfolglosen Kampf er-
müdete Nationaleifer so sehr erschlaffen würde, dass die Majorität
schliesslich vom Wesen der Adresse abstehen oder in derselben solche
Abänderungen vornehmen werde, durch welche die Einsprache, welche
sie zu Gunsten der verletzten Gesetze erhob, zu einer blossen Bitte
würde, und die Nation auf diese Weise ihre heiligsten Rechte, welche
die Macht zwar verletzen, aber nicht vernichten konnte, mit eigener
Hand dem Verderben preisgebe".

Im zehnten Monat des Reichstags stand nur noch jene letzte
Ruine der so oft abgeänderten Clausel unversehrt, dass der bezüglich
der Rekruten gebrachte Reichstagsbeschluss solange nicht würde unterbreitet werden, bis nicht die Beschwerde thatsächlich aufgehoben sei.
Die Regierung verkündigte sodann, um die öffentliche Meinung durch
die Furcht vor der Resultatlosigkeit des Reichstags zur Nachgiebigkeit zu vermögen, den Termin zur Schliessung des Reichstags; nebstbei aber verdoppelte sie auch in den Comitaten ihren Eifer, um in
den Instructionen ihr günstige Abänderungen durchzusetzen. Die List
wirkte. Wie sehr auch Deák mit einigen Gesinnungsgenossen gegen
die Unstandhaftigkeit der Stände ankämpfte: die Clausel wurde abermals verstümmelt; und was bisher in d e r Form bestand, dass die
Unterbreitung des hinsichtlich der Rekruten gebrachten Reichstags-
beschlusses nicht allein von der Vorlage, sondern von der thatsächlichen Aufhebung der Beschwerde abhängig sein, und auf diese Weise
die Kraft derselben nicht nur gegen die Magnaten, sondern auch
gegen die Rrgierung dienen sollte, wurde infolge der neuesten Nachtragsinstructionen auf die Art abgeändert, dass die Rekruten so lange
nicht votirt werden sollen, bis nicht die Adresse bei den hohen
Ständen durchginge. Das Nuntium, durch welches dieser Beschluss
der Stände der Magnatentafel mitgetheilt wurde, war schon das zwei-
undzwanzigste in diesem Gegenstande. Und als dasselbe an der Tafel
der hohen Stände zur Verhandlung kam, bot die Magnatenopposition
alles auf, um diese letzten Trümmer der Clausel zu retten und die
Majorität zur Annahme und Unterbreitung der Adresse zu bewegen.
Allein diese hegte nicht den geringsten Zweifel mehr, dass zur Umstürzung der auf so schwachen Füssen stehenden Angelegenheit von
seiten der Regierung nur noch ein Schritt erforderlich sei; sie war
daher auch jetzt nicht geneigt zu weichen.

Dieser Schritt geschah auch bald darauf. Die Regierung war,
wie gesagt, entschlossen, zu Gunsten der politischen Gefangenen und
Angeklagten eine Amnestie zu verkündigen, und die öffentliche Meinung für die Zukunft auch in Bezug auf die Aufrechthaltung der

Redefreiheit zu beruhigen, und nur dem Bekenntnisse ihrer Schuld 1840.
wollte sie sich entziehen. In den Tagen des März langte daher ein
Rescript an den Reichstag herab, in welchem der König, zwischen die
langen Debatten gleichsam dareinredend, der Adresse zuvorkam und
die unverletzte Aufrechthaltung der gesetzlichen Freiheit der Rede
versprach. Der König anerkannte ferner, dass die Redefreiheit
auch von der avitischen Verfassung gesichert sei; nicht minder, dass
man denjenigen, welcher die von den Gesetzen vorgeschriebenen
Schranken überschreitet, auf dem gewöhnlichen Wege des Gesetzes
zur Verantwortung ziehen müsse; die gesetzliche Unabhängigkeit der
richterlichen Gewalt aber weder von oben noch von unten her nicht
einmal in Frage gestellt werden könne.

Diese Principien stimmten zwar mit den Ansichten der Stände
überein, und wenn der König, von denselben ausgehend, die Processe
niedergeschlagen und die Verurtheilten freigelassen hätte, so hätten auch
die Stände darin eine Aufhebung der Beschwerde erblickt, obwol sich die
Adresse nicht in alle jene Beschwerden einliess, welche die Stände zu unterbreiten wünschten. Weil jedoch dies alles nicht geschah, konnte man
auch die Beschwerden, deren Folgen fortwährend bestanden, durch die
blosse Verkündigung jener Principien nicht für aufgehoben betrachten.
Weshalb auch die Stände, sich ihren bisher vertheidigten Ansichten
eng anschliessend, die Magnatentafel zum dreiundzwanzigsten mal
aufforderten, sie solle die Unterbreitung des Gravamens nicht ferner
verhindern.

In diesem letzten Stadium der Frage versuchte die Magnatenopposition noch in einem letzten Kampfe die conservative Partei zur
Nachgiebigkeit zu bewegen. „Wenn Sie, hochgeborene Herren, den
Anforderungen constitutioneller Principien entsprechen wollen", sagte
in seiner letzten Rede über diesen Gegenstand der Führer der Partei,
Ludwig Batthyányi, „so ist es Ihnen jetzt schon zur Pflicht geworden
nachzugeben, und wenn Sie auf dem bisher betretenen Pfade auch aus
reiner Ueberzeugung verblieben sind. . . . Im Geiste einer jeden zwei-
kammerigen Verfassung liegt jene Pflicht der obern Tafel, sich der
untern selbst gegen ihre Ueberzeugung anzuschliessen, sobald sie
deutlich sieht, dass sie die Sympathie und Meinung des grössern
Theils der Nation nicht repräsentire; und nur eine solche Nachgiebigkeit kann einer Collision zwischen Krone und Gesetzgebung zuvorkommen, einer Collision, welche für das Vaterland so gefährlich
werden könnte. Nur diese augenblickliche Entsagung vom Veto,
welches, wie viele andere, so auch unsere Verfassung, den hohen
Ständen, ihrer Einsicht, ihrem Patriotismus vertrauend, erlaubt . . .
entbindet sie der furchtbarsten Verantwortlichkeit, welche sie belasten
würde, wenn die Regierung, wie schon öfter, den Versuchungen der
Macht nachgebend, solche Schritte thun würde, infolge welcher das

Blut der Kinder für die politischen Vergehen der Väter fliessen
könnte. . . . Werden Sie, hochgeborene Herren, es verbürgen, ob
nicht in einem gewissen Falle sich das Jahr 1823 wiederholen werde,
und ob nicht jene drohenden Worte in Erfüllung gehen werden, welche
an diesem Orte unlängst eine hohe Autorität aussprach, dadurch ver-
rathend, dass, wenn auch die Hände noch rein seien, die Idee des
Misbrauchs der Macht nichtsdestoweniger schon Wurzel gefasst
habe? . . . Hören Sie daher, hochgeborene Herren, endlich einmal auf,
die Regierung um jeden Preis zu vertheidigen; bedenken Sie, dass
Sie mit ihrem übertriebenen Eifer für die königlichen Vorrechte auf
dem von allen jenen Aristokratien befolgten Wege fortschreiten, welche
auf diese Weise sowol sich selbst als das Königthum zu Grunde
richteten: «parce qu'ils étaient plus royalistes que le roi». . . .»"
Dessenungeachtet wich die Majorität der Magnaten im Bewusstsein,
dass dies der letzte Angriff sei, welcher gegen sie unternommen werde,
auch jetzt dem Drängen der Stände nicht, da sie das königliche Rescript so erklärte, dass in demselben sowol die Amnestie als auch
die Garantie für die Zukunft enthalten sei. Die Stände, überzeugt,
dass die Verständigung zwischen den beiden Tafeln schon unmöglich
sei, und sie befürchten konnten, dass auch noch das Wesentliche des
Gegenstandes fallen werde, erachteten es für zweckmässiger, die Clausel
aufzulassen und die dadurch unterbrochenen Gegenstände in Angriff
zu nehmen. Infolge dessen wurden jene Reichstagsbeschlüsse, über
welche die beiden Tafeln schon übereingekommen waren, dem Könige
unverzüglich unterbreitet; indess behielt sich die Majorität der Stände
die Adresse wegen der Redefreiheit, wiewol fernerhin ohne Clausel,
auch für die Zukunft vor, indem sie entschieden erklärte, dass sie sich
ihren hinsichtlich der vorgetragenen Beschwerden entwickelten Principien eng anschliesse, und die Aufrechthaltung und Behebung derselben
dem Eifer des künftigen Reichstags übergebe.

Die durch
die Amne-
stie be-
wirkte Ver-
söhnung. Die Amnestie, welche von den Anhängern der conservativen
Partei seit dem Herabgelangen des erwähnten königlichen Rescripts im
voraus verkündigt wurde, verwirklichte sich in der That bald darauf.
Der Erzherzog-Palatin erstattete in der am 1. Mai abgehaltenen gemischten Sitzung den Bericht, dass der König mittels Entschliessung
vom 29. April angeordnet habe, alle jene Personen, gegen welche seit
dem Anfang des vergangenen Reichstags politischer Ursachen wegen
Processe anhängig gemacht wurden und welche gegenwärtig die über
sie verhängte Strafe abbüssen, seien in volle Freiheit zu setzen, die
noch im Laufe befindlichen Processe aber niederzuschlagen.

Dieser Bericht weihte den ersten Tag des Mai zu einem Feste
allgemeiner Freude und Versöhnung auf dem bald darauf aufgelösten
Reichstag ebenso wie im ganzen Vaterlande. Die Freude war um
so reiner, weil die leidenden Patrioten dem Vaterlande wiedergegeben

wurden, ohne ihre Freiheit mit der Verleugnung ihrer Principien, mit 1840. Aufopferung nationaler Rechte erkaufen zu müssen. Die Freude wurde auch dadurch vergrössert, dass man die Amnestie getrost als ein Zeichen davon betrachten konnte, dass das die Gesetze und die Verfassung verletzende willkürherrschaftliche System der Regierung aufgehört und die Herrschaft der milden Macht der Gesetze wiederhergestellt sei; denn man durfte nicht ohne Grund hoffen, dass die Regierung sich aus dem Verlaufe des Reichstags überzeugt habe, dass die gefahrvolle Gereiztheit nicht von jenen verbreitet wird, welche auf dem friedlichen Pfade besonnenen Fortschritts die zahlreichen Mängel zu ersetzen und, die Fesseln der Vorurtheile und Privilegien abschüttelnd, die Nationalkraft zur Thätigkeit zu erwecken, der Entwickelung entgegenzuführen sich bestreben; sondern von jenen, welche, selbst die natürliche Bewegung des gesetzmässigen Fortschritts für gefährliche Umtriebe haltend, dieselbe mit ungesetzlichen Mitteln der Gewalt verhindern wollen. Man durfte die Hoffnung hegen, dass die Regierung, sich auf diese Weise Ueberzeugung verschaffend, für die Zukunft sich wol hüten werde, die Stimme der öffentlichen Meinung zu unterdrücken oder zu ignoriren und mit dem Vertrauen der Nation leichtsinnig zu spielen. In der allgemeinen Freude vergassen die Stände gern auch aller jener Bitterkeiten, welche in ihnen die verstockte Widersetzlichkeit der Magnaten erweckt hatte, mit welcher diese verhinderten, dass der allgemeine Wunsch der Nation vor den Monarchen gelangen konnte. Die Versöhnung, welche infolge dessen einerseits zwischen der Nation und der Regierung, andererseits zwischen den beiden Parteien in den letzten Tagen des Reichstags stattfand, schmeichelte den Herzen der Patrioten mit der Hoffnung einer bessern Zukunft.

Nikolaus Wesselényi, als er später von Gräfenberg frei zurückkehrte, Ludwig Kossuth, als er aus der ofener Festung entlassen wurde, wurden von der Bevölkerung der Hauptstadt im Triumph empfangen. Nur der Zustand des aus seiner Festungshaft auf dem Spielberg heimgekehrten Ladislaus Lovassy trübte die allgemeine Freude. Der zu grossen Hoffnungen berechtigende Geist des genialen Jünglings verwirrte sich unter der Last des fürchterlichen Kerkers schon im zweiten Jahre seiner Gefangenschaft, und er konnte seine Freiheit schon nur als Irrsinniger wiedergewinnen. Eigenthümlich war die Krankheit der gebrochenen Seele: er behielt bis zu einem gewissen Punkte das Licht seines Genies, und solange er ruhig war, konnte er sehr schön schreiben als auch sprechen; seine während des Sprechens sich erhitzende Phantasie riss jedoch seinen zerstörten Geist zu immer fürchterlichern Visionen hin, wo den armen Schwärmer sodann Geister der Verstorbenen und dem Grabe entstiegene Gespenster peinigten. Der Ekel, welchen die während seiner Gefangenschaft zu seiner

1840. Ernährung ihm dargereichte ungeniessbare Kost in ihm erweckt hatte, machte ihm die Gewohnheit zu eigen, dass er zuweilen zwei bis drei Tage lang keine Nahrung zu sich nahm; wenn er aber sodann vom Triebe des Hungers bezwungen wurde, ass er erstaunlich viel; war er gesättigt, gelobte er neuerdings, dass er nun zwei Monate lang nicht essen werde. Auf solche Art fristet das arme Opfer sein zerstörtes Leben auch noch heute fort, sich selbst und andern zur Last.[1]

Die bezüglich der Redefreiheit entstandene Nationalbeschwerde wurde zwar durch die Freilassung der Gefangenen und die Niederschlagung der Processe thatsächlich aufgehoben; da jedoch anstatt des geforderten Rechts nur Gnade ertheilt wurde und der Monarch den Fehler der Regierung, wie 1825, nicht eingestand, so war das Recht für die Zukunft noch nicht sichergestellt; die Stände konnten mithin auch nicht von ihren so standhaft vertheidigten Principien abstehen. Sie liessen daher die Frage des Rechts der Redefreiheit fallen, jedoch mit der entschiedenen Erklärung, dass sie sich ihren so oft entwickelten Principien, insbesondere dem die Beschwerde eingehend behandelnden zweiten Nuntium, eng anschlössen, und die Aufrechthaltung derselben, die Erkämpfung der vollständigen Aufhebung der Beschwerde, dem patriotischen Eifer der Nation und der Sorgfalt des künftigen Reichstags übergeben. Allein obwol auf diese Weise der Sieg auch kein vollständiger war, so ist der Erfolg dennoch als ein äusserst wichtiger zu betrachten. Vor allem wurde der Unterschied zwischen dem Könige und der Regierung anerkannt, und hierdurch das in unsern Gesetzen ausgesprochene Princip der Verantwortlichkeit der Regierung wiederbelebt. Und wiewol diese Verantwortlichkeit, der dicasterialen Regierungsform wegen, auch keine so thatsächliche ge-

---

[1] Alexander Vachott beschliesst sein obenerwähntes schöne Gedicht über ihn so:

Ein neues Leben trifft sein Ohr so laut,
Doch im Gewühl so trüb' er um sich schaut.
Die Erde hat, ach, keine solche Pracht,
Die noch den Jüngling froh und glücklich macht':
Um ihn gedrängt dicht die Genossen stehn,
Verwaister Heimat feurigkühne Söhn',
Dem Leidenden wird herzlichwarmer Gruss,
Wer ihn erblickt, freu'n sich und weinen muss.
Dazwischen er, an Seel' und Leib Ruin',
Das ausgestandne Weh' bezwinget ihn.
Dem Mund entströmt, entfesselt, nun das Wort.
Und Herz und Sinn reisst tiefe Trauer fort;
Was war er und was wurd' er! seufzt verstört,
Wer seine trüben Worte angehört.
Doch auch die Rede hat gesunden Theil,
Spricht er von seines Vaterlandes Heil . . .
Und selbst zu Hause harrt' sein keine Ruh',
Kaum ausgeruht, trieb's ihn den Fernen zu;
Sein Sehnen: Einsamkeit — wo auf den Knien
Er im Gebet die Tage sieht entfliehn.

worden war, wie sie bei parlamentarischen Regierungen besteht, sondern vielmehr nur eine moralische: so war auch dies bei unsern Verhältnissen mit Oesterreich hinsichtlich der zukünftigen Sicherstellung der nationalen Unabhängigkeit und der verfassungsmässigen Rechte wichtig. Durch die langen Debatten auf dem Felde des Staatsrechts vereinigten und stärkten sich die constitutionellen Begriffe in jeder Beziehung. Und während sich inmitten der Debatte die mit der Zeit sich zu consolidirende schwache Seite den Augen der Reformpartei ersschloss, stärkte sich das Recht der Redefreiheit durch die fortwährende Ausübung während der Debatten so sehr, dass die Magnatentafel auch nicht versäumte, in einem ihrer Nuntien hervorzuheben, dass die in den Comitaten und auf dem Reichstage über diesen Gegenstand gesprochenen Reden genügend beweisen, die Redefreiheit sei nicht beschränkt.

Ausser diesen Errungenschaften waren die Resultate dieses Reichstags auch noch in einigen andern Dingen wichtig, obwol die königlichen Vorlagen ausser der Donauregulirung und der Militärverpflegung keine andere Reform zum Gegenstande der Berathungen bestimmt hatten; denn die Stände selbst ergriffen bei zahlreichen wichtigen Verbesserungen die Initiative. Wir werden indess der Kürze wegen nur einige derselben erwähnen, welche, auch die königliche Sanction erlangend, zu Gesetzen wurden.

Eine der wichtigsten dieser Verbesserungen war die Ergänzung der auf dem vorigen Reichstage gebrachten Urbarialgesetze, die eingehendere Bestimmung der Verhältnisse zwischen Grundherr und Unterthan, und die thatsächliche Verbesserung des Schicksals des letztern. Wir trugen in der Geschichte des vorigen Reichstags ausführlich vor, welch hartnäckigen Widerstand die Regierung und die Regierungspartei der Magnatentafel dem Antrage der Stände entgegenstellte, welchem nach diese den Unterthanen die ewige Ablösung der Herrenlasten und Dienste durch ein Gesetz zu gestatten wünschten; welch bittere Debatten sich in dieser Frage zwischen den zwei Tafeln entwickelten; durch welch hinterlistige Ränke die Regierung dieselbe endlich auch an der Ständetafel durch die Erwirkung der Instructionsabänderungen zum Sturz brachte. Diese Frage war die Quelle jenes gefährlichen Zwiespalts, welcher sich zwischen der Nation und der Regierung entwickelt hatte und mehrere Jahre lang mit so schwerer Wucht auf der Nation lastete; sie diente auch als Ursache zu jenen Verfolgungen, welche Wesselényi erdulden musste. Als die Stände auf dem vorigen Reichstage diese wichtige Reform in Antrag brachten, griffen die Magnaten und die Regierung dieselbe auf eine Art an, als ob ihre Verwirklichung die ganze Verfassung aus ihren Angeln heben würde. Und siehe, jetzt schienen plötzlich, als ob irgendeine Zauberkraft gewaltet hätte, alle jene unbesiegbaren Hindernisse und

1840.

Die Erbablösung und andere Urbarialreformen.

1840. Schwierigkeiten, alle jene Nachtheile verschwunden, worauf die Magnatentafel und die Regierung ihre Opposition auf dem vorigen Reichstage gegründet hatte. Der Gesetzvorschlag wurde jetzt auch von der Majorität der Magnaten angenommen, und auch die Regierung war dem Princip nicht entgegen, und erhob nur gegen die Redaction des Gesetzes einige Einwendungen. Und doch bestanden die Aviticität, Fiscalität und alle jene Rechts- und Besitzverhältnisse, mit welchen die Regierung und die Magnatentafel ihren Widerstand motivirte, auch gegenwärtig unverändert. Dass alle jene Besorgnisse, wegen welcher dieses Gesetz 1834 fiel, im Jahre 1840, unter unveränderten Umständen, verschwunden schienen, zeugt deutlich genug dafür, aus welch unrichtigen Gründen, wie sehr principlos manchmal die wiener Regierung und deren Vorkämpfer, die Magnatentafel, die wichtigsten Fragen der nationalen Entwickelung hinderte und vereitelte! Das Princip des freien Bodens, in welchem sie erst unlängst demokratische Richtungen erblickten, erkannten sie jetzt, nach so. vielen stürmischen Scenen, nach einer so gefährlichen Erschütterung des allgemeinen Vertrauens, als vollkommen unschädlich, ja nützlich an, und waren demselben nicht mehr entgegen. Das königliche Rescript, welches den die Erbablösung betreffenden Gesetzvorschlag bekräftigte, wurde von den Ständen und dem Reichstagspublikum mit unbeschreiblichen Freudebezeigungen empfangen. Und wie vor sechs Jahren aus dem Sturze dieses Gesetzes jede Bitterkeit, jede Entzweiung herstammte, so war jetzt die Bekräftigung dieses Gesetzes eine Haupt- und vielleicht nicht minder wirkungsvolle Ursache der aufrichtigen Versöhnung der Nation als die verkündigte Amnestie selbst; denn die Nation betrachtete dies als Zeichen, dass die Regierung die zeitgemässe Wiedergeburt des Reichs nicht mehr verhindern wolle. Diese günstige Wendung der Regierungspolitik schrieb die öffentliche Meinung zumeist dem guten Willen und der Gerechtigkeitsliebe des neuen Hofkanzlers Grafen Anton Majláth und des neuen Landrichters Georg Majláth zu.

Durch das neue Gesetz wurde nicht nur die jährliche Ablösung der verschiedenen Urbarialschuldigkeiten mit Geld, sondern auch das gestattet, dass sowol einzelne Unterthanen als auch ganze Gemeinden sich für eine vertragsmässig zu bestimmende Summe für ewige Zeiten ablösen dürften, so jedoch, dass die grundherrliche Gerichtsbarkeit aufrecht erhalten bliebe. Dieses Gesetz eröffnete daher jedermann den Weg, seinen mit Unterthanendiensten belasteten Boden in ein freies Besitzthum umzuwandeln. Auch wurden bei dieser Gelegenheit die Erbverhältnisse der Unterthanen mittels eines zweckmässigen Gesetzes gesichert.

Weniger gelang es den Ständen, jenen schon auf dem vorigen Reichstage betriebenen Gesetzvorschlag durchzubringen, dass dem ackerbauenden Volke vollständige Person- und Besitzfreiheit gesichert

werde. Die Majorität der Magnaten, welche bei der frühern Ge- 1840.
legenheit auch gegen diesen Vorschlag mit so verstockter Starrsinnigkeit
ankämpfte, war diesem jetzt zwar nicht mehr entgegen; ja sie brachte
sogar selbst jene von den Ständen mit grosser Freude empfangene
Abänderung in Vorschlag, dass der Schutz dieses Gesetzes auf jeden
Nichtadelichen ausgedehnt werde. Die Regierung indess, obwol sie im
Princip gleichfalls übereinstimmte, und im königlichen Rescript auch
erklärt hatte, dass es ihr am Herzen liege, jedermann vor Willkür
sicherzustellen, verschob diesen Gegenstand dennoch bis zur Zeit der
Aufnahme der Strafgesetze, als mit welchen derselbe in engem Zusammenhange stehe.

Gleichwie diese Urbarialgesetze die Unterthanenklasse auf der Wechsel-
gesetze.
Stufenleiter der Rechte um eine Stufe höher emporgehoben hatten, so
beförderten auch die Credit- und Wechselgesetze, welche auf diesem
Reichstage geschaffen wurden, den Handel und die Gewerbe, und verbesserten den allgemeinen Credit, indem sie die bisher bestandenen
ungerechten Privilegien des Adelichen als Schuldners aufhoben. Der
15. Gesetzartikel, welcher den ganzen Wechselcodex in sich enthält;
der 16. Gesetzartikel, welcher die Verhältnisse der Kaufleute und des
Handels; der 17. Gesetzartikel, welcher die der Fabriken, endlich der
18. Gesetzartikel, welcher die der Handels- und Actiengesellschaften
ordnet, unterwarf den zum Nachtheil des Credits und des Handels
bisher durch seine Privilegien geschützten unverletzlichen Adelichen
dem Gläubiger gegenüber sowol hinsichtlich seiner Person als auch
seines Vermögens dem allgemeinen Gesetze. Diese Gesetze legten den
Grundstein in der nach Rechten und Privilegien in Klassen zerklüfteten
Nation zur Gleichheit vor dem Gesetze, und ebneten im allgemeinen
den Weg zur Verbreitung demokratischer Principien.

Aus dieser Rücksicht dehnte die Ständetafel ihre Aufmerksamkeit Die Ange-
legenheit
der Juden-
emanci-
pation.
auch auf die Israeliten aus, und stellte den Antrag, denselben alle
jene Rechte zu ertheilen, welche alle übrigen nichtadelichen Bewohner
des Landes geniessen. Aber die Regierung wollte diesen Gesetzvorschlag, welchen auch die Magnatenmajorität schon arg zugestutzt hatte,
nur mit grossen Beschränkungen bestätigen. Die Stände nahmen
daher, damit der Zustand dieser Volksklasse nicht noch ein schwererer
werde und der zukünftigen vollständigen Emancipation derselben nicht
noch mehr Hindernisse in den Weg gelegt werden mögen, das königliche Rescript in seiner ganzen Ausdehnung nicht an, sondern ent-
nahmen demselben nur jene Punkte und schalteten sie dem Gesetze
ein, welche zu einer wirklichen Verbesserung des Loses dieser Volksklasse dienten.

Was die durch die königlichen Vorlagen zur Verhandlung be- Rekruten.
stimmten Punkte anbelangt, so wurden die verlangten 38000 Rekruten auf zehnjährige Dienstzeit unter der Bedingung bewilligt, dass

1840. die Herstellung derselben durch Losung bewirkt werde. Und auf diese Weise wurde endlich jenes willkürliche und gewaltsame Soldatenpressen aufgehoben, welches, während es so vielen Misbräuchen Thür und Thor öffnete, zugleich auch auf das Nationalleben tiefe Schatten warf. Allein hinsichtlich der Verpflegung der Soldaten konnte der Reichstag mit der Regierung nicht übereinkommen, und wurde die weitere Verhandlung des Gegenstandes einem Reichstagsausschusse anvertraut. Dasselbe geschah auch bezüglich der Donauregulirung.

Ausser der Wahl- und Redefreiheitbeschwerde beschäftigten diesen Reichstag noch zwei schon an sich selbst wichtige Gegenstände, für welche die öfter erneuerten langen Debatten mit nicht geringerer Heftigkeit fortgesetzt wurden wie in den Kämpfen für jene Beschwerden. Der eine dieser Gegenstände war die Religionsfrage, der zweite die gesetzgeberische Stellung der Städte.

Die Religionsfrage und die der gemischten Ehen.

Wir erwähnten, wie kurz vor dem Reichstage die Bischöfe von Grosswardein und Rosenau durch ihre die Einsegnung der ohne Reverse geschlossenen gemischten Ehen untersagenden Circularschreiben glühende Kohlen in die leicht entzündbare Materie geworfen hatten. Obgleich die Regierung in ihrem am 30. April 1839 erlassenen Rescript, wie wir erwähnt haben, die kirchliche Verordnung dieser Bischöfe misbilligte und dieselben auf die Einhaltung des 26. Gesetzartikels von 1791, welcher diese Heirathen regelt, anwies: so war es doch vorauszusehen, dass, da sich zu den in der Verordnung des grosswardeiner Bischofs zum Ausdruck gelangten Principien auch zahlreiche Prälaten anderer Länder, ja selbst der Heilige Stuhl zu Rom offen bekannten, das gegebene Beispiel mehrere unserer Bischöfe befolgen würden. Wenn aber das Verbot der kirchlichen Einsegnung der ohne Reverse geschlossenen gemischten Ehen ein allgemeines werden sollte, würde dadurch der Geist unserer von den Verhältnissen der Religionen handelnden Gesetze verletzt werden und auch unter den Staatsbürgern gefährliche Gärungen hervorgerufen. Nachdem dieser Gegenstand ohnehin schon im Lande eine so grosse Gereiztheit hervorgerufen hatte, hielten es die Stände für nothwendig, dass die Gesetzgebung über denselben neuerdings Anordnungen verfüge.

Mit dieser Frage der gemischten Ehen wurden zugleich auch jene Beschwerden und Wünsche aufs Tapet gebracht, welche in der Religionsangelegenheit schon vom Reichstage von 1832—36 solange und mit so vieler Leidenschaft von beiden Seiten verhandelt wurden; damals aber, des Widerstandes der Magnaten wegen, dem Könige nicht unterbreitet werden konnten. So theilte sich daher dieser Gegenstand in zwei verschiedene Fragen: der eine beschränkte sich ausschliesslich auf jene Beschwerde, welche aus der Verweigerung der kirchlichen Einsegnung der ohne Reverse geschlossenen gemischten Ehen entstand; der zweite bezog sich mehr allgemein auf die

Gewissensfreiheit und die gegenseitigen Rechtsverhältnisse der ver- 1840. schiedenen Religionssekten. In beiden Fragen wurden die Debatten lange Zeit mit nicht geringer Heftigkeit, ja Leidenschaftlichkeit an einer wie an der andern Tafel fortgeführt; wir haben indess nicht die Absicht, hier in die Details der Debatten einzugehen, und werden uns nur auf die Hauptmomente derselben beschränken.

Was die gemischten Ehen betrifft, so betrachten die Stände die Verweigerung der kirchlichen Einsegnung, welche die Parteien in zahlreichen Fällen von dem Eingehen solcher Ehen abhalten könnte, für eine Verletzung des 26. Gesetzartikels von 1791, und hatten zur Aufhebung derselben die Absicht, dem Könige eine besondere Adresse zu unterbreiten. Die Majorität der Magnaten indess gab hierzu selbst nach mehrfachem Nuntienwechsel ihre Zustimmung nicht, sondern forderte die Stände auf, dass sie, nachdem dieser Gegenstand dem Könige ohnehin schon von den Comitaten Bihar und Gömör unterbreitet wurde, vom Adressvorschlage abstehend, vielmehr in Bezug auf die Schliessung gemischter Ehen für solche Massregeln sorgen mögen, welche, bei aller Schonung der Grundsätze der verschiedenen Religionen, sowol die gemischten Ehen nach der Anordnung des 26. Gesetzartikels von 1791 gegen alle Hindernisse bewahren als auch den geistlichen Stand gegen Gewissenszwang sicherstellen können. Die Gründe, womit die hohen Stände diese ihre Meinung motivirten, finden wir am klarsten in jener Rede ausgedrückt, welche Graf Aurel Dessewffy am 7. März unter den Kundgebungen allgemeiner Billigung hielt.

„Tief verehre ich", sagte er, „die hohen Tugenden des grosswardeiner Bischofs, und huldige der Reinheit seiner Zwecke; aber es möge mir die Frage freistehen, ob denn unbedingt nothwendig war, dass alles dasjenige geschehe, was geschehen ist? Als die ungarische Kirche selbst in der Verwirklichung des Gesetzes einen gewissen Modus einführte, als diese Uebung funfzig Jahre lang in friedlichem Gebrauche stand, als der Reichstag vor der Thür war, als weder ein Concilium irgendetwas Neues aufstellte, weder das Oberhaupt der Kirche zum ungarischen Klerus besonders sprach, . . . war wol der gemachte Schritt auf eben dem vulkanischen Boden nothwendig, auf welchem er geschah? Jetzt nun, wie die Frage vor uns liegt, muss derselben gegenüber ein Beschluss gefasst werden, und zwar nicht advocatenmässig mit forschendem Auge untersuchend, wer recht habe und wer nicht; sondern staatsmännisch aus dem Gesichtspunkte des Staats, auf die Zukunft blickend und fragend: Quid consilii? Ob hier eine Gesetzverletzung vorliege oder nicht? Dies muss man aus den vaterländischen Gesetzen und aus den Begriffen von den gegenseitigen Grenzen und Verhältnissen der verschiedenen Mächte bestimmen. Ich halte indess diese ganze Art der Erörterung für überflüssig, und dies ganze Feld für gefahrvoll; denn ich bin überzeugt, dass die ganze Frage eine unfruchtbare ist, d. h. eine solche, welche, sie möge wie immer gelöst werden, einen heilsamen Erfolg in keinem Fall darbietet. Man kann auf diese Frage nur auf zweierlei Art antworten: mit Ja oder Nein. Wenn man mit Ja antwortet, wenn die That als Gesetzverletzung aufgestellt wird, fordern wir die Regierung zu etwas auf, was sie nicht thun kann; denn hauptsächlich nach den gestern (von seiten des Klerus) gemachten Aeusserungen ist es klar, dass man hier ohne Zwang nicht mehr durchdringen kann. Zwang ist jedoch in dieser Sache ein Unding und eine moralische Unmöglichkeit, da es die Natur aller geistigen Angelegenheiten ist, dass, sobald ein Zwang eintritt, wenngleich derjenige, welcher den Zwang ausübt, völlig im Rechte ist, die öffentliche Theilnahme und moralische Kraft sich jenem zuwendet, welcher Gegenstand des Zwanges wurde. Nicht günstiger sind die Folgen, wenn die hohe Tafel diese Frage mit Nein beantwortet. Denn angesichts jener Gereiztheit, welche diese Sache in einem grossen Theil des Landes hervorrief; angesichts der Ansichten der Stände über diesen Gegenstand, ist sowol die Perplexität der Regierung vorauszusehen, dort, wo der 'gesetzgebende Körper selbst das Gesetz verschiedenartig auffasst, sind Unruhen im Lande vorauszusehen, wo sich die Behörden alsbald auf die Ansichten der Stände stützen werden; endlich ist auch eine Rückwirkung vorauszusehen hinsichtlich eines andern zwischen den beiden Tafeln noch in der Schwebe befindlichen gleichartigen Gegenstandes. Dieses Feld ist daher ein wüstes, oder bringt höchstens Dornen hervor. Die Beschwerdenfrage zu erörtern ist in unsern ungarischen Verhältnissen sehr zweckdienlich, so oft die Aufhebung derselben möglich ist, oder, dass die Regierung im Stande ist, den Verletzer des Gesetzes zurechtzuweisen; aber in einem solchen Fall, wo die auf welche Art immer bewirkte Lösung der Beschwerdenfrage keinen Erfolg, sondern einzig und allein neue und unbezwingliche Schwierigkeiten verspricht, ist dies keinesfalls räthlich. Man darf nicht vergessen, dass dies eine europäische Frage ist, und dass hier nicht allein vom Sinne des einen oder des andern unserer vaterländischen Gesetze, sondern im allgemeinen von den Schranken der verschiedenen Mächte die Rede ist; und dass, wenn wir auf dem Felde unserer Gesetze kämpfen, sich die Kirche in den Kreis ihrer Autonomie zurückzieht, und dass wir in diesem Processe zwischen ihr und uns die Rolle des Richters auf keinen Fall mit Erfolg übernehmen können. Nicht die Beschwerdenfrage haben wir hier daher zu erörtern, sondern wir müssen den drohenden Zwistigkeiten durch irgendeinen zweckmässigen Schritt zuvorkommen. . . . Ich würde daher wünschen, dass reichstäglich ausgesprochen werde, es wäre erwünscht gewesen, dass dasjenige, was von seiten des grosswardeiner Bischofs geschah, unterblieben wäre.

Für die Zukunft aber wünschte ich die vollziehende Gewalt durch 1840. eine Kundgebung vom Reichstage aus in die Lage zu versetzen, dass sie das beabsichtigte Verfahren in administrativem Wege bewirken könne. . . . Es würde auf diese Weise der Regierung der Weg geöffnet, die Sache zur allgemeinen Zufriedenheit zu lösen; und wenn diesfalls Unterhandlungen mit dem Oberhaupte der Kirche vorangehen müssten, würden auch diese wesentlich erleichtert. Jene zahlreichen Schwierigkeiten aber, welche sonst, ob wir nun die Sache für eine Beschwerde ansehen, oder ihre Beschaffenheit als solche verneinen, sicher eintreten werden, würden vollkommen beseitigt sein." Schliesslich sprach er seine Ueberzeugung aus, dass es eine grössere und delicatere Collision kaum geben könne als die, welche durch eine verfehlte Entscheidung dieser Frage dem Reiche und dem Reichstage drohe.

Man muss gestehen, dass diese Schlussfolgerung des Führers der conservativen Partei, auf welcher die Majorität der Magnatentafel das obenerwähnte Nuntium begründet hatte, tiefe staatsmännische Einsicht leitete. In jener anomalen Lage, welche die Kirche, die ihre Macht nur auf die Gewissen gründen sollte, im Staate, ihrer Bestimmung entgegen, einnimmt, und demzufolge in demselben, neben der moralischen auch mit politischer Macht versehen ist, kann es für den Staat kaum etwas Gefährlicheres geben, als wenn die bürgerliche Macht mit der kirchlichen sich in Zwistigkeiten verwickelt. Und die Erfahrung bewies, dass es unter diesen Umständen am räthlichsten gewesen wäre, Dessewffy's Meinung anzunehmen. So hätte man jenem bittern Uneinigkeiten, welche sich später zwischen der politischen Macht und insbesondere den Comitatsbehörden und der kirchlichen Leitung entwickelten und die Ruhe der Bürger so sehr störten, zuvorkommen können. Die Stände indess meinten der Aufrichtigkeit und Freisinnigkeit der Regierung nicht so sehr trauen zu dürfen, um derselben freie Hand zu geben, diese Angelegenheit in administrativem Wege zu entscheiden. Zwar legte die Regierung vor dem Reichstage eine überraschende Freisinnigkeit in jener Verordnung an den Tag, welche sie auf das Circularschreiben des grosswardeiner Bischofs erliess. Allein wer sah nicht ein, dass diese Regierungsverordnung nur zur Triebfeder hatte, den Sturm der durch die Beschwerden in der Sache der Redefreiheit und der Deputirtenwahl in einer so grossen Gereiztheit befindlichen Gemüther vor dem Reichstage für einen Augenblick zu beruhigen und einigermassen zu versöhnen? Jenes Bündniss, in welchem die Regierungsgewalt, ihren willkürherrschaftlichen Bemühungen zufolge, mit der kirchlichen Leitung stand, und welchem nach sie die Interessen der letztern, selbst gegen Recht und Billigkeit, schon so oft unterstützt hatte, erlaubte nicht den Ständen zu hoffen, dass die Regierung in dieser Frage, wenn sie von der

1840. Gesetzgebung freie Hand bekäme, unparteiisch verfahren werde. Die Stände gaben sich demnach mit dem Nuntium der Majorität der Magnatentafel nicht zufrieden. Sie sahen es zwar für zweckmässig an, dass der 26. Gesetzartikel von 1791, welcher die gemischten Ehen durch katholische Priester zu schliessen anordnet, auf die Art abgeändert werde, dass solche Ehen in der Zukunft stets von einem Seelsorger der Religion des Bräutigams und nach den religiösen Gebräuchen desselben zu schliessen seien; und diese Abänderung fügten sie auch dem in der Religionsangelegenheit angefertigten allgemeinen, weiter unten mitzutheilenden Gesetzvorschlage ein. Da sie indess auch fernerhin an der die gemischten Ehen betreffenden besondern Beschwerdeadresse festhielten, so betrieben sie standhaft die Unterbreitung derselben. Aber auch die Standhaftigkeit der Magnatenmajorität war gleich im Widerstande gegen dieselbe. Und so erneuerten sich ohne Erfolg mehrmals über diesen Gegenstand die stets leidenschaftlichen Debatten und wiederholten sich die Nuntien. Auch Stephan Széchenyi, der in dieser Frage bisher geschwiegen hatte, aber voraussah, wie sehr sich die Gemüther verbittern würden, wenn diese Beschwerde nicht behoben, und das Beispiel des grosswardeiner Bischofs nach dem Schlusse des Reichstags auch von den übrigen Prälaten befolgt würde; der ferner ahnte, auf welch lange Zeit diese allgemeine Gereiztheit auch die Reformfragen zurückwerfen könnte, erhob unter andern an der Magnatentafel in einer der über diesen Gegenstand stattgefundenen Verhandlungen gleichfalls seine angesehene Stimme. „Der apostolische König von Ungarn", so sprach er unter anderm, „wusste sich stets, vereint mit seiner constitutionellen Nation, vor der Suprematie Roms zu bewahren. Der hohe Klerus war nie status in statu, und kann es auch nie werden; und in welchem Verhältniss sich der constitutionelle Geist unsers Vaterlandes entwickelt, um so widerstreitender, um so unerträglicher wird ein solcher Einfluss einer äussern Macht auf unsere Nation sein. Wo das Gesetz die Nation selbst vor der Willkür ihres eigenen Monarchen schützt, wie kann diese fremder Willkür unterworfen sein? Der ungarische Klerus spendete in den gemischten Ehen funfzig Jahre lang jenen Segen, welchen der grosswardeiner Bischof nun plötzlich verweigert. Und dies unter welchem Vorwande? Unter dem, dass der Segen nicht nothwendig sei, und die Ehen durch das Ausbleiben desselben eben nicht verhindert würden. Um Gott! greifen wir in unsere Herzen und nehmen wir an, dass ein Vater seinem sich verehelichenden Kinde den Segen verweigert und behauptet, dass er die Heirath nicht hindere: werden wir glauben, dass dies keine Verhinderung sei? Ganz gewiss nicht; und in der That, es müsste nur noch ein Fluch hinzukommen, dass es uns in seiner ganzen Klarheit in die Augen springe, was von solchen Behauptungen zu halten sei. Der Obergespan von Torontal hegt die Meinung, dass die obschwebende Frage nicht vor den Reichstag 1840. gehöre. Hierüber kann ich mich, aufrichtig gestanden, nicht genug verwundern. Wie? Es gehörte nicht vor den Reichstag, was das halbe Reich in Aufregung brachte? Wenn dies wahr ist, dann wäre es besser, lieber gar keinen Reichstag abzuhalten, lieber das ganze verfassungsmässige Sein geradezu aufzugeben." Der hohe Klerus jedoch und die mit demselben gehende Majorität hielt dergleichen Gründe nicht für gewichtig genug, dass sie wegen derselben geneigt gewesen wären, dem Sektengeiste zu entsagen. Diese Majorität, in ihrer Meinung unbezwinglich, gab auf die Betreibungen der Stände solange abschlägliche Antworten, bis jene zuletzt, einsehend, dass sie auf diesem Reichstage, dessen Schliessung schon vor der Thür war, zum Ziele nicht gelangen könnten, die Frage vorderhand ganz fallen liessen.

Mit mehr Glück kämpften die Stände in der zweiten Frage, welche die Freiheit des Gewissens im allgemeinen und die Wechselseitigkeit der Verhältnisse der Religionssekten zueinander betraf. In dieser Frage nahmen die Stände jenen Gesetzvorschlag neuerdings auf, welchen sie während des vorigen Reichstags, infolge des hartnäckigen Widerstandes der Magnaten, nicht unterbreiten konnten und damals nach langen Debatten beiseite zu legen genöthigt waren; und so ging Beöthy's bei jener Gelegenheit gesagte Prophezeiung in Erfüllung: dass „das Mädchen nicht gestorben sei, sondern nur schlafe". Die Magnaten waren jetzt auch hierin nachgiebiger wie 1834, was zumeist der Einwirkung des von der Priesterpartei unabhängigen, von Befangenheit freien, wahrhaft staatsmännischen Takt besitzenden Aurel Dessewffy zu verdanken war. Als die Prälaten, und mit ihnen vier oder fünf weltliche Herren ihre Gründe stets nur aus den Dogmen, veralteten Gesetzen und Provinzialbeschlüssen schöpften; als sie einzelne Worte des bestehenden Gesetzes, aus dem Texte herausgegriffen, gegen den Geist des Ganzen anführten, und die Ansprüche des Rechts, der Billigkeit und Wechselseitigkeit als die Dogmen ihrer Kirche verletzend bezeicheten, kämpfte Dessewffy, über dieses kleinliche Verfahren hoch erhaben, für die Principien der Wechselseitigkeit, obwol er übrigens die freisinnigern Ansichten des Unterhauses nicht in allem theilte. „Wenn von den Beziehungen der Kirche und der eigenen Gläubigen derselben zueinander die Rede ist", sagte er in einer seiner ausgezeichneten Reden, „dann ist ohne Zweifel das Dogma das leitende Princip; wenn aber die Interessen verschiedener Religionssekten in Conflict gerathen, dann müsste die Gesetzgebung, wenn sie das eine oder das andere Dogma zum leitenden Princip erwählte, nothwendigerweise ungerecht sein, denn stets könnte sie nur dem Einen Genügeleisten. In solchen Fällen bleibt daher der Gesetzgebung nichts anderes zu thun übrig als eine Vereinbarung und sozusagen eine

Intervention zu bewirken, was wiederum nur durch Gerechtigkeit und Gegenseitigkeit erreicht werden kann", u. s. w. Und als einige Redner der katholischen Kirche es übel nahmen, dass die Protestanten stets mit neuen Forderungen aufträten, sagte Dessewffy: „Ich halte dafür, dass unsere katholische Angelegenheit nur dann allen Angriffen stark gegenüberstehen werde, wenn wir unsern evangelischen Brüdern alles dasjenige gegeben haben werden, was sie von uns mit Recht verlangen können. Die Grenzen der Gerechtigkeit gegen dieselben befinden sich auf dem Punkte, über welchen hinaus die Ungerechtigkeit gegen die Sache der Katholiken beginnen würde."

Diese Gründe des Führers der conservativen Partei übten auf die Majorität der Magnatentafel eine solche Wirkung aus, dass dieselben, die einige Jahre zuvor dem Gesetzvorschlag der Stände so hartnäckig entgegen waren, jetzt zahlreiche Punkte desselben annahmen, infolge dessen nach seinen Hauptpunkten der folgende Gesetzvorschlag hohen Orts unterbreitet wurde: „Die hinsichtlich der Erziehung der Kinder in einer bestimmten Religion ausgestellten Reverse sind ungültig. Wer bis zu seinem 18. Lebensjahre im evangelischen Glauben erzogen wurde, dessen Religion kann fernerhin keiner Frage mehr unterworfen werden. Die gemischten Ehen, welche, obgleich ohne kirchliche Einsegnung, aber in Gegenwart eines katholischen Geistlichen geschlossen wurden, sind gesetzlich. Die aus gemischten Ehen geborenen Kinder werden von jetzt an der Religion des Vaters folgen. Wegen Besuchs der evangelischen Kirchen durch Genossen anderer Confessionen dürfen, wenn keine Verlockung stattfand, die evangelischen Seelsorger keiner Untersuchung unterworfen werden. Katholische Kinder dürfen die evangelischen Schulen besuchen, wenn sie nur in der Religion von ihrem eigenen Priester unterrichtet werden. Die evangelische und katholische Jugend darf die ausländischen Universitäten ohne alle Beschränkung besuchen. Katholische Aeltern dürfen ihren Kindern auch evangelische Lehrer halten, nur müssen sie in der Religion von einem katholischen Lehrer unterrichtet werden. Die Evangelischen dürfen überall, wo sie es für nöthig halten, Elementarschulen errichten. Die Angehörigen keiner Confession sind verpflichtet, zur Besoldung der Seelsorger und Lehrer und zum Kirchenbau der andern Confession beizutragen. Bei der Besetzung öffentlicher Aemter kann die Religion nicht in Betracht kommen. Es ist nicht erlaubt, irgendjemand seiner Religion wegen das Erwerben des Besitz- und Wohnrechts zu verwehren, oder in der Ausübung seines Gewerbes zu verhindern. Dort, wo es bisher keine abgesonderten Kirchhöfe gibt, ist der vorhandene gemeinsam. Bei den ungarischen Regimentern sind auch evangelische Feldgeistliche anzustellen" u. s. w.

Der hohe Klerus strengte während der Debatte alle seine Kräfte an, um gegen diesen Gesetzvorschlag, wie sonst, auch jetzt die

Majorität für sich zu gewinnen. Allein wie wir gesagt haben, ernteten 1840. jetzt die freisinnigen Ansichten Dessewffy's den Sieg, und von den weltlichen hohen Ständen schlossen sich kaum mehr als vier oder fünf der Kirche an. Die Bischöfe reichten daher, sich auf ihr Gewissen berufend, gegen den Beschluss der Majorität der Magnatentafel einen Protest ein, und erklärten hinsichtlich der Reverse besonders: „dass sie in Zukunft bezüglich der gemischten Ehen, wiewol sie der Verpflichtung der·weltlichen Gesetze und Behörden gehörig entsprechen werden, bei der Ertheilung des Sacraments der Ehe indess auf jene Weise vorgehen würden, wie es die wohlverstandene und in neuerer Zeit auch von Sr. Heiligkeit dem Papst standhaft vertheidigten Principien ihrer Religion und Kirche erfordern".

Die Majorität der Magnaten sowie auch die Ständetafel konnte diesen· Protest natürlicherweise nicht in Betracht nehmen, und sah denselben auch nicht anders an als die einfache Erklärung dessen, dass der kleinere Theil der Magnatentafel der Schaffung des von der Majorität bestimmten Gesetzes nicht beitrat. Der Gesetzvorschlag wurde daher endlich dem Könige dennoch unterbreitet. Aber die Antwort der Regierung, welche erst in den letzten Tagen des Reichstags herabgelangte, befriedigte die Reichsstände nicht vollkommen; denn obgleich dieselbe nicht abschläglich lautete, so wich sie doch der Bekräftigung des Gesetzvorschlags aus, indem sie behauptete, dass die Wichtigkeit des Gegenstandes zur Endentscheidung desselben mehr Zeit erfordere, als dass sie hierauf eine directe Antwort ertheilen könnte; sie würde indess Sorge tragen, dass derselbe baldmöglichst geordnet werde. Die Bischöfe nämlich, einsehend, dass ihr Protest erfolglos sei, gaben, damit sie mit der weltlichen Macht nicht in so unangenehme Collisionen gerathen mögen, von welchen im Auslande in der Angelegenheit der gemischten Ehen mehrere Beispiele auftauchten, der Regierung zu wissen, dass sie zur möglichen Ausgleichung des Conflicts beschlossen hätten, aus ihrer Mitte einen Bischof nach Rom abzusenden. Die Regierung wollte daher das Resultat der mit dem Papst abzuhaltenden Conferenz abwarten, und verschob ihre Antwort deswegen auf den künftigen Reichstag. Die Folgen der Nichtsanctionirung dieses Gesetzes waren jene bittern Zwistigkeiten, welche, wie wir sehen werden, nach dem Reichstage zwischen den Comitaten und der Kirchenleitung mehrere Jahre hindurch fortgesetzt wurden.

Den zweiten Gegenstand, welcher nächst der Religions- und Redefreiheitsangelegenheit unter stets heftiger erneuerten Debatten sich durch den ganzen Reichstag hindurchzog, bildete die Frage des Reichstagsvotums der Städte. Schon zur Zeit der Nationalbewegung vom Jahre 1790 äusserte sich im Schos der Städte eine lebhafte Reaction gegen den Adel, jener Einschränkung wegen, welcher zufolge

Die Frage der Theilnahme der Städte an der Gesetzgebung.

35 *

1840. der gesammte Bürgerstand auf den Reichstagen nur eine einzige Stimme besass. Die Bürger der Städte forderten damals mit grosser Heftigkeit, ja sogar drohend für sich eine der Billigkeit mehr entsprechende und verhältnissmässigere Theilnahme an der Gesetzgebung. In einer Adresse an den König erklärten sie, dass sie eher bereit wären, selbst ihre constitutionellen Rechte in seine Hände niederzulegen, als diese Einschränkung von seiten des Adels zu dulden. Diese Forderungen verstummten zwar in den ersten Zehnten dieses Jahrhunderts; mit dem Erwachen im Jahre 1825 erneuerten sich indess auch diese, und seitdem gab es keinen Reichstag, auf welchem nicht die Abgeordneten der Städte immer kräftiger fordernd, immer ungeduldiger betrieben hätten, dass, gleichwie jedes Comitat eine besondere Stimme besitze, so auch die königlichen Freistädte einzeln ihr besonderes Votum im gesetzgebenden Körper haben mögen.

Die Reichsstände waren zwar dieser Forderung der städtischen Abgeordneten principiell niemals entgegen; bevor sie ihnen jedoch einen grössern Einfluss in die Gesetzgebung gestatteten, sahen sie für unumgänglich nothwendig an, die Organisation der städtischen Verwaltung neu zu gestalten. Insbesondere walteten in der Organisation der königlichen Freistädte zwei Umstände ob, vor deren Umgestaltung es nicht nur nicht nützlich, sondern sowol hinsichtlich der Verfassung als auch der Nationalität gefährlich gewesen wäre, den Städten, welche den Comitaten beinahe gleich an Zahl waren, mehrere oder eben gar besondere Stimmen zu verleihen. Die städtischen Abgeordneten nämlich wurden nicht, wie es ursprünglich war, von der gesammten Bürgerschaft, sondern einem im Verlaufe der Zeit entstandenen und zur Regel gewordenen Misbrauche gemäss von der an Zahl sehr geringen, in den meisten Orten nicht einmal hundert betragenden, sogenannten Wahlbürgerschaft und dem Stadtmagistrat aus dessen Mitte gewählt. Da aber auch diese städtischen Verwaltungskörper sich gleichfalls nur selbst ergänzten, und auf ihre Wahl die gesammte Bürgerschaft keinen Einfluss besass, so vertraten die sogenannten städtischen Abgeordneten keineswegs die Interessen der Bürgerschaft. Denn diese Verwaltungskörper, welche auch die Instruction für die Abgeordneten ohne Einflussnahme der Bürgerschaft anfertigten, standen in einer solchen Abhängigkeit von dem königlichen Statthaltereirathe und der Hofkammer, dass sie, da sie genöthigt waren, den Befehlen derselben in allem nachzukommen, auch die Meinungsfreiheit ihrer Deputirten ohne Ausnahme den Interessen der Regierung gemäss einschränkten.

Zur Abstellung dieser abnormen Zustände hatte schon der Reichstag des Jahres 1825 ein Reichscomité ernannt, welches die Vorarbeiten zur Organisirung der Städte anfertigen sollte. Dieses Operat war mit den übrigen zusammen schon für den Reichstag von 1832 zum Gegenstand der Berathung bestimmt, blieb jedoch, wie wir sahen, 1840. wegen der damals jeder zweckmässigen Reform feindlichen Reaction der Regierung mit den übrigen systematischen Operaten unerledigt liegen. Auf dem Reichstage von 1832—36 forderten die städtischen Abgeordneten, die die Wiederherstellung ihres einzelnen Stimmrechts von der auf unbestimmte Zeit verschobenen Regelung ihrer Behörden nicht abhängig zu sehen wünschten, dasselbe oft mit grosser Heftigkeit. Da jedoch die Stände sich in die Abstimmungsfrage besonders durchaus nicht einlassen wollten, man aber das Operat der Regelung der Städte zur Verhandlung nicht vornehmen konnte, blieben ihre Forderungen erfolglos. Unter den Städten hatte damals einzig der Rath und die Wahlbürgerschaft von Käsmark klare Auffassung und Billigkeit genug, um die Richtigkeit des Verfahrens der Stände einzusehen; infolge dessen sie noch während des Reichstags, im Jahre 1835, die Magistrate der übrigen Städte mittels eines Rundschreibens aufforderte, sie möchten die Betreibung des unbedingten Stimmrechts ihrer Deputirten, welche, wie vorauszusehen, auch fernerhin erfolglos bleiben werde, einstellen, bis die Organisirung der Städte zur Verhandlung komme; alle ihre Bestrebungen vielmehr darauf richten, dass die Frage dieser Organisirung auf dem Reichstage sobald als möglich zur Verhandlung gelange; bis dahin jedoch möchten sie sich auf jede mögliche Weise bestreben, in ihren Herzen die nationalen Interessen zu pflegen, damit nicht die Stände ihnen mit Recht den Vorwurf machen könnten, dass es mit den Interessen der constitutionellen Freiheit und Nationalität selbst unvereinbar sei, die Rechte der Städte vor deren Regelung zu erweitern.

Allein dieses der gesunden Auffassung der Bürgerschaft von Käsmark entsprungene Rundschreiben fand weder bei den Behörden der übrigen Städte Sympathie, noch konnte es bei dem Mangel an Oeffentlichkeit und freierer Bewegung der Presse zur allgemeinen Kenntniss gelangen; demzufolge in der Frage des Abstimmungsrechts der Städte, bei so vielen andern und wichtigen Gegenständen, während des Reichstags von 1832—36 keine Aenderung stattfand. Die städtischen Abgeordneten, der Erfolglosigkeit ihrer Reclamationen wegen die Geduld verlierend, fassten nach einer stürmischen Scene unter sich den Beschluss, dass sie in den Versammlungen, in welchen sie auf die Gesetzgebung ohnehin keinen Einfluss ausüben, solange nicht mehr erscheinen werden, bis nicht ihr Stimmrecht thatsächlich wiederhergestellt worden. Bevor sie jedoch diesen Entschluss ausführten, forderten sie, um ihrem Schritte ein um so grösseres Gewicht zu verschaffen, auch die gleichfalls auf eine Collectivstimme beschränkten Deputirten der Kapitel zum Anschlusse an sie auf. Wenn auf diese Weise beide Stände den Reichstag verlassen hätten, würde ohne Zweifel in der Gesetzgebung eine grosse Störung entstanden sein. Die Abgeordneten der Comitate,

1840. als Repräsentanten der Adelsklasse, nur auf sich allein beschränkt, wären entweder genöthigt gewesen, das Einzelvotum der Städte und Kapitel wiederherzustellen, oder sie hätten, wenn dieselben auch von der Regierung unterstützt würden, den Reichstag gesetzlich nicht fortsetzen können. Allein die Kapitel wagten es nicht, in einer so wichtigen Angelegenheit nach eigener Einsicht zu handeln, und schickten, ehe sie den städtischen Deputirten antworteten, aus ihrer Mitte zwei Mitglieder nach Wien, um die Meinung der Regierung in Erfahrung zu bringen. Da wegen der Urbarialgesetze, der Erbablösung und Redefreiheit die Gereiztheit im Lande ohnehin schon eine grosse war, so war die Regierung nicht geneigt, dieselben mit neuen Verwirrungen zu vergrössern; sie ermahnte daher die Abgeordneten der Kapitel zur Geduld, und vertröstete sie damit, dass sie ohnehin die Absicht habe, auf dem künftigen Reichstage für die Regulirung des Abstimmungsrechts zu sorgen. Die Deputirten der Kapitel traten demnach dem Beschlusse der städtischen Abgeordneten nicht bei, und so hielten es dann auch diese nicht für räthlich, den trotzigen Schritt zu machen, welcher ohne die Theilnahme des Repräsentanten der Kapitel keinen Erfolg versprach, und sie verschoben selbst die Abhülfe auf den künftigen Reichstag.

Auf dem gegenwärtigen Reichstage erneuerten sich daher, wie wir bereits sagten, die Debatten über diesen Gegenstand abermals mit grosser Heftigkeit. Die städtischen Abgeordneten wünschten auch jetzt, unabhängig von der Regierung der Stadtbehörden, ihr altes gesetzliches Abstimmungsrecht wiederhergestellt zu sehen. Die Stände jedoch antworteten immer wieder, dass das Recht zur Theilnahme an der Legislative von unsern Gesetzen nicht den städtischen Behörden, sondern der Gemeinschaft der Bürger ertheilt wurde, dass sie mithin, insolange die Städte nicht in der Weise regulirt würden, dass die Abgeordneten derselben nicht, wie es jetzt geschieht, einzig und allein von der Behörde, sondern von der Gesammtheit der Bürger gewählt und mit Instructionen versehen würden, von dem bisjetzt bestehenden Gebrauche nicht abstehen könnten. Unter den städtischen Abgeordneten wurde deshalb die Gereiztheit eine immer grössere. Sie ergriffen jede Gelegenheit, um ihre bittern Klagen vorzubringen, und es mochte welcher Gegenstand immer verhandelt werden, sie sprachen, sobald sie zum Worte gelangen konnten, sogleich und immerfort nur von ihren Beschwerden; in den obschwebenden Gegenständen aber wollten sie nicht einmal ihr Votum abgeben, bis sie nicht einzeln abstimmen könnten. Diese Gereiztheit, welche selbst die Verhandlung der wichtigsten Gegenstände fortwährend verwirrte, nicht selten unterbrach, bewog schliesslich einige der Stände, da ihnen ihrer eigenen Kräftigung wegen ohnehin die Regelung der gesetzlichen Vertretung des vierten Standes am Herzen lag, den Antrag zu stellen, dass bezüglich der Regelung der innern Verhältnisse und der legislativen 1839—40. Theilnahme der königlichen Freistädte ein Comité noch diesem Reichstage ein erschöpfendes Elaborat vorlegen möge. Zwar wollte dies die Majorität zuerst nicht annehmen, ja selbst mehrere der städtischen Abgeordneten sprachen dagegen; später indess wurde der Beschluss diesfalls dennoch gebracht. Aber die Stände waren mit der Redefreiheit und andern keinen Aufschub leidenden, wichtigen Gegenständen viel zu sehr beschäftigt, als dass sie dieses Operat hätten anfertigen können. Gegen Ende des Reichstags wurde es daher zum Beschluss, dass in dieser Angelegenheit ein Reichscomité beauftragt werden solle, welches dem künftigen Reichstage ein fertiges Elaborat vorzulegen habe; die Regierung aber wurde in einer Adresse gebeten, diesen Gegenstand in den königlichen Vorlagen zur Verhandlung zu bestimmen. Allein die Regierung überging auch diese Adresse mit Stillschweigen. Die Städtefrage bildete fernerhin, wie wir sehen werden, auch nach dem Reichstage einen jener Gegenstände, welche die öffentliche Meinung am lebhaftesten beschäftigten.

Nächst diesen so heftigen, sich durch den ganzen Reichstag hindurch ziehenden Debatten und den schon erwähnten gemeinnützigen Gesetzen müssen wir insbesondere noch zwei Gegenstände erwähnen, damit das Bild vervollständigt werde, welches wir von diesem Reichstage entwarfen. Der eine dieser Gegenstände war die Angelegenheit der Nationalität und Nationalsprache, der andere die des Unterrichts.

Bezüglich des erstern war ein Fortschritt auf diesem Reichstage Die Angelegenheit der Nationalsprache. höchst wichtig. Nachdem die vaterländische Sprache schon auf dem vorigen Reichstage das Joch der fremden lateinischen abgeschüttelt hatte und die Originalsprache unserer Gesetze geworden war, bestrebte sich die Nation mit erneuerter Begeisterung, dieselbe in allen Zweigen der öffentlichen Verwaltung ohne Ausnahme und Einschränkung einzuführen und überall im Vaterlande zu verbreiten und zu heben. Schon bei Eröffnung des Reichstags hatten die Stände den Antrag gestellt, dass jene Abordnung, welche zur Begrüssung des Königs und der Königin ernannt wurde, sich ihres Auftrags in ungarischer Sprache entledigen solle. Nachdem der Antrag sowol von den Magnaten als auch dem durch den Palatin diesfalls angegangenen Könige angenommen worden war, geschah die Begrüssung in der That in vaterländischer Sprache. Nach Jahrhunderten begrüsste der Ungar jetzt seinen König zum ersten mal wieder in seiner Nationalsprache. Später, als die Verhandlungen begonnen, beschloss die Ständetafel, auch die dem Könige zu unterbreitenden Adressen, welche bisher in ungarischer und lateinischer Sprache vorgelegt wurden, nur in der erstern zu verfasssen. Die Antwort, welche hierauf von seiten der Regierung erfolgte, war eine zusagende und wurde von der Nation mit ungemeiner Begeisterung aufgenommen, die es auf diese Weise

1849. nach drei Jahrhunderten endlich erreichte, mit ihrem Monarchen sowol in der Rede als auch der Schrift in der Sprache des Vaterlandes sprechen zu dürfen.

Die Stände, durch diesen Erfolg ermuthigt, legten später in einer Adresse dem König all dasjenige vor, was noch die Nation in der Angelegenheit ihrer Sprache billigerweise wünschen durfte. Sie baten unter anderm, dass die Gesetze in der Zukunft in ungarischer Sprache allein verfasst werden möchten; der Statthaltereirath und die Hofkanzlei alle ihre Schriftstücke, selbst ihre Rundschreiben in dieser Sprache herausgeben; bei den ungarischen Regimentern das Commando ungarisch geschehe und zu Offizieren einzig und allein Unterthanen der ungarischen Krone verwendet werden möchten; Sprache der Schulen und des Unterrichts die ungarische sei; mit Einem Wort, dass in allen Zweigen des Staatssystems anstatt der lateinischen und deutschen Sprache die ungarische zur Reichssprache gemacht werde. Der grössere Theil dieser Wünsche blieb indess unerfüllt, und nur bezüglich weniger war die königliche Antwort eine günstige. Da nicht nur später, als einige im Reiche wohnende fremde Völkerschaften den Ungarn feindselig gegenüberstanden, sondern auch schon zu dieser Zeit, selbst von seiten einiger ungarischer Patrioten, die Beschuldigung stets lauter zu werden begann, welche den Eifer für die Verbreitung der Nationalsprache als einen übertriebenen darstellte, so möge denn zur Rechtfertigung der Nation der geschaffene Gesetzartikel in seiner ganzen Ausdehnung hier stehen. Erwähnend, der König habe eingewilligt, dass fernerhin sowol der Reichstag als auch die innerhalb der Grenzen des ungarischen Reichs bestehenden Behörden ihre allerhöchsten Orts zu unterbreitenden Adressen in ungarischer Sprache zu verfassen haben, lautet das neue Gesetz weiterhin:

„§. 3. Der königliche Statthaltereirath hat nicht nur seine Intimate, sondern auch seine Rundschreiben an alle Behörden des Reichs in ungarischer Sprache zu erlassen.

„§. 4. Die kirchlichen Behörden sind verpflichtet, mit den weltlichen, und diese letztern untereinander ihre Correspondenz innerhalb der Reichsgrenzen einzig und allein in ungarischer Sprache zu unterhalten.

„§. 5. Die ungarische königliche Hofkammer hat mit den an sie ungarisch schreibenden Behörden in derselben Sprache zu correspondiren.

„§. 6. Die Anfangs- und Schlussätze der Kapitelerlässe sowie auch die Urtheile des Tavernikalstuhls sind in ungarischer Sprache zu verfassen.

„§. 7. Auch an solchen Orten, wo zur Gemeinde keine ungarischen Predigten gehalten werden, sind die Matrikeln nach von dem gegen-

wärtigen Reichstage an zu rechnenden drei Jahren in ungarischer 1840.
Sprache zu führen.

„§. 8. Von jetzt ab sind ohne Unterschied der Religion als
Pfarrer, Prediger, Kaplane und Gehülfen solche Individuen anzustellen,
die der ungarischen Sprache mächtig sind.

„§. 9. Se. Majestät wird allergnädigst anzuordnen geruhen, dass
die Kenntniss der ungarischen Sprache auch in der Militärgrenze
verbreitet werde, und die Commandos der ungarischen Regimenter
gehalten seien, mit den ungarischen Behörden in ungarischer Sprache
zu correspondiren.

„§. 10. Die Rechnungen über das Gebaren der Landeskassen
sind in ungarischer Sprache fortzuführen.

„§. 11. Dem übereinstimmenden allergnädigsten Willen Sr. Majestät gemäss gebührt von allen in Ungarn und den damit verbundenen Ländern gedruckten Werken der ungarischen Gelehrtengesellschaft ein Exemplar.“

Dieser Gesetze wegen, wie bescheiden und mangelhaft sie auch
sind, wenn man alles dasjenige in Betracht nimmt, was von den billigen Wünschen der Nation noch unerfüllt blieb, riefen die Deputirten
Kroatiens bei der Verhandlung derselben heftige Debatten hervor;
und wurden durch die Feinde· der ungarischen Nationalität auch nach
dem Reichstag noch, wie wir sehen werden, stets gereiztere Streitigkeiten verursacht.

Im Interesse der Verbreitung der Sprache und Nationalität sahen
es die Reichsstände noch als nothwendig an, da die Behörde
der Stadt Pesth für die ungarische Nationalität bisher so wenig Eifer
an den Tag gelegt hatte, dass sie im städtischen Theater eine fremde,
deutsche Gesellschaft unterhielt, und das Aufblühen des ungarischen
Schauspiels in der Hauptstadt bis zu dieser Zeit nur das pesther
Comitat und einzelne Private opferwillig unterstützten: zur sichern
Begründung und Entwickelung dieses Instituts 450000 Silbergulden
zu bestimmen.

Indem wir den Gegenstand des Unterrichts erwähnen, thun wir Die Ange-
dies nicht deshalb, als hätte . dieser Reichstag vermocht, in dieser An- legenheit
gelegenheit einen grössern Erfolg aufzuweisen als die frühern, sondern unterrichts.
einzig darum, damit das Verfahren der Regierung in dieser so äusserst
wichtigen Sache im gehörigen Lichte erscheinen möge. Die Stände
des vorigen Reichstags wollten ein Reichscomité ernennen, welches in
der Angelegenheit des Volksunterrichts, insbesondere in Bezug auf
Gewerbeschulen und ein Polytechnikum ein erschöpfendes Gutachten
anfertigen sollte. Wie wir sahen, gab die Regierung damals ihre Einwilligung dazu nicht und antwortete in den letzten Tagen des Reichstags, dass der König seiner Regentenpflicht gemäss für die Aufstellung
der von den Ständen in Vorschlag gebrachten Anstalten sorgen werde,

weshalb es auch unnöthig sei, das in Antrag gestellte Gesetz zu schaffen. Wir erwähnten, wie gross und gerechtfertigt damals aus dieser Ursache die Gereiztheit der Stände war, die die Ueberzeugung hatten, dass die Regelung des Unterrichts mit zu den wesentlichsten Nationalrechten gehöre. Es gab indess mehrere, die glaubten, dass die Regierung ihr so bestimmt gemachtes Versprechen erfüllen und ihre alten Versäumnisse nachholen werde. Und in der That hatte auch die Regierung die Studiencommission zu Ofen, und insbesondere den gelehrten Präsidenten derselben, Baron Aloys Mednyanszky, mit der Ausarbeitung der Plane betraut. Aber leider wurde es bald darauf unzweifelhaft, dass alles das nur darauf berechnet gewesen war, die Gereiztheit der Nation einigermassen zu beruhigen, man jedoch in Wien keine ernste Absicht hatte, den so sehr vernachlässigten öffentlichen Unterricht den Anforderungen der Zeit und Nothwendigkeit gemäss zu verbessern. Die Studiencommission fertigte, unter der eifrigen Theilnahme ihres Vorsitzenden, den Plan in kurzer Zeit an. Allein obwol derselbe viel Zweckmässiges enthielt und im Stand gewesen wäre, die zahlreichen Fehler und Mängel der bestehenden Zustände zu ersetzen und zu verbessern, wurde er dennoch unter dem Vorwand der Abänderung mehrmals zurückgeschickt. So verflossen abermals drei Jahre, ohne dass von seiten der Regierung zur Befriedigung der heissen Wünsche der Nation etwas geschehen wäre. Die Stände des gegenwärtigen Reichstags erhoben daher abermals ihre schmerzliche Stimme in dieser hochwichtigen Angelegenheit, und damit sie nicht durch irgendeine königliche Antwort schon in den Vorarbeiten und der Anfertigung des Gutachtens gehindert werden mögen, wählten sie eine Circularcommission zur Ausarbeitung desselben. Das Elaborat konnte indess in der Flut der zahlreichen und gleichfalls keinen Aufschub duldenden andern öffentlichen Angelegenheiten erst so spät angefertigt werden, dass die Stände dasselbe, leider, schon nicht einmal in Verhandlung nehmen konnten und genöthigt waren, es auf den künftigen Reichstag zu verschieben.

Zu einer ähnlichen Erfolglosigkeit war auch die Frage der Eröffnung der schon solange und so heiss ersehnten Militär-Erziehungsanstalt Ludovicäum verurtheilt. Das grossartige Gebäude stand schon seit mehrern Jahren fertig, jedoch unbewohnt in der Hauptstadt. Auf dem vorigen Reichstag hatten die Stände auch schon die Kosten bewilligt, welche zur vollständigen Errichtung des Instituts noch für nothwendig angegeben wurden; als indess die Regierung jenes Recht der Nation, dass sie bei der Feststellung des Unterrichtssystems der Anstalt mitzuwirken befugt sei, und dass wenigstens ein Theil der Unterrichtsgegenstände in ungarischer Sprache vorgetragen werde, nicht anerkennen und nur die votirte Summe annehmen wollte, zogen auch die Stände den Anbot zurück. Dieser Antrag wurde jetzt unter der

obigen Bedingung zwar abermals erneuert; da jedoch die Regierung 1840.
denselben nicht einmal einer Antwort würdigte, so konnte das Institut,
wozu auch einzelne seit einem halben Jahrhundert so ansehnliche
Opfer gebracht hatten, auch jetzt noch nicht errichtet werden.

Mit der Ausarbeitung eines Strafgesetzbuchs waren die Reichs- Die Ange-
legenheit
des Straf-
gesetzbuchs.
stände nicht nur zu Ende des vorigen Jahrhunderts, sondern auch
seit 1825 viel beschäftigt. Und es standen schon nicht nur zwei
Operate vollkommen fertig da, welche die 1791 und 1827 ernannten
Reichscommissionen eingereicht hatten, sondern während des vergangenen Reichstags bildete diese Aufgabe beinahe ein ganzes Jahr lang
den stehenden Gegenstand in den Berathungen der Circularsitzungen.
Nach diesen Vorarbeiten war nun eine Verbesserung des Strafverfahrens nicht nur leichter, sondern sie wurde auch in Anbetracht der
Fehler und Mängel desselben zur unabweislichen Aufgabe unserer
Gesetzgebung. Die Stimme der öffentlichen Meinung war in dieser
Beziehung schon eine so fordernde, dass dieselbe der Reichstag selbst
nicht unberücksichtigt hätte lassen können, wenn nicht die Beschwerden in der Sache der Redefreiheit und der Religionsfrage alles übrige
in den Hintergrund gedrängt hätten. Allein ausserdem, dass es
gegenwärtig zur Ausarbeitung eines so ausgedehnten Codex an
Zeit fehlte, tauchte hinsichtlich dieses Gegenstandes auch noch ein
solcher Umstand auf, welchem gemäss es räthlich geworden war, die
Sache auf den künftigen Reichstag zu verschieben. Einige Monate
vor dem Reichstag erschienen zwei schriftstellerische Werke über die
Verbesserung der Gefängnisse, welche die Aufmerksamkeit des Publikums
einem bisher wenig gekannten Felde zuwandten. Diese Werke er-
läuterten jene Besserungssysteme, welche man in den Vereinigten
Staaten Nordamerikas mit so grossem Erfolg anzuwenden begann.
Joseph Eötvös und Bartholomäus Szemere, beide junge aber schon
ausgezeichnete vaterländische Talente, empfahlen, jener das Schweig-,
dieser das Einzelsystem der Nation mit so gewichtigen Gründen, dass
die Meinung immer allgemeiner zu werden begann, man müsse die
Strafhäuser, welche bei uns bisher nur Orte der Leiden, ja in unzähligen Fällen Schulen der Sünde waren, bei Gelegenheit der Schaffung
des neuen Strafgesetzbuchs nach dem einen oder dem andern System
in Besserungsinstitute umgestalten. Die Reichsstände ernannten daher
aus den ausgezeichnetern Persönlichkeiten der beiden Tafeln eine
Reichscommission, welche bezüglich der Einführung des Straf- und
Besserungssystems ein erschöpfendes Gutachten abgeben, zugleich aber
auch einen Vorschlag ausarbeiten sollte, welche Abänderungen man
im Plan des Strafgesetzbuchs bei diesen Besserungsstrafanstalten hinsichtlich ihrer praktischen Anwendung vorzunehmen habe. Es wurde
der Commission aufgetragen, ihre Arbeit dem nächsten Reichstag unausbleiblich einzureichen; und zwar nicht allein deshalb, weil die Ver-

1840. besserung der Strafhäuser allgemeiner Uebereinstimmung nach zu einer Fortschrittsfrage ersten Ranges gemacht wurde; sondern auch, weil jedermann hoffen durfte, dass bei der erschöpfenden Verhandlung des Strafgesetzbuchs ohne Verletzung der Nationalrechte auch jene Gesetze in Berathung gezogen werden könnten, welche von den Fällen der Majestätsbeleidigung und des Hochverraths und den andern Arten politischer Vergehen handeln, und von deren Unzulänglichkeit, infolge der traurigen Ereignisse der vergangenen Jahre und der auf dem gegenwärtigen Reichstag stattgefundenen gereizten und bittern Debatten in der Sache der Redefreiheit jedermann überzeugt war.

Die Beendigung des Reichstags. Die Amnestie, welche in Bezug auf die stattgefundenen politischen Vergehen am 1. Mai verkündigt worden war, brachte, wie wir bereits erwähnten, nach den langen, heftigen Debatten eine Versöhnung einerseits zwischen den Ständen, andererseits der Regierung und den Magnaten hervor. Der Reichstag wurde sodann unter dem Einfluss

13. Mai. dieser allgemeinen Freude nach einigen Tagen geschlossen, und die Reichsstände gingen mit der Hoffnung auseinander, dass nun, da das Willkürsystem der Regierung aufgehört habe, die Nation sowol hinsichtlich der Nationalität als auch der zeitgemässen Reformen der Zukunft mit grösserer Sicherheit und mit ruhigerm Herzen entgegensehen könne.

Den Reichstag lösten lebhafte Comitatsversammlungen ab, auf welchen die neuen Gesetze publicirt wurden und die Abgeordneten ihren Committenten von ihrem legislatorischen Vorgehen Bericht er-

Rekrutenstellung. statteten. Bald darauf beschäftigte die Rekrutenstellung die Nation. Die Rekrutenstellung war stets ein sehr wichtiger Vorfall im öffentlichen Leben, weil sie jetzt zur Zeit des Friedens seltener, beiläufig alle zehn Jahre einmal vorkam, und weil die Nation, welche diese Last bisher noch nicht für beständig angenommen hatte, sondern die Rekruten nur als Subsidium bewilligte, das System der Soldatenstellung bisher noch nicht ausgearbeitet hatte. Da ehemals die Frage, wer in den Militärstand eingereiht werden solle, einzig und allein von der Willkür der Beamten abhing und, um die Conscribirten abzustellen, nicht selten auch ein gewaltsames Einfangen derselben angewendet wurde, so gab die Rekrutirung meistentheils zu stürmischen Auftritten und noch mehr Klagen Anlass. Da gegenwärtig der Reichstag, um diesen Verwirrungen und Willkürlichkeiten zuvorzukommen, als Methode der Rekrutenstellung das Losen unter den zum Soldatenstand tauglichen Jünglingen bestimmt hatte, ging die ganze Angelegenheit im Reiche in Ordnung und Ruhe vor sich. Da in Bezug auf jene, welche das Los getroffen hatte, die Substituirung im allgemeinen gesetzlich erlaubt war, so wurde dieselbe grösstentheils überall, an manchen Orten in grossem Masstab in Anwendung gebracht. Es gab Orte, in welchen die denselben auferlegte Rekrutenzahl ohne

Losung, einzig aus Freiwilligen gestellt wurde; in andern Oertern 1840. nahmen die Vermöglichern freiwillig noch vor der Losung einzureihende Rekruten auf; anderorts bildeten sich Vereine, welche mit den gezeichneten Beträgen die durch die Gemeinde zu stellenden Rekruten aufnahmen. Die Prämie, durch welche die Substituirung geschah, war nach den verschiedenen Gegenden des Reichs sehr verschieden; während sich in den obern mehr bevölkerten und ärmern Comitaten um 80—120 Gulden Zahlreiche zu Soldaten anboten, musste man in den untern unbevölkerten und reichern Comitaten, besonders aber in den Städten, den substituirten Rekruten 400—500 Silbergulden zahlen. Zum Beispiel im somogyer Comitat wurden von den demselben auferlegten 774 Rekruten 420 zusammen um 65000 Silbergulden substituirt.

Während die Comitats- und städtischen Behörden mit der Rekrutenstellung beschäftigt waren, errichtete die Regierung nach Anordnung der neuen Creditgesetze die Wechselgerichte. Diese Wechselgesetze bildeten den ersten Schritt zur Abschaffung der Aviticität, und auf diese Weise zur gänzlichen Befreiung unserer Besitzverhältnisse. Dem grundbesitzenden Adel stand es zwar vollkommen frei, sich diesen Gerichten, welche in ihren Urtheilen die Adels- und Aviticitätsrechte nicht im geringsten berücksichtigten, nicht zu unterwerfen; da jedoch fernerhin niemand auf Credit Anspruch machen konnte, der sich den Wechselgesetzen nicht unterworfen hatte, so befreundete sich nach und nach auch der auf Anleihen angewiesene Adel mit denselben und entsagte freiwillig seinen Privilegien. Man muss indess gestehen, dass manche Urtheile dieser Gerichte, welchen gemäss der Edelmann in dem von seinen Ahnen überkommenen Grundbesitz ebenso convincirt wurde, als ob derselbe ein privilegienloses bürgerliches Besitzthum gewesen wäre, auf den die adelichen Vorrechte noch immer vergötternden Theil des Adels einen grossen und tiefen Eindruck machten. Und es war keine Seltenheit, heftige Diatriben gegen die neuen Gesetze zu hören, welche, wie man sagte, den Edelmann zu Grunde richten und nur die Juden begünstigen. Es fanden nämlich einzelne Fälle statt, in welchen dergleichen Klagen der Privilegirten einigen Grund hatten. Allein nachdem auch diese aus dem Schaden einiger aufmerksamer und vorsichtiger zu sein lernten; der nächstfolgende Reichstag auch einzelne Mängel des neuen Gesetzes verbesserte, gewöhnte sich nach und nach auch der Adeliche an jenes wesentlichste Princip des Credits, dass es im Geldverkehr kein Privilegium geben dürfe.

Errichtung der Wechselgerichte.

Ende des ersten Bandes.